KB124367

최악을
극복하는
힘

최악을 극복하는 힘

2021년 7월 21일 초판 1쇄 발행
2022년 12월 21일 초판 9쇄 발행
—
지은이 엘리자베스 스탠리
옮긴이 이시은
펴낸이 김정수, 강준규
책임편집 유형일
마케팅 추영대
마케팅 지원 배진경, 임혜솔, 송지유, 이원선
—
펴낸곳 ㈜로크미디어
출판등록 2003년 3월 24일
주소 서울시 마포구 마포대로 45 일진빌딩 6층
전화 번호 02-3273-5135
팩스 번호 02-3273-5134
편집 02-6356-5188
홈페이지 http://rokmedia.com
이메일 rokmedia@empas.com
—
ISBN 979-11-354-6599-4 (03180)
책값은 표지 뒷면에 적혀 있습니다.
—
• 비잉은 로크미디어의 인문 도서 브랜드입니다.
• 잘못 만들어진 책은 구입하신 서점에서 교환해 드립니다.

스트레스와
트라우마로부터
몸과 마음을 회복하는
수행법

최악을
극복하는
힘

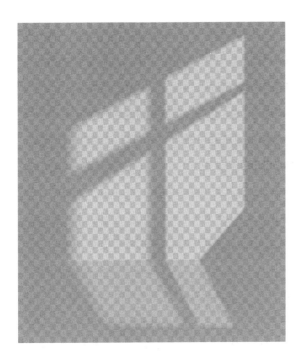

엘리자베스 스탠리 지음

이시은 옮김

Being

저자 **엘리자베스 스탠리**Elizabeth A. Stanley

엘리자베스 스탠리는 조지타운대학교의 국제 안보 교수이자 신체기반 트라우마 치료법 SESomatic Experiencing의 공인 임상치료사다. 군인 집안에서 태어난 그녀는 어린 시절, 수차례 해외로 이사를 다녔다. 해외에서 많은 시간을 보냈으며, 때때로 폭력을 쓰는 알코올 의존자 가정에서 자랐다. 성인이 되기 전, 지인과 모르는 사람들에게 수차례의 성적 학대, 스토킹, 폭행을 당했다. 그녀는 예일대학교에 입학하고 ROTC로 임관하여 한국과 독일 그리고 발칸반도에서 미 육군 정보장교로 복무하다가 장기 파병으로 인한 스트레스와 근무 중 겪은 부조리로 결국 퇴역하였다. 어린 시절부터 받은 스트레스와 트라우마로 인해 건강이 쇠약해졌으며, PTSD와 우울증 진단을 받았다. 자신의 고통을 치유하기 위해 15년간 스트레스, 트라우마, 회복탄력성에 관한 신경과학을 연구하였고, 결국 미군과 함께 협업하여 네 차례의 신경과학 연구 끝에 마음챙김 기반 마인드 피트니스 훈련MMFT을 창시하였다. 그녀가 창시한 MMFT는 구조대원, 의료계 종사자, 회사 임직원, 군인 등 스트레스가 심한 직업군을 대상으로 시행되었고, 수천 명의 사람들에게 지대한 도움을 주고 있다.

역자 **이시은**

　바른번역의 전문번역가 겸 자유기고가로, 역사학, 경영학을 전공했고 최근에는 심리학에 관심을 갖고 공부하고 있다. 옮긴 책으로는《중독의 시대》,《당신은 뇌를 고칠 수 있다》,《인상주의 예술이 가득한 정원》,《스타트업 3개월 뒤 당신이 기필코 묻게 될 299가지》,《기예르모 델 토로의 창작노트》,《세계의 이면에 눈뜨는 지식들》,《사람의 아버지》 등이 있다.

스탠리 박사는 명료하고 지성적인 글로 누구나 스트레스와 트라우마 그리고 치유의 길을 쉽게 이해할 수 있는 학술서를 탄생시켰다. 이 책은 존 카밧진Jon Kabat-Zinn의 《마음챙김 명상과 자기치유》가 명상을 주류로 끌어들인 이래 명상에 관한 가장 중요한 저작 중 하나로, 치유와 회복의 여정을 다루면서 자기 계발을 넘어 자기 이해로 나아가는 길을 제시한다.

- 게리 캐플런Gary Kaplan, 《왜 이유 없이 계속 아플까》 저자,
캐플런 통합의료센터Kaplan Center for Integrative Medicine 설립자

이 책에는 주의 집중 시간, 집중력, 충격에서의 빠른 회복, 스트레스 등 수행 능력을 향상하는 체계적 방법이 수록돼 있다. 처음에는 회

의적이었지만 이를 뒷받침하는 과학, 특히 생리 변화를 보여주는 자료들을 직접 보고 검토하고 이해하면서 이 결과가 모든 환경과 조건에 시사하는 바가 있으며, 사람들이 자기 몸을 좀 더 능숙하게 다룸으로써 일상적 수행 능력과 전반적 삶을 향상할 수 있다는 확신을 얻었다.

- 멜빈 G. 스파이스Melvin G. Spiese 소장, 미국 해병대, 미 해병대 훈련교육사령부 전 사령관

엘리자베스 스탠리는 트라우마의 파괴적 영향을 경험하고 이해하고 치료하기 위한 심오한 여정으로 우리를 데려간다. 그는 자율신경계가 심신 건강에서 담당하는 중요한 역할을 이해하고 몸의 언어를 자각하기까지 자신의 변화 과정을 공유한다. 이런 경험들을 바탕으로 그는 트라우마의 영웅적인 생존자들에게 자기 조절과 회복탄력성을 향상하는 도구를 제공하는 혁신적 치료 모델을 개발할 수 있었다.

- 스티븐 W. 포지스Stephen W. Porges, 《다미주 이론》 저자, 인디애나대학교 킨제이 연구소 Kinsey Institute의 저명한 대학 학자Distinguished University Scientist 겸 트라우마 스트레스 연구 컨소시엄Traumatic Stress Research Consortium 창립이사

이 책은 우리 사회에서 힘과 성공을 어떻게 정의하는지 그리고 가장 높은 수준에서 힘과 성공을 쟁취하는 일이 사람들의 심신 기반을 어떻게 훼손하는지 냉철하게 드러낸다. 스탠리는 우리에게 힘과 회복탄력성에 관한 기존의 접근 방식을 재고하고 바꿀 기회를 제공한다. 자신의 성취욕과 성공에 희생된 투지 넘치는 사람들이 반드시 읽어야 할 책이다.

스트레스와 트라우마의 원인과 치료법에 관한 풍부한 연구와 철저한 탐구가 돋보이는 책이다. 평생에 걸친 조건화에서 벗어날 수 있는 검증된 원리와 연습 방법을 함께 제시해 잠재적으로 좁은 인내의 창에서 살아온 사람들에게 희망을 준다.

스탠리 박사의 책은 심각한 정서적 트라우마는 물론 일상생활의 스트레스를 다루는 방법에 관해서도 귀중한 통찰을 제공한다. 그의 전략은 전쟁의 쓰라린 기억에 시달리는 참전 용사들에게 구명 밧줄이 될 뿐만 아니라 삶의 정신적 부담을 견뎌내려 애쓰는 모든 사람에게도 도움이 된다. 무엇보다 이 책은 희망을 준다. 더 건강한 정신에 이르는 길을 제시하기 때문이다.

친근하고 고무적이며 희망적인 읽을거리와 과학을 버무린 얘기들로 가득한 이 선구적인 책은 스트레스와 트라우마에 대한 새로운 시각을 제시한다. 엘리자베스 스탠리는 우리가 종종 그런 시련의 영향을 무시한다고 설명하면서 부적응적인 반응에서 벗어나 집중력을 높이고 수행 능력을 향상하며 심신을 치유하는 새롭고 적응적인 전략을 세우는 방법을 제시한다. 하향식 접근법과 상향식 접근법을 통합함으로써 우리 인내의 창이 개인적으로나 집단적으로 넓어진다면 인류에게서 최선을 이끌어낼 수 있을 것이다.

- 팻 오그던Pat Ogden,
감각운동 심리치료연구소Sensorimotor Psychotherapy Institute 설립자

우리 문화가 스트레스와 트라우마에 따른 신체적, 정신적, 사회적 비용을 치르고 있는 이 시점에 이 책은 이런 현상들이 어떻게 밀접하게 연관돼 있고 우리가 어떻게 치유할 수 있는지에 대한 새롭고 절실히 필요한 이해를 제공한다. 남을 돕는 직업에 종사하는 사람이라면 누구나 꼭 읽어야 할 책이다.

- 리처드 스트로치헤클러Richard Strozzi-Heckler,
《전사의 정령을 찾아서In Search of the Warrior Spirit》,《리더십 도장The Leadership Dojo》 저자

오랜 명상가, 트라우마 생존자, 강사이자 마음챙김 기반 프로그램을 연구하고 트라우마 치료법을 훈련해온 연구자인 스탠리 박사는 이 책을 통해 마음챙김이라는 떠오르는 분야에 접근성 높고 가치 있는 기여를 했다.

- 윌러비 브리튼Willoughby Briton, 브라운대학교 의과대학 임상·감정신경과학
연구실Clinical and Affective Neuroscience Laboratory 책임자

트라우마를 다루는 훌륭한 책들 가운데 회복탄력성에 관한 스탠리 박사의 책이 눈에 띈다. 이 책은 우리가 스트레스를 조절하고 트라우마의 침식적 영향을 완화하는 방법을 이해하는 데 중요한 연결 고리를 더한다. 그의 책은 회복탄력성의 최초 기반을 다지는 과정인 유대와 애착의 친밀한 영향을 이해하게 해준다. 그리고 나이와 상황을 불문하고 어떻게 회복탄력성의 치유력을 이용하는 강력한 기술을 배울 수 있는지 입증함으로써 한 발 더 나아간다. 치료사는 물론 치유법을 얻고 싶은 사람이라면 누구나 꼭 읽어야 할 책이다.

- 피터 A. 레빈Peter A. Levine,
《무언의 목소리》,《트라우마와 기억Trauma and Memory》저자

이 책은 생존 반응이 스트레스와 트라우마에 미치는 생리적, 심리적 영향을 심층적으로 이해할 수 있게 한다. 스탠리 박사는 최신 연구를 바탕으로 전문가와 일반 독자 모두에게 압도당하거나 위협을 느낄 때 나타나는 반응에 효과적으로 대처하는 전략을 제시한다. 아무리 많이 추천해도 부족한 책이다.

- 낸시 J. 네이피어Nancy J. Napier, SE® 트라우마 연구소 소장,
《하루를 살아내기: 어릴 때 상처받은 성인을 위한 전략Getting Through the Day:
Strategies for Adults Hurt as Children》저자

엘리자베스 스탠리는 치유와 번영을 위한 새롭고 유망한 전망의 창을 열었다. 그의 강력한 통찰은 사회와 조직이 트라우마에 접근하는 방식(종종 무시하거나 일축하거나 부정하는 방식)에 관한 담론을 변화시킨다. 그는 트라우마가 어떻게 형성되고 또 어떻게 효과적으로 극복

최악을 극복하는 힘

될 수 있는지 최첨단 수준의 이해를 제공한다. 죽기 살기로 일하는 것이 일상이 돼버린, 그래서 끔찍한 대가를 치르고 있는 사람들에게 그는 한 줄기 희망을 제시한다.

- 제러미 헌터Jeremy Hunter, 피터드러커 & 마사토시이토 경영대학원의
경영 마인드 리더십 연구소 창립 이사, 겸임 부교수

감사하고 사랑하는 우리 가족에게,

인내의 창을 넓힐 고통받는 자들에게,

그리고

지혜와 용기를 불어넣어 집단적인 인내의 창을 넓히고 우리 모두

의 평화와 온전함을 일깨우는 각계각층의 전사들에게

유명한 연구자인 내 친구는 언젠가 내게 "모든 연구는 나를 찾는 것"이라고 말한 적이 있다. 우리는 대부분 자신의 행복과 직결된 주제들을 연구한다. 그래서 과연 개인적인 공포에 직면해본 적이 없는데 끔찍한 외상 경험의 영향을 연구하며 해결책을 찾으려고 노력할 사람이 있을지 의문스럽다. 지난 30년 동안 외상성 스트레스에 관한 훌륭한 책이 많이 나왔다. 이 책들은 크게 두 범주로 나뉜다. 하나는 저자 개인의 수기이고, 하나는 이 증상의 메커니즘, 조사 연구, 처방법을 설명하는 학술 서적이다. 이 책은 두 범주 모두에서 가장 뛰어난 책이다.

  나는 이 책처럼 트라우마의 유산을 안고 살아가는 일의 복잡한 풍경을 정확하게 그리면서 동시에 저자 개인의 경험뿐 아니라 우리 정신, 뇌, 몸이 외상성 스트레스에 영향을 받는 방식의 근본 문제들에 대한 철저한 과학적 이해를 바탕으로 치유로 향하는 포괄적 접근법을 제시하는 책은 지금껏 읽어본 적이 없다. 스탠리 박사가 트라우마 임상의가 아니라 정치학자로 훈련받고 국제 안보를 가르쳐왔다는 점을 감안하면 이 통찰력 있고 혁신적인 결과물이 더욱 놀랍기만 하다.

이 책은 다세대에 걸친 외상, 아동 학대, 가족 알코올의존자 등 스탠리 박사 자신의 경험에 탄탄한 토대를 두고 있다. 여기에는 파병 트라우마와 군에서 일하는 여성들에게는 너무도 흔한 권력형 괴롭힘도 포함된다. 내가 이 책을 읽으면서 가장 좋았던 점 중 하나는 스탠리 박사가 그의 외상 후 증상과 그것을 다루는 체계적 방법을 모두 정확하게 설명한다는 것이었다.

스탠리 박사는 트라우마 이후의 수많은 후유증, 즉 모든 트라우마 생존자가 매우 개인적인 방식으로 인식하는 문제를 다뤄야 한다고 여겼고, MMFT^{Mindfulness-based Mind Fitness Training®}를 개발했다. 그러나 이런 문제들이 인간을 규정하기 시작하지는 않는다. 내가 알고 있는 다른 많은 생존자처럼 스탠리 박사 역시 똑똑하고 용감하고 끈질기고 유능하고 자립적이고 집중적이고 집요하다. 이 책은 그의 탁월한 지성과 뛰어난 조직력 그리고 깊이 있고 용기 있는 자기 탐구의 산물이다.

이 과정의 첫 번째 단계는 진정한 치유에 반드시 필요한 능력인 비심판적 호기심을 기름으로써 용기 있게 자신과 만나는 법을 배우는 것이다. 스탠리 박사는 모든 생존자와 마찬가지로 자신이 가장

최악을 극복하는 힘

경멸하고 기피하고 무시하려고 했던 자신의 일부와 만나 친해져야 했다. 이는 트라우마에서 회복하는 데 가장 중요한 과정으로 자신이 느끼는 바를 느끼고 자신이 아는 바를 알도록 스스로에게 허용하는 방법을 찾는 것이다.

바로 이것이 트라우마의 본질이다. 트라우마는 단순히 시간이 지날수록 희미해지는 아주 불쾌한 일로 그치지 않는다. 너무나 끔찍해서 정면으로 맞서기에는 지독히 두려운 일이다. 트라우마 사건의 기억은 강렬한 감정, 기괴한 행동, 참을 수 없는 신체감각, 이미지, 파편화된 생각 등 작은 조각들로 나뉜다. 이 조각들은 의식적 자각의 범위 밖에 저장돼 신체 증상과 자기 파괴적 행동 등 외상 후 반응으로 나타나 트라우마를 겪은 사람들이 문제에 대처하고 살아남도록 돕는다. 트라우마는 우리가 살아가는 세상을 인식하는 방식을 바꿔놓는다. 충격적인 사건 자체는 과거에 끝났을지 몰라도 이 같은 외상 후 반응으로 인해 우리는 현재를 온전히 살아가지 못한다. 하지만 목숨이 달려 있지 않는 한 아무도 마음속에서 이 모든 반응을 다루기를 원하지 않는다. 당신도 이 책을 골라서 읽고 있으니 당신 삶도 실제로 그런 반응에 의존했을 가능성이 꽤 있다.

우리 대부분은 이 과정에서 지원이 필요하다. 인내의 창을 넓히고 과거에 대한 공포와 수치심으로 오염되지 않은 곳으로 우리를 이끌어줄 코치나 치료사가 필요한 것이다. 하지만 그런 지원과는 별개로 우리는 또 우리 자신을 돌보는 법을 배우는 데 전념할 필요가 있다. 마치 우리 삶이 우리 몸에 의지하는 것처럼 우리 몸을 돌보는 것이다. 실제로 우리 삶이 우리 몸에 의존하기 때문이다.

이 책은 당신이 그런 연습을 하고 방법을 익히는 데 도움을 줄 것이다. 이 책은 정신, 뇌, 생리학, 면역학이 트라우마에 어떻게 영향을 받는지를 현재 시점의 과학적 이해에 기반해 밝힌다. 원하지 않는 감정, 감각, 행동 등 외상 후 반응들은 사고 뇌가 아니라 의식적인 자각 밖에서 기능하는 생존 뇌와 자율신경계의 깊은 곳에서 나오는 것이라 우리의 의지와 상관없이 기본적으로 나타난다. 스탠리 박사는 풍부한 개인적 경험과 과학적 연구들을 종합한 체계적인 치료 접근법을 수천 명의 트라우마를 입은 군인, 퇴역 군인 그리고 다른 스트레스가 심한 환경의 사람들에게 적용해왔다. 자신이 얻은 개인적 교훈을 누구나 이해할 수 있는 형식으로 정리하고 다른 사람들과 공유하는 것이야말로 개인적으로뿐 아니라 집단적으로 성장하는 방법이다.

-베셀 반 데어 콜크Bessel van der Kolk, 《몸은 기억한다》 저자

PART 1

다람쥐 쳇바퀴 위의 삶

디지털 세계의
석기시대 생리학

2002년 여름 나는 박사 학위 논문을 마감일까지 완성하려고 쉴 새 없이 작업했다. 하버드대학교 지도 교수들은 내가 9월부터 영예로운 펠로우십fellowship을 시작할 수 있도록 논문 심사일을 미리 정해놨다. 모든 면에서 내 학계 커리어는 성공적인 출발을 향해 순조롭게 나아가는 듯했다. 단 하나, 내가 심사위원회에 알리지 않은 사소한 문제를 제외하곤 말이다. 그건 바로 총 10개 챕터와 부록으로 구성된 논문 중 7개 챕터를 아직 더 써야 하는 상황이었다는 것이다.

결국 6월 중순에 나는 논문을 마무리하기 위해 상근직을 그만뒀다. 그리고 하루도 빠짐없이 매일 16시간씩 스스로를 독촉해가며 논문을 썼다. 그렇게 몇 주를 보낸 8월 초 어느 날 아침 나는 커피

머그잔을 들고 서재로 들어가 컴퓨터를 켰다. 평소처럼 논문 초안 파일을 열고 전날 밤늦게까지 완성한 단락을 다시 읽고 이어서 쓰기 시작했다.

그런데 첫 문장을 절반쯤 써 내려가다가 키보드 위에 왈칵 토하고 말았다.

얼른 종이 타월을 가져와 토사물을 닦아냈지만 몇 개의 키 밑에는 그 찌꺼기가 영원히 박혀버렸다. (스페이스 바는 특히 심한 타격을 입었다.) 아무리 닦아도 키보드를 원래대로 되돌릴 수는 없었다.

나는 양치질을 하고 토사물이 묻은 팔을 닦고 밖으로 나가 키보드를 쓰레기통에 던져 넣고 차에 올라탔다. 그리고 곧장 쇼핑센터로 차를 몰고 갔다. 아침 7시 50분이었다. 8시에 스테이플스Staples 매장이 문을 열자마자 가장 먼저 들어갔다.

나는 새 키보드를 사 들고 컴퓨터 앞으로 돌아와 8시 30분까지 그날 아침의 첫 문장을 마무리했다.

그냥 참고 견디며 계속 밀어붙여라

──────────────────── 분명 나는 복통이나 식중독이 아니었다. 그런데도 수년 동안 끊임없이 구역질과 식욕부진에 시달렸다.

이것이 2002년경 내 모습이다. 당시 나는 무리한 스케줄에 쫓기느라 극도로 시간을 쪼개가며 생활했다. 강박적으로 성취욕에 따랐고 신체적 기량을 키우려고 힘든 운동에도 중독됐다. 직장에서는 한없이 쾌활했지만 집에 오면 걷잡을 수 없는 기분 변화와 갑작스러운 울음을 견뎌야 했다. 내 머릿속은 끝도 없는 '해야 할 일' 목록과 최악의 시나리오에 대비한 생각들로 넘쳐났다. 속으로는 안 좋은 일이 벌어질까 봐 전전긍긍하면서도 겉으로는 자신감 넘치는 척하느라 내 몸은 극도로 긴장된 상태였다. 나는 심한 폐소공포증과 군중, 교통, 시끄러운 소음, 밝은 빛에 과민 반응을 보였다. 불면증과 끔찍한 악몽 사이를 오가며 잠도 거의 이루지 못했다.

이제 와 돌이켜보면 그날 아침 내 몸이 내게 전한 메시지는 영리하고 극적이며 정확했다. 말 그대로 이 (망할) 프로젝트에 진저리가 났고 휴식이 절실히 필요하다는 메시지였다.

하지만 그때 나는 이 메시지를 생각할 시간이 없었다. 당장 학위 논문 심사일이 코앞에 닥쳐 있어 시간에 쫓기고 있었으니 말이다.

그래서 나는 몸에서 보내는 이 극단적인 신호를 무시하고 계속 글을 썼다. 결국 기한 내에 완성된 논문을 제출했다. 박사 학위 논문 심사를 성공적으로 통과했고 그해 가을 예정대로 펠로우십을 시작했다.

나는 또 일에 중독된 만신창이가 됐다.

그렇다면 나는 어쩌다 이 지경이 됐을까? 나는 어쩌다 하버드 박사 학위 논문에 토하고 말았을까? 그날 아침 내 몸은 왜 나한테 그런 극단적 신호를 보냈을까? 그리고 왜 나의 (거의 무의식적인) 디폴트 반응은 그 신호를 그냥 무시하고 계속 밀어붙이는 것이었을까?

이런 질문에 답을 찾으려는 노력이 지난 15년 동안 내 연구에 여러모로 동기를 부여했다. 사실 나는 국제 안보를 가르치는 정치학자이다 보니 2002년 키보드 사건을 내 몸이 성공과 성과를 갈망하는 내 정신에 반란을 일으켰다고 이해했다. 물론 이 설명에는 자체적 해결책이 내재해 있다. 반란을 진압하는 것이다. 바꿔 말하자면 그냥 의지력과 결단력의 깊은 우물을 길어 올려 장애물을 극복하는 것이다. 그럴 수 없다면 그냥 정신력이 약하고 게으른 것 아니겠는가?

수십 년 동안 나는 이렇게 내 몸과 감정을 무시하고 억누르는 내 능력을 바람직하게 여겼다. 이것이 강인함, 자기 규율, 결단력의 표시라고 믿었던 것이다. 어찌 보면 정말 그렇기도 했다. 하지만 이 책에서 설명하듯이 다른 관점에서 보면 그런 디폴트 전략은 사실 내 성과와 행복을 방해하고 있었다.

물론 이런 상황에 처한 사람이 나 하나만은 아니다. 많은 사람이 '그냥 참고 견디며 계속 밀어붙이라'거나 '장애물을 극복하라'고 말할 때 보통 이런 경험을 하게 된다. 현대 미국 문화와 특히 전사 문화는 이 같은 삶의 방식을 높이 산다. 아마 누구나 성공을 향한 집념으로 극한의 역경을 극복하거나 장애물을 뚫고 나아가는 사람들의 얘기를 들어봤을 테고 어쩌면 감탄까지 했을지도 모른다. 그리고 뒤에서 설명하겠지만 많은 현대 문명의 이기가 오로지 우리의 '그냥 참고 견디며 계속 밀어붙이기' 중독을 부추기기 위해 존재한다. 이런 식으로 스트레스를 극복하는 자기 결정 능력은 존경할 만한 것이고 또 당장 생사가 걸린 상황에서는 생존에 절대적으로 중요하겠지만 이 같은 삶의 방식은 장기적으로 상당히 암울한 결과를 초래할 수 있다.

나는 평생 그냥 참고 견디며 계속 밀어붙이는 습관에 의존한 덕분에 논문 마감일을 맞추는 것 말고도 많은 일을 해냈다. 몇 가지만 예를 들자면 그 습관 덕분에 심한 아킬레스건 부상을 입고도 육체적으로 매우 혹독한 군대 자격 심사에서 상위 5퍼센트 안에 들었고 장도리 끝으로 오른발 뒤꿈치를 1인치쯤 찔리는 사고를 당한 지 7일 만에 거의 4시간 기록으로 마라톤을 완주했으며(그것도 영하에 가까운 비 오는 날씨에!), 1995년 데이턴 평화협정Dayton Peace Accord이 체결된 후 내가 속한 미 육군 부대가 보스니아로 파견되기 전까지 매주 120시간씩 근무하면서도 새로운 외국어를 꽤 능숙한 수준까지 배웠다.

동시에 나는 여러 해 동안 곤란한 이중생활을 해야 했다. 겉으로는 (우리 사회에서 흔히 규정하는) 성공한 모습이었어도 속으로는 남몰래 각종 증상에 시달리며 간신히 버티고 있는 실패자였다. 아무리 독하게 버텼어도 나는 결국 시력을 잃었고 결혼 생활을 포기한 후에야 비로소 더 쉬운 길이 있다는 사실을 깨달았다. 이 책은 내가 어떻게 이런 분열을 치유했고 당신도 그럴 수 있는지에 관한 얘기다.

이 책의 목표

──────────── 나는 개인적으로 내 심신의 반란과 그것이 내 인생에 미친 파괴적 영향을 이해하려고 탐색하는 과정에서 자연히 직업적으로도 인생의 역경, 장기간의 스트레스 노출, 트라우마가 우리에게 어떤 영향을 미치고 의사 결정과 성과에는 어떤 영향을 미치는지에 관한 연구를 병행했다. 이 과정에서 나는 스트레스가 심한 환경에서 일하는 사람들을 위한 회복탄력성 훈련 프로그램인 마음챙김 기반 마인드 피트니스 훈련Mindfulness-based Mind

Fitness Training, MMFT®을 만들었는데 이것은 뒤에서 더 자세히 소개하겠다. 또 신경과학자, 스트레스 연구진과 협력해 미 국방부와 다른 재단에서 후원한 4건의 연구를 통해 파병 준비를 하는 군인들에게 MMFT('엠피트M-fit'라 발음한다)의 효능을 시험하기도 했다. 나는 MMFT 강사들을 훈련하고 인증했을 뿐 아니라 직접 이라크와 아프가니스탄에 파견된 수백 개 부대와 그 밖의 많은 군 지도자, 병사, 퇴역 군인에게 MMFT를 가르쳤다. 또 수천 명의 민간인에게도 MMFT의 개념과 기술을 가르쳤는데 그중에는 의료인, 첩보원, 소방관, 경찰관, 기타 법 집행관, 변호사, 외교관, 사회복지사, 학생, 교사 및 학자, 경비가 가장 삼엄한 감옥의 재소자, 재난 구호요원, 운동선수, 국회의원, 고위 공무원, 기업 임원 등이 있었다.

나는 온전성wholeness을 추구하는 여정에서 다양한 종류의 치료, 요가, 명상, 무속과 정신 훈련을 비롯한 여러 도구와 치료 기법을 사용해왔다. 2002년 말부터는 매일 마음챙김 수행을 이어왔다. 또 미얀마 사원에서 불교 승려로 지내면서 오랫동안 수차례 집중적 묵언 수행을 마쳤다. 마지막으로 수년간 임상 훈련과 슈퍼비전을 받은 끝에 신체 기반 트라우마 치료법 중 가장 잘 알려진 SESomatic Experiencing(신체 경험) 전문가 자격증을 따는 데 성공했다.

이런 풍부한 경험을 쌓으면서도 나는 종종 특정한 기법이 왜, 어떻게 효과가 있거나 없는지 그리고 그 기법에 대한 내 반응이 왜 다른 사람의 반응과 현저히 다른지 명쾌하고 일관되게 설명하는 사람이 없다는 점을 발견했다.

따라서 내가 MMFT를 만든 애초의 의도와 이 책의 첫 번째 목표는 내가 발견한 로드맵을 당신과 공유하는 것이다. 나는 MMFT를 이론적으로 뒷받침하는 주요 과학과 지적 개념을 공유하고자 한다. 그렇지만 분명히 밝히건대 이 책은 MMFT 과정이 아니다. MMFT에서 직접 언급하지 않는 추가 주제를 다루는 반면 당연히 MMFT의 모든 경험적 수행 과정을 수록하지는 못한다. 나는 최신 연구 결과를 바탕으로 스트레스와 트라우마 사건이 발생하는 동안 또는 그 전후에 더 많은 회복탄력성을 발휘할 수 있도록 스스로 훈련하는 방법을 설명할 것이다. 바람이 있다면 당신이 이 책을 다 읽고 나서 자신의 신경생물학적 구조를 더 잘 이해하고 그에 따라 더 나은 결정을 내림으로써 불필요한 불안을 겪지 않고 자신의 불완전함이나 선택을 비난하지 않는 것이다.

온전성을 추구한 내 여정이 몇 년씩 걸린 이유는 사실 그런 근본적인 변화를 이루는 데 빠른 해결책이란 존재하지 않기 때문이다. 뇌와 신체를 재배선해 능력을 키우고 회복탄력성을 기르려면 오랜 시간에 걸쳐 통합적으로 훈련해야 한다. 근력을 키우고 심혈관 기능을 향상하려면 수개월간 꾸준히 운동해야 하듯이 마인드 피트니스 훈련에서 성과를 얻기 위해서도 오랜 시간에 걸친 꾸준한 연습이 필요하다. 꾸준히 연습하다 보면 일부 변화는 비교적 빠르게 확인할 수 있지만 다른 변화들은 드러나기까지 더 오랜 시일이 걸린다. 그러나 이 책을 읽는 것만으론 어떤 변화도 이룰 수 없다. 그러므로 나는 당신이 이 책의 어떤 내용도 말로만 받아들이는 데 그치지 말고 삶에 적용하고 관찰하기를 바란다. 뇌와 신체를 새롭게 바꾸는 것은 체화를 통해 이뤄지는 일이다. 이것이 기본적인 자연법칙이고 여기에 지름길이란 없다.

이 책은 군인, 소방관, 경찰, 의료진, 응급구조대원 등 스트레스가 심한 직업군에서 얻은 많은 근거에 기반을 둔다. 스트레스, 회복탄력성, 성과, 의사 결정에 관한 검증받은 많은 경험적 연구가 이 집단을 대상으로 수행됐기 때문이다. 이 같은 맥락에서 학대나 트라우마로 고통받는 사람들에 대한 임상적 발견으로 이 책이 다소 무겁게 느껴질 수도 있다. 그렇지만 당신이 스트레스를 많이 받는 직업군이 아니거나 트라우마 경험이 없다고 해도 오늘날의 세계를 살아가는 사람이라면 이 책은 분명히 당신과 연관이 있다. 우리 몸과 마음이 어떻게 작동하고 스트레스와 트라우마를 겪는 동안이나 전후에 어떻게 의사 결정을 내리는지를 뒷받침하는 과학적 근거는 우리 모두에게 적용되기 때문이다.

그러나 나는 이 책이 단지 스트레스를 더 잘 이해하고 관리하는 데만 도움이 되기를 바라지는 않는다. 내 두 번째 목표는 우리가 개인적으로나 집단적으로 스트레스와 트라우마에 접근하는 방식을 폭넓게 성찰하는 것이다. 앞서 얘기했듯이 내가 2002년에 겪은 심신의 반란은 내 조건화의 산물이었고 그래서 뿌리 깊은 가족·사회·문화적 신념과 가치관, 대처 전략과 습관이 구현됐다. 나는 이 책에서 우리의 스트레스와 트라우마를 악화하고 성취와 행복을 해치는 근원적 구조를 폭로하고 싶다. 이 구조는 우리 개개인이 스트레스를 극복하는 전략에만 영향을 미치는 게 아니다. 우리가 가족과 어울리는 방식과 다른 관계를 맺는 방식, 아이들을 양육하고 교육하는 방식, 직원들을 훈련하고 평가해 보상하는 방식, 나아가 기업과 공공

기관을 조직화하는 방식에도 영향을 미친다. 심지어 우리나라가 다른 나라들과 상호작용하는 방식에도 영향을 미친다.

　이런 전략들이 과연 기대하는 결과에 알맞고 그 결과를 가져올 수 있을까? 우리 문화는 모순되게도 둘 다를 원하는 듯하다. 즉, 더 나은 성과, 회복탄력성, 행복을 원하면서도 정작 그것들을 방해하는 맹점들은 들여다보지 않기를 원하는 것이다. 이런 모순된 측면은 얼마나 많은 사람이 스스로 선택의 여지가 없다고 생각하는지, 즉 직업 스트레스, 건강 문제, 급속한 기술 변화, 유해한 뉴스 앞에서 무력하다고 느끼는지에서도 드러난다. 그러나 우리는 이런 문제들과 상호작용하는 방법을 바꾸고 더 적극적으로 관계를 맺을 수 있다. 궁극적으로 우리에게 주체성이 있다고 느끼려면 명확한 의도는 물론, 자각과 자기 조절 개발에 유용한 기술의 꾸준한 연습, 삶의 다양한 측면에 매기는 우선순위의 신중한 선택 등이 필요하다.

　나는 임상의나 신경과학자가 아니다. 결국 내가 할 수 있는 얘기는 나 자신의 살아 있는 경험, 즉 내가 살아오는 동안 견뎌온 스트레스와 트라우마 경험, 나 자신의 회복 여정 그리고 수천 명을 가르치며 얻은 관찰과 통찰이다. 나는 숱한 현장에서 MMFT를 가르치며 실로 다양한 스트레스와 트라우마 사건을 겪는 사회 각계각층의 사람들을 만나왔다. 그러므로 이 책에서는 내 얘기 외에 그들의 얘기도 일부 소개할 것이다. 사생활 보호를 위해 그들의 이름과 세부 정보는 일부러 바꿨다.

　이 책은 회고록은 아니지만 어쩔 수 없이 나 자신의 스트레스, 트라우마, 회복 경험을 담고 있다. 여기서 중요한 점은 스트레스나 트

028

라우마 사건의 영향과 내가 이 책에 소개한 기법들을 이용해 마침내 완전히 회복하기 시작했을 때 일어났던 근본적 변화들이다. 이 책에 내가 붙들고 씨름하며 터득하지 않은 것은 단 하나도 없다.

나는 1970년 군인 집안에서 세 자매 중 맏이로 태어났다. 스탠리 Stanley 가문에는 미국 독립전쟁 이래 각 세대마다 군인이 있었고 남북전쟁 때는 북부와 남부 양측에서 싸웠다. 할아버지는 양차 세계대전과 한국전쟁 동안 아시아에서 보병 부사관으로 전투를 치렀고 사이사이 독일의 전후 점령군으로 참여했다. 아버지는 30년간 기병 장교로 복무했고 베트남 전쟁에도 거의 2년간 참전했다. 스탠리 가문의 군인 계보를 이은 최초의 여자가 나였고 내 여동생 하나가 내 뒤를 잇고 있다. 나는 냉전 시대에 군인 자녀로 태어나 대학에 가기 전까지 10번이나 이사했고 해외에서 많은 시간을 보냈으며 독일인 학교에 다녔다. 때때로 폭력을 쓰는 알코올의존자 가정에서 자랐다. 또 어린 시절 직계가족 외의 지인과 모르는 사람들에게 성적 학대, 스토킹, 수차례의 폭행, 강간을 당했는데 대부분 대학 입학 전에 일어난 사건들이었다.

나는 임관된 후 한국, 독일, 발칸반도 등 해외에서 미 육군 정보장교로 복무했다. 하필 냉전 이후 군대가 축소되던 시기라 나는 한 번도 군대에서 내 계급에 맞는 역할을 해본 적이 없었다. 항상 상위 직급에 해당하는 보직을 맡았고 종종 두 계급 위의 일을 맡기도 했는데 이런 경험의 격차는 상당히 도전적이었다. 예를 들어 나는 중위로 진급한 직후 몇 달 동안 소령 역할을 대행했다. 강도 높은 군사훈련과 파병으로 장기 스트레스에 노출된 것 외에도 근무 중 성희롱을 당했고 그 사실을 보고한 후에는 사령부의 보복을 당했다. 그 보복으로 결국 나는 현역 장교를 관두게 됐다. 그 후 2년간 관련 수사가 진행됐고 그동안 대학원에 다니다 가해자들의 높은 계급 때문에 정식으로 미국 국방부 내부고발자로 지정됐다. 나는 끝내 보복성 거짓 고발에 무죄판결을 받았고 다른 사람들이 그 책임을 졌다.

그 모든 스트레스와 트라우마는 어디로 갔을까? 대부분 내 몸속에 고스란히 쌓였겠지만 나는 그 많은 정신적·신체적 폭력과 배신의 누적된 결과를 구획화하고 무시하고 부정하고 모른 척했다. 대신 나는 (4번째 옮긴) 고등학교의 학생회장이자 졸업생 대표 되기, 예일대·하버드대·MIT에서 학위 취득하기, 내 분야에서 전국적으로 가장 권위 있는 프로그램의 하나인 조지타운대학교의 종신 재직권 얻기 같은 노력과 성취에 온몸을 내던졌다. 우리 사회에서 흔히 이해하는 대로 나는 회복탄력성이 있어서 막대한 스트레스를 견뎌내며 잘 기능할 수 있었다. 하지만 이런 강박적 노력에 열중하느라 실제 무슨 일이 벌어지는지 알아차릴 만큼 속도를 늦출 수는 없었다. 실은 내 선택들이 내 회복탄력성을 가차 없이 해치고 있었던 것이다. 그냥 참고 견디며 계속 밀어붙인다면 막대한 성취와 성공을 앞당길 수 있다… 더 버티지 못하기 전까지는 말이다.

내가 여러 해 동안 폭력과 배신의 누적된 결과를 억압하는 동안 내 몸은 그 부정에 따른 부담을 짊어졌다. (이 역시 회복 과정 없이 스트레스와 트라우마가 장기화되면 흔히 나타나는 결과로 신체화somatization라고 한다.) 나는 20대 초반부터 30대 중반까지 만성 호흡기 질환, 축농증, 천식, 각혈, 불면증, 편두통 등에 시달렸다. 보스니아에 있을 때는 폐렴이

완치되지 않은 채로 병사들과 함께 폭격당한 건물을 철거하다가 콘크리트 먼지에 노출돼 완전히 숨이 멈추고 사망 직전까지 갔다 살아난 적도 있었다. 내 신체적 건강 쇠약은 2004년 절정에 달해 당시 나는 세 차례 시신경염을 앓는 동안 시력이 약해졌고 약 3주간은 완전히 실명 상태로 지냈다. (군 현역 시절 진드기에 물려 걸린 라임병을 치료하지 않은 것이 원인이라고 2012년 진단받았다.) 이런 문제 중 일부는 처음에는 스트레스와 무관해 보일 수 있어도 모두 스트레스와 관련된 두 가지 근본 원인, 즉 전신 염증 및 면역 기능 손상과 연관됐다. 더욱이 내가 스트레스와 트라우마를 더 오래 억압할수록 그 대가는 더 커졌고 결국 외상후스트레스장애(이하 PTSD)와 우울증으로 이어져 내 몸 상태는 더욱 악화됐다.

여기서 나는 자신의 경험을 타인의 성공이나 실패와 견줘 생각하는 '비교 심리'가 인간의 전형적 특징임을 인정하고 싶다. 사실 내가 마인드 피트니스를 가르칠 때 공통적으로 접하는 문제도 사람들이 너무나 자주 자기 삶의 스트레스 요인과 사건을 남들과 비교하며 자신의 상태를 '그렇게 나쁘지는 않다'고 대수롭지 않게 여기는 것이다. 이 책의 뒷부분에서는 이런 습관적 비교가 어떻게 스트레스로부터의 회복을 방해하는지 설명할 것이다. 그러니 만약 내 삶의 얘기를 읽으면서 그런 비교를 하고 있다는 것을 스스로 알아차렸다면 그 습관을 인정하고 당장 버릴 수 있는 방법을 찾아보기 바란다.

모든 삶이 그렇듯이 내 삶에도 고유한 굴곡과 어려움이 있었는데, 아동기 역경, 군 복무 중의 극심한 스트레스, 그 후 PTSD로 이어지는 긴 여정은 인간의 몸과 마음에서 벌어지는 조절 장애 증상의 전형적 예라 할 수 있다. 스트레스 각성에 대한 내 인내의 창window of tolerance(외부 자극을 견딜 수 있는 범위-옮긴이)은 초년기 사회 환경에 맞춰 적응적으로 형성됐다. 그 창은 내가 적절한 회복 없이 장기간 스트레스와 트라우마에 노출되는 동안 좁아졌다. 또 계속 앞으로 밀고 나가기 위해 내 몸의 신호를 무시하던 습관 때문에 더욱더 좁아졌다. 마침내 그에 따른 증상이 나타나면서 현명하고 일관되며 건강하고 행복하게 기능하는 내 능력은 심각하게 손상됐다.

사실 내가 2002년 키보드에 토할 때만 해도 아직 몰랐지만 내 몸과 마음을 재배선해 마침내 인류의 유산인—그러나 대부분의 사람들이 접근하지 못하도록 조건화된— 심신의 협력적 관계에 도달하려면 수년간의 집중적 재조건화 과정이 필요했다. 내가 병들어버린 내 일부—즉, 나의 '약하고', '역기능적인' 몸, 통제 불가하며 '비이성적인' 감정, 비밀스럽고 부끄러운 대처 행동 등—를 비판단적 호기심으로 돌아보고 내 온전한 자아whole self를 조금도 빠짐없이 명확히 보고 이해하고 치유하고 바꾸기 위해서는 수년간의 강한 의도와 강도 높은 훈련이 요구됐다.

이 과정을 통해 나는 내 증상의 상당 부분이 과거에 구획화하고 부정한 경험에서 비롯됐음을 이해하게 됐다. 힘든 일들을 겪을 때 경험의 진실이 내 정신으로 감당하기에 너무 벅찼기 때문에 나는 그것들을 내 의식 바깥에, 내 몸 안에 그리고 나의 대처 행동에 영향을 미치는 무의식적 신념 패턴 안에 저장해뒀던 것이다. 나는 내 몸을 다시 자각한 후에야 마침내 회복돼 건강한 기준치로 돌아갈 수 있었다. 그 과정에서 미래에 더 많은 스트레스를 받더라도 더 낫게 기능할 수 있도록 내 인내의 창이 확대됐다. 나는 드디어 내 심신의 반란 상태를 심신의 동맹 상태로 바꿀 수 있었고 그토록 오랫동안 무시해 왔던 선천적 유기체의 지능에 접근하게 됐다. 나는 온전한 자아에서 오는 단서들을 믿는 법을 배운 덕분에 비로소 내 삶을 오롯이 직면할 수 있었다. 내가 원하거나 기대하는 식이 아니라 있는 그대로의 내 삶을 마주하게 됐고 그럼으로써 그에 대응하는 효과적 선택을 할 수 있었다. 나는 마침내 2002년에 느꼈던 것보다 더 많은 기쁨, 창조성, 편안함을 느끼고 더 많은 사람과 연결된 채로 인생의 물결을 항해하게 됐다.

앞으로의 대화를 위한 준비

──────────────── 앞으로 함께 나아가기 전에 몇 가지 기본 정의와 원칙을 공유할 필요가 있다. 더 자세한 얘기는 이 책의 뒷부분에서, 특히 2부에서 나눌 것이다.

첫째, 이 책에서 인간 유기체 전체를 지칭할 때는 좀 투박하지만 '심신 체계mind-body system'란 용어를 사용할 것이다. 이것은 뇌, 신경계, 신경전달물질(뇌와 신경계의 소통 방식), 면역계, 내분비계(호르몬) 그리고 몸, 장기, 골격, 근육, 근막, 피부, 체액 등을 의미한다.

우리 뇌는 각각의 부위가 특정한 방식으로 정보를 처리하고 우리를 보호하면서 응집성 있는 전체로 기능하도록 설계됐다.[1] 사실 이 부위들은 회로망이 중첩되지만 나는 각 기능에 따라 영역을 구분할 것이다. 뇌에서 가장 최근에 진화한 부위는 신피질이다. 나는 이 영역을 '사고 뇌thinking brain'라고 부를 것이다. 사고 뇌는 하향식top-down 처리 방식으로 작동해 우리 경험에 주로 수의적이고 의식적인 인지 반응을 이끈다. 사고 뇌는 의식적 의사 결정, 윤리적 선택, 추론, 추상화, 분석 능력을 책임진다. 또 우리가 집중하고 기억하며 관련 정보를 업데이트하고 결정을 내릴 수 있게 해준다. 이런 기능을 지원하기 위해 사고 뇌는 특정 시공간 내에 정보를 위치시키는 명시적 학습 및 기억 체계를 갖고 있어 우리는 의도적으로 이 체계에 접근할 수 있다. 우리가 머릿속에서 끊임없이 듣는 사고, 비교, 판단, 서술하는 논평이 바로 사고 뇌의 것이다. 이것이 기대하고 분석하고 계획하고 숙고하고 결정하는 우리를 보호하는 사고 뇌의 전략이다.

이에 반해 내가 '생존 뇌survival brain'라고 부르는 영역은 진화적으로 더 오래된 변연계, 뇌간, 소뇌로 구성돼 있다. 이 뇌 부위는 우리의 감정, 관계, 스트레스 각성, 습관, 기본적인 생존 기능에 핵심 역할을 한다. 생존 뇌는 상향식bottom-up 처리 방식으로 작동해 우리 경험에서 감정, 신체감각, 발성, 신체의 행동 경향 등 불수의적인 정서적·생리적 반응에 관여한다. 생존 뇌의 가장 중요한 기능 중 하나는 신경지neuroception다.[2] 신경지란 내부 및 외부 환경을 빠르게 스캔하며 기회/안전/쾌락 및 위협/위험/고통을 감지하는 무의식적 과정이다. 생존 뇌의 보호 전략은 매우 간단하다. 전자(기회)에 접근하고 후자(위협)를 피하는 것이다. 신경지를 지원하기 위해 생존 뇌는 암묵적 학습 및 기억 체계를 갖고 있는데 이는 사고 뇌를 우회해 빠르게 자동적, 무의식적으로 작동한다. 이 체계는 의식적 의도나 노력 없이 모든 경험을 통해 끊임없이 암묵적 기억을 획득한다. 중요한 것은 생존 뇌는 언어를 사용하지 않아서 생각이나 서술을 통해 우리와 소통할 수 없다는 점이다. 대신 생존 뇌는 신경전달물질과 호르몬을 활성화해 기회에 접근하거나 위험을 피하려는 조건화된 충동과 관련된 신체적 감각과 감정적 단서를 생성한다. 그래서 '상향식 처리'라고 부르는 것이다. 그러나 일단 우리가 신체적 단서를 자각하고 나면 사고 뇌에서 의식적 의사 결정을 위해 그 정보를 사용할 수 있다. 사고 뇌는 생존 뇌에서 벌어지는 일을 직접적으로 알 수는 없지만 정서적·생리적 각성 상태에서 생존 뇌의 영향을 확인할 수 있다. 사고 뇌와 생존 뇌는 함께 이른바 '마음mind'을 구성한다.

뇌에 대한 마지막 정보는 자각awareness이 사고 뇌에 속하지도 않고 생존 뇌에 속하지도 않는다는 것이다. 자각은 사고 뇌의 인지적 활동과 생존 뇌의 스트레스나 정서적 각성과는 다르다. 이 모든 것보다 자각이 더 크다. 그래서 우리는 생각, 감정, 신체감각, 몸의 자세, 체온, 움직임에 주의를 기울일 수 있다. 마음챙김 기반 훈련은 주의를 향하고 유지하는 방법을 배우는 것으로 자각을 안정화하는 데 도움이 되며 나아가 다양한 심신 경험을 의식하고 배우고 조율할 수 있게 해준다.

생존 뇌와 나머지 신체 부위를 연결하는 자율신경계는 의식적 자각 밖에서 장기 기능을 비롯해 다양한 신체 기능을 자동 통제하는 역할을 한다. 자율신경계는 이 책의 뒷부분에서 더 자세히 살펴볼 것이다. 일단은 자율신경계가 스트레스 각성과 회복을 책임지면서 몸이 당면한 생존 욕구나 스트레스 각성 때문에 보류한 장기적 과업에 집중하게 만든다는 중요한 사실만 짚고 넘어가겠다. 또 자율신경계는 우리가 다른 사람들과 어울리고 상호작용하는 패턴에도 중요한 역할을 한다.

스트레스는 우리가 생존 뇌에서 위협적이거나 도전적이라고 인식하는 경험을 할 때마다 심신 체계가 보이는 내적 반응이다. 현대 사회에서는 스트레스를 원흉으로 취급하거나 낭만화하지만 사실 스트레스는 우리 심신 체계에서 위협이나 도전에 대응하기 위해 에너지를 동원한 것에 지나지 않는다. 나는 이런 과정을 스트레스 활성화 또는 스트레스 각성이라 부른다. 실제로 우리는 스트레스 활성화를 통해 내적 균형을 일시적으로 동요시켜 당면한 위협이나 도전을 성공적으로 처리할 수 있다. 위협이나 도전이 사라지고 나면 이상적으로는 남아 있던 모든 활성화를 배출해 본래의 기준치로 완전히 돌아가게 된다.

내적 균형을 동요시킨 후 다시 조절되는 기준치로 돌아오는 과정을 생체 적응allostasis이라고 한다. 생체 적응은 우리가 적절한 양의 에너지를 동원해 위협이나 도전에 잘 대처하는 데 집중하게 해준다. 그러나 만성적이거나 장기적인 스트레스를 받으면 우리의 심신 체계는 스트레스를 경험한 후에도 완전한 회복을 이루지 못하고 늘 활성화된 상태로 남게 된다.

트라우마 역시 스트레스와 연속선상에 있는 내적 반응이다. 그러나 모든 스트레스가 트라우마로 이어지는 것은 아니다. 스트레스를 받는 동안 스스로 무기력하거나 통제력이 부족하다고 인식하면 트라우마가 생길 수 있다. 특히 현재의 위협이나 도전에 과거 삶에서 경험한 트라우마 사건과 관련된 단서나 촉발 요인이 포함된 경우 트

라우마가 생길 가능성이 높다.[3]

만성 스트레스나 트라우마를 겪은 후 적절한 회복이 뒤따르지 않으면 심신 체계는 활성화된 상태를 유지하며 내적 균형 상태로 돌아가지 않는다. 시간이 지나면서 뇌, 자율신경계, 면역계, 내분비계 등 생체 적응에 관련된 내부 시스템에서 조절 장애가 나타난다. 그러면 생체 적응이 제대로 기능하기를 멈추고 생체 적응 부하가 누적되기 시작한다. 생체 적응 부하가 누적될수록 우리는 다양한 신체적·정서적·인지적·영적·행동적 증상으로 나타나는 조절 장애를 경험한다. 예를 들어 나는 20대 초반 이미 적절한 회복 없이 10여 년간 만성 스트레스와 트라우마를 겪어온 상태였다. 그래서 나는 생체 적응 부하가 심각하게 누적됐고 우울증, PTSD, 불면증, 만성적 구토, 질주하는 생각racing thought, 과잉 각성, 만성적 신체 질병, 여러 가지 부적절한 대처 행동 등 많은 조절 장애 증상을 보였다.

사실 성취든 증상이든 내 과거 경험들이 극단적으로 보인다면 많은 면에서 실제로 극단적이기 때문이다. 극단적 행동은 보통 극단적 조절 장애와 연관돼 자신이 아는 최선의 방법을 감추고 억누르고 부정하고 자가 처방하거나 극단적 조절 장애로 대처하는 사람의 특징이다. 앞서 말했듯이 나한테는 그냥 참고 견디며 계속 밀어붙이는 것이 주된 대처 전략이었지만 당신에게는 더 깊이 와닿는 다른 방법들이 많을 것이다. 중독, 담배나 약물 남용, 섭식 장애, 불륜, 아드레날린을 추구하는 행동, 강박적 행동, 자해, 가정 폭력, 과격한 폭력, 고립, 해리, 극심한 미루기, 마비 등 말이다. 이 책 전반에서 이 방법들을 더 자세히 살펴볼 것이다.

그러므로 당신 자신의 삶에서 이런 역학이 어떻게 나타나는지 인식하기 바란다. 이 역학은 우리 모두에게 다양한 정도로 영향을 미친다. 홍수, 교통사고, 실직, 사랑하는 사람의 상실 같은 고통스럽거나 외상적 사건을 당한 후 심신 체계를 재조정하지 못한 사람은 누구나 이 역학을 공유한다. 또 마감일을 맞추려고 벼락치기를 하거나 단 며칠도 쉬지 않고 장기간 과로하는 등 적절한 회복 없이 장기적 스트레스 속에서 습관적으로 심신 체계를 무리하게 확장하는 사람도 이런 역학을 공유한다.

이런 정의에서 알 수 있듯이 스트레스와 트라우마는 연속선상에 있다. 우리 사회에서는 보통 만성적 스트레스(충분한 휴가가 없는 수년간의 일중독 상태 등)를 쇼크 트라우마(테러 공격, 성폭행, 교통사고 등)와 매우 다르게 여기고 이 두 가지를 또 발달적·관계 트라우마(폭력, 학대, 방임 가정에서의 성장 등)와 구분한다. 물론 이 범주들을 하나로 합치려고 하거나 모두 같은 범주라고 주장하는 것은 아니다. 우리가 다양한 종류의 사건을 이해하는 개인적·집단적 방식으로 보자면 이 사건들은 절대 같은 범주가 아니다. 하지만 우리의 뇌, 자율신경계, 몸 등의 신경생물학적 구조가 사건을 이해하는 방식으로 보자면 이들은 상당히 비슷하다. 실제로 스트레스가 심한 사무직 근로자가 받는 영향은 우리가 일반적으로 예상하는 것보다 PTSD에 시달리는 참전 용사가 받는 영향과 유사하다.

우리가 스트레스와 트라우마의 연속선상에서 어느 지점에 서 있는지는 우리 심신 체계가 (의식적 또는 무의식적으로) 현재 상황을 어떻게 인식하는지와 깊은 관련이 있고 특히 그 상황에서 스스로 느끼는 주체성과 밀접히 관련된다. 스스로 주체성이 적다고 생각할수록 해당 사건은 우리 심신 체계에 더 큰 충격을 줄 것이다. MMFT는 이 원칙에 기반을 두고 있다.

MMFT의 목표는 아무리 도전적이거나 스트레스가 심하거나 정신적 충격이 큰 상황에서도 주체성을 찾고 선택할 수 있는 능력을 기르는 것이다. MMFT는 같은 목표를 가진 수천 년의 전사의 전통에 바탕을 두고 지혜와 용기를 길러준다. 지혜와 용기는 주체성을 찾고 스트레스를 받은 동안 적응적으로 기능하며 그 후 회복하는 데 꼭 필요한 자질이다. 이 책에서는 주체성에 접근하는 방법을 미시적 수준(심신 체계 내)과 거시적 수준(타인이나 외부 환경과의 상호작용)으로 나눠 소개한다.

다람쥐 쳇바퀴 위의 삶

──────────────── 우리는 갈수록 빠르게 변화하는 세상에 살고 있다. 기술적 혁신, 특히 유전학, 나노기술, 신경과학, 로봇공학, 인공지능 분야의 혁신은 점점 가속화해 사회적·윤리적·철학적으로 엄청난 파문을 일으키고 있다.

또 정치적 분열, '가짜 뉴스', 사회제도에 대한 불신이 점차 증가하는 한편 '흑인의 목숨도 소중하다Black Lives Matter' 운동과 미투#MeToo 운동은 인종차별주의, 성차별주의, 호모포비아, 성폭력 등의 해묵은 사회 양상을 새롭게 조명하고 있다. 2017년 미국 성인의 59퍼센트는 현재가 그들이 기억할 수 있는 미국 역사상 최저점에 있다고 대답했다. 이것은 제2차세계대전, 베트남 전쟁, 9.11 테러를 겪은 사람들을 포함해 모든 세대의 미국인이 공유하는 느낌이었다.[4] 인류 갈등 외에도 인구과잉, 기후변화, 6,500만 년 전 공룡 멸종 이래 최대의 대량멸종 등은 지구의 생물다양성, 건강, 수용력을 위협하고 있다.[5]

새삼스럽지만 이 모든 점을 고려하면 인간의 심신 체계가 20만 년 전 처음 설계됐고 그 후로 거의 변하지 않았으니 이 세상의 변화를 따라잡기에는 너무 취약하고 부실해 보이는 것도 놀랄 일이 아니다.

몇 가지 지표로 볼 때 오늘날 미국은 세계에서 가장 폭력적이고 스트레스가 심하며 트라우마에 시달리는 국가다. 미국의 총기 사망률은 10만 명당 3.85명(대부분 자살)으로 캐나다의 8배, 독일의 32배 수준이라 사회경제적으로 비슷한 국가들보다 훨씬 높다. 미국에서는 2012년 12월~2017년 10월까지 1,500건 이상의 총기 난사 사건이 발생해 최소 1,700명이 사망하고 6,100명이 부상당했다.[6] 1인당 총기 난사 비율이 미국보다 높은 나라는 오로지 내전에 휘말려 국경이 무너진 예멘뿐이다.[7] 더욱이 미국 거주민 중 2016년 강간/성폭행, 강도, 가중(무기를 사용하거나 중상해를 입히는 폭행-옮긴이)/단순 폭행 등의 폭력 사건에 희생된 사람은 570만 명으로 1,000명당 21.1명꼴에 달한다.[8] 미국은 교정 시설 수감자도 230만 명 이상으로 세계 최고 수감률을 기록한다.[9]

아울러 미국 성인 89퍼센트가 평생 한 번 이상의 트라우마적 사건을 경험했다고 응답했고 대부분의 성인은 다수의 트라우마적 사건에 노출됐다고 보고했다.* 물론 트라우마적 사건을 경험한 모든 사람이 트라우마를 겪지는 않는다. 미국 남성 4~6퍼센트와 여성 10~13퍼센트가 일생에 한 번 이상 PTSD에 시달린다. 평생의 PTSD 발병률은 전쟁에 노출된 남성과 성폭력 피해 여성의 경우 3배 이상 높다.[10] PTSD는 단독으로 발병하는 경우가 거의 없으며 대부분 약물 남용, 주요 우울증, 불안 장애를 동반한다. PTSD와 이 공존 질환 중 하나를 겪는 사람들은 배우자 폭력과 자살 행동 가능성도 훨씬 높아진다.[11]

트라우마와 무관해 보이는 다른 통계들도 실은 미국의 심각한 트라우마 수준을 시사한다. 현재 미국 성인 약 25퍼센트가 정신 질환을 앓고 있으며 절반 가까이가 평생 1회 이상의 정신 질환에 시달린다. 정신 질환은 암과 심장병 등 다른 어떤 질병보다 더 많은 장애를 유발한다.[12]

더욱이 정신건강 진단율은 시간이 흐를수록 증가해왔다. 아마도 진단 편람에 더 많은 정신 질환이 포함되고 더 빈번히 보고되기 때문일 것이다. 종단 연구(연구자들이 같은 집단을 대상으로 여러 차례에 걸쳐 데이터를 수집하는 연구)에서는 대부분 아랫세대로 내려올수록 우울과 불안의 유병률이 증가하면서 평생의 발병 위험이 커지고 있음을 확인할 수 있다. 예를 들어 2007년 미국 젊은이들은 1938년 또래들에

---

* 이 연구는 《DSM-5(정신질환의 진단 및 통계 편람 5판)》의 PTSD 진단 기준 A에 속하는 모든 사건에 대한 노출을 포함한다. 예를 들면 재난, 사고/화재, 위험한 화학물질 노출, 전투 또는 교전 지역 노출, 신체적 폭행 또는 성폭행 그리고 신체적 폭행이나 성폭행이나 시신, 사체 일부를 불시에 목격하는 것, 폭력/사고/재난으로 가족 구성원이나 가까운 친구의 위협, 부상, 죽음을 견뎌내는 것 등이 해당된다.

비해 임상적으로 우울증에 걸릴 확률이 6~8배 더 높았다. 오늘날 주요 우울증의 평생 발병률은 약 15~20퍼센트로 1915년 이전에 태어나 대공황과 양차 세계대전을 겪은 미국인에 비해 10배나 높다.[13] 불안 장애 발병률도 지난 70년간 꾸준히 증가했다. 오늘날 불안 장애는 미국에서 가장 흔한 정신 질환으로 성인의 거의 3분의 1에게 영향을 미친다. 이제는 요통이나 편두통보다 불안으로 치료받으려는 미국인이 더 많다. 불안이 심한 사람들은 그렇지 않은 사람들에 비해 병원에 찾아갈 확률이 5배 더 높고 입원할 가능성은 6배 더 높다. 그들이 주로 심장 두근거림, 두통, 수면 문제, 위장병 같은 신체적 질병과 유사한 증상을 호소하기 때문이다.[14]

한편에서는 이런 질병에 대처하기 위해 약물 사용과 남용 역시 증가하고 있다. 미국인 3분의 1은 한때 알코올을 남용하거나 알코올에 의존해왔다.[15] 2000년 이후 폭음으로 응급실을 찾는 사람들은 50퍼센트 증가했다.[16] 미국인은 세계 인구의 4퍼센트에 불과하지만 전 세계 처방약의 75퍼센트를 복용한다. 미국 성인 중 항우울제 복용자는 2000년 1,300만 명에서 2014년 3,500만 명 이상으로 증가했고 이 기간에 장기적인 항우울제 사용자는 3배 이상 증가했다. 더욱이 700만 명 이상의 미국인이 진통제, 각성제, 진정제, 신경안정제 등의 향정신성 약물을 비의료적으로 정기 복용하고 있다.[17] 미국의 약물 사망률은 1990년 이후 650퍼센트 이상 증가해 세계 최고 수준에 이르렀고 이는 2016년과 2017년 미국의 기대수명이 사회경제적으로 유사한 여러 국가보다 더 짧아지는 결과로 이어졌다. 이제 약물 과다 복용은 50세 미만 미국인의 주요 사망 원인이 됐고 그중 3분의

2는 오피오이드opioid 복용으로 사망한다. 2017년 오피오이드가 급속히 번져나가면서 약 4만 8,000명이 사망했는데 이는 에이즈AIDS 위기가 최고조일 때의 연간 에이즈 사망자보다 더 많은 수치였다.[18]

오피오이드 남용 및 알코올의존증과 함께 자살도 특히 백인 중년층과 시골 지역의 사망률을 높이는 주된 요인으로 관심을 끌어왔다. 오늘날 시골 지역 자살률은 대부분 도시 지역 자살률의 거의 2배 수준인데 주로 시골 가정의 총기 보급률이 높기 때문이다. 전국적으로 미국의 자살자 수는 1999~2017년 사이 3분의 1 정도 증가했다. 자살은 여전히 미국인 주요 사망 원인 10가지 중 하나로 남아 있다.[19]

이런 추세는 당연히 미국의 성인에게만 영향을 미치지 않는다. 지난 10년 동안 자살을 시도한 10대들의 병원 입원은 2배로 증가했다. 미국대학건강협회American College Health Association의 설문 조사에 따르면 2016년 미국 대학생의 62퍼센트가 전년도에 '과도한 불안'을 경험했다고 보고했고 실제로 불안은 현재 대학생이 상담 서비스를 찾는 가장 흔한 이유다. 또 2017년에는 15~21세의 미국인, 이른바 'Z세대GenZ'의 91퍼센트가 스트레스와 관련된 신체적 또는 정서적 증상(우울, 불안 등)을 일상적으로 경험한다고 보고했다.[20]

미국 성인들 역시 주관적으로 더 많은 스트레스와 불안을 느낀다고 보고한다. 예를 들어 미국 구글Google 사이트에서는 '불안anxiety'의 검색률이 2008~2016년 사이 2배 이상 증가했으며 특히 낮은 교육 수준, 낮은 중위소득, 많은 시골 인구가 특징인 지역에서 검색률이 더 높았다. 마찬가지로 미국심리학회American Psychological Association의

한 설문 조사는 대부분의 미국인이 중간 또는 높은 수준의 스트레스를 받으며 산다고 생각한다는 사실을 보여줬다. 지난 5년간 특히 직장에서 스트레스 수준이 높아졌다고 주장한 사람은 44퍼센트에 이르렀다. 이렇듯 대부분의 미국인은 건강에 해가 될 만큼 스트레스 수준이 높다는 것을 인정하면서도 너무 바빠서 건강에 좋은 행동을 실천하는 데 지장이 있다고 답했다.[21]

그럼 미국의 생활 방식 지표를 한번 살펴보자. 미국 성인의 절반 이상이 권장되는 신체 활동량을 채우지 못하고 약 38퍼센트는 신체 활동이 전무한 수준으로 나타난다. 미국 성인 대략 3분의 1은 비만이고 3분의 1은 과체중이다. 미국인 5명 중 1명은 종종 스트레스 때문에 건강에 나쁜 음식을 자주 먹거나 폭식한다고 보고한다. 미국인 3분의 1은 한 가지 이상의 불면증 증상을 보이고 미국 성인 45퍼센트는 지난 한 달 동안 밤에 잠을 못 이룬 적이 있다고 보고했다.[22]

이렇게 불안과 우울증이 증가하는 원인으로 연구자들은 만성적 신체 질환, 비만, 탄수화물과 설탕이 과도한 식단, 신체 활동의 부족 등을 지적하는데 모든 요인이 과거 인간 환경과 현대 생활 방식 간의 진화적 불일치에서 기인한다. 연구자들은 또 현대 생활의 특징이 돼버린 불평등, 고립, 무의미함, 외로움 등을 지적하는데 이 요인은 사회적자본 및 커뮤니티의 몰락과 관련이 있다. 나이지리아 시골 여성부터 미국 도시 여성에 이르기까지 다양한 문화를 비교 분석한 결과 생활환경이 현대화되고 도시화될수록 우울증 유병률이 높다는 사실을 발견했다. 마찬가지로 멕시코인 미국 이민자에 비해 미국 태생 멕시코계 미국인이 우울증에 더 많이 걸리는 것도 미국인의 생활 방식 탓으로 설명할 수 있다. 일반적으로 선진국 도시 거주자들이 시골 거주자들보다 불안 장애와 우울증 유병률이 더 높다.[23]

통계치를 종합해보면 많은 미국인의 일상생활이 주관적으로 악화되고 있음을 알 수 있는데 이 같은 사회적 변화는 인류의 구석기 시대 신경생물학적 유산과 현대 세계가 불일치하는 데서 비롯된다. 우리의 신경생물학적 구조는 동굴에 살던 조상들처럼 설계돼 즉각적이고 치명적인 위협(포식자 등)을 감지하고 살아남도록 고안돼 있다. 모든 인류가 공유하는 이 심신 체계는 당장의 생존을 위해 잠시 완전히 가동되다가 다시 회복해 치유, 생식, 성장과 같은 장기적 과업을 수행하는 식으로 최적화됐다.

우리 심신 체계의 기본 배선은 변하지 않았지만 오늘날 우리가 사는 세계는 우리가 직면한 문제들이 그렇듯 근본적으로 변화했다. 이제 우리는 치명적인 위협에 처할 일이 거의 없지만 심신 체계는 여전히 '상징적인 위협'—즉, 직장에서 마감이 임박했거나 다음번 학교 총기 난사 사건은 언제 어디에서 벌어질지에 대한 불안감 등—에 대응하기 위해 기본 배선에 의존한다. 게다가 조상들과 달리 우리는 이 시스템을 한 번에 수일, 수주, 수개월, 심지어 수년씩 연이어 가동하면서 스트레스 각성 시 자연히 후순위로 밀리는 장기적 과제를 계속 미루고 있다.

역설적이게도 현대 문명의 이기는 이런 문제를 악화한다. 우리는 끊임없는 요구, 마감일, 시간 압박 그리고 자연적 제약을 무시할 수 있게 해주는 기술을 마주하고 있다. 전자 기기에 하루 24시간 접근 가능한 기술의 발전이 '멀티태스킹' 신화를 선사하는 바람에 우리는 소셜 미디어 피드에서 분리되거나 전자적으로 구속된 사무실에서 벗어나기 어려워졌다. 그런데 끊임없는 전자파 세례는 보통 의식적 자각 밖에서 우리 심신 체계를 계속 가동한다. 우리는 자동차, 기차, 비행기의 빠른 속도부터 공공장소 도처에 있는 텔레비전과 라디오의 급변하는 영상과 소리, 지루한 순간이면 어김없이 찾게 되는 컴퓨터와 휴대용 기기에 이르기까지 끊임없는 전자 자극을 받고 있다. 심지어 전기와 같은 '구식' 문물조차 수면, 통합, 회복에 필요한 자연적 생체리듬을 무시할 수 있게 해준다. 여기에 우리는 처방약부터 기분 전환 약물, 제산제, 완하제, 수면제 등의 다양한 물질로 문제를 더 키운다. 카페인, 니코틴, 설탕은 인위적으로 에너지를 동원하고 단기간 주의를 집중하는 데 도움이 되는 한편, 술은 하루 일과가 끝날 무렵 긴장을 푸는 데 도움이 된다. 결국 편리한 문물은 우리가 타고난 배선을 무시할 수 있는, 점점 더 창의적 방법을 제시하고 그 결과 우리는 자정 능력과 자기 조절 같은 선천적 능력에서 점점 더 멀어지게 된다.

마지막으로 현대 세계는 동굴 생활을 하던 우리 조상들의 세계보다 훨씬 더 복잡하다. 현대사회의 불확실성, 복잡성, 변동성, 모호성은 '상징적 위협'이라 지금 당장 우리의 생사를 가르는 치명적 결정을 요구하지는 않는다. 그럼에도 상징적 위협은 여전히 우리에게서 구석기시대의 투쟁-도피fight-or-flight 반응을 활성화하기 때문에 우리는 이때 동원한 스트레스 각성을 사용할 직접적인 배출구나 마침내 '진정될 수 있는' 명백한 종결점이 없는 상태에 놓인다. 우리가 가장 큰 위협을 받고 있다고 느끼도록 설계된—그래서 가장 많은 에너지를 동원하는— 스트레스 요인은 우리가 '생소하고', '예측할 수 없고', '통제할 수 없다'고 인식하는 것들이고 이 세 형용사야말로 현대 생활을 단적으로 보여주는 특징인 것이다!

그러니 우리가 집단적으로 만성 통증, 불면증, 변비, 성 기능장애, 그 밖에 면역 기능 저하로 생기는 신체적 질병에 시달리는 것이 과연 놀랄 만한 일일까? 우리가 나무보다 숲을 보는 능력을 상실하고 무의식적으로 우리의 장기적 행복, 성공, 안녕에 중요한 일보다 당면한 일을 더 우선시하는 것이 과연 놀랄 만한 일일까? 우리가 관계 속에서 고립되고 단절되고 불만족스럽다고 느끼는 것이 과연 놀랄 만한 일일까? 우리가 무관심, 탈진, 불안, 우울, 무감각, 무의미와 싸우고 있는 것이 과연 놀랄 만한 일일까? 우리는 심신 세계를 최적화되지 않은 방식으로 가동함으로써 그것을 지치게 하고 체력을 바닥내고 있다.

이처럼 우선순위를 착각하는 일은 우리 모두에게 영향을 미치지만 특히 스트레스가 극심한 환경에서 일하는 사람들에게 매우 심각하다. 위기 동안에 어떻게 반응할 것인가에 대한 순간적이고 전술적인 선택은 물론 재정적·전략적·정책적 결과를 초래하고 때로는 모두의 생사가 걸린 중대한 결정을 해야 하는 스트레스가 심한 상황에서 침착함과 공정함 그리고 단호함을 유지하는 능력은 매우 중요하다. 하지만 우리가 기본 배선을 무시하고 스스로를 지치게 할수록 효과적 의사 결정은 우리 손에서 점점 더 멀어져간다. 이런 환경에서 충동적 의사 결정, 잘못된 자의적 판단, 비윤리적이거나 폭력적인 행동, 도덕적 상처 등의 우려가 커지는 것은 당연하다.

이 같은 추세에 대응해 정보 수집, 의사 결정, 심지어 작업 수행까지 가능한 한 기술적 도구, 로봇, 드론, 컴퓨터에 전가하는 일이 급증하고 있다. 기술적 해결책에 대한 끝 모를 탐욕은 우리가 더 많은 기술을 보유할수록 인간의 생물학적 구조와 현대 세계 사이의 심원한 간극을 극복할 수 있다는 잘못된 기대에 근거한다. 이는 또 인간인 우리가 오늘날 세계의 복잡성과 방대한 정보를 고려해 능숙한 결정을 내릴 수 없음을 시사한다. 우리는 언젠가 다람쥐 쳇바퀴에서 벗어나기를 은밀하게 갈망한다. 여기에는 우리가 감정적이고 충동적이며 혼란스러운 잘못만 저지르지 않는다면 더 행복해지리라는 가정이 깔려 있다.

#인내의 창을 넓히자#WIDENTHEWINDOW

──────────────── 그렇다면 우리는 어떻게 20만 년 전의 위협에 최적화된 심신 체계로 조상들이 상상조차 하지 못한 도전들에 직면해 이를 효과적으로 해결해나갈 수 있을까? 우리는 어떻게 기계가 우리보다 더 잘 대응할 것이라는 자기 제한적 믿음을 버리고 회복탄력성과 순간적 기지, 지혜와 안녕으로 상황을 헤쳐나갈 수 있을까? 이것이 바로 내가 몇 년 전 내 몸의 기본 욕구를 충족하지 못해 말 그대로 몸이 닫혀갈 때 마주하게 된 질문들이다.

이런 질문에 대한 답이자 MMFT의 기본은 우리의 생물학적 구조를 새로운 방식으로 사용하는 법을 배우는 것이다. 우리의 주의를 체계적으로 훈련하면 인내의 창을 넓혀 사고 뇌와 생존 뇌가 그 안에서 함께 협력하게 만들 수 있다. 인내의 창이 넓어질수록 우리는 주체감을 찾고 스트레스를 받는 동안에도 효과적으로 기능하며 그 후에 더 쉽게 회복할 수 있다. 동굴 생활을 하던 조상에게 물려받은 신경생물학적 구조가 현대 세계와 조화를 이루지 못하는 것은 사실 이다. 그렇지만 우리는 주의를 특정한 방식으로 유도해 이런 배선을 의식적으로 조절하는 법을 배울 수 있다. 자각을 이용해 심신 체계 를 조절할 때 우리는 인간의 가장 훌륭하고 독특한 자질인 연민, 용 기, 호기심, 창조성, 타인과의 연결성에 다가갈 수 있다. 심지어 극 심한 스트레스, 불확실성, 변화 속에서도 현명한 결정을 내리도록 스스로를 훈련할 수 있다.

인내의 창 안에 있으면 우리는 스트레스 수준의 높낮이를 조절해 시간이 지나도 최적의 성능 영역에 머물 수 있다.[24] 또 사고 뇌와 생 존 뇌에서 얻은 정보를 의식적으로 통합해 한쪽 뇌가 다른 뇌를 무 시(오버라이드)하거나 선택을 장악(하이재킹)하지 못하게 할 수 있다. 인내의 창 안에서는 사고 뇌와 생존 뇌가 동맹하고 협력 관계를 유 지해 내면의 지혜, 즉 '직관력'에 접근할 수 있게 해준다. 이런 이유 로 인내의 창 넓이는 극단적 스트레스 또는 위기 상황에서 생사가 걸린 순간적 판단을 내리는 일부터 우리가 시간을 어떻게 보내고 관 계에서 어떻게 상호작용하며 몸과 마음을 어떻게 돌볼지에 대한 평 범한 선택에 이르기까지 모든 상황에서 기민하고 적응적인 결정을 내리는 능력에 중대한 영향을 미친다.

사고 뇌와 생존 뇌 사이에 그리고 뇌와 자율신경계, 신체 사이에 습관적으로 조건화된 관계는 인내의 창 넓이에 엄청난 영향을 끼친

다. 인내의 창은 본래 자궁 안에서 시작해 사춘기까지 계속되는 초
년기 사회 환경과 선천적 유전자 사이의 상호작용을 통해 형성된
다. 스트레스에 대처하고 다른 사람들과 상호작용하는 우리의 디폴
트 전략은 대부분 이 초년기 사회 환경에 대한 대응으로 결정되며
인내의 창 넓이에 지대한 영향을 미친다. 또 인내의 창은 반복적인
경험에 따라 시간이 지날수록 좁아지거나 넓어질 수 있다. 2부와 3
부에서 그 역학을 살펴볼 것이다.

　인내의 창이 넓은 사람들은 '신경지'라고 부르는 무의식적 생존
뇌 과정인 안전과 위험을 정확하게 평가하는 능력이 더 뛰어나다.
그들은 안전하거나 혹은 위협적인 상황에서 한결같이 유연하고 적
절하게 대응할 가능성이 더 높다. 그들은 사고 뇌의 기능을 가동해
도전적인 경험에 대처한 후 완전하고 효율적으로 회복할 수 있는 만
반의 준비를 갖추고 있다. 그들은 당면한 위협에 온통 주의를 빼앗
기지 않으며 현재 환경의 전반적 정보를 더 잘 소화할 수 있다. 또
힘든 사건을 겪는 동안에도 상황의 흐름에 따르며 다른 사람들과 좋
은 관계를 유지할 수 있다.

　하지만 본래 인내의 창이 넓었던 사람들도 만성 스트레스나 트라
우마에 시달리며 회복 과정을 거치지 않으면 시간이 지날수록 인내
의 창이 좁아진다. 심신 체계를 잠시도 쉬지 않고 '항시 가동' 상태로
운용하면 회복탄력성이 점차 약해지기 마련이다. 중요한 것은 우리
의 생물학적 구조와 현대 세계의 불일치 때문에 구석기시대 배선을
몸 자체의 무의식적 장치에 맡기는 경우에도 회복탄력성이 손상된
다는 점이다. 다시 말해 우리의 생물학적 구조를 조율하려는 의식적

이고 의도적인 노력이 없으면 각자의 인내의 창은 계속 좁아진다.

인내의 창이 좁아질수록 창밖에서 자신을 발견하는 일이 늘어난다. 인내의 창 밖에서는 사고 뇌와 생존 뇌가 대립적이고 적대적인 관계를 맺게 돼 한쪽 뇌가 다른 뇌를 무시하거나 침묵시키려고 한다. 이럴 때 우리는 감정, 신체감각, 몸의 욕구와 한계를 구획화하고 억압하려는 '사고 뇌 오버라이드thinking brain override'를 경험한다. 감정과 고통에 따라 결정을 내리고 충동적이고 반작용적 선택을 하는 '생존 뇌 하이재킹survival brain hijacking'을 경험하기도 한다. 또 음식, 카페인, 담배, 다른 물질, 중독, 폭력, 자해, 아드레날린을 추구하는 행동을 자가 처방하거나 고통을 감추려 할 가능성도 높아진다. 무엇보다 인내의 창 밖에서는 우리가 트라우마를 경험할 가능성이 더 높아진다.

만약 당신이 지난 10년 동안 MMFT에서 훈련받은 많은 사람 중 하나거나 과거에 논문을 쓰던 나와 비슷하다면 지금의 디폴트 전략은 스트레스를 줄이거나 어려운 상황에 '대처하는' 방법을 알아내려는 단계일 수 있다. 하지만 이 책에서 살펴볼 것처럼 당신이 현재 인생의 사건을 다루는 효과적인 방법이라고 믿고 있는 (그리고 우리 문화에서 권장하는) 많은 전략은 오히려 당신의 스트레스를 악화할 가능성이 있다. 이 책에서는 이런 일반적 습관들—즉, 구획화, 억압, 무시, 주의 분산, 긍정적이거나 '그렇게 나쁘지는 않아'라는 식의 리프레이밍reframing, 이 악물고 버티기 등—이 어떻게 당신의 조절 장애를 부추기고 건강을 해치고 사건에 대한 인식을 왜곡하고, 당신이 잘못된 길로 가고 있고 경로 변경이 필요하다는 중요한 단서를 놓치게 만들며, 당신 자신이나 지지적 관계와 단절하게 하는지 알아볼 것이다.

다음 장에서는 우리가 어떻게, 왜 사고 뇌와 생존 뇌의 대립 관계를 조장하는 경향이 있고 그 과정에서 스트레스와 트라우마의 연속성을 무시하는지 살펴볼 것이다. 그 후 2부에서는 인내의 창을 둘러싼 과학, 즉 인내의 창이 처음에 어떻게 형성되고 시간이 지날수록 어떻게 좁아지는지 탐색한다. 2부를 읽으면 당신이 사고 뇌, 생존 뇌, 자율신경계, 몸 그리고 각 부위의 다양한 단서와 기능을 더 잘 이해하는 데 도움이 될 것이다. 마지막으로 3부에서는 인내의 창을 넓히기 위해 우리의 주의를 언제, 어디로, 어떻게 돌려야 하는지 얘기하겠다. 나는 당신 몸이 보이는 단서들을 정보 자원으로 신뢰하는 법을 소개하겠지만 당신이 그 정보를 바탕으로 가장 현명한 선택을 하려면 사고 뇌를 사용해야 한다. 그러니 곧바로 3부로 넘어가지 말자. 3부의 도구와 기술을 이해하려면 2부의 지식이 필요하다.

우리의 신경생물학적 구조는 심신 체계의 각 부분이 고유의 기술, 능력, 통찰을 지닌 응집력 있는 전체로 기능하도록 설계됐다. 사고 뇌와 생존 뇌가 협력해 작동할 때만 이런 잠재적 시너지를 발휘할 수 있다. 우리가 사고 뇌와 생존 뇌의 협력 관계를 키우기로 선택하면 인내의 창 안에서 작동할 뿐만 아니라 과거에 만성 스트레스와 트라우마에 노출된 경험도 치유하고 회복할 수 있고 그럼으로써 인내의 창도 더 넓힐 수 있다.

우리는 어떻게
스트레스와 트라우마의
연속성을 무시하는가

그렉Greg은 성공한 사업가로 오랜 커리어를 쌓는 동안 회사를 인수하고 구조 조정을 하고 매각을 하면서 꽤 부유해졌다. 사업적 인맥이 풍부했고 땅값이 비싼 지역에 근사한 집을 두 채나 갖고 있었다. 또 네 번째 아내와 행복한 결혼 생활 중이었다.

그렉이 처음 MMFT에 관심을 갖게 된 것은 자신을 위해서가 아니었다. 그는 원래 내가 MMFT를 전파하려고 설립한 비영리기관 마인드 피트니스 트레이닝 연구소Mind Fitness Training Institute에 상당한 기금을 기부할지 논의 중이었다. 그렉은 베트남 전쟁에서 다양한 전투를 경험했다. 이제 그는 자신의 부와 성공을 사회에 환원하고 싶어 했고 이라크와 아프가니스탄에서 돌아온 새로운 세대의 참전 용사들을 돕고 싶어 했다. 나는 그렉에게 우리 연구소에 대한 지원 여부를 결정하려면 몸소 MMFT를 경험해보는 것이 최선의 방법이라고 제안했다.

그렉은 MMFT 과정을 마치고 몇 달 동안 꾸준히 연습한 끝에 과거 베트남에서 돌아온 후로 몸 상태가 결코 좋았던 적이 없었다고 내게 털어놨다. 그렉은 자신의 신경생물학적 구조를 새롭게 이해하고 나서 지난 수십 년간 그의 심신 체계가 무리하게 활성화된 상태 —과잉 각성, 과잉 경계, 과도한 놀람 반응, 불면증, 고혈압 등— 였음을 인정했다. 사실 그는 그토록 많은 일을 이뤄내 누구나 알 만한 커리어를 쌓게 된 이유가 거의 잠을 자지 않았기 때문이라고 고백했다. 그는 자신의 일을 사랑했고 특히 중요한 거래를 성사시킬 때 느끼는 '격렬한 흥분'을 좋아했는데 그런 느낌을 베트남에서 처음 경험했다고 했다. 또 현재 네 번째 부인과 사는 이유가 지난 세 번의 결혼 생활에서 강박적으로 바람을 피웠기 때문이라고 털어놨다. 그는 매번 '도저히 관둘 수가 없다'고 느꼈다고 말했다. 외도와 거짓말 역시 그가 그토록 갈망하는 '격한 흥분'을 안겨줬던 것이다.

타냐Tanya는 미국의 한 정보기관에서 일하는 30대 중반의 유능한 분석가였다. 그는 미국 영토에서 또다시 테러 공격이 벌어지지 않도록 노력하면서 조직의 임무에 전적으로 헌신했다. 내가 타냐를 만났을 때는 최근 승진에서 더 젊은 남자 동료에게 밀린 직후였다. 그 후로 타냐는 끝없이 밀려드는 생각 때문에 뜬눈으로 밤을 지새우는 일이 잦아졌다. 또 윗사람들에게 헌신적인 모습을 보여 다음 번에는 승진에 성공하기 위해 전보다 훨씬 더 오랜 시간 근무하느라 사실상 업무 외의 생활을 돌보지 못했다.

타냐는 체육 특기자 장학금을 받고 대학에 진학해 경제와 아랍어를 이중 전공하며 강도 높은 학과 공부와 전국 랭킹 팀과 경쟁하기 위한 혹독한 훈련을 동시에 능숙하게 수행해냈다. 물론 체육 특기자 장학금을 받았다는 것은 타냐가 대학에 입학하기 전에도 여러 해 동안 많은 일을 동시에 잘 처리해왔음을 의미했다.

MMFT에 참가하는 동안 타냐는 승진 탈락을 계기로 어떻게 '통제할 수 없다'는 느낌을 받게 됐는지 깨달았는데 그는 과거에도 이 감정을 경험한 적이 있었다. 중·고등학교 시절 타냐는 이런 감정을 느낄 때마다 하루 식단을 400칼로리로 엄격하게 제한하는 방법으로 대처했다. 타냐는 고등학교 때 거식증 치료에 성공했고 대학 입학 전 그의 키에 맞는 정상 체중 범위로 돌아왔다고 말했다. 그 후로 처리하기 힘든 상황에 부딪칠 때마다 그는 '통제하고 있다'고 느끼기 위해 무리한 운동에 의존했다. 하지만 최근 타냐는 자신이 다시 칼로리를 계산하고 식단을 제한하고 있음을 알아차렸다. 그는 이 사실에 크게 놀랐는데 고등학교 졸업 후 '그 습관에서 완전히 벗어났다'고 확신했었기 때문이다.

토드Todd는 19세 보병이었다. 그는 이미 이라크에서 전쟁을 경험했고 그의 부대는 이제 아프가니스탄 전쟁을 준비하고 있었다. 토드는 자신의 분대장을 매우 싫어했는데 분대장이 항상 뭔가를 잊었다고 '그를 혼냈기' 때문이었다. 예를 들어 토드는 가끔씩 잘못된 군복을 입고 대형에 나타났다. 때로는 자신의 임무를 잊어버려 그의 팀 전체에 혼란을 빚기도 했다. 토드는 자신의 '평균 이하의 행동'에 몹시 괴로워했다.

토드는 나와 MMFT 훈련을 시작하기 한 달 전 마침내 건망증 문제에 도움을 청했다. 사실 자신을 위해서가 아니라 건망증이 그의 부대에 매우 부정적인 영향을 미치기 때문이었다. 그때부터 토드는 주둔 지역 보건소에서 매주 임상의와 면담을 했다. 임상의는 그에게 PTSD를 진단하고 세 가지 증상에 처방을 내렸다. 하나는 불면증, 또 하나는 PTSD, 나머지 하나는 토드가 중장비와 배낭, 무기를 짊어지고 다니면서 시달리던 만성적 무릎 통증과 요통이었다. 토드는 임상의와 함께 치료를 하는 동안 이라크 전쟁과 그의 유년기로의 플래시백flashback을 자주 경험했다.

사실 토드에게는 힘든 과거가 있었다. 그의 친아버지는 감옥에 있었고 두 사람은 여러 해 동안 말을 하지 않았다. 토드는 알코올의존자 어머니와 극도로 엄격한 의붓아버지 밑에서 자랐다. 토드가 집에서 '사고를 치면' 의붓아버지는 종종 '벨트를 사용'했다. 토드는 11살 때 거의 죽기 직전까지 가기도 했다.

토드에게는 아끼는 물건이 하나 있었다. 바로 그의 할리데이비슨Harley-Davidson이었다. 토드는 첫 파병 기간 동안 돈을 모아서 산 이 오토바이를 무척 아꼈다. 오토바이를 타고 해안가를 달리면서 파도를 보며 머리가 맑아지는 것이 좋았다. 사고를 치고 병장에게 호통을 들은, 특히 일진이 안 좋은 날에는 화를 분출해야 할 것 같은 기분에 오토바이를 타고 빠르게 달렸는데 이 말은 적어도 시속 150마일로 위험하게 고속도로를 질주한다는 의미였다. 사실 그는 나에게 "아슬아슬할수록 더 기분이 좋아져요"라고 말했다. 그 후 토드는 좋아하는 술집으로 향했고 그곳에서 '한꺼번에 너무 많은' 술을 마신 다음 보통 싸움을 걸었다.

언뜻 보기에 세 사람은 비슷한 점이 없어 보인다. 그들의 사회경제적·교육적 배경은 제각각이다. 또 근본적으로 다른 종류의 스트레스와 트라우마를 경험했고 서로 다른 방식으로 그에 대처한다.

만약 내가 MMFT 훈련에 앞서 그렉, 타냐, 토드에게 직접 그들을 간략히 소개하고 각자 겪은 일이 다른 두 사람의 경험과 조금이라도 닮은 점이 있느냐고 물었다면 아마 그들은 '스트레스를 받는 상태' 외에는 별로 닮은 점이 없다고 대답했을 것이다.

그러나 이 뚜렷한 차이에도 불구하고 그렉, 타냐, 토드는 같은 경험을 하고 있었다.

나와 마찬가지로 세 사람 모두 사고 뇌와 생존 뇌의 대립 관계를 발전시켰고 생체 적응 부하를 누적해왔다. 이에 대해 세 사람 모두 자기가 알고 있는 가장 좋은 방법으로 조절 장애와 내적 분열에 대처하는 선택을 하고 있었다.

고통은 여러 가지 양상으로 나타나지만 모두가 고통스럽긴 마찬가지다.

스트레스 등급 매기기

──────────────── 당신은 아마 세 사람의 소개를 읽으면서 의식적으로든 무의식적으로든 이들이 '스트레스를 받는 상태'라고 볼 수 있는지 평가했을 것이다.

계속 책을 읽기 전에 잠시 시간을 두고 스스로 세 사람의 얘기(와 1장의 내 얘기)를 어떤 식으로든 판단하거나 비교하거나 평가하거나 순위를 매기지 않았는지 돌아보자. 이를테면 그들의 고통의 가치, 그들이 견뎌낸 스트레스와 트라우마 경험의 규모, 그들의 대처 행동이 주변에 미치는 영향 등을 말이다.

설령 비교했다는 사실을 스스로 알아차리더라도 아무 문제 없다. 단지 당신의 사고 뇌가 제 역할을 하고 있다는 의미일 뿐이다. 1장에서 설명했듯이 우리의 사고 뇌는 비교, 평가, 판단을 하는 몇 가지 뿌리 깊은 조건화를 통해 다른 사람들의 경험을 서로 비교하고 또 그들의 경험을 자기 자신의 경험과 비교한다.

비교와 판단을 하도록 뿌리 깊이 조건화된 사고 뇌의 습관은 스트레스와 트라우마의 연속성을 집단적으로 무시하는 데 결정적 영향을 미친다. 이번 장에서는 우리로 하여금 이 연속성을 무시하게 하고 개인적·집단적 행동에 강력한 영향을 미치는 몇 가지 역학을 살펴보고 싶다. 이 역학을 판단하는 데는 관심이 없다. 단지 그것을 파헤치고 조명해보려는 것이다.

우리 문화에는 스트레스를 받거나 트라우마를 겪는 것이 어떤 모습인지에 관한 집단적인 사고 뇌의 가정과 기대가 있다. 예를 들어 토드가 자신을 어떻게 보든 우리는 집단적으로 토드의 얘기에 트라우마라고 이름 붙일 가능성이 높다. 반대로 타냐의 얘기에는 아마 집단적으로 트라우마라는 라벨을 붙이진 않을 것이다. 비록 타냐가 승진에 실패한 후 외상적 스트레스를 받고 있었다고 해도 말이다.

비록 당시에는 나 자신도 몰랐지만 1장의 내 키보드 얘기 역시 트라우마의 표현이었다. 오히려 나는 내 얘기를 '스트레스에 강하거나', '불굴의 의지가 있는' 사례로 이해했다. 우리 문화에서 바람직하게 평가하는 자질들로 말이다.

심리학자 앤절라 더크워스Angela Duckworth와 동료 연구진은 결단력, 노력, 끈기 등의 자질을 표현하기 위해 '그릿grit' 개념을 도입했다. 더크워스는 학생, 미국육군사관학교West Point 사관생도, 기업 영업 사원, 결혼한 부부를 대상으로 한 연구에서 '그릿이 있는' 것―즉 열심히 일하고 추진력 있고 역경이 있어도 참고 견디며 끝까지 밀고 나가는 것―이 향후 외부적 성공을 예측하는 데 가족 소득이나 IQ 수준보다 더 정확한 예측 변수임을 입증한다.[1] 더크워스의 연구는 우리 문화에 깊은 반향을 불러일으켰다. 그의 책은 베스트셀러가 됐고 그는 맥아더 천재상MacArthur Fellows Program을 받기도 했다.

그릿이 있다는 것은 분명 우리가 중요한 목표에 도달하기 위해 불편함을 참고 끝까지 밀고 나갈 능력을 개발했다는 의미다. 또 그릿이 강한 사람들은 실패를 겪고 낙담하기보다 그 실패를 학습의 기회로 바라보는 것도 사실이다. 그들은 역경을 겪고 다시 일어나 궁극적 성공을 이루기 위한 노력을 2배로 쏟아붓는 데 능숙하다. 이는 칭찬할 만한 자질일 수 있다.

하지만 흥미롭게도 그릿의 경험적 연구는 그 결과로 치러야 할 대가에 대해 침묵하고 있다. 그리고 이는 우리 문화적 조건화의 일환이기도 하다.

트라우마의 보편적 특징은 해리, 즉 끔찍한 고통과 수치심에서 스스로를 단절하는 것이다. 해리는 신체적 질병, 가정 폭력, 다른 사람에 대한 괴롭힘과 희롱, 중독, 불륜, 자해, 폭력, 아드레날린을 추구하는 행동 등 다양한 방법으로 표현된다. 그렉, 타냐, 토드의 얘기에서도 트라우마의 다양한 얼굴을 발견할 수 있다.

나는 극단적 수준까지 마음이 몸을 지배하는 형태의 해리를 택했고 그 결과 엄청난 성과를 낼 수 있었다. 그래서 나는 사회경제적·교육적 배경이 유사한 동년배에 비해 트라우마 부하가 심한 편이지만 내 행동은 트라우마에 대한 사회 통념과는 맞지 않았다. 내 트라우마 대처 행동은 사회적으로 받아들여지고 보상받았던 것이다.

약간 다르게 설명하자면 그렉, 타냐, 토드 그리고 나까지 모두 각자의 방식으로 그릇이 넘쳤다는 점에는 의심의 여지가 없다. 그와 동시에 나는 시력을 상실한 강박적 과잉성취자였고 타냐는 거식증에 걸린 일중독자였으며 그렉은 아드레날린을 추구하는 바람둥이였고 토드는 공격적 운전자이자 난폭한 술고래였다.

스트레스와 트라우마의 연속성이 무시되는 현실

──────────────── 우리가 (개인적으로나 집단적으로) 스트레스를 받거나 트라우마를 겪는 사건을 이해하고 비교하고 판단하고 평가하는 것은 사고 뇌가 수행하는 임무다. 따라서 사고 뇌에서 스트레스를 받거나 트라우마를 겪는 경험에 어떤 의미를 부여하는지는 가족, 조직, 사회규범, 신념, 가치관에 큰 영향을 받는다.

우리는 집단적으로 스트레스와 트라우마를 구별되는 개념으로 생각하는 경향이 있다. 실제로 사고 뇌는 '만성적 스트레스'(만성적 일중독 등)와 '쇼크 트라우마'(쓰나미, 교통사고, 테러 등)를 구분하고 이 두 가지를 다시 '발달 트라우마'(학대 또는 방임 가정에서의 성장 등) 및 '관계 트라우마'(추행, 차별 또는 학대나 중독에 기반을 둔 관계 등)와 다른 것으로 분류한다.

게다가 연구자와 임상의 등 이런 사안의 전문가들조차 스트레스와 트라우마를 별개로 연구하고 다루는 경향이 있다.

예를 들어 스트레스 연구자들은 스트레스 반응과 스트레스 관련 질환의 기반이 되는 특정한 생물학적 메커니즘에 초점을 맞춰 많은 동물 연구를 실시한다. 아니면 미 해군 특수부대S.E.A.L., 특공대원Rangers, 미 육군 특수부대원Green Berets 등의 특수작전부대와 엘리트 운동선수 등을 대상으로 '엘리트 수행 능력'을 전문적으로 연구한다. 후자의 연구들은 주로 요구 사항이 많거나 스트레스가 극심한 환경에서 잘 기능할 수 있도록 심신 능력을 향상하는 방법을 밝혀내고자 한다.

이 스펙트럼의 반대쪽 끝에 해당하는 발달 및 관계 트라우마는 가족 치료사, 사회복지사, 아동심리학자, 트라우마 연구자의 전문 분야다. 이런 전문가들은 사람들이 과거(나 현재)의 트라우마 사건에 대처하고 일상생활에서 기능하도록 도우려고 노력한다. 혹은 트라우마가 수년에 걸쳐 존재를 드러내는 메커니즘을 연구하기도 하고 트라우마 자체가 계속 반복되는 트라우마 재연trauma reenactment 현상을 연구하기도 한다. 이 스펙트럼의 끝에 있는 일부 전문가들은 가정 폭력, 상습 범행, 중독, 섭식 장애, 자살행위를 전문으로 연구할 수도 있다.

이렇게 다양한 연구자와 임상의가 서로 다른 분야에서 훈련을 받고 서로 다른 리뷰 저널에 발표하며 서로 다른 회의에 참석하고 스트레스-트라우마 연속선상의 서로 다른 측면에 초점을 맞추고 있으니 우리가 집단적으로 스트레스와 트라우마를 별개의 영역으로 보고 완전히 다른 전략이나 치료 기법을 요구한다고 생각하는 것도 놀라운 일이 아니다. 근본 원인에 대한 집단적 이해를 구분할 때 당연히 서로 다른 현상을 다루고 있다고 생각할 것이다.

그런데 스트레스와 트라우마를 별개의 개념으로 구분하면 신경생물학적 기반이 같다는 중요한 사실을 놓치게 된다. 스트레스와 트라우마는 해당 사건에 내재된 것이 아니라 심신의 연속선상에 있는 내적 반응이다. 어떤 사람이 위협적이거나 도전적인 사건을 겪으면서 연속선상의 어느 지점에 빠지느냐는 그의 생존 뇌가 신경지를 통해 무의식적으로 그 사건을 어떻게 평가하느냐에 달려 있다. 즉, 사고 뇌가 해당 사건을 어떻게 의식적으로 판단, 평가, 분류하느냐에 달려 있지 않다는 뜻이다.

따라서 우리가 위협적이거나 도전적인 사건에 직면할 때 스트레스나 트라우마 중 어느 쪽을 경험할지는 주로 현재 인내의 창 넓이에 좌우된다.

예를 들어 13명의 보병 부대가 매복 공격을 당하면 분명 13가지의 다른 심신 반응이 나타날 것이다. 13명의 인내의 창 넓이가 다 다를 것이기 때문이다. 그리고 그 후에 매복 공격의 스트레스나 트라우마에 대처하는 조건화 반응도 13명이 다 다를 것이다.

나아가 스트레스나 트라우마를 겪은 후에 완전한 회복을 경험하지 않으면 생체 적응 부하가 쌓일 것이다. 적절한 회복 없이 시간이 흐르면 심신 체계는 결국 더는 조절된 균형 내에서 작동하지 않을 때 발생하는 신체적·정서적·인지적·영적·행동적 증상 등의 조절 장애를 경험할 것이다.

우리 사고 뇌는 만성 스트레스, 쇼크 트라우마, 발달 트라우마, 관계 트라우마를 다른 것으로 간주하지만 결국 이것들이 심신 체계에서는 모두 동일한 효과를 유발하는 것이다.

스트레스와 트라우마의 효과가 비슷하다면 왜 우리 문화에서는 그토록 다르게 취급하는 것일까? 한마디로 대답하자면 유력하고 야심적인 사람들이 자기 심신 체계의 취약성을 인정하는 데 어려움을 겪기 때문이다.

성공하고 성취욕 강한 사람들과 그들이 일하는 권위적인 조직들은 스트레스를 인정하는 데는 거리낌이 없다. 사실 우리는 스트레스를 성공과 성취의 증거로서 명예로운 훈장으로 여기는 경향이 있다. 우리의 집단적 이해에서 스트레스를 받는다는 것은 과로하고 무리한 일정을 소화하고 정신없이 바쁜, 중요한 사람임을 의미한다. 스트레스는 단지 세상의 지배자가 되는 데 따르는 필연적 부산물인 것이다.

그렇지 않다면 왜 그렇게 많은 사람이 지난밤 잠을 얼마나 조금 밖에 못 잤는지 자랑하겠는가? 혹은 밤에 퇴근하고 집에 갔을 때 아이들이 깨어 있는 것을 본 지 며칠이나 지났는지, 자기가 얼마나 많은 활동이나 요구를 동시에 처리하고 있는지, 제대로 휴가를 써본 게 몇 년 전인지, 주말 내내 쉬어본 게 얼마나 오래전인지 자랑하겠는가? 우리 문화에서는 이런 겸손한 허풍을 떨고 푸념하면서 자신의 스트레스를 낭만화한다.

마찬가지로 우리는 사회 전반에서 집단적으로 스트레스에 관해 모순된 메시지를 보낸다. 건강, 관계, 가족, 공동체, '일과 삶의 균형'이 중요하다고 하면서도 동시에 불균형적인 행동을 하는 사람에게 보상하고 존경을 보낸다.

우리는 자신과 부하 직원에게 비현실적인 마감일을 정함으로써 일터의 불균형을 강화시킨다. 조절 장애가 있는 일중독자나 불안해서 사소한 일까지 일일이 챙기는 관리자에게 보너스를 준다. 또 성추행을 일삼는 간부나 지옥 같은 직장을 만드는 고압적인 리더를 계속 승진시킨다.

우리는 이런 모순된 메시지를 아이들에게도 가르친다. 이를테면 교사들에게 아이들이 방과 후에 현실적으로 끝마치기 어려운 양의 숙제를 내주도록 허용한다. 특히 아이들에게는 과외활동도 하고 몸을 움직이며 자유로운 방식으로 놀고 충분한 잠을 자야 할 시간이 필요한데도 말이다.

다람쥐 쳇바퀴 위에 있는 학부모들은 자녀들이 유치원에 들어가기도 전부터 그들을 구조화된 프로그램과 수업에 참여시키라고 권유받는다. 또 많은 활동에서 등교 전과 방과 후 프로그램을 광고하는데 부모들은 이를 어린이집의 비용효과적인 대안으로 높이 평가한다. 현재 우리 문화에서는 자녀 중심적이고 노동 집약적이며 경제적으로 많은 비용이 드는 양육이 자녀 양육의 지배적인 모델이 돼가고 있다. 사실 오늘날 직장에 다니는 엄마들은 1970년대 전업주부

못지않게 자녀들을 돌보는 데 많은 시간을 보낸다.[2]

내가 아는 대부분의 부모들은 과도한 일정으로 꽉 찬 자녀들의 삶에 불만을 표한다. 그들은 거의 매일 오후나 저녁에, 주말 내내 카풀을 도는 것을 싫어한다. 하루빨리 자녀들이 운전면허를 따서 정신없고 번거로운 생활을 그만둘 날이 오기만을 기다린다. 부모와 아이들 모두 똑같이 조급하고 지치고 미칠 지경인 것이다.

우리는 이런 현실이 달라지기를 바란다고 말한다. 그러면서도 쳇바퀴 도는 삶에 열심히 동참하지 않으면 끔찍한 결과를 얻게 될까 봐 걱정한다. 우리 아이가 유치원부터 대학원까지 가장 훌륭한 학교에 입학할 수 있는 기회를 망칠지도 모른다. 우리가 선망하는 일자리, 승진, 직업적 보상을 얻을 수 있는 스스로의 기회를 망칠지도 모른다. 온갖 초대, 회의, 강연 약속, 칵테일파티, 동네 바비큐 파티, 자녀 반 친구들의 생일 축하 파티에 응하지 않으면 개인적·직업적 인맥 네트워크가 사라질지도 모른다. 심지어 이렇게 좋은 기회를 놓치거나 소외될까 봐 두려운 마음을 의미하는 'FOMO fear of missing out'라는 신조어까지 생겼다.

그런데 우리는 스트레스를 받는 것을 성공하고 힘 있으며 바쁘고 중요하다는 메시지와 동일시하면서 무심결에 스트레스를 그 궁극적 결과와 분리한다.

우리는 집단적으로 우리 선택과 사회 전반의 모순된 메시지 전달이 어떻게 우리의 생체 적응 부하를 가중하고 스트레스와 관련된 신체적·정신적 질병을 유발하며 다른 조절 장애 증상을 부추기는지 무시하는 경향이 있다. 스트레스받는 생활 방식을 선택하는 것과 그에

CHAPTER 2. 우리는 어떻게 스트레스와 트라우마의 연속성을 무시하는가

따른 결과, 즉 우리의 심신 체계, 관계, 공동체, 나아가 지구에 미치는 결과를 분리함으로써 원하지 않는 궁극적 결과에 기여하는 자신의 행동을 책임질 가능성이 낮아진다.

이런 선택과 결과의 분리가 트라우마처럼 강력한 경우도 없다.

1장에서 설명했듯이 외상성 스트레스는 생존 뇌가 스트레스를 받는 동안 무의식적으로 자신이 무기력하며 통제력이 부족하다고 인식할 때 발생한다. 비록 정신적 충격을 받는 것 자체가 우리가 통제할 수 없는 일임에도 우리의 사고 뇌는 이를 인정하고 싶어 하지 않는다.

우리 문화에서 스트레스를 받는 것은 얼마든지 괜찮다. 집단적 이해에서 스트레스를 받는 것은 우리가 성공하고 힘 있고 끈기 있고 그릿 있으며 강하고 중요한 사람임을 의미하기 때문이다. 하지만 트라우마를 겪는 것은 어떨까? 그것은 무력하고 엄살을 부리고 무너지고 손상되고 수동적이고 비겁하고 취약한 것과 동일시돼 아무도 그렇게 되고 싶어 하지 않는다.

그 결과 우리는 허리케인, 지진, 정치적 포로, 고문, 테러 공격, 총기 난사, 전쟁, 강간, 납치 같은 가장 극단적 형태의 쇼크 트라우마에만 신빙성을 부여하는 경향이 있다. 만약 트라우마가 꼭 세상에 존재해야 한다면 우리는 이런 사건들을 트라우마로 분류할 용의가 있다. 그러나 가난, 학대, 차별, 괴롭힘, 방임을 더 미묘한 형태의 트라우마로 받아들이는 것은 집단적으로 꺼린다.[3]

우리 사회에서 대부분의 사고 뇌는 전투나 강간 후의 PTSD 진단을 이해할 것이다. 그러나 직장 내 성희롱이나 지속적 차별을 겪은 후의 PTSD 진단은 잘 이해하지 못할 것이다. 그리고 존재감 없는 어린 시절, 정서적 방임, 애정 결핍으로 인한 PTSD 진단은 분명히 인정하지 않을 것이다. 우리 사고 뇌는 자신의 경험뿐만 아니라 다른 사람의 경험도 이런 식으로 평가하고 판단한다.

다시 말해 트라우마에 대한 우리의 관습적 이해에는 쇼크 트라우마로 인한 '대문자 T' 트라우마만 포함될 뿐 일상생활에서 생존 뇌가 무기력하거나 갇혔거나 통제력이 부족하다고 느끼는 '소문자 t' 트라우마의 만성적 누적은 포함되지 않는다.

사랑하는 사람의 시한부 진단, 미묘하지만 집요한 사회적 배제나 차별, 아이들이 당하는 괴롭힘 등 만성적으로 누적된 스몰 트라우마는 거의 늘 개인적·직업적·공동체적 관계에서 발생한다. 이는 스몰 트라우마가 대개 발달 트라우마나 관계 트라우마라는 의미다.

이런 트라우마 역시 우리 심신 체계에 극심한 부담을 준다. 우리 사고 뇌가 보통 트라우마의 실질적 충격을 폄하하고 무시하며 다른 사람들의 사고 뇌도 그렇게 하기 때문이다.

나는 빈곤, 성차별, 이성애주의, 인종차별 등 소외된 집단의 일원들이 받는 낙인, 편견, 차별의 영향이 종종 만성 스트레스와 관계 트라우마로 이어진다는 점을 강조하고 싶다. (뒷부분에서 발달 트라우마의 영향을 살펴볼 것이다.) 누군가는 동시에 여러 개의 소외된 집단에 속할 수 있음을 인식하는 것이 중요하다. 사회에서는 공공연한 폭력이 자행되고 실제로 최근 그런 폭력이 증가하는 추세지만 더 흔한 낙인과 차별의 양상에는 지독히 편협한 태도, 경멸적 발언, 그 밖의 마이크로어그레션microaggression(일상생활에서 이뤄지는 미묘한 공격-옮긴이) 등이 포함된다.

가계소득이 빈곤선 이하인 가난한 미국인들은 가계소득이 14만 달러 이상인 성인에 비해 '보통 수준'이나 '나쁜 수준'으로 건강할 가능성이 대략 5배에 달한다. 그들은 만성 질환이나 만성 통증으로 신체적 제약을 느낄 가능성도 3배 더 높다. 또 부유한 미국인보다 비만, 심장병, 당뇨병, 뇌졸중, 기타 만성 질환에 걸릴 확률도 더 높다. 이들 중 흡연자 비율은 4분의 1로 가족 소득이 10만 달러 이상인 성인에 비해 3배 더 높다. 초조하다고 느낄 가능성도 4배 더 높고 슬프고 절망적이고 '대부분 또는 항상' 무가치하다고 느낀다고 대답할 가능성도 5배 더 높다. 같은 맥락에서 대학 학위가 없는 백인의 사망률은 21세기에 들어 점점 증가하고 있고 대부분은 자살, 약물 과다 복용, 알코올 관련된 간 질환의 증가로 인한 '절망사'다.[4]

성차별주의에는 성별에 따른 무례하고 차별적이며 불공평한 행위가 포함된다. 많은 여성이 그 자신조차 명백한 성희롱이나 강간에 비해 일상적인 성차별의 영향을 덜 해롭거나 무해한 것으로 여긴다. 그럼에도 성차별 인식은 경험적으로 우울증, 심리적 고통, 고혈압, 더 심한 생리통 그리고 메스꺼움과 두통 같은 신체적 증상과 연관돼왔다. 또 성차별 인식은 여성의 폭음, 흡연, 연애 관계에서 의사 표시를 자제하는 것과도 관련된다.[5]

한 실험 연구에서 다양한 성차별 상황을 실험하는 동안 여성의 스트레스 호르몬을 조사했다. 첫 번째 실험에서 여성들은 한 남성에게 일자리를 줄 수 없다는 말을 들었다. 두 번째 실험에서 여성들은 그들의 고용 가능성을 타진 중이라고 알려진 한 남성과 과업을 완수하라는 지시를 받았다. 이 실험에는 네 가지 다른 상황이 주어졌다. 두 가지 상황에는 성차별이 가능하다는 명백한 단서가 있었고 한 상황에는 모호한 단서가 있었으며 나머지 한 상황에서는 성차별이 가능하지 않았다. 실험에 참가한 여성들이 더 나은 자격의 다른 여성에게 일자리를 빼앗긴 후에도 스트레스 호르몬이 증가하지 않은 것은 유일하게 성차별이 가능하지 않았던 상황에서뿐이었다.[6]

이성애주의—게이, 레즈비언, 양성애자, 동성애자, 트랜스젠더들이 경험하는 피해자화victimization, 동성애 혐오, 차별, 자기 낙인, 성적 정체성 은폐—는 심리적 고통, 불안 장애, 우울증, PTSD, 사회적 고립, 섭식 장애를 유발하는 것으로 나타났다. 성소수자들은 이성애자들보다 정신 건강 문제의 유병률이 더 높다.[7] 더욱이 직장에서 이성애주의를 경험한 성소수자들은 더 많은 심리적 고통과 건강 관련 문제, 직업 만족도 저하, 더 잦은 직장 결근 등을 기록한다.[8]

최근 1983~2013년 사이 발표된 333건의 검증받은 경험적 연구를 메타 분석한 결과에 따르면 인종차별주의도 건강 악화와 상당한 연관성이 있다. 인종차별주의는 특히 우울증, 불안, 자살행위, PTSD, 정신적 고통 등 더욱 심각한 정신 건강과 관련된다. 또 당뇨, 비만, 과체중 등 체중과 관련된 신체적 질병과도 상관이 있다. 또 경제적 불평등과도 연관돼 모든 소득 수준에서 흑인과 백인 그리고 라틴계와 백인 미국인 사이의 소득 격차가 미국의 가계소득 데이터를 집계해온 50년 동안 일관되게 유지됐다.[9]

중요한 것은 어떤 '주의'에서 비롯된 차별, 편견, 괴롭힘은 꼭 실제로 경험하지 않더라도 우리 심신 체계에 유해한 영향을 미칠 수 있

CHAPTER 2. 우리는 어떻게 스트레스와 트라우마의 연속성을 무시하는가

다는 점이다. 자신의 정체성 집단의 다른 구성원들이 소외받는 사건에 관한 뉴스를 읽거나 볼 때도 엄청난 스트레스 각성을 경험할 수 있다. 또 본인이 소외받는 사건을 떠올리거나 예상하는 동안에도 스트레스의 증가를 경험할 수 있다.

한 실험이 이 역학을 아주 명확하게 보여준다. 연구진은 라틴계 여성들에게 한 백인 여성의 평가를 예상하게 한 뒤 실제로 평가받는 동안 그들의 스트레스 각성을 조사했다. 라틴계 여성들은 그 백인 여성이 소수 인종에게 편견이 있다고 예상했을 때 그렇지 않다는 것을 알게 된 경우보다 평가 전 혈압 상승과 스트레스 증가가 더 심했고 평가 중 더 위협적인 감정과 생각을 경험했다고 응답했다. 이 연구는 차별에 대한 만성적 경계와 예상이 어떻게 실제로 차별을 경험하는 것만큼이나 극심한 스트레스를 초래할 수 있는지 밝힌다.[10]

종합하자면 점점 더 많은 경험적 연구에서 빈곤, 성차별, 이성애주의, 인종차별주의로 인한 일상적 관계 트라우마(대부분의 사고 뇌에서 '그렇게 나쁘지는 않다'거나 '별일 없다'고 치부하는 종류)의 영향이 실제 심각함을 입증하고 있다. 우리가 스트레스 각성을 의식하지 않더라도 우리의 심신 체계는 스트레스 각성 때문에 계속 활성화된 상태로 있는 것이다.

트라우마 부인하기

——————————— 계속 읽어나가기 전에 당신 스스로를 묘사하는 형용사 5개를 한 줄에 1개씩 적어보자. 예를 들어 당신은

스스로를 '강인하고 성공적이고 낙천적이고 자립적이고 부지런하다'고 볼지도 모른다. 혹은 '정직하고 위트 있고 다정하고 자상하고 자애롭다'고 볼지도 모른다. 당신의 자아상을 묘사하는 형용사 5개를 적어보자.[11]

이제는 각 형용사 옆에 반대말을 적어보자. 예를 들어 '강인하다' 옆에는 '약하다'라고 쓰고 '정직하다' 옆에는 '부정직하다'고 쓰자. 이 반대말 목록은 당신 성격의 그림자 측면을 간결하게 요약해준다.

우리 자아상에 부합하는 자질들을 식별하는 것은 자연히 우리 그림자를 구성하는 자질들을 싫어하고 인정하지 않고 두려워하게 된다는 의미다. 실제로 우리는 어느 형용사 쌍의 한쪽과 (개인적으로든 집단적으로든) 더 강하게 동일시할수록 다른 한쪽을 더 많이 부인하고 부정하고 억압하고 무시할 것이다.

이 말은 우리가 부인하는 자질이 수면 위로 떠오를 때마다—온전한 인간으로서 우리는 인간의 감정 레퍼토리에 있는 모든 감정을 느낄 수밖에 없다— 더 심한 내적 긴장을 겪게 된다는 의미다. 그럴수록 우리는 현실과 더 많이 싸우게 될 것이다. 그래서 만약 스스로 '정직하다'고 생각한다면 '부정직한' 행동을 하는 자신을 인정하지 않을 것이다. 만약 스스로 '다정하다'고 생각한다면 '이기적으로' 행동하는 자신을 인정하지 않을 것이다. 만약 우리가 스스로 낙관적이고 행복하다고 생각한다면 자연히 슬픔, 우울, 그 밖의 부정적인 기분을 밀쳐내면서 "나에게는 뭔가 문제가 있는 게 틀림없어"라고 자책할 것이다.

그리고 스스로 힘 있고 자립적이고 그릿 있고 회복력이 있으며 강인하다고 생각한다면 생존 뇌가 스스로 무력하고 통제력이 부족하다고 인식할 때 그런 경험들을 받아들이기 힘들 것이다.

그런데 형용사 쌍의 절반과만 강하게 동일시하면 부정당한 나머지 절반이 무의식적으로 우리를 지배할 가능성이 높아진다. 옛말에도 있듯이 우리가 저항하는 것은 지속된다.

우리가 도전적이거나 위협적인 사건을 겪는 동안 스트레스나 트라우마 중 어느 쪽을 경험하게 될지는 사실 사고 뇌에 달려 있지 않다. 신경지는 생존 뇌의 영역이기 때문이다. 따라서 스트레스와 트라우마는 특정한 사건을 '심한 스트레스' 또는 '트라우마'라고 분류하고 판단하는 사고 뇌와 직접 관련이 없다.

그렇지만 우리가 경험하는 스트레스와 트라우마는 거의 항상 사고 뇌의 분류 및 판단과 간접적으로 관련돼 있다. 왜 그럴까? 사고 뇌의 판단이 생존 뇌의 신경지와 일치하지 않을 때 사고 뇌와 생존 뇌의 대립 관계가 형성될 조건이 마련되기 때문이다. 이런 내적 분열은 항상 우리 심신 체계의 스트레스와 트라우마를 악화한다.

사고 뇌가 위협적이고 도전적인 사건이나 감정 중에 일부만, 보통은 본인의 자아상과 일치하는 것만 허용하고 받아들이며 나머지 사건이나 감정은 부인할 때마다 우리는 내적 분열을 일으킨다.

사고 뇌가 '약하거나', '연약하거나', '비합리적인' 감정들을 의식적으로 인정하지 않는다고 해서 우리에게 그런 감정이 없는 것은 아니다. 생존 뇌는 분명 이 감정들을 계속 생성해낼 것이다. 사실 인간의 복잡다단한 감정은 선천적으로 내재된 것이라 심신 체계 안에서 어느 순간 저절로 생겨난다. 그런데도 우리 사고 뇌가 원치 않는 감정을 인정하지 않으려고 할 때마다 사고 뇌와 생존 뇌의 대립 관계는 더 오래 유지된다. 이 과정에서 우리는 인내의 창을 벗어나 생체 적응 부하를 누적한다. 이 현상이 더 오래 지속될수록 더 많은 조절 장애를 경험하게 될 것이다.

그렇다면 사고 뇌와 생존 뇌의 대립 관계 그리고 한쪽 자질만 동일시하고 다른 한쪽 자질은 부인하는 태도는 실제로 어떻게 표현될까?

가장 일반적으로 우리는 부인하려는 자질과 그로 인한 고통을 외면하거나 거부하거나 억압하거나 구획화하거나 무시하거나 회피하거나 자가 처방하거나 감출 수 있는 방법들을 찾는다. 사고 뇌는 고통에 초점을 맞추기보다 미래에 초점을 맞추려는 경향이 있다. 즉, 우리가 성취할 인생 목표, 우리가 얻을 부와 명성, 우리가 축적할 소유물, 우리가 다듬을 조각같이 아름다운 몸, 우리가 다음에 받을 높은 점수, 우리가 앞으로 맺게 될 관계 또는 우리가 완성할 버킷 리스트 등에 말이다.

문제는 생존 뇌, 신경계, 몸이 과거의 고통, 학대, 스트레스, 트라우마를 부인하려는 이런 사고 뇌의 전략에 협조하지 않는 경향이 있다는 것이다.

어쩌면 그렉, 타냐, 토드와 내 얘기에서 어떤 경향성을 알아차렸을지도 모른다. 타냐와 나는 스트레스와 트라우마를 내재화함으로써 상황에 대처하려는 경향이 있었다. 나는 강박적 과잉성취에 몰두했고 타냐는 극심한 칼로리 제한과 과도한 운동으로 고통을 무시했다. 우리 둘 다 내재화된 정신 질환을 앓았다. 내 경우엔 PTSD와 우울증이었고 타냐의 경우에는 거식증이었다.

이와 대조적으로 그렉과 토드는 스트레스와 트라우마를 외현화함으로써 상황에 대처하려는 경향이 있었다. 그렉은 매우 투기적인 거래 성사와 불륜을 통해 아드레날린을 추구했고 그 과정에서 세 번의 결혼 생활에 실패했다면 토드는 공격적 운전, 알코올 남용, 폭력 행사를 통해 아드레날린을 추구했다.

그럼에도 우리 네 사람 모두 같은 작업을 하고 있었다. 우리 사고 뇌가 더 잘 통제하고 있다고 느낄 수 있는 대처 전략으로 자신의 스트레스와 트라우마를 부인하고 억압하고 구획화하고 자가 처방하고 무시했던 것이다. 우리는 각자 나름의 방식으로 자기 정체성을 위협하지 않는, 사회적으로 용인할 수 있는 배출구와 대처 전략에 의존했다.

여성은 고통을 내재화하고 남성은 고통을 외현화하는 패턴은 사실 우리 문화에서 꽤 공통적으로 나타난다.

미국 문화를 비롯한 많은 문화에서 소녀와 여성은 '문제를 일으키지 말라'는 가르침을 받고 자란다. 그리고 분노는 적절한 감정이 아니라고 배운다. 이들은 실제로 남성들만큼 자주 분노를 경험하지만 연구에 따르면 여성들이 화를 낸 후 더 많은 수치심과 당혹감을 경험한다. 여성의 분노는 '못되고', '적대적이고', '공격적이고', '논쟁적인' 것으로 묘사될 가능성이 높은데 이는 여성의 분노가 사회적으로 얼마나 용납되지 못하는지를 부각한다. 여성에게는 슬픔과 두려움이 더 적절한 감정 영역이기 때문에 여성들은 실제로는 화가 난 것인데도 울거나 불안을 경험할 가능성이 더 높다.[12] 여성들이 마음속에서 고통을 억누르도록 조건화된 것은 전혀 놀라운 일이 아니다. 여성들은 '어떤 대가를 치르더라도 평화를 지키기 위해' 고통을 무시하고 자해 행동을 하며 여성들이 상대적으로 훨씬 더 많이 겪는 우울증, 불안, 가면 증후군, 섭식 장애, 자가면역질환 등의 내재화 장애를 보인다.

반대로 소년과 남성은 경쟁적이고 공격적으로 살라고 배운다. 남성에게 두려움과 슬픔은 적절한 감정이 아니다. 우리는 모두 테스토스테론 때문에 남성의 몸은 공격성을 타고난다고 배웠고 놀이터에서의 괴롭힘, 성희롱/성폭행, 가정 폭력이 모두 '사내들은 원래 그렇다'는 논리로 말끔히 무효화되었다. '강한' 남자라면 연약하거나 우울해하거나 두려워하지 않고 스스로를 거대함, 오만함, 공격성 등의 우월한 입장으로 조종해 자신의 고통을 타인에게 외현화할 수 있다. 하지만 그 밑바탕에는 부인당한 고통, 수치심, 두려움, 슬픔, 부적절함이 깔려 있다. 남성들이 부인당한 고통을 타인에게 외현화해 전가하도록 조건화된 것도 놀라운 일이 아니다. 우리 사회에서는 남성들이 월등히 많은 폭력을 자행하고 아드레날린 또는 위험을 추구하는 행동을 하며, 간헐적 폭발 장애(분노 발작), 주의력결핍 과잉 행동장애ADHD, 알코올의존증, 약물 남용 등 남성들이 상대적으로 훨씬 더 많이 겪는 외현적 장애를 보인다.[13]

성별에 관계없이 스스로 성공했고 능력 있고 그릿이 있고 강인하고 회복력이 있다고 믿는 사람들은 트라우마를 부인하는 경향이 있다. 왜 그럴까? 트라우마는 스스로 식별한 자질들의 그림자이기 때문이다. 그런 자질의 반대, 즉 무력하고 취약하고 통제력이 부족한 것이 바로 트라우마를 규정한다. 이 역학은 남성들에게 특히 뚜렷하게 나타난다. 우리 문화에서 남성이 자신의 주체성을 잃었다고 인정하는 것은 보통 남성성을 잃었다는 의미이기 때문이다.

그럼에도 우리 문화에서는 남녀를 불문하고 모든 사람이 '여성적' 자질보다는 '남성적' 자질을 선호하고 중시하며 동일시하도록 사회화됐다. 이 양극성은 강함 대 약함, 합리적 대 감정적, 유력함 대 무력함, 가해자 대 피해자, 독립적 대 의존적, 지배자 대 피지배자 등 몇 가지 차원에서 나타난다. 또 정신 대 신체, 스트레스 경험 대 트라우마 경험 등의 집단적 대조에서도 발견된다.

심리치료사 테리 리얼Terry Real은 이를 '대분할the great divide'이라고 부른다. 대조 쌍의 앞부분은 '남성적'이고 뒷부분은 '여성적'인 특징이 있다. 그러나 우리 문화에서 양 항목의 관계는 대등하지 않다. '여성적' 특징을 열등하다고 경멸하는 것이다.[14]

우리는 누구나 양극성과 씨름하기 때문에 양 성별 모두 자신의 고통을 부정하고 증폭된 신체적 증상을 통해 고통을 표현하는 경향이 있는데 이것이 바로 '신체화somatization' 과정이다. 많은 경험적 연구에서 특히 참전 용사나 유년기에 성적 트라우마를 겪은 생존자를 대상으로 감정, 스트레스, 트라우마의 억압과 신체화의 상관성을 밝힌다. 억압된 고통은 신체적 질병, 만성 통증, 위장 장애, 요통, 수면 문제, 기타 신체적 증상을 통해 간접적으로 표현된다.[15] 신체화는 자살행위도 연관된다.[16] 그렉, 타냐, 토드와 내 얘기에서 신체화의 증거를 발견할 수 있다.

스트레스가 심하거나 지위가 높은 환경에서 일하는 사람들은 특히 신체화로 고통을 표현하는 경향이 있다.[17] 심리적·정서적 고통보다 신체적 고통을 호소하는 편이 낙인이 덜 찍히기 때문이다. 이라크 침공 2주 전 미 육군 제82공수사단을 대상으로 진행된 2003년 연구는 스트레스가 심한 환경에서의 문화적 경향에 관한 많은 시사점을 제공한다. 전투 경험이 있는 군인과 없는 군인은 PTSD 비율이 유사해도 그들의 고통을 다르게 표현했다. 전투 경험이 없는 군인들에 비해 참전 군인들은 다가올 파병에 대한 스트레스를 불안, 과민 반응, 우울, 자살 사고 등 일반적으로 감정을 부정하는 증상들로 대처하는 동시에 만성 통증, 현기증, 기절, 두통, 가슴 통증, 소화불량, 불면증, 성 문제 등 더 많은 신체화 증상을 보고했다.[18]

시장, 슈퍼히어로, 현대 과학

──────────────── 지금까지 스트레스와 트라우마에 관한 일반적이고 '적절한' 반응이 대개 그냥 참고 견디며 계속 밀어붙이는 것임을 살펴봤다. 즉, 스트레스 또는 트라우마 사건과 그로 인한 조절 장애를 부정하고 부인하고 감추고 주의를 분산하고 억압하고 자가 처방하고 구획화하는 반응이라는 것이다. 우리는 '부정'을 집념, 인내, 그릿과 동일시하는 경향이 있다. 특히 남성이 지배적인 환경에서는 엄숙주의와 불굴의 정신이 중시된다. 우리는 다친 몸으로 걸어 다니는 사람들과 부상당하고도 경기를 뛰는 선수들을 존경한다. 고통, 부상, 괴로움이 자신을 괴롭히게 놔두면서 계속 힘든 일을 해나가는 사람들 말이다.

이 같은 무의식적 규범과 습관은 우리 사회에서 아주 강력한 힘을 발휘한다. 사실 집단은 개인의 역학을 복제하는 경향이 있다. 개인이 자신의 트라우마를 부인하는 경향이 있듯이 집단 역시 트라우마를 부인한다. 집단이 트라우마를 부인하면 불행히도 더 많은 개인들이 트라우마를 겪는 환경이 조성되고 개인들에게 자신의 트라우마를 계속 부인하라는 문화적 압력이 지속된다.

우리 문화에서는 집단적으로 자신과 타인을 업적, 창작물, 발명 그리고 일터와 공동체에 '부가한 가치'의 총합으로 평가하는 경향이 있다. 미국은 자유 시장 경제로 번영해왔고 시장에서는 생산성, 효율성, 속도, 인내, 그릿, 재산, 이익에 큰 의미를 두기 때문에 우리 역시 그렇다. 자본주의는 또 사회 전반에 걸쳐 모순된 메시지를 전달한다. 자본주의는 생산성과 이익을 중시하고 장려하는 편이지만 그 이익에 따르는 많은 대가와 결과는 무시한다.

우리는 대부분의 주주들과 월스트리트가 시장의 행위에 인센티브를 주는 방식에서 그 역학을 확인할 수 있다. 일례로 기업 경영자에게는 오로지 '최종 이익'에 따라 보상을 제공할 뿐 그 이익의 '시장 외부효과', 즉 직원들의 낮은 사기, 비윤리적 행동, 스트레스성 질병, 안전하지 않은 근무 환경, 성희롱, 차별 문화, 환경에 미치는 악영향 등은 무시하는 것이다. (경제학에서 외부효과란 어떤 사람의 경제적 행위가 다른 사람들과 지구 전체에 의도하지 않은 이익과 피해를 발생시키는 것이다.) 예를 들어 최근 한 연구에서는 못되고 비윤리적인 직원들이 회사에 더 오랫동안 재직하고 적어도 양적인 성과에서는 더 생산성이 높다는 사실을 발견했는데 이 결과는 왜 그들이 조직에 선택돼 최대한 오래

머물 수 있는지 설명해준다.[19]

성희롱이나 환경오염, 유해한 근무 환경을 외부효과로 보는 것 자체가 이 역학을 반영한다. 현실에서 추구되는 한 가지 측면만 포함하고 중시하고 인정하는 반면 자연히 거기에 수반되는 현실의 나머지 측면은 부정하고 부인하고 무가치하게 보는 식으로 선을 긋는 셈이다.

영화제작자 하비 와인스타인Harvey Weinstein은 수백 편의 블록버스터 영화를 개봉시키며 성공적으로 영화 스튜디오를 이끌었으나 80여 건의 강간 및 성폭행 혐의로 기소됐다. 전 검사 에릭 슈나이더만 Eric Schneiderman은 기업 사기 및 부패와 싸운 공로로 추앙받았으나 알코올의존증과 성학대로 고발당해 사임했다. 한때 기자들에게 자기는 "전혀 스트레스를 받지 않는다"고 말했던[20] 전 CIA 국장 데이비드 퍼트레이어스David Howell Petraeus는 이라크와 아프가니스탄에서 미군의 '증파surge' 전략을 고안해 널리 존경받은 장군이었지만 불륜 관계인 정부에게 의도적으로 기밀 정보를 유출했다.

미투#MeToo 운동 이후에는 많은 사람이 '예술가'와 '예술'을 분리해 생각해야 한다고 주장해왔다. 즉, 예술가들의 일탈 행위가 그들의 작품에 대한 집단적 평가에 영향을 미치지 않도록 예술가의 창조적 산물에만 좁게 관심을 집중해야 한다는 것이다. 이런 주장에는 논란의 여지가 있다. 사실 우리는 창의적인 천재성, 용기 있는 리더십과 동시에 우리가 저지르는 학대, 폭력, 일탈, 중독, 비윤리적 선택 행위를 모두 아우르는 전체로서의 인간이기 때문이다.

미국의 개인주의 신화 역시 분리와 부정의 사회규범을 강화한다.

CHAPTER 2. 우리는 어떻게 스트레스와 트라우마의 연속성을 무시하는가

확실히 개인주의는 미국 지배 체제의 근본 구조와 개인권 중시 풍조에 깊이 뿌리내리고 있다. 특히 베트남 전쟁과 민권운동 이후 교육 시스템과 직장에서도 성과주의 원칙이 급부상했다.

이 과정에서 우리는 각자의 기술과 재능을 키우고 스펙을 쌓고 이력서를 채워가는 여정으로 삶을 개념화하게 됐다. 개인주의적 능력주의 신화는 다른 자질들과 별개로 지능지수IQ를 과장되게 강조한다. 우리는 자주성, 자립, 독립성을 강조하면서 실은 모두가 공동체에 속해 있다는 사실을 외면한다. 개인의 권리에 과도하게 관심을 쏟으면서도 권리에는 늘 책임이 따른다는 사실을 잊는다.

개인주의 신화는 문화유산에서도 드러난다. 호메로스의 《오디세이Odyssey》를 필두로 서구 문명은 영웅적인 개인들 얘기로 가득하다. 자립적 영웅들은 대부분 남자이고 그의 봉사와 희생, 성공은 주류 사회에서의 고립(또는 소외)에서 기인한다.[21] 클라크 켄트Clark Kent, 브루스 웨인Bruce Wayne, 피터 파커Peter Parker 등 스스로를 고립함으로써 그들의 공동체를 구했던 슈퍼히어로들을 생각해보라. 또는 아인 랜드Ayn Rand의 자유주의 입문서 《파운틴헤드The Fountainhead》의 주인공 하워드 로크Howard Roark를 생각해보라. 또는 제임스 본드James Bond, 론 레인저The Lone Ranger, 전형적인 미국 카우보이 등을 생각해보라. 이들은 거칠고 강인하며 이성적이고 굽힐 줄 모르는 '남자다운' 남자들이다.

마지막으로 이런 구획화 규범들은 현대의 과학적 방법론에도 반영돼 있다. 르네 데카르트René Descartes, 아이작 뉴턴Isaac Newton을 비롯한 영향력 있는 과학자와 철학자는 수학이 순수이성의 전형일 뿐 아니라 이용 가능한 가장 신뢰할 수 있는 지식임을 보여줬다. 데카르트는 "나는 생각한다. 고로 나는 존재한다"는 유명한 선언을 남겼다. 즉, 사고가 존재의 중심 특성이며 인간은 이성과 논리로 모든 것을 알 수 있다고 주장한 것이다.

이런 남자들은 '객관적' 현실이 측정 가능한 결과를 얻을 수 있는 개념적 공간이라고 믿었다. 이렇게 정량적 정보를 선호하는 성향이 강해지자 본능, 직관, 감정, 꿈, 맥락 같은 측정할 수 없는 현상은 근거가 부족하다고 간주됐다. 이 같은 세계관의 기저에는 인간이 세계를 알 수 있다는 믿음, 즉 충분한 데이터와 측정, 분석을 통해 객관적 확실성을 얻을 수 있다는 믿음이 깔려 있다.[22]

이런 문화적 신념은 '외부' 현실에 맞서는 '내부' 의식, 마음과 몸, 주체와 객체 사이의 이원성을 형성했다. 이원성은 본능, 감정, 상상, 공감, 그 밖의 '주관적' 근거에서 얻은 정보보다 '합리적' 사고와 '객관적' 정보를 선호하는 우리 문화에서도 발견된다.[23] 사실 이 책에서 나는 경험적 근거와 과학적 연구에 기반을 둔 정보를 공유하면서도 그런 '객관적' 정보와 나의 '주관적' 인생 경험을 짝지어 설명하고 있다. 과학과 경험적 연구만으로는 언제나 이해가 불완전할 수밖에 없기 때문이다.

오늘날에도 여전히 데카르트의 패러다임이 통용되며, 우리 몸, 감각, 감정뿐 아니라 정서적·생리학적 지식을 상대적으로 경시하는 문화의 토대를 이룬다. 생존 뇌가 '아는' 정보보다 사고 뇌가 '아는' 정보를 집단적으로 선호하는 문화 말이다.

그리고 이 모든 문화적 영향은 우리의 그림자를 부인하는 습관과

CHAPTER 2. 우리는 어떻게 스트레스와 트라우마의 연속성을 무시하는가

결합해 사고 뇌와 생존 뇌의 대립 관계를 강화한다.

오로지 나 혼자

──────────────── 우리는 '나'란 존재를 양육과 공동체, 다른 사람에게서 완전히 분리되고 자율적인 '개인'으로 여기도록 배워왔다. 사고 뇌의 이해를 곧 자신과 동일시하고 그 과정에서 생존 뇌의 정보는 폄하하도록 배워왔다. 자신의 선택이 심신 체계와 주변 사람에게 미치는 영향을 부인하도록 배워왔다. 스트레스, 트라우마, 불안, 우울, 불행, 고통이 단지 '필요한 일을 하는 데 따르는 대가'일 뿐이라고 배워왔다. 성공과 실패는 전적으로 자신의 노력에 달려 있다고 배워왔다.

사고 뇌와 생존 뇌의 불평등한 대화는 우리 사회 어디에나 만연해 있다. 우리는 자신과 타인의 사고 뇌 정보에만 관심을 기울이고 이를 기초로 결정을 내리도록 조건화돼 있다. 가족, 친구, 교사, 코치, 상사, 유명인, 언론, 광고, 뉴스 등에서 사고 뇌의 내러티브를 흡수한다.

또 사고 뇌 중심 치료법과 기술에 크게 의존한다. 이 방법의 목표는 사고 뇌가 더 큰 통제감을 느끼도록 돕는 것이다. 여기에는 우리의 감정, 신체적 고통, 스트레스 각성 같은 생존 뇌의 정보를 외면하거나 무시하거나 '관리' 또는 '조정'하려는 경향이 따른다. 우리 사회에서는 종종 사고 뇌 중심 치료법에 처방약이나 음식, 다양한 물질을 이용한 자가 처방을 더해 조절 장애 증상을 감추고 최소화한다.

사고 뇌 중심 치료법 중에서도 전통적인 대화 치료와 집단치료가 인기를 끌고 있다. 또 미국 보훈Veterans Affairs 클리닉을 장악한 인지행동치료CBT와 CBT의 사촌 격인 인지처리치료 그리고 목표 설정, 확장 및 구축, 긍정적 감정, 강점 기반의 긍정 심리 등의 스포츠 심리학과 긍정 심리 기법도 인기를 끌고 있다. 이 모든 기법은 다음과 같은 사고 뇌 중심 전략에 의존한다. 즉, 생각을 이용해 상황을 재평가하고 재구성하기, 주어진 상황에서 긍정적인 면을 발견하기, 감사와 내적 강점, 기타 긍정적 자질에 초점 맞추기, 의식적으로 긍정적 감정 북돋우기, 시각화와 예행연습rehearsal을 통해 미래 상황에 정신적으로 대비하기, 미래 목표를 달성하기 위한 계획에 집중하고 발전시키기 등이다.

미군을 비롯해 스트레스가 높은 기관에서 광범위하게 시행되는 회복탄력성 프로그램은 전적으로 이런 사고 뇌 중심 기법에 기반을 둔다. 그러나 지금까지 어떤 기법도 조절 장애나 부정적 감정을 줄이는 데 효과성을 입증하지 못했다.[24] 그 이유는 이 책의 뒷부분에서 설명할 것이다. 그럼에도 개인들은 이런 치료 기법으로도 스트레스와 부정적 감정을 조절하지 못하는 것을 자기 문제로 돌리고, 사회적으로 용인된 대처 전략에 더 안간힘을 쓰며 매달리느라 생체 적응 부하를 가중하고 사고 뇌와 생존 뇌의 대립 관계를 악화한다.[25]

그러는 동안 생존 뇌는 여전히 뒷전으로 밀려난 채 중독 행동을 부추기고 불륜과 일중독으로 관계를 망치게 하고 식습관을 어지럽히고 온갖 물질에 지나치게 의존하게 만들고 너무 무리하거나 부족한 운동으로 우리 몸을 손상하고 아드레날린을 추구하는 행동이나 자해 행위로 우리를 내몰고 폭력적·모욕적·비윤리적·일탈적 행동을 통해 주변 사람에게 무의식적 고통을 외현화하게 한다.

이런 식으로 생존 뇌가 행동을 장악하면 우리는 보통 수치심, 자기 비하, 비난, 죄책감에 빠지게 된다.

그렇지만 이건 단지 동전의 양면 같은 게 아닐까? 만약 우리가 그동안 이룬 업적, 성공, 창조적 성과, 승리를 모두 자신의 공으로 독차지하려 한다면 어려움, 불완전함, 중독, 신체적 질병, 정신적 질환, 비만, 관계 문제, 형편없는 선택에 대해서도 모든 책임을 져야 마땅하지 않을까? 우리 자신을 독자적 존재로 보고 생각, 감정, 고통, 행동, 선택이 전적으로 자신에게 달려 있다고 믿는다면 당연히 우리가 불가피하게 불완전성을 드러낼 때마다 우리 사고 뇌는 안 좋게 느낄 것이다.

우리가 트라우마를 겪거나 고통을 경험하는 등 자아상에 맞지 않는 자신의 일부분을 가치 절하하고 부정하고 외면하고 구획화하고 합리화하고 감추거나 외현화하는 주된 이유는 그런 부분들 때문에 우리가 나쁘게 보인다고 믿기 때문이다. 우리는 트라우마, 부정적 감정, 중독, 신체적 질병과 정신 질환, 미숙한 대처를 원하지 않는다. "나는 이렇게 느껴서는 안 돼"라거나 "나에게 뭔가 문제가 있는 게 틀림없어"라고 생각한다. 나도 예전에는 그랬다.

하지만 이런 사고 뇌의 믿음은 전혀 사실이 아니다.

내가 스트레스와 트라우마 분야에서 사고 뇌와 생존 뇌의 불평등한 대화 중 가장 흥미롭게 느끼는 부분은 비록 우리가 사고 뇌에 더 귀를 기울이긴 해도 실제로 특정한 주제에 관해 훨씬 더 나은 정보는 생존 뇌에 있다는 사실이다. 신경지는 생존 뇌의 영역이라는 점을 떠올려보자. 생존 뇌는 지금 우리가 스트레스를 받는지, 트라우마를 겪고 있는지, 조절이 안 되는 상태인지에 대해 항상 최고의 정보를 갖고 있다. 뒷부분에서 얘기하겠지만 더 중요한 것은 우리가 스트레스와 트라우마에서 회복할 수 있는지 여부를 결정하는 것도 생존 뇌다. 그러므로 사고 뇌 중심 기법은 언제나 불완전할 수밖에 없다.

이런 면에서 인간의 심신 체계가 어떻게 형성됐는지 이해하면 우리는 훨씬 더 자유로워질 수 있다. 우리의 심신 체계는 다른 사람들과 연결되도록 돼 있다. 한 나라가 다른 나라들, 세계경제나 국제기구와의 관계망에 속해 있듯이 우리도 가족, 이웃, 학교, 직장에서의 관계망에 속해 있다. 이런 상호 의존적 연결망은 전 지구와 다양한 자원의 지원을 받는다. 결국 우리의 선택은 이 상호 연결된 시스템 전체에 영향을 미친다.

중요한 점은 우리가 지금껏 이 체계를 통제할 수 없었다는 사실이다. 그리고 이는 분명 과거 우리의 노력으로 결정되는 부분도 아니었다. 우리의 심신 체계는 우리가 처한 환경, 특히 어린 시절 가장 가까운 사람들과의 반복적 상호작용을 통해 형성됐다. 이런 상호 연결을 통해 우리는 타인과 어울려 살면서 역경을 견디고 스트레스와 트라우마, 부정적 감정에 대처하는 습관적 전략을 개발했다. 앞에서 그렉, 타냐, 토드와 내가 선택한 각기 다른 대처 전략은 저마다의 삶이 조건화된 결과였고 그동안 우리가 살아남을 수 있게 도와줬으니 말 그대로 적응적 전략이었다.

우리는 스트레스, 트라우마, 부정적 감정, 갈망, 비합리적 충동, 폭력적이거나 유해한 선택의 충동에 시달릴 때, 과거에 조건화된 것을 드러낼 뿐 현재 우리가 어떤 사람인지는 아무것도 말하지 않는다.

2부에서는 인내의 창을 둘러싼 과학을 소개하면서 우리 인내의 창이 처음에 어떻게 형성됐고 시간이 지남에 따라 어떻게 좁아졌는지 살펴볼 것이다. 나는 당신의 사고 뇌가 생존 뇌의 일을 더 잘 이해하고 공감할 수 있도록 돕고 싶다. 생존 뇌가 무슨 일을 왜 하는지 이해하면 우리는 생존 뇌의 단서를 더 잘 해석할 수 있게 된다. 스트레스와 트라우마가 어떻게 연속선상에 있는지 이해하면 그동안 사고 뇌에는 '그렇게 나쁘지 않아도' 생존 뇌에는 극도의 스트레스를 주는 요인들을 어떻게 무시해왔는지 알 수 있다. 또 우리가 애초부터 스트레스나 트라우마의 근원을 등한시함으로써 어떻게 회복에 우선순위를 두지 않았는지도 알 수 있다. 그리고 실제 회복과 치료 과정에서 이용할 수 있는 주체성을 어떻게 놓치고 있는지도 알 수 있다.

상태가 좋아진다고 느끼고 스트레스와 트라우마 속에서도 잘 살아가며 효과적 선택을 할 수 있는 가장 직접적인 길은 결국 자기 계발보다는 자기 이해에 있다.

PART **2**

인내의 창을
둘러싼 과학

GRAND CANYONS IN THE MIND- BODY SYSTEM—
NEUROPLASTICITY AND EPIGENETICS

심신 체계의
그랜드캐니언:
신경가소성과 후생유전학

미군은 약 115년 전 미국 조직 중 최초로 조직적 신체건강훈련PT의 필요성을 인식했다. 과학적 이해를 통해 효과가 밝혀지기 오래전부터 미군은 신체 단련이 잘된 부대가 힘, 체력, 유연성, 속도 같은 신체 기량을 갖출 것이고 그 결과가 전투에서 개인과 집단의 수행 능력 향상으로 이어지리라고 직감했다.

미국 최초의 제도화된 PT 프로그램은 1880년대 미국 육군 및 해군사관학교에서 개발됐다.[1] 웨스트포인트 PTWest Point PT 프로그램은 1900년대 초까지 미국 육군에서 급속도로 인기를 얻었다. 1906년 미국 육군은 군대 전반에 주둔군과 비주둔군 PT 프로그램 참여를 의무화했고 PT 기준 부합 여부를 평가하기 위해 매년 3일간 체력검사를 실시했다.[2] 육군 사령관들은 이 변화를 대거 반대했지만 육군 참모총장이 시어도어 루스벨트 대통령Theodore Roosevelt의 지원을 받으면서 입장을 바꿨다. 신체 단련을 강력히 주창했던 루스벨트는 모든 육군 장교에게 매년 체력 검사 통과를 의무화하는 대통령령을 내렸고 본인도 검사 기준을 통과해 몸소 모범을 보였다.[3]

미군은 PT 프로그램을 제도화한 후 양차 세계대전을 준비하는 과정에서 대부분의 징집병이 PT 기준에 미달한다는 사실을 깨달았다. 양차 대전 중 군사훈련은 징집병들의 신체 건강을 증진하는 데 집중됐다. 동시에 미국 연방 정부는 공립학교 학생들의 신체 건강을 향상하기 위한 법안을 통과시켰고 중학교와 고등학교에서 종합 PT 교육 과정을 시범 운영했다.[4] 모든 시민의 건강을 증진하려는 목적에서 사회 전반에서 진행된 캠페인은 케네디 행정부의 체력관리 대통령자문위원회와 함께 절정에 달했다. 나아가 미국의학협회American Medical Association와 미국스포츠의학회American College of Sports Medicine 같은 몇몇 단체들은 체력이 떨어질 경우의 건강 상태를 다룬 과학적 연구를 전파하고 대중에게 교육하는 것을 그들의 사명으로 삼았다.[5]

다시 말해 미군이 일찌감치 PT를 제도화함으로써 신체 건강의 과학적 연구와 공립학교 체육 교육에 박차를 가했던 것이다.

그 결과 이제는 신체 건강의 이점과 신체 단련법에 대한 사회 전반의 이해가 높아졌다. 우리는 특정한 운동을 반복하면 몸에서 그 훈련에 특화된 근육, 호흡, 심혈관계를 변화시킬 수 있다는 사실을 알고 있다. 또 단지 트레이너에게 얘기하거나 관련 서적을 읽는다고 해서 몸을 변화시킬 수 없다는 점도 알고 있다. 반드시 수주나 수개

CHAPTER 3. 심신 체계의 그랜드캐니언: 신경가소성과 후생유전학

월 동안 꾸준히 운동을 해야 한다. 아무도 우리를 위해 대신 운동을 해줄 수 없다. 우리 스스로 몸의 변화를 일으킬 만큼 충분히 단련하는 수밖에 없다. 그리고 만약 운동을 그만두면 근육과 심혈관계에서 수축이 일어날 수 있다는 것도 이해한다.

그렇지만 우리가 특정한 운동을 꾸준히 할 때도 궁극적 목표는 단순히 그 운동을 잘하는 것이 아니다. 우리의 목표는 힘, 체력, 유연성, 속도 등 평생 사용할 수 있는 범용적 능력을 얻는 것이다. 예를 들어 웨이트트레이닝을 통해 신체를 단련했다면 무거운 배낭을 메고 장거리를 이동하거나 쓰러진 나무둥치를 들어 올려 나무에 깔린 사람을 돕거나 진흙탕에 빠진 차량을 도로로 밀어 올리는 능력이 증가한다. 또 신체 단련으로 보호 효과도 생겨 격렬한 운동을 하거나 부상을 당한 후 더 빨리 회복할 수 있다.

각 역학은 마인드 피트니스 훈련에도 똑같이 존재한다. PT가 반복적 운동에 의존해 신체에 특정한 변화를 일으키듯이 마인드 피트니스 훈련도 마찬가지 과정으로 변화를 일으킨다. 마인드 피트니스 운동을 꾸준히 연습하면 유익한 변화로 이어지는 한편 적절히 회복되지 않았던 과거의 장기적 스트레스와 트라우마로 인한 해로운 영향을 바꿀 수 있다. 이 과정은 이번 장의 핵심 주제인 신경가소성과 후생유전학의 충분한 근거가 있는 이론으로 뒷받침되는데 이 이론들은 반복 경험이 어떻게 뇌, 신체, 유전자 발현을 변화시키는지 보여준다.[6]

하지만 신체 건강과 마찬가지로 정신 건강도 책을 읽거나 생각만 해서는 소용이 없다. 실제로 연습이 필요하다. PT와 마찬가지로 마인드 피트니스 훈련의 목표는 그 운동을 잘하는 것이 아니라 주의력, 정신적 민첩성, 상황 인식, 자기 조절, 심신 최적화, 정서 지능 등 매일 사용하는 범용 능력을 계발하는 것이다. 이 과정에서 보호 효과도 생겨 도전적 상황에 넓은 인내의 창으로 대응하고 그 후 완전한 회복에 이르기 쉽다. 심리적 상처를 입을 가능성은 줄어드는 동시에 미래 스트레스에 대응할 창이 넓어지는 것이다.

신경가소성: 심신 체계의 그랜드캐니언 형성

—————————— 1990년대 후반까지만 해도 신경과학 분야는 성인 인간의 뇌에 비교적 비관적이었다. 당시에는 성인이 되면 그때까지 발달된 뇌 상태가 고착된다는 믿음이 지배적이었다. 성인의 뇌는 심각한 부상이나 퇴행성 질환을 겪은 후 새로운 뇌세포(뉴런)를 만들거나 신경세포의 연결망(신경망)을 재구축할 능력이 없다고 여겨졌다. 다시 말해 성인 뇌의 구조와 기능은 변하지 않는다고 믿었던 것이다.

하지만 이는 잘못된 믿음으로 밝혀졌다.

신경과학자들은 이제 우리 뇌가 평생에 걸쳐 변화함을 알고 있다. 뇌는 반복적 경험에 반응해 모든 감각 정보, 신체 움직임, 보상신호, 사고, 감정, 스트레스 각성, 자극과 반응 사이의 연관성에 따라 끊임없이 재구조화된다. 이 개념을 '신경가소성neuroplasticity'이라고 부른다. 성인의 뇌도 아이들 뇌와 마찬가지로 손상된 부위를 치료할 수 있고 부위의 용도를 변경해 새로운 역할을 할당할 수 있으

며 새로운 신경세포를 생성하고('신경 발생'), 새로운 신경망을 구축할 수 있다.[7]

신경가소성에 관해 자주 인용되는 한 연구는 런던 택시 기사들의 기억력과 뇌 구조를 조사한 것이다. 런던에서 택시 기사가 되려면 '필수 지식', 즉 도심에서 반경 6마일 이내에 있는 모든 거리를 익혀야 한다. 지도를 보지 않고 운전하는 능력을 입증해야만 택시 면허를 취득할 수 있다. 이 공부는 엄청난 공간 기억력 훈련이다! 런던에서 택시를 오래 운전하면 할수록 지식이 더욱 공고해지리라고 짐작할 수 있다. 실제로 뇌 영상법 연구에서는 이 사실을 증명한 듯하다. 런던 택시 기사들은 같은 나이와 성별의 일반인보다 해마가 더 컸는데 해마는 명시적 기억을 통합하는 두뇌 영역이다. 게다가 택시 기사가 런던에서 택시를 오래 몰수록 그들의 해마는 더 많이 변하는 것으로 나타났다.[8]

이 예에서 알 수 있듯이 뇌는 신체의 나머지 부분과 마찬가지로 가장 많이 사용하는 '근육'을 발달시키며 때로는 그 과정에서 다른 능력을 희생한다. 뇌는 의식적으로든 무의식적으로든 특정한 정신적 과정을 반복 수행함으로써 점점 더 효율적으로 변해간다. 시간이 지남에 따라 특정한 정신적 기술을 지원하는 뇌 영역은 좀 더 효율적 신경 활동 패턴을 형성하기 위해 뉴런들의 연결 구조를 재배치한다. 캐나다 심리학자 도널드 헵Donald Hebb이 1949년 이미 예측했듯이 "뉴런은 함께 발화될 때 함께 연결된다."

그 결과 뇌의 각 영역은 반복 경험에 따라 축소되거나 확장되고 기능이 늘거나 줄어든다. 뇌는 평생 동안 이 힘을 유지한다.[9] 과학

작가 샤론 베글리Sharon Begley가 아름답게 표현했듯이 "우리 뇌의 구조—즉, 각 영역의 상대적 크기, 한 영역과 다른 영역 사이의 연결 강도 등—는 그동안 우리가 살아온 삶을 반영한다. 해변 위의 모래처럼 뇌에는 그동안 우리가 내린 결정, 우리가 배운 기술, 우리가 취한 행동의 발자국들이 남아 있다."[10]

흥미롭게도 뇌는 외부 세계에서 아무 정보가 입력되지 않아도 변화될 수 있다. 사실 뇌는 반복적 사고 패턴이나 만성적 스트레스 각성만으로도 변할 수 있다. 예를 들면 우리가 미래의 부정적 사건을 걱정할 때마다 신경지를 담당하는 생존 뇌 영역인 편도체가 활성화해 무의식적으로 위협을 스캔하는데, 시간이 지남에 따라 걱정이 습관이 되면서 (많은 뇌 영역과 마찬가지로 2개가 있는) 편도체는 점점 두꺼워지고,[11] 두꺼워진 편도체는 걱정에 과민해져 더욱 큰 불안감을 유발하는 악순환이 이어지는 것이다.

나는 신경가소성을 가르칠 때 종종 그랜드캐니언에 비유한다. 물론 이 비유는 지질학적으로 정확하지 않지만 명확하고 설득력 있다. 그랜드캐니언이 형성되기 전 애리조나주 북부 사막에 평평한 메사(꼭대기는 평평하고 주위가 급경사를 이루는 탁자 모양 지형-옮긴이)가 있었다고 상상해보자. 이 지형은 표면이 평평해서 비가 내리면 물이 어디로 흘러갈지 예측할 수 없었다. 그런데 어느 순간 평평한 표면 어딘가에 움푹 들어간 홈이 생겨서 지면이 메사의 나머지 부분보다 약간 낮아지는 불규칙성이 생겼다고 상상해보자. 다음에 비가 오면 물이 어디로 흐를까? 당연히 움푹 파인 홈으로 흘러들 것이다. 이렇게 물이 흘러들수록 움푹 들어간 곳은 더욱더 깊이 파인다. 비가 계속 내리면 움푹 들어간 곳이 시내가 되고 점차 계곡으로 변한다. 침식이 가속화되면서 계곡은 소협곡이 된다. 결국 수차례 폭풍우가 지나가고 나면 그랜드캐니언(대협곡)이 생겨난다. 그 결과 오늘날에는 비가 올 때 빗물이 그랜드캐니언 외의 다른 곳으로 흘러들기가 사실상 불가능하다. 움푹 팬 홈이 그야말로 너무 깊기 때문이다. 빗물을 다른 곳으로 흐르게 하려면 엄청난 공사와 기념비적 노력이 필요할 것이다.

　인간의 뇌는 그런 많은 협곡들로 구성된다. 여기서 협곡이란 우리가 지각하고 사고하고 느끼고 반응하고 행동하는 습관적 방식을 의미한다. 우리가 방에 들어갈 때마다 뭔가 이상한 부분을 한눈에 알아차리는 것처럼 우리의 협곡은 상당히 미묘하게 작용할 수 있다. 혹은 우리가 외롭거나 슬프다고 느낄 때마다 쿠키를 먹는 경우처럼 더 명백하게 나타날 수도 있다. 어떤 내용이든 상관없이 우리가 뇌의 협곡 프로그래밍을 수행할 때마다 협곡은 더 깊어지고 그래서 향후 그 일을 다시 수행하지 않기가 점점 더 어려워진다.

　신경가소성은 이렇게 요약된다. 어떤 경험이라도 반복되면 미래에 그것을 다시 하기가 더 쉬워지고 다시 하지 않기는 더 어려워진다. 그래서 새로운 습관을 들이기가 그토록 어렵고 새로운 습관이 정착됐다고 느낄 때까지 몇 주간 의도적으로 연습해야 하는 것이다. 오래된 습관을 멈추기가 지독히도 어려운 것도 이 때문이다. 특히 우리가 스트레스를 받거나 잘 조절되지 않을 때 발동되는 습관이라면 말이다.

　뇌는 어떤 반복 경험에도 민감하기 때문에 신경가소성은 유해한 방향이든 유익한 방향이든 대단히 강력한 영향을 미친다. 유해한 방향으로는 장기적 스트레스, 트라우마, 우울, 불안, PTSD가 모두 인지 기능의 저하와 연관되는데 특히 새로운 정보나 기술을 배우고 상황을 기억하고 주의를 기울이는 측면에서 그렇다.[12]

실제로 조절 장애의 주된 인지 증상은 기억력 저하다. 애초에 왜 방에 들어갔는지 잊어버리거나 열쇠를 엉뚱한 장소에 놔두는 경우가 여기에 해당한다. 이런 일은 단지 '깜빡'하는 것이 아니라 조절 장애를 나타내는 징후일 수 있다. 2장에서 종종 잘못된 군복을 입고 나오고 완수해야 할 임무를 잊어 소속 부대의 수행 능력을 떨어뜨린 토드의 사례에서 확인할 수 있는 징후다.

토드의 사례에서 보듯이 조절 장애는 명시적 학습과 기억을 담당하는 뇌 영역인 해마의 구조적 변화를 초래할 수 있다. 실제로 뇌 영상 연구 결과 베트남전과 걸프전 참전 용사, 민간인 경찰, 성폭행이나 신체적 학대 생존자 등 PTSD 진단을 받은 사람들은 외상적 경험이 없는 동일한 성별과 연령의 사람들보다 해마가 훨씬 작았다.[13]

만성적 스트레스와 트라우마를 반복 경험하면 신경가소성이 스트레스 상황에 적응해버릴 수도 있다. 앞서 말했듯이 뇌는 가장 많이 사용하는 '근육'을 발달시키고 때로는 다른 능력을 희생하기도 한다. 일례로 미 육군 대상의 대규모 연구에서 이라크에 파병됐던 군인들이 그렇지 않은 사람들보다 컴퓨터 인지 검사에 더 빠른 반응 시간을 보였다. 반면 공간 기억, 언어 능력, 주의력 등에서는 현저한 기능 저하를 보였는데, 이런 인지 저하는 그들이 귀국한 지 두 달이 넘도록 지속됐다. 즉, 그들의 뇌는 파병 기간 동안 이라크에서 생존

하는 데 더 필요한 빠른 반응 능력을 기르느라 다른 정신적 기술을 희생했던 것이다.[14]

이와 반대로 신경가소성 효과는 유익한 방향으로도 나타날 수 있다. 전투에 나가기 전 MMFT에 참여한 부대들은 스트레스가 심한 파병 전 훈련 기간에도 지속적 주의와 작업 기억 용량이 증가했다. 또 정서 조절과 충동 조절 그리고 스트레스 각성을 조절하고 회복하는 데 중요한 역할을 하는 내수용 감각interoception(신체감각의 자각)과 관련된 뇌 영역의 기능이 변했다.[15] 같은 맥락에서 40년 동안 경험적 과학 연구들이 마음챙김 훈련으로 얻은 광범위한 신경가소적 효과를 밝혀왔다. 8주간의 마음챙김 기반 개입부터 수년간의 집중적인 수행 경험에 이르기까지 마음챙김 훈련은 주의력 향상, 정신 산만함 감소, 더 긍정적인 감정과 관련된 사고 뇌 부위인 왼쪽 전두엽 피질의 발화 증가, 신경지 및 걱정과 관련된 생존 뇌 부위인 편도체 축소 등의 효과를 가져다주는 것으로 나타났다.[16] 이 모든 연구는 주의를 특정한 방식으로 이끄는 반복 경험이 어떻게 두뇌에 유익한 변화로 이어질 수 있는지 보여준다.

흥미롭게도 최근 연구는 유익한 신경가소성과 유산소운동 사이의 연관성을 탐구하고 있다. 설치류를 통한 이 연구는 자발적 운동이 해마에서 새로운 뉴런을 성장시키고 기존의 신경망에 연결되도록 돕는다는 사실을 보여준다.[17]

인간은 자발적 신체 운동을 통해서도 신경가소적 효과를 경험한다. 노년층 대상 연구는 신체 활동과 심폐 건강 수준이 높아지면 뇌에 산소 공급이 늘어나고 뇌 활동 패턴이 건강해지며 실행 기능이

나 명시적 기억과 관련된 전두엽 피질과 해마의 회백질 양이 증가함을 보여준다. 예를 들어 1년 동안 걷거나 스트레칭하는 프로그램에 노인 참가자들을 무작위로 배정했을 때 걷는 노인들은 스트레칭하는 노인들과 달리 해마가 커졌다. 또 걷는 노인들은 인지 검사에서도 더 좋은 결과를 얻었고 신경 발생을 촉진하고 뉴런 간 연결을 강화하는 뇌신경생장인자BDNF의 혈중 수치도 높았다. 마찬가지로 아동 대상 연구에서도 지각 능력, IQ, 언어 점수, 수학 시험 점수, 기억력 과제, 학업 성취도 등의 인지 능력 향상과 신체 운동 사이에 중요한 상관관계가 나타났다.[18]

그랜드캐니언의 신경가소적 결과

──────────────── 신경가소성의 결과는 모든 반복 경험에서 비롯될 것이다. 이것이 자연의 법칙이다. 신경가소성의 유해한 결과와 유익한 결과 중 어느 쪽으로 접근할지 선택하는 일은 상당 부분 우리에게 달려 있다. 그런데 많은 사람이 자동조종autopilot 모드로 상당한 시간을 보내면서 무의식적 습관과 패턴이 자신의 반복 경험을 결정하게 놔두는 쪽을 택하고 있다.

모든 반복적 습관 패턴은 우리 뇌의 기능과 구조에 물질적으로 영향을 끼친다. 늘 걱정을 하거나 해야 할 일을 계획하거나 공상에 빠지거나 남들과 자신을 비교하는 등의 사고 뇌 습관도 마찬가지다. 게다가 이 습관들은 심신 체계의 스트레스 각성 수준을 높일 가능성이 있다. 그래서 일상적 사고 뇌 습관이 무의식적으로 반복해서 일어나게 내버려두면 자기 조절, 상황 인식, 심지어 행복을 저해하는 방향으로 작용할 수 있다.

우리는 '그렇게 나쁘지는 않다'고 판단할지 몰라도 실제로는 사고 뇌와 생존 뇌의 동맹 관계에 중대한 악영향을 미치는 몇 가지 공통적인 '그랜드캐니언'이 있다. 첫째는 딴생각mind-wandering이다. 많은 경험적 연구가 딴생각이 주의력 상실이나 성취도 저하와 연관돼 있음을 입증한다.[19] 특히 스트레스를 많이 받는 직업군에서 주의력 상실은 치명적일 수 있다. 예를 들어 테러리스트 용의자를 찾기 위해 군중 속을 순찰하거나 들불의 패턴이 변화하는 시점을 알기 위해 바람의 미묘한 변화를 감지해야 할 때 부주의하다면 어떻게 되겠는가. 또 주의력 상실은 실시간으로 피드백을 받아들여 학습하는 능력을 손상해 적시에 행동을 조정하거나 적절한 조치를 취하는 능력을 저하시킬 수 있다.

가끔 "괜찮아요. 차를 몰고 출근하거나 집합 대형으로 서있을 때는 신경을 안 써도 해외에서 순찰을 돌다가 위태로운 상황이 닥치면 주의를 기울일 테니까요"라고 말하는 부대원들이 있다. 하지만 신경 가소성 때문에 그러기가 쉽지 않다. 물론 처음 순찰을 돌 때는 바짝 정신을 차릴 가능성이 높다. 아드레날린이 분비돼 집중하는 데 도움이 되기 때문이다. 하지만 평소에 계속 디폴트 자동조종 반응을 강화하던 사람이 며칠씩 같은 마을을 순찰하다 보면 정신이 해이해져 다시 자동조종 모드로 돌아갈 가능성이 매우 높다. 자동조종 모드가 강화될수록 주의 집중이 반드시 필요한 상황에서도 딴생각이 더욱 심해지기 마련이다.

게다가 주의 집중이 당장 생사를 가르는 상황은 아니더라도 딴생각이 습관화되면 생존 뇌는 상당히 불행한 대가를 치른다. 신경과학자 매슈 킬링스워드Matthew Killingsworth와 대니얼 길버트Daniel Gilbert는 연구 참가자들의 스마트폰으로 현재 활동, 기분, 딴생각 등에 관한 돌발 퀴즈를 무작위로 보내는 체험 샘플링 앱을 만들었다. 대상은 미국 성인 2,250명이었고 각각 50개의 돌발 퀴즈를 받았다. 이 연구는 사람들이 현재 어떤 일을 하고 있든 상관없이 딴생각을 한다는 사실을 밝혀냈다.[20] 돌발 퀴즈를 받았을 때 47퍼센트는 현재 하는 일을 생각하지 않는다고 보고했다. 놀랍게도 현재 어떤 일을 하고 있는지는 딴생각 여부에 거의 영향을 미치지 않았다. (성관계를 제외하고는) 모든 활동에서 적어도 30퍼센트가 현재 하는 일을 생각하지 않고 있다고 보고했다. 그런데 여기에 정말 흥미로운 결과가 있다. 사람들은 일에 집중할 때보다 딴생각을 할 때 덜 행복하다고 보고했고, 심지어 현재 불쾌한 일을 하는 경우에도 그렇게 답했다.

놀라운 것은 그들이 어떤 딴생각 중이었는지는 상관없었다는 점이다! 당연히 걱정 같은 불쾌한 딴생각을 하는 사람이 계속 일에 집중하는 사람보다 더 불행하다고 느끼는 것은 쉽게 이해할 수 있다. 하지만 환상이나 행복한 기억 같은 즐거운 딴생각을 하는 사람도 일에 집중하는 사람에 비해 더 불행하다고 말했다.

전반적으로 사람들이 돌발 퀴즈를 받은 순간 하고 있던 생각이 그들이 하고 있던 일보다 더 정확한 행복 예측 변수였다. 이전 연구에서는 부정적 기분이 딴생각을 유발한다는 사실을 입증했는데[21] 이 연구는 딴생각이 부정적 기분을 유발한다는 점을 보여준다. 그야

CHAPTER 3. 심신 체계의 그랜드캐니언: 신경가소성과 후생유전학

말로 악순환 아닌가?

두 번째로 사고 뇌와 생존 뇌의 동맹 관계에 악영향을 미치는 일반적 사고 뇌 습관은 '멀티태스킹'이다. 나는 이 용어에 인용 부호를 붙였다. 우리 뇌에서 진정으로 가능한 멀티태스킹은 알다시피 걸으면서 껌을 씹는 것처럼 지극히 자동적인 행동뿐이기 때문이다. 사실 사고 뇌의 집중을 요하는 행동에는 멀티태스킹이란 게 없다. 그저 우리가 업무를 전환하며 주의를 분산하는 것뿐이다. 주관적으로는 동시에 두 가지 일을 한다고 느낄 수 있어도 실제로는 한 번에 한 가지 일에만 집중할 때보다 기술과 정확성이 훨씬 떨어지는 상태로 바쁘게 양쪽을 오갈 뿐이다.

예를 들어 인스턴트 메신저Instant Messenger를 사용하면서 교과서를 읽는 대학생들은 그냥 교과서만 읽는 학생들에 비해 메시지를 주고받는 시간을 제외하고도 한 단락을 읽는 데 25퍼센트 더 오랜 시간이 걸렸다.[22] 이와 유사한 다른 실험에서는 2주 동안 마이크로소프트Microsoft 직원 27명의 업무 패턴을 추적했다. 연구진은 한 직원이 이메일에 회신하려고 본래 하던 업무를 중단했을 때 메일에 회신만 하는 게 아니라 여러 앱을 전전한 후에야 본래 하던 일로 돌아가는 등 평균적으로 10분 동안 한눈을 판다는 것을 발견했다. 때때로 한눈팔기는 몇 시간 동안 계속됐다.[23] 또 다른 연구는 이메일에 회신하려고 업무 흐름을 중단하는 사람들이 더 빠르게 일하는 경향이 있지만 대신 더 많은 스트레스, 좌절감, 시간 압박을 경험한다는 사실을 보여준다.[24]

마찬가지로 운전 중 휴대전화를 사용하는 운전자들은 반응 속도가 느려서 정지신호를 무시하고 달릴 가능성이 더 높고 차선을 지키고 적절한 차간 거리를 유지하는 데 더 큰 어려움을 겪는다. 5만 6,000명의 운전자들을 대상으로 한 관찰 연구에서는 휴대전화로 통화 중인 운전자들이 교차로에서 제대로 멈추지 않을 확률이 2배 이상 높다는 것을 발견했다. 해당 연구진은 "휴대전화로 통화하면서 운전하는 사람은… 법적 허용치 내로 술에 취한 사람보다 더 나쁜 운전자"라고 결론지었다.[25]

특히 디지털 시대에 미디어 멀티태스킹은 많은 사람의 주요 업무 습관이다. 소셜 미디어의 피드나 문자, 이메일을 자주 확인할 때 얻는 자극은 뇌 보상 체계와 관련된 신경전달물질 도파민을 조금씩 분비해 중독성을 유발할 수 있다. (대부분의 사람들이 스마트폰을 하루에 평균 150번씩 확인하는데 이는 평균 6분에 한 번꼴이다.[26])도파민이 분비되면 우리는 기분이 좋아질 뿐 아니라 스스로 효과적인 멀티태스커라는 자신감이 생겨 그 습관을 더욱 강화하게 된다. 또 지나치게 낙관적인 상태가 돼 현재 임무를 수행하는 데 주의력이 떨어지고 실수를 저지를 가능성이 높아진다.

그렇지만 일단 우리 뇌가 새로운 문자나 이메일을 알리는 스마트폰 알람과 '멀티태스킹'에 익숙해지고 나면 한 가지 주요 업무에만 집중하려고 할 때 지루하거나 초조해진다. 그래서 자주 멀티태스킹을 하는 사람들은 점점 충동적이고 감각을 추구하는 쪽으로 변해가는 경향이 있다.[27] 다시 말해 멀티태스킹은 1장에서 말한 현대 세계와 석기시대 신경생물학적 구조의 불일치에 일조한다.

많은 사람이 멀티태스킹을 통해 생산성이 높아진다고 말하지만 경험적 연구는 그렇지 않음을 보여준다. 한 연구에서는 사람들이 얼마나 많이 멀티태스킹을 하는지 평가한 다음 세 가지 인지 검사로 그들의 수행 능력을 시험했다. 연구진은 참가자들이 주의를 집중하고 관련 없는 정보를 무시하는 능력, 서로 다른 범주의 작업을 빠르고 정확하게 오가는 능력, 작업 기억을 검사하기 위해 방금 전 본 문자열을 기억하는 능력 등을 측정했다. 세 가지 인지 제어 과제에서 모두 멀티태스킹을 많이 하는 사람들은 적게 하는 사람들보다 수행 능력이 떨어졌다. 심한 멀티태스커들은 그렇지 않은 사람들보다 오히려 작업 전환 속도도 더 느렸던 것이다![28]

관련된 연구에서는 참가자 300명에게 자신의 멀티태스킹 빈도와 수행 능력을 평가한 다음 멀티태스킹 검사를 완료하라고 지시했다. 스스로 멀티태스킹 빈도가 높다고 보고한 사람들은 작업 기억력이 더 낮았고 더 충동적이며 감각 추구 성향이 높았다. 그리고 자신의 멀티태스킹 수행 능력을 평균보다 높게 평가하는 경향이 있었다. 이 결과는 멀티태스킹에 대해 스스로 인식하는 능력과 실제 수행 능력이 반비례함을 시사한다.[29]

심한 멀티태스커들은 또 그들의 현재 활동에 더 적절하고 가치 있는 기존 정보에 의존하기보다 새로운 정보를 찾는 경향이 있다. 다시 말해 이들의 생존 뇌와 특히 편도체는 신경지가 과민한 것으로 추정된다. 이들의 생존 뇌는 외부 환경을 더 적극적으로 탐색하고 그래서 더 많은 스트레스 각성을 촉발할 수 있다. 이렇듯 멀티태스킹은 사고 뇌와 생존 뇌의 동맹 관계에 역행해 작용할 수 있다.

이 가설은 최근 뇌 영상 연구를 통해 입증됐다. 이 연구는 심한 멀티태스커들이 충동 조절과 정서 조절에 관여하는 뇌 영역인 전대상피질의 회백질 밀도가 낮다는 사실을 발견했다. 연구진에 따르면 전대상피질의 밀도가 얼마나 심하게 낮은지를 통해 미디어 멀티태스커들이 인지 제어 기능이 낮고 정서 조절에 더 어려움을 겪으며 충동성이 더 심한 이유를 설명할 수 있다.[30]

여기서 핵심은 모든 반복 경험이 중요하다는 것이다. 의식적이든 무의식적이든 우리가 반복하기로 선택한 경험은 우리 심신 체계를 변화시킨다. 이런 이해를 바탕으로 우리는 의도적으로 뇌와 전체 심신 체계를 이로운 방법으로 바꾸기 위해 꾸준히 신체 건강 및 마인드 피트니스 훈련 요법에 참여하겠다고 선택할 수 있다.

후생유전학:
그랜드캐니언이 유전자에 영향을 미치는 방법

─────────────── 신경가소성은 반복 경험을 통해 뇌와 신경계의 구조와 기능을 변화시킨다. 이와 유사한 과정으로 '후생유전학'이 있다. 이는 반복 경험이 유전자 활성화 여부에 어떻게 영향을 미치는지 설명한다.

강의를 하다 보면 불안 장애나 우울증, 당뇨병, 심장병, 중독, 그 밖의 신체 및 정신 질환을 '피할 수 없다'고 말하는 사람들을 자주 만난다. '집안 내력에 그런 유전자가 흐르기' 때문이란다. 가장 극단적인 경우 마인드 피트니스 훈련이 '자신의 유전자와 싸울 수 없기' 때문에 그들에게 '절대 효과가 없을 것'이라고 말하는 사람들도 있다.

사고 뇌에 이런 믿음이 있다면 자기 충족적 예언에 따라 살아가고 있을 것이다. 자신의 유전자가 이미 정해져 있어 질병이나 중독을 피할 수 없다고 믿는다면 유익한 습관을 꾸준히 유지해 타고난 유전적 성향을 거스르려 노력할 가능성이 낮기 때문이다.

다행히 최근 연구는 특정 유전자를 '보유하면' 반드시 특정한 행동이나 질병이 나타나게 된다는 오랜 믿음을 완전히 해체했다. 실제로 수많은 유전자가 함께 작용해 하나의 결과를 이루기 때문에 어느 한 유전자의 효과는 아주 미미하다. 게다가 더욱 중요한 사실은 유전자의 발현 여부, 즉 유전자의 '활성화' 여부가 우리의 반복 경험에 달려 있다는 것이다.

다시 말해 우리에게 특정한 형질을 나타내는 유전적 성향이 있더라도 실제 유전자가 발현돼 그 성향이 표출될지 여부는 우리의 환경과 습관에 강한 영향을 받는다. 간단히 설명하자면 환경적 요인과 습관이 우리 DNA나 주변 단백질을 변화시켜 이른바 후생유전학적 변화를 야기한다. 이런 후생유전학적 변화는 유전자 활성화 여부를 결정해 심신 체계에 지속적으로 영향을 미친다. 우리는 평생에 걸쳐 양방향으로 후생유전학적 변화를 누적할 수도 있다. 전에는 비활성화 상태이던 유전자를 활성화하거나 그 반대 방향으로 말이다.[31] 한 연구는 만성적 수면 부족과 교대 근무가 면역뿐 아니라 일주기 리듬을 조절하는 유전자에 어떻게 유해한 영향을 미칠 수 있는지 보여준다.[32]

뇌가 유해하든 유익하든 모든 반복 경험에 영향을 받듯이 후생유전학적 변화도 유해하든 유익하든 어떤 방향으로도 발생할 수 있다. 결국 모든 것은 심신 체계가 겪는 반복 경험에 달렸다.

유해한 후생유전학적 변화는 특히 어린 시절 적절한 회복 없이 스트레스나 트라우마를 겪었던 경험과 관련된다.

예를 들어 유년기에 학대당한 자살 사망자들은 부검을 했을 때 과거 학대 경험이 없는 자살 사망자나 비자살 사망자들과 비교해 뇌에서 뚜렷한 후생유전학적 변화가 나타났다.[33] 또 다른 연구에서는 유년기와 성인기에 트라우마를 겪은 사람들을 비교 조사했는데, 활성 PTSD가 있는 트라우마 생존자들은 유해한 후생유전학적 변화를 상당하게 보였지만 PTSD가 없는 트라우마 생존자들은 그렇지 않았다. 더 중요한 것은 아동기 트라우마가 있는 활성 PTSD 그룹이 아동기 트라우마가 없는 활성 PTSD 그룹보다 후생유전학적 변화가 최대 12배나 많이 나타났다는 점이다.[34] 두 가지 연구를 비롯한 여러 연구가 인생 초년기 역경이 심신 체계에 얼마나 영구적인 신경가소성 및 후생유전학적 변화를 남길 수 있는지 강조한다.[35]

적절한 회복이 없는 만성 스트레스나 트라우마에서 초래된 가장 흔한 후생유전학적 변화 중 하나는 면역 체계의 기능에서 나타난다. 만성적 스트레스 각성은 면역계의 중요 세포인 대식세포의 프로그래밍에 영향을 미친다.[36] (대식세포는 체내에서 기능하는 부위에 따라 특화된 명칭을 갖기도 한다. 예를 들어 뇌와 척수에 있는 대식세포는 미세아교세포라고 부른다.)

미세아교세포를 포함한 대식세포는 우리 심신 체계에서 감염, 누적된 손상, 죽은 세포 등의 '나쁜 놈들'을 찾아내 파괴할 책임이 있다. 그래서 대식세포는 노화에도 중요한 역할을 한다. 대식세포는

CHAPTER 3. 심신 체계의 그랜드캐니언: 신경가소성과 후생유전학

세포의 신호 전달에 중요한 역할을 하는 단백질 사이토카인cytokine을 생성해 이 같은 역할을 수행한다. 최적의 면역 기능을 위해서는 염증성 및 항염증성 사이토카인의 균형이 필요하다.[37]

그런데 특히 유년기의 만성적 스트레스 각성은 대식세포들을 조절 장애 상태로 프로그래밍한다. 대식세포들은 염증성 사이토카인을 생성하는 데 매우 효과적으로 변하고 염증을 없애는 항염증성 사이토카인을 생성하는 데는 효과가 떨어진다. 더구나 과민 반응성 대식세포는 감염, 독소 노출, 부상 또는 이 증상을 촉발한 신체적 트라우마가 사라진 후에도 계속해서 염증성 사이토카인을 생성한다. 이게 왜 문제일까? 이 과정을 임상적으로 치료하며 글을 쓰는 의사 게리 캐플런Gary Kaplan은 이렇게 설명한다. "[대식세포와 미세아교세포가] 한번 과활성 상태를 이루게 되면 그것을 기억한다. 그들은 더 빨리 활성화되고 더 힘들게 진정된다."[38]

다시 말해 만성 스트레스는 면역계에 후생유전학적 변화를 초래해 심신 체계에 만성 염증을 일으킨다.

그럼 만성 염증은 만성 통증, 섬유근육통, 만성피로 증후군, 만성 두통과 편두통, 관절염, 요통, 습진, 건선, 심혈관계 질환, 천식, 알레르기, 과민성대장증후군, 제2형 당뇨병의 전조인 인슐린 내성 등 다양한 방법으로 나타날 수 있다. 미세아교세포의 만성 염증은 우울증, 불안 장애, PTSD, 다발성경화증과 기타 자가면역질환, 알츠하이머병, 조현병 등 신경퇴행성질환의 원인이 된다.[39]

예를 들어 토드와 나는 둘 다 어린 시절 역경을 겪은 후 후생유전학적 변화를 경험했다. 내 만성 염증은 결국 천식, 알레르기, 편두통, 시신경염으로 나타났고 토드는 만성적 무릎 통증과 요통으로 나타났다.

유해한 후생유전학적 변화는 자손에게도 대물림될 수 있다. 이 연구들은 대부분 수명이 짧아 여러 세대에 걸친 효과를 더 쉽게 관찰할 수 있는 설치류를 대상으로 실시됐다.

여러 실험들은 자상한 어미 쥐, 즉 새끼를 돌보고 핥아주고 어루만져주는 어미 쥐의 새끼들이 더 회복탄력적으로 성장한다는 사실을 보여준다. 자상한 어미 쥐의 새끼들은 다 자란 후에도 스트레스를 받을 때 두려움이 적고 스트레스 호르몬 수치도 낮게 나타났다. 또 학습 속도가 빠르고 해마의 노화 속도가 느렸다. 이는 후생유전학적 변화로, 자상한 어미 쥐가 반복해서 핥아준 어린 시절의 경험이 새끼들의 스트레스 반응을 조절하는 유전자의 활성화 여부를 변화시킴을 의미한다. 이런 경험을 가진 암컷 쥐들은 자라서 자상한 어미 쥐가 됐다. 스트레스 강인성과 자상한 양육 기술이 후손에게 후생유전학적으로 자연스레 전수된 것이다.

반대로 어릴 때 어미 쥐와 떨어진 암컷 쥐들은 회복탄력성이 낮은 상태로 자랐다. 이 쥐들은 다 자랐을 때 주의력 문제, 높은 스트레스 반응성 그리고 모성 행동과 관련된 뇌 부위에서 평균보다 낮은 수준의 유전자 발현을 보였다. 이 쥐들은 새끼를 낳았을 때 덜 자상한 어미가 돼 다른 어미 쥐보다 새끼를 핥아주고 어루만지고 안아주는 일이 적었다.[40]

유해한 후생유전학적 변화는 단지 양육 방식을 통해서만 전수되는 게 아니다. 한 연구에서는 수컷 쥐를 어린 시절 트라우마 상황에 노출한 후 트라우마가 없는 수컷 쥐들과 비교했다. 트라우마가 생긴 쥐들은 이후 우울한 행동을 보였고 열린 공간을 본능적으로 회피하는 습성을 상실했다. 이 쥐들은 신경지 결함 때문에 스스로를 잘 보호하지 못했다. 그리고 신진대사 조절도 원활하지 않아 트라우마가 없는 쥐들에 비해 인슐린과 혈당 수치가 낮아졌다. 이런 후생유전학적 변화는 당연히 정자를 통해 자손에게 전해졌다. 이 1세대 수컷이 겪은 어린 시절의 트라우마가 신진대사와 행동에 미친 조절 장애 효과는 3세대에 걸쳐 지속되는 믿기 힘든 결과가 나타났다.[41]

하지만 신경가소성과 마찬가지로 후생유전학적 변화도 유익한 방향으로 일어날 수 있다. 사실 이 책에서 소개하는 인내의 창을 넓히는 습관도 이 과학적 원리를 이용한다. 관련 내용은 3부에서 자세히 다룰 예정이니 여기서는 몇 가지 예만 미리 살펴보자.

유산소운동을 하면 유익한 신경가소적 변화가 일어날 수 있다는 사실은 이미 언급했다. 그런데 꾸준한 신체 운동은 뇌가 스트레스에 반응하는 방식에 후생유전학적 변화도 일으킬 수 있다. 생쥐를 이용한 실험들은 왜 규칙적 운동이 불안감을 감소시키는지 이해하는 데 도움을 준다. 이 실험에서 한 생쥐 그룹은 돌아가는 쳇바퀴에 무제한으로 접근할 수 있었고 다른 그룹은 그렇지 못했다. 6주 후 두 그룹 모두 찬물에 노출돼 스트레스를 받았다. 평소 움직임이 적던 생쥐들의 뇌는 차가운 물과 접촉하자마자 즉각 반응하고 흥분 상태가 돼 뉴런을 빠르게 발화하는 유전자를 활성화했다. 반면 바퀴 위를 달리던 생쥐들의 뇌는 이 유전자가 활성화되지 않아 차가운 물에 대한 반응을 조절하는 데 도움이 됐다. 동시에 이 생쥐들은 신경의 흥분을 가라앉히는 신경전달물질 GABA(감마아미노부티르산)를 더 많이 분비했다. 연구진은 두 가지 후생유전학적 변화가 운동의 불안감 감소 효과에 기여한다고 주장한다. 즉, 꾸준한 신체 운동으로 후생유전학적 변화가 이뤄져 뇌가 스트레스에 대해 더욱 회복탄력적인 상태로 재구조화된다는 것이다.[42]

유익한 후생유전학적 변화의 두 번째 예는 마음챙김 명상에서 확인할 수 있다. 염색체 말단을 보호하는 텔로미어는 세포 분열에 필수적이며 나이가 들수록 점점 더 짧아진다. 그래서 텔로미어의 길이는 생물학적 노화를 측정하는 대용치로 쓰인다. 경험적 연구에서 딴생각이 적고 현재를 더 인식한다고 보고한 사람들은 스트레스를 통제한 후에도 여전히 딴생각이 심하다고 보고한 사람들보다 면역세포의 텔로미어가 더 길었다. 반대로 텔로미어가 짧아질수록 우울증 및 만성 스트레스와의 상관성도 높아진다.[43] 이 연구들은 만성 스트레스와 딴생각이 둘 다 세포 노화 과정을 촉진하는 반면 마음챙김은 그 과정을 늦출 수 있음을 보여준다.

다른 연구들은 마음챙김 명상에 염증을 진정하는 상당한 완충 효과가 있음을 입증했다. 한 연구에서는 실험실에서 만든 염증을 이용해 피부 물집이 생기게 했다. 이 연구에서 8주간 마음챙김 기반 스트레스 감소MBSR 과정을 마친 사람들은 마음챙김 연습 없이 유사한 건강 증진 프로그램을 마친 사람들보다 훨씬 적은 수의 물집이 생겼다. 또 다른 연구에서는 면역세포표본을 추출하기 위해 피를 뽑아 유전자를 검사한 결과 MBSR에 참여한 노인들이 통제 집단에 비해 염증과 관련된 유전자 발현이 줄어들었음을 발견했다. 또 노인 참여자들은 MBSR 이후 외로운 감정이 줄었다고 말했는데 다른 연구에서는 외로운 감정이 만성 염증과 관련이 있었다.[44]

유해하거나 유익한 후생유전학적 변화로 향하는 세 번째 경로는 수면 습관과 식이요법에 있다. 9장에서 만성 수면 부족의 유해한 후생유전학적 영향을 살펴볼 것이다. 나아가 식이요법은 우리의 장과 장관에 서식하는 미생물 마이크로바이옴microbiome의 건강에 근본적으로 영향을 미친다. 17장에서는 장내 미생물 생태계의 후생유전학적 영향을 알아볼 것이다.

구조 vs 미시적 수준의 주체성

──────────── 그렇다면 왜 이번 장 전체를 신경가소성과 후생유전학에 할애했을까? 두 가지 이유가 있다. 첫째, 우리는 이 역학이 신경생물학적 구조에 얼마나 많은 영향을 미치는지 이해할 필요가 있다. 특히 우리가 그 영향을 자각하지 못할 때 신경가소성과 후생유전학은 뇌, 신경계, 몸의 세포 수준에까지 엄청난 영향을 미칠 수 있다. 흔히 '그렇게 나쁘지 않다'고 생각하는 자동조종 모드, 걱정, 멀티태스킹 등의 습관도 시간이 지남에 따라 심신 체계에 결정적 영향을 미칠 수 있다.

인내의 창 넓이에 영향을 미치는 많은 요인들, 즉 유전적 유산, 초년기 사회적 환경, 평생 겪어온 스트레스나 트라우마 경험 등은 우리에게 달려 있지 않다. 이번 장에서 살펴봤듯이 사실 구조적 역학 중 일부는 여러 세대를 거쳐 전수된다. 심신 체계가 이런 경험에 반응해 형성된 방식은 그동안 우리를 살아남게 해줬으니 나름대로 적응적이다. 그러나 동시에 만성 스트레스나 트라우마로 인한 신경가소성 및 후생유전학적 변화는 장기간에 걸쳐 인내의 창을 좁히는 여건을 조성해왔다.

둘째, 인내의 창의 넓이는 만성 스트레스와 트라우마의 유산, 특히 어린 시절의 유산에 근본적이고 지속적인 영향을 받는데, 그렇다고 바꿀 수 없는 건 아니다. 현재 인내의 창이 좁다고 계속 좁게 머무르리란 법도 없고 창이 넓다고 계속 넓게 머무르리란 보장도 없다. 우리는 평생에 걸쳐 좋든 나쁘든 반복 경험을 통해 인내의 창 넓이를 변화시킬 수 있다. 사실 우리가 진정으로 통제할 수 있는 유일한 것은 언제, 어디에, 어떻게 주의를 둘 것인지, 즉 주의를 의식적으로 돌리는지 여부뿐이다.

심신 체계의 현재 구조가 어떻든 그리고 그 결과 우리가 어떤 조절 장애 증상을 경험하든 우리는 항상 반복적 선택을 통해 그 구조를 변화시키는 주체성을 지니고 있다. 신경생물학적 구조는 고정불변이 아니라 그저 지금 상태로 안정돼 있을 뿐이다. 이런 구조와 현 상태를 강화하는 습관에 관한 인식이 부족할수록 이들은 우리 삶에 더 많은 영향을 휘두르게 된다.

신경가소성과 후생유전학의 과학적 연구는 우리에게 심신 구조가 유동적이라는 사실을 알려준다. 우리는 모든 의식적·무의식적인 선택을 통해 구조를 강화하거나 변화시키고 그 결과 미래의 선택을 형성해간다. 우리는 기존의 신경생물학적 구조들이 애초에 설계된 프로그래밍대로 실현되도록 놔두는 쪽을 선택할 수 있다. 혹은 이런

CHAPTER 3. 심신 체계의 그랜드캐니언: 신경가소성과 후생유전학

프로그래밍이 더는 도움이 되지 않을 때 이를 중단하기로 선택하고 의도적으로 기존 구조를 바꿔 창 넓이를 확대하는 쪽을 선택할 수도 있다. 과거가 아무리 힘들었더라도 오늘의 선택은 전적으로 우리에게 달려 있다.

생물학적 작용을 새로운 방식으로 사용하는 법을 배우려면 선택에 책임을 져야 한다. 우리가 반복적으로 하는 일은 무엇이든 우리 심신 체계에 큰 영향을 미친다. 건강한 몸과 마음은 오늘의 스트레스, 트라우마, 불확실성, 변화 속에서 잘 살아가게 할 뿐 아니라 내일의 스트레스, 트라우마, 불확실성, 변화 속에서도 잘 살아갈 수 있는 구조적 환경을 조성한다. 결국 신경가소성과 후생유전학은 우리가 미래에 우리 삶을 형성할 심신 구조에 어떻게 영향을 미칠 수 있는지 이해하는 데 도움을 준다. 그 이해를 바탕으로 우리는 근본적으로 변화하고 인내의 창을 더 넓힐 가능성을 열어가게 된다.

스트레스와 트라우마를
겪는 동안의 신체

4장과 5장에서는 우리의 심신 체계가 스트레스, 만성 스트레스, 트라우마를 어떻게 경험하는지를 알아본다. 이번 장에서는 신체의 반응을, 다음 장에서는 뇌의 반응을 설명할 것이다.

계속 읽어가기 전에 지금부터 이 책에서 진행되는 성찰적 글쓰기 연습을 위해 공책이나 일기장을 준비하기 바란다. 이 연습은 당신이 현재 인내의 창 넓이를 평가하고 어떻게 현 상태에 이르렀는지 알아보는 데 도움이 될 것이며, 이를 통해 얻은 성찰은 3부에서 소개하는 인내의 창을 넓히는 방법을 당신에게 잘 맞도록 조율하는 데 결정적 역할을 할 것이다. 당신이 이 연습에 얼마나 공을 들이느냐에 따라 당신이 이 책에서 무엇을 얻느냐가 달라질 것이다. 당신 말고는 아무도 당신의 성찰을 들여다볼 필요가 없다.

공책을 준비한 후에는 당신의 심신 체계에서 스트레스 각성을 구체적으로 찾아보기 바란다. 그러기 위해 지금 당장 당신의 삶에 스트레스를 주는 요인을 목록으로 만들어보자.

스트레스의 근원을 다 적고 나면 각 항목의 스트레스 강도를 평가해보자. 가벼운 스트레스를 느끼는 일은 1점이고 도저히 견디기 힘든 스트레스는 10점이다. 이제 당신이 5점 정도로 평가한 항목을 고르자. 만약 목록에 10점밖에 없다면 그중에서 가장 스트레스를 적게 받는 항목을 고르자. 돈 걱정일 수도 있고 불편한 관계일 수도 있고 고압적인 상사일 수도 있다. 무엇이든 중간 정도의 스트레스 요인이면 괜찮다. (이 책을 보는 과도하게 성취욕이 강한 독자들이여, 진심으로 부탁하건대 10점이 아니라 5점에 해당하는 항목을 선택하자!)

일단 하나를 정했다면 짧은 연습을 진행해본다. 우선 모든 지시 사항을 읽는다. 발을 바닥에 평평하게 내려놓고 편하게 느껴지면 눈을 감자. 당신이 선택한 스트레스 요인과 관련된 상황을 시각적으로 그려보면서 심신 체계에서 무슨 일이 일어나는지 비판단적 호기심으로 탐색해보자.

맨 먼저 주의를 기울여 온몸을 스캔한다. 특히 가슴과 배, 다리와 팔의 근육, 손, 목, 턱, 눈, 입안에서 무슨 일이 일어나고 있는지 알아차리자. 심박 수나 호흡수에 변화가 있는지 살피고, 체온과 자세의 변화도 인지하자.

다음으로 마음속에서 현재 일어나는 일에 주의를 기울이자. 마음이 차분하고 조용한가, 아니면 긴장하고 집중하는 상태인가? 혹은 질주하는 생각처럼 활발한 인지 활동이 느껴지는가? 만약 생각을 하고 있음을 알아차린다면 그 생각에 계획이나 걱정 같은 어떤 패턴이 있는지 찾아보자. 혹은 마음이 혼란스럽고 흐릿하고 산만한가? 마지막으로 불안이나 슬픔 같은 어떤 감정이 존재하는지 깨닫자. 때로는 스트레스를 받는 상황을 시각화해도 몸과 마음에서 아무것도 알아차리지 못할 수도 있다. 그래도 얼마든지 괜찮다.

모든 신체감각, 생각, 감정을 알아차리고 목록을 만든 후 눈을 뜨고 앉아 있는 의자의 지지를 느껴보자. 등과 의자 사이의 접촉 지점에 주의를 기울일 수도 있다. 이렇게 하는 동안 몸과 마음에 어떤 변화가 있는지 알아보자.

그런 다음 당신이 발견한 신체감각, 생각, 감정 등 모든 내용을 기록해둔다. 그럼 이 책에서 훨씬 많은 것을 얻을 수 있다고 장담한다.

(안) 보는 것이 믿는 것이다

──────────────── 방금 당신이 했던 것처럼 내가 시각화 연습을 처음 의식적으로 끝마친 것은 우연한 일이었다. 나는 무의식적으로 평생 동안 '걱정'이라는 뿌리 깊이 조건화된 습관을 통해 시각화를 해왔다. 하지만 시각화 연습을 처음 의식적으로 경험한 것은 2004년 말 3개월간의 묵상 수행을 하던 도중이었다.

당시 나는 시력에 문제가 생겨 조지타운에 병가를 낸 상태였다. 그해 초 시신경 염증과 위축으로 시신경염을 두 번 앓았고 그 증상으로 간헐적 편두통과 몇 달간 흐릿한 복시에 시달렸다. 게다가 묵상 수행을 시작하기 몇 주 전 남편과 헤어졌다.

수행을 시작한 지 한 달여 만에 또다시 시신경염이 도졌다. 아마도 병원 치료를 포기하고 동네 침술사에게 치료를 받았기 때문이었는지 이번 증상은 더 심했다. 곧 나는 형체가 거의 없는, 빛과 어둠의 그림자만 조각조각 볼 수 있게 됐다. 결국 3주 동안 거의 완전한 어둠을 경험했다. 나는 시력이 나빠진 채 내 방에 머물렀다. 은유적으로도 실제로도 어둠 속에 홀로 있었다.

어느 날 나는 침대에 누워서 눈꺼풀 속 깊은 곳과 두개골 바닥에서 뜨거운 얼음송곳이 마구 찌르는 듯한 고통으로 욱신욱신하고 타는 듯한 감각을 느끼고 있었다. 이런 감각들을 관찰하느라 지칠 때마다 휴식을 취하면서 바깥의 소리, 새와 바람에 주의를 돌렸다.

그러다 불현듯 이런 생각이 들었다. 만약 이번에 내 시력이 돌아오지 않는다면 어떻게 될까? 만약 내가 남은 평생을 앞이 안 보이는 채로 살게 된다면 어떻게 될까? (이런 질문이 '만약 …라면?what if'으로 시작하는 점에 주목하자.) 여기에 생각이 미치자 내 심신 체계가 격렬하게 가동되기 시작했다. 심장이 두근거리고 가슴 통증이 너무 심한 것으로 봐서 분명 심장 발작을 겪고 있었다. 빠르고 얕은 호흡에 가슴이 벌렁거렸다. 손은 땀으로 축축하고 입은 바짝 말랐다. 동시에 사고뇌는 끊임없이 스쳐가는 생각들로 넘쳐났다. '이혼하고 혼자 맹인으로 살면서 어떻게 생계를 꾸려나갈 것인가? 룸메이트를 구해야 할까? 교수직을 포기할까? 점자를 배워야 할까?' 질주하는 생각은 내 몸이 불안해질수록 더욱 심해졌다. 나는 거의 토하기 직전에 가서야 마침내 그 상태에서 벗어나 깨달았다. "아, 내가 지금 불안감을 느끼는구나. 불안이 이런 거구나."

깨달음을 얻으면서 나는 자발적으로 내 심신의 실험실에 주의를 돌리기로 결심했다. 내가 다시는 앞을 보지 못할 남은 여생을 시각화함으로써 불안을 부채질한다면 어떻게 될까? 당시 과도한 성취욕에 시달리던 'A 유형Type A'의 나는 이 훈련에서 처음에 5점짜리 스트레스를 고르지 않았다. 그러자 즉각적으로 내 눈과 머리, 목, 어깨를 얼음송곳으로 찌르는 듯한 고통, 질주하는 생각, 겁먹은 계획 등 모든 증상이 증폭됐다.

이제 내가 이런 생각에서 벗어나 얼음송곳으로 찌르는 듯한 고통에만 집중하면 어떤 일이 일어날까? 즉각적으로 통증이 심해졌다. 하지만 질주하는 생각은 점점 느려졌고 심박 수와 호흡수도 느려졌다. 흥미롭게도 통증은 더욱 심해지지만 전반적인 상태는 좀 더 차분해진 것이다. 생각은 분명 상황을 악화한다.

이제 내가 침대에 닿아 있는 내 등 부분에 주의를 기울이면 어떻게 될까? 몇 분 만에 심박 수와 호흡수가 정상으로 돌아왔다. 내 손과 얼굴도 더 따뜻해졌다. 메스꺼움도 잦아들었다. 나는 하품을 하기 시작했다. 통증이 약해졌다. 눈구멍은 여전히 욱신거렸지만 가렵고 뜨거워졌다. 마음이 진정됐다. 이내 나는 새소리와 바람 소리로 쉽게 주의를 돌릴 수 있었다.

내 얘기에서 알 수 있듯이 우리 생존 뇌가 무의식적으로 상황을 평가하는 방식과 그에 반응해 우리 몸이 스트레스 각성이나 회복을 경험하는 방식 사이에는 강력한 상호 관계가 있다. 이번 장에서는 이 내용을 얘기해보려고 한다.

CHAPTER 4. 스트레스와 트라우마를 겪는 동안의 신체

스트레스란 무엇인가?

──────────────── 스트레스는 교통 체증에 갇힌 상태부터 관계 문제, 건강 문제, 우울증이나 불안감에 이르기까지 우리가 경험하고 싶지 않은 모든 것을 아우르는 용어가 됐다. 많은 사람에게 스트레스는 해로워서 피하거나 줄이거나 관리해야 할 대상으로 여겨진다.[1]

하지만 이런 관습적 이해의 한 가지 취약점은 이 같은 이해 때문에 스트레스를 회피하는 관계가 계속 유지되고 우리가 스트레스와 그 영향을 변화시키는 데 비교적 무력하다는 무의식적 믿음이 지속된다는 것이다. 결국 이 믿음 때문에 많은 사람이 부정, 회피, 구획화, 자가 처방, 주의 분산 등을 통해 스트레스와 트라우마를 관리하려고 노력한다.

나는 스트레스에 좀 더 주도적인 관계를 만들어나가자고 격려하고 싶다. 우리가 선택적으로 주의를 기울이는 방식을 통해 스트레스에 영향을 미칠 수 있다고 믿자는 것이다. '스트레스 방정식'(그림 4.1 참조)을 이해하면 스트레스와 트라우마를 겪는 동안 우리의 스트레스 각성 수준과 수행 능력에 능동적으로 영향을 미칠 가능성이 생긴다.

방정식의 첫 번째 요소는 스트레스 요인으로 생존 뇌가 도전적이거나 위협적이라고 인식하는 내부 또는 외부 사건을 말한다. 외부 스트레스 요인은 교통 체증, 돈, 연인과의 다툼, 임박한 시험이나 수술, 괴롭힘이나 차별 등 우리 삶과 사회적 지위에 변화를 일으키는 모든 것이 될 수 있다. 또 우리가 보통 '긍정적'으로 여기는 도전들,

그림 4.1: 스트레스 방정식

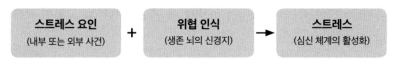

스트레스 방정식은 심신 체계가 어떻게 스트레스 활성화/스트레스 각성 상태를 만드는지 설명한다. 우리가 (1) 스트레스 요인, 즉 내부 또는 외부 사건을 경험할 때마다 (2) 생존 뇌가 그것을 위협적이거나 도전적이라고 인식하면 우리 심신 체계가 가동돼 (3) 몸과 마음이 생리적으로 활성화되는 스트레스 각성이 시작된다.

예를 들면 새집 구매, 승진, 임신 등도 포함될 수 있다. 내부 스트레스 요인으로는 질병, 신체 부상, 배고픔, 갈증, 수면 부족, 만성 통증, 강렬한 감정, 플래시백, 악몽, 침습적 사고 등이 있다.

스트레스 요인은 급성 또는 만성, 신체적 또는 심리적 요인으로 분류될 수도 있다.[2] 급성 스트레스 요인은 수술, 자연재해, 총기 난사, 사랑하는 사람의 죽음 등 단기간에 발생하는 중대한 스트레스 요인이다. 이에 반해 만성 스트레스 요인은 경제적 걱정, 직무상 요구, 관계 문제, 만성적 질병처럼 장기간에 걸쳐 우리에게 영향을 미친다.

신체적 스트레스 요인은 감염, 다른 사람의 신체적 폭행, 운동경기 중의 격렬한 활동 등처럼 심신 체계 전체에 영향을 미친다. 이에 반해 심리적 또는 상징적 스트레스 요인은 사고 뇌에서 발생한다. 시각화 연습은 상징적 스트레스 요인이었다.

가장 흔한 상징적 스트레스 요인 중 하나는 미래에 일어날지 모를 사건에 스트레스나 불안을 느끼는 '예상'이다. 미래의 우발적 상황을 상상하고 미리 대비하는 것은 다른 동물에게는 없는 인간만의 독특한 재능이자 저주다.[3] 내 얘기에서 봤듯이 사고 뇌에서 '만약 …라면?what if'이라는 두 단어를 사용할 때 예상 스트레스 요인이 촉발됨을 알 수 있다.

스트레스 방정식의 두 번째 요소는 생존 뇌의 신경지 과정을 통한 '스트레스 요인 평가'다. 생존 뇌는 끊임없이 내부와 외부의 환경, 즉 각각의 냄새, 시각, 소리, 촉각, 맛, 신체적 감각, 정신적 심상, 생각, 감정 등을 스캔하고 그 자극이 위협적이거나 도전적인지 확인한다.

내부 평가 과정은 우리 생존 뇌의 무의식적 학습과 초년기 경험을 통한 조건화에 기초하기 때문에 사람마다 다르다. 그래서 두 사람이 동일한 스트레스 요인에 직면했더라도 각자의 신경지는 극적으로 다를 수 있고 그에 반응하는 스트레스 각성 수준도 완전히 다를 수 있다. 연구 결과에 따르면 동일한 스트레스 요인에 직면했을 때 주도적이고 성취 지향적이며 심적으로 늘 시간에 쫓기는 A 유형 성격인 사람은 B 유형 성격인 사람보다 더 큰 스트레스 각성을 보인다.[4]

생존 뇌가 스트레스 요인을 생소하고 예측할 수 없으며 통제할 수 없고, 자아, 정체성, 심신 체계의 생존에 위협적인 것으로 인식하면, 더 큰 위협을 감지해 더 많은 스트레스 각성을 촉발할 것이다.[5] 또 현재 스트레스 요인에 과거 트라우마 사건과 관련된 단서나 촉발 요인이 일부 포함된 경우에도 생존 뇌는 역시 더 큰 위협을 감지할 가능성이 있다.[6]

우리가 어떤 스트레스 요인을 전에도 여러 번 경험했다면 그것이 어떤 느낌인지 또 성공적으로 헤쳐나가기 위해 무엇이 필요한지 안다. 마찬가지로 스트레스 요인이 예측 가능하다면 우리는 일반적으로 그것이 언제 일어날지, 얼마나 오래 지속될지 알뿐더러 결정적으로 사전 경고 없이는 닥치지 않는다는 것도 안다. 이처럼 익숙함과 예측 가능성이 합쳐지면 그 스트레스 요인에 가장 적합한 내부 대처 전략을 파악하는 데 도움이 된다. 그 결과 생존 뇌는 주체성과 자기 효능감을 더 많이 느끼게 돼 스트레스 각성이 줄어든다.

제2차세계대전 중 나치의 영국 폭격 당시 런던은 매일 밤 공격을 당했고 교외 지역은 산발적으로 폭격을 당했다. 두 지역 모두 처음에는 스트레스 관련 질환인 궤양 환자가 증가했다. 그런데 교외 지역에서 궤양 환자가 더 많이 증가했다. 공격의 예측 불가능성 때문에 주민들이 더욱 스트레스를 받았던 것이다. 하지만 3개월이 지나자 두 지역의 궤양 발병률은 평소 수준으로 돌아왔다. 이는 교외 주민들조차 여전히 예측할 수는 없어도 폭격 일정에 점점 익숙해져 적응했음을 암시한다.[7]

상황, 환경, 심지어 자신에게 주체감을 갖고 어느 정도 통제력이 있다고 믿으면 생존 뇌가 스트레스 요인을 덜 위협적으로 평가하도록 이끌 수 있다. 그러나 통제감을 느끼는 결과는 맥락에 따라 다르다. 경미하거나 중간 정도의 스트레스 요인일 때 통제감을 느낀다면 스트레스 각성 수준을 감소할 수 있다.

하지만 치명적인 진단을 받거나 사랑하는 사람을 잃는 등 파국적이거나 외상적인 스트레스 요인이 있는 경우 통제감을 느낀다면 오히려 역효과가 생길 수 있다. 사고 뇌는 "모든 것이 내 잘못이다, 내가 막았어야 했는데 그러지 못했다"고 생각하고 심지어 우리가 통제

CHAPTER 4. 스트레스와 트라우마를 겪는 동안의 신체

할 수 없는 상황에서도 그렇게 생각할 수 있다. 사건과 결과가 자기 노력의 결과라고 믿는 사람들이 그런 인식에 가장 민감하다. 내적 통제 소재가 강하다고 할 수 있는 이들은 미국 문화에서 꽤 흔하다. 사실상 통제할 수 없는 일에 직면할 때 내적 통제 소재가 강한 사람들은 사건과 결과가 운명이나 우연에 따라 결정된다고 믿는 외적 통제 소재가 강한 사람들보다 더 심한 스트레스 각성을 경험한다.[8]

스트레스 방정식의 세 번째 요소는 스트레스 각성, 즉 심신 체계의 생리적·인지적·정서적 활성화다. 이 요소는 자연의 법칙이다. 앞의 두 요소가 함께 발생할 때마다 스트레스 각성을 경험하지 않고 피해 갈 방법은 없다. 그러니 당신의 사고 뇌가 이 사실을 정말로 받아들이도록, 이 부분을 강조하고 싶다.

가장 흔하고 역효과를 낳는 사고 뇌의 습관 중 하나는 스트레스를 받을 때 스스로를 비난하거나 판단하면서 스트레스의 근원을 경시하는 것이다. 이런 생각은 자신도 모르게 퍼져나갈 수 있다. 사고 뇌는 보통 '그냥 타이어가 펑크 난 것뿐이야. 적어도 교통사고는 아니잖아!' 하는 식으로 생각하며 상황을 긍정적으로 전환시키려 하기 때문이다. 하지만 신경지는 생존 뇌의 일임을 기억하라! 아무리 좋은 의도라 해도 사고 뇌가 이런 생각을 전달해 스트레스 각성이 마법처럼 사라지게 해주기를 기대할 수 없다. 사고 뇌는 도움을 주려고 노력하지만 실제로는 스트레스 각성을 더 악화할 수도 있다.

시각화 연습 때 당신이 메모한 내용으로 돌아가보자. 일부 스트레스 각성 증상은 누구에게나 공통적이지만 우리는 저마다 심신 체계에서 자신만의 독특한 스트레스 증상을 조건화해왔다.

예를 들면 신체에서 나타나는 스트레스 증상은 심박 수가 빨라지는 것, 호흡이 더 빨라지거나 얕아지는 것 또는 숨을 참게 되는 것, 가슴이 옥죄는 느낌, 팔과 다리, 엉덩이, 어깨, 목, 등의 근육 긴장, 웅크리거나 주저앉은 자세, 몸을 앞으로 숙인 자세, 귀까지 추켜올린 어깨, 가슴 벌렁거림, 입이 마르거나 이를 앙다무는 것, 부릅뜨거나 사시가 된 눈, 축축해진 손이나 발한 등 다양하다.

머릿속에서는 질주하는 생각을 알아차릴지도 모른다. 계획하거나 걱정하거나 문제 해결책을 찾아내려고 애쓰는 생각들, '나는 이 상황을 진작 극복했어야 해. 내 상황은 X에 비하면 그렇게 나쁘지 않아' 하는 식으로 남들과 비교하는 생각들, '이런 스트레스받는 일이 생겼어도 내게는 여전히 가족(자동차, 직업, 건강)이 있어' 하고 상황을 경시하는 생각들, '이것은 그냥 바보 같은 이메일이야! 이딴 일로 스트레스를 받아서는 안 돼!' 하거나 '내가 X나 Y만 했더라면 이 일을 막을 수 있었을 텐데' 같은 비판적 생각들, 이번 주말에 뭘 할지 상상하는 현실 도피적 생각들 등을 말이다.

정서적 스트레스 증상으로 당신은 산만하거나 기진맥진하거나 압박감을 느끼거나 불안하거나 겁먹거나 조급하거나 초조하거나 경멸하거나 분노하거나 피곤하거나 압도당하거나 부끄럽거나 죄책감을 느끼거나 완전히 소진된 상태임을 알아차릴지 모른다. 아니면 졸림, 흐리멍덩함, 무감각함을 깨달을지도 모른다. 아니면 당신의 심신 체계에서 아무것도 알아채지 못하고 단절된 느낌을 받을지도 모른다.

스트레스 각성의 작동 방식

──────────── 심신 체계에서 다양한 증상을 구성하는 스트레스 각성은 우리가 에너지를 동원해 위협이나 도전에 대응하는 방식이다. 스트레스 각성은 장기적 욕구에서 즉각적 욕구로 에너지를 전환하는 모든 상태를 의미한다.

스트레스 각성은 과거에 동굴인이 직면했던 환경적 위협에 대처하는 데 최적화됐다. 이것을 검치호랑이 위협 템플릿Sabre Tooth Tiger Threat Template이라고 부르겠다. 검치호랑이와 겨룰 때는 첫 10분이 매우 중요하다. 따라서 스트레스 반응은 이 10분 동안 살아남는 데 맞춰져 있다. 동굴인의 세상에서는 10분을 잘 버티면 살아남고 아니면 죽었다. 만약 살아남으면 그 후 동굴에 숨어 휴식을 취하고 회복한 다음 다시 도전을 찾아 과감히 뛰쳐나갈 시간이 충분했다.

스트레스 각성은 변화나 위기에 처했을 때 즉각 대응하기 위해 나타나는 것이라서 그 후 회복이 따르면 악영향 없이 기준치의 균형 상태로 되돌아갈 수 있다. 1장에서 설명했듯이 이 과정을 생체 적응이라고 부른다. 우리는 생체 적응을 통해 심박 수, 호흡수, 체온, 혈당 수치 등 내부 상태를 변화시킬 수 있어 변화나 위기 발생 전후 또는 도중에 적절한 양의 에너지를 동원해 잘 대처하는 데 집중할 수 있다.[9] 이 목적을 달성하기 위해 생체 적응은 (1) 뇌 (2) 호르몬(내분비) 체계, 특히 시상하부-뇌하수체-부신HPA 축이라는 스트레스 호르몬을 통제하는 체계 (3) 면역계 (4) 자율신경계 사이의 상호작용에 기반을 둔다.

그러므로 오늘날에도 우리 심신 체계는 위협을 인지하는 순간 위험에 초점을 맞추고 에너지를 동원해 신속히 반응하도록 설계돼 있다. 당연히 열받는 이메일을 받거나 교통 체증에 갇히는 일은 검치호랑이에게 쫓기는 경우와는 전혀 다른 위협이다! 그런데도 우리는 여전히 동굴인이 검치호랑이 위협 템플릿에서 살아남기 위해 사용한 것과 같은 반응을 동원한다.

생존 뇌가 위협을 감지하면 내분비계에 메시지를 보내 즉각 생존하는 데 필요한 호르몬을 분비하고 장기적 욕구를 위해 사용되는 호르몬을 억제한다. HPA 축에서 통제하는 호르몬 변화는 두 차례에 걸쳐 발생한다.

일단 생존 뇌가 위협을 인지하면 내분비계에 아드레날린을 분비하도록 지시한다.[10] 몇 초 만에 아드레날린은 심박 수를 증가시켜 장기와 팔다리의 큰 근육들로 혈액을 빠르게 펌프질함으로써 우리가 빠르게 움직일 수 있게 해준다. 또 호흡수를 증가시키기 위해 기관지를 확장함으로써 폐에서는 더 많은 산소를 흡수할 수 있게 된다. 또 온몸으로 포도당을 방출함으로써 에너지 공급원을 준비한다.

동시에 혈류는 소화기관에서 멀어져 메스꺼움이나 가슴의 벌렁거림을 경험하게 된다. 결국 우리가 앞으로 10분 동안 살아남지 못한다면 아까 먹은 식사를 소화하는 일은 중요하지 않은 것이다. 아드레날린은 또 피부로 이어지는 혈관을 수축해 호랑이에게 할퀴였을 때 출혈 가능성을 감소한다. 그래서 스트레스를 받으면 피부가 차갑고 축축하게 느껴지고 손바닥에 땀이 나며 머리카락이 쭈뼛쭈뼛 곤두설 수 있다. 아드레날린은 또 추가적으로 출혈을 방어하기 위해 혈액응고를 가속화하는 피브리노겐fibrinogen을 촉진한다.

스트레스 활성화와 관계된 모든 과정은 본래 산소와 포도당 운반을 목표로 한다. 우리에게는 지금 당장 에너지와 뇌의 집중력이 필요하기 때문이다.[11]

1차 대응 이후 생존 뇌와 스트레스 호르몬을 통제하는 HPA 축이 함께 작용해 우리가 직면한 특정한 스트레스 요인에 부합하도록 스트레스 수준을 조절한다. 이제 HPA 축은 스트레스 활성화가 미세 조정된 2차 대응 단계에 돌입한다.

이 단계에서 생존 뇌는 "내게 이 스트레스 요인에 대처할 자원이 있는가?"라는 질문에 초점을 맞춰 2차 평가를 실시한다. 만약 생존 뇌가 우리에게 내부 또는 외부 자원이 있다고 여기면 HPA 축은 스트레스 활성화 수준을 원상태로 되돌릴 수 있다. 그러나 만약 생존 뇌가 스스로 무기력하거나 통제력이 부족하다고 느낀다면(예를 들어 외상성 스트레스인 경우), HPA 축은 스트레스 활성화를 증폭할 가능성이 있다. 그러므로 그 상황에서 스스로 주체성이 있다고 인식하는지 여부가 스트레스 활성화의 2차 대응에 결정적 역할을 한다.

앞의 내 얘기를 예로 들면 내가 사고 뇌의 예기불안에 초점을 맞췄을 때 내 생존 뇌가 무력감을 느껴 2차 대응이 증폭됐다. 이에 비해 내가 오로지 고통의 신체감각에만 주의를 기울였을 때는 통제 불가하다는 느낌이 줄어 2차 대응이 한풀 꺾였다. 이어 내가 침대에 맞닿은 신체 부위로 주의를 돌리자 침대의 지지를 자원으로 인식해 2차 대응은 더욱 줄어들었고 결국 심신 체계가 어느 정도 회복을 경험하게 됐다.

2차 대응을 하는 동안 HPA 축은 현재 위기 상황에 쏟을 에너지를 동원하는 호르몬을 활성화하고 장기적 과업을 위한 호르몬은 억제한다. 이후에 스트레스 요인이 사라지면 HPA 축은 회복을 촉진할 호르몬을 활성화한다. 두 차례에 거친 대응과 회복 동안에 HPA 축은 면역계 및 자율신경계와 함께 작용한다.

2차 대응의 일환으로 HPA 축은 심신 체계 내에 순환하는 포도당을 늘려 에너지를 동원하는 호르몬을 활성화한다. 포도당은 근육에 연료를 공급하고 사고 뇌의 집중력과 단기 기억력을 향상시킨다. 이렇게 에너지를 동원하는 호르몬 중 가장 중요한 것이 코르티솔cortisol이다.[12]

코르티솔은 2차 대응 단계에서 두 가지 일을 한다. 첫째, 1차 대응의 아드레날린 러시 때 고갈된 에너지 저장고를 채운다. 둘째, 면역 기능을 강화한다. 코르티솔은 피부와 림프절처럼 체내의 취약한 부위에 있는 '전투 기지'에 백혈구를 보낸다. 그곳이 부상이나 감염을 입으면 가장 필요한 것이 백혈구일 가능성이 높기 때문이다. 호랑이에게 할큄을 당하거나 물렸을 때 바로 방어한다고 생각해보라! 이런 이유로 스트레스 각성은 일시적으로 면역 기능을 강화한다. 그러나 1시간이 지나면 지속적인 스트레스 각성이 면역 기능을 억제해 평소 기준치의 40~70퍼센트 수준으로 낮아진다.[13] 이것이 만성적으로 스트레스를 받을 때 감기에 걸리기 더 쉬워지는 이유다.

HPA 축은 즉각적 욕구를 우선 처리하는 다른 호르몬들을 활성화한다. 예를 들어 HPA 축은 고통의 인식을 무디게 하는 내부 오피오이드 엔도르핀endorphin을 분비한다. 그리고 스트레스를 받을 때 심혈관계를 조절하고 자율신경계를 방어 모드로 설정하는 호르몬 바소프레신vasopressin을 분비한다.

반면 HPA 축은 성장호르몬과 성호르몬인 에스트로겐, 프로게스테론, 테스토스테론 등 장기적 욕구와 관련된 호르몬을 억제한다. 또 우리 몸에서 나중에 사용할 수 있도록 에너지 저장을 지시하는 인슐린도 억제한다.[14] 누구든 그날 하루가 끝날 때까지 살아남지 못한다면 소화, 생식, 조직 수선, 에너지 저장, 성장 같은 장기 프로젝트가 다 무슨 소용이겠는가?

인간의 방어 체계:
신경계가 우리의 안전을 지키는 방법

──────────────── 인간의 뇌와 자율신경계 사이에는 각각 별개의 신경 회로로 지원되는 방어 전략들로 구성된 3단계의 '심층 방어' 체계가 있다.

해가 진 뒤 혼자서 텅 빈 거리를 걷고 있다고 해보자. 어둠 속에서 누군가가 갑자기 나타나 당신에게 지갑을 요구한다. 그럼 당신은 우선 공격자와 협상을 하거나 지갑을 주고 그를 달래면서 위협을 평가할 가능성이 높다. 그에게 무기가 있는지, 정신병자인지, 술에 취했는지, 약에 취했는지, 체구가 더 크고 강한지 등을 확인할 테고 이 중 하나라도 해당되면 도망치기가 더욱 힘들어질 것이다. 당신은 또 도망칠 경로나 도움을 찾기 위해 주위를 둘러볼 가능성도 있다.

만약 상대가 칼을 들고 있고 육체적으로 더 강하며 당신을 폭행할 의사가 있음을 빠르게 파악했다고 가정해보자. 그럼 당신은 스트레스 각성이 높아지면서 두려움과 분노에 압도당하게 된다. 이쯤 되면 누군가 당신을 구하러 오거나 적어도 경찰에 신고해주기를 바라면서 비명을 지를 가능성이 높다. 대부분의 사람이라면 당장 이 위험한 상황에서 도망쳐 달아나고 싶다는 본능을 느낄 것이다. 하지만 당신이 어떤 상황이냐에 따라, 혹시 무기가 있거나 무술 실력자인지에 따라 오히려 그 자리에서 버티며 싸우려는 본능을 느낄 수도 있다.

당신이 뛰어서 도망치려고 하자 그가 당신의 팔을 잡고 당신의 스트레스 각성은 한층 더 높아진다. 곧 그 남자가 당신의 얼굴과 몸 앞부분을 가까운 벽에 밀어붙이고는 뒤에서 당신을 꼼짝 못하게 만든다. 당신은 그가 실제로 성폭행할 생각임을 깨닫는다. 계속 비명을 지르며 빠져나가려고 몸부림치자 그가 당신 목에 칼을 들이댄다. 당신에게 비명을 멈추고 얌전히 굴지 않으면 죽이겠다고 말한다. 그가 당신의 옷을 찢는 동안 당신은 멍해지고 혼란스러워지기 시작한다. 당신 몸은 싸움을 멈춘다. 당신은 이상하게도 그다음부터 벌어지는 일에서 단절된 듯한 기분이 든다. 그러나 사실 당신은 '포기'함으로써 그 사건에서 살아남을 가능성을 높인 것이다.

우리 심신 체계는 어떻게 안전을 지키기 위해 순차적 조치를 취하는 법을 본능적으로 알고 있을까? 이는 생존 뇌와 자율신경계의 상호작용에서 기인한다. 일반적으로 자율신경계는 뇌와 스트레스 호르몬에 비해 주목을 덜 받지만 MMFT의 중심 역할을 한다. 사실 MMFT는 만성 스트레스와 트라우마를 겪은 후 자율신경계를 조절하는 기법의 두 가지 계보, 즉 마음챙김 훈련과 신체 기반 트라우마

치료에 근간을 둔다. 따라서 자율신경계의 작동 방식을 이해하는 것은 인내의 창을 넓히는 데 결정적 부분이다.

자율신경계는 뇌간—스트레스 각성과 회복을 통제하는 생존 뇌의 가장 원시적인 부분—과 나머지 신체 부위 사이에서 가교 역할을 한다. 그러므로 자율신경계는 의식적 자각을 벗어난 많은 신체 기능에 자동 제어 시스템을 제공한다. 그러나 자율신경계가 완전히 의식적 통제에서 벗어난 것은 아니다. 사고 뇌는 하품을 참는 것처럼 몇 가지 자동 기능을 의식적으로 바꿀 수 있다.

자율신경계는 눈, 침샘, 머리, 목, 안면 근육, 후두와 인두, 심장, 폐, 위, 장, 간, 췌장, 신장, 직장과 방광, 생식기에 두루 영향을 미친다. 따라서 자율신경계가 스트레스 각성과 회복에 주요한 역할을 한다는 사실은 놀라운 일이 아니다.[15]

자율신경계에는 생존 뇌에서 장기로 메시지를 보내는 두 갈래의 경로가 있다. 즉, 스트레스 각성 시에 온몸이 즉각적 생존 욕구에 초점을 맞추도록 지시하는 것과 위협이 지나간 후 다시 회복에 초점을 맞추도록 지시하는 것이다. 한 갈래는 스트레스 체계를 가동하는 교감신경계이고 다른 갈래는 스트레스 체계의 가동을 끄고 몸의 소화, 회복, 성장, 생식, 수선, 휴식을 준비하는 부교감신경계다.[16]

덧붙여 자율신경계에는 생존 뇌가 신체감각을 수용하고 학습할 수 있도록 장기에서 생존 뇌로 거꾸로 피드백을 보내는 루프가 있다. 내장 구심성 체계visceral afferent system라는 이 피드백 루프는 생존 뇌에서 내부 스트레스 요인을 감지하는 데 중요한 역할을 한다.[17] 이 체계는 위산 역류, 메스꺼움, 변비 같은 위장병이 어째서 악순환을 일으키는지 설명해준다. 생존 뇌는 이 체계를 통해 내장에서 무슨 일이 일어나는지 '듣고' 위협을 인지한 뒤 심신 체계에 더 많은 스트레스 각성을 동원하라고 지시한다. 그런데 스트레스 각성이 높아지면 소화와 배설 같은 장기 프로젝트의 우선순위가 낮아지게 돼 결국 위장병이 더욱 악화되는 것이다.

자율신경계는 스트레스 각성과 회복 외에 사람들이 서로 상호작용하는 패턴에서도 중요한 역할을 한다. 신경지라는 용어를 창시한 연구자 스티븐 포지스Stephen Porges는 신경계가 어떻게 무의식적으로 우리의 신뢰와 친밀감을 느끼는 능력을 매개하는지 설명하기 위해 다미주신경 이론을 개발했다. 포유류의 신경계는 단지 생명이 위험한 위기 상황에서 생존을 보장하려는 목적에서만 발달한 게 아니다. 한편으로는 안전한 환경에서 사회적 상호작용과 유대감을 증진하려는 목적으로도 발달했다.[18]

인간의 3단계 방어 체계는 진화해왔고 각각의 새로운 방어 전략은 진화적으로 이전 방어 전략을 토대로 한다. 이상적으로 우리는 가장 최근에 발달한 방어 전략인 사회참여 체계social engagement system에 먼저 의존한다. 앞선 신체적 폭행 사례에서 당신이 공격자와 협상하려고 하고 안전과 도움을 구하기 위해 주위를 둘러보며 도와달라고 비명을 지를 때 사회참여 체계에 의존한 셈이다.

만약 이 전략으로 안전이 확보되지 않을 경우 생존 뇌와 신경계는 진화적으로 더 오래된 두 가지 방어 전략으로 '후퇴한다'. 두 번째 방어 전략은 투쟁-도피 반응으로 앞의 사례에서도 공격자에게서 도망가려는 시도가 포함됐다.

마지막으로 생존 뇌에서 투쟁-도피도 효과가 없다고 인식하면 신경계는 세 번째 방어 전략으로 후퇴한다. 바로 얼어붙는 동결freeze 반응이다.[19] 앞의 사례에서 당신이 공격자와의 투쟁을 멈추고 멍해지면서 그때부터 벌어지는 일에서 단절된 것처럼 느낄 때 이 반응이 일어났다.

여기서 투쟁-도피, 동결 반응은 우리가 태어나기 전에 완전히 갖춰지지만 사회참여 체계는 10대 시절까지 계속 발전한다는 점에 주목하고 싶다. 그래서 사회참여 체계는 인생 초년기의 사회적 환경에 대단히 민감하며 인내의 창의 초기 형성에 중요한 영향을 미친다.

생존 뇌의 신경지 과정은 특정한 시점에 세 가지 중 어느 방어 전략을 활성화할지 자동적으로 결정한다.[20]

생존 뇌의 신경지에서 안전하다고 인식할 때 우리는 인내의 창 안에 머문다. 이 창 안에서는 '안녕 모드'로 신경계의 모든 갈래에 접근할 수 있다. 그러나 생존 뇌에서 위협이나 도전을 감지하면 신경계를 '방어 모드'로 전환한다. 우리 신경계가 안녕 모드와 방어 모드 중 어느 상태인지는 주로 어떤 호르몬을 분비하느냐에 달려 있다.

옥시토신oxytocin이라는 사회적 유대감 호르몬은 신경계를 안녕 모드로 유지한다. 옥시토신은 인내의 창 안에 있을 때만 분비된다. 안녕 모드에서 우리는 방어적 행동을 하지 않고 즐거움과 놀이에 에너지를 쏟을 수 있다. 또 소화, 배설, 휴식, 회복, 섹스, 성장, 조직 수선 같은 장기 프로젝트도 처리할 수 있다. 나아가 다른 사람들과 연결되고 그들을 지지할 수도 있다.

반대로 생존 뇌에서 위협과 도전을 감지하면 바소프레신을 포함한 스트레스 호르몬이 분비된다. 바소프레신은 신경계를 안녕 모드에서 방어 모드로 전환한다. 앞에서 바소프레신은 소화와 배설, 생식을 억제하는 호르몬이라고 소개한 바 있다.[21]

일단 방어 모드에 돌입하면 인내의 창이 넓을수록 동결까지 후퇴할 필요 없이 1차 방어선인 사회참여 체계나 2차 방어선인 투쟁-도피 반응으로 방어에 성공할 가능성이 높아진다. 1차 방어선인 사회참여는 오로지 인내의 창 안에 있을 때만 사용 가능하다. 2차 방어선인 투쟁-도피 반응 중에 우리가 더 많은 스트레스 각성을 경험할수록 결국 인내의 창 밖으로 벗어날 가능성이 높아진다. 마지막으로 동결 전략은 인내의 창 밖으로 이동한 후에만 사용 가능하다.

표 4.1에서는 자율신경계의 다양한 갈래와 안녕·방어 모드에서의 각 기능을 설명한다. 부교감신경계가 미주신경의 두 갈래를 사용하기 때문에 두 가지로 구분된 것을 확인할 수 있다. 배 쪽 부교감신경계는 몸의 앞면에 위치하고 등 쪽 부교감신경계는 몸의 뒷면에 위치한다.[22]

배 쪽 부교감신경계는 세 가지 기능을 제어한다. 첫째, 심혈관계의 미주신경 브레이크는 빠르고 미묘한 조정으로 변화된 심박 수와 호흡수에 적응할 수 있게 해준다. 배 쪽 부교감신경계가 제대로 작동하면 우리는 모든 스트레스 호르몬을 가동할 필요 없이 단순히 미주신경 브레이크를 작동하고 제거함으로써 심혈관계를 조절하고 사소한 스트레스 요인을 관리할 수 있다.[23]

미주신경 브레이크가 얼마나 유연하고 효율적인지 시험하기 위해 연구자들은 심장박동변이도[HRV]라는 측정치를 사용한다. 우리는

CHAPTER 4. 스트레스와 트라우마를 겪는 동안의 신체

표 4.1. 신경지에서 안전과 위험을 감지할 때 자율신경계의 갈래와 기능

자율신경계의 갈래	안녕 모드: 안전 감지	방어 모드: 위험 감지
배 쪽 부교감신경계 (Ventral PSNS)	· 사회참여/사회적 유대/애착 · 심혈관 조절(미주신경 브레이크) · 심장 및 폐의 회복 기능	· 사회참여 체계 시작: 1차 방어선 · 외부 환경으로 주의를 돌려 위협 식별/위치 파악 및 협력자 모으기 · 위협을 끝내기 위한 타인과의 관계 맺기, 협상, 협력 · 도와달라고 외치기
교감신경계(SNS)	· 운동, 춤, 즐거운 동작, 놀이를 위한 에너지 동원	· 투쟁-도피를 위한 에너지 동원(가동화 방어): 2차 방어선
등 쪽 부교감신경계 (Dorsal PSNS)	· 수면 · 소화 및 배설 · 생식기능 · 깊은 이완 · 내장기관을 위한 회복 기능	· 동결(부동화 방어): 3차 방어선 · 산소 보존

숨을 들이마실 때 교감신경계를 자극해 심박 수를 증가시키고 숨을 내쉴 때는 부교감신경계를 자극해 심박 수를 감소한다. 이런 이유로 두 심장 박동 사이의 간격은 결코 정확히 같지 않은데, HRV는 이 체계의 유연성을 검사하는 데 사용된다. 높은 HRV(높은 미주신경톤)는 미주신경 브레이크가 효율적으로 작동하고 있음을 의미한다. 낮은 HRV(낮은 미주신경톤)는 우리가 심박 수를 높이고 스트레스 각성을 일으키기 위해 미주신경 브레이크를 제거했음을 의미한다. 그렇지만 만성적으로 낮은 HRV는 미주신경 브레이크가 항상 꺼져 있고 더는 제대로 작동하지 않음을 의미한다. 실제로 이런 상태에서는 잠시도 쉬지 않고 스트레스를 계속 활성화한다. 미주신경 브레이크가 작동하지 않으면 심혈관계가 항시적으로 생체 적응 부하를 겪는다. 이 상태에 있는 사람들은 시간이 지남에 따라 심혈관 질환, 고혈압, 죽

상동맥경화증, 심장마비 위험이 증가한다.[24]

배 쪽 부교감신경계의 두 번째 기능은 스트레스 각성 후 회복이다. 위협이나 도전이 사라지면 배 쪽 부교감신경계는 미주신경 브레이크를 다시 가동하기 위해 아세틸콜린acetylcholine 분비를 촉진한다. 그 결과 심박 수와 호흡수가 감소하고 근육이 이완되며 소화가 촉진된다. 배 쪽 부교감신경계는 스트레스 호르몬을 줄이고 면역 기능을 조절해 우리가 완전히 회복하고 안정을 되찾고 음식을 소화 및 배설하고 치유되고 새로운 조직을 생성하고 휴식할 수 있게 해준다.[25]

배 쪽 부교감신경계의 세 번째 기능은 사회참여 체계를 위한 신체 기능을 제어하는 것이다. 여기에는 주위를 둘러보고 외부 환경으로 고개를 돌리고 눈을 마주칠 수 있게 해주는 머리, 목, 눈 근육이 포함된다. 또 웃고 끄덕이고 찡그리고 다른 표정을 지어 다른 사람들과 사회적으로 연결되게 도와주는 얼굴 근육, 목소리를 조절할 수 있게 해주는 후두와 인두, 씹고 빨고 삼키도록 도와주는 근육, 청력에 중요한 역할을 하는 중이 근육 등이 포함된다. 배 쪽 부교감신경계는 사회적 유대감 호르몬인 옥시토신을 분비하는 역할도 한다. 그래서 배 쪽 부교감신경계가 가동되면 우리는 차분해지고 중심을 지키면서도 다른 사람들과 연결된 것을 느낄 수 있다. 우리는 얼굴 표정과 몸의 자세를 통해 자신의 내적 상태를 다른 사람에게 알릴 수 있고 동시에 주변 사람들의 미묘한 감정 변화에 맞춰 이를 조율할 수 있다.[26]

배 쪽 부교감신경계의 세 가지 기능은 우리가 인내의 창 안에 머물 때 이용 가능하다. 인내의 창 안에 있으면 효과적으로 소통하고 관계를 가꾸며 힘든 일에 타인의 도움을 구할 수 있다. 인내의 창이 넓은 사람은 심지어 목숨이 걸려 있는 상황에서도 방어 모드로 사회참여 체계에 접근해 가해자와 협상을 시도하거나 대화로 설득하거나 도와달라고 소리를 지를 수 있다. 진화론적으로 생각하면 우리 동굴인 조상들은 사회참여 체계의 발달 덕분에 협력하고 자손을 양육하고 함께 사냥하고 유목 부족 내에서 안전하게 살 수 있었다. 짐작할 수 있겠지만 이 1차 방어선에는 많은 사회적 의사소통이 수반돼 사고 뇌와 생존 뇌의 상당한 동맹과 상호작용이 요구된다. 그래서 인내의 창 안에 있을 때만 사용할 수 있다.

배 쪽 부교감신경계는 사회참여와 회복 기능 모두에 깊이 관여한다. 만약 우리가 스트레스 각성을 조절하는 데 어려움을 겪는다면 개인적·직업적 환경에서도 실현 가능하고 지지적이며 만족스러운 관계를 맺고 유지하기가 어려울 가능성이 높다고 볼 수 있다.[27]

이 같은 배경에서 우리는 안전과 사회적 연결이 위협받을 때 배 쪽 부교감신경계가 어떻게 1차 방어선 역할을 하는지 알 수 있다. 일단 심박 수와 호흡수를 높인다. 머리와 목을 돌리고 눈을 움직여 주변 환경으로 주의를 향한다. 다른 사람들의 지원이나 도움을 요청한다. 얼굴 표정과 목소리 톤의 변화로 고통을 알린다. 보통은 이런 변화만으로도 어려움에 성공적으로 대처하기에 충분하고 그럼 미주신경 브레이크가 다시 가동돼 인내의 창 안에 머물게 된다.

그러나 만약 우리가 급박한 위험에 처해 있거나 도와줄 사람이 아무도 없다는 사실을 발견하면 위협이 증가한다. 이때 생존 뇌는 위험을 감지하고 2차 방어선을 가동한다.

우리가 2차 방어선으로 '후퇴하면' 방어 모드의 교감신경계가 우리를 지배한다. 교감신경계는 HPA 축과 함께 작동하며 에너지와 스트레스 호르몬을 동원한다. 교감신경계 각성은 투쟁-도피 반응이라고 불린다. 신진대사 활동과 심박출량(심장이 1분간 박출하는 혈액의 리터 단위 분량-옮긴이)을 증가시켜 능동적 가동화 방어, 즉 공격자를 물리치거나(투쟁) 안전한 상태로 도망치는(도피) 것을 용이하게 만들기 때문이다. 또 운동, 놀이, 춤과 같은 안녕 모드에서도 교감신경계를 활성화할 수 있다는 점을 기억하자.

교감신경계가 활성화되면 많은 에너지와 스트레스 호르몬이 동원된다. 그러나 교감신경계의 많은 방어 행동이 이렇게 동원된 에너지를 전부 소모하지는 않는다.[28] 투쟁 반응의 경우 방어 태세를 취하거나 주의를 요구하거나 행동을 정당화하거나 누군가에게 소리를 지를 수 있다. 도피 반응의 경우 끊임없이 걱정하며 사회에서 철수하거나 다른 사람의 비위를 맞추려고 노력할 수 있다. 이런 행동은 스트레스 각성과 관련되는데, 그 자체로 모든 각성이 소모되지는 않아 결국 시간이 지날수록 스트레스를 잠시도 끄지 않고 계속 활성화하는 상태에 놓이게 된다.

투쟁과 도피는 모두 교감신경계의 통제를 받지만 서로 다른 방어 전략이다. 각기 연관된 감정, 신체감각, 운동 충동이 다르다. 투쟁 반응은 분노, 활기와 강력함, 통제감과 연관되며 스트레스 요인 쪽으로 다가가는 움직임이 수반된다. 또 침 생성이 증가하고 터널 시야tunnel vision처럼 주의 초점이 좁아지는 상태와 관련된다. 오로지 한 가지 생각에 집중해 목표물을 쫓는 치타를 생각해보라. 우리는 사회적 패권이 달린 경쟁이나 운동경기를 할 때, 스스로 공격자보다 더 강하다고 인식할 때, 술집 다툼이나 전투, 조직폭력배의 싸움처럼 반격이 예상될 때 투쟁을 선택하는 경향이 있다.

반면 도피 반응은 공포, 불안, 두려움, 무력감, 좌절감과 관련돼 스트레스 요인에서 멀어지는 움직임이 수반된다. 이는 위험에서 멀리 또는 안전을 향해 도망치면서 더 강하거나 현명한 사람에게 도움을 구하는 것을 의미한다. 투쟁의 터널 시야와 대조적으로 도피 반응 때는 보통 주의가 넓어져 한곳에 집중되지 않으며 분산돼 생존 가능한 탈출구를 탐색하게 된다. 포식자에게서 벗어나기 위해 미친 듯이 숨을 구멍을 찾는 토끼를 생각해보라.

많은 상황에서 투쟁과 도피가 동시에 활성화되면서 생존 뇌와 신경계에서 어느 쪽 전략도 성공할 수 없다는 인식을 갖기 쉽다. 이 역학은 우리가 포식자인 동시에 먹잇감이 돼야 하는 상황에서도 발생할 수 있다. 소송 변호사는 법정에서 변론을 펼치기 전에 불안감을 느낄 수 있다. 소방관은 누군가를 구조하기 위해 자신을 위험에 빠트리며 불타는 집 안으로 들어가야 한다. 이 같은 가장 전형적인 예는 전투일 것이다.

만약 갇혀 있고 아무도 도와줄 수 없는 경우처럼 적극적 교감신경계 방어가 실패하면 우리는 최종 방어선으로 후퇴할 것이다. 이 단계에서는 교감신경계가 계속 켜져 있지만 등 쪽 부교감신경계도 방어 모드로 가동된다.

방어 모드의 등 쪽 부교감신경계는 공격자에게 신체적 구속을 당하거나 총성을 듣고 꼼짝 못하거나 충돌을 눈앞에 둔 자동차 사고와 같이 생명을 위협하는 상황에서 종종 발동된다. 아이들의 경우 학대하는 양육자에게서 탈출할 길이 없음을 인식할 때 방어 모드의 등쪽 부교감신경계가 가동된다. 투쟁-도피가 더는 불가능하거나 오히려 상황을 악화할 때는 움직이지 않는 것이 최선의 전략이다. 방어 모드의 등 쪽 부교감신경계는 트라우마와 관련 있는데 생존 뇌에서 스스로를 무력하거나 통제력이 부족한 상태로 인식하기 때문이다.

방어 모드에서 등 쪽 부교감신경계의 첫 번째 기능은 동결 반응이다. 이는 앞서 신체적 폭행 사례에서 당신이 공격자에게 항복하고 그때부터 벌어지는 일에 혼란과 단절감을 느꼈을 때 일어난 반응이다. 교감신경계의 적극적 방어와 달리 등 쪽 부교감신경계의 방어는 얼어붙기, 항복, '죽은 척하기' 등 움직이지 않는 것이다.

두 번째 기능은 심혈관계('느린 맥박')와 다른 내장 기관의 속도를 급격히 늦춰 산소와 에너지를 최대한 보존하는 것이다.[29] 이때 신진대사 활동을 철저히 줄이고 소화계를 멈추기 때문에 방광과 장에 대한 통제력을 상실할 수 있다.

안녕 모드에서는 등 쪽 부교감신경계가 내장 기관으로 이어지는 대부분의 신경 경로를 통제하기 때문에 소화, 배설, 수면, 생식기능에 중요한 역할을 한다. 그러나 안녕 모드는 생존 뇌에서 안전을 감지하고 몸에서 사회적 유대감 호르몬인 옥시토신을 분비할 때만 접근 가능하다. 여기서 한 가지 중요한 시사점은 사회참여와 동결은 동시에 경험할 수 없다는 것이다.

따라서 방어 모드의 등 쪽 부교감신경계가 활성화되면 자연히 배쪽 부교감신경계는 비활성화 상태가 돼 타인이나 지금의 외부 환경에 효과적으로 대응하는 능력을 비롯해 배 쪽 부교감신경계의 모든 기능에 접근하지 못하게 된다. 일단 방어 모드의 등 쪽 부교감신경계가 가동되면 우리 몸은 최악의 경우 고통스러운 죽음에서 우리를 보호하기 위해 셧다운을 준비한다. 그래서 의식적 자각과 다른 사고 뇌 기능이 저하되다가 완전히 '꺼짐' 상태에 이를 수 있다. 이 상태에서는 더는 공포나 신체적 고통을 느끼지 않고 어떤 자기 보호 조치도 취하지 않는 대신 포기하거나 좌절하거나 기절하거나 당장 기절할 것 같은 느낌이 든다.[30]

동결 상태에서는 시선을 맞추거나 머리, 목, 눈을 움직여 주변을 돌아볼 능력을 상실한다. 극도의 터널 시야를 경험하면서 시야의 많은 부분을 잃는다. 정지된 이미지를 순차적으로 보거나 색깔을 인식하는 능력도 잃는다. 더는 목소리를 조절하지 못하고 단조로운 톤으로 말하게 된다. 안면 근육의 통제력도 상실해 마치 죽은 듯 보이거나 창백하거나 늘어지거나 혼란스러운 표정을 짓게 된다. 청력은 인간의 목소리에 대한 반응이 줄고 위협적 소리에 더 민감해진다. 심지어 완전한 청력 상실을 경험하기도 한다.

또 모든 일이 슬로모션으로 진행된다고 느끼거나 뭔가 변화된 현실 속으로 접어들었다고 느낄 수도 있다. 아니면 시간의 흐름을 잃을 수도 있고 나중에 지나간 시간의 모든 부분을 기억하지 못할 수도 있다. 어쩌면 마치 안개나 얇은 천을 통해 사건을 관찰하는 듯 혼란스럽고 분리된 느낌이 들지도 모른다. 아니면 천장이나 방 건너편에서 자신을 지켜보는 것처럼 자기 몸 밖에 존재하는 주관적 경험을 할 수도 있다. 동결에 관한 묘사는 나 자신의 경험과 지난 10년 동안

훈련시킨 사람들의 경험을 바탕으로 한 것이다.[31]

따라서 동결은 외부적으로 각성의 뚜렷한 시각적 단서를 나타내지는 않더라도 내부적으로 교감신경계와 등 쪽 부교감신경계가 모두 방어 모드로 가동돼 고도로 활성화된 상태다.[32] 실제로 동결은 인내의 창을 벗어나 스트레스 각성 수준이 가장 높은 상태인데 보통 외상성 스트레스와 관련된다.

생존 뇌는 어떤 방어 전략을 선택할까?

──────────── 모든 과학적 정보에서 몇 가지 중요한 함의를 도출해보자. 생체 적응이 제대로 작동하면 생존 뇌가 신경계와 협력해 매 순간 위험 수준을 평가하고 호르몬 체계와 협력해 스트레스 수준과 에너지 동원을 조정하며 면역계와 협력해 우리를 적극적으로 보호한다.

그러므로 생존 뇌가 안전 또는 인내의 창 안의 위험 수준을 감지하면 우리 신경계는 대부분 안녕 모드로 유지될 것이다. 우리는 다른 사람들과 연결되고 협력할 수 있으며 주변 환경으로 주의를 돌릴 수 있다. 하지만 생존 뇌가 위협을 감지하면 신경계는 방어 모드로 전환될 것이다. 생존 뇌에서 더 많은 위험을 감지할수록 더 많은 스트레스 각성을 동원할 테고 사회참여에서 투쟁-도피, 결국 동결의 방어 체계로 '후퇴할' 것이다.

그 상황에 대처하기 위해 얼마나 많은 스트레스 각성을 동원했는지 상관없이 설령 단번에 동결 상태로 후퇴한 경우라도 생체 적응이 제대로 기능하면 위협이 지나간 후 생존 뇌가 다시 배 쪽 부교감신경계를 가동해 완전히 회복될 수 있다.[33] 이 과정은 대개 사고 뇌의 정보 없이 본능적으로 진행된다. 비록 사고 뇌가 좋든 나쁘든 영향을 미칠 수는 있지만 말이다.

그러나 생체 적응이 제대로 작동하지 않으면 우리는 타고난 레퍼토리인 모든 적응적 반응에 접근하지 못한다. 일반적으로 인내의 창이 좁아질수록 우리가 선택할 수 있는 반응의 범위는 좁아진다.[34]

예를 들어 어떤 사람의 미주신경 브레이크가 제대로 작동하지 않으면, 즉 배 쪽 부교감신경계가 온전히 가동되지 않으면 조절된 기준치에서 출발하지 못할 것이다. 그래서 그의 생존 뇌가 어떤 위협이나 도전을 감지하더라도 즉각 스트레스 각성을 동원할 것이다. 아주 사소한 위협이나 도전이라 스트레스 각성이 그 상황에서 가장 효과적인 선택이 아닐 경우에도 말이다. 그는 투쟁 반응의 신호를 보여 지극히 가벼운 도발에도 과민 반응하거나 맹렬히 공격하거나 성질을 부리며 화를 낼 수 있다. 아니면 도피 반응을 보여 사회적으로 철수하거나 불안한 생각이 물밀듯이 밀려들 수 있다. 아니면 곧바로 동결 반응을 보여 해리되거나 좌절하거나 극단적 지연으로 마비되거나 멍하고 무감각하고 압도당하는 느낌에 빠질 수 있다.

이런 상태에서는 스트레스 각성을 조절하는 데 어려움을 겪을 것이다. 뿐만 아니라 창의적인 문제 해결, 조망 수용, 상황 인식, 충동 조절과 같은 사고 뇌 기능을 발휘하는 능력도 줄어들 것이다. 또 긍정적인 사회적 신호를 감지하지 못해 다른 사람들과 효과적으로 연결되기도 힘들 것이다. 활성화된 상태로 작동할 때는 관계가 더는 안전, 신뢰, 연결, 지지의 원천이 아닐 수 있다. 오히려 이해받지 못하거나 고립됐다고 느낄 수도 있다.[35]

신경가소성은 생존 뇌가 어떤 전략을 선택하느냐에 중요한 역할을 한다. 어떤 반복 경험이든 뇌와 신경계를 변화시키므로 심신 체계가 평상시에 의존하는 방어 및 관계 전략을 습관화한다는 것은 이치에 맞다. 같은 전략을 반복적으로 선택하다 보면 생존 뇌의 암묵적 기억 속에 깊이 새겨진다. 무의식적으로 어떤 전략을 선택할 때마다 디폴트 반응으로 그 전략을 택하기가 더 쉬워지고 다른 전략에 접근하기는 더 어려워진다. 시간이 지날수록 우리는 한두 가지의 디폴트 전략을 택하도록 조건화된다. 그 과정에서 심신 체계에 내재된 모든 전략을 선택하고 사용하는 능력을 상실한다.

기본 반응 체계의 일부는 초년기 사회적 환경에서 유래한다. 일부는 그동안 살면서 반복적으로 경험한 위협과 안전에서 유래하고 일부는 학교, 직장, 공동체 내 사회화에서 유래한다.[36]

그러므로 많은 남자들이 투쟁 스펙트럼의 전략에 의존하는 것은 우연이 아니다. 그들은 어렸을 때부터 '남자는 울면 안 된다'는 가르침을 받고 자란다. 그들은 강인해야 하고 주관이 뚜렷하며 무엇이든 '남자답게 받아들여야 한다'. 스트레스가 심한 직업군에서는 성별을 불문하고 투쟁 반응을 내재화하고 강화하는 경향이 있다. 실제로 스트레스가 심한 환경에서 대부분의 교육 훈련은 명백히 이런 디폴트 반응을 사회화하도록 설계된다. 이 같은 환경에 있는 사람에게는 아무리 작은 도발이라도 투쟁 반응을 유발할 수 있다.

또 다른 예로 누군가가 어린 시절 동결에 의존하는 경험을 반복했다고 가정해보자. 그는 성인이 된 후에도 여전히 위협적 상황에 처하면 혼란이나 마비된 묵인 상태에 빠질 수 있다. 그들의 입장을 고수하거나 그 지옥에서 빠져나오는 것이 더 효과적인 경우에도 말이다. 디폴트 동결 반응은 종종 어린 시절에 신체적·정서적·성적 학대를 당한 사람들에게서 발견된다. 생존 뇌와 신경계의 관점에서는 타당한 디폴트 반응이다. 그들이 학대를 당했을 때 얼마나 어리고 무력했는지 감안하면 동결은 매우 적응적 전략이었고 그 덕분에 그들이 살아남았던 것이다. 하지만 오늘날의 모든 상황에서 적응적 전략은 분명히 아닐 것이다.

실제로 생존 뇌와 신경계는 몇 가지 프로그래밍된 루프에 갇혀 신경지에서 위험을 인식하면 현재 상황에 맞든 안 맞든 무조건 그 프로그래밍의 특정한 방어 및 관계 전략을 선택한다. 투쟁-도피, 동결에 의존하는 디폴트 전략이 구축되면 신경 경로는 고도로 민감하고 쉽게 촉발돼 자주 사용되는 초고속도로가 된다. 이는 신경가소성과 후생유전학의 영향을 받는다. 그리고 다음 장에서 살펴볼 생존 뇌의 학습 및 기억 방식에도 영향을 받는다.

결국 생존 뇌가 '상향식' 처리를 끝마치고 완전히 회복할 때까지 생존 뇌의 디폴트 전략은 무의식적으로 거듭 촉발될 것이다. 인간의 전체 방어 체계에 접근하기 위해 생존 뇌의 회복 과정을 지원하고 새로운 신경 경로를 개발하려면 의식적이고 의도적인 노력이 필요하다. 이것이 사고 뇌 중심의 기법과 치료가 항상 불완전한 이유 중 하나다.

THE BRAIN DURING STRESS AND TRAUMA

스트레스와 트라우마를 겪는 동안의 뇌

해병대 상병인 홀리오Julio는 첫 전투 배치를 준비하고 있었다. 당시 나는 MMFT에서 그의 소대를 훈련시키고 있었다. 나는 금방 그의 성실성과 호기심에 놀라고 말았다.

홀리오가 속한 소대에는 MMFT에 저항을 보인 지도자들이 있었고 그 태도가 점차 홀리오의 소대원들에게도 퍼져나갔다. 그래서 내가 훈련시킨 40명의 해병 중 일부는 움직임 연습 때 멍청한 자세를 취하거나 다 같이 트림이나 방귀 경쟁을 벌이기도 했다. 일부는 나와 눈을 마주치거나 말을 섞기도 거부했고 일부는 지나치게 정중한 태도로 나와 대화를 나누다가도 내가 듣지 못하리라 생각하는 곳에서는 MMFT를 조롱했다. 한마디로 나는 몇 주 동안 감정적으로 미성숙한 집단에서 하기 싫은 일을 해야 할 때 흔히 나타나는 허세, 부루퉁함, 비협조적 방해, 우월주의 등을 수시로 접하게 됐다.

이와 대조적으로 분대장이던 훌리오는 분대원들이 공손한 태도로 강의에 참여하도록 부지런히 독려했다. 그는 강의를 경청하며 훌륭한 질문을 했고 금방 자료의 여러 부분을 연결 지어 이해했다. 오랫동안 무예를 연마해온 그는 MMFT 훈련도 쉽게 소화했다. 매번 강의가 끝나면 나를 찾아와 그날 배운 내용의 의미를 얘기했다.

4회기 때 MMFT 참가자들은 동결 반응과 그것이 인간의 방어 체계에서 어떻게 적용되는지 배운다. 참가자들은 동물과 인간이 동결을 경험하는 동영상을 보면서 동결 반응이 어떻게 진행되는지 관찰하고 논의한다.

자연히 이 논의 자체가 참가자들에게 스트레스 각성을 촉발할 수 있고 실제 많은 집단에서 일부 사람들이 논의 중 디폴트로 동결 반응에 빠진다. 따라서 동결 반응은 가르치는 데 도전이 필요하다. 강사는 집단 전체가 스트레스 각성을 조절하도록 유도하는 한편 동결 반응을 보인 사람이 주의를 끌어 낙인찍히거나 수치심을 느끼지 않도록 추가 지원을 해야 한다.

이 소대의 강의 중에는 특히 동결 반응에 관해 열띤 논의가 이뤄졌다. 많은 소대원이 생생한 개인 경험담을 나눴다. 한 번도 말을 하지 않던 해병들도 열심히 대화에 나섰다. 집단 전체가 아무런 저항 없이 적극적으로 수업에 임한 것은 이때가 처음이었다.

그런데 많은 해병이 논의 중에 높은 스트레스 각성을 경험했고 훌리오를 포함한 3명은 동결 반응을 보였다. 나는 그들의 눈이 흐릿하게 멍해지고 먼 곳을 향해 있지만 무엇도 응시하지 않는 모습을 지켜봤다. 그들은 어깨가 앞으로 수그러지고 몸은 정지된 채로 꼼짝도 하지 않았다. 동결에 빠진 해병들은 말을 하지 않았다.

스트레스 각성이 너무 심해 급한 대로 즉석에서 조치를 취해야 했다. 나는 다양한 기법을 이용해 대부분의 해병들이 각성 수준을 낮추고 인내의 창 안으로 돌아오도록 도왔다. 강의 중 쉬는 시간에는 동결에 빠진 훌리오와 다른 해병 2명에게 몰래 조치를 취했고 그들은 마침내 인내의 창 안으로 돌아와 안정을 되찾았다.

그럼에도 나는 훌리오의 동결이 심각했음을 알 수 있었다. 그는 가장 먼저 동결에 빠졌고 그 후 안정을 되찾는 데 가장 오래 걸렸다. 나는 일부러 앞으로 며칠간 MMFT 훈련 경험을 나누기 위해 해병들의 개인 면담 일정을 미리 잡아놓은 상태였다. 그래서 훌리오를 따로 눈에 띄게 부르지 않고도 면담 일정을 바꿔 그날 훌리오를 만날 수 있었다.

개인 면담에서 훌리오는 동결에 관한 동영상을 보는 동안 예기치 않게 어린 시절 사건이 떠올랐다고 말했다. 그가 아주 오랫동안 한 번도 떠올리지 않았던 사건이었다. 나는 45분 동안 훌리오와 함께 인내심을 갖고 무슨 일이 일어났는지 되짚어가며 그가 인내의 창 안에서 동일한 플래시백을 다시 경험하게 했고 그러자 스트레스 각성이 풀어졌다. 나는 그의 주의를 외부로 돌리면서 그의 생존 뇌가 필수적 상향식 처리와 회복을 끝마치도록 도왔다. 이 회복 과정은 3부에서 더 자세히 살펴볼 것이다. 이번 장에서는 훌리오가 플래시백을 겪는 동안 사고 뇌와 생존 뇌에서 어떤 일이 일어났는지 알아보고자 한다.

홀리오가 아홉 살 때의 일이다. 그는 거리에서 친구들과 갱단 소속의 친척 형들과 공놀이를 하고 있다. 갑자기 트럭 한 대가 모퉁이를 돌면서 거리를 내달린다. 트럭에 탄 사람들이 총을 쏘기 시작하고 홀리오 일행은 그들이 라이벌 갱단 소속임을 알게 된다. 홀리오는 그의 팔을 잡고 숨을 곳을 찾아 뛰어가는 사촌형의 손길을 느낀다. 사촌형이 앞으로 고꾸라지면서도 여전히 그의 팔을 잡고 있는 광경을 본다. 홀리오는 사촌형에게 이끌려 자신도 함께 쓰러진다.

갑자기 주위가 완전히 고요해진다. 모든 것이 흑백으로 보인다. 홀리오가 훑어보니 그의 팔은 아직도 사촌형의 손에 붙들려 있다. 그는 그 손에서 팔을 빼내고 싶다. 슬로모션으로 앞으로 넘어지고 있고 쓰러지는 과정이 영원히 계속될 것 같은 느낌이다.

어느 틈엔가 그는 자신이 아래로 잡아 당겨지고 있음을 느낀다. 어깨에는 심한 통증이 느껴진다. 홀리오가 다음으로 알아차린 것은 사촌형의 시체를 내려다보는 자신이다. 사촌형은 피와 내장으로 뒤범벅돼 있다.

이때 소리가 다시 밀려들면서 귀가 먹먹해진다. 홀리오는 사이렌이 울리는 소리를 듣고 사람들이 소리 지르며 울부짖는 소리를 듣는다. 그는 누군가 자신에게 다급하게 외치고 있는 것을 깨닫지만 그들이 하는 말을 알아들을 수가 없다. 그는 당장 기절할 것 같은 현기증을 느낀다.

스트레스를 겪는 동안의 생존 뇌

──────────────────── 스트레스 각성은 신경계와 신체에 영향을 미치듯이 우리 뇌, 특히 학습과 기억에도 영향을 미친다. 진화론적 관점에서 보면 타당한 일이다. 스트레스를 받은 사건을 기억하고 거기에서 배우는 능력이 생존에 중요하기 때문이다. 사고 뇌와 생존 뇌는 각기 나름의 학습 및 기억 방식을 지니고 있어 각자의 기능을 수행할 수 있다.

그러나 스트레스와 트라우마는 사고 뇌와 생존 뇌에 다른 영향을 미치며 각 뇌의 학습 및 기억 과정에 파장을 일으킨다. 이번 장에서는 그 차이점을 살펴본다.

스트레스와 트라우마는 내부와 외부 자극을 위협/위험 또는 기회/안전으로 평가하는 무의식적 과정, 즉 신경지가 있는 생존 뇌에서 발생한다. 생존 뇌에서 신경지를 담당하는 부위는 편도체인데 3장에서 걱정을 반복하면 두꺼워지는 뇌 영역이라고 설명한 것을 기억할지 모르겠다. 신경지는 대부분 무의식적으로 조건화된 반응의 레퍼토리를 나타내며 이런 반응은 기회에 접근하고 위협을 회피하는 경향이 있다. 신경지는 조건화된 반응으로 이어지기 때문에 생존 뇌는 경험에 대부분 무의식적으로 나타나는 정서적·생리적 반응, '상향적 처리'에 관여한다. 경제학자 대니얼 카너먼Daniel Kahneman은 이것을 '빠르게 생각하는' 시스템 1 사고라고 설명한다. 노력이나 자발적인 통제감 없이 자동으로 작동하기 때문이다.[1]

생존 뇌는 언어적이지 않아서 이 과정에 관해 생각이나 서술로 우리와 소통하지 않는다. 대신 조건화된 방어 및 관계 전략에 신호를 보내기 위해 감정과 신체감각을 유발한다. 생존 뇌는 의식 범위 밖에 있기 때문에 우리는 거기서 무슨 일이 일어나고 있는지 직접 보거나 알 수 없다. 우리는 심신 체계의 스트레스 각성 증상을 통해 그 결과만 확인할 수 있을 뿐이다.[2]

생존 뇌는 신경지를 지원하기 위해 빠른 학습과 기억 체계를 필요로 한다. 그러므로 생존 뇌의 학습 체계는 반사적이고 무의식적이며 불수의적이고 사고 뇌를 완전히 우회한다.

생존 뇌의 학습 체계를 암묵적 학습, 즉 시스템 1 학습이라고 부른다. 암묵적 학습은 주로 편도체에서 이뤄지고 신경지의 모든 이전 경험에서 일반화된다. 조건화된 학습은 대부분 생존 뇌에서 처리되고 저장된다.

암묵적 학습은 암묵적(또는 비서술적) 기억으로 뒷받침된다. 우리의 모든 경험은 끊임없이 암묵적 기억을 쌓아간다. 암묵적 기억이 신체 기반 반응이나 운동 기술을 익히는 것과 관련될 때를 절차적 기억 procedural memory이라고 한다. 절차적 기억의 예로는 악기 연주법, 자전거 타는 법, 걷거나 달리는 법, 무기 사용하는 법 등이 있다.[3]

사고 뇌는 장기적이거나 심각한 스트레스 수준 때문에 저하되지만 생존 뇌의 학습과 기억 기능은 어느 스트레스 각성 수준에서나 무의식적으로 작동한다. 더구나 스트레스 각성이 높을수록 생존 뇌는 더 많이 배우고 더 많이 기억한다.

스트레스 수준이 적당할 때 편도체는 해마와 함께 명시적 기억을 만들고 해마는 그 기억의 정서적 요소를 제공한다. 그러나 스트레스 수준이 높으면 편도체가 기억의 정서적 요소를 더 강렬하게 제공해도 해마의 기능에 문제가 생긴다. 그래서 각성 수준이 높을 때는 아무리 생존 뇌가 많은 것을 기억해도 결코 의식적 기억을 통합하지 못한다. 스트레스 수준이 높으면 해마는 사실상 오프라인 상태가 될 수도 있으므로 스트레스가 극심하거나 충격적 경험에 관한 의식적 기억은 종종 불완전하거나 모순되거나 파편화된다. 홀리오의 얘기는 이 역학의 예를 보여준다. 그의 얘기에서 어떤 세부 정보는 유독 생생하지만 어떤 부분은 누락돼 있다. 그럼에도 편도체는 극심한 스트레스와 트라우마 상황에서 가장 많이 학습하고 일반화한다.[4]

우리가 불안해하는 대부분의 일들은 암묵적 학습을 통해 조건화됐다. 편도체가 무의식적으로 그 일을 과거에 위협적으로 인식한 것과 연관 짓거나 과거에 위협적으로 인식한 것과의 유사성을 기초로 일반화하기 때문이다. 사실 암묵적이고 절차적인 기억이 생명을 위협하는 상황에서 각인되면 무의식적 기억은 더욱 오래 지속되고 쉽사리 소거되지 않으며 다른 상황들로 일반화되기도 쉽다.

암묵적 기억은 단지 사실이나 정보만이 아니다. 거기에는 신경계 반응, 신체감각, 근육과 근막의 긴장, 몸의 자세, 감정, 방어 행위에 사용되는 근육의 움직임 패턴 등이 포함된다. 이런 감각 반응과 운동 반응은 미래에 유사한 위협에 직면할 경우를 대비해 생존 뇌의 레퍼토리 일부로 조건화된다. 조건화된 반응은 강의 중에 동결을 경험한 해병들의 예처럼 스스로 의식하지 못할 때도 일어날 수 있다.[5]

홀리오의 경우 포식자에게 꼼짝없이 붙잡히는 동물 영상을 보는 동안 그의 생존 뇌가 일반화해 사촌형과 함께 쓰러졌던 경험을 떠올렸을 가능성이 높다. 홀리오는 사실 쓰러질 때 '꼼짝없이' 붙잡히지는 않았지만 당시 무력하고 덫에 걸린 듯 사촌형의 손아귀에서 벗어나지 못할 거라는 느낌은 상당히 비슷했을 것이다. 홀리오의 몸에서 느낀 이와 비슷한 감각이 자율신경계의 내장 구심성 체계를 통해 생존 뇌로 이동해 그의 생존 뇌가 동결 반응을 시작하도록 자극했을 것이다.

또 다른 예를 들어보자. 나는 예전에 아프가니스탄에 파병됐던 샘Sam이란 해병을 가르친 적이 있다. 몇 년 만에 다시 파병을 앞두고 샘은 매일 아침 일찍 잠에서 깨어나 심장 두근거림, 얕은 호흡, 태아 자세로 뻣뻣하게 굳어진 몸, 침대에서 뛰어내리고 싶은 강한 충동을 느꼈다. 그는 자신이 왜 이런 반응을 보이는지 이해할 수 없었다.

나는 샘에게 그의 사고 뇌는 행동을 이해할 수 없더라도 그의 생존 뇌에는 이렇게 행동하는 중요한 이유가 있다고 믿어야 한다고 설명했다. 그리고 그에게 다음번에 또 그런 증상을 보일 때는 사고 뇌의 좌절감은 무시하고 침대에서 일어나 스트레스 각성을 줄이는 연습을 끝마치라고 당부했다. (이 연습은 3부에서 소개하겠다.)

매일 아침 연습을 한 지 일주일이 지나자 샘의 사고 뇌는 그 이유를 알아냈다. 과거 파병 시절에 그는 거의 매일 동트기 전 그의 전진 작전기지가 폭격을 당해 잠에서 깨어났다. 자연히 그의 생존 뇌는 잠에서 깨자마자 빗발치는 포탄에서 몸을 숨기기 위해 강력한 암묵적·절차적 기억을 발달시켰다. 그리고 지금 다음 파병을 예상하면서 아프가니스탄에서 반복적으로 공격을 받고 깨어났던 기억을 일반화해 새벽 전에 밀려오는 불안 발작을 일으켰던 것이다.

스트레스를 겪는 동안의 사고 뇌

──────────────── 생존 뇌가 신경지와 암묵적 학습을 사용해 우리를 안전하게 보호하듯이 사고 뇌도 생존을 지키는 기능을 수행한다. 우리를 보호하는 사고 뇌의 전략은 분석하고 계획하고 숙고하고 결정하는 것이다. 사고 뇌는 우리 경험에 대부분 자발적이고 의식적으로 나타나는 인지적 반응, '하향식 처리'에 관여한다.[6] 카너먼은 이를 '느리게 생각하는' 시스템 2 사고라고 표현한다. 시스템 2 사고는 실제로 느리고 노력을 요하며, 집중력, 의식적 숙고, 주체감이 특징이다.[7]

생존 뇌가 신경지를 담당하듯이 사고 뇌는 대부분 전두엽 피질에서 일어나는 실행 기능executive functioning을 담당한다. 우리는 실행 기능을 통해 초점을 맞추고 주의를 집중하며 과제와 관련된 정보를 상기하는 동시에 산만함을 억제할 수 있다. 실행 기능은 또 의식적인 의사 결정을 지원한다. 우리는 스트레스 각성, 충동적 행위, 갈망, 감정을 '하향식으로' 조절하는 데 실행 기능을 사용한다. 따라서 짐작할 수 있듯이 실행 기능은 '의지력'을 이용하는 데도 중요한 역할을 한다.[8]

실행 기능은 여러 가지 방법으로 손상된다. 3장에서 설명했듯이 멀티태스킹을 하면 실행 기능이 고갈된다. 술과 약물로도 실행 기능을 저하할 수 있다. 그래서 술과 약물에 취해있을 때 억제력이 감소하는 것이다. 실행 기능은 스트레스로 인해 손상되기도 한다.

실행 기능은 은행의 신용과도 같다. 우리는 두 가지 방법으로 과도하게 사용해 신용을 고갈시킬 수 있다. 한편으로는 '차가운' 인지 과제, 즉 밀도 높은 텍스트를 읽거나 보고서를 쓰거나 복잡한 계산을 하는 등 세심한 주의와 집중을 요하는 정신적 과제를 통해 실행 기능을 고갈시킬 수 있다. 다른 한편으로는 '뜨거운' 조절 과제, 즉 갈망을 억제하고 부정적 감정을 다시 프레이밍하거나 구획화하고 스트레스 각성을 관리하거나 억제하려는 의식적 하향식 노력으로 실행 기능을 고갈시킬 수 있다.[9]

우리가 '차가운' 또는 '뜨거운' 과제를 하며 실행 기능을 고갈시킬 때마다 어느 쪽이든 대가를 지불하기 위해 은행의 신용은 줄어든다. 그래서 우리가 하루 종일 복잡한 금융 서류, 즉 '차가운' 과제를 검토하다가 퇴근하는 길에 누군가 차 앞을 가로막으면 짜증이 나서 욕을 하거나 집에 돌아와서 식욕 조절을 못하고 잔뜩 먹어댈 가능성이 더 높아진다. '뜨거운' 조절을 위한 실행 기능이 남아 있지 않은 것이다.

반대로 우리가 중요한 사적 관계에서 만성적 긴장에 시달리거나 직장에서 끊임없는 차별을 당하는 경우 두 상황 모두 지속적으로 '뜨거운' 조절을 요구한다. '차가운' 이해를 위한 실행 기능이 전혀 남아 있지 않으므로 책을 읽더라도 같은 단락을 여러 번 읽어야 간신히 머리에 들어올지도 모른다.

실행 기능이 어떻게 손상되거나 고갈되든 이런 상태에서는 스트레스와 감정이 우리의 결정을 좌우할 가능성이 높다. 사고 뇌가 상황을 이해하는 방식은 스트레스와 감정에 의해 편향될 것이다. 그래서 습관적이고 충동적이며 반응적이고 폭력적이고 비윤리적인 행동에 관여할 가능성이 더 커진다.[10]

PART 2. 인내의 창을 둘러싼 과학

실행 기능을 지원하려면 정보가 배치된 시공간적 맥락에 상당한 비중을 두는 학습과 기억 체계가 필요하다. 사고 뇌의 학습 체계는 의식적 학습, 즉 시스템 2 학습이다. 의식적 학습은 주로 해마에서 일어난다.

의식적 학습은 사건, 사실, 얼굴, 말, 정보 기억 같은 명시적 또는 서술적 기억으로 지원된다. 암묵적 기억과 달리 살아온 얘기를 회상하거나 새로운 정보를 '지식 은행'에 통합하려고 할 때 의도적으로 명시적 기억에 접근하는데, 해마의 신경섬유는 약 두 살이 될 때까지 수초가 형성되지 않아^{myelination} 섬유를 둘러싸고 전기를 전도하는 지방 피복이 발달하지 않기 때문에 어릴 적부터 명시적 기억을 갖는 경우는 매우 드물다.[11]

명시적 기억은 지능이나 다른 개인차에도 영향을 받지만 훌리오의 얘기가 보여주듯이 스트레스 각성 수준에 지대한 영향을 받는다.[12]

가볍거나 중간 정도의 스트레스는 단기적으로 명시적 기억과 의식적 학습을 향상한다. 가볍거나 중간 정도의 스트레스에서는 코르티솔과 혈당 수치가 높아 해마가 준비된 에너지에 접근할 수 있으므로 주의 집중과 명시적 기억의 형성, 저장, 인출이 가능하다.[13] 사실 뇌는 상당히 많은 포도당을 요구하는데—체중의 3퍼센트에 불과하지만 몸 전체 포도당의 20퍼센트를 소모한다— 가장 많은 포도당이 필요한 부위 중 하나가 해마다.[14]

그래서 카페인을 마시면 코르티솔 수치가 급격히 높아져 주의가 예민해지는 것이다. 또 배고플 때처럼 혈당 수치가 낮아지면 실행

CHAPTER 5. 스트레스와 트라우마를 겪는 동안의 뇌

기능과 명시적 기억이 저하되고 과민성이 높아지는 것도 이 때문이다. 일례로 한 연구에서는 이스라엘의 가석방 위원회 판사와 그들의 식사 시간을 조사했다. 연구 결과 판사들은 식사 후 시간이 지날수록 가석방 불허 판결을 내릴 가능성이 높은 것으로 나타났다. 그들은 시장기를 느껴 짜증이 날수록 짜증을 조절하는 능력이 떨어졌고 처리 중인 사건의 세부 사항을 명확하고 동정적으로 평가하는 능력도 떨어졌다.[15]

가볍거나 중간 정도의 스트레스 각성과는 달리 장기간 높은 스트레스를 받으면 실행 기능과 명시적 기억 기능이 손상될 수 있다. 왜 그럴까? 코르티솔 수치가 과도하거나 만성적으로 높아지면 해마의 뉴런들이 인접한 뉴런과 연결하려고 사방으로 무성하게 뻗어 있는 수상돌기를 상실해 신경망이 축소되기 때문이다. 스트레스 각성이 장기적으로 계속되면 기존의 뉴런은 죽고 새로운 뉴런은 성장을 멈춰 해마의 크기가 작아진다. 실제로 뇌는 스트레스가 극심하거나 장기화되는 동안 해마의 유익한 신경가소성과 신경 발생을 보류한다.[16]

우리는 보통 이 같은 뇌의 변화를 기억력 문제로 경험한다. 혹은 주의를 기울이고 새로운 정보를 학습하고 업무를 계획·실행하는 데 어려움을 겪을 수 있다. 혹은 산만함을 억제하는 데도 문제가 생기기 쉽다. 각각의 증상은 실행 기능과 명시적 기억의 고갈이나 와해를 암시한다.

3장에서 소개했던 이라크 파병 군인 연구를 기억하는가? 파병되지 않은 군인들에 비해 이들의 반응 시간은 더 빨랐는데 이는 그들의 생존 뇌가 스트레스를 많이 받는 파병 기간 동안 혹사당했다는 증거였다. 그러나 생존 뇌의 변화 대가는 그들이 귀국한 지 두 달 후 사고 뇌의 주의력 기술, 실행 기능, 명시적 기억 등의 저하로 나타났다.[17]

내과 레지던트 프로그램, 법 집행 업무, 소방관의 화재 진압 훈련, 군부대 배치 및 현장 기동훈련 등 스트레스가 높은 직업군 연구는 이런 환경에서 사람들이 어떻게 더 심한 불안과 고통을 경험하는 경향이 있는지 보여준다. 이들은 해리, 혼란, 문제 해결력 부족, 주의력 상실, 시각 패턴 인식의 어려움, 작업 기억력 감퇴 등 더 많은 인지력 저하 증상을 겪는다.[18]

한편 스트레스 각성은 부정적 미래 사건의 예상이나 과거 트라우마 기억의 점화 같은 상징적 위협으로도 발생할 수 있기 때문에 직접적이고 신체적인 피해를 입지 않을 때도 사고 뇌의 저하가 일어날 수 있다.[19]

생명에 위협적인 일을 하지 않더라도 누구든지 장기적으로 극심한 스트레스를 받으면 실행 기능과 명시적 기억의 감소를 경험한다. 이 감소는 만성적 수면 부족을 겪은 후에 또는 직업을 바꾸거나 이사를 하거나 결혼을 하거나 아이를 갖는 것과 같은 도전적인 인생의 변화를 겪는 동안 일어날 가능성이 있다.

노화 역시 스트레스의 영향을 악화할 수 있다. 건강한 노인을 대상으로 한 전향적 연구(역학 조사를 개시한 시점 이후에 조사한 내용을 자료로 사용하는 연구-옮긴이)에서는 연구 기간 동안 코르티솔 수치가 가장 많이 증가한 노인들이 기억력 저하와 해마의 크기 축소가 가장 심한 것으로 나타났다.[20]

경험적 연구들은 다른 많은 상황에서 과도한 스트레스를 받거나 코르티솔 수치가 높아지는 경우가 해마의 축소나 기억력 문제와 어떻게 연관되는지 보여준다. 오랜 경력의 대륙 횡단 비행 승무원들은 계속 생활하는 시간대가 바뀌면서 비행 사이에 충분한 회복 과정 없이 만성적 시차증을 경험한다.[21] 또 하이드로코르티손 크림, 코르티손 주사, 구강/흡입 스테로이드 등 오랫동안 처방 스테로이드를 복용하는 사람들[22], 장기간 주요 우울증에 시달리는 사람들[23], 반복적 아동 학대나 장기간의 전투 노출 생존자와 같이 반복적 트라우마와 PTSD를 겪어온 사람들[24] 등의 경우도 스트레스가 심하거나 장기적일수록 기억력 문제는 더 커지고 해마는 더 작아진다.

인내의 창은 사고 뇌와 생존 뇌의 관계에 어떤 영향을 미치는가

──────────────── 스트레스 각성 수준과 사고 뇌 기능 같은 수행 능력의 관계는 역 U자 모양의 곡선을 이룬다(그림 5.1 참조). 낮은 스트레스 수준에서는 일을 효과적으로 끝내기 위해 경각심을 갖고 동기부여를 할 만큼 충분한 스트레스 각성을 경험하지 못할 수 있다. 사실 유스트레스eustress—그리스어 접두사 'eu'는 '좋다'는 뜻이다—는 주의 초점과 에너지를 제공한다. 사고 뇌의 기능은 유스트레스에 의해 강화된다. 가볍거나 적당한 스트레스 각성은 체내 포도당과 코르티솔 수치를 높여 주의를 집중하게 하고 과업과 관련된 정보를 상기하는 데 도움이 되기 때문이다.

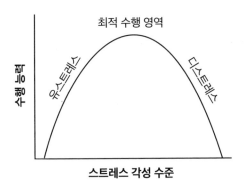

그림 5.1: 여키스-도슨 곡선Yerkes-Dodson Curve

최적 수행 영역

수행 능력

유스트레스

디스트레스

스트레스 각성 수준

1908년에 심리학자 로버트 M. 여키스Robert M. Yerkes와 존 D. 도슨John D. Dodson은 오늘날 여키스-도슨 곡선Yerkes-Dodson curve으로 알려진, 인식된 스트레스 수준과 수행 능력 사이의 역 U 자 모양 관계를 처음으로 추정했다. 업무 수행 능력은 우리가 적정한 스트레스 각성 수준에 접근할수록 향상되다가 이 시점이 지나면 서서히 감소해 동결 상태에 이르면 완전히 줄어든다. 유스트레스('좋은' 스트레스)는 낮은 스트레스 각성 수준을 의미하는 반면 디스트레스는 높은 스트레스 각성 수준을 의미한다.

반면에 스트레스 각성 수준이 높으면 수행 능력은 서서히 저하된다. 누구나 예상하듯 이 스펙트럼의 맨 끝에는 동결 반응이 있다. 곡선의 디스트레스 영역에서는 사고 뇌의 기능이 손상된다. 주의를 기울이고 산만함을 억제하고 과업 관련 정보를 기억하고 스트레스와 부정적 감정을 줄이고 효과적 결정을 내리기가 힘들어지는 것이다.

따라서 최적의 수행 능력, 의식적 학습, 효과적 의사 결정 등은 우리가 계속 경계와 집중을 유지할 만큼 스트레스 각성이 충분하지만 디스트레스 영역에는 이르지 않을 정도의 적정한 스트레스 수준에서 얻어질 가능성이 가장 높다.[25] 이 점을 고려할 때 신경생물학적인 인내의 창은 그 안에서 스트레스 수준을 위아래로 조절해가며 시

간이 지나도 적절한 각성과 최적의 수행 영역 안에 머물 수 있는 창이다.[26]

인내의 창 안에서 사고 뇌와 생존 뇌는 서로 협력해 온전한 기능을 발휘한다. 인내의 창 안에 있을 때 우리는 정확한 신경지를 유지할 가능성이 더 높다.[27] 즉, 생존 뇌에서 위험을 감지하면 그 상황이 정말 객관적으로 위험할 가능성이 더 높은 것이다. 우리는 외부 및 내부의 관련 단서들을 더 잘 인지하고 모든 새로운 데이터를 흡수하고 객관적으로 평가한 다음 현 상황에 영향을 미치는 기존 정보와 통합할 수 있다. 또 모든 선택지의 비용과 편익을 고려해 평가할 수 있고, 그러면 우리의 가치와 목표에 가장 잘 부합하는 선택을 할 가능성이 더 높아진다. 그 후 우리는 선택 결과를 의식적으로 평가하고 그럼으로써 미래를 위해 적응하고 학습하게 된다. 그러므로 인내의 창이 더 넓어질수록 정확한 신경지와 사고 뇌와 생존 뇌 과정의 효과적 통합을 유지할 가능성이 더 높아진다. 심지어 스트레스 각성과 정서적 강도가 높은 수준에서도 말이다.

최고의 수행 능력을 얻으려면 당면한 과제에 맞게 각성 수준을 조절하는 능력이 필요하다. 과제 종류가 달라지면 각성 수준도 달라져야 한다. 예를 들면 새로운 일을 시도할 때는 더 낮은 각성 수준에서 성공할 가능성이 더 높다. 4장에서 설명했듯이 생존 뇌는 새로움을 위협적이라고 평가하기 때문이다. 반대로 지루하거나 친숙한 일은 집중과 동기부여를 위해 더 많은 스트레스 각성을 필요로 한다.[28] 실제로 이것이 사람들이 불쾌한 일을 미루는 이유 중 하나다. 마감일이 다가올수록 스트레스 각성이 증가해 결국 그 일을 처리하도록 동기를 부여하기에 충분한 스트레스를 만들어내는 것이다.

이와 반대로 우리가 인내의 창을 넘어서는 스트레스 각성이나 정서적 강도를 경험할 때는 신경지가 오류를 범할 가능성이 더 높다. 인내의 창 밖에서 실제 상황이 해롭지 않을 때도 신경지가 과도한 위험을 감지하고 이에 반응해 보호 행동을 자극할 가능성이 더 높아진다. 혹은 상황이 실제로 상당히 위험할 때도 신경지가 안전/기회로 감지해 고위험 상황에 이를 수 있다. 그 결과 우리는 당면한 상황에 비해 너무 많거나 너무 적은 스트레스를 동원하게 된다.

인내의 창 밖에서는 사고 뇌 과정이 저하되거나 손상된 방식으로 작동해 생존 뇌가 정보 검색, 평가, 의사 결정을 주도할 가능성이 더 높다.[29] 스트레스 수준이 높아지면 지각 범위가 좁아지는 경향이 있어 무의식적으로 장기적 성공에 꼭 필요하고 중요한 일보다 당장 급한 일에 치중하고 우선순위를 두게 된다. 모든 것의 의미를 편향적으로 왜곡하는 경향이 생겨, 심리적으로 중요하다고 인식하는 정보에 초점을 맞춰 스트레스 요인과 스트레스 자체에 압도되고 그 과정에서 조망 능력을 상실한다.[30] 또 스트레스를 받으면 정보를 적게 수집하는 경향도 있어 종종 맥락에 맞지 않는 소소한 정보에서 중대하고 광범위한 결론을 도출할 가능성이 높아진다.[31] 게다가 부정적 정보에 치우치게 된다.[32] 부정적 정보는 주의를 사로잡고 더 많이 처리돼 더 쉽게 회상될 가능성이 높다. 진화적으로 이치에 맞는 일이다. 구석기시대 조상들은 부정적이고 스트레스를 주는 사건들을 빨리 학습하고 기억해낼 수 있어야 살아남을 수 있었기 때문이다.

이와 유사하게 좁고 경직된 성향이 의사 결정 시에도 나타난다.

우리는 전체 범위의 대안을 고려하기보다는 실행 가능한 첫 번째 대안을 받아들일 가능성이 더 높다. 현재 상황의 고유한 특성을 명확히 파악하기보다는 고정관념, 가정의 지나친 단순화, 과거 경험에 더 많이 의존한다. 복잡한 상황, 전략적 상호작용, 의사 결정의 결과를 분석하는 능력은 저하되고, 실수를 저지를 가능성은 높아진다.[33]

인내의 창 밖에서 사고 뇌와 생존 뇌는 대립 관계로 상호작용하고 이 관계는 세 가지 다른 방식으로 나타난다. 첫째, 사고 뇌의 저하된 기능은 부정확한 상황 인식, 기억력 문제, 산만함, 불안한 계획 구상의 반복, 방어적 추론 등으로 나타날 수 있다.

둘째, 감정과 스트레스가 지각을 왜곡하고 관심 대부분을 흡수해 의사 결정과 행동을 주도하는 생존 뇌 하이재킹을 경험할 수 있다. 이럴 때 생존 뇌와 신경계는 당면한 상황에 최적의 선택지를 찾기보다 디폴트 프로그래밍에 안주할 가능성이 높다. 이 프로그래밍이 무의식적으로 전개되는 동안 사고 뇌는 자신이나 타인을 비난할 수도 있다.

셋째, 감정과 신체감각 등 생존 뇌의 신호에서 단절돼 머릿속에서 살게 되는 사고 뇌 오버라이드를 경험할 수도 있다. 우리가 억압, 부정, 구획화를 일삼고 모든 것을 그냥 참고 견디며 계속 밀어붙일 때 사고 뇌 오버라이드는 거의 확실히 존재한다.

물론 서로 다른 상황에서 이 세 가지 대립 관계를 모두 경험할 수도 있다. 생존 뇌에서 완전하고 효과적인 회복이 이뤄질 때까지 패턴들은 계속 반복되며 인내의 창을 좁힐 것이다. 이 역학은 시간이 지날수록 우리의 생체 적응 부하를 늘려 조절 장애 증상으로 이어진다.

트라우마를 겪는 동안의 생존 뇌

──────────────── 트라우마와 만성 스트레스가 인내의
창을 좁히는 경로는 서로 연관되지만 구분된다. 트라우마에는 사
고 뇌와 생존 뇌의 관계를 더욱 복잡하게 만드는 부가 역학이 뒤따
른다.

가장 중요한 부가 역학은 트라우마를 겪을 때 생존 뇌의 암묵적
기억 체계가 손상된다는 것이다. 생존 뇌는 우리가 무기력하거나 통
제력이 부족하다고 인식한다. 무력감의 인식은 그 후 암묵적 학습에
깊이 뿌리내린다. 우리가 결국 살아남았다는 사실은 중요하지 않다.
생존 뇌는 성공적으로 자신을 방어하지 못함을 알게 됐다.

예를 들어 우리는 갇히거나 신체적으로 구속당했을 수 있고 투
쟁-도피가 불가능했을 수도 있고 힘으로 제압당했을 수도 있다. 완
전히 통제 범위를 벗어난 자동차 사고, 자연재해, 테러 공격, 총기
난사를 경험했을 수도 있다. 좀 더 미묘하게는 직장에서 차별이나
괴롭힘의 딜레마 상황을 경험했을 수도 있다. 즉, 자신이나 누군가
를 변호하려고 목소리를 높였다가 일자리를 잃게 될까 봐 침묵을 지
켰거나 묵인했던 상황 말이다. 생존 뇌는 트라우마 사건의 암묵적
기억을 새길 때 무의식적으로 높은 수준의 스트레스 각성을 꼼짝 못
하고 무력하고 통제하지 못하는 상황과 연결한다.[34]

훌리오의 플래시백에서 그는 사촌형의 손아귀에서 벗어나 자신
이 넘어지는 것을 막을 수 없었다. 또 그는 사촌형의 죽음도 막을 수
없었다. 그의 생존 뇌는 그가 꼼짝 못한다고 느낄 때마다 자신을 성
공적으로 방어할 수 없다는 점을 학습하도록 일반화됐다.

암묵적 기억 체계는 트라우마 사건을 겪고 나면 성공적 방어를 끝마친 후와는 다른 학습 내용을 저장한다. 트라우마 사건을 겪은 후 성공적 방어와 회복이 이뤄지지 않으면 트라우마 사건 동안 동원된 스트레스 각성은 결코 해소되지 않는다. 결국 외상 기억들은 뇌에 새겨져 없어지지 않고 끈질기게 남는다.

그 결과 생존 뇌는 트라우마 사건이 결코 끝나지 않았다고 믿게된다. 생존 뇌, 신경계, 신체가 불완전한 방어 전략을 끝마치고 그와 관련된 스트레스 각성을 해소할 기회가 올 때까지 이 사건을 계속 진행 중이라고 인식한다는 것이 중요하다. 또 생존 뇌는 진행 중인 위협에 맞서 성공적으로 방어하는 데 스스로 무력하다고 여김으로써 동물 동영상을 볼 때의 홀리오처럼 자동적으로 다시 동결에 빠질 가능성을 높인다.[35]

트라우마 사건 후 이렇게 오염된 생존 뇌의 암묵적 기억은 몇 가지 결과를 초래한다. 첫째, 생존 뇌는 트라우마 사건이 여전히 진행 중이라고 믿기 때문에 그 사건을 완전히 처리하고 학습할 수 없다. 동시에 생존 뇌는 최초의 트라우마 사건 때 사용했던 불완전하거나 실패한 방어 전략에 계속 크게 의존한다. 마치 생존 뇌가 무의식적으로 '지금 이 상황에서 동일한 방어 전략을 다시 써보면 이번에는 아마 효과가 있을 테고 그럼 나는 마침내 성공적으로 스스로를 방어할 수 있게 된다'고 믿는 듯하다.

이 말은 곧 트라우마를 겪은 생존 뇌는 과거와 현재를 구분하는 능력을 상실해 학습과 적응을 하지 못한다는 의미가 된다. 생존 뇌는 완전한 회복 없이는 본래의 트라우마 사건이 일어났던 시간 속에 동결된 채로 남는다.[36] 이 역학은 자연히 무의식적으로 과거 트라우마 사건의 일면을 반영하는 상황이나 관계를 재창조하면서 트라우마를 재연하도록 부추긴다. 트라우마 생존자들, 특히 어린 시절에 정신적 충격을 받은 사람들이 현재 실제로 일어나는 일과 상관없이 종종 반대 효과를 일으키거나 유해한 생존 뇌 반응으로 오늘날의 위험한 상황에 대처하기 쉬운 이유도 바로 여기에 있다. 현재 위험에 적용 가능한 유일한 반응이 본래 트라우마 사건 때의 자동적 조건화를 반복하는 방법뿐인 것이다.

트라우마 사건 동안 각인된 불완전하거나 실패한 방어 전략은 생존 뇌에서 원래의 트라우마 사건과 유사하다고 인식되는 어떤 상황에도 적용되도록 새롭게 일반화된 디폴트 프로그래밍이 된다. 홀리오의 경우 동영상에서 동물이 '꼼짝 못하는' 모습을 보는 행동이 그의 몸에서 과거에 쓰러질 때 사촌형의 손아귀에 붙잡혀 '꼼짝 못했을' 때 경험했던 것과 같은 감각을 촉발했다. 그 유사성은 그의 생존 뇌가 강의실에서 다시 한 번 동결이란 디폴트 프로그래밍을 촉발하기에 충분했던 것이다.

트라우마를 겪은 생존 뇌는 환경조건이 바뀐 후에도 오랫동안 디폴트 전략을 사용할 준비가 돼 있다. 디폴트 전략은 현재 상황과 관련된 정보보다 우선하고 심지어 다른 전략이 더 적합한 경우에도 우선권을 얻는다. 생존 뇌는 완전한 회복을 경험할 때까지 디폴트 프로그래밍에 계속 의존할 것이다. 생존 뇌는 완전한 회복을 경험한 후에야 비로소 그 충격적 사건이 과거에 끝났고 현재는 심신 체계가 안전하다는 현실을 인식할 것이다.[37]

암묵적 기억 체계가 오염됐을 때의 두 번째 결과는 생존 뇌가 본래 트라우마와 관련된 어떤 단서에든 지나치게 민감해진다는 것이다.

생존 뇌가 트라우마 사건 중 포착한 모든 정보는 대부분 사고 뇌의 의식을 벗어난 것으로 암묵적 기억 체계에 기억 캡슐의 일부로 함께 저장된다. 기억 캡슐에는 특히 교감신경계와 등 쪽 부교감신경계의 스트레스 각성과 관련된 감각 정보(시각, 청각, 후각, 미각, 촉각), 신체 자세, 신체적 움직임, 감정, 신체감각 등이 포함된다.[38] 또 천장에서 자신을 바라보거나 시간이 느려진 듯한 느낌과 같은 지각 변화도 포함될 수 있다.

각 기억 캡슐의 강도는 트라우마 사건의 강도와 사건의 장기간에 걸친 반복 여부에 달려 있다. 그리고 아직 완전한 회복을 통해 벗어나지 못한 트라우마 사건에서 경험했던 스트레스 각성과 정서적 강도는 기억 캡슐의 구성 요소들을 하나로 묶는 '접착제' 역할을 한다. 기억 캡슐은 완전히 회복될 때까지 활성 상태로 유지되며 쉽게 촉발된다.

생존 뇌에서 오늘날 미해결된 기억 캡슐의 구성 요소와 유사한 단서를 감지하면 그 단서는 기억 캡슐을 자극할 수 있다. 그럼 심신 체계는 마치 트라우마가 지금 다시 진행되는 것처럼 반응하며 원래 트라우마를 겪을 때 느꼈던 것과 같은 수준의 공포와 무력감을 경험한다. 이는 마치 미해결된 트라우마가 보관된 방으로 들어가는 수많은 무의식적 출입구가 존재하는 것과도 같다.

그렇기 때문에 전투 참전 용사나 총기 폭력 생존자들은 자동차 폭발음을 듣고도 플래시백을 경험할 수 있다. 실제로 그들의 편도체는 자동차 굉음을 일반화해 기억 캡슐에 저장된 소리인 총성과 연결한다.

중요한 것은 기억 캡슐이 생존 뇌의 암묵적 기억 체계에 저장되기 때문에 사고 뇌는 기억 캡슐이 어떻게 또는 왜 촉발되는지 이해하지 못한다는 점이다. 사고 뇌는 기억 캡슐이 촉발됐다는 사실조차 인식하지 못할 수 있다. 기억 캡슐은 편도체가 가장 잘 기억하는 매우 높은 각성 수준에서 저장되기 때문에 사고 뇌의 명시적 기억은 방해받거나 비활성화됐을 수 있다.[39] 그러므로 트라우마 사건에 관한 의식적 기억은 모호하고 단편적이며 모순적이다. 어떤 세부 사항들은 의식적 기억 속에 결정적으로 선명하게 새겨지는 반면 다른 정보들은 완전히 사라진다.

암묵적 기억 체계가 오염된 경우의 세 번째 결과는 기억 캡슐이 촉발될 때마다 생존 뇌와 신체에서 트라우마 사건이 여전히 진행 중이라는 생존 뇌의 믿음을 보여주는 증상이 나타난다는 것이다. 플래시백, 악몽, 침습적 사고, 걱정, 반추, 현 상황에 맞지 않는 스트레스 각성의 신체 증상 등이 그 예다. 생존 뇌는 이 증상을 유발함으로써 원래 트라우마 사건을 완결 짓고 생체 적응을 회복하려고 노력하지만 성공하지 못한다. 이런 증상은 생존 뇌와 신체가 어떻게 트라우마 사건이 이미 끝났음을 이해하지 못하고 잘못 지각한 지속적 위협에 대처하기 위해 스트레스 각성을 계속 동원하는지 보여준다.[40]

세 번째 결과의 한 예는 이전에 무해하던 사건들이 점점 스트레스 각성을 촉발하는 경향이 있을 때의 점화kindling다. 점화는 미해결된 기억 캡슐이 플래시백 등을 통해 반복적으로 촉발돼 그때마다 증상을 점점 악화할 때 일어난다. 결국 얕은 호흡, 근육 긴장, 메스꺼움, 특정한 신체 자세 같은 스트레스 각성의 내부 단서들은 외부 단서와는 전혀 무관한 스트레스 각성의 원인이 될 수 있다. 그래서 이를 불을 피울 때 사용하는 불쏘시개와 같다는 뜻으로 '점화'라 부른다.

점화는 매번 일어날 때마다 오래된 단서에 대한 심신 체계의 민감도를 증가시키며 그 수위가 고조된다.[41] 시간이 지날수록 심신 체계는 자체 활성화돼 현재 환경에 맞춰 조율하기가 점점 힘들어진다.

결국 트라우마를 겪은 생존 뇌는 미해결된 기억 캡슐과 관련해 심신 체계 내부에서 인식하는 지속적 위험을 외부 환경으로 투사한다. 현재가 아무리 안전하더라도 생존 뇌는 과거에 붙들려 위험의 미해결된 기억 캡슐을 현재 상황에 덧씌운다. 이런 왜곡이 가장 극단적인 경우가 생존 뇌 하이재킹이다. 이런 식으로 미해결된 기억 캡슐은 트라우마를 겪은 사람의 인식을 무의식적으로 왜곡하고 그의 주의를 흡수하고 사로잡으며 기본적 방어 및 관계 전략을 유도해 그의 관계와 의사 결정에 영향을 미친다.[42]

시간이 지날수록 생존 뇌는 내적 스트레스 요인, 즉 과거 트라우마와 관련된 신체감각, 고통, 괴로운 생각, 감정을 점점 더 위협적이고 도전적인 것으로 받아들인다. 그로 인해 과거의 트라우마 사건에서 비롯된 증상들이 시간이 지날수록 정말 악화되면서 마치 '나름의 생명을 지닌' 것처럼 느껴지기도 한다. 이 증상들은 점화를 통해 점점 더 악화된다.[43]

트라우마를 겪는 동안의 사고 뇌

──────────────── 트라우마를 겪은 사람들의 경우 이런 상황을 복잡하게 만드는 또 하나의 층위가 있다. 트라우마를 겪은 후에는 종종 인지, 정서, 감각운동 차원에서 다양한 뇌 부위의 정보 처리를 통합하기 힘들어지는데,[44] 그 결과 사고 뇌와 생존 뇌의 대립 관계가 심화하고 완전한 회복을 가로막는 또 하나의 장애물이 추가된다.

인간은 생존 뇌(편도체)에서 사고 뇌(전전두엽 피질)로 가는 신경 회로가 그 반대 방향의 신경 회로보다 더 많고 더 크다.[45] 진화적으로 타당한 부분인데 신속하게 위협을 평가하고 반응해야 생존 가능성이 높아지기 때문이다. 더욱이 장기적이거나 외상적 스트레스를 겪는 동안 사고 뇌에서 시작되는 신경 회로는 손상되거나 저하되더라도 생존 뇌에서 시작되는 신경 회로는 추가적으로 작동한다. 두 불균형은 인내의 창 밖에 있을 때 생존 뇌 하이재킹이 벌어지는 이유를 설명하는 데 도움이 된다.

더 중요한 것은 두 가지 불균형이 사고 뇌가 생존 뇌의 오염된 암묵적 기억 체계를 바로잡기 어려운 이유를 설명해준다는 점이다. '공포 소거fear extinction' 또는 '트라우마 소거trauma extinction'라고 불리는 이 과정은 장기적이거나 외상적 스트레스를 겪을 때 손상되는 사고 뇌 회로에 의존한다. 소거는 사실 기존 기억을 지우는 것이 아니라 새로운 기억을 형성하는 과정이 포함된다.

트라우마 사건 이후 사고 뇌는 그 사건이 지나갔고 우리가 살아남았음을 이해한다. 사고 뇌는 사건이 끝났음을 알기 때문에 보통 사고, 분석, 계획, 숙고, 의사 결정 등의 보호 도구에 의존해 미래에 안전을 유지하기 위해 노력한다. 사고 뇌는 트라우마 사건을 분석하고 거기에서 배우거나 의미를 찾을 수 있고 다른 사람들을 비난하거나 자신이 그 사건에 어떻게 기여했는지 자기 비판적으로 생각할 수도 있고 그런 사건이 다시는 일어나지 않도록 막을 방법을 계획할 수도 있다.

다시 말해 사고 뇌 관점에서 트라우마는 과거 일이고 현재 행동 방침은 도구를 사용해 계속 밀어붙이는 것이다.

사고 뇌의 행동 방침은 트라우마 이후 생존 뇌의 상황 이해 및 보호 계획과는 완전히 정반대다. 생존 뇌는 트라우마 사건이 여전히 진행 중이라고 믿는다. 그래서 생존 뇌가 점화를 통한 스트레스 각성의 신체감각 등으로 미해결된 기억 캡슐과 관련된 단서들을 인식할 때 신경지에서 위협을 감지하고 스트레스를 동원한다. 역설적으로 생존 뇌는 트라우마가 끝났다는 사고 뇌의 '합리적' 믿음을 지지하지 않기 때문에 양 뇌의 이해의 불일치가 오히려 생존 뇌가 더욱더 불안하게 느끼는 원인이 된다.[46]

생존 뇌는 마치 이렇게 말하는 것 같다. "나는 몸 안에서 모든 스트레스 각성을 감지한다. 몸이 활성화됐으니 분명 위협이 있지 않겠는가? 하지만 현재 위협이 보이지는 않는다. 따라서 나는 곧 뭔가에 기습 공격을 당할 테고 위험은 내 예상보다 훨씬 더 심각할 것이 틀림없다." 이 역학은 트라우마 생존자들이 종종 '살얼음 위를 걷고 있다'거나 '앞으로 벌어질 일 때문에 마음을 졸이고 있다'고 느끼는 이유를 설명해준다. 이것이 생존 뇌가 비교적 안전한 외부 환경을 위험하다고 느끼는 내부 감각과 일치하기 위해 무의식적으로 노력하는 방식이다.

결국 이 과정이 종종 점화의 악순환을 부채질해 트라우마를 겪은 생존 뇌가 중립적이거나 긍정적인 자극도 위협적으로 인식하게 만드는 것은 놀라운 일이 아니다. 실제 트라우마를 겪은 생존 뇌는 몸 안에서 일어나는 모든 형태의 활성화를, 심지어 운동, 춤, 섹스 같은 즐거운 각성조차도 불신할 수 있다. 예를 들어 즐거운 일이 생기면 사고 뇌는 현재 벌어지는 일을 즐길 수 있지만 트라우마를 겪고 극도로 경계하는 생존 뇌는 그 각성을 '설명하기' 위해 위협을 찾는 데 몰두하는 것이다.

이처럼 생존 뇌가 계속 위험을 감지하는 반면, 사고 뇌는 트라우마 사건이 끝났음을 알기 때문에 심신 체계가 왜 이런 식으로 행동하는지 이해하지 못한다.

이때 사고 뇌는 대립적 사고 뇌 습관을 이용해 행동과 증상을 분석하려 들 수 있다. 예를 들면 사고 뇌는 '지금쯤이면 이 문제를 극복해야 하는데 내가 왜 이러지? 다른 사람들은 이보다 훨씬 심한 일도 이겨내는데'와 같이 비판적이거나 비교하는 생각을 할 수 있다. 또 자기 판단, 죄책감, 수치심에 빠지기도 쉽다. 사고 뇌는 증상이 결코 끝나지 않거나 악화될까 봐 걱정하며 불안한 생각에 시달릴 수도 있다. 모든 대립적 사고 뇌 습관은 스트레스 각성을 한층 더 부추길 뿐이다.

그런 분석에 반응해 사고 뇌는 스트레스 각성과 조절 장애 증상이 고쳐야 할 문제라고 판단할 것이다. 그 결과 억압, 구획화, 그냥 참고 견디며 계속 밀어붙이기, 이 악물고 버티기 등의 사고 뇌 오버라이드가 나타날 가능성이 있다. 또 우리가 감정, 직관, 신체에서 단절돼 '우리의 머릿속에서' 살아갈 때도 사고 뇌 오버라이드가 나타날수 있다.

인지 행동 치료, 긍정 심리학, 기타 대화 치료, 인지적 재구성, 목표 설정 기법 등의 일부 치료 기법 역시 의도치 않게 사고 뇌 오버라이드를 조장할 수 있다. 사고 뇌 중심 기법들은 스트레스 각성을 관리해야 할 문제로 보기 때문에 자아를 강화하거나 스트레스 각성을 억제하거나 미해결된 기억 캡슐의 단서에 둔감해지는 식으로 억지스러운 하향식 자기 조절을 목표로 삼는다.

그러나 이 기법이 인내의 창 안에서 상향식 처리와 통합되지 않으면 생존 뇌는 오염된 암묵적 기억 체계를 업데이트할 수 없다. 따라서 이런 기법만 사용하면 트라우마를 겪은 사람은 스트레스 각성수준을 그들의 좁은 인내의 창 안으로 엄격히 제한해 미해결된 기억캡슐이 촉발되는 일은 피할 수 있더라도 트라우마가 여전히 진행 중이라고 믿는 자신의 일부분과는 분리되고 단절된 채로 남게 된다.그럼 생존 뇌와 신체는 계속 미해결된 기억 캡슐을 현재에 덧씌우고무의식적으로 트라우마의 디폴트 방어 프로그래밍에 의존하며 점화를 통해 점점 더 심각한 조절 장애 증상을 유발한다.[47]

그러므로 트라우마 임상학자 팻 오그던과 동료들이 설명하듯이사고 뇌 중심 기법은 "과잉 각성을 효과적으로 관리하고 상당한 안도감을 제공하지만 문제를 완전히 해결하지는 못할 것이다."[48]

확실히 사고 뇌 오버라이드는 특정 상황에서 단기적으로는 매우 효과적일 수 있다. 그러나 이 방법만으로는 인내의 창을 넓히는 데 필요한 완전한 회복이 쉽지 않다. 설령 사고 뇌가 이 방법에 의존해 더 많은 통제력을 느끼더라도 무력하고 통제력이 부족하다는 생존 뇌의 인식은 사라지지 않을 것이다. 따라서 이 같은 방법에만 만성적으로 의존한다면 미해결된 기억 캡슐을 영구화할 수 있고 그 결과 생체 적응 부하를 가중할 수 있다.

마지막으로 사고 뇌 오버라이드는 생존 뇌의 회복 시도를 적극적으로 억제할 수도 있다. 우리는 대부분 심신 체계에서 스트레스 각성이 해소될 때 어떤 모습인지 배운 적이 없다. (3부에서 알게 될 것이다!) 그래서 이런 감각과 행동이 자연스럽게 나타날 때 무시하거나 억제할 수 있다. 특히 '남자는 울면 안 된다' 같은 문화적 규범과 사고 뇌 내러티브에 어긋날 때는 말이다.

사고 뇌 오버라이드가 심해질수록 생존 뇌는 사고 뇌에 "나는 지금 안전하지 않아!"라고 알리기 위해 더 많은 스트레스 각성을 촉발한다. 생존 뇌는 메시지를 전달하려고 노력하며 플래시백, 악몽, 키보드 구토keyboard vomiting(키보드를 아무렇게나 눌러 마구잡이로 쓰는 글-옮긴이), 다른 조절 장애 증상 등의 생존 뇌 하이재킹에 의존한다. 그럼 사고 뇌는 억압, 구획화, 그냥 참고 견디며 계속 밀어붙이기 등을 한층 더 강화하며 생존 뇌의 신호를 무시한다. 오히려 사고 뇌는 '내가 왜 이러지? 그 사건은 과거의 일이야. 지금쯤은 그 일을 극복했어야 해'라고 생각한다.

사고 뇌가 생존 뇌의 회복 시도를 좌절시킬 때마다 생존 뇌는 조절 장애 증상을 악화한다. 더 중요한 점은 생존 뇌가 스트레스 각성과 생존 뇌에서 인식한 무력감 사이의 연관성을 재확인하고 재조절한다는 것이다. 이는 외상성 스트레스를 규정하는 신경생물학적 결합의 핵심이다. 실제로 생존 뇌는 '나는 스스로를 성공적으로 방어할 수 없다'는 외상적 믿음을 '나는 결코 성공적으로 회복할 수 없다'라는 믿음으로 일반화하고, 완전한 회복에 관한 무력감은 트라우마 패턴을 더욱 고착한다. 그야말로 악순환인 것이다.

트라우마를 겪은 사람에게 이는 대단히 복잡 미묘한 문제다. 체내의 스트레스 각성, 미해결된 기억 캡슐, 트라우마 사건에서 사용했던 불완전하거나 실패한 방어 및 관계 전략의 디폴트 프로그래밍 그리고 이제는 완전히 회복할 수 없다고 학습된 무기력까지 한데 얽혀 있는 것이다. 이 문제가 풀릴 때까지 생존 뇌와 신체는 트라우마 사건이 여전히 진행 중이라고 믿어 트라우마를 겪을 때의 디폴트 프로그래밍에 의존할 것이다.

사고 뇌와 생존 뇌가 과거 트라우마를 상당히 다르게 이해하므로 사고 뇌는 종종 자기도 모르게 완전한 회복의 주된 장애물 중 하나로 작용한다. 트라우마를 겪은 사람들은 대부분 늘어나는 조절 장애 증상을 관리하기 위해 사회적으로 용인되는 행동 범위 내에서 대처하지만 그러는 동안 안타깝게도 인내의 창은 더욱더 좁아질 뿐이다.

다음 장으로 넘어가기 전에 비판단적 호기심을 갖고 당신이 사고 뇌 오버라이드(구획화 등)나 생존 뇌 하이재킹(플래시백, 발화 등) 중 어느 쪽에 해당하는지 성찰해보기 바란다. 당신에게 정신적 습관을 촉발하는 특정한 상황, 관계, 기억이 있는지 자문해볼 수도 있다. 이런 습관이 촉발될 때 당신은 보통 어떻게 대처하는가?

사고 뇌와 생존 뇌의 대립 관계를 치유하는 첫걸음은 그 존재를 자각하는 것이다. 신경생물학적 역학을 이해함으로써 시간이 흐를수록 생존 뇌가 완전한 회복을 이루고 양 뇌의 대립 관계가 소멸하도록 지원할 수 있다.

부모와 애착 유형

앞의 3~5장에서 스트레스와 트라우마를 겪는 동안 심신 체계가 어떻게 기능하는지 기본적으로 소개하면서 스트레스나 트라우마 상황에서 인내의 창 넓이가 어떻게 우리의 능숙한 대응 능력을 결정하는지 살펴봤다. 인내의 창이 넓은 사람들은 생존 뇌에서 위험을 정확히 감지하고 안전하거나 위협적인 상황 모두에서 사고 뇌의 기능을 가동해 유연하게 대응하며 그 후 완전히 회복할 가능성이 높다. 반면 인내의 창이 좁은 사람들은 생존 뇌에서 위험을 부정확하게 감지하고 디폴트 프로그래밍의 방어 및 관계 전략을 (현재 상황에 적합한지 여부와 상관없이) 경직적으로 사용할 가능성이 높다. 좁은 인내의 창 밖에 있는 사람들은 사고 뇌 오버라이드나 생존 뇌 하이재킹으로 반응할 가능성도 높은데 어느 쪽이든 이후의 완전한 회복을 방해한다.

이제 기본 지식을 갖췄으니 이 질문을 던질 때가 됐다. 무엇이 우리 인내의 창 넓이를 결정하는가?

이 질문에 답하기 위해 이번 장에서는 인내의 창이 처음에 어떻게 형성되는지 살펴보고 7~10장에서는 시간이 지남에 따라 인내의 창이 어떻게 좁아지는지 설명할 것이다. 읽다 보면 아마 어린 시절을 많이 강조한다는 사실을 알아차릴 것이다. 어린 시절 경험은 평생 동안 심신 체계에 근본적이고 지속적인 영향을 미치기 때문이다. 그런데도 많은 사람이 유년 시절이 인내의 창에 미치는 영향을 의식 밖에 있거나 대수롭지 않은 것으로 치부한다.

이번 장에서 꼭 알아둬야 할 게 있다면 이것이다. 인생 초년기의 경험, 특히 부모와 다른 중요한 양육자들과의 경험은 우리 인생 전반에 강력한 반향을 일으키고 특히 다른 사람들과 상호작용하거나 스트레스에 대처하고 회복하는 방법에 영향을 미친다. 끈끈한 가족 관계가 특징인 '행복한 어린 시절'을 보낸 사람들도 좁은 인내의 창으로 인생을 시작했을지 모른다. 결국 어린 시절 형성된 좁은 인내의 창은 만족스러운 개인적·직업적 관계를 맺는 능력과 장기간 스트레스를 받은 후 완전히 회복하는 능력을 손상한다.

어린 시절의 반복 경험은 성인이 된 후에도 인내의 창 넓이에 영향을 미치는 신경생물학적 구조를 고착한다. 3장에서 설명했듯이 우리는 더는 도움이 되지 않는 인내의 창 프로그래밍을 중단할 수 있고 의도적으로 창을 넓히기로 결정할 수 있다. 과거가 아무리 힘겨웠더라도 오늘의 선택은 전적으로 우리에게 달려 있다.

그렇지만 어떤 신경생물학적 구조와 습관이든 바꾸려면 먼저 그 존재를 인식해야 한다. 이번 장과 다음 장을 통해 당신의 어린 시절이 오늘날의 삶을 어떻게 형성하고 있는지, 특히 스트레스와 트라우마에서 회복하는 능력과 대인 관계에 어떤 영향을 미치는지 깨닫기 바란다.

인내의 창의 최초 배선

─────────── 인간이 다른 영장류와 가장 차이를 보이는 뇌 부위들은 30대까지도 발달이 계속되므로 환경의 영향을 가장 오랫동안 받는다.[1] 여기에는 언어, 실행 기능, 추론, 사고 등의 사고 뇌 기능을 제어하는 전두엽이 있다. 또 감각 자극, 공간 인식, 장기에서 생존 뇌로 거꾸로 피드백을 보내는 내장 구심성 체계의 정보를 통합하는 두정엽도 포함된다.

이와 관련해 우리는 인간의 방어 체계를 역순으로 '발달시킨다'. 4장에서 설명했듯이 우리는 이미 충분히 발달된 2차 방어선(교감신경계, 투쟁-도피 반응)과 3차 방어선(등 쪽 부교감신경계, 동결 반응)을 갖고 태어난다. 그러나 1차 방어선인 배 쪽 부교감신경계 회로는 우리가 태어났을 때 아직 충분히 발달되지 않은 상태다. 이는 임신기 마지막 3개월 동안 발달을 시작해 청소년기에 이를 때까지 계속 발달한다.[2] 즉 배 쪽 부교감신경계의 기능인 다른 사람과 상호작용하고 스트레스 각성 없이 심박 수와 호흡수를 조절하며 스트레스 각성 후 완전히 회복하는 능력은 10대 후반까지 계속해서 발달한다. 나아가 이 말은 배 쪽 부교감신경계 기능의 발달이 유년 시절 사회적 환경에 극도로 민감함을 의미한다.

갓난아기는 수유를 통해 최초로 배 쪽 부교감신경계 기능을 연습한다. 어떻게 그럴까? 신생아는 모유를 먹기 위해 무의식적으로 미주신경 브레이크를 해제해 대사 활동을 증가시키는 법을 배운다. 또 수유 중에 모유를 빨고 삼키며 엄마와 유대감을 형성해 배 쪽 부교감신경계를 가동한다. 그 후에는 무의식적으로 미주신경 브레이크를 다시 작동해 소화와 수면을 지원하는 법을 배운다. 흥미롭게도 배앓이는 아기의 배 쪽 부교감신경계 회로가 이 과정의 조절 방법을 배우는 데 곤란을 겪고 있다는 신호일 수 있다.[3] 신생아가 몇 시간 동안 계속 보채듯이 운다면 대략 5명 중 1명꼴로 이런 상황이라고 볼 수 있다.

생후 약 6개월이 되면 아기의 배 쪽 부교감신경계는 미주신경 브레이크를 조절하고 스트레스에서 회복하기 위해 사회적 단서를 사용하는 능력이 증가한다. 예를 들어 엄마의 미소 짓는 표정과 차분한 음성은 아기가 진정하는 데 도움이 된다. 배 쪽 부교감신경계가 계속 발달함에 따라 아기는 자신의 스트레스 각성과 부정적 감정을 조절할 뿐 아니라 다른 사람들과 어울리며 진정되는 능력이 점점 더 길러진다. 따라서 아기가 수유기와 인생 초년기에 맺은 긍정적인 유대감은 1차 방어선의 세 가지 측면인 자기 조절, 회복, 사회참여를 향한 학습 궤도의 출발점이 된다.[4]

조산, 질병, 방치나 학대 등은 모두 아기의 배 쪽 부교감신경계 회로 발달을 방해할 수 있다.[5] (30주 이전에 태어난 미숙아는 특히 미주신경 브레이크 기능 없이 태어나기 때문에 회로가 손상된다.) 이 같은 아기는 부정적이거나 모호한 환경적 단서에 과민증이나 반응성 항진을 보이기 쉽다. 그래서 아기의 생존 뇌는 안전한 상황에서도 위험을 감지할 가능성이 높고 스트레스 각성을 높여 2차 방어선(투쟁-도피)으로 후퇴하게 된다. 이런 아기는 스스로를 달래거나 스트레스와 부정적 감정 조절을 힘들어할 가능성이 높다. 또 사회적 기술을 배우고 사회적 유대를 형성하는 데도 어려움을 겪을 가능성이 높다.

한 연구에서는 생후 9개월 된 영아들이 주의력과 사회적 상호작용 과제를 수행하는 동안 미주신경 브레이크가 얼마나 잘 작동하는지 측정했다. 그리고 연구진은 이 아기들이 3세의 걸음마기가 됐을 때 실험을 다시 했다. 9개월 때 미주신경 브레이크 조절에 어려움을 겪던 아기들은 미주신경 브레이크가 제대로 작동하던 아기들에 비해 2년 후 더 많은 사회적 철수, 우울한 행동, 공격적 행동을 보였다.[6]

다시 말해 배 쪽 부교감신경계 발달에 지장이 있는 아기들은 손상된 1차 방어선을 향한 학습 궤도에 오르고 이는 평생에 걸쳐 그들의 인내의 창 넓이에 상당한 영향을 미친다.

'충분히 좋은' 부모와의 안정 애착

──────────────── 사회참여, 애착, 미주신경 브레이크, 스트레스 각성 후 회복 등 1차 방어선을 구성하는 온갖 능력을 습득하는 것은 부모나 다른 중요한 양육자와의 초기 상호작용이 얼마나

PART 2. 인내의 창을 둘러싼 과학

조화롭고 잘 조율됐는지에 크게 좌우된다. 아이들은 부모에게 받은 정서적 소통에 무조건적으로 적응하기 때문에 그들이 형성하는 애착 유형은 초기 애착 대상과의 상호작용이나 욕구 충족 수준에 따라 결정된다.

애착 이론을 개발한 영국의 정신분석가 존 볼비John Bowlby는 진화적으로 영유아들이 한 명이나 기껏해야 몇 명의 성인과 유대를 맺도록 설계돼 있다고 강조했다. 우리가 신생아 때 얼마나 무력한 상태인지 생각해보면 생존을 보장하기 위해 유대감을 형성하는 것은 당연하다. 영유아의 애착 유형은 주요 애착 대상, 보통 엄마와의 사회적·정서적 소통을 통해 발달한다.7 트라우마 연구자 겸 임상의 반 데어 콜크의 말대로 "초기 애착 유형은 평생에 걸쳐 관계를 펼쳐 보이는 내적 지도를 만든다. 우리가 남들에게 무엇을 기대하는지뿐 아니라 그들의 존재에서 얼마나 많은 위안과 즐거움을 경험할 수 있는지의 측면에서도 말이다."8

애착 이론은 유사한 두 커뮤니티에서 나란히 발전했다. 초기 발달 심리학자들과 트라우마 임상의들은 유아기 발달과 부모와의 애착 관계에 초점을 맞췄고 이들의 연구는 대부분 표준화된 상황의 프로토콜에서 임상가의 관찰과 아동 평가를 통해 수행됐다. 이와 대조적으로 사회심리학자들은 주로 낭만적 관계에서의 성인 애착 유형에 초점을 맞췄고 이들의 연구는 대부분 성인들이 관계에 관해 자기보고식 설문지를 완성하는 방식으로 진행된다. 양 커뮤니티 모두 볼비를 이론적 선구자로 떠받들지만 양측의 연구는 서로 명백히 구분되고 잘 통합되지 않는다.9

이 책에서는 인내의 창의 초기 신경생물학적 형성과 유년기 사회적 환경에서 형성되는 방어 및 관계 전략에 초점을 맞추므로 주로 첫 번째 커뮤니티의 애착 유형을 설명하고 그 명칭을 사용한다. 하지만 성인의 전형적 관계 전략과 애착 유형 맥락을 소개하기 위해 두 번째 커뮤니티의 경험적 연구도 일부 포함했다. 성인의 자기보고식 연구는 임상가의 아동 연구에 비해 비교적 정확도가 낮으리란 점을 유념하기 바란다. 성인들이 자기보고식 질문에 실제보다 더 안정적이거나 독립적 애착 유형으로 보이도록 응답할 수 있기 때문이다. 실제로 성인 애착 유형에 관한 근거는 연구마다 편차가 심한 편이다.

우리의 기본 애착 유형은 대개 평생에 걸쳐 유지되면서 다른 관계로 일반화된다.[10] 물론 아버지나 친척들처럼 어린 시절 자주 접하는 애착 대상마다 다른 애착 패턴을 발달시킬 수도 있다. 다양한 애착 유형은 미래에 유사한 관계나 상황을 경험할 때 다시 촉발될 수 있다.[11]

경험적 연구에서는 성인 약 4분의 3이 평생에 걸쳐 동일한 애착 유형을 유지한다고 주장한다.[12] 그럼에도 유년기와 성인기의 애착 유형 사이에는 직접적 선형 관계가 없다. 부모의 이혼, 트라우마 사건, 낭만적 관계, 치료 작업 등 많은 인생 경험이 애착 유형을 조정하거나 변화시킬 수 있다. 예를 들어 어떤 사람은 어린 시절 안정 애착을 형성했지만 성인이 돼 관계 트라우마, 학대, 불륜, 연인 관계 트라우마 등을 경험할 수 있고 이 경험은 그 후 그의 관계 전략을 불안정 애착으로 변화시킬 수 있다. 이에 반해 어떤 사람은 초기에 불안정 애착을 형성했어도 성인이 돼 의도성을 갖고 집중적 치료 작업, 지지적 관계, 안정 애착적 관계 전략의 일관된 실천 등을 통해 시간이 지나면서 안정 애착 유형을 발전시킬 수 있다.

애착 유형에는 정서적 소통 패턴과 관계 전략이 포함되는데 둘 다 생존 뇌의 암묵적·절차적 기억 속에 새겨진다. 애착 유형은 우리가 신체적 접근이나 타인과의 접촉을 얼마나 편안하게 느끼는지 등의 근접성 추구 패턴으로 나타난다. 애착 유형은 또 우리의 사회참여 행동(우리가 언제, 얼마나 많이 웃고 끄덕이고 기대고 눈을 마주치는지 등)과 방어적 표현(우리가 언제, 얼마나 많이 찡그리고 물러서고 팔짱을 끼고 긴장을 느끼는지 등)에도 영향을 미친다.[13]

볼비는 신생아의 생후 첫해 기본 과제가 애착을 형성하는 것이라고 강조했다. 결국 아기가 커서 세상으로 나갈 수 있는 '안전 기지'를 만드는 것이다. 그렇다면 안전 기지는 어디에서 올까?

이상적인 경우 신생아의 주 양육자는 인내의 창 안에서 자신을 조절할 수 있고 아기의 생리적·심리적 상태에 적절히 맞춰 효과적으로 대응할 능력이 있다. 자기 조절이 가능한 부모들은 아기의 기저귀가 젖으면 갈아주고 배가 고프면 우유를 주고 달래줘야 할 때 안아주는 등 아기의 욕구를 감지하고 충족할 수 있다.

실제로 부모들은 아기의 욕구와 성장을 위해 '보듬어주는 환경 holding environment'을 제공한다. 이런 환경에서 결정적 부분은 아기가 공포, 분노, 좌절, 배고픔, 탈진 등으로 조절이 잘 안 될 때 아기를 견뎌주고 함께 머물러주는 것이다. 아기에게 잘 맞춰주는 부모들은 아기의 각성 상태를 조절해 스트레스 각성이 너무 높으면 진정시키고 너무 낮으면 자극해줄 수도 있다. 이 과정에서 부모들은 신생아가 갓 발달된 인내의 창 안에서 지내는 법을 배우도록 돕는다.[14]

잘 맞춰주고 잘 조절되는 부모와 함께 있으면 아기의 생존 뇌와 신경계는 괴로움과 그 후 빠르게 진정되는 경험을 연결할 수 있도록 조건화된다. 부모가 아기의 신체 기반 욕구를 정확하게 인식하고 그에 일관되게 반응하면 경험이 반복될수록 아기의 배 쪽 부교감신경계 회로가 발달한다. 결국 아기는 부모가 달래주는 외부 과정을 내면화해 괴로울 때 스스로 감정을 조절하는 방법을 배우게 된다. 아기가 스트레스 각성 후에 진정하고 회복하는 경험을 반복하면 스트레스 각성의 자기 조절에 관여하는 뇌 부위인 안와전전두엽 피질도 발달한다. 아기의 뇌와 신경계는 부모와의 잘 조율된 상호작용을 반복함으로써 유익한 신경가소성을 경험한다.

부모의 '보듬어주는 환경'은 아이의 신체 기반 욕구에서 정서적·심리적 상태로까지 확장된다. 잘 조절되는 부모들은 아이가 자신과 타인의 부정적이거나 긍정적인 감정을 견디는 법을 배우도록 돕는다. 이상적인 경우 아이는 새로운 것을 탐색하기 위해 모험을 떠날 수 있는 안전 기지로 부모를 의지하는 법을 배운다. 즉, 아이의 생존 뇌와 신경계는 어떤 괴로움을 겪더라도 언제든지 부모에게 돌아가면 달램과 지지를 받을 수 있음을 배운다. 아이가 안전지대 밖으로 나갔다가 나중에 회복하는 과정 역시 심신 체계에 내면화돼 배 쪽 부교감신경계 회로를 더욱 발달시킨다.[15]

물론 아무리 세심한 부모라도 항상 자녀의 욕구에 완벽하게 맞출 수는 없고 항상 스스로를 잘 조절하는 것도 아니다. 그럼 부모들이 가끔씩 참지 못하면 어떻게 될까? 솔직히 말해 어떤 부모라도 그럴 수밖에 없지 않겠는가?

애착 연구자들은 그들의 용어대로 "충분히 좋은good enough" 부모가 있다면 아이의 배 쪽 부교감신경계 회로가 발달하는 데 아무 문제가 없다고 역설한다. 부모와 자식의 관계가 잘 조율되지 않아 가끔씩 괴로운 일이 생기더라도 "충분히 좋은" 부모라면 상호작용적 회복interactive repair을 통해 잘 조율된 관계로 돌아가려는 조치를 의식적으로 취할 수 있다.[16]

예를 들어 부모는 아기가 자야 할 시간이 되면 놀이를 멈추게 해야 한다. 아기는 계속 놀고 싶어 자기 싫다는 의사 표시를 할 테고 어쩌면 성질을 부리기 시작할지도 모른다. 부모는 상호작용적 회복을 통해 아기가 좌절감을 충분히 느끼고 해소하고도 여전히 취침 시간을 지키도록 차분하게 타이를 수 있다. 혹은 부모가 직장에서 안 좋은 일이 있어 기분이 상한 채로 퇴근해 아이에게 본의 아니게 잔소리를 했다고 해보자. 이 경우에도 부모는 상호작용적 회복을 통해 먼저 자신의 마음을 가라앉힌 뒤 아이에게 사과함으로써 아이가 잔소리를 들으며 느꼈던 분노, 불안, 수치심을 해소하도록 도와줄 수 있다.

"충분히 좋은" 부모들은 상호작용적 회복을 통해 부정적 감정과 긍정적 감정 사이를 유연하게 오갈 수 있고 자녀의 생존 뇌와 신경계도 그렇게 할 수 있도록 돕는다. 이런 식으로 "충분히 좋은" 부모들은 자녀들이 관계의 유연성과 회복탄력성뿐 아니라 자기 조절 기술을 익힐 수 있도록 돕는다.[17]

그러므로 일반적으로 잘 맞춰주고 잘 조절되는 부모 밑에서 아이는 스트레스 각성, 신체감각, 감정, 충동을 조절하는 방법을 배울 수 있다. 본질적으로 아이는 부모의 인지적·신체적·정서적·관계적 패턴을 모방하고 내재화하므로 아이의 뇌와 신경계는 사실상 부모의 성숙한 뇌와 신경계에 의해 형성된다. 어떤 사람이 처음부터 넓은 인내의 창을 갖췄다면 이 같은 이상적인 경우에 해당한다.[18]

"충분히 좋은" 부모를 둔 아이들은 인내의 창이 비교적 넓은 것이 특징인 안정 애착을 형성한다. 그들은 사회참여를 택하고 미주신경 브레이크를 조절하며 스트레스 각성 후에 완전히 회복하는 능력이 충분히 발달한다. 그래서 안정 애착인 아이들은 세 가지 방어선 모두에 접근해 적응적으로 사용하는 능력을 발달시킨다. 가장 중요한 것은 그들은 주체성을 느끼는 법을 배우는데 주체성이란 그들이 어떻게 하느냐에 따라 본인이 느끼는 방식과 다른 사람들이 자신에게 반응하는 방식을 모두 바꿀 수 있다는 감각이다.

이 양육 방식에서 안정 애착을 형성한 성인들은 그들이 느끼는 바와 자신을 표현하고 세상에서 행동하는 방식을 일치시키는 법을 터득한다. 안정 애착형 성인들은 자신의 의도, 기분, 욕망을 다른 사람들에게 분명히 전달할 수 있다. 내면의 신체적·인지적·감정적 상태는 보통 그들의 말, 얼굴 표정, 몸짓, 그 밖의 사회참여 행동과 일치한다. 안정 애착형 성인들은 혼자 있어도 편안하고 자율적이다. 그들은 본능적으로 자신의 각성 수준을 스스로 조절하는 방법을 안다. 또 주변 사람들과 원만하게 어울리는 방법을 알고 남들과 편안하게 도움을 주고받는다. 안정 애착형 성인들은 인내의 창이 넓어 자신이나 타인의 고도로 각성한 상태를 감당할 수 있을 뿐 아니라 정서적 친밀감과 신체적·성적 접촉도 즐길 수 있다.[19]

대규모 경험적 연구에 따르면 성인 50~63퍼센트가 안정 애착 유형이라고 한다. 그런데 사회 취약 계층과 사회경제적 지위가 낮은 성인들에게서는 적게 나타난다.[20] 또 노년층은 사회경제적 배경과 상관없이 안정 애착의 비율이 낮은 편이다. 적어도 다섯 가지 경험적 연구에서 장년층과 노년층의 22~33퍼센트만이 안정 애착 유형이라고 조사됐다.[21]

불안정 애착 유형의 배선

──────────────── 성인의 약 절반이 안정 애착 유형이라면 나머지 절반은 어떨까?

이 질문에 대답하기에 앞서 네 가지 일반적 사실을 짚고 넘어가고 싶다.

첫째, 우리는 태어났을 때 신경생물학적으로 누군가에게 애착을 느끼도록 설계돼 있다. 우리 부모와 양육자들이 세심하고 다정했는지 아니면 냉담하고 소홀하고 변덕스럽고 학대했는지는 중요하지 않다. 어느 쪽이었든 우리로서는 애착 대상에 맞게 특화된 방어 및 관계 전략을 개발하는 것이 가장 적응적인 대처 방안이었다. 말 그대로 우리가 생존하고 욕구의 일부나마 충족할 수 있는 유일한 방법이었던 것이다.[22]

둘째, 우리 부모도 한때는 유아였고 아이였다. 경험적 연구와 실험적 연구에서 밝혀내듯이 부모의 궁극적 양육 방식은 그들 자신의 초기 배선에 깊은 영향을 받는다.[23] 부모는 무의식적으로 배선된 자신의 인내의 창으로 자녀를 양육한다. 바꿔 말하면 부모는 본인도 발달시키지 못한 뇌와 신경계의 능력, 방어 및 관계 전략을 자녀에게 발달시켜줄 수 없다.

예를 들어 불안정 애착 유형인 부모들은 상호작용적 회복에 능숙하지 않은 경우가 많다. 그들 자신도 원가족에서 상호작용적 회복을 경험하지 못했을 가능성이 높기 때문이다. 이 부모들은 조율에 실패했을 때 효과적으로 수습하는 방법을 관찰하지 못하고 아마 조율의 실패에 대처하는 다른 패턴을 경험했을 것이다. 이를테면 내가 성장할 때 우리 집에서는 감정의 폭력적 분출, 그 후 얼마간의 침잠과 묵살, 살얼음을 걷는 느낌을 거쳐 다시 아무 일도 없었다는 듯 다 함께 원상태로 돌아왔을 뿐 조율의 실패를 얘기하거나 인정하는 일은 없었다.

부모가 어릴 때 보고 자란 관계 전략은 자녀에게 전달된다. 즉, 부모의 애착 유형은 자녀의 인내의 창의 초기 배선에 강력하게 영향을 미친다. 안정 애착형 부모를 둔 아이는 넓은 인내의 창을 형성할 가능성이, 불안정 애착형 부모를 둔 아이는 좁은 인내의 창을 형성할 가능성이 높다.

셋째, 애착 유형은 아이의 기질, 성별, 출생 순서보다 부모의 감수성 및 조율 능력과 더 밀접하게 관련된다. 대규모 경험적 연구에 따르면 아이의 성별과 기질은 애착 유형에 거의 영향을 미치지 않는다. 따라서 '까다로운' 기질의 아이들이 반드시 불안정 애착 유형인 것은 아니다.[24] 게다가 약 3분의 1의 가족에서 형제자매가 서로 다른 애착 유형을 보이는데 출생 순서는 이 차이를 설명하지 못한다. 오히려 애착 유형은 상황에 따라 달라지는 부모(특히 엄마)의 감수성 및 조율 능력과 더 관련 있다. 엄마들은 실제로 본인의 스트레스 각성 및 우울 수준에 따라 각 자녀를 다른 조율 능력으로 대하게 된다. 가족의 조율 능력도 각 아이가 태어난 후 몇 년간 스트레스 요인에 따라 달라질 수 있다.[25]

마지막으로 스트레스 각성은 전염성이 있다. 부모의 스트레스 각성 수준은 자녀들에게 전수된다. 최근 몇몇 연구에서는 특히 엄마가 불안하거나 우울하거나 친밀한 파트너에게 폭력을 당하는 경우 유아기부터 청소년기까지 자녀와 엄마 사이에 스트레스 호르몬 수준이 유사하다는 증거를 발견했다.[26]

69명의 엄마와 그들의 아기를 대상으로 한 최근 실험은 스트레스 전염 효과를 우아하게 보여준다.[27] 엄마와 아기 모두 스트레스 각성 수준을 추적하기 위해 센서를 부착했다. 엄마들은 생후 12~14개월 된 아기와 떨어져 10분 동안 '전문 평가자' 2명과 면담을 하면서 5분간 자신의 장단점을 얘기하고 5분간 질의응답 시간을 가졌다. 엄마들은 무작위로 세 집단으로 나뉘었다. 한 집단의 엄마들은 '긍정적 평가'를 경험했다. 즉 '평가자'들이 점점 더 긍정적 피드백을 제공하고 미소를 짓고 고개를 끄덕이며 가까이 다가가는 모습을 보였다. 반대로 한 집단의 엄마들은 '부정적 평가'를 경험했다. '평가자'들이 점점 더 부정적으로 변하고 얼굴을 찡그리며 고개를 떨구고 팔짱을 끼고 몸을 뒤로 젖히는 모습을 보인 것이다. 마지막 집단의 엄마들은 '통제적 평가'를 경험해 방에 혼자 앉아 장단점을 얘기하고 서면 질문에 큰 소리로 대답하도록 했다.

평가 후 엄마들은 아기들에게 돌아가 아기들의 긴장을 풀어주라는 지시를 받았다. 연구진은 그들이 재회하자마자 평가 후 엄마들의 스트레스 수준이 아기들에게 빠르게 전달되고 심지어 몸으로 나타난다는 사실을 발견했다. 아기들은 엄마의 스트레스 요인에 직접 노출되지 않았는데도 금방 엄마의 스트레스 수준을 반영했다. 부정적 평가를 받은 엄마의 경우 가장 큰 영향을 미쳤다. 연구진은 "유아가 부정적이거나 위협적이거나 화나는 사건에 대한 반응 등 어머니의 고조된 각성 상태에 맞추는 능력을 타고난다"고 결론지었다.[28]

흥미롭게도 엄마가 긍정적이거나 부정적 평가를 받았을 때, 즉 살아 있는 평가자를 만났을 때 아기들의 사회참여가 훨씬 줄어드는 반응을 보였다. 이후 엄마와 아기가 함께하는 면담에서 그런 아기들은 시선을 피하거나 낯선 사람에게서 떨어지려고 적극적으로 몸을 비트는 경우가 더 많았다.

이 연구는 몇 가지 강한 시사점을 지닌다. 일단 엄마와 아기가 재회하면 아기는 금방 엄마의 스트레스 각성 수준을 반영한다. 하지만 아기는 배 쪽 부교감신경계 회로 발달이 아직 미흡한 상태라서 1차 방어선에 해당하는 사회참여나 스트레스 회복 능력이 떨어진다. 그래서 면접관—낯선 사람이자 새로운 스트레스 요인—과 마주하면 즉시 도피 반응으로 후퇴해 시선을 피하거나 적극적으로 몸을 비틀어 낯선 사람으로부터 벗어나려는 것이다.

이제 이 연구에서 유아들이 경험한 것보다 훨씬 더 높은 스트레스 수준을 경험하는 한 아이를 상상해보자. 그리고 이 아이의 높은 각성 수준이 한 번에 몇 주, 몇 달, 몇 년씩 지속된다고 상상해보자. 조절 장애인 부모에게 스트레스가 전염됐을 수도 있고 더 심각하게는 부모 자체가 공포의 원천일 수도 있다.

현실적으로 이런 조건에서 아이가 사회참여 기술을 연습하고 미주신경 브레이크를 조절하며 스트레스 각성에서 완전히 회복하고 배 쪽 부교감신경계 회로를 완전히 발달시키는 경험을 과연 몇 번이나 했을까?

아마 많지는 않을 테고 분명 충분하지 못할 것이다.

이 상황에서 아이는 2차 및 3차 방어선, 즉 교감신경계(투쟁-도피) 및 등 쪽 부교감신경계(동결)와 관련된 방어 및 관계 전략을 연습하고 채택하는 경험을 훨씬 더 많이 할 것이다. 그리고 이 같은 반복 경험은 당연히 신경가소적 변화를 초래할 것이다. 생존 뇌가 위험을 감지하고 스트레스 각성을 동원하는 기회 그리고 배 쪽 부교감신경계 전략을 완전히 우회해 바로 투쟁-도피, 동결로 후퇴하는 기회가 증가할 것이기 때문이다.

불안정 애착의 놀라운 적응력

———————————————— 인간의 신경생물학적 구조는 어떤 조건에서도 살아남을 길을 찾는다. 그러니 지금부터 세 가지 불안정 애착 유형을 소개하는 동안 각 유형이 저마다 고유한 사회적 환경에 나름 탄력적이고 적응적인 방법임을 유념하기 바란다.

불안정 회피 애착insecure-avoidant

유아들은 신체적·정서적 유대를 적극적으로 좌절시키는 엄마(또는 주 양육자)가 있을 때 불안정 회피 애착을 발달시킬 가능성이 높다.[29] 이런 엄마들은 아기를 안고 얘기하거나 눈 마주치는 것을 싫어하는 경향이 있다. 그렇지 않으면 엄마들이 멀리 떨어져 있거나 다른 만성 질환을 앓는 자녀나 노인 가족을 돌보느라 바쁘거나 집 밖에서 일하거나 자신의 건강 문제 때문에 양육이 힘들 수 있다. 본질적으로 이런 엄마는 아기에게 "나는 육체적으로나 정서적으로나 너를 돌봐줄 수 없다"는 메시지를 전달한다.

이에 반응해 아기는 근접성의 욕구를 거의 표현하지 않고 적어도 외부에서 보기에는 부모와의 신체적·정서적·시선 접촉에 거의 관심을 보이지 않음으로써 완벽하게 적응한다. 이 적응을 비활성화 전략deactivating strategy이라고 하는데 이는 원치 않는 고통의 감정과 부모의 거절에서 아이를 보호해준다. 영유아들은 엄마가 방을 나가도 울지 않고 엄마가 돌아와도 신경 쓰지 않고 주위 사람들보다 장난감이나 다른 무생물체에 더 주의를 집중하는 경향이 있다.

그러나 분리 고통이 거의 없어 보이는 표면 아래에서 불안정 회피형 아기들은 많은 스트레스 각성을 경험한다. 이들은 실험에서 부모와 떨어져 있는 동안 심박 수가 높아졌는데, 이는 지속적 교감신경계 활성화를 암시한다. 표면상으로는 다른 사람의 영향을 받지 않는 듯해도 내심으로는 각성이 높은 역설은 회피형 심신 체계에서 핵심 패턴을 형성해 시간이 지날수록 그들의 내면 상태와 외적 행동 사이의 중대한 단절을 야기한다.

다시 말해 회피형 아이들과 성인들은 종종 그들이 내면에서 정서적·생리적으로 느끼는 바와 시선 맞춤, 얼굴 표정, 자세, 말을 통해 겉으로 표현하는 것 사이에 큰 불일치를 경험한다. 사실 그들은 자신의 내면에서 어떤 일이 일어나는지 모를 때가 많은데 이는 사고 뇌와 생존 뇌의 대립 관계를 부추긴다. 이 같은 이유로 일부 트라우마 연구자들은 이 패턴을 "처리하긴 하지만 느끼지는 못한다"고 표현한다.[30]

회피형 애착 유형의 지배적 관계 전략은 "나는 나 자신을 돌볼 수 있다"다. 회피형 아이들은 학교에서 외톨이가 되거나 다른 아이들을 괴롭히는 경향이 있다. 회피형 성인은 억지로 자립하는 경향이 있고 스트레스를 스스로 처리하려고 한다. 이들은 종종 개인적·직업적 관계가 너무 복잡하거나 불쾌하거나 손이 많이 간다고 여겨 다른 사람들과 거리를 두는 경향이 있다. 이들은 스트레스를 받으면 사회적으로 물러서고 관계의 지지적 기능을 낮게 평가한다.

회피형 애착 유형은 종종 자신의 전반적 감정 상태를 파악하지 못하고 다른 사람의 사회적·감정적 단서에도 민감성이 떨어지는 경향이 있다. 누군가 회피형 성인과 사회적 또는 정서적 관계를 맺으려고 하면 그는 사회적으로 물러서고 근육 긴장과 폐쇄적 자세로 방어하며 모순된 메시지를 보내거나 다른 비활성화 또는 거리 두기 전략을 사용할 것이다.

회피형 성인들은 대개 좁은 인내의 창 안에서 살아가며 종종 신체감각과 감정에 사고 뇌 오버라이드로 대처한다. 그 결과 회피형 성인들은 보통 1차 방어선(사회참여)에 의존하지 않는다. 그들의 디폴트 프로그래밍은 일반적으로 3차 방어선인 등 쪽 부교감신경계(사회적 침잠, 시선 접촉 및 감정 표현 부족, 동결 스펙트럼 반응)와 관련된 전략에 치우치는 경향이 있다. 그러나 도발당하는 경우에는 투쟁 반응(교감신경계)에 의존하기도 한다.[31]

회피형 성인은 파트너가 있더라도 스트레스를 받는 상황에서 상대에게 지지를 구하기를 꺼리는 편이다. 또 자신의 파트너를 애정에 굶주리거나 지나치게 의존적인 사람으로 본다. 회피형 성인은 관계에서 자신의 욕구와 두려움을 전혀 모르고 살아갈 수도 있다. 대체로 회피형 성인은 다른 애착 유형보다 연애 만족도가 낮다. 원래 불안정 애착형 성인들이 안정 애착형 성인들보다 불륜에 연루될 가능성이 훨씬 높은데, 일부 연구에서는 회피형 성인이 가장 많이 외도하는 애착 유형임을 보여준다. 회피형 성인은 또 이혼하거나 평생한 번 이상 결혼할 가능성이 훨씬 더 높다.[32] 2장에 나온 그렉의 얘기는 그가 불안정 회피 애착 유형임을 암시한다.

전체 성인 약 4분의 1이 불안정 회피 애착 유형에 해당한다.[33] 일부 연구에서는 이 애착 유형이 노년층에 더 많음을 보여준다. 한 연구에서는 노년층 37~78퍼센트가 회피형 애착 유형임을 발견했다. 다른 연구에서는 회피형 애착이 도시의 고령 아프리카계 미국인들 사이에 가장 보편적인 유형(83%)으로 나타났다.[34] (물론 이 집단이 자기보고식 설문지에 스스로를 실제보다 더 독립적으로 묘사했을 가능성도 있다.)

스트레스가 심한 환경에서 사람들을 훈련했던 내 경험으로 비추어볼 때, 스트레스를 많이 받는 직업군에서도 불안정 회피 애착이 과장되게 표현될 가능성이 높다. 소방관, 특수 요원, 외과 의사, 월

194

스트리트 트레이더 같은 직업은 대개 자립과 감정 억제에 강한 능력을 요구하고 보상하기 때문이다.

불안정 불안 애착insecure-anxious

두 번째 불안정 애착 유형은 불안정 불안 또는 불안정 양가insecure-ambivalent 애착이라고 한다. 엄마가 아기보다는 자신의 정서적 욕구와 기분에 따라 예측 불가능하고 일관되지 않게 아기를 대할 때 이같은 애착 유형이 발달한다. 이런 엄마는 아기의 각성 수준과 욕구를 충족해주기보다 스트레스 전염으로 아기를 지나치게 각성시키거나(엄마가 불안하거나 화가 난 경우) 아기와 수유나 놀이를 함께하지 못한다(엄마가 우울하거나 침체된 경우). 엄마의 정서적 욕구와 각성 수준이 관계를 주도하기 때문에 엄마는 아기의 욕구와 각성 수준을 일관되게 맞춰주지 못하고 종종 무시하기도 한다. 본질적으로 이런 엄마는 아기에게 "지금 나한테 무슨 일이 일어나는지에 따라 나는 너를 돌봐줄 수도 있고 그렇지 않을 수도 있다"는 메시지를 전달한다.[35]

유아는 비일관성에도 역시 매끄럽게 적응한다. 이들은 부모의 신뢰성을 확신하지 못하기 때문에 조심스럽고 양면적이고 불안하며 화를 내거나 슬픔을 가누지 못하는 경향이 있다. 4장에서 설명했듯이 생존 뇌는 어떤 상황을 예측할 수 없고 통제할 수 없다고 인식할 때 실제보다 더 큰 위협으로 받아들이기 쉽다.

각성을 조절하는 데 지속적인 조율과 부모의 도움이 없으므로 불안형 아이의 신경계는 만성적 스트레스 각성을 경험하고 배 쪽 부교감신경계의 회복 기능을 갖추는 데 어려움을 겪을 가능성이 높다.

더욱이 엄마의 욕구와 기분이 종종 아기의 내면 상태를 무시하기 때문에 아기의 생존 뇌와 신경계는 이 조건을 내재화해 자신의 신체적·정서적 욕구를 무시하는 법을 무의식적으로 학습한다. 회피형 아이들에 비해 불안형 아이들은 자신의 내면 상태에 대한 인식이 더 높고 내적 상태와 외적 행동 사이에 더 조화를 이루는 편이다. 이들은 지속적이거나 과장된 부정적 감정을 겉으로 표현한다. 때문에 트라우마 연구자들은 흔히 이 유형을 "느끼지만 처리하지는 못한다"고 말한다.[36]

불안 애착 유형의 지배적 관계 전략은 "나는 당신과의 관계에서 더 많은 것을 원한다"로 관계와 채워지지 않는 관계 욕구에 집착하는 것으로 이어질 수 있다. 집착은 자신의 노력이 보상받기를 바라는 마음에서 남들의 비위를 맞추는 등 다양한 방식으로 표현될 수 있다. 다른 사람의 관심을 끌고 상대를 가까이 끌어당기기 위한 노력은 행동화, 소리 지르기, 사회적 침잠, 뿌루퉁하기, 문란한 성관계, 그 밖의 '시위 행위'에 참여하기, 관계에 대한 강박관념 등으로 나타난다.[37] 이 모든 전략하에서 불안한 사람은 관계가 '객관적으로' 안전한 경우에도 안전을 인식하지 못할 수 있다.

불안 애착 유형인 사람들은 다른 사람의 감정 변화에 더 신경을 쓰고 다른 사람의 단서를 더 민감하고 정확하게 읽을 수 있다. 그럴 수밖에 없는 것이 생존하기 위해서는 일관성 없는 양육자의 욕구와 기분을 매우 주의 깊게 읽는 능력이 필요했기 때문이다. 그렇지만 그들은 대개 만성적으로 활성화된 상태여서 사고 뇌 기능이 저하될 수 있고 그로 인해 단서들을 오해하고 성급히 결론을 내린 다음 과

민 반응을 일으킬 수 있다.[38]

불안 애착형 사람들은 보통 인내의 창이 좁고 종종 생존 뇌 하이재킹으로 대처한다. 또 스트레스 각성의 문턱이 낮고 감정 기복이 심해 과도한 자극을 받기 쉽다. 그들의 디폴트 프로그래밍은 2차 방어선인 투쟁-도피(교감신경계)와 관련된 전략에 치중한다. 자신의 내면적 고통에 과도하게 초점을 맞춰 오히려 고통을 악화하고 과잉 각성을 처리하기 위해 주변 사람들의 도움에 지나치게 의존한다. 그들은 종종 스트레스나 부정적 감정을 느낀 후 '진정하는' 데 어려움을 겪고, 스스로 감정을 조절하는 데 무능하거나 자기 자신을 돌볼 수 없다고 믿기도 한다.

불안형 성인들은 강렬하고 밀착된 관계를 선호하는 경향이 있다. 그들은 고립될 때 스트레스를 받고 버림받을까 봐 두려워하기도 한다. 또 파트너에게 과도한 안심을 구한다. 파트너를 더 가까이 끌어당기기 위해 무의식적으로 만성 스트레스와 부정적 감정을 사용할지도 모른다. 그리고 자신이 회복되거나 진정되는 기미를 보이면 파트너가 멀어질까 봐 걱정한다.[39] 그들은 회피 애착형 성인만큼 바람기가 심하지는 않아도 안정 애착형 성인에 비하면 불륜을 저지를 가능성이 훨씬 더 높다. 특히 채워지지 않는 정서적 친밀감을 충족하고 파트너의 관심을 끌거나 파트너에게 앙갚음하기 위해 외도를 한다. 모든 애착 유형 중 불행한 관계나 결혼 생활을 유지할 가능성이 가장 높다.[40]

연구에 따르면 전체 성인의 6~22퍼센트가 불안정 불안 애착 유형이다.[41]

불안정 혼란 애착

세 번째 불안정 애착 유형인 불안정 혼란insecure-disorganized 애착은 불안정 불안 회피insecure-anxious-avoidant 애착으로 불리기도 한다. 이 명칭은 이 유형이 다른 불안정 애착 유형의 특징을 과장되게 나타낼 수 있음을 강조한다.

대부분의 성인 애착 연구에서는 이 애착 유형을 측정하거나 포함하지 않는다. 어느 쪽 특성이 우세한가에 따라 성인을 두 가지 불안정 애착 유형으로만 분류하는 것이다. 그래서 이 유형은 일반적으로 비교적 드물다고 가정된다.[42] 그러나 아이들 사이에서는 불안정 혼란 애착이 드물지 않다. 한 메타 분석 결과에서는 '평범한' 중산층 가정의 유아와 아동 중 15퍼센트가 혼란 애착 유형인 것으로 나타났다. 임상 치료 중이거나 사회경제적 배경이 낮은 아이들 사이에서는 그 비율이 2~3배 더 높았다.[43]

부모가 우울하거나 트라우마를 겪거나 자녀를 방임하거나 학대하는 상황이 복합될 때 아이들은 불안정 혼란 애착 유형으로 발달한다. 부모가 아이의 각성 수준과 욕구를 심각하게 잘못 조율하기 때문이다. 이들의 부모는 때때로 노숙자이거나 아이를 혼자 키운다. 때때로 우울하고 자신의 미해결된 상실이나 트라우마—즉, 사랑하는 사람의 최근 죽음, 어린 시절 트라우마 또는 성폭행, 가정 폭력, 전쟁으로 인한 최근 혹은 과거부터 지속된 트라우마 등—에 빠져 있다. 이들은 종종 알코올의존증이거나 약물을 남용한다. 어떤 부모들은 자녀에게 격분하거나 자녀를 학대한다. 어떤 부모들은 혼란스럽고 두려워하고 취약해 어른이 되는 법을 모르거나 자녀가 거꾸로 자신을 위로해주기를 바란다. 다시 말해 부모 자체가 안전과 안정을 제공하기는커녕 두려움, 괴로움, 공포, 혼란의 원천이 되는 것이다. 아니면 말 그대로 아이들이 고아원이나 지역 돌봄 시설에 버려질 수도 있다.[44]

혼란형 아이들의 부모가 항상 자녀를 학대하거나 방임하는 것은 아니다. 이 애착 유형의 연구자들은 이런 부모들이 "무시무시한 행동을 한바탕씩 보이고 본인들도 심한 상실이나 학대를 겪어왔지만… 다른 때에는 민감하고 반응적이다"라고 주장한다. 그러므로 혼란형 애착은 "부모의 과거 트라우마가 2세대에 걸쳐 전수된 결과로 볼 수 있다."[45]

이런 경우에도 역시 아이들은 적응한다. 아이들은 생존하는 데 부모가 필요하지만 부모가 일관된 돌봄을 제공하지 않고 오히려 만성적 공포나 두려움을 제공하기 때문에 신체나 방어 및 관계 전략에서 모두 모순적인 '접근-회피' 패턴을 발달시킨다. 가까이 가는 것도 안전하지 않고 도망치는 것도 안전하지 않지만 그래도 힘없는 아이들은 누군가에게 의지해야 하는 것이다. 그래서 이 아이들의 행동은 모순적으로 보일 수 있다. 예를 들어 혼란형 유아는 엄마가 멀리 가면 괴로워하지만 엄마가 돌아와도 무관심하게 행동한다. 혼란형 아이는 다른 사람과 근접성을 추구하면서도 그러면 즉각 동결되거나 사회적으로 물러선다. 실제로 혼란형 아이가 애착을 위해 미숙한 1차 방어선을 가동하려고 하면 생존 뇌가 즉각 위험을 감지한다. 그 결과 2차 방어선과 3차 방어선을 동시에 또는 빠르게 연속적으로 가동하는 것이다.

혼란형 영유아들은 보통 만성적 과잉 각성과 과잉 행동(교감신경계, 투쟁-도피 반응)을 경험하고 나서 한동안은 과소 각성, 쓰러짐, 마비(등 쪽 부교감신경계, 동결 반응)를 겪을 것이다. 다른 애착 유형에 비해 혼란형 아이들은 미주신경 브레이크, 면역계, 스트레스 호르몬계(HPA 축) 조절 장애도 더 많이 나타난다.

이들은 부모의 분노, 공포, 학대, 방임 등에 시달리고 나서 부모의 상호작용적 회복을 거의 경험하지 못한다. 부모는 수시로 기분 상태가 바뀌기 때문에 부모를 화나게 만드는 요인이 무엇인지 전혀 모르는 채 늘 살얼음 위를 겪는 기분으로 살아간다.[46] 이로 인해 혼란형 유아와 아이들은 자신을 달래기 위해 반복적인 몸 흔들기, 머리 돌리기, 최면 상태의 움직임 등 특이한 행동을 보일 수 있다.[47]

혼란형 아이들은 종종 '빨리 자라야만 한다'. 그들은 현재 신경생물학적 발달단계를 훨씬 추월해 자신과 다른 가족 구성원들에 대한 책임을 떠맡는다. 다른 애착 유형에 비해 혼란형 아이들은 우울 증상, 수줍음, 사회 공포증, 주의력과 학습 문제, 공격적 행동을 보일 가능성이 높다. 10대가 되면 그들은 제대로 돌봐주지 못하는 부모에게 뚱해지고 분노하고 단절하고 저항할 수 있다. 특히 부모들이 자녀에게 오히려 돌봄을 기대하는 경우 그렇다. 혼란형 10대들은 대개 충동 조절 결핍, 폭력, 고위험 행동—폭식, 절단, 난폭 운전, 도둑질, 문란한 성행위, 약물 남용, 갱단 가입, 자살 행동 등의—과 자해 행동을 보인다.[48]

혼란형 아이들의 지배적 관계 전략은 "나는 연결이 필요하지만 경계를 늦출 수는 없다"는 것이다. 다른 애착 유형에 비해 혼란형 아동과 성인은 자신의 내면 상태에 접근하고 조절하는 능력이 가장 떨어지는 편이다. 그들은 내면 상태와 겉으로 보이는 행동 사이에 가장 큰 불일치를 보이는 경향이 있다. 또 해리 장애와 다른 만성적 동결 반응도 가장 빈번하게 발생한다. 혼란형 사람들은 가장 잘못된 신경지를 발달시킬 가능성이 높아서 낯선 사람을 순진하게 믿거나 충실한 내 편이나 안전한 상황을 믿지 못하기도 한다. 그들은 내면의 안정감 없이는 생존 뇌에서 진정한 안전과 위험을 구별하는 것이 거의 불가능하다.[49] 이런 신경지 결함은 그들이 향후 정신적 외상을 입거나 다른 사람에게 정신적 외상을 입힐 기본 여건을 조성해 자신과 타인에게 미래 트라우마의 씨를 뿌린다.

전체 성인의 약 3~5퍼센트가 혼란형 애착 유형에 해당한다. 이 유형은 일반 대중에 비해 트라우마 집단, 정신 질환 환자, 노숙자, 수감자, 사회경제적 수준이 낮은 계층에서 많이 나타날 가능성이 높다.[50]

연결되도록 배선되다

———————————— 어쩌면 당신은 자신이 하나 이상의 애착 유형에 해당한다는 사실을 발견했을지 모른다. 혹시 그렇다면 우리가 한 사람(보통 어머니)과 기본 애착 유형을 형성하지만 다른 양육자(아버지나 다른 친척 등)와 상호작용하기 위해 다른 관계 전략을 개발할 수도 있다는 점을 기억하자.

예를 들어 일부 애착 연구자와 임상의는 회피형 성인과 불안형 성인이 커플을 이룰 때가 많다는 점을 통해 어떻게 '정반대의 사람들이 서로에게 끌리는지'를 강조한다. 이런 부모 밑에서 자란 아이들은 (회피형 부모에 대한 반응으로) 강한 자립 기술을 키우지만 한편으로는 (불안형 부모에 대한 반응으로) 만성적 과다 각성에 불안하고 우울해하거나 관심을 끌기 위해 행동화를 보이거나 남의 비위를 맞추는 기술을 개발할 수 있다. 그들은 또 부모의 감정 상태와 둘의 관계 역학을 읽는 데 매우 능숙할 것이다. 그들은 기본 애착 유형이 따로 있더라도 나중에 특정한 맥락이나 관계에 따라 부모의 애착 유형에 따른 방어 및 관계 전략을 나타낼 수 있다. 또 성인이 돼 자신의 파트너와 유사한 관계 역학을 재현할 수도 있다. 심지어 안정 애착인 사람들도 스트레스를 받거나 조절이 잘 안 되거나 인내의 창을 벗어나거나 다른 누군가에 의해 촉발될 때는 불안정한 방어 및 관계 전략을 드러낼 가능성이 있다. 만약 당신이 이런 징후를 자각할 수 있다면 인내의 창 안으로 돌아가 배 쪽 부교감신경계를 다시 온전히 가동하는 행동을 선택할 수 있다. 이 방법은 3부에서 더 자세히 얘기하겠다.

배 쪽 부교감신경계는 타인과 교류하고 심혈관계를 조절하고 스트레스 각성 이후 완전히 회복하는 능력에 깊이 관여하기 때문에 애착 유형은 스트레스와 트라우마에서 회복하는 능력과 대인 관계 모두에 영향을 미친다.

최근의 경험적 연구는 불안정 애착이 배 쪽 부교감신경계의 양 측면, 즉 사회참여/애착/지지적 관계와 회복/자기 조절에서 겪는 평생의 어려움과 어떻게 연관되는지 강조한다.

안정 애착형인 성인에 비해 불안정 애착형인 성인들은 개인적·직업적 관계에서 갈등이 생길 때 파괴적이고 강압적인 행동을 취할 가능성이 더 높고 건설적이고 협력적인 행동을 취할 가능성은 더 낮다. 그들은 관계의 부정적 결과를 걱정할 가능성이 더 높다. 관계의 불화를 경험하고 불륜을 저지르고 연애 관계에서 폭력이나 학대를 경험할 가능성도 더 높다.[51]

또 관절염에 따른 심한 고통과 장애, 수면 장애, 의학적으로 설명되지 않는 만성 통증을 경험할 가능성이 훨씬 더 높다. 심지어 평생에 걸친 정신 질환과 약물 남용 이력을 통제한 조건에서도 말이다. 이들은 질병과 만성 질환에 걸릴 위험이 높고 특히 적절하게 기능하는 미주신경 브레이크가 없기 때문에 심혈관계와 관련된 질환에 걸릴 위험이 더 높다.[52]

마지막으로 불안정 애착형인 성인들은 정서 조절 장애와 관련된 정신 질환에 걸리거나 더 심각한 증상을 겪을 위험이 더 높다. 불안한 관계 전략을 지향하는 불안정 불안 및 불안정 혼란 유형의 성인은 불안 장애, PTSD, 우울증, 산후 우울증, 적응 장애, 경계성 성격 장애 등 내재화 장애를 겪을 가능성이 높다. 이와 대조적으로 회피적 관계 전략을 지향하는 불안정 회피 및 불안정 혼란 유형의 성인은 약물 남용, 알코올의존증, 간헐적 폭발 장애, 공격적 폭력, 반사회적 성격장애 등 외현화 장애를 겪을 가능성이 높다.[53]

만약 이번 장에서 당신이 불안정 애착형임을 알게 됐다면 세상 사람들의 절반 정도가 당신과 같은 처지임을 기억하자. 사실 유년기 애착 유형에 따라 형성된 프로그램을 인식하는 정도가 낮을수록 성인기에도 유년기 방어 및 관계 전략을 이어갈 가능성이 높다. 나는 성인 약 75퍼센트가 어린 시절 애착 유형을 그대로 유지하는 이유가 바로 인식 부족 탓이라고 믿는다.

그렇지만 현재 애착 유형과 기본 관계 및 방어 전략이 평생 당신의 운명이 되리라는 법은 없다. 신경가소성을 통해 다른 요인들의 배선이 바뀌듯이 애착 유형도 시간이 지남에 따라 바뀔 수 있다. 우리의 배 쪽 부교감신경계 회로를 다시 배선하면 더욱 만족스럽고 지지적인 관계, 더욱 성숙한 자기 조절 및 회복 능력, 더욱 넓은 인내의 창을 갖추게 돼 불안정 애착 유형에서 안정 애착 유형으로 바뀔 수 있다. 나 자신도 불안정 애착 유형으로 삶을 시작했지만 이후 안정 애착으로 신경생물학적 구조를 재배선한 사람으로서 이것이 사실임을 잘 알고 있다.

그럼에도 우리의 초기 배선을 즉각적으로 되돌릴 수 있는 알약이나 요술 지팡이는 없다. 우리는 스트레스 각성 후 완전히 회복하는 경험을 반복함으로써만 그리고 두렵거나 화가 날 때도 관계에 더욱 정직하고 온전하게 임하도록 스스로를 확장해야만 점차 배 쪽 부교감신경계 회로를 강화할 수 있다.

인내의 창을 넓힐 때는 인류의 진화적 유산에 '다시 하기' 능력인 상호작용적 회복이 통합돼 있음을 기억하는 것이 중요하다. 상호작용적 회복은 '충분히 좋은' 부모들이 자녀들이 안정 애착을 배선하고 인내의 창을 넓히도록 도울 때 사용하는 마법의 재료다. 비록 어렸을 때 상호작용적 회복을 통해 긍정적 경험을 많이 하지 못했더라도 지금이라도 이 기술을 익히고 사용할 수 있다. 상호작용적 회복은 많이 연습할수록 암묵적 기억이 더욱 깊이 새겨져 다시 사용하기가 더 쉬워진다. 관계에서 조율이 실패할 때마다 이 전략을 사용한다면, 인내의 창을 넓히고 안정 애착을 강화하며 더욱 만족스럽고 지지적인 관계를 형성할 수 있을 것이다.

다음 장으로 넘어가기 전에 당신의 어린 시절과 성인기의 애착 유형에 관해 글을 쓰면서 성찰해보기 바란다. 당신이 왜 그런 애착 유형을 형성했는지 비판단적인 호기심으로 되돌아보자. 우리의 신경생물학적 구조가 어떻게 용케도 유년기 사회 환경에 적응했는지는 알 수 없어도 그 덕분에 지금까지 살아남았다는 사실에는 감사할 수 있다. 혹시 당신이 안정 애착 유형이라고 생각하더라도 당신이 스트레스를 받을 때 의지하는 불안정한 관계 전략을 적어보면 당신이 언제 인내의 창 밖으로 벗어나는지 인식하는 데 도움이 될 것이다.

연습의 일환으로 부모님이나 형제자매, 어렸을 때 당신을 아는 다른 사람들과 대화를 나눠볼 수도 있다. 당신이 난산이나 조산으로 태어났는지, 어려서 배앓이가 있었는지, 병원 치료나 수술을 받은 적이 있는지 등을 물어볼 수 있다. 또 부모님의 애착 유형과 당신이 어렸을 때 부모님의 스트레스 수준, 특히 그 당시의 트라우마, 상실, 급성 스트레스 요인을 물어볼 수도 있다. 그러면 당신이 초년기 행동을 기억해내 어린 시절 애착 유형을 파악하는 데 도움이 될 것이다.

아동기 역경

나는 군대에서 일할 때 그리고 그 후 몇 년 동안이나 내가 '트라우마 자석'이라고 생각했다. 트라우마 자석이란 말은 그 당시 내가 사귀던 남자한테 처음 들었는데 내 삶에서 일어난 여러 힘든 사건들을 그 나름대로 이해하는 방식이었다. 돌이켜보면 그는 나를 많이 아껴줬지만 내 상황을 개선하기 위해 그가 할 수 있는 일이 거의 없었기 때문에 화를 내고 두려워하고 무력감을 느꼈던 것 같다.

한 가지 측면에서 그는 옳았다. 나는 평생 동안 유독 많은 트라우마 사건을 경험했다. 그러다 보니 자연스럽게 의문이 들었다. 왜 그럴까? 다른 사람들은 그렇지 않은데 왜 나만 유난히 극단적 경험을 많이 겪어야 했을까?

불안정 애착 유형이나 발달 트라우마 때문에 좁은 인내의 창으로 삶을 시작한 사람들은 신경생물학적 작용의 많은 측면이 무의식적 장치에 내맡겨지면 계속 그런 방향으로 나아가는 경향이 있다. 어린 시절 트라우마와 역경을 겪은 사람들은 성인이 돼서도 또 다른 트라우마 사건을 겪는 경우가 많다. 그들이 트라우마 자석처럼 보일지는 몰라도 문제는 훨씬 더 복잡하다. 어린 시절부터 좁았던 인내의 창이 시간이 지날수록 더 좁아지는 데 몇 가지 별개의 신경생물학적 과정이 작용한다.

인내의 창을 좁히는 세 가지 경로

──────────────── 생체 적응이 제대로 기능하면 몸에서 스트레스 각성을 동원해 위협이나 도전에 효과적으로 대처하고 그 후 남은 스트레스 각성을 해소해 완전히 회복할 수 있다는 사실을 떠올려보자. 하지만 만성 스트레스와 트라우마를 겪게 되면 심신 체계는 스트레스를 받거나 충격적 경험이 끝난 후에도 충분히 회복하지 못한다. 그 결과 심신 체계는 계속 활성화 상태로 남아 생체 적응 부하를 가중하고 사고 뇌와 생존 뇌의 대립 관계를 악화한다. 시간이 지날수록 생체 적응 부하가 누적되고 인내의 창이 좁아져 결국에는 조절 장애 증상이 나타난다.

생체 적응 부하를 누적하고 인내의 창을 좁히는 세 가지 경로가 있다. 이번 장에서는 첫 번째 경로인 아동기 역경과 발달 트라우마를 살펴볼 것이다. 8장에서는 두 번째 경로인 성인기의 쇼크 트라우마를 알아보고 9장에서는 세 번째 경로인 일상생활에서의 만성 스트레스와 관계 트라우마를 살펴본다.

물론 모든 사람이 아동기 역경과 발달 트라우마를 경험하지는 않는다. 그렇지만 당신이 행복한 어린 시절을 보내며 안정 애착과 넓은 인내의 창을 형성했다고 믿더라도 이번 장은 두 가지 이유에서 모든 사람에게 중요한 의미가 있다.

첫째, 아동기 역경 후에 일어나는 많은 신경생물학적 적응은 나중에 나이가 들어 스트레스와 트라우마를 경험한 후에도 일어날 수 있다. 그 후에 완전히 회복하지 않으면 각종 부상, 감염, 직업상 좌절, 영적 위기, 감정적 요동 등 모든 스트레스나 트라우마 사건이 심신 체계에 누적적으로 영향을 미친다. 어린 시절에 역경을 겪으면 누적 과정이 훨씬 더 일찍 시작돼 신경생물학적 발달을 왜곡할 수 있다. 하지만 이번 장에서 다루는 해로운 신경생물학적 적응은 성인기에 스트레스와 트라우마를 겪은 후에도 얼마든지 일어날 수 있는 일이다.

둘째, 내 트라우마 자석 얘기에서도 나타나듯이 우리 사회에는 학대, 폭력, 비만, 중독, 정신 질환의 원인과 결과에 대한 선입견들이 깊이 뿌리내리고 있다. 2장에서 논의했던 것처럼 선입견들 탓에 우리 문화에서는 트라우마를 부인하는 경향이 있다. 선입견들은 도덕성이나 자기 조절의 결여에 관해 가해자와 피해자 모두를 비난하고 모욕해 낙인을 부추기며 집단적 이해를 흐린다. 또 사회 분열을 조장하고 교육부터 의료, 복지, 법 집행, 감금, 차별 철폐 조치에 이르는 다양한 문제의 정책 수립에 영향을 미친다.

인내의 창을 좁히는 첫 번째 경로

─────────────── 2장의 토드, 5장의 훌리오와 나는 모두 첫 번째 경로인 아동기 역경과 발달 트라우마로 인내의 창이 좁아진 사례다. 우리의 다양한 얘기가 시사하듯이 첫 번째 경로는 매우 복잡해서 여러 세대에 걸친 특성과 본성nature, 양육nurture의 몇 가지 얽히고설킨 상호작용을 포함한다.

3장에서 설명했듯이 환경의 영향과 습관은 DNA나 주변 단백질에 변화를 일으켜 후생유전학적 변화를 초래할 수 있다. 이런 변화는 유전자 발현 여부를 결정해 심신 체계에 지속적으로 영향을 미친다. 즉, 우리에게 특정한 형질을 지향하는 유전적 성향이 있다고 해도 그 형질이 실제로 발현될지 여부는 환경과 습관에 크게 영향을 받는다. 아동기 역경은 많은 해로운 후생유전학적 변화와 연관돼왔으며 3장에서 살펴봤듯이 여러 세대에 걸쳐 자손들에게 대물림될 수 있다.

게다가 6장에서 설명했듯이 스트레스 각성에는 전염성이 있다. 불안정 애착 유형으로 인내의 창이 좁은 부모들은 자녀들 역시 불안정 애착을 형성하게 하고 그들의 인내의 창을 좁힐 환경 기반을 조성할 가능성이 높다.[1] 따라서 만성 스트레스와 트라우마는 부모나 다른 중요한 양육자와의 초기 애착 관계를 통해 여러 세대에 걸쳐 영향을 미칠 수 있다.

부모들은 자녀들이 스트레스 각성과 부정적 감정을 겪은 후 스스로 조절하고 회복하는 능력을 발달시키는 데 결정적 역할을 한다. 이런 발달이 초년기 사회 환경 때문에 손상되면 신경생물학적 메커

니즘에 지워지지 않는 패턴이 새겨지며 인내의 창이 좁아질 조건이 형성되는 것이다.[2]

예를 들어 불안정 애착 유형인 엄마들이 특히 가족의 약물 남용이나 파트너의 강압적이고 폭력적인 행동에 시달릴 때는 산후 우울증에 걸릴 가능성이 더 높다. 임신 중이나 생후 첫 달에 엄마가 우울증에 걸리면 아기의 스트레스 호르몬 체계(HPA 축)가 잘못 조절돼 과민해지는 것으로 나타났다. 이런 경우 아기의 고통 역치가 낮아지고 배 쪽 부교감신경계 회로 발달에 지장이 생긴다.[3]

부모들이 자신의 미해결된 트라우마나 상실에 대처하고 있을 때는 특히 아이들의 욕구를 맞춰주기가 어려워 자녀들이 불안정 애착과 좁은 인내의 창을 형성할 가능성이 높아진다. 부모의 만성 스트레스와 트라우마가 사실상 가족 전체에 영향을 주는 것이다.

미국 주방위군National Guard 가족에 관한 최근의 한 연구는 부모들이 만성 스트레스나 트라우마에 노출되고 좁은 인내의 창과 불안정 애착을 형성한 경우 어떻게 세대 간 스트레스 전염을 통해 자녀들의 인내의 창을 좁히는지 밝힌다. 이 연구는 전투에 노출된 경험의 영향을 조사하지만 미해결된 부모의 트라우마나 상실이 세대를 초월해 유해한 영향을 미칠 수 있음을 염두에 두는 것이 중요하다.

연구자들은 아버지들이 전쟁을 겪고 돌아온 후 2년 동안 가족 구성원들과 상호작용하는 모습을 수차례 관찰했고,[4] 시간이 지남에 따라 참전 용사인 아버지의 PTSD, 어머니의 PTSD 그리고 자녀들의 증가하는 심리적 증상과 품행 문제 사이에서 중요한 연관성을 발견했다. 아버지가 전쟁을 마치고 돌아온 지 1년이 지나자 아이들은 우울, 불안 등의 내재화 문제를 겪는 확률이 더 높아졌다. 그러나 2년이 지나자 공격성, 거짓말, 규칙 위반 등의 외현화 문제를 더 많이 보이는 것으로 나타났다.

물론 모든 주방위군 가족에서 해로운 폭포 효과가 나타난 것은 아니었는데, 아마도 그 차이는 상당 부분 부모의 애착 유형으로 설명될 것이다. 부모가 안정 애착과 관련된 행동—강력한 정서 조절 기술, 부부간 또는 자녀들과의 긍정적 상호작용 등—을 보이는 가정에서는 아버지의 전투 노출과 PTSD가 자녀들에게 미치는 해로운 폭포 효과가 줄어들었다. 반면 두 부모 모두 적응적 정서 조절 기술이 부족한 경우, 부부간에 또는 자녀들에게 강압적 행동을 보일 가능성이 더 높았고 부모의 트라우마가 자녀들에게 미치는 폭포 효과는 더욱 악화됐다.

다른 연구에서도 인내의 창이 좁은 부모에게서 비롯되는 세대 간 스트레스 전염 효과를 찾아볼 수 있다. 예를 들어 홀로코스트를 경험하지 않은 부모의 자녀들에 비해 홀로코스트에서 생존한 부모의 자녀들은 성인이 됐을 때 스트레스 호르몬 체계(HPA 축)의 조절 장애와 PTSD, 불안 장애, 우울증 등을 겪을 가능성이 더 높았다.[5] 마찬가지로 수차례 참전했거나 파병에 따른 PSTD를 겪는 부모의 자녀들도 그런 경험이 없는 부모의 자녀들에 비해 우울, 불안, ADHD, 품행 문제를 보일 위험이 크게 증가했다.[6]

내 가족사 자체가 이 같은 역학의 사례를 제공한다. 친할아버지는 제2차세계대전과 한국전쟁에서 전투를 경험한 보병 부사관으로 양차 세계대전 사이에는 전후 독일 점령군에서 임무를 수행했다. 그는 여러 전투를 거친 후 정식 진단을 받지는 않았어도 명백히 PTSD 를 앓았고 도박 중독에 시달렸다. 또 친할아버지와 친할머니는 둘 다 골초였고 알코올의존자였다. 나중에 아버지에게 들었는데 친할 머니는 비록 진단은 받지 않았어도 양극성 장애가 있었지만 치료받 지 못했고 그 결과 심하게 변덕스러운 양육과 학대, 방임 사이를 오 갔다. 두 사람의 외동아들인 내 아버지는 부모의 조절 장애에 직접 적으로 타격을 입었다.

아버지는 딸들에게 자신의 어린 시절을 얘기할 때 항상 '위험천 만한 삶'이었다고 표현했다. 예를 들어 아버지가 세 살 때 할아버지 와 할머니는 노스 텍사스에서 아버지를 혼자 기차에 태워 앨라배 마주의 친척들에게 보냈다. 당시 할아버지는 노스 텍사스에서 태평 양으로 파병될 준비를 하고 있었는데 어린 아버지의 재킷에 메모 를 달아 기관사들에게 그가 내려야 할 곳을 알려줬다. 여섯 살 때는 할머니와 제2차세계대전 후 곧바로 독일로 건너가는 미국인 부양 가족 행렬에 끼었다. 독일에서 아버지는 할아버지가 전후 암시장에 위태롭게 연루되는 모습을 지켜봤고 경호원과 함께 오토바이 사이 드카를 타고 독일의 지방 학교에 다녔다. 경호원 '타이니Tiny'는 이름 에 어울리지 않게 키가 6.5피트(약 198cm)나 되는 체로키 인디언으로 전후 비나치화 캠페인이 진행되는 동안 아버지를 보호하는 임무를 맡았다. 일곱 살 때는 프랑스에서 가족 휴가를 보내던 중 자동차가 고장 났고 무능한 정비사가 실수로 차에 불을 냈는데 그때 차 뒷좌 석에 아버지가 잠들어 있었다.

아버지는 1950년대 워싱턴 D.C.의 애너코스티어Anacostia 근교에서 갱단 활동을 하다가 간신히 소년원 신세를 면하고 웨스트포인트(미국육군사관학교)에 입학했다. 그는 1966년부터 약 2년 가까이 베트남에 파병됐는데 처음에는 남베트남 전투부대에 자문 역을 하다가 나중에는 미군 전투부대와 함께 대대적인 수색과 파괴 작전을 수행했다. 1968년 가을부터 하버드대학원에 다니기 시작했고 그곳에서는 교직원과 학생들의 적대 행위와 아파트의 기물 파손에 시달렸다. 나는 하버드에서 보낸 그 시절이 베트남에서 싸울 때보다 아버지에게 더 힘든 시간이었다고 믿는다. 그때쯤 부모님은 결혼을 했고 어머니는 나를 임신했다.

어머니 역시 힘든 어린 시절을 보냈다. 어머니가 다섯 살이었을 때 6개월 만에 아버지와 여동생을 연이어 잃었다. 어느 날 어머니는 공원 벤치 위에 세 살배기 여동생과 나란히 앉아 있었는데 여동생이 갑자기 숨을 멈추며 떨어져 죽었다. (가족들은 무슨 일이 일어났는지 정확히 이해하지 못했다.) 당연히 어머니는 엄청난 외상적 경험을 끝내 진정으로 회복하지 못했다. 두 식구가 죽은 후 외할머니는 어머니와 큰외삼촌을 부양하기 위해 웨이트리스로 일했다. 외할머니는 당시 영어를 못했기 때문에 그가 구할 수 있는 유일한 일자리였다. 어머니는 대가족에서 처음으로 고등학교를 마치고 (필드하키 장학금으로) 대학에 입학한 사람이었다.

1970년 6월 부모님은 아버지가 강사직을 구한 웨스트포인트로 이사했다. 이사하기 직전 임신 5개월 차였던 어머니는 사랑하는 개가 차에 치여 죽는 사고를 당했다. 죽음에 관한 좋은 기억이 없는 어머니는 가장 중요한 정서적 유대 관계 중 하나를 잃고 슬픔에서 헤어나질 못했다고 한다. 당시 어머니가 너무 깊은 우울증에 빠져 외할머니와 의사들은 아기(즉, 나)가 유산될까 봐 걱정할 정도였다.

나는 황달에 걸린 채 태어났고 곧 배앓이를 시작했다. 부모님 말씀에 따르면 나는 한 번에 몇 시간씩, 때로는 거의 밤새도록 울어댔고 달랠 수가 없었다고 한다. 당시 아버지는 진단되지 않은 PTSD를 힘든 일과 술, 담배로 자가 처방 중이었고 어머니는 산후 우울증에 시달리면서 동시에 어머니 역할, 육군 아내로서의 삶, 트라우마가 있는 참전 군인과의 결혼 등 여러 가지 새로운 도전에 직면해 있었다. 부모님은 불안정 애착 유형과 어린 시절부터 좁았던 인내의 창 때문에 많은 삶의 스트레스 요인에 대처할 수 있는 내부 자원이 거의 없었다.

이 모든 상황을 고려할 때 내가 처음부터 불안정 애착과 좁은 인내의 창을 형성하지 않고 배길 방법이 과연 있었을까?

분명히 말하건대 세대 간의 대물림은 비단 군인 가족에만 국한되지 않는다. 실제로 다른 종류의 가족 문제를 다룬 여러 연구들이 폭포 효과를 입증한다. 연구에 따르면 이혼, 실업, 무주택, 경제적 어려움 등 중요한 가족의 변화는 부모 자식 간 관계의 질뿐 아니라 부모의 자기 조절 능력 및 양육 기술에도 영향을 받는다.[7]

가족의 고난과 변화는 항상 도전적인 과제다. 그리고 이런 사건이 자녀에게 지속적인 해를 입힐지 여부는 부모의 조절 능력에 크게 좌우된다. 부모의 인내의 창이 좁을수록 자녀에게 미치는 폭포 효과는 더욱 심해진다.

불운한 아동기 경험

──────────────── 스트레스와 트라우마가 세대 간에 전수되기 위한 결정적 상관 요인은 불운한 아동기 경험adverse childhood experiences, ACE에서 기인한다. 불운한 아동기 경험으로는 신체적·성적·정서적 학대 또는 신체적·정서적 방임, 가정 폭력에의 노출 그리고 부모의 정신 질환, 중독, 수감, 별거나 이혼 등이 있다. 후생유전학, 부모의 불안정 애착, 부모의 평생 동안의 트라우마와 역경 노출 그리고 자녀들의 불운한 아동기 경험 노출 사이에는 강한 상관관계가 있다.

불운한 아동기 경험을 다룬 최초 연구는 미국 질병통제예방센터 Centers for Disease Control and Prevention와 카이저 퍼머넌트Kaiser Permanente 의 공동 연구였다. 연구진은 샌디에이고 지역 카이저 병원 환자 2만 5,000명에게 18번째 생일 전에 겪은 불운한 아동기 경험에 관한 10가지 질문에 응답을 요청했다.[8] 약 1만 7,500명의 환자가 연구에 참여하기로 동의했고 그 후 연구진은 환자들의 불운한 아동기 경험 설문지를 그들의 상세한 의료 및 정신 건강 기록과 비교했다.

이 연구는 불운한 아동기 경험 노출이 실제로 얼마나 흔한지 보여줬다는 점에서 가장 큰 의미가 있었다. 연구 참가자들은 중산층이었고 교육을 잘 받았으며 카이저 보험에 가입돼 있어 재정적으로 안정되고 고용된 상태였다. 또 대부분 백인이었다. 이런 인구통계학적 구성이라면 일반적으로 불운한 아동기 경험 노출이 많지 않으리라고 예상되는데, 그중 오직 36퍼센트만이 불운한 아동기 경험 노출이 없었다고 보고했다. 반면 4분의 1 이상이 어렸을 때 반복적으로 신체적 학대를 당했다고 보고했고 8명 중 1명꼴로 어머니에 대한 가정 폭력과 학대를 목격했다고 보고했다. 또 약 30퍼센트의 여성과 16퍼센트의 남성이 자신보다 다섯 살 이상 많은 사람에게 성추행을 당했다고 보고했다.[9] 8명 중 1명은 불운한 아동기 경험 점수(이하 ACE 점수)가 4점 이상이라고 답했는데 이는 그들이 어린 시절에 여러 가지 역경을 경험했다는 의미였다.

이 연구가 발표된 후로 불운한 아동기 경험 노출이 아이들의 학습 및 품행 문제와 성인들의 신체적·정신적 건강에 어떤 영향을 미치는지 다루는 경험적 연구가 폭발적으로 증가했다. 결론적으로 이 연구는 불운한 아동기 경험의 영향이 누적된다고 주장한다. 한 사람이 더 많은 범주의 역경을 겪을수록, 즉 ACE 점수가 10에 가까울수록 어린 시절에 학습 및 품행 문제를 겪고 성인기에 신체적·정신적 건강 문제를 경험할 가능성이 더 높아진다는 것이다. ACE 점수가 4점 이상이면 특히 후속적인 부정적 영향을 예측하는 듯하다.

불운한 아동기 경험이 도시 저소득층 소수집단에 미치는 영향을 조사한 연구는 좀 더 드물지만 현재까지 밝혀진 바로는 6장에서 소개한 불안정 애착 유형 연구를 반영한다. 소수집단이나 사회경제적 지위가 낮은 배경 출신에서 불안정 애착이 나타날 가능성이 높아지듯이 아동기 역경을 경험할 가능성도 높아진다. 이 결과는 특히 2장에서 소개한 가난 및 인종차별과 관련된 관계 트라우마의 영향을 떠올려볼 때 충분히 일리가 있다.

한 연구에서는 1979년이나 1980년 불우한 시카고 가정에서 태어난 소수집단 아이들—흑인 93퍼센트, 라틴계 7퍼센트—을 추적했다. 이 연구에서는 1,100명의 아이들 중 단 15퍼센트만이 ACE 점수 0점을 받아 앞선 샌디에이고 연구의 36퍼센트와 비교됐다. 반면 ACE 점수가 3점 이상인 아이들은 3분의 1이 넘어 샌디에이고 연구의 22퍼센트와 비교됐다.[10]

스트레스가 높은 직업군 역시 일반 모집단에 비해 불운한 아동기 경험 노출이 많은 사람들을 끌어들이는 경향이 있다. 주로 소수집단이나 사회경제적 지위가 낮은 계층에서 근무자를 모집하는 패턴 때문이다. 예를 들어 1973년 이후 모병제All-Volunteer Force 시대의 미국 군 복무자들은 동일한 조건의 민간인에 비해 불운한 아동기 경험에 노출됐을 가능성이 훨씬 더 높다.[11] 최근 한 연구에서 징병제 시대와 모병제 시대 동안 군 복무를 하거나 하지 않은 6만 명 이상의 미국인을 조사했는데,[12] 모병제 시대에는 남성의 경우 군 복무자들이 비복무자들보다 불운한 아동기 경험의 모든 범주에 노출된 비율이 월등히 높았다. 군 복무자들의 27퍼센트만이 ACE 점수가 0점이었던 반면 비복무자들은 이 비율이 42퍼센트였다. 또 군 복무자들의 27퍼센트가 4점 이상의 ACE 점수를 받은 반면 비복무자들은 이 비율이 13퍼센트였다. 이와는 대조적으로 징병제 시대에는 군 복무자들과 비복무자들의 총 ACE 점수 분포 사이에 큰 차이가 없었다. 유일한 차이점은 군 복무자들이 비복무자들에 비해 가정용 약물을 복용했을 가능성이 현저히 낮다는 것이었다.

여성의 경우에는 경향성이 다르다. 여군은 징집제 대상이 아니었기 때문이다. 여군들은 모병제와 징집제 시대에 모두 여러 범주의 불운한 아동기 경험에 노출되는 비율이 상대적으로 높았다. 모병제

시대에는 여군들의 31퍼센트만이 ACE 점수가 0점이었던 반면 비복무자들은 이 비율이 37퍼센트였다. 또 여군들의 28퍼센트가 4점 이상의 ACE 점수를 받은 반면 비복무자들은 이 비율이 20퍼센트였다. 징집제 시대에도 비슷한 분포를 보였다.

이 연구 결과는 군인들이 학대가 심하거나 폭력적이고 역기능적인 가정환경에서 벗어나기 위해 입대하는 경우가 많으므로 더 많은 불운한 아동기 경험에 노출됐을 수 있다는 이전 연구와 일치한다.[13] 스트레스가 심한 다른 직업군에서는 이만큼 체계적인 연구가 이뤄지지 않았지만 기존 데이터는 유사한 결과를 시사한다.[14]

이 모든 경험적 연구는 사실 불운한 아동기 경험의 실질적 영향을 과소평가할 가능성이 있다. 아동기 트라우마 중에서 불운한 아동기 경험 조사에 포함되지 않은 유형이 왕따, 빈곤, 인종차별, 부모의 사망, 노숙, 위탁 양육 또는 사고, 화재, 자연재해에서의 생존 등으로 다양하기 때문이다. 더욱이 성인들, 특히 남성들은 불운한 아동기 경험을 축소해 보고하는 편이다.[15] 2장에서 얘기했듯이 우리 문화에는 트라우마와 정신 질환의 낙인을 부인하는 경향이 팽배하기 때문에 충분히 그럴 만하다. 축소 보고 경향은 특히 스트레스가 심한 직업군에서 확연히 나타나는데 그런 경험들을 보고하면 기밀 정보 취급 허가를 받을 기회가 줄어들 것이라는 납득할 만한 우려가 있기 때문이다.

나 역시 많은 불운한 아동기 경험에 노출됐지만 군대에서 일할 때 군 의료 체계에 이런 경험을 보고한 적도 없고 퇴역 후 의사에게 얘기한 적도 없다. 당시 나는 불운한 아동기 경험이 무엇인지도 몰랐고 당연히 그 경험이 신경생물학적 구조에 어떤 발달적 영향을 미치는지도 몰랐다. 토드와 홀리오 역시 ACE 점수가 높았지만 MMFT에서 훈련을 받기 전까지는 그런 경험의 효과를 전혀 몰랐다. 나는 MMFT 참가자들과의 수많은 1대 1 면담을 진행하면서 이 같은 패턴을 자주 관찰해왔다. 우리 문화에서는 특히 유년기 스트레스와 트라우마에 적응해 배선된 패턴이 사고 뇌에 무시당하고 부인당하고 폄하당할 가능성이 높다. 2장에서 설명했듯이 사고 뇌는 과거의 고통과 그에 대처하기 위해 개발한 생존 전략에 초점을 맞추기를 원하지 않는다. 사고 뇌는 인생의 목표나 자존감을 고취하는 외부 요인(명성, 신체적 기량, 관계, 소유물 등) 같은 미래에 초점을 맞추는 쪽을 훨씬 선호하는 것이다.

그럼에도 아동기 역경은 우리가 성인이 된 후까지 스트레스와 부정적 감정에 적응적으로 대처하는 능력을 계속해서 손상할 수 있고 특히 우리가 그런 사실을 자각하지 못할 때 그렇다. 더구나 성인 대상의 스트레스 각성 및 트라우마 치료는 종종 최근 사건만을 다루기 때문에 임상의나 환자들 자신도 오늘날 최선의 치료 계획을 짜기 위해 유년기 경험을 되돌아보는 일의 중요성을 간과하기 쉽다.

아동기 역경은 왜 그로록 지속적인 영향을 미치는가?

——————————————— 그렇다면 아동기 역경을 경험하거나 부모의 우울, 학대, 방임, 중독, 트라우마의 영향 아래서 성장할 때 초래되는 공통적인 신경생물학적 결과는 무엇일까? 방대한 연구 결

과가 몇 가지 공통된 적응 방식을 지적한다.

경험적 연구는 인생 초년기 만성 스트레스가 한창 발달 중인 뇌에 두 가지 구조적 변화를 일으킨다는 사실을 보여주는데, 하나는 신경지를 담당하는 생존 뇌 영역인 편도체가 더 크게 발달하는 것이고, 다른 하나는 실행 기능을 통제하고 스트레스와 감정의 하향식 조절을 돕는 사고 뇌 영역인 전전두엽 피질이 더 작게 발달하는 것이다.[16]

실제로 조기에 만성적 스트레스를 받은 아이들은 사고 뇌 발달을 희생해 위험을 신속하게 평가하는 생존 뇌의 능력을 키운다. 시스템 2(사고 뇌 기능)를 희생해 시스템 1(생존 뇌 기능)을 극대화하는 적응적 변화는 사고 뇌의 많은 기능이 채 발달하기도 전에 거의 20년간 조건화된다. 이런 아이들은 실행 기능, 의식적 기억과 학습, 정서 조절, 충동 조절에서 장애를 보이는 경향이 있다.

이 같은 결과는 3장에서 이라크 전쟁에 파병된 부대를 대상으로 한 연구 결과와도 유사하다. 부대원들은 전투에 배치된 후 반응 시간이 빨라진 대신 언어 능력, 주의력, 작업 기억력이 저하됐다. 한번 생각해보라. 단 1년 동안의 과잉 각성이 성인의 뇌에 그런 변화를 초래했다면 아직 발달 중인 뇌로 18년 동안 아동기 역경을 겪은 아이들에게는 어떤 일이 벌어지겠는가?

게다가 아동기 역경으로 더 커지고 과민 반응하는 편도체는 불안장애와 PTSD를 발전시킬 위험이 높다.[17] 유년기나 사춘기에 불안장애, 우울증, 기타 기분장애를 처음 경험할 경우, 20세 이후 처음 그런 증상을 경험하는 사람에 비해 평생 살면서 정신건강 문제를 추

가적으로 경험할 가능성이 더 높다는 연구 결과가 있다.[18]

또 불운한 아동기 경험이 있는 사람들은 신경지의 결함 때문에 안전한 상황을 위협적이라고 인지하거나 반대로 상당히 위험한 상황을 안전하다고 인지할 가능성이 높다. 예를 들어 부모의 잦은 다툼을 목격하는 아이들은 중립적인 얼굴 표정도 위협으로 해석할 가능성이 훨씬 높다.[19] 생존 뇌는 특히 과거 스트레스 요인을 무의식적으로 상기하는 외부 또는 내부 단서에 민감하다. 특히 그 과거 스트레스 요인이 만성적이고 반복적이었거나 또는 우리에게 스스로 무력하고 통제력이 부족하다는 인식을 줬다면 말이다. 이런 생존 뇌의 조건화는 5장에서 얘기했듯이 점화에 대한 민감성을 키운다. 점화가 되면 걱정스러운 생각, 심장 두근거림, 그 밖의 신체감각 등 기억 캡슐의 내부 구성 요소가 외부 단서와는 완전히 별개로 스트레스 활성화가 촉발될 수 있다. 점화가 일어날 때마다 내부적 민감도가 증가하고 그 수위가 높아져 시간이 지나면 생존 뇌에서는 실제 외부 상황이 안전할 때에도 위험을 감지하게 되는 것이다.[20]

어린 시절의 만성 스트레스와 트라우마는 신경계에서 배 쪽 부교감신경계 회로의 발달을 저해한다. 6장에서 설명했듯이 배 쪽 부교감신경계는 사춘기 동안에도 계속 발달하기 때문이다. 생존 뇌가 과민하고 배 쪽 부교감신경계가 미발달된 상태에서는 2차 방어선(투쟁-도피, 교감신경계)과 3차 방어선(동결, 등 쪽 부교감신경계)으로 빠르게 후퇴할 가능성이 더 높아진다. 이런 상태에서는 다른 사람들과 함께 안전감을 느끼고 서로 지지하고 신뢰하는 관계를 발전시킬 가능성도 낮아진다. 또 배 쪽 부교감신경계가 미주신경 브레이크와 회복 기능을 제어하기 때문에 스트레스나 트라우마를 겪은 후 완전히 회복하는 데에도 어려움을 겪을 가능성이 있다. 따라서 이들은 고통 역치가 낮고 스트레스와 부정적 감정을 조절하는 능력이 부족한 경향이 있다.[21]

또한 아동기 역경은 내분비계(호르몬 체계), 특히 스트레스 호르몬을 조절하는 HPA 축을 손상하고 조절 장애를 일으킨다. HPA 축이 교란되면 비정상적으로 높거나 낮은 수준의 스트레스 호르몬을 생성하는데 이 상태는 어렸을 때 스트레스와 트라우마를 겪은 많은 종의 개체에서 공통적으로 발견된다. HPA 축 조절 장애는 종종 내분비계 전체에 파장을 일으키며 신진대사와 생식기능을 저해할 수 있다.[22] 당뇨병, 갑상선 문제, 성 기능장애가 모두 내분비계 조절 장애 증상이다.

아동기 역경은 면역계에도 악영향을 미친다. 3장에서 설명했듯이 유년기의 만성 스트레스와 트라우마는 면역계에서 만성 염증을 일으키는 해로운 후생유전학적 변화로 이어질 수 있다. 특히 대식세포와 미세아교세포가 조절이 안 되는 식으로 프로그래밍된다. 대식세포는 감염, 손상, 죽은 세포 등 '나쁜 놈들'을 찾아내 파괴하는 책임이 있다. 그러니 어린 시절 스트레스에 시달리면 대식세포는 염증을 일으키는 데 매우 효과적으로 변하고 염증을 없애는 데는 효과가 떨어지게 된다. 또 과활동성 대식세포는 염증을 유발한 감염이나 독소 노출, 부상, 신체적 트라우마가 사라지고 오랜 시간이 지난 후에도 염증성 사이토카인을 계속 분비해 염증을 유발한다.[23]

결국 만성 염증은 나이가 들수록 만성 통증, 섬유근육통, 만성피로 증후군, 관절염, 요통, 만성 두통, 편두통, 습진, 건선, 심혈관 질환, 천식, 알레르기, 과민성대장증후군 그리고 제2형 당뇨병의 전조인 인슐린 저항성 등 다양한 증상으로 나타날 수 있다. 또 우울증, 불안 장애, PTSD, 조현병, 알츠하이머병, 다발성경화증MS, 기타 자가면역질환을 포함한 신경퇴행성 질환을 유발하기도 한다.[24]

만성 염증은 코르티솔과 다른 스트레스 호르몬을 과도하거나 부족하게 생성하는 HPA 축 조절 장애로 악화된다. 급성 스트레스를 받는 동안에는 코르티솔이 단기적으로 면역력을 높여주지만, 만성 스트레스의 경우에는, 코르티솔 분비량을 제대로 조절하지 못해 면역력이 떨어진다. 과도한 코르티솔 분비는 우울증, 제2형 당뇨병, 알코올의존증, 거식증, 갑상선기능항진증, 공황장애, 강박 장애 등과 관련이 있다. 반대로 코르티솔 분비가 부족해지면 PTSD, 섬유근육통, 만성피로 증후군, 갑상선기능저하증, 알레르기, 천식, 류머티즘성관절염, 기타 자가면역질환 등을 앓을 수 있다.[25]

또 아동기 역경은 뇌의 도파민 시스템도 변화시켜 도박, 쇼핑, 섹스, 물질 남용, 특히 알코올, 니코틴, 약물 남용 같은 중독성 행동에 대한 취약성을 키운다. 도파민은 기분이 좋아지는 신경전달물질 중하나다. 그래서 한편으로는 동기부여와 목표 지향적 행동에, 다른 한편으로는 미루기, 갈망, 중독에 주요한 역할을 한다.

아동기 역경을 겪은 후 중독에 빠지는 성향은 세 가지 신경생물학적 적응에서 비롯될 가능성이 높다.[26] 우선 전전두엽 피질이 제대로 발달하지 않아 자극을 통제하고 부정적 감정을 하향식으로 조절하는 능력이 부족하다 보니 그에 대처하기 위해 중독성 있는 행동이나 물질로 눈을 돌리게 되는 것이다. 알코올, 니코틴, 기타 약물 등의 물질은 만성적으로 높은 각성 수준을 낮추는 데 도움이 되기 때문이다.

만성적 스트레스가 과도한 스트레스 호르몬을 생성해 도파민이 고갈되는 경우도 약물, 니코틴, 알코올에 대한 갈망이 증가한다.

도파민 시스템 자체가 손상된 상태로 발달해 뇌에 있는 도파민 수용기가 상대적으로 적어지는 경우에도 중독에 빠지기 쉽다. 중독을 치료하고 연구하는 의사 가보르 마테Gabor Maté가 설명하듯이 "타고난 동기부여 시스템이 손상되면 자연히 초래되는 결과 중 하나가 중독이다."[27]

처음 중독이 시작될 때는 중독적 행동이나 물질 같은 외부 자극이 도파민을 촉발해 뇌 안에 인위적으로 많은 양의 도파민이 넘쳐흐른다. 그러면 중독자는 부족한 도파민을 보충해 동기와 에너지를 얻을 수 있다. 하지만 시간이 지나면 뇌의 도파민 시스템이 '게을러진다'. 도파민 시스템은 최대 능력치로 작동하기보다 점점 인위적인 외부 촉진제에 의존하고,[28] 물질 남용으로 뇌의 도파민 수용기가 줄어들어 도파민 시스템은 한층 더 손상되는 식이다. 이 역학은 점점 '내성'이 생겨 도파민 결핍을 메우기 위해 자꾸 더 많은 외부 물질이나 행동을 요구하게 되는 이유를 설명해준다.

어린 시절 도파민 시스템과 HPA 축에 조절 장애가 생기면 성인기에 우울증에 걸릴 수도 있다. 우울증은 만성 염증과 관련될 뿐 아니라 높은 스트레스 호르몬 수치와 낮은 도파민 수치와도 관련이 있는데 양쪽 다 회복되지 않은 만성 스트레스를 겪은 후 더 흔하게 나

224

타난다. 우울증의 대표 증상은 즐거움을 느끼거나 추구하지 못하는 무능력과 무관심이므로 우울증에서 도파민이 하는 역할은 쉽게 이해가 된다.[29] 물론 우울증은 도파민이 고갈됐을 때의 증상이기도 하다. 우울증과 약물 남용이나 다른 중독이 함께 진행되는 경우가 많다는 사실도 충분히 이해가 간다.

어린 시절 만성 스트레스와 트라우마를 겪은 또 다른 결과는 학습된 무기력으로, 이는 아동기 역경을 겪은 사람들 사이에서 만성 우울증의 유병률이 높은 이유를 설명하는 데 도움이 된다.

학습된 무기력은 동물 연구에서 전기가 흐르는 금속 격자판 위에 앉은 동물의 경우처럼 피할 수 없는 충격에 노출될 때 조건화된다. 동물들은 전기 충격을 받으면 처음에는 어떻게든 도망가려고 애쓰지만 장벽에 막혀 좌절한다. 전기 충격이 이어지는 동안 탈출하려다가 좌절하는 일이 반복되면서 점점 탈출 시도가 줄어들고 마침내 동결(등 쪽 부교감신경계) 상태로 '후퇴한다'. 그러면 정신적 외상을 입은 동물들은 그냥 수동적으로 충격을 받아들인다. 이들은 연구진이 장벽을 제거한 후에도 탈출을 시도하지 않고 전기가 흐르는 격자판 위에 꼼짝없이 앉아 있다.[30] 정신적 충격을 받은 동물들이 안전이 불가능하다는 사실을 학습한 것이다. 심지어 안전이 가능해진 경우에도 말이다.

인간 역시 학습된 무기력을 조건화할 수 있다. 특히 어린아이들이 통제력이 거의 없는 상황에서 무서운 사건을 반복적으로 경험할 때 그렇게 된다. 학습된 무기력은 생존 뇌의 암묵적 학습을 왜곡함으로써 성인기 우울증을 유발할 수 있다. 실제로 트라우마를 겪은 생존 뇌는 자신이 정말로 무력했을 때의 과거 경험을 일반화해 지금도 여전히 무력하고 주체성이 부족하다고 믿는다. 이 믿음은 무관심, 수동성, 동결 그리고 현재 상황을 바꾸거나 적응하기 위해 에너지를 동원하지 못하는 무기력함을 초래하는데 이 모든 증상에 종종 임상적 우울증이 동반된다.[31]

또 학습된 무기력은 어떤 위협에 직면해도 기본적으로 동결, 복종, 마비, 극단적 미루기 등의 생존 전략을 조건화하는 결과로 이어진다. 심지어 자신의 입장을 고수하고 행동을 취하거나 도망치는 것이 더 효과적인 상황에서도 말이다. 나이가 들어서도 학습된 무기력이 여전히 유지되면 디폴트 프로그래밍이 조건화될 때 인생 초년기 사건에서 여전히 회복되지 못한다. 생존 뇌가 완전히 회복될 때까지 미래의 위협적 상황 앞에서 자동으로 동결되는 경향을 보이며 학습된 무기력이 더욱 강화될 것이다.[32]

아동기 역경에 따른 마지막 지속적 결과는 높은 스트레스 각성 수준을 경험할 때 분비되는 엔도르핀, 내인성 오피오이드 시스템 조절 장애다. 내인성 오피오이드 시스템이 조절 장애를 일으키면 2장에서 소개한 그렉의 강박적 외도나 토드의 위험한 오토바이 운전처럼 아드레날린을 추구하는 행동에 의존할 가능성이 높아진다.

또 트라우마의 재연도 더 많이 경험하게 된다. 트라우마가 재연되면 과거 트라우마 사건의 일부가 반영된 상황을 불가사의하게 재창조해내는 자신을 발견하게 된다. 트라우마 재연은 결함 있는 신경지—위험과 안전에 대한 부정확한 인지—와 생존 뇌의 암묵적 기억 체계 왜곡 탓으로 설명할 수 있다.

과거 트라우마 사건 때 우리가 경험했던 신체감각, 감정, 몸의 움직임이 암묵적 기억 속에 대부분 무의식적 단서로 저장돼 있다는 사실을 떠올려보자. 암묵적 기억은 우리가 과거에 각인된 트라우마와 관련된 경험, 감정, 몸의 감각, 믿음 등을 재연할 수 있는 행동, 관계, 상황을 선택하게 한다. 트라우마 재연은 친밀한 관계, 업무 상황, 반복적 사고, 신체 증상, 정신 질환, 그 밖에 무작위로 보이는 사건들에서도 일어날 수 있다. 중요한 것은 트라우마를 재연하는 사람이 가해자나 피해자 중 한쪽의 역할을 할 수 있다는 사실이다.[33]

왜 그럴까? 여기에는 아직 논쟁의 여지가 있다. 프로이트 이래로 일부 임상의와 연구자는 우리가 스스로 트라우마를 치유하려는 노력에서 트라우마 사건을 재연한다고 주장해왔다. 즉, 우리가 무의식적으로 본래의 트라우마 사건과 유사하거나 상징적으로 유사한 상황에 자신을 몰아넣고 이번에는 마침내 심신 체계가 위험을 성공적으로 극복하는 방식으로 반응할 수 있으리라고 기대한다는 것이다. 그러나 이런 생존 뇌 과정은 무의식적이기 때문에 우리는 암묵적 기억과 그때 패턴화된 프로그래밍, 감정, 믿음을 별다른 치유 과정 없이 단순히 재연하는 데 그칠 가능성이 더 높다.[34]

최근 들어 연구자들은 트라우마 재연이 내인성 오피오이드 시스템 조절 장애와도 관련될 수 있다고 주장하고 있다. 실제로 트라우마가 있는 사람들은 대부분이 기피하는 높은 각성 수준의 활동과 경험을 추구하는 경향이 있다. 그들은 "화가 나거나 강압당하거나 위험한 활동에 관여하지 않을 때는 막연한 공허감과 지루함을 느낀다"고 불평한다.[35] 높은 각성 상태에서 대량 분출되는 엔도르핀에 중독된 것이다. 특히 조절 장애인 사람들이 엔도르핀이 급증하는 활동을 강박적으로 추구해 '아드레날린 정키adrenaline junkie'라는 신조어도 생겨났다.

아드레날린을 추구하는 활동에는 익스트림 스포츠, 스카이다이빙, 토드가 즐겼던 고속 오토바이 운전, 그렉이 즐겼던 혼외정사, 타인에 대한 폭력적 행동 등이 포함된다. 또 흥미롭게도 머리 박기, 절단, 단식 등 자해 행위도 포함된다. 이 행동은 모두 엔도르핀 분비를 급격히 증가시켜 불안에 안도감을 제공한다.[36] 또 취미 삼아 달리기, 자전거 타기, 서핑 등을 하면서도 매일같이 엔도르핀 처방을 받아야 한다고 느끼고 그렇지 않으면 불안하고 초조해하는 사람들도 실은 기저의 조절 장애를 자가 처방하는 셈이다. 강박이 개입되면 무엇이든 조절 장애일 가능성이 있다.

학대적 관계에도 비슷한 패턴이 존재한다. 이런 관계에서는 긴장이 점점 고조되다가 절정에 달해 폭발적이나 폭력적으로 분출된 후 다시 차분해져 다정하게 '화해하는' 휴식기가 이어진다. 이 주기는 학대자와 피해자의 외상적 유대를 강화할 뿐 아니라 양쪽 모두에게 엔도르핀 분비를 촉진해 생리학적으로 진정하는 효과를 안겨준다. 학대적 관계를 재연하는 경향은 초기 애착 관계에서 트라우마가 발생했을 때 아마도 엔도르핀이 유대감 형성에 중요한 역할을 했기 때문일 가능성이 높다.[37]

아동기 역경의 영향

──────────── 놀랍지 않은가? 인생 초기에 만성 스트레스와 트라우마에 적응한 심신 체계가 과잉 각성, 과민성, 반응성 항진, 염증, 조절 장애로 이르는 경로는 이렇게나 많다.

어떤 나이에라도 만성 스트레스와 트라우마를 겪으면 이 가운데 어떤 경로든 활성화될 수 있지만, 가장 중대하고 오래 지속되는 효과는 분명 심신 체계가 아직 발달 중인 아동기와 청소년기에 만성 스트레스와 트라우마를 경험할 때 발생한다. 이 같은 신경생물학적 적응은 뇌의 구조적 변화부터 자율신경계와 내분비계, 면역계, 도파민이나 엔도르핀 시스템 조절 장애, 몸에서 만성 염증과 질병을 일으키는 세포 수준의 후생유전학적 변화까지 실로 광범위하다.

이 모든 신경생물학적 적응은 우리 행동에 파급 효과를 미친다. 그래서 우리는 주의를 기울이거나 효과적인 결정을 내리거나 충동과 갈망을 조절하거나 스트레스와 부정적 감정을 조절하는 데 어려움을 겪게 될 가능성이 높다. 또 무의식적으로 중독, 트라우마 재연, 아드레날린 추구, 자해, 폭력 행동으로 향하는 강박적 경향성이 생긴다.

모두 종합해보면 이는 좋은 그림이 아니다.

이제 아동기 역경이 심신 체계를 변화시키는 메커니즘의 기저를 이해했으니 그 결과에 관한 경험적 근거를 살펴봐도 놀랍지 않을 것이다. 불안정 애착과 마찬가지로 아동기 역경은 좁은 인내의 창으로 향하는 궤도를 설정한다. 그러면 생체 적응 부하가 누적될 가능성이 높고 결국 신체적·정신적 건강 문제로 나타날 수 있다.

불운한 아동기 경험은 누적 효과가 있어 더 많은 범주를 경험할수록 조절 장애가 심해질 가능성이 높다는 점을 기억하자. 학령기 아동의 경우 불운한 아동기 경험에의 노출은 비만, ADHD, 기타 학습 및 품행 문제와 연관된다. 실제로 ACE 점수가 4점 이상인 아이들은 대부분 학교에서 학습 및 품행 문제를 겪는 반면 ACE 점수가 0점인 아이들은 단 3퍼센트만이 학교에서 문제를 겪는다.[38]

성인의 경우 불운한 아동기 경험에의 노출이 광범위한 건강 문제와 연관된다. 불운한 아동기 경험이 없는 성인에 비해 그런 이력이 있는 성인은 수명이 짧거나 비만일 가능성이 높다. 그들은 당뇨병, 암, 심장병, 고혈압, 간질환, 기관지염/기종, 알레르기, 천식, 궤양, 관절염/류머티즘에 걸릴 가능성이 더 높다. 또 성병에 걸리거나 계획에 없는 임신을 할 가능성도 더 높다. 흡연을 하거나 알코올과 다른 물질을 남용할 가능성도, 우울, 불안, PTSD를 겪을 가능성도, 또 자살을 시도할 가능성도 더 높다.

불운한 아동기 경험의 누적 효과는 특히 성인기에 심각하게 나타난다. 불운한 아동기 경험이 없는 성인은 대략 8명 중 1명꼴로 만성 우울증을 경험하는 반면 ACE 점수가 4점 이상인 여성 3분의 2 이상, 남성 3분의 1 이상이 만성 우울증을 경험한다. 마찬가지로 불운한 아동기 경험이 없는 성인에 비해 ACE 점수가 4점 이상인 성인은 알코올의존자일 가능성이 7배, 자살 시도 가능성이 13배나 높다.[39]

놀랍지 않게도 많은 경험적 연구에서 불운한 아동기 경험이 있는 사람들이 청소년과 성인이 돼서 다시 학대와 폭력을 당하거나 다른 사람들을 학대한다는 사실이 입증됐다. 대체로 학대받은 아이들의 약 3분의 1은 자라서 다른 사람을 학대하는 가해자가 된다.

어려서 학대를 당한 성인들은 학대를 당하는 폭력적 관계에 말려들기 쉬워 자녀들에게도 폭력적 아동기를 겪게 할 가능성이 높아진다. 실제로 어린 시절에 신체적 또는 성적 학대를 당하거나 부모 간의 가정 폭력을 목격하면 성인이 돼서도 친밀한 파트너에게 폭력을 당할 가능성이 2배 이상 증가한다. 성장하면서 가정 폭력을 목격하지 않은 남성들에 비해 가정 폭력을 목격한 남성들은 성인이 돼 자신의 파트너를 학대할 가능성이 7배 더 높다.

비폭력 범죄자들에 비해 폭력 범죄자들은 어려서 폭력을 목격했을 가능성이 더 높다. 극빈 지역에 사는 9~19세의 소수집단 청소년 중 5년의 연구 기간 동안 폭력에 반복적으로 노출된 아이들이 폭력에 가담할 가능성이 31.5배나 높았다. 총기 폭력을 목격한 청소년들은 향후 2년 내 심각한 폭력을 저지를 가능성이 2배로 높아진다. 따라서 어린 시절의 트라우마가 체포와 재범의 가능성을 높이고 수감자들이 일반 성인에 비해 ACE 점수가 높은 편인 것은 놀라운 일이 아니다.[40]

이런 데이터를 통해 나타나는 어린 시절에 겪은 역경의 광범위한 영향은 실로 충격적이다.

아동기 역경 이후 대처

———————————————— 이제 인내의 창을 좁히는 데 기여하는 마지막 층위를 전체 그림에 추가할 차례다. 우리는 스트레스나 트라

우마 사건에 직면할 때마다 그 시점에 이용 가능한 모든 도구를 총동원한다. 그중 일부는 체구와 힘, 지적 능력과 교육, 자기 조절 능력, 신앙과 같은 내부 자원이다. 또 다른 일부는 사회적 지지망, 재정적 자원, 조직 내 권력 같은 외부 자원이다.

이 점을 염두에 두면 우리가 자라면서 내적 또는 외적으로 점점 더 많은 도구에 접근하게 된다는 사실이 분명해진다. 사실 스트레스를 받는 유아나 아동이 자기 마음대로 사용할 수 있는 도구는 극히 제한적이다. 그들은 아직 많은 내적 도구가 갖춰지지 않았고 많은 외적 도구에도 접근할 수 없다.

따라서 어린 시절 많은 역경을 겪은 사람들은 사용 가능한 내적 또는 외부 자원이 가장 적었을 때 강력하고 깊이 조건화된 생존 전략을 배선하게 된다. 그들은 체구가 작아서 신체적으로 자신을 방어할 수 없었다. 아직 사고 뇌가 미성숙해서 스트레스와 강렬한 감정을 겪은 후 스스로를 달래고 회복하는 데 도움이 되는 하향식 자기 조절 능력도 별로 없었다. 또 아직 자신이 겪은 방임이나 학대 행위가 대부분 자기 탓이 아니라는 사실을 이해할 만한 추론 능력이나 조망 수용 능력도 없었다. 그들에게는 어른에게 기대는 것도 선택지가 아니었는데 상황이 더 나빠질 위험을 감수해야 했기 때문이다.

그렇다면 만성적 스트레스 각성 상태에서 우리는 무엇을 할 수 있었을까? 내적 또는 외부 자원이 적었던 아이가 어떻게 살아남았을까?

아마도 우리는 신체적·정서적 고통을 억압하고 구획화하며 몸에서 단절돼 머릿속으로 철수함으로써 스스로 느끼는 바를 무시할 수

232

있었을 것이다. 지금 일어나는 일이 모두 자신의 잘못이라고 생각하거나 자기가 (공백을 메꾸기에) 부족하다고 생각할 수도 있었다. 반추와 걱정을 일삼을 수도 있었다.

음식을 (너무 많이 또는 너무 적게) 섭취하거나 머리카락을 뽑는 등 강박적 습관을 개발함으로써 사용 가능한 몇 안 되는 방법으로 통제를 시도할 수도 있었다.

생존을 최우선순위로 삼고 욕구 충족을 두 번째 우선순위로 희망하며 순종적이거나 비위를 맞추는 사람이 돼 눈앞에서 펼쳐지는 상황에 복종하고 파장을 일으키지 않을 수 있었다. 또 존재감 없이 지내거나 병에 걸릴 수도 있었다.

텔레비전, 책, 비디오게임, 모바일 기기, 음식, 니코틴, 알코올, 기타 물질로 주의를 분산하거나 해리되거나 무감각해질 수도 있었다. 또 엄지손가락을 빨거나 몸을 흔들거나 머리를 박거나 침대에 오줌을 싸거나 이불 속에 숨을 수도 있었다.

성질을 내거나 다른 사람들을 괴롭히거나 싸우거나 규칙을 어기거나 바람을 피우거나 담배를 피우거나 아무하고나 성관계를 맺거나 마약이나 술을 남용하거나 물건을 훔치거나 폭력적 행동을 함으로써 행동화를 할 수도 있다. 마지막으로 단식부터 절단, 자살 시도에 이르는 자해 행위를 할 수도 있었다.

예를 들어 나는 인생 초년기에 경험했던 트라우마 사건들에 대처하기 위해 벽에 머리를 박았다. 부모님은 내가 생후 6개월쯤 지나 아기 침대에 앉게 되자마자 머리를 박기 시작했다고 말한다. 나는 수치심을 느껴 중학생 때부터 이 습관을 끊으려고 거듭 시도했지만 초기 성인기까지도 스트레스를 받으면 가끔씩 이 행동을 계속했다. 비록 의식적 선택은 아니었지만 나는 이 습관을 주요한 대처 전략으로 선택했던 것이다. 이 습관은 나 자신을 달래줬고 상처의 흔적도 남지 않았으며 내 경계심이나 판단을 흐릴 어떤 물질도 포함되지 않았기 때문이다.

성인의 관점에서는 이런 종류의 대처 방식이 '어린애같이' 보일 수도 있고 어떤 면에서는 실제로 그렇기도 하다. 우리가 이 전략을 사용해 스트레스에 대처한다면 우리의 가장 오래된 대처 기술에 의존하고 있다는 신호가 된다. 그런 대처 기술은 우리가 어렸을 때 현재 사용 가능한 어떤 지적·정서적·신체적·영적·관계적 자원도 갖지 못했을 때 형성된 것이다.

하지만 우리는 그런 방법을 사용해 어린 시절의 스트레스와 트라우마에 대처하는 방식을 스스로 터득했기 때문에 성인이 돼서도 계속 거기에 의존하려는 충동이 매우 강하게 남아 있다. 특히 우리가 스트레스를 받거나 소진됐거나 수면이 부족하거나 정서적으로 불안정한 상태일 때 더욱 그렇다. 이때도 역시 신경가소성이 작동하는 것이다. 그러므로 현재 우리가 지닌 외부 및 내부 자원을 총동원해 뭔가 다른 전략을 선택하려는 의도적 노력 없이는 스트레스를 받거나 어떤 단서에 촉발될 때 여전히 자동으로 과거의 대처 습관으로 돌아갈 가능성이 높다. 우리가 어린 시절 만성적 스트레스와 트라우마 속에서 배선한 그랜드캐니언은 모든 협곡 중에서도 가장 깊은 협곡인 것이다.

불행히도 이 습관들은 인내의 창을 좁아지게 한다. 왜 그럴까? 모든 대처 전략의 한 가지 공통점은 어떤 것도 심신 체계가 스트레스와 트라우마에서 완전히 회복되도록 돕지 않는다는 것이다. 일시적으로 우리의 괴로움을 달래줄 수는 있어도 실제로 스트레스 각성을 해소해 진정한 회복을 제공하지는 않는다. 그 결과 인내의 창은 좁은 상태로 남게 돼 계속해서 생체 적응 부하를 누적하고 향후 스트레스를 받을 때 동원할 전략의 범위를 점점 더 제한한다.

인내의 창이 좁은 생존자

——————————— 아동기 역경을 겪은 사람들은 생존자다. 하지만 그들은 심신 체계가 발달하는 결정적 시기에 매우 깊고도 오래가는 신경생물학적 패턴을 형성했다. 생체 적응 부하가 심한 생존자라는 신경생물학적 프로파일에는 몇 가지 독특한 장단점이 있다.

이런 궤도를 살아가는 이들은 역경을 헤쳐나가고 도전적 임무를 수행하는 능력이 거의 초인적이어서 극도로 탄력적이고 적응적인 것처럼 보인다. 실제로 그들의 심신 체계는 지속적으로 높은 각성 상태에서도 잘 기능하고 심지어 번영한다. 극심한 스트레스 환경에 적합한 대처 방법으로, 그들의 심신 체계는 무의식적으로 위기를 갈망한다.

그러나 이들의 회복탄력성은 대개 상당히 불안정하다. 그들의 심신 체계는 기본적으로 각성 수준이 높아서 대개의 일상생활처럼 굳이 높은 각성이 필요하지 않은 상황에 부합하지 않기 때문이다. 역설적으로 그들의 과도한 자신감은 그들을 고립시키고 지원이나 도움을 요청하기 어렵게 만들어 고통을 가중한다.

그들과 같은 양육 환경에서 자라지 않은 사람들은 왜 그들이 자꾸 일하면서 자신을 사지로 내몰고 학대적 관계에 연연하며 비만 상태를 유지하고 중독으로 인생을 망치거나 폭력적 범죄를 저지르는지 이해하기 어려울 수 있다. 누구든 그런 상황에 놓이면 똑같이 반응할 가능성이 있다는 점을 충분히 인식하지 못하고 무지한 상태에서 너무도 쉽게 그들의 행동을 재단하는 것이다. 우리가 집단적으로 그들의 행동에서 납득할 만한 이유를 인정하지 않을수록 그리고 그들의 행동을 더 많이 비난할수록 더욱더 그들을 현재 패턴에 가두고 변화하려는 노력을 억누르게 된다.

이번 장의 근거들은 어린 시절의 가난, 학대, 방치, 트라우마, 폭력이 인내의 창 넓이에 평생 영향을 미친다는 점을 분명히 보여준다. 어린 시절의 경험이 운명을 결정하지는 않더라도 인생 최초의 사회적 환경은 인내의 창의 궤도에 깊은 영향을 미친다. 고통스러운 양육 환경에서 자란 사람이 좋은 결정을 내리고 충동과 감정을 조절하고 지지적 관계를 맺고 스트레스를 받은 후 회복하기가 더 힘든데는 명백한 신경생물학적 이유가 있다.

그렇게 성장한 사람이 이제 와 인생 초기의 경험부터 현재까지의 점들을 연결해 오늘날 자신이 왜 상처받고 조절이 안 되는지 이해한다고 해서 고통이 사라지거나 조절 장애가 해결되지는 않는다. 그렇더라도 자신의 신체적·정신적 건강 상태, 중독, 기타 대처 행동에 관한 자기 판단, 자기혐오, 수치심을 잠재우는 데는 도움이 될 수 있다. 사실 자기 제한적 믿음과 감정은 어린 시절 스트레스를 받을 때 형성된 과잉 반응하는 조절 장애 프로그램을 유지할 뿐이다. 또 어렸을 때 살아남는 데 필요했지만 이제 더는 도움이 되지 않는 대처 메커니즘도 지속한다. 예를 들어 그런 수치심과 자기 판단은 요요 다이어트, 폭식과 폭음 후 무리한 운동하기, 계속 미루다가 마감 직전에 몰아 일하기, 그 밖에 멈추고 시작하길 반복하며 새로운 방식으로 스트레스에 대처하려는 다양한 시도를 부추긴다.

바로 이 지점에서 지혜와 용기 같은 전사적 자질이 도움이 될 수 있다. 지혜는 우리의 신경생물학적 구조가 어린 시절 어떻게 형성됐고 왜 그렇게 적응했는지 이해하는 데 도움을 준다. 또 자신의 신경생물학적 프로파일에 독특한 장단점이 있다는 사실에 감사하게 해준다. 우리는 어린 시절의 스트레스와 트라우마를 통해 많은 사람이 결코 누리지 못할 힘을 얻었지만 대신 생활양식을 선택할 재량권이 줄어들었다. 어린 시절 넓은 인내의 창을 갖춘 사람들에 비해 우리는 항상 조절 장애, 염증, 생체 적응 부하에 더 취약할 것이다. 자신에 대한 진실을 자각하고 받아들이면 비로소 변화의 가능성이 열린다. 이런 이해를 바탕으로 우리는 신경생물학적 구조를 바꾸고 인내의 창을 넓히기 위해 의도적으로 노력할 용기를 얻을 수 있다. 스트레스를 받을 때 새로운 내적 및 외적 도구를 실험해 더욱 다양한 적응적 대처 방식에 접근할 수 있다. 생존 뇌의 자동적 프로그래밍과 어린 시절에 채택한 대처 습관을 멈추는 법을 배울 수 있다.

마지막으로 현재의 좁은 인내의 창 안에 미래의 넓은 인내의 창이 내재돼 있을 가능성을 기억해야 한다. 아동기 역경이라는 인생의 불행은 가장 넓은 인내의 창을 만들 잠재력을 한 가닥 희망처럼 품고 있다.

다음 장으로 넘어가기 전에 인내의 창을 좁히는 첫 번째 경로와 관련된 당신의 경험을 시간을 두고 생각해보자. 예전에 쓴 일기에서 당신 부모와 조부모의 인생 경험, 애착 유형, 인내의 창의 크기를 가늠해볼 수 있을 것이다. 또 어린 시절 부모나 다른 양육자들이 어떤 스트레스 요인에 대처하고 있었는지, 특히 어떤 미해결된 트라우마나 상실에 대처하고 있었는지도 되짚어볼 수 있을 것이다.

표 7.1: 인내의 창을 좁히는 불운한 아동기 경험

조산(특히 30주 전) 또는 난산	입양
소아 수술, 장기 입원, 의료적 응급 상황(본인 또는 형제자매)	가정 위탁, 소년원 보호, 감금
잦은 신체적 학대	가족이 학대·공격·살해되는 광경을 목격함
잦은 정서적 학대	가족이 우울증, PTSD, 불안 장애 등 정신 질환이 있음
괴롭힘	가족이 자살을 시도하거나 자살로 사망함
성추행, 성학대, 강간	가족이 알코올이나 다른 요인에 중독됨
가난 또는 만성적 굶주림	가족이 심각한 범죄를 저지르거나 수감됨
노숙	파산, 부모의 실직, 도박, 전쟁, 자연재해로 인해 가족의 집이나 소유물 상실함
인종차별	본인이나 가족이 자연재해, 전쟁, 테러, 집단 학살, 총기 난사, 사고, 그 밖의 재난을 경험함
부모의 불륜, 별거, 이혼	가족이 고국을 탈출하거나 정치적 망명을 강요당함
가정 폭력	가족과 강제로 오랫동안 떨어져 살거나 가족에게 버림받음
부모, 형제자매, 기타 중요한 양육자의 사망	

다음으로 온라인에서 이용 가능한 ACE 설문 조사를 통해 당신의 ACE 점수를 계산해볼 수 있다.[41] 앞서 지적했듯이 ACE 설문 조사에는 심신 체계에 지속적 영향을 미치는 어린 시절의 만성 스트레스와 트라우마의 모든 요인이 포함되지는 않는다. 이 점을 감안하면서 표 7.1의 어린 시절 당신의 인내의 창을 좁혔을 수 있는 잠재적 스트레스 및 트라우마 사건의 더 자세한 목록을 참고하자.

끝으로 이번 장에서 어린 시절 역경이 심신 체계에 지속적인 영향을 미치는 메커니즘을 다시 읽어보고 당신에게 적용되는 사항을 적어보자. 또 당신이 어렸을 때 어떻게 스트레스와 트라우마에 대처했는지 그리고 오늘날 스트레스를 받을 때 여전히 그런 대처 습관에 의존하지는 않는지 되돌아보자.

쇼크 트라우마

헌신적인 응급 구조대원 마틴Martin은 만성 통증의 새로운 치료법을 찾다가 MMFT 코스로 찾아왔다. 1대 1 면담에서 나는 마틴에게 언제부터 통증이 시작됐는지 물었다. 마틴은 지난해 '경미한 접촉 사고'가 난 후로 요통이 생기고 목이 뻣뻣해졌다고 말했다. 아침마다 그는 지독한 두통을 느끼며 깨어났는데 밤새 이를 갈고 턱을 악물고 자서 그렇다고 생각했다. 마틴은 평소에는 그냥 '견딜 만했다'고 말했다. 아무것도 안 하고 그냥 참으면 됐다는 것이다. 그런데 최근 들어 통증이 점점 심해지는 느낌이 들었다. 척추 지압사를 정기적으로 찾아갔지만 도움이 되지 않았다. 이제는 이부프로펜을 사탕처럼 수시로 복용하며 버티고 있었다.

지난 몇 달 동안 마틴은 어지럽고 이명이 들리고 팔이 따끔거리는 새로운 증상이 잠깐씩 나타났다 사라진다는 것을 알았다. 또 밤잠을 설치고 악몽을 꾸다가 잠에서 깨어났다. 그 결과 집중력과 기억력에 지장이 생겼다. 특히 약속을 못 지키고 열쇠를 제자리에 두지 못하는 데 좌절했다.

"최근 직장이나 집에서 뭔가 바뀐 게 있나요? 새로운 증상과 동시에 시작된 새로운 스트레스 요인이 있는지 궁금하네요." 내가 물었다.

"딱히 없어요." 마틴이 대답했다. "집에는 아무 문제 없고요. 직장에서 대규모 점검을 준비 중이지만 감당하지 못할 일은 아니에요. 평소보다 조금 긴 시간 일하기는 해도 크게 스트레스받는 일은 아니니까요."

"글쎄요, 사고 뇌는 점검 준비로 스트레스를 받지 않더라도 생존 뇌는 어떨지 궁금하네요. 구체적으로 어떤 점검이죠?"

"대부분은 서류 작업 훈련이지만 특정 임무를 수행할 자격도 재심사해야 하죠. 당신이 훈련시킨 부대의 파병 전 훈련과 비슷해요."

"이해가 되네요. 그럼 이상한 질문 하나 할게요. 그 재심사가 조금이라도 운전과 관련이 있나요?"

"네, 맞아요." 마틴은 놀란 표정을 지으며 의자에서 뒤로 물러났다. "어떻게 알았어요?"

나는 웃었다. "또 하나 이상한 질문이 있어요. 당신이 꾼 악몽 기억나요? 혹시 기억나면 어떤 내용인지 말해줄래요?"

마틴이 크게 웃었다. "흠. 악몽에 사고가 등장하긴 하지만 꼭 교통사고만은 아니에요. 기억하기론 교통사고는 고속도로에서 10중 추돌사고를 당하는 꿈이 유일했죠. 나머지 꿈에서는 내가 큰 사고에 대응하는 팀원인데 우리가 사건 현장에 너무 늦게 도착하거나 눈앞에서 벌어지는 상황을 제압할 수가 없어요. 나는 심장이 쿵쾅거리며 땀에 흠뻑 젖은 채로 잠에서 깨어나죠. 그리고 나선 몇 시간씩 다시 잠에 들지 못해요. 그런데 이 꿈이 이번 심사와 무슨 관련이 있을까요? 작년의 접촉 사고와는 또 무슨 상관이고요? 아무런 유사점도 없는데 말이죠!"

"맞아요, 당신의 사고 뇌에서는 아무런 유사점도 없죠." 내가 대답했다. "하지만 당신의 생존 뇌에서는 이 일들이 모두 연관돼 있다고 믿어요. 당신은 접촉 사고를 당한 피해자였잖아요?"

마틴은 고개를 끄덕였다.

"그러니까 그게 당신이 통제할 수 없는 스트레스 사건이었던 거죠. 그리고 생존 뇌에서 통제할 수 없다고 느끼면 우리는 트라우마를 겪게 되고요." 나는 말했다. "경미한 접촉 사고였다는 건 중요하지 않아요. 당신의 생존 뇌와 신체에는 외상적이었으니까요. 그래서 당신의 사고 뇌는 곧 있을 운전 자격 심사를 걱정하지 않아도 당신의 생존 뇌는 걱정하는 것처럼 보여요. 생존 뇌는 당신에게 그 사실을 알려주려고 온갖 새로운 증상을 만들어내는 거예요. 우리는 그냥 그 메시지에 귀를 기울이고 생존 뇌가 접촉 사고에서 완전히 회복을 끝마치도록 도와주기만 하면 되죠."

"하지만 그 사고는 정말 별일 아니었어요." 마틴은 얼굴을 찡그렸다. "다 극복했다고요."

"다시 한 번 말하지만 당신은 극복했을지 몰라도 당신의 생존 뇌는 분명 그렇지 않아요. 생존 뇌가 나름의 속도로 완전히 회복하도록 도울 때까지 증상은 계속 나타날 거예요. 만성 통증의 새로운 치료법을 익히려고 MMFT에 오셨죠? 그렇다면 생존 뇌가 주도하도록 내버려둬야 합니다. 생존 뇌가 완전히 회복하는 데 필요한 것을 정확히 알고 있다고 믿으면서요."

인내의 창이 좁아지는 두 번째 경로

──────────────── 인내의 창이 좁아지는 두 번째 경로는 쇼크 트라우마에서 비롯된다. 쇼크 트라우마는 갑자기 심신 체계에 중대한 영향을 미치는 예기치 못한 급박한 사건에서 발생한다. 쇼크 트라우마를 겪는 동안 우리는 너무 많은 스트레스 각성과 강렬한 감정을 너무 빠르게 경험하므로 인내의 창이 압도당한다. 쇼크 트라우마에는 일반적으로 트라우마라고 여기는 사건들, 즉 허리케인, 지진, 기타 자연재해, 테러 공격, 총기 난사, 전투, 강간, 납치, 정치적 억류 등이 포함된다. 가족, 친구, 동료 등 다른 중요한 사람까지 이런 사건을 경험할 경우 쇼크 트라우마의 여파는 더 커진다.[1]

2장에서 설명했듯이 우리는 보통 쇼크 트라우마가 발생하는 사건을 외상적이라고 인정한다. 쇼크 트라우마가 발생하는 사건은 종종 다수의 개인이나 공동체 전체가 겪게 되는 예상치 못한 사건이고 이로 인해 많은 사람이 죽거나 다친다. 사건의 특징 때문에 사고 뇌와 생존 뇌에서는 모두 스스로 통제할 수 없는 상황이라고 인식할 가능성이 높다. 보통 우리가 대처할 수 있는 최선의 방법은 그 일이 우리 삶을 관통하는 동안 그냥 버티다가 원래대로 돌아오는 것이다.

이 같은 스트레스 요인은 대부분 워낙 심각하고 예외적이기 때문에 사고 뇌에서는 이 사건이 심신 체계에 미치는 영향을 고려하는데, 사건을 평가절하할 가능성은 낮으므로 사건 후 회복을 강화하는 적극적 조치를 취하게 된다. 예를 들어 명상, 기도, 기타 영적 수행을 시도할 수 있다. 혹은 사랑하는 사람들, 성직자, 치료사, 의사에게 도움을 청할 수도 있고 육체적·정서적 회복을 위한 별도의 시간을 마련할 수도 있다.

그런데 중요한 점은 마틴의 얘기가 시사하듯이 접촉 사고나 경미한 수술 같은 '더 경미한' 사건에서도 쇼크 트라우마를 경험할 수 있다는 사실이다. 다른 트라우마와 마찬가지로 쇼크 트라우마도 그 사건 안에 존재하는 게 아니라 그 사건을 경험하는 사람의 심신 체계 안에 존재한다. 그러므로 설령 사고 뇌에서 그 사건이 '별일 아니다'라고 여겨도 생존 뇌에서 스스로 무기력하거나 통제력이 부족하다고 인식한다면 우리는 여전히 너무 많은 스트레스 각성을 너무 빨리 경험하면서 인내의 창 밖으로 이동할 가능성이 높아진다. 이는 쇼크 트라우마의 결정적 특징이지 쇼크 트라우마를 촉발하는 사건의 특징은 아닌 것이다.

우리는 대부분 쇼크 트라우마를 수시로 겪지는 않는다. 하지만 인내의 창이 좁다면 사고 뇌가 믿는 것보다 더 자주 쇼크 트라우마를 경험할 수 있다. 마틴의 경우처럼 사고 뇌에서 외상적 사건을 별일 아니라고 일축해도 그 사건이 우리에게 미치는 해로운 영향은 그 후에도 여전히 남아 있을 가능성이 높다. 아무리 경미한 쇼크 트라우마라도 그 후에 생존 뇌와 몸이 완전히 회복되지 않는 한 여전히 생체 적응 부하를 누적하며 인내의 창을 좁혀갈 것이다. 그 결과 우리는 마틴처럼 조절 장애 증상을 경험하게 된다.

우리는 지금까지 형성해온 심신 체계로 인생을 맞이한다

──────────────── 위기나 쇼크 트라우마가 생길 수 있는 사건이 터졌을 때 사람들은 당연히 각기 다른 인내의 창을 통해 사건을 접한다. 따라서 위기 동안 사고 뇌 기능과 사회참여 기능을 활용하는 능력도 제각기 다르다. 위기를 맞이할 때의 인내의 창 넓이는 어린 시절 경험에서 누적된 생체 적응 부하, 성인이 돼 제대로 회복되지 않은 만성 스트레스와 트라우마 경험에 좌우된다.[2] 다시 말해 우리는 지금까지 형성해온 심신 체계로 인생을 맞이한다.

1973년 제4차 중동전쟁Yom Kippur War 당시 이스라엘 지도자들이 보여준 수행 능력은 이 같은 역학의 훌륭한 예를 제시한다. 1967년 이스라엘은 이웃 아랍국들을 상대로 완전히 예상 밖의 선제공격을 감행해 이집트, 시리아, 요르단에서 남쪽 시나이반도와 북쪽 골란고원 등 상당한 영토를 빼앗았다. 이때 빼앗긴 영토는 본래 이스라엘이 지배하던 영토의 2배도 넘는 규모였기에 당연히 아랍 국가들은 군사적 패배를 치욕스러워했고 잃어버린 영토를 되찾겠다고 맹세했다.

그 후 몇 년 동안 이스라엘 국민들은 아랍 국가들이 공격해올까 봐 불안에 떨었다. 특히 이스라엘 방위군Israeli Defense Forces의 지상군은 80퍼센트가 거의 예고 없이 국경 방어에 동원돼야 하는 예비군이기 때문에 더욱 그랬다. 그럼에도 이스라엘 지도자들은 1973년 봄과 여름 전쟁이 일어날 가능성이 높다는 몇몇 경고를 이스라엘 정보기관의 분석에 근거해 일축했다.[*3]

10월 6일 유대력에서 가장 신성한 속죄일Yom Kippur 첫날 이집트와 시리아가 마침내 침공을 시작하자 이스라엘 지도자들은 화들짝 놀랐다. 첫날엔 남쪽 시나이반도와 북쪽 골란 고원 양쪽에 합동 공격이 진행됐다. 이후 24시간 동안 이집트와 시리아는 10만 명 이상의 병력으로 양쪽 영토 깊숙이 밀고 들어갔고 이스라엘은 우왕좌왕 대응하기 바빴다. 이틀이 지나자 이스라엘은 시리아에 대한 반격에 나섰고 사흘 만에 이집트군의 진격을 저지하는 데 성공했다. 결국 이스라엘 군대는 군사적 우위를 앞세워 시리아와 이집트를 격파했다. 10월 말에 마침내 전투가 끝났고 양측 모두 대규모 사상자가 발생했다.

이런 배경에서 알 수 있듯이 이 침공은 분명 이스라엘 정치인 및

---

* 찰스 두히그Charles Duhigg는 저서 《1등의 습관》에서 1973년 이스라엘 정보기관이 전쟁이 일어날 것 같다는 믿을 만한 정보를 무시하게 된 이유를 설명한다. 1967년 전쟁이 끝난 후 이스라엘 군사정보국장 엘리 제이라Eli Zeira는 아랍국의 전쟁 개시 의도를 평가하기 위해 '콘셉트the concept'란 것을 만들었다. 제이라는 일단 이집트가 합세하지 않으면 시리아가 단독으로 전쟁을 일으키진 않으리라고 가정했다. 또 이집트가 (이스라엘 공군을 무력화하기 위한) 소련 전투 폭격기와 (이스라엘 도시를 볼모로 삼아 이집트 인프라 공격을 저지하기 위한) 스커드 미사일을 얻기 전에는 전쟁을 시작하지 않을 거라고 가정했다. 이집트가 원하는 소련 전투기를 끝내 입수하지 못했기 때문에 제이라의 팀은 1973년 전쟁이 일어날 것 같다는 경고를 계속 묵살했다. 이집트가 일부러 오해를 조장하는 행동을 한 것인데도 말이다.

군 지도자들에게 쇼크 트라우마였다. 그럼에도 그들은 위기 동안 대처 능력에 상당한 편차를 보였다. 이스라엘 국방장관 모세 다얀 Moshe Dayan은 누구보다 많은 군사 경험, 지도자 경험, 지위에 따른 권위 그리고 1967년 전쟁의 유명한 영웅으로서 사회적 영향력까지 갖췄지만 전쟁 중 눈에 띄게 형편없는 결정을 내렸다. 반면 이스라엘 방위군 참모총장 데이비드 '다도' 엘라자르David 'Dado' Elazar는 대단히 냉철한 모습을 보이며 지위에 비해 더 막강한 전시 의사 결정권을 행사했다. 왜 이렇게 달랐을까?

흥미롭게도 연구자들은 아랍국이 최악의 공격을 퍼붓는 와중에도 이스라엘 지도자들의 다양한 스트레스 수준과 의사 결정 능력을 조사했다. 비록 연구진이 인내의 창 관점에서 분석하지는 않았지만 지도자들의 의사 결정 행동은 인내의 창 넓이에 따라 달라졌다. 이스라엘 지도자들이 받은 상황의 압박은 유사했으나 전쟁 동안의 의사 결정 행동은 스트레스에 대처하고 최적의 전략적 결정을 내리는 능력에서 상당한 차이를 보였다.

예를 들어 다얀 국방장관은 이전의 전투 경험에서 PTSD가 생겼고 1968년 당한 사고로 한쪽 눈을 실명하고 심한 요통, 끊임없는 두통에 시달리느라 생체 적응 부하가 과도한 상태였다. 이에 비춰볼 때 다얀은 인내의 창이 좁아지면서 전쟁 중 의사 결정이 스트레스와 감정 같은 생존 뇌 과정에 지배돼 인내의 창을 벗어날 가능성이 높으리라 예상할 수 있다.

전쟁 중 다얀이 보인 행동은 가설을 입증한다. 연구진이 지적했듯이 다얀의 행동은 "극도의 스트레스 수준과 공황의 징후를 드러냈다. 전쟁이 시작된 지 24시간 동안 다얀의 표현 방식은 이스라엘이 실존적 위협에 처해 있다는 엄청난… 공포를 드러냈다."[4]

그 결과 다얀은 형편없는 의사 결정을 거듭했고 연구진이 "전시 중 내린 단연 최악의 결정"이라고 판단한 "중대한 실수"까지 저질렀다. 다얀은 최초의 공습이 남쪽에서 이집트 지대공미사일을 손상하는 데 성공을 거뒀음에도 이 공습을 중단하고 공중 자산을 북쪽의 다른 공습에 투입했다. 그러나 북쪽 공습은 필수적인 정보 지원 없이 즉흥적으로 감행됐기 때문에 실패하고 말았다. 결국 다얀의 잘못된 결정은 이스라엘 공군을 무력화해 "전쟁 내내 이스라엘 지상군을 효과적으로 지원하지 못하게 만들었다."[5]

다얀의 사회참여 기술 역시 형편없었다. 전쟁 이전에도 다얀은 "신뢰를 유지할 만큼 충분히 존경하는" 사람이 별로 없는 "개인주의자"였다. 그의 최측근은 골다 메이어Golda Meir 총리와 그의 보좌관인 이스라엘 갈릴리Yisrael Galili 정무장관이었다. 사실 세 사람은 이스라엘의 가장 중요한 안보 문제를 결정하기 위해 함께 메이어의 "주방 내각"을 구성했다. 그러나 전쟁의 첫 이틀 동안 다얀이 형편없는 결정을 내리자 메이어와 갈릴리는 "그의 판단에 대한 신뢰를 잃었다." 다얀이 국방부장관이었지만 두 사람은 그를 전시 의사 결정에서 제외하고 엘라자르 참모총장에게 이스라엘군 퇴각에 대한 최종 결정을 일임했다.[6]

다얀과 대조적으로 엘라자르는 전쟁 이틀째 "극적이거나 눈에 띄는 고통 징후를 보이지 않음"으로써 그가 인내의 창 안에 머물고 있음을 시사했다. 연구진은 엘라자르가 전쟁 내내 "훌륭한 결정"을 내렸다고 평가했다. 실제로 메이어 총리를 비롯한 많은 관측자가 엘라자르가 다얀과 달리 전쟁 내내 "굳건한" 상태로 탁월한 판단력을 유지했다고 평가했다. 전쟁 내내 메이어는 "다얀보다 엘라자르의 조언을 우선시함"으로써 엘라자르에게 "비공식적으로 국방장관보다 더 높은 지위"를 부여했다.[7]

엘라자르는 또 사회적 지지를 주고받을 수 있었다. 그는 비공식 참모 역할을 하는 장군들과의 격식 없는 소그룹에 속했다. 중요한 것은 이 그룹이 "동질적이지 않고 엘라자르에게 무조건 동의하지도 않았다"는 점이다. 그래서 엘라자르는 전쟁의 극한 스트레스 속에서도 계속 다양한 관점의 얘기를 듣고 배울 수 있었다. 즉, 엘라자르는 전쟁 동안에도 사회참여를 확실히 유지해 시종일관 광범위한 사람들과 연결된 채로 조언과 지지를 얻었던 것이다.[8]

분명히 말하지만 예상치 못한 사건이나 급박한 위기, 실존적 갈등, 말 그대로 누군가의 생명이 오가는 상황 같은 쇼크 트라우마 사건이 발생하면 처음에는 누구나 스트레스 각성과 강렬한 정서를 경험하며 인내의 창을 벗어나게 된다.

그러나 초기의 충격이 지나가면 엘라자르처럼 인내의 창이 넓은 사람들은 스트레스 각성과 정서적 강도를 낮추고 인내의 창 안으로 되돌아갈 능력을 회복할 가능성이 높다. 인내의 창이 넓을수록 충격이 더 빨리 지나가 효과적 의사 결정과 다른 사고 뇌 기능에도 더 빨리 접근하게 될 것이다. 또 1차 방어선인 사회참여 기술을 사용해 다른 사람들과 연결되고 그들을 지원하는 능력도 더 증가할 것이다.

반면 다얀처럼 인내의 창이 좁은 사람들은 때때로 스트레스 각성을 조절할 수 없어 최적의 의사 결정 능력을 발휘하지 못하게 된다. 그들은 아마 더 오랫동안 어쩌면 위기 상황 내내 스트레스와 감정에 의사 결정이 지배당하게 될 것이다. 또 인내의 창이 더 좁아져 2, 3차 방어선으로 후퇴하며 투쟁-도피, 동결 반응을 보일 수도 있다. 그 결과 위기를 겪는 동안 사회적으로 침잠하거나 다른 사람에게 잔소리를 하거나 과도한 안심과 지원을 요구하는 등 대인 관계에서 어려움을 겪게 될 가능성이 높다.

요컨대 관습적으로 외상적이라고 표현하는 사건들이 모든 사람에게 동일한 방식으로 영향을 미치지는 않는 것이다.

2장에서 처음 이 내용을 소개할 때 매복 공격과 맞닥뜨린 보병 부대의 예를 들었다. 13명의 보병들이 매복 공격을 당하면 13가지 다른 심신 반응이 나타날 것이 분명하다. 13개의 다른 인내의 창이 제각기 다른 기본 생존 전략을 구사할 테니 말이다.

넓은 인내의 창을 가진 보병들은 스트레스를 많이 받는 매복 공격 중에도 사고 뇌의 기능을 활발히 유지할 가능성이 높다. 그들은 상황을 정확하게 평가하고 다른 부대원과 의견을 조율한 다음 반격을 가하는 등 적응적으로 대응할 가능성이 높다. 그들은 비록 엄청난 스트레스 각성을 경험하겠지만 상황 인식에 접근해 필요에 따라 부대의 안전을 보장할 때까지 1, 2차 방어선인 사회참여와 투쟁-도피 전략을 사용할 가능성이 높다.

이와 대조적으로 인내의 창이 좁은 보병들은 매복 공격 동안 인내의 창을 벗어나는 스트레스 각성 수준을 경험할 가능성이 높다. 그들은 사고 뇌 기능이 저하된 방식으로 작동해 상황 인식 및 의사 결정 능력이 손상될 수 있다. 자신의 기본 방어 전략이 적절한지 확인하기 위해 먼저 상황 인식에 접근하지 않고 자동으로 2, 3차 방어선인 투쟁-도피, 동결로 후퇴할 가능성이 높다. 그들은 배 쪽 부교감신경계를 사용할 수 없게 돼 주변 환경에 적응하거나 다른 부대원과 의견을 조율하는 데 어려움을 겪을 가능성이 높다. 그들은 멍하고 혼란스러워하거나 공황에 빠질 수 있다. 또 터널 시야, 소리 왜곡, 시간이 느려지는 느낌, 멀리서 현재 광경을 바라보는 느낌 등 다양한 동결 증상을 경험할 수 있다.

매복 공격이 끝나고 부대로 복귀한 후에도 보병들은 역시 13가지의 다른 대처 전략을 보일 것이다. 인내의 창이 넓고 생체 적응 기능이 제대로 작동하는 보병들은 매복 공격을 당하고 와도 별문제가 없다. 그들은 여전히 각성된 상태이고 나중에 급성 스트레스 문제를 겪을 수도 있지만 결국 그들의 심신 체계는 완전히 회복되고 치유될 것이다.

그러나 인내의 창이 좁은 보병은 매복 공격을 당하면 말 그대로 생체 적응이 제대로 작동하지 않는다. 그들에게는 매복 공격의 조절 장애 효과가 훨씬 크게 나타날 것이다. 그 후로 그들은 타인의 지지를 믿고 의지하는 능력이 떨어질 수밖에 없다. 그리고 기존 생체 적응 부하로 인해 나중에 부하를 조절하고 완전히 회복하기가 불가능하지는 않아도 훨씬 어려울 것이다. 매복 공격의 영향은 완전히 회복되지 않고 그들의 심신 체계에 머물면서 이전의 미해결된 만성 스트레스 및 트라우마와 상호작용해 누적된 생체 적응 부하를 가중할 가능성이 높다.

게다가 어린 시절 역경으로 인내의 창이 좁아진 보병들은 나이가 들어서도 7장에서 얘기한 어린애 같은 대처 습관, 즉 어려서 스트레스와 트라우마를 겪을 때 채택했던 대처 패턴에 의존할 가능성이 높다. 예를 들어 니코틴, 알코올, 위안을 주는 음식, 기타 물질로 자가 처방하거나 스스로를 마비시킬 수 있다. 아니면 불안을 진정하는 엔도르핀의 폭발을 맛보기 위해 오토바이 타기, 싸움 시비 걸기, 문란한 성관계, 가정 폭력 등의 아드레날린을 추구하는 행동을 할 수도 있다. 아니면 스스로를 다치게 할 수도 있다. 당연히 이 대처 방법들로는 결코 심신 체계를 완전히 회복할 수 없다. 사고 뇌에서 더 많은 통제력을 느낄지는 몰라도 이는 오히려 그들의 생체 적응 부하를 늘릴 것이다.

과거 만성 스트레스와 트라우마는 현재 쇼크 트라우마 대응에 어떻게 영향을 미치는가

──────────── 발달 트라우마, 불안정 애착, 어린 시절 역경은 나이 들어 쇼크 트라우마를 경험할 가능성을 높인다. 7장 연구에서 설명했듯이 발달 트라우마와 어린 시절 역경이 나중에 쇼크 트라우마의 위험을 높이는 데는 몇 가지 이유가 있다. 첫째, 그런 양육 환경에서 자란 사람들은 신경지에 결함이 생겨 실제로 위험한 상황을 안전하다고 평가하거나 그 반대일 가능성이 높다. 또 바람직한 결정을 내리고 충동을 통제하는 데 더 많은 어려움을 겪을 수 있다. 이를테면 중독 행위로 상황에 대처해 위험성 높은 다양한 선택

을 부추길 수 있다.

둘째, 그들은 자신의 생존 뇌, 신경계, 신체에 친숙하게 느껴지는 높은 스트레스 각성 환경에 끌리거나 심지어 중독될 가능성이 높다. 따라서 진정되고 통제감을 느끼는 데 필요한 아드레날린과 엔도르핀이 폭발하는 관계나 활동, 환경을 강박적으로 추구하기 쉽다. 이는 수시로 위기와 비상사태를 갈망하는 심신 체계다. 그래서 그들은 '아드레날린 정키' 중독이 사회적으로 용인되고 보상되는 개인적·직업적 환경을 추구한다.

예를 들어 모병제 시대 군 복무자들이 어린 시절 역경에 노출된 비율이 유독 높았다는 사실을 감안하면 최근 한 연구에서 미군에 입대한 군인들이 민간인보다 입대 전 PTSD, 공황장애, ADHD, 간헐적 폭발 장애를 겪은 비율이 훨씬 더 높다는 사실은 그리 놀랍지 않다. 특히 공격적 분노를 통제하지 못하는 것이 특징인 간헐적 폭발 장애의 입대 전 유병률은 8퍼센트에 달해 민간인보다 거의 6배나 높은 수준을 보였다. 더욱이 현재 정신 건강 장애 기준을 충족하는 군인의 4분의 3 이상이 입대 전인 10대 때부터 한 가지 이상의 정신 건강 장애가 있었다고 보고했다.[9] 이들 중 일부는 학대, 폭력, 조절 장애가 심한 가정환경에서 탈출하기 위해 군에 입대했을 수도 있지만 다른 이들은 직업적으로 높은 각성 상태가 요구되는 근무 환경을 찾아왔을 수도 있다.

발달 트라우마와 어린 시절 역경이 나이 들어 쇼크 트라우마의 위험을 높이는 마지막 이유는 나처럼 무의식적인 트라우마 재연의 악순환에 빠질 수 있기 때문이다. 7장에서 설명했듯이 이런 양육 환경에서 자란 사람들은 성인이 돼 또다시 학대와 폭력을 당하거나 다른 사람을 학대할 가능성이 높아져 쇼크 트라우마가 발생하는 상황에 처할 위험이 증가한다. 예를 들어 ACE 점수가 4점 이상인 여성은 ACE 점수가 0점인 여성에 비해 성인이 돼 강간을 당할 위험이 6배나 높다. 마찬가지로 폭력 범죄자들은 비폭력 범죄자들에 비해 어렸을 때 폭력을 직접 목격했을 가능성이 더 높다.[10]

그런데 중요한 점은 발달 트라우마와 어린 시절 역경이 단지 나이 들어 쇼크 트라우마를 경험할 가능성만 늘리지는 않는다는 사실이다. 이는 쇼크 트라우마 이후 PTSD나 기타 스트레스와 관련된 신체적·정신적 건강 문제 발생 위험도 증가시킨다.

이렇게 보는 한 가지 이유는 트라우마 사건 중에 동결 반응에 빠지는 것(임상의들이 말하는 주변 외상성 해리peritraumatic dissociation)이 훗날의 PTSD와 기타 스트레스 스펙트럼 장애를 예측하는 최대 단일 변수로 밝혀졌기 때문이다.[11] 그리고 7장의 예에서 봤듯이 인내의 창이 좁은 사람은 창이 넓은 사람보다 쇼크 트라우마 사건 중 동결에 빠질 가능성이 더 높다.

일례로 교통사고를 당한 모든 사람이 채찍 증후군whiplash syndrome(자동차 추돌 시 순간적으로 목이 뒤로 젖혀졌다가 앞으로 꺾이면서 생기는 목 부상-옮긴이)에 시달리지는 않을 것이다. 마틴처럼 자동차 사고를 경험한 일부 사람들은 목과 등의 척추 통증, 귀와 턱의 통증, 두통, 팔 저림과 따끔거림 같은 일군의 증상이 나타난다. 또 흐릿한 시야, 이명, 현기증, 기억력 및 집중력 저하 등 신경학적 증상을 겪기도 한다. 아니면 악몽, 과잉 각성, 과도한 놀람 반응, 짜증, 운전이나 다른 사고와 관련된 단서들에 대한 불안과 공포 등 PSTD 증상을 경험할 수도 있다. 보통 증상이 나타나는 데는 며칠 또는 몇 주가 걸리고 시간이 갈수록 악화된다. 사실 마틴의 많은 증상은 전형적인 채찍 증후군의 일환이다.[12]

연구 결과에서 채찍 증후군은 사고 당시 주행 속도, 충돌 충격, 차량 파손과는 무관한 것으로 나타났다. 마틴의 경미한 접촉 사고가 시사하듯이 트라우마는 사건 안에 존재하는 것이 아니라 사건을 경험하는 심신 체계 안에 존재한다. 예를 들어 경주용 자동차와 자동차 파괴 경기demolition derby(서로 충돌하며 끝까지 달리는 차가 우승하는 경기-옮긴이) 운전자들은 자동차 추돌 후 때때로 가벼운 목 통증을 경험해도 대체로 다른 어떤 채찍 증후군도 보이지 않는다. 이는 그들이 운전하는 동안 상황을 통제할 수 있다고 느껴 트라우마를 경험할 가능성이 낮기 때문으로 이해할 수 있을 것이다.

자동차 사고를 당한 5,000명 이상의 환자를 치료해온 신경학자 로버트 스캐어Robert Scaer는 결국 채찍 증후군이 생기는 사람과 이전 발달 및 관계 트라우마 사이에서 강한 연관성을 발견했다. 그의 임상 장면에서 사고 후 심각하거나 장기적인 채찍 증후군에 관한 가장 강력한 예측 변수는 어린 시절 신체적·성적 학대, 난산, 집중 치료, 알코올의존증 부모의 존재와 성인기에 겪은 차별, 괴롭힘, 기타 관계 트라우마 등이었다.[13]

나는 1대 1 면담에서 마틴에게 어린 시절 경험을 물어본 적이 없었다. 그에게 생존 뇌를 지원해 완전히 회복하는 법을 가르치는 데 제한된 시간을 집중하고 싶었기 때문이다. 하지만 연구 결과로 미뤄

봤을 때 마틴은 스트레스가 심한 어린 시절을 보냈을 가능성이 매우 높다. 어린 시절 경험은 알지 못해도 마틴의 증상은 분명 그가 접촉 사고 중 쇼크 트라우마를 경험했음을 암시한다.

마찬가지로 어린 시절 역경을 겪고 스트레스를 많이 받는 직업군에서 일하는 사람들을 대상으로 한 경험적 연구가 점점 늘어나고 있다. 이런 연구에서는 예상대로 어린 시절 역경을 더 많이 경험한 사람일수록 쇼크 트라우마나 스트레스가 심한 업무 사건 후 더 심각한 증상이 오래 지속된다.

예를 들어 미국, 캐나다, 영국 군대와 PTSD 진단을 받은 참전 용사를 대상으로 한 여러 연구에서 대부분이 어린 시절 역경을 겪은 이력이 있음이 발견됐고, 이들은 전투, 파병, 기타 스트레스가 심한 사건 이후 PTSD, 우울증, 불안 장애, 알코올 및 약물 남용이 심해질 위험이 더 큰 것으로 나타났다.[14]

구급대원과 경찰을 대상으로 한 여러 연구에서도 비슷한 패턴이 나타났다. 어린 시절 역경을 겪은 사람들은 직장에서 위협에 노출되고 트라우마 사건을 겪은 후 훨씬 심각한 신체적·정서적 반응을 보였다. 그들은 나중에도 PTSD 증상을 일으킬 위험이 더 높았다. 한 연구에서는 심지어 불운한 아동기 경험에의 노출과 경찰 자살의 연관성을 밝혀냈다.[15]

물론 응급 구조대원 마틴의 얘기 역시 스트레스가 심한 직업군의 연구 결과를 보여주는 한 예다. 교통사고로 인내의 창이 좁아진 마틴은 이제 직장 내 스트레스 요인인 곧 시작될 점검을 앞두고 더 심한 신체적·정서적 증상을 겪고 있었다. 그의 생존 뇌는 교통사고로 암묵적 기억이 오염돼 다가오는 운전 자격 심사와 관련된 단서에 특히 민감했다. 실제로 마틴의 여러 새로운 증상들, 특히 악몽은 이 심사에 대한 불안으로 점화돼 신체적·정서적 증상이 증가하고 있다는 증거였다.

쇼크 트라우마를 겪은 후 해로운 결과가 얼마나 심각하고 오래 지속될지는 우리가 회복 과정에 마음대로 동원할 수 있는 외부 및 내부 자원과 복잡하게 관련된다. 인내의 창이 넓으면 트라우마 사건 후 회복에 도움이 되는 내부 자원을 쉽게 찾을 수 있고, 충분한 재산적 여유, 일정한 수입, 제도적 권력, 지지적 관계가 있으면 회복에 도움이 되는 외부 자원을 얻을 수 있다.

반대로 쇼크 트라우마 이후의 해로운 결과는 외부 및 내부 자원이 부족한 사람에게 가장 오래 지속되는 경향이 있다. 좁아진 인내의 창이 어떻게 이런 결과를 초래하는지는 이미 살펴봤지만 사회적·제도적·재정적 자원이 부족할 때도 그럴 가능성이 높다.

예를 들어 허리케인 하비Harvey로 휴스턴에 홍수가 난 지 1년 뒤 가장 취약하고 빈곤한 지역들이 가장 회복의 기미가 적었다. 많은 주민이 여전히 곰팡이가 피어 있는 집이나 임시 트레일러에서 거주했고 혹은 여전히 집을 수리하는 동안 다른 사람들과 함께 살았다. 허리케인이 지나간 지 1년 후에도 자기 집이 여전히 거주하기에 안전하지 않다고 보고한 흑인들은 백인 휴스턴 주민의 2배였고 라틴 아메리카인은 거의 3배로 많았다. 마찬가지로 저소득층 응답자의 절반이 필요한 도움을 받지 못한다고 보고한 반면 고소득층 응답자는 3분의 1만이 그러했다.[16]

티핑 포인트로서의 쇼크 트라우마

──────────────── 내가 내 인생에서 인내의 창이 좁은 사람들을 가르치면서 발견한 쇼크 트라우마의 또 다른 특징이 있다. 바로 쇼크 트라우마는 종종 어떤 사람의 심신 체계가 오랫동안 일련의 공격을 받은 끝에 티핑 포인트tipping point(어떤 현상이 서서히 진행되다가 작은 요인으로 한순간 폭발하는 지점-옮긴이)로서 발생한다는 것이다.

인내의 창이 좁은 사람들도 종종 오랜 기간 동안 만성 스트레스와 트라우마를 견디며 일상생활을 유지한다. 예를 들어 힘겨운 양육 환경에서 살아남은 사람들을 생각해보자. 그들은 이제 성인이 돼 수면 부족, 과로, 쉴 새 없는 업무 마감일 등에 시달리며 가족을 부양할 의무를 다하고 있을 것이다. 또는 인종차별주의, 성차별주의, 이성애주의, 가난 등으로 지속적 차별, 배제, 괴롭힘을 당하며 수시로 관계 트라우마를 겪고 있을 것이다. 이런 식으로 수년간(또는 수십 년간) 살다 보면 그들은 딱히 잘 산다고는 못해도 어쨌든 기능을 유지하며 버티고 살아간다.

그러나 이 같은 프로파일을 가진 사람들은 사실 위태로운 균형을 유지하고 있는 것이다. 인내의 창이 좁아진 상태라 어떤 예기치 못한 충격이나 위기에 효과적으로 대처할 수 있는 내부 자원이 부족하기 때문이다. 그들은 오랜 세월에 걸쳐 꾸준히 생체 적응 부하를 누적해왔다. 그러므로 만약 자동차 사고, 테러 공격, 화재, 허리케인, 학교 총기 난사, 사랑하는 사람의 갑작스러운 상실 같은 충격이나 위기가 발생하면 이미 자원이 달리는 상태로 그 사건을 맞이하게 된다. 결국 그들의 생존 뇌는 급박하거나 예기치 못한 사건 동안 스스로 무력하고 통제력이 부족하다고 느낄 가능성이 훨씬 더 높다. 이는 쇼크 트라우마가 발생하기에 완벽한 조건이다.

이미 벼랑 끝에 몰린 심신 체계에 가해진 새로운 충격은 조절 장애 증상이 처음 나타나거나 기존 증상이 더 심해지고 강화되는 티핑 포인트가 될 수 있다. 좁은 인내의 창을 고려하면 이들은 조절 장애 증상에 대처하려고 단기적 해결책에 의존해 오히려 생체 적응 부하를 누적할 가능성이 높다. 예를 들어 니코틴, 알코올, 카페인, 위안을 주는 음식, 기타 물질로 자가 처방을 하거나 아드레날린을 추구하는 행동에 몰두할 것이다.

이들은 마치 하루 벌어 하루 먹고사는 사람과도 같다. 이런 상황에서 거액의 자동차 수리비나 치과 치료비 같은 예상치 못한 지출이 발생하면 그들의 재정 상태는 흔들리기 시작한다. 결국 예상치 못한 지출을 고금리 신용카드 대출로 돌려 막는 등 단기적 대응책을 선택함으로써 장기적 재정 안정성을 한층 더 악화한다.

이런 이유로 쇼크 트라우마는 종종 조절 장애 증상의 티핑 포인트가 된다. 하지만 많은 사람과 함께 작업해온 내 경험으로 보면 다행히도 쇼크 트라우마는 회복의 티핑 포인트가 되기도 한다. 마틴의 증상이 그를 MMFT로 데려온 티핑 포인트였듯이 쇼크 트라우마는 종종 스트레스, 부정적 감정, 만성 통증에 대처하는 새로운 습관과 접근법을 실험하려는 동기를 부여한다. 무엇 때문에 인내의 창이 좁아졌는지는 중요하지 않다. 우리는 언제든 심신 체계를 재배선해 인내의 창을 넓히는 습관을 꾸준히 들이기로 선택할 수 있다.

다음 장으로 넘어가기 전에 인내의 창이 좁아지는 두 번째 경로와 관련된 당신의 경험을 되돌아보기 바란다. 일기장에 당신이 평생 동안 쇼크 트라우마를 경험했던 모든 사건의 목록을 적어보자. 당신의 생존 뇌와 신체는 접촉 사고, 외래 수술, 파트너의 외도 발견 등의 사소한 사건에서도 쇼크 트라우마를 경험했을 수 있다. 며칠 동안 이 목록에 추가할 사건들을 떠올려보고 계속 기록해 최대한 목록을 완성해보자. 가족들에게 당신이 어렸을 때 겪은 쇼크 트라우마를 떠올리게 도와달라고 부탁할 수도 있다.

일단 목록이 완성되면 천천히 되짚어보면서 당시 그 사건들을 트라우마라고 인식했는지, 아니면 사고 뇌가 쇼크 트라우마를 대수롭지 않게 여기고 무시하거나 부인했는지 기록해보자. 또 이런 쇼크 트라우마를 겪은 후 의도적으로 회복 조치를 취한 적이 있는지, 만약 있다면 어떤 조치였는지 생각해보자. 끝으로 쇼크 트라우마에 대한 어떤 경험이든 조절 장애 증상이 처음 나타나거나 강화되는 티핑 포인트로 작용한 적이 있는지도 되돌아보자. 아마도 이때가 처음으로 지속적인 조절 장애의 징후를 알아차린 시점일 것이다. 또 마틴이 다가올 업무 심사 때문에 새로운 증상을 경험했듯이 당신도 쇼크 트라우마가 생긴 지 오랜 후에 나타난 새로운 증상과 경미한 스트레스 요인의 상호작용을 살펴볼 수도 있을 것이다.

일상생활

고등학교 시절 나는 할 일은 너무 많은데 그걸 다 할 시간은 부족한 문제를 해결하는 최선책은 잠을 적게 자는 것임을 무의식적으로 학습했다. 부모님들도 직장 업무, 지역사회 행사, 집안일을 하느라 잠을 포기할 때가 많았다. 또 부모님의 사교 모임에서 손님들이 지독한 수면 부족에 관해 얘기하면서 "잠이야 죽어서 실컷 자면 되지"라고 농담하는 것을 우연히 엿들은 적이 있었다.

그래서 나는 수면을 선택 사항으로 생각하게 됐다. 우수한 성적, 힘든 수업, 과외활동, 자원봉사 등은 일류 대학에 들어가 미래의 성공과 행복을 보장받는 데 필수였다. 하지만 잠은 어떤가? 별로 그렇지 않았다.

대학에 들어갈 때쯤 나는 수면이 철저히 선택 사항이라는 셈법을 한 단계 업그레이드했다. 내가 정한 새로운 수면 방침은 몇 주 동안 2~4시간씩만 자는 것이었다. 이 방법은 대체로 효과적이었다. 매월 주말에 한 번씩은 감기로 앓아누워야 했지만 말이다.

수면 부족은 군대에 들어가서 더 심각해졌다. 그때는 밀린 업무로 밤샘하는 일이 생활화됐다. 나는 중위로 진급하자마자 소령 역할을 대행하면서 제1기갑사단의 정보 수집과 분석을 담당하는 군인 45여 명을 통솔했다. 우리는 새로운 자동화 정보시스템을 현장 실무에 도입한 최초의 육군 부대였다. 2개월간 교육을 받고 몇 주간 개발 업체와 상호 운용성 및 소프트웨어 결함을 테스트하고 디버그하고 보수한 끝에 우리 부대는 야외기동훈련field training exercise(이하 FTX)에 참여했다.

내 상관은 FTX를 다른 부대에 새로운 시스템을 과시할 좋은 기회로 여겼다. 그래서 나는 FTX가 내 성적표라고 생각했다. 새로운 시스템의 성패에 따라 내 리더십의 효과성이 입증될 것이었기 때문이다. 23세에 소령 역할을 떠맡은 나는 이 일에서 큰 압박감을 느꼈다.

신기술 시스템을 현장 실무에 도입하는 것은 항상 어려운 일이지만 R&D 과정이 너무 오래 걸려 구식 소프트웨어를 탑재한 채 개발된 시스템은 특히 그랬다. 우리는 신규 시스템 작동법을 익히는 것 외에도 기존 시스템과 연동하고 본부로 흘러드는 네 가지 데이터 스트림과 연결되도록 코드를 작성하며 데이터에 접근해 조작할 수 있도록 임시 소프트웨어 템플릿도 개발해야 했다. 놀랍지 않게도 FTX가 시작된 직후부터 새로운 문제들이 속출했다.

이 사태에 대처하기 위해 나는 상관이 잠 좀 자라고 지시할 때까지 3일 내내 근무하며 장장 79시간 동안 깨어 있었다.

마라톤을 시작한 지 40시간쯤 됐을 때 나는 말벌에 목을 쏘였다. 상처가 고통스럽게 부풀어 올라 내 목이 거의 귀에 닿았을 때 병사들이 씹는담배로 독소를 빼내자고 제안했다. 46시간째 깨어 있던 시점에는 합리적인 의견처럼 들렸다. 나는 나를 위해 담배를 씹어주겠다는 병사들의 제의를 뿌리치고 직접 담배를 씹었다. 하지만 평소에 담배를 피우지 않았기 때문에 니코틴이 내 몸속으로 빠르게 흡수됐다! 니코틴은 내가 끝도 없이 마시던 '레인저 커피', 즉 휴대 식량의 핫초콜릿, 설탕, 크림을 섞은 인스턴트커피와 상승 작용해 곧 나는 영화 〈앨빈과 슈퍼밴드Alvin and the Chipmunks〉의 주인공들보다 더 빠르게 말하기 시작했다.

신규 시스템의 문제들이 어처구니없을수록 나는 더 시끄러워졌다. 60시간쯤 깨어 있었던 시점에 니코틴이 한 방 더 필요할 것 같아 이번에는 담배를 입속에 물고 있었다. (충분히 쉬고 난 지금의 관점에서 보면 좀처럼 믿기 힘든 얘기다!) 병사들은 "중위님 봐봐, 담배를 물고 있어!"라며 내 행동을 아주 재밌어했다. 그만큼 그 3일은 문제를 진단하고 브레인스토밍으로 솔루션을 구현하고 다음 문제가 터질 때까지 안도하면서 과정 내내 군사훈련을 위한 정보를 수집하고 분석하는, 정신을 못 차릴 만큼 길고긴 혼돈의 시간이었다.

이렇게 행동한 리더가 비단 나뿐만은 아니었다. 일과 잠을 맞바꾸는 것은 내가 속했던 모든 지휘 계통에서 꽤 흔한 일이었다. 결국 FTX 동안 잠을 포기한 내 행동은 포상을 통해 공개적으로 인정받았고 그 덕분에 몇몇 상관은 나를 차기 중대장감으로 점찍었다.

인내의 창이 좁아지는 세 번째 경로

──────────────── 인내의 창이 좁아지는 세 번째 경로는 일상생활의 만성 스트레스와 관계 트라우마에서 비롯된다. 그 결과 우리는 적절한 회복 없이 만성적 각성 상태를 너무 오래 또는 너무 자주 경험할 수 있다. 그러다 보면 내부 자원이 서서히 고갈된다.

7, 8장에서는 대부분 우리의 통제를 벗어난 사건을 다뤘는데, 이번 장에서는 인내의 창에 영향을 미치는 통제 가능한 요인에 초점을 맞춘다. 우리는 원가족을 선택할 수 없고 유년기 양육 환경에서 비롯된 평생의 심신 체계 변화도 선택할 수 없다. 또 자동차 사고, 자연재해, 사랑하는 사람의 상실같이 평생에 걸쳐 경험하는 위기와 다른 극단적 사건들도 거의 통제할 수 없다.

이에 반해 생활 방식의 선택은 거의 전적으로 우리에게 달려 있다. 특히 우리가 이 사실을 자각하고 있을 때는 말이다. 그런데도 우리 문화의 많은 측면은 쳇바퀴 도는 삶 속에서 만성적 스트레스 각성으로 이어지는 행동을 촉구하고 지원하고 보상한다. 2장에서 설명했듯이 우리 문화에서 '스트레스를 받는다'는 것은 대개 바쁘고 성공하고 유력하고 중요한 사람이란 의미로 받아들여진다.

인내의 창이 좁아지는 세 번째 경로의 누적 효과는 대부분 우리가 매일 선택하는 일상적인 생활 방식에서 비롯된다. 하지만 우리는 그것이 인내의 창에 어떤 영향을 미치는지 간과하는 경향이 있다.

일반적으로 사고 뇌는 일상적인 스트레스 요인을 평가절하하거나 무시하기 쉽다. 그래서 일상적인 스트레스에서 회복하기 위해 적극적인 조치를 취할 가능성도 낮다.

대다수 사람들은 생활 방식의 선택이 어떻게 인내의 창을 좁히는 지에 관심도 기울이지 않는다. 당장 나만 해도 PTSD로 이어진 사건은 예방하거나 통제할 수 없었어도 적절한 수면을 취하는 데 얼마나 높은 우선순위를 둘지, 또 내 생활에서 얼마나 많은 활동을 선택할지는 충분히 통제할 수 있었는데도 말이다. 그래서 나는 적절한 수면을 취하는 데 전혀 우선순위를 두지 않았고 너무 많은 활동을 동시에 선택해가며 살아왔다.

잠이 부족한 미국인

──────────────── 아마도 일상생활에서 인내의 창에 가장 중요한 영향을 미치는 요인은 규칙적인 양질의 수면일 것이다.

대부분의 미국인은 충분한 수면을 취하지 못하고 있다. 가장 대표성 있는 데이터는 2004~2007년까지 미국 성인 11만 명 이상을 대상으로 실시한 조사 결과인데, 이 조사에서 약 28퍼센트는 6시간 이하, 31퍼센트는 7시간, 33퍼센트는 8시간, 8.5퍼센트는 9시간 이상 수면을 취한다고 응답했다. 이 범위는 미국인의 하룻밤 평균 수면 시간이 7.5시간이라는 2014년 조사와도 상관성이 있다.[1]

미국 노동부Department of Labor의 연간 시간 사용량 조사에 따르면 1960년대부터 2000년대 중반까지 미국에서는 업무 관련 활동이 짧은 수면 시간을 예측하는 최대 단일 변수였다. 일주일에 50시간 이상 일하는 미국인은 일평균 수면 시간이 6.5시간 미만일 가능성이 가장 높은 집단이었다. 짧은 수면 시간을 예측하는 두 번째 변수는 여행, 통근, 심부름과 카풀을 위한 운전 시간 등일 가능성이 높았다.

그리 놀랍지 않게도 65세 미만 미국인은 대부분 주말 밤에 훨씬 더 오랜 시간 잠을 잔다. 이 결과는 얼마나 많은 사람이 평일의 부족한 수면을 보충하기 위해 주말에 몰아서 잠을 자는지 보여준다. 하지만 여기에는 잘못된 인식이 깔려 있다. 연구 결과는 주말에 많이 자면 평일의 부족한 수면을 보충할 수 있다는 전제가 틀렸음을 입증한다.[2]

수면 부족은 특히 스트레스가 심한 직업군에서 일하는 사람들에게 문제가 된다. 이런 업무 환경의 많은 직업이 불규칙한 수면 시간, 시차증을 유발하는 장거리 여행, 24시간 영업을 위한 교대 근무 등을 요구한다. 교대 근무자는 미국 전체 정규직 근로자의 약 15퍼센트를 차지하는데 특히 법 집행, 군대, 소방, 의료 등 안전에 민감한 직종에 많이 포진되어 있다. 여러 연구는 경찰, 교도관, 소방관, 의료 종사자의 수면 장애가 인지적·정서적·신체적 손상과 어떻게 연관되는지, 또 의사 결정 및 위험성 평가 장애와 어떻게 연관되는지 보여준다.

미국과 캐나다 경찰 5,000명을 대상으로 한 최근 연구에서는 40퍼센트 이상이 적어도 한 가지 수면 장애를 겪고 있는 것으로 나타났다. 수면 장애가 있는 경찰은 중대한 과실이나 안전 위반, 업무 누락, 졸음운전을 보고하거나 이에 대한 민원이 접수될 가능성이 훨씬 높았다. 마찬가지로 수면이 부족한 의료인들은 자동차 사고를 내고 의료 과실을 저지르며 피부를 다치게 하는 상처를 입힐 가능성이 훨씬 높았다.[3]

수면 부족은 군대에서도 매우 흔하다. 여러 연구에 따르면 군인들은 파병 중이나 귀국 후 하루 평균 5.5~6.5시간 수면을 취한다고 한다.[4] 일례로 이라크에서 귀국한 지 6개월이 지난 미군 여단전투 팀 3,000명 중 72퍼센트는 매일 밤 6시간 미만 잠을 잔다고 보고했다. 이 72퍼센트는 전투 노출을 통제한 상태에서도 우울증, PTSD, 담배 및 알코올 남용, 자살 시도 등을 경험할 가능성이 훨씬 더 높았다.[5]

그렇다면 우리에게 실제로 얼마나 많은 수면이 필요할까? 잠이 부족할 때 인지적·정서적 수행 능력이 얼마나 감소하는지는 사람마다 다르다. 카페인 민감도의 차이나 신진대사 및 일주기 리듬 조절의 유전적 차이도 개인차를 일부 설명해준다.[6] 그렇기는 해도 가장 최근의 데이터는 대부분의 사람들이 인지 기능장애와 인내의 창이 좁아지는 여러 메커니즘을 막으려면 매일 밤 최소 8시간의 수면을 취해야 한다는 사실을 입증한다.

서로 다른 두 연구에서 약 100명의 건강한 지원자들을 대상으로 다양한 수면 부족 시간에 따른 반응을 실험하며 그들의 식단과 수면을 24시간 모니터링했다. 첫 번째 연구는 지원자들에게 14일 동안 하루 4시간, 6시간, 8시간의 수면 시간을 무작위로 배정했고 다른 연구에서는 지원자들에게 7일 동안 하루 3시간, 5시간, 7시간, 9시간의 수면 시간을 무작위로 배정했다. 낮잠은 어디서도 허용되지 않았다. 두 연구 모두 기준일 3일, 회복일 3일 동안에는 모든 지원자가

매일 8시간씩 잠을 자게 했다.[7]

양 연구에서 주의력 손상이나 인지적 수행 능력의 감소를 경험하지 않은 사람은 모두 8시간 또는 9시간 수면 그룹에 속했고 나머지 그룹은 전부 수행 능력이 감소했다.

게다가 3, 5, 7시간 수면 그룹은 3일 동안 매일 8시간씩 잠을 잔 회복일 이후에도 기준일의 인지적 수행 능력을 회복하지 못했다. 이 발견은 많은 미국인이 공유하는 믿음, 즉 주말에 잠을 충분히 자면 평일의 만성적 수면 부족을 보충할 수 있다는 믿음이 거짓임을 입증한다.

짝수 시간 연구에서도 4, 6시간 수면 그룹은 시간이 지날수록 인지적 수행 능력이 점점 떨어지는 것으로 나타났고 어느 그룹도 기준치보다 낮은 수준에서 안정화되지 않았다. 그리고 14일이 지나자 두 그룹 모두 24시간 또는 48시간 동안 깨어 있던 사람들과 유사한 수준의 인지능력 저하를 보였다!

심지어 6시간씩 적당히 수면 시간을 제한한 경우도 매일 지속되자 법정 음주운전 수준으로 인지적 수행 능력이 저하됐다. 다른 연구에서는 24시간 깨어 있을 때 인지적 손상이 혈중알코올농도 0.1퍼센트 수준과 같다고 봤다. 이 연구에서는 6시간 수면 그룹의 인지적 손상이 그 수준에 해당했다. 참고로 혈중알코올농도의 법적 제한 수치는 0.08퍼센트다. 따라서 졸음운전은 음주운전 이상으로 위험하다고 볼 수 있다.[8]

그럼에도 4, 6시간 그룹은 수면 부족이 자신의 수행 능력에 얼마나 많은 해를 끼치는지 알지 못했다. 수면 제한 3일째가 되자 그들은 약간 졸리다고 보고했지만 졸음이 인지적 수행 능력에 부정적 영향을 미치지는 않는다고 주장했다. 그들은 나머지 실험 기간 내내 주관적인 자기 평가를 유지했지만 객관적 수행 능력은 계속 곤두박질쳤다.

다시 말해 우리는 수면 부족일 때 얼마만큼의 수면이 필요한지 제대로 판단하지 못할 뿐 아니라 수면 부족이 얼마나 수행 능력을 해치는지도 정확히 판단하지 못한다. 이 결과는 여러 연구에서 확인됐다.[9] 실제 맥락에서 보자면 매일 밤 6시간 미만 잔다고 보고한 약 2,200명의 육군 여단전투 팀 병사들 중 16퍼센트만이 수면 부족으로 업무 수행 능력이 저하됐다고 생각했다.

데이터가 입증하는 결과는 명확하다. 수면 부족은 실행 기능을 손상한다.[10] 가벼운 수면 부족도 만성적 습관이 되면 사고 뇌의 수행 능력에 영향을 미친다. 잠이 부족하면 실수를 하고 상황을 오판하고 부적절한 판단을 내릴 가능성이 높아진다. 모호하거나 급박하거나 불안정하거나 위협적인 상황이라면 특히 그렇다. 졸음은 또 낮은 각성 수준의 일상적인 활동에도 문제를 일으킬 수 있다. 낮은 각성 수준에서 뇌는 마이크로 수면(깨어 있을 때의 순간적인 잠-옮긴이)에 빠지기 쉬운데 이때 뇌의 일부가 일시적으로 정지한다.

2005년 미국 성인 운전자의 60퍼센트가 전년도에 졸음운전을 했다고 응답했고 37퍼센트는 실제로 운전 중에 잠이 들었다고 보고했다.[11] 2009~2013년 사이 미국에서 졸음운전으로 사망자가 발생한 교통사고는 5건 중 1건이었고 입원 환자가 발생한 교통사고는 8건 중 1건 꼴이었다.[12]

사실 2017년 태평양에서 미 해군의 첨단 구축함과 저속 운행하던 상업 화물선이 충돌한 두 차례의 치명적 사고도 선원들의 수면 부족이 일부 원인이었다.[13] 2013년 4명의 사망자와 10명 넘는 부상자를 낸 뉴욕 메트로노스Metro-North 여객열차의 탈선 등 수많은 철도 및 트럭 충돌 사고도 운전자의 수면 부족 및 수면무호흡증후군과 연관됐다.[14] 엑슨발데즈호Exxon Valdez 원유 유출, 스리마일섬Three Mile Island 원전 사고, 챌린저Challenger 우주왕복선 폭발, 1986년 소련 체르노빌 원전 사고, 1984년 인도 보팔Bhopal 가스 누출 사고 등의 초대형 사고도 모두 담당자의 졸음과 직결돼 있었다.[15]

수면 부족이 실행 기능을 손상할 때는 사고 뇌의 기능뿐 아니라 생존 뇌의 하향식 조절 능력 역시 해치게 된다. 그래서 잠이 부족한 상태에서는 스트레스와 감정이 결정과 선택에 훨씬 더 큰 영향을 미친다. 불안이나 우울, 노화로 한밤중에 깨어나 밤잠을 설치는 일은 짧은 수면 시간 못지않게 인지적·정서적 기능에 해로울 수 있다.[16]

피로는 우리 인식에 영향을 미친다. 피로할 때 우리는 스트레스 각성과 부정적 감정을 조절하는 데 더 큰 어려움을 겪으며 삶의 예외 상황을 다루는 데 유연성이 떨어진다. 잠이 부족하면 자신과 타인의 감정, 특히 행복과 슬픔과 같은 친사회적 감정을 인식하는 능력이 떨어진다. 두려움과 분노 같은 생존 지향적 감정을 인식하는 능력은 크게 영향을 받지 않는 것 같다.

감정은 사회적 소통에 지대한 역할을 하므로 수면 부족은 사회참여에도 악영향을 미칠 수 있다. 개인적 또는 직업적 관계에서 다른 사람들과 효과적으로 상호작용하는 능력이 저하되기 때문이다. 수면 부족은 또 윤리적 결정을 내리는 능력도 약화한다. 잠이 부족하면 도덕적 자각이 감소하고 도덕적 판단력이 흐려지며 비윤리적이거나 일탈적 행동에 관대해질 가능성이 높다.[17]

최근 뇌 영상 연구는 만성 수면 부족이 어떻게 스트레스와 정서적 반응을 증가시키는지 보여준다. 만성 수면 부족은 뇌를 더 신경질적이고 불안하게 만드는 세 가지 변화와 관련된다. 첫째, 편도체가 신경지 동안 더 빠르고 더 자주 발화한다. 둘째, 생존 뇌 안에서 편도체와 뇌간 사이 연결이 증가해 스트레스와 정서적 각성이 더 빠르게 촉발된다. 마지막으로 편도체와 전전두엽 피질 사이의 연결이 감소해 스트레스와 감정 조절이 어려워진다.[18]

구체적인 예로 경찰의 약 40퍼센트가 한 가지 이상의 수면 장애를 겪고 있다는 연구를 떠올려보라. 이들은 수면 장애가 없는 경찰에 비해 시민이나 용의자에게 통제되지 않는 분노를 표출했다고 보고하거나 민원을 제기당하는 경우가 훨씬 더 많았다.[19] 마찬가지로 불면증이나 악몽에 시달리는 소방관들은 부정적 감정을 조절하는 데 어려움이 있다고 보고한 경우가 훨씬 더 많았다. 그래서 그들은 전반적으로 더 많은 부정적 감정과 우울증 증상을 겪고 있었다.[20] 사실 불면증은 임상적 우울증의 가장 강력한 단일 예측 변인이다. 그리고 우울한 사람들은 대부분 수면 장애가 있다.[21]

만성 수면 부족은 또 우리 심신 체계에도 지속적인 조절 장애를 초래한다. 세대 간 전수되는 트라우마나 어린 시절 역경과 마찬가지로 만성 수면 부족과 교대 근무도 유해한 후생유전학적 변화로 이어져 일주기 리듬을 조절하는 유전자와 염증, 면역, 스트레스 반응에

관여하는 유전자의 변화를 촉진한다.[22]

첫째, 만성 수면 부족은 신경계 조절 장애, 특히 사회참여, 회복 기능, 심혈관계의 미주신경 브레이크를 제어하는 배 쪽 부교감신경계 손상과 상관관계가 있다. 구체적으로 말하면 수면 부족인 사람들은 심장박동변이도HRV가 낮을 가능성이 높은데 이는 미주신경 브레이크가 제대로 작동하지 않음을 의미한다. 미주신경 브레이크가 제대로 작동하지 않으면 우리는 고혈압과 심혈관 질환에 걸릴 확률이 더 높아진다. 그러므로 자연히 만성 수면 부족과―교대 근무 등으로 인한―불규칙한 일주기 리듬은 고혈압, 죽상동맥경화증 그리고 심장병, 심장마비, 뇌졸중의 위험 증가와 관련이 있다.[23]

둘째, 만성 수면 부족은 호르몬 내분비계, 특히 HPA 축의 조절 장애를 유발한다. 특히 스트레스 호르몬인 코르티솔에 영향을 미친다. 코르티솔은 뚜렷한 일주기 리듬이 있어 아침에는 깨어날 에너지를 동원하기 위해 최대치로 치솟았다가 하루 동안 내내 조금씩 떨어지기 마련인데, 야간 교대 근무는 코르티솔의 일주기 리듬을 교란하고 윤번제 근무나 토막잠은 일주기 리듬의 진폭을 약화할 수 있다.[24] 게다가 수면 부족은 더 많은 코르티솔을 생성해 스트레스 반응성, 신진대사, 면역 기능에 지대한 영향을 초래한다.

일주기 리듬은 기분, 에너지 수준, 체온, 주의력, 식욕 그리고 매일의 주기적인 다양한 호르몬 분비 시점에 영향을 미친다. 그러므로 연장 근무나 불규칙한 근무, 시차증 등으로 이 내부 시계를 교란하면 세상의 어떤 수면으로도 일주기 리듬의 혼란을 만회하지 못한다.[25]

수면 부족일 때 코르티솔의 증가는 식욕을 통제하는 두 호르몬의 조절 장애 수준과 상호작용한다. 코르티솔이 증가하면 포만감을 느끼게 도와주는 렙틴leptin은 감소하는 반면 배고픔을 느끼게 하는 그렐린grehlin은 증가한다. 이 세 가지 호르몬이 변화하면 실제 칼로리 필요량 이상으로 식욕이 증가한다. 이럴 때 우리는 더 많이 먹게 되고 특히 하루 종일 간식을 먹고 밤에 과식하는 경향이 생긴다. 또 고칼로리, 고탄수화물, 고지방 음식을 갈망하게 되는데 이는 우리가 지쳤을 때 패스트푸드나 단 음식에 손을 뻗는 이유를 설명해준다.

만성 수면 부족과 일주기 리듬의 교란은 복부 체중 증가, 높은 체질량 지수, 비만, 대사증후군, 인슐린 저항성, 제2형 당뇨병과 관련이 있다. 사실 아동과 성인을 대상으로 한 전향적 연구는 현재의 수면 부족이 미래의 더 많은 체중 증가와 상당한 관련이 있음을 보여준다.[26] 사회적으로 비만과 당뇨병의 급증이 수면 시간 단축, 수면의 질 저하 경향과 동시에 나타난 것은 우연이 아니다. 2010년 당시 미국인 70퍼센트가 과체중이나 비만이었다.[27] 여기서 주된 시사점은 충분한 수면을 취하지 않으면 정상 체중을 유지하거나 살을 빼기가 대단히 어렵다는 것이다.

코르티솔은 면역 기능에도 중요한 역할을 하므로 만성 수면 부족은 면역계의 조절 장애와도 관련이 있다. 충분한 수면을 취하지 않으면 질병에 걸릴 가능성도 더 높아진다.

한 연구에서는 14일 동안 건강한 지원자들의 수면 시간과 '수면 효율sleep efficiency'—침대에 누워 있는 시간과 실제 잠을 자는 시간의 비율—을 추적했다. 이후 지원자들을 격리하고 코감기 바이러스가 섞인 콧물을 투약한 다음 5일 동안 모니터링했다. 매일 밤 8시간 이상 자는 사람에 비해 평균 7시간 이하를 자는 사람은 감기에 걸릴 확률이 3배나 높았다. 더욱이 토막잠을 자는 사람은 수면 효율이 98퍼센트 이상인 사람보다 감기에 걸릴 확률이 5배 더 높았다.[28] 다른 연구에서는 만성 수면 부족이 백신 접종 후 항체 형성 능력에 어떤 악영향을 미치는지 추적했는데, 잠이 부족한 사람은 8시간 이상 자는 사람에 비해 거의 절반 수준의 바이러스 특이 항체를 생성했다.[29]

충분히 자지 않으면 만성 염증에 걸리거나 만성 통증, 우울증, 자가면역질환, 심혈관 질환 등 관련 질병에 걸릴 위험이 증가한다. 실험 연구와 역학 연구에서 교대 근무, 토막잠, 짧은 수면 시간은 모두 몇 가지 염증 지수의 상승과 연관됐다.[30] 또 일주기 리듬의 교란은 멜라토닌 생성을 억제해 암 발병 위험을 증가시키는 것으로 나타났다.[31]

직장 내 만성 스트레스와 관계 트라우마

———————————— 대다수의 미국 성인은 깨어 있는 시간의 상당 부분을 직장에서 보낸다. 그리고 1989년 이래로 많은 여론 조사에서, 미국 성인 55퍼센트와 대졸자 70퍼센트가 직업에서 자신의 정체성을 찾았다고 응답했다.[32] 이런 두 가지 이유로 직장 내 만성 스트레스와 관계 트라우마는 인내의 창 넓이에 막대한 영향을 미친다고 볼 수 있다.

274

미국은 일중독으로 명성이 자자한 나라다. 대부분의 산업 선진국들은 고용주에게 유급 공휴일 외에 적어도 매년 20일의 유급휴가를 제공하라고 요구한다. 이에 반해 미국은 유급휴가나 공휴일을 법적으로 규제하지 않는다. 다른 선진국처럼 휴가를 타협할 수 없는 사회권으로 간주하지 않는 것이다. 1980년대 경기 침체 이래 미국의 많은 고용주가 불황기에 제공하는 휴가 일수를 삭감해왔다.[33]

평균적으로 미국 근로자들은 6일의 유급 공휴일과 10일의 유급휴가를 받는다. 하지만 미국 근로자의 약 4분의 1은 유급 휴일을 하루도 보장받지 못한다. 더군다나 휴가 기회가 균등하게 배분되지도 않는다. 미국 고임금 근로자 90퍼센트가 유급휴가를 받지만 저임금 근로자 약 절반과 시간제 근로자의 경우 3분의 1만이 유급휴가를 받는다. 평균적으로 저임금 근로자는 4일, 고임금 근로자는 14일의 휴가를 받는다.[34]

게다가 많은 미국인이 휴가일을 다 사용하지도 않는다. 1995년 미국 근로자 3분의 1이 휴가 기간의 절반도 채 사용하지 않았고 10퍼센트는 하루도 사용하지 않았다.[35] 이조차도 2000년 미국인의 휴가 사용이 급격히 감소하기 전의 통계치다. 2016년 점진적 감소 추세가 마침내 끝났을 때도 근로자의 54퍼센트는 여전히 유급휴가를 다 쓰지 않았다. 특히 일부 근로자들은 휴가를 몽땅 반납할 가능성이 높았는데 주로 저임금 근로자, 임원, 18~35세 밀레니얼 세대, 주당 50시간 이상 일하는 이른바 '일중독자'들이 그랬다.[36]

설문 조사 결과 휴가를 쓰는 데 세 가지 걸림돌이 두드러지게 나타났다. 걸림돌은 특히 밀레니얼 세대와 '일중독자'에게 만연해 있었다. 첫째, 거의 절반의 근로자들이 휴가가 끝난 후 일거리가 산더미처럼 쌓인 일터로 돌아가기를 두려워했다. 둘째, 3분의 1의 근로자들이 자기 일을 대신해줄 사람이 없을 거라고 믿었다. 마지막으로 4분의 1 이상의 근로자들이 휴가를 쓰면 회사에 헌신하지 않는 것처럼 보여 연봉 인상과 승진 기회를 잃을까 봐 우려했다. 이런 우려는 사실무근일 수 있지만 이 조사 결과는 직원들이 휴가를 못 쓰는 부분적 책임이 조직 문화에 있음을 시사한다. 근로자 3분의 2는 조직 문화가 '이중적이고 실망스럽거나 휴가에 관해 엇갈린 메시지를 보낸다'고 응답했다.

그러나 휴가를 전부 사용한 사람들에 비해 직장에 몸 바친 사람들은 오히려 지난 3년간 승진이나 상여금, 연봉 인상에 성공한 경우가 더 적었다. 이들은 또 직장(68~74%)과 가정(41~48%)에서 훨씬 더 많은 스트레스를 받는다고 보고했다.[37] 그럴 수밖에 없는 것이 휴가 동안 푹 쉬어야 소진을 막고 개인과 공동체와의 관계를 가꿀 여유가 생기며 신체적·정신적 휴식과 회복, 긴장 완화가 가능해지기 때문이다.[38]

미국의 일중독자들은 장시간 일하고 초과근무를 하고 휴가나 주말에도 일을 한다. 미국 근로자 5명 중 1명은 매주 50시간 이상 통상적으로 직장에서 근무한다고 대답한다. 일중독자 57퍼센트는 업무가 스트레스 수준에 나쁜 영향을 미친다고 말한다. 더욱이 미국 근로자 64퍼센트가 야근과 주말 근무가 일상적이라고 대답한 반면 절대 그렇지 않다고 응답한 사람은 15퍼센트에 불과하다. 미국 근로자 약 3분의 1은 휴가 중에도 '상당량'의 업무를 소화한다. 휴가 중 근무는 특히 일중독자(52%)와 고소득 직종(43%)에서 빈번하게 나타났다.

미국 근로자 약 4분의 1은 직장 스트레스가 수면과 식습관에 악영향을 미친다고 보고한다. 교대 근무자, 밀레니얼 세대, 저임금 및 위험 직종에 종사하는 사람들은 악영향을 보고할 가능성이 더 높다. 가장 심한 악영향을 받는 것은 50시간 이상 일하는 일중독자들로 이들 절반 가까이가 부정적 영향을 받고 있다고 보고했다.

마지막으로 대다수의 미국 근로자들은 아플 때도 '항상' 또는 '대부분의 시간'을 출근한다고 대답한다. 이들 중에는 저임금 근로자 3분의 2와 음식점 근로자 절반 이상, 의료직 종사자 절반 이상이 포함된다.[39] 또 다른 조사에서는 밀레니얼 세대(76%)가 35세 이상의 중년층(56%)보다 아팠을 때 출근한 확률이 훨씬 높았다.[40] 자연히 이들은 병을 지닌 채로 대중교통, 직장, 공공 식당 등을 돌아다니며 모든 사람에게 병을 퍼뜨릴 위험을 무릅쓴다.

분명 일중독증 일부는 선택이 아닐 가능성이 있다. 미국인 10명 중 약 4명 그리고 밀레니얼 세대 절반은 생계를 유지하기 위해 최소한 두 가지 일을 한다. 어떤 사람들은 특히 도시 지역에서 점점 비싸지는 주거비용을 감당하기 위해, 어떤 사람들은 학자금 대출을 갚기 위해 이렇게 일한다. 그리고 많은 가정이 연간 소득의 30퍼센트까지 육아에 쏟아붓는다.[41]

많은 사람이 직장에서 과로하고 지속적으로 스트레스를 받는 것이 통제할 수 없는 정상적인 상태라고 생각한다. 한편으로는 직장에서 할 일을 미루거나 웹 서핑을 하는 등 비효율적으로 많은 시간을 보낸다는 사실을 쉽게 인정한다. 그렇다면 왜 그들은 근무 시간에 집중해서 생산적으로 일하고 정시에 퇴근해 운동을 하거나 맛있는 식사를 하거나 관계를 가꾸거나 취미를 즐기거나 잠을 자지 않는 것일까?

이 질문을 하면 대개 두 가지 대답이 나오는데 그 답은 우리 사회에서 '일'을 생각하고 수행하는 방식의 기저에 깔린 광범위한 문화적 규범과 관행을 드러낸다. 첫 번째 대답은 정해진 시간에 맞춰 일해야 한다는 것이다. 그들은 할당된 업무가 실제 얼마나 오래 걸리든지 상관없이 매주 일정한 시간을 직장에 머물러야 한다. 두 번째 대답은 사무실에 오래 앉아 있거나 24시간 내내 직장 연락에 매여 있어야만 '헌신적이고', '생산적인' 직원으로 인정받는다는 것이다.

두 대답에는 무력감이 내재해 있다. 그런데 생존 뇌가 스스로 무기력하거나 통제력이 부족하다고 인식하면 더 큰 스트레스를, 급기야 외상적 스트레스까지 유발할 가능성이 있다. 그러므로 두 답변 모두 집단적으로 우리의 인내의 창이 좁아지는 데 기여하고 그로써 자기 조절과 회복을 위한 신경생물학적 요구와 실제 업무 습관 사이의 불일치를 조장한다.

4장에서 설명했듯이 생존 뇌가 어떤 스트레스 요인을 생소하고 예측이나 통제할 수 없으며 생존, 정체성, 자아에 위협적이라고 인식한다면 더 심한 스트레스 각성을 촉발할 것이다. 이 점을 염두에 두면 특정 종류의 업무가 만성 스트레스 및 관계 트라우마와 어떻게 연관되는지 쉽게 알 수 있다. 특히 우리가 진정으로 회복하기 힘들 수밖에 없는 상황에서는 말이다.

가장 분명한 상황은 신체적으로 위험하거나 유독한 환경에서 일하는 경우다. 예를 들어 시끄러운 소음, 강렬한 냄새, 환경 독소, 죽거나 다친 인간과 동물, 신체적 안전에 대한 위협을 일상적으로 접한다면 생존 뇌는 잠시도 쉬지 않고 계속 스트레스 상태를 유지하기 쉽다. 이런 환경에서는 자신의 유한성이나 다른 사람의 부상과 사망을 생각할 가능성이 높아지는데 이를 '필멸성의 염려mortality concerns'라고 한다. 이 같은 염려를 돌보려면 실행 기능 능력이 고갈되고 그러면 죽음에 관한 생각과 감정에 더욱 취약해진다.[42]

여러 심리적 스트레스 요인도 생존 뇌가 위험을 감지하고 스트레스 각성을 동원하게 할 수 있다. 비록 사고 뇌는 스트레스 요인을 '별일 아니다'라고 일축하더라도 말이다. 이 같은 범주로는 혼란스럽고 파괴적이며 불안정한 환경에서 근무하는 경우, 고약한 상사 밑에서 일하거나 모욕적이고 착취적 환경에서 일하는 경우, 직장 내 소외·차별·괴롭힘에 대처해야 하는 경우, 낮은 지위의 직종이나 권력 계층의 하수인으로 일하는 경우 등이 포함된다.[43] 이 요인들은 전부 직장에서 만성 스트레스나 관계 트라우마를 겪을 가능성을 증가시킬 수 있다.

영국 공무원을 대상으로 한 여러 연구에서는 근로자의 권력 서열과 스트레스 관련 질병 사이의 반비례 관계를 발견했는데, 권력 서열이 낮을수록 고혈압과 만성 기관지염 증상에 시달릴 가능성이 높았다.[44]

이와 유사하게 다른 연구는 지위가 낮은 사람들이 더 많이 경계하고 자신과 타인을 감시하는 데 더 많은 에너지와 노력을 쓴다는 사실을 보여준다. 결국 이렇게 경계가 강화되면 실행 기능이 약화된다. 그러므로 직장 상급자나 권력자들에 비해 스스로 지위가 낮고 무력하거나 종속적이라고 생각하는 사람들은 효과적으로 계획하고 실행할 가능성이 낮다. 그들은 산만함과 업무에 무관한 정보를 억제하는 데 더 큰 어려움을 겪는다.[45]

생존 뇌 관점에서 아마도 가장 스트레스가 심한 업무 특성 조합은 스스로 직장에서 높은 성과 기준과 책임을 요구받으면서도 의사 결정의 재량권은 적다고 인식하는 경우일 것이다.[46] 이 조합은 웨이터와 즉석 요리사부터 건설 근로자, IT 전문가, 변호사와 기업 임원까지 모든 업종과 지위를 막론하고 흔하게 나타난다. 심지어 고임금 직종에서 일하거나 리더의 직책을 맡거나 자신의 일이 의미 있고 즐겁다고 느끼는 사람도 여기에 해당할 수 있다.

이 조합은 왜 그렇게 심한 스트레스를 줄까? 의사 결정의 재량권이 없을 때 생존 뇌는 그 상황을 통제할 수 없고 예측할 수 없다고 인식해 스트레스 각성을 높일 수 있다. 중요한 것은 의사 결정의 재량권에 단지 업무를 완수하는 데 필요한 자원, 자금, 인력의 통제권 같은 업무 내용만 포함되지는 않는다는 점이다. 의사 결정의 재량권에는 언제, 어디서, 어떻게 일을 완수할 것인지 같은 업무 자율성에 관한 결정도 포함된다.

예를 들어 한 연구에서는 근로자 95퍼센트가 문이 있는 분리된 공간에서 개인적으로 일하는 것이 중요하다고 말했지만 실제 41퍼센트만이 그렇게 할 수 있다고 대답했다. 그리고 거의 3분의 1은 일을 하려면 사무실에서 나가야 한다고 대답했다. 또 다른 연구는 개방된 사무 공간에서 근무하는 환경이 높은 스트레스 수준, 높은 혈압, 높은 직원 이직률, 더 심한 직장 내 갈등과 연관된다는 점을 밝혔다. 더구나 일반 통념과는 달리 개방된 공간의 사무실은 직원들 간 대면적 상호작용이 현저하게 적은 것과 상관관계가 있었다. 직원들이 각자 방문을 닫을 수가 없으니 한 공간에 있는 동료들에게서 사회적으로 물러서고 대신 전자적 수단을 통해 교류할 가능성이 더 높아지는 것이다.[47]

또 직장에서 감정 표현을 관리해야 하는 감정 노동자의 경우도 의사 결정의 재량권이 낮다고 인식한다. 감정 노동에는 조직 목표와 요구 사항을 충족하기 위해 직원의 언어, 얼굴 표정, 몸짓언어 같은 감정 표현을 조절하는 업무가 포함된다. 예를 들어 감정 노동자들은 실제 내면에서 느끼지 않는 감정을 겉으로 표현해야 할 때가 있다. 혹은 실제 느끼는 감정을 억눌러야 할 때도 있다. 그 감정이 직장에서 적절하다고 여겨지지 않기 때문이다.

감정 노동은 정치인처럼 많은 사람과 직접 대면 접촉이 필요하거나 교사, 목회자, 치료사, 성매매 종사자 등 다른 사람의 감정 상태를 자극할 필요가 있는 직종에서 흔히 나타난다. 또 근로자들이 직장에서 특정한 방식으로 감정을 표현하는 것, 예를 들면 승무원이나 관광업계 종사자 등처럼 획일적 조직 문화를 유지하거나 고용주의 브랜드나 평판을 표준화하는 것도 감정 노동에 해당된다.[48]

직장과 상관없이 감정 노동은 인종, 성별, 민족, 종교, 성적 지향성을 이유로 조직의 지배적 규범과 관습에서 단절되거나 지지받지 못한다고 느끼는 소수집단의 개인들에게 특히 힘겨울 수 있다. 그들은 소외되고 멘토가 부족하다고 느끼기 쉽다. 그들의 고용주는 위원회에서 상대적으로 부족한 의석수를 채우는 등 특정 쿼터를 충족하기 위해 그들을 이용할 수도 있다. 상황이 더 안 좋으면 2장에서 설명했듯이 직장에서 인종차별주의, 성차별주의, 이성애주의의 차별 대상이 될 수도 있다. 이런 점을 고려하면 당연하게도 남성 관리자들보다 여성 관리자들이 감정 노동에 종사한다고 보고할 가능성이 높다는 연구 결과도 있다.[49]

감정 노동은 또 법 집행, 소방, 군대, 재난 대응, 응급 치료와 같이 스트레스를 많이 받는 직업군에서도 흔히 나타난다. 이런 환경에서는 업무 자체가 부정적 감정을 유발하는 경향이 있는 데다 감정 억제와 자립에 대한 강한 문화적 기대를 사회화한다. 이 직업들은 스트레스, 고통, 부상, 역경을 "그냥 받아들이고 계속 밀고 나아가라"거나 "이 악물고 버텨라"를 적절한 대처 방안으로 사회화해 그 밖의 감정적·행동적 대응은 부적절한 것으로 조건화한다. 예를 들어 2장에서 설명했듯이 남성 중심 환경에서는 대개 (공포나 슬픔이 아닌) 분노를 스트레스 상황에 적절한 반응으로 간주해 짜증, 격분, 폭력을 문화적으로 허용 가능한 행위로 사회화한다. 그로 인해 스트레스가 심한 직업군의 감정 노동은 개인, 특히 남성이 자신의 감정적 고통과 트라우마를 부정하고 외현화하는 경향을 악화할 수 있다. 또 이 직업군은 흔히 신체화를 통해 고통을 표현하는 경향이 있는데 정서적 문제보다 신체적 문제로 도움을 구하는 편이 주변에서 낙인이 적게 찍히기 때문이다.

최근 연구는 감정 노동이 심리적 긴장을 고조하고 특히 표면 행위surface acting가 요구될 때 정신적 자원을 고갈한다는 결과를 보여준다. 표면 행위란 내적 감정을 무시하면서 겉으로 드러나는 감정 표현을 속이는 것이다. 감정 노동은 감정 소모, 탈진, 직무 만족도 저하뿐 아니라 인지적 저하와 업무 수행 과실과도 연관성이 있다.[50]

직장 밖에서의 만성 스트레스와 관계 트라우마

———————————— 우리는 관계에서도 만성 스트레스와 트라우마를 경험할 수 있다. 스트레스가 심하거나 트라우마가 있거나 중독 상태이거나 학대를 일삼는 가족 구성원과 어울려 살아야 할 수 있다. 또는 장애나 만성적인 신체적·정신적 질환이 있는 가족을 돌봐야 할 책임이 있을 수도 있다. 또는 직장과 가정을 동시에 챙기느라 정신없이 분주할 수도 있다. 경험적 연구에서 여성들이 남성들보다 지속적으로 더 높은 스트레스 수준을 보고하는데 일부 연구자들은 여성이 남성보다 평균 3배에 가까운 무급 가사 노동을 책임지는 탓이라고 분석한다.[51] 당연히 이런 상황에서 트라우마를 겪을지 여부는 생존 뇌가 스스로 무기력하거나 통제력이 부족하다고 인식하는지에 달려 있다.

많은 연구가 낭만적 관계의 파트너들이 어떻게 하나의 신경생물학적 단위를 형성하는지 보여준다. 그들은 애착 관계에서의 스트레스 전염 때문에 서로의 스트레스 각성과 정서적 안녕에 영향을 미친다. 물론 이 같은 영향력은 쌍방향으로 작용한다. 예를 들어 두 사람이 관계에서 만족을 느낄 때는 둘의 신체 접촉과 근접성이 그들의 불안과 스트레스를 줄이는 데 도움이 된다. 그러나 파트너끼리 관계에 만족하지 못할 때는 둘의 신체 접촉과 근접성이 오히려 스트레스 각성 수준을 높이는 것으로 나타났다. 그러므로 안전 기지를 제공하지 않는 사람과 애정 관계를 맺으면 신체적·정신적 건강이 훼손될 수 있다.[52]

한 연구에서는 중년 여성들에게 결혼 생활에 관해 약 11년 간격을 두고 두 차례 질문했다. 두 번 모두 결혼에 불만족한다고 대답한 여성은 적어도 한 번은 만족한다는 여성에 비해 대사증후군에 걸릴 확률이 3배나 높았다. 대사증후군은 고혈압, 고혈당, 높은 콜레스테롤, 과다 복부 지방 등 모든 만성 질환의 위험 인자를 포함한다.[53]

우리는 또 학교와 지역사회에서도 만성 스트레스와 관계 트라우마를 경험할 수 있다. 앞서 2장에서 빈곤, 성차별주의, 이성애주의, 인종차별주의가 일상생활에서의 만성 스트레스와 관계 트라우마에 어떻게 기여하는지 살펴봤다. 물론 차별, 편견, 희롱, 괴롭힘을 꼭 직접적으로 경험해야만 심신 체계에 유해한 영향을 미치는 것은 아니다. 우리는 정체성 집단의 다른 구성원들이 소외받는 사건을 다룬 뉴스를 읽거나 볼 때도 엄청난 스트레스 각성을 경험할 수 있다. 또 본인이 소외받는 사건을 떠올리거나 예상하는 동안에도 스트레스 증가를 경험할 수 있다.

끝으로 17장에서 더 자세히 살펴보겠지만 우리는 외로움이나 사회적 고립 때문에도 만성 스트레스와 관계 트라우마를 경험할 수 있다. 최근 대규모 조사에 따르면 미국인 절반 가까이가 가끔 또는 항상 혼자이고 '소외된다'고 대답했다.[54] 경험적 연구는 만성적으로 사회적 접촉이 부족한 사람들이 스트레스 호르몬의 상승과 만성 염증에 시달릴 가능성이 더 높다는 사실을 보여준다. 사회적 유대가 거의 없거나 질적으로 낮은 것은 심혈관 질환, 고혈압, 반복적 심장마비, 자가면역질환, 암 그리고 상처의 느린 치유 속도와 관련이 있었다.[55]

스트레스 반응 주기

—————————————— 역설적이게도 세 번째 경로를 통해 인내의 창이 좁아지는 최종 요인은 우리가 만성 스트레스에 대처하는 방식이다. 어떤 습관은 일시적으로 기분이 좋아지거나 통제감을 느끼게 되지만, 실제로는 생체 적응 부하가 가중된다. 이런 방식으로 스트레스에 대처하면 피드백의 악순환이 시작되는데 존 카밧진은 이를 스트레스 반응 주기stress reaction cycle라고 부른다.[56] 의식적으로든 무의식적으로든 어떤 습관을 반복할 때마다 신경가소성으로 인해 그 습관을 미래에 다시 반복하기가 더 쉬워질 뿐만 아니라 그 습관을 버리고 다른 습관을 선택하기가 훨씬 더 어려워진다.

예를 들자면 우리는 만성적 일중독과 우선순위가 낮은 업무로 심하게 분주한 생활을 계속할 수 있다. 혹은 고질적 미루기와 회피를 거듭할 수도 있다. 혹은 스트레스 각성을 낮추고 스트레스 증상을 감추기 위해 카페인, 설탕, 니코틴, 알코올, 불법 의약품이나 처방약 등 화학물질에 의존할 수도 있다. 혹은 고통을 달래거나 정서적 공허함을 채우거나 통제감을 느끼기 위해 폭식을 하거나 식사를 거르거나 패스트푸드나 건강에 안 좋은 음식을 먹을 수도 있다. 혹은 텔레비전, 소셜 미디어, 모바일 기기, 인터넷 또는 비디오게임으로 정신을 마비시키거나 집중력을 흐트러뜨릴 수도 있다. 혹은 늦게까지 자지 않거나 불규칙하게 잠을 자거나 다른 활동을 위해 잠을 포기하거나 밤에 안 자고 누워 관계나 일을 끊임없이 걱정할 수도 있다. 혹은 우리 몸에서 요구하는 운동, 움직임, 자연 속에서 보내는 시간을 빼앗고 대신 계속 앉아서 지내는 실내 활동을 선택할 수도 있다. 혹은 절단, 익스트림 스포츠, 도박, 난폭 운전, 불륜 등 매우 위험하고 자신을 해치며 아드레날린을 추구하는 행동에 강박적으로 매달릴 수도 있다.

또 스트레스 반응 주기를 지속하는 사고 뇌 습관에 의존할 수도 있다. 예를 들어 만성적 걱정, 계획, 반추, 파국에 이르는 최악의 시나리오 쓰기를 일삼을 수도 있다. 혹은 아무 문제가 없는 척 외면할 수도 있다. 혹은 상황의 국면을 미묘하게 부인하는 리프레이밍이나 긍정적 자기 대화를 통해 스트레스를 하찮게 여길 수도 있다. 혹은 자기보다 훨씬 상황이 안 좋은 친구와 비교할 수도 있다. 혹은 스트레스를 받는다는 데 자기 비난과 수치심을 느끼며 '진짜 별일 아닌데 왜 이 일을 진즉 해결하지 못했을까?'라고 자책할 수도 있다.

때때로 이런 습관은 단기 스트레스 대처에 매우 효과적인 전략이고 생사의 갈림길에서는 특히 그렇다. 그리고 분명히 말하건대 인내의 창이 넓은 사람들도 가끔은 정크 푸드를 먹거나 업무 마감일을 맞추려고 운동을 건너뛰거나 엉망진창인 하루가 끝날 무렵 와인을 즐기거나 잠 못 이루는 밤을 보내고 힘겹게 하루를 시작하기 위해 진한 커피를 마신다.

문제는 그 선택이 습관화되고 강박적으로 변해 우리가 일상생활에서 제대로 기능하고 스트레스에 대처하려면 그것이 반드시 필요하다고 느낄 때 발생한다. 이럴 경우 그런 선택은 완전한 회복을 지원하지 않고 우리가 경험하는 스트레스 각성을 억압, 부정, 구획화, 자가 처방하거나 주의를 분산함으로써 스트레스 반응 주기를 영속한다. 또 생체 적응 부하를 가중해 결국에는 심신 체계가 조절 장애에 이르게 만든다.

이 같은 선택은 대부분 단기적으로 기분을 좋아지게 하기 때문에 스트레스를 받을 때 거기에 끌리는 것이다! 따라서 그 선택에 유혹을 느낀다면 현재 심신 체계가 활성화돼 약간의 회복이 필요한 상황이니, 더 심한 조절 장애에 이르기 전 빨리 회복 조치를 취하라는 신호로 볼 수 있다.

흥미롭게도 대처 습관을 선택하는 것은 개인이지만 일부 문화적 규범과 관행은 우리가 기본적으로 그 같은 습관을 선택하도록 부추긴다. 왜 그럴까? 그래야 스트레스를 감춰 계속 버틸 수 있기 때문이며, 계속 버티는 선택이 직장, 교육 체계, 사회 기관의 규범, 목표, 신념, 관행과 일치하기 때문이다. 사회적 규범 때문에 우리는 무의식적으로 조절 장애 쪽으로 떠내려갈 가능성이 높다. 마치 엔트로피와도 같아서 다람쥐 쳇바퀴 도는 삶에서 무의식적 장치에 내맡기면 구석기시대 배선이 자연히 조절 장애로 향하는 것이다.

과로, 수면 부족, 스트레스를 받는 생활 방식을 지향하는 집단 경향성 때문에 우리 사회 전체가 조절이 안 되는 기준치를 향해 가고 있다. 이것이 왜 문제일까? 한 조직의 구성원 대부분이 과로하고 수면 부족과 스트레스에 시달리면 모두가 사고 뇌 기능이 저하되는 쪽으로 이동하기 때문이다. 우리는 비현실적인 마감일과 기대치를 정해놓고 자신의 임무에 스스로 시간적 압박을 가하며 살아간다. 그러면 모든 사람이 '뒤처진다'는 느낌에 '따라잡으려고' 서두르게 돼 장시간 일하고도 주말에 또 일하고 에너지가 고갈된 사고 뇌를 집중시키려고 카페인을 마구 마셔대고 운동과 건강한 식사를 건너뛰고 자판기에서 사 온 간식으로 때우게 된다.

더구나 이런 습관이 일단 직장 규범으로 정착되면 앞서 언급했던 대로 휴가를 쓰는 직원은 '비헌신적이거나', '비생산적이게' 보인다는 인식이 강화된다. 그 결과 우리는 업무 마감 기한을 자기 돌봄보다 더 우선적으로 챙기게 된다. 시간이 지날수록 우리는 거의 앉아서 지내는 생활, 영양이 부족한 음식, 관계에서의 단절에 이르고 카페인, 니코틴, 설탕, 기타 흥분제에서의 인위적 에너지 동원 그리고 시끄러운 음악, 액션 비디오게임, 영화 같은 전기적 자극, 전자 기기를 쓰며 보내는 시간, 더 심각한 고갈과 탈진을 감추는 무리한 유산소운동 등에 과도하게 의존한다. 이 상태로 몇 달(또는 몇 년)을 보내고 나면 집에 돌아와서 우리가 할 수 있는 일이라곤 술이나 간편식을 먹으며 텔레비전 앞에서 멍하니 시간을 죽이는 것뿐이다. 그러는 동안 생체 적응 부하는 계속 쌓여간다.

당연히 만성 스트레스로 인한 사고 뇌 기능 저하는 업무 수행 능력을 손상할 뿐 아니라 스트레스, 갈망, 부정적 감정의 하향식 조절에 접근하는 능력까지 손상한다.

시간에 쫓기는 업무와 집안 사정으로 몇 주 동안 매일 밤 6시간씩만 잤다고 가정해보자. 의식하지 못하더라도 이 시점에 당신의 실행 기능은 심각하게 손상돼 있다. 당신은 여전히 장시간 일하고 있으므로 이미 고갈된 실행 기능 잔고의 남은 부분마저 대부분 직장에서 쓰고 있다.

이런 점을 고려하면 당연히 당신은 만사에 더 짜증이 나거나 더 조급해지거나 더 불안해진다. 이런 부정적 감정을 조절할 여력이 전혀 남아 있지 않기 때문이다. 당연히 당신은 다이어트를 포기하거나 배우자를 속이거나 운동을 빼먹거나 중요한 장기 목표를 미루는 경향도 더 늘어난다. 갈망을 억제하고 의지력에 접근할 여력이 전혀 남아 있지 않기 때문이다. 당연히 당신은 과음하거나 소셜 미디어, 비디오게임, 텔레비전으로 주의를 분산할 가능성도 더 높아진다. 스트레스를 더 건강한 방법으로 관리할 여력이 전혀 남아 있지 않기 때문이다. 그리고 매번 이런 방법을 선택할 때마다 아무리 자동조종 모드로 선택했다고 해도 향후 다시 이 방법을 자동으로 선택하기가 더 쉬워진다. 그러니 생체 적응 부하가 쌓이기 시작하는 것이 뭐가 이상하겠는가?

시간이 지날수록 만성 스트레스로 인내의 창이 좁아지면 몇 가지 악순환이 시작된다. 첫째, 만성 스트레스와 그를 가리는 스트레스 반응 주기 습관 때문에 심신 체계가 자기 조절과 회복을 하는 데 반드시 필요한 것들과 분리된다. 이 상태에 이르면 우리는 지금 당장 진정되는 행동 외에 어떤 것도 선택하기가 사실상 불가능해진다. 진정한 회복에 도움이 되는 일들을 하도록 스스로 동기부여하기 힘들어질 때 우리는 지치고 피곤하다는 느낌을 받는다.

둘째, 실행 기능이 손상되면 더 쉽게 주의가 산만해진다. 휴대전화나 소셜 미디어 피드백을 끊임없이 확인하는 데서 얻는 작은 도파민 보상을 거부하기가 더 어려워진다. 예를 들어 한 연구에서는 사람들이 전날 밤 1시간 잠을 못 잘 때마다 8.4분씩 더 온라인상에서 빈둥거렸다.[57] 역설적으로 이런 상태일 때 멀티태스킹을 시도할 가능성이 더 높아지는데 3장에서 설명했듯이 멀티태스킹은 실행 기능을 더욱 손상하고 스트레스 각성을 증폭한다. 이 요인이 결합되면 구체적 목표를 달성하는 데 에너지를 사용하고 집중하기보다는 에너지를 허투루 쓰게 된다.

셋째, 미루기와 무리해서 일하기 사이를 오가는 패턴을 반복한다. 처음에는 지쳤다고 느껴 할 일을 자꾸 미룬다. 사실 '너무 피곤하다'는 말은 사람들이 일을 미루는 데 가장 자주 쓰는 변명이다.[58] 그러다 나중에 뒤처졌다고 느끼면 밤을 새우거나 주말 내내 일해서 진도를 따라잡는다. 이 과정을 계속 반복하는 것이다.

넷째, 만성 스트레스를 받으면 주의의 초점이 '급한 불 끄기'와 당장 눈앞의 일 처리하기로 좁혀진다. 혹은 이메일 처리같이 덜 중요하거나 덜 힘든 작업을 먼저 처리하며 시간을 허비하는 동안 장기적으로 개인적·직업적 목표 달성에 필요한 일은 미루게 된다. 그러면 좁아진 초점에 맞춰 생활 방식을 선택하기 시작하고 진정으로 중요한 일보다 급한 일에 잘못 우선순위를 둔다.

좁은 인내의 창으로 삶을 시작한 사람들은 신체적·정신적 질환을 앓기 전에 스스로 악순환에서 벗어날 여지가 적다. 그런데 7장에서 설명했듯이 인내의 창이 좁아지는 양육 환경에서 자란 사람들은 무의식적으로 스트레스가 심한 직업군에 끌리는 경향이 있다. 이 같은 근무 환경에는 스트레스 반응 주기의 대처 습관이 워낙 보편화돼 결정적 특징 중 하나로 꼽힐 정도다. 이는 인위적 에너지 동원을 사회화하고 문화적으로 정상화해 직원들이 무심결에 니코틴, 카페인, 설탕, 전기 자극, 멀티태스킹, 아드레날린을 추구하는 행동과 근본적 고갈을 감추는 격렬한 유산소운동 등에 의존하도록 부추긴다.

그래서 나처럼 미심쩍은 방법으로 엄청난 양의 카페인, 니코틴, 설탕을 흡입해가며 야외기동훈련에서 3일 내내 쉬지 않고 일한 끝에 그에 따른 직업적 보상을 받는 사람이 나오는 것이다.

물론 악순환에서 타성이나 관성이 생긴다는 점은 인정한다. 한번 그 속에 빠지면 타성을 깨는 것이 지독히 벅찰 수 있다. 타성을 깨고 나오려면 주체성을 확보하는 것이 중요하다. 생활 방식의 선택은 어디까지나 우리에게 달려 있는 것이다.

자기 조절과 회복에 도움이 되는 생활 방식을 선택하도록 우선순위를 정하고 실천하려면 일관되고 의도적인 노력이 필요하다. 신경 생물학적 작용은 실제로 에너지를 동원해 일에 모든 주의를 기울여 진정 생산적으로 일하는 시간과 그다음 일에서 벗어나 인지적·정서적·신체적 자원을 재생하는 시간을 번갈아가며 보낼 때 가장 잘 작동한다. 재생은 건강한 음식, 수분 공급, 운동, 수면, 자연에서 보내는 시간, 여가 활동, 지지적 관계에서 비롯된다. 새로운 습관을 개발하는 과정이 어려울 수도 있지만 그런 노력 역시도 시간이 지날수록 관성이 붙어 기쁨, 창조성, 연결성, 건강, 안녕에 다가가는 선순환이 이뤄진다.

다음 장으로 넘어가기 전에 인내의 창이 좁아지는 세 번째 경로와 관련된 당신의 경험을 되돌아보자. 일상생활에서 만성 스트레스와 관계 트라우마를 유발하는 직장, 학교, 가정에서의 경험 목록을 일기장에 적어볼 수 있다. 현재 직면하고 있는 만성 스트레스 요인뿐만 아니라 완전히 회복하지 못했을 수도 있는 과거 만성 스트레스 요인까지 포함해야 한다. 그 후 며칠 동안 이 목록에 추가할 스트레스 요인을 떠올려보고 계속 기록해 최대한 목록을 완성해보자.

아울러 당신이 일상생활에서 스트레스와 관계 트라우마에 습관적으로 대처하는 방법을 비판단적 호기심으로 성찰해볼 수도 있다. 우선 당신이 주로 의존하는 스트레스 반응 주기 대처 습관의 목록을 작성하자. 시간이 지나면서 대처 습관이 변했다면 대처 습관이 언제, 왜 변했는지(이로운 방향과 해로운 방향 모두) 되짚어보는 것이 좋다. 또 평소 수면 시간과 운동 시간이 어느 정도나 되는지 정직하고 비판단적으로 따져보는 것도 도움이 된다. 특히 매일 밤 수면 시간이 8시간 미만이거나 매주 3회 미만으로 운동한다면 적절한 수면과 운동을 유지하는 데 방해 요인이 무엇인지 자문해볼 수도 있다. 마지막으로 광범위한 의미에서 당신의 소비 습관을 전반적으로 반성해보자. 일상적으로 소비하는 음식, 음료, 기타 물질뿐만 아니라 뉴스와 정보, 소셜 미디어, 엔터테인먼트 미디어(음악, 영화, 텔레비전, 인터넷 등) 그리고 친구, 이웃, 직장 동료, 가족과 수시로 상호작용하는 관계의 양과 질, 내용 등을 두루 되돌아보는 것이다. 이런 소비 흐름 하나하나가 심신 체계에 상당한 영향을 미칠 수 있다.

과잉 각성/과소 각성

2부를 마무리하는 이번 장에서는 인내의 창에 관한 과학을 한데 모아볼 것이다. 이 장을 최대한 활용하려면 그리고 3부에서 인내의 창을 넓히는 도구를 가장 잘 준비하려면 앞 장에서 실습했던 기록들을 꺼내보자. 책만 계속 읽느라 그때그때 실습을 마치지 못했다면 지금이라도 다시 돌아가서 실습을 마무리하기를 권한다. 그래야만 이 장에서 훨씬 더 많이 얻을 것이다.

이 장 끝부분에서는 당신에게 이전 장의 메모를 검토하고 하나를 더 작성하도록 요청할 것이다. 이로써 당신이 성찰을 마칠 때쯤에는 사고 뇌에서 그동안 심신 체계가 견뎌온 모든 일을 충분히 이해하고 생존 뇌, 신경계, 몸이 왜 그렇게 행동했는지 더 잘 이해하기를 바란다. 이런 이해야말로 사고 뇌와 생존 뇌 사이에 동맹 관계를 형성하고 인내의 창을 넓히는 첫 단계라 할 수 있다.

인내의 창이 좁아지는 세 가지 경로

——————————— 기억을 되살려보자면 인내의 창이 좁
아지는 첫 번째 경로는 어린 시절 만성 스트레스와 발달 트라우마에
서 비롯된다. 두 번째 경로는 너무 많은 스트레스 각성을 너무 빨리
겪게 될 때의 쇼크 트라우마다. 그리고 세 번째 경로는 일상생활에
서 힘든 일이 너무 오래 지속되거나 너무 자주 발생해 만성 스트레
스와 관계 트라우마로 이어지는 경우다. 세 가지 경로를 모두 경험
하든 한 가지 경로만 경험하든 상관없이 적절한 회복이 없는 한 스
트레스 각성을 잠시도 멈추지 못하고 계속 활성화해 생체 적응이 제
기능을 멈춘다. 그러면 심신 체계는 즉각적 생존 욕구에 초점을 맞
추고 회복, 보충, 치유, 성장 등의 장기적 욕구에는 더는 관심을 갖
지 않는다. 최종적으로 생체 적응 부하의 누적이라는 결과가 나타난
다.[1]

생체 적응 부하가 증상으로 나타나려면 시간이 걸리지만 결국 생
체 적응 부하 자체가 인내의 창을 좁아지게 한다. 예를 들어 만성 통
증, 당뇨병, 비만, 불면증, 우울증, 불안, PTSD와 같은 만성적 신체
적·정신적 건강 문제에 대처하다 보면 심신 체계의 스트레스 각성
이 가중된다. 일례로 만성 통증은 몸을 쇠약하게 하고 고갈할 뿐 아
니라 결코 통증이 낫지 않을 것이라는 걱정 등으로 예상 스트레스를
부추긴다. 그러면 통증에 대한 예상 스트레스는 통증 강도, 통증에

따른 피로감을 증가시키고 통증이 만성화될 가능성을 더 높인다.[2]

아마도 더 중요한 것은 우리가 만성적 신체적·정서적 고통을 경험할 때마다 종종 무력하고 통제력이 부족하다고 느낀다는 사실이다. 이 모든 특성은 우리가 만성 질환뿐 아니라 외상성 스트레스를 경험할 가능성을 높인다. 그러면 사고 뇌와 생존 뇌의 대립 관계가 악화된다. 그로 인해 시간이 지날수록 생체 적응 부하 자체가 인내의 창을 점점 더 좁힘으로써 끊임없이 증가하는 생체 적응 부하에 대처할 내부 자원이 점점 더 줄어든다.

인내의 창을 벗어난 자신 발견하기

——————————— 만성 스트레스는 자원과 에너지를 서서히 고갈하지만 급성 혹은 외상성 스트레스는 너무 많은 스트레스 각성이 너무 빨리 진행돼 심신 체계를 압도한다. 어떤 경우든 리셋하고 회복하지 않으면 시간이 지날수록 인내의 창이 좁아진다.

그러면 아주 작은 일도 우리를 스트레스 역치 밖으로 밀어낼 수 있다. 스트레스 역치는 우리를 인내의 창 밖으로 내모는 요인을 설명하는 또 다른 방식이다. 분명 인내의 창이 좁은 사람은 넓은 사람보다 스트레스 역치가 낮을 것이다. 적절한 회복 없이 쇼크 트라우마와 만성 스트레스를 겪게 되면 누구라도 스트레스 역치와 인내의 창 밖으로 내몰릴 수 있다.

스트레스 역치를 초과하면 네 가지 공통 결과가 따른다. 첫째, 가치와 목표에 반하는 방식으로 행동할 가능성이 더 높아진다. 5장에서 설명했듯이 인내의 창을 벗어나면 사고 뇌 기능이 저하돼 한곳에 집중하고 더 큰 그림을 보고 명료하게 사고하고 창의적으로 문제를 해결하고 효과적이고 정서적으로 명민한 결정을 내리는 능력이 손상된다. 또 스트레스 각성과 부정적 감정을 하향식으로 조절하는 데 어려움을 겪을 가능성이 높아진다. 의지력에 접근하고 충동을 통제하기도 더 어려워져서 갈망, 유혹, 비윤리적이거나 폭력적인 행동에 굴복할 가능성도 더 높아진다.

이런 전형적 예는 스트레스가 심한 하루를 보내고 집으로 돌아와 개가 카펫을 엉망으로 만든 것을 발견했을 때 화를 참지 못하고 개에게 소리를 지르거나 비난을 퍼붓는 경우다(그림 10.1 참조). 사실 개

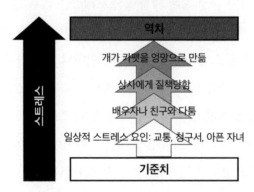

그림 10.1: 스트레스 역치

스트레스 역치는 우리가 적절한 회복 없이 만성 스트레스와 트라우마를 겪을 때 어떻게 인내의 창 밖으로 벗어나는지 설명해준다. 인내의 창 넓이는 기준치와 역치 사이의 공간이다. 인내의 창이 넓은 사람은 스트레스 역치를 초과하기 전에 더 많은 스트레스를 견딜 수 있다. 하지만 인내의 창이 좁아지면 더는 신경생물학적 기준치에서 작동하지 못하고 만성적으로 활성화된 상태에서 작동하게 된다. 이 상태에서는 아무리 작은 스트레스 요인이라도 스트레스 역치를 넘어 인내의 창 밖으로 우리를 밀어낼 수 있다.

의 잘못이 아니라는 사실을 알고 있지만 미해결된 불안, 좌절, 압도
감이 모두 개에게 집중돼 행동화로 나타난다.

한 번에 수주, 수개월, 수년씩 만성적 스트레스 각성 상태로 지내
고 나면 심신 체계가 더는 기준치로 돌아가지 않는다. 대신 늘 스트
레스 역치 바로 아래를 맴돌며 계속 그 근처에서 살게 된다. 이 상태
에서는 자칫하면 역치를 넘어 교통 체증 같은 작은 성가신 일에도
과민 반응을 일으키기가 쉬워진다.

둘째, 일단 스트레스 역치를 넘어서면 아무리 '경미한' 스트레스
요인에도 3차 방어선(등 쪽 부교감신경계, 동결)으로 후퇴할 가능성이 높
아진다. 인내의 창을 벗어났을 때 우리는 압도당해 마비되거나 동결
반응을 보일 가능성이 가장 높다. 동시에 그럴 때 수행 능력도 가장

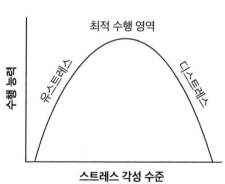

그림 10.2: 여키스-도슨 곡선

여키스-도슨 곡선은 인식된 스트레스 수준과 수행 능력 사이의 역 U자 관계를 제시한다. 업무 수
행 능력은 우리가 적정한 스트레스 각성 수준에 접근할수록 향상되다가 이 시점이 지나면 서서히
감소해 동결 상태에 이르면 완전히 줄어든다. 유스트레스('좋은' 스트레스)는 낮은 스트레스 각성 수
준을 의미하는 반면 디스트레스는 높은 스트레스 각성 수준을 의미한다.

떨어질 가능성이 높다. 이를테면 말문이 막히고 온몸이 굳어져 아무 것도 할 수 없는 것이다. 아니면 극단적 미루기에 굴복하게 될지도 모른다. 실제로 스트레스 역치를 넘어서면 우리는 여키스-도슨 곡선의 오른쪽 맨 끝(5장 참조)에 있는 자신을 발견할 것이다. 그리고 그림 10.2에서 보듯이 디스트레스가 높은 수준에서는 수행 능력이 급격히 떨어진다.

셋째, 스트레스 역치를 넘어서면 사고 뇌와 생존 뇌의 대립 관계 영역으로 이동하게 된다. 그러면 생존 뇌의 신경지에 결함이 생겨 실제로는 안전한 상황에서 위험을 감지하거나 그 반대의 경우가 발생할 가능성이 높다. 아울러 실행 기능, 명시적 기억, 효과적이고 윤리적 의사 결정과 같은 사고 뇌 기능도 손상될 것이다. 사고 뇌 기능이 저하되면 부정확한 상황 인식, 기억력 문제, 산만함, 불안한 계획적 사고의 연속, 방어적 추론 등이 나타날 수 있다.

그리고 사회참여 능력 역시 손상돼 다른 사람들과 협력하고 사회적 지원을 주고받는 능력이 줄어들 것이다. 안전 애착 유형이라도 이런 상태에서는 사회적으로 물러서거나 과도한 안심을 추구하거나 강압적이거나 폭력적인 대인 관계에 의존하는 등 불안정한 관계 전략을 보일 가능성이 높아진다.

또 감정과 스트레스 각성이 인식을 왜곡하고 대부분의 주의를 흡수해 의사 결정과 행동을 주도하는 생존 뇌 하이재킹을 경험할 가능성이 높다. 이 경우 생존 뇌와 신경계는 당면한 상황에 가장 적합한 선택이 아닐지라도 디폴트 프로그래밍을 적용한다. 프로그래밍이 무의식적으로 전개되는 동안 사고 뇌는 다른 사람들을 비난하려 할

지도 모른다. 혹은 사고 뇌가 프로그래밍을 불쾌하게 받아들여 자기 비난과 수치심에 사로잡힐 수도 있다.

반대로 감정과 신체감각을 포함한 생존 뇌 신호와 무관한 사고 뇌 오버라이드를 경험할 가능성도 높다. 억압, 부정, 구획화를 일삼거나 상황을 그냥 참고 견디며 계속 밀어붙이려 할 때 사고 뇌 오버라이드가 일어나고 있음을 알 수 있다.

마지막으로 스트레스 역치를 넘어섰을 때 스트레스 반응 주기 습관에 크게 의존하는 경향이 있다. 한 번에 수주, 수개월, 수년씩 만성적 스트레스 각성을 겪고 나면 심신 체계가 더는 그림 10.1의 기준치로 회복되지 않는다. 대신 만성적으로 활성화된 상태를 새로운 기준으로 인식하기 시작한다. 그사이 우리는 누적된 생체 적응 부하를 정상화하면서도 스스로 인식조차 못 할 때가 많다.

이런 상태에서는 부적응적 대처 방식을 선택할 가능성이 매우 높다. 그래서 형편없는 식생활을 하거나 운동을 빼먹거나 일주일 내내 소셜 미디어나 넷플릭스를 보며 할 일을 미루다가 프로젝트 마감일을 맞추려고 밤샘을 한다. 또는 니코틴, 설탕, 카페인, 알코올, 기타 물질에 심하게 의존한다. 자해 행동이나 폭력적 행동, 아드레날린을 추구하는 행동을 일삼는다. 당연히 자동조종 모드에서 스트레스 각성을 부정하거나 무시하거나 주의를 분산하거나 억제하거나 자가 처방하거나 감추거나 구획화하거나 회피할 때 이런 습관에 더 의존할 가능성이 있다. 스트레스 반응 주기 습관은 보통 단기적으로는 상태가 좋아지거나 통제감을 느끼도록 돕지만 결국 생체 적응 부하를 가중해 인내의 창이 좁아지게 하고 조절 장애를 악화한다.

조절 장애

──────────── 시간이 지날수록 스트레스 호르몬이 반복적으로 치솟고 치유, 보충, 성장, 회복이 부족하면 생체 적응 부하가 주요 신체 체계를 손상한다. 아마 생체 적응이 (1) 뇌, (2) 자율신경계, (3) 면역계, (4) 내분비계, 특히 스트레스 호르몬을 조절하는 HPA 축의 상호작용을 통해 이뤄진다는 사실을 기억할 것이다. 그러므로 생체 적응 부하는 네 가지 체계의 불균형 또는 오작동으로 나타날 수 있고, 네 가지 체계의 조절 장애로 인해 심신 체계의 대단히 많은 부분이 손상될 수 있다. 이를테면 신경지, 실행 기능, 기억력, 의지력, 창조력, 감정, 신진대사, 식욕, 체중, 체온, 호흡, 혈압, 성욕, 수면, 염증, 치유력, 기본적 방어 및 관계 전략 등이 영향을 받는 것이다.

게다가 네 가지 체계는 다른 장기에 연결돼 지시를 내리므로 체계의 조절 장애는 심혈관계와 호흡기계, 생식기능, 소화 및 배설 기능 그리고 세포, 피부, 근막, 근육, 골격 기능 등 다른 신체 체계의 불균형이나 오작동으로도 나타날 수 있다.

다시 말해 네 가지 체계의 조절 장애는 심신 체계의 모든 측면에 영향을 미칠 수 있으므로 다양한 인지적·정서적·생리적·정신적·행동적 증상으로 나타날 수 있다.

조절 장애 증상은 이전에 부상, 독소, 감염, 신체적 트라우마를 경험했던 곳처럼 약한 부위에서 나타날 때가 많은데, 신체의 약한 부위는 유전적 성향과도 관련 있을 수 있다. 3장에서 설명했듯이 유전적 성향은 운명이 아니다. 하지만 생체 적응 부하가 누적되면 종종 유전적 성향을 활성화하는 후생유전학적 변화가 촉발된다. 즉, 게놈은 고정적이지 않고 후생유전학적 변화를 통해 끊임없이 변하는 것이다. 많은 해로운 후생유전학적 변화는 만성적 스트레스 각성에서 기인한다. 이것이 많은 조절 장애 증상이 '스트레스 관련 질환'으로 한데 묶이는 이유 중 하나다.

나는 수년간 스트레스가 심한 환경에서 강의하면서 현재 겪는 여러 증상에 관해 6~7가지의 서로 '무관한' 진단을 받고 그만큼 많은 처방을 받았던 사람들과 함께 작업해왔다. (아마 짐작하겠지만 어느 시점에는 나도 그들 중 한 명이었다.) 예를 들어 밥Bob은 중학교 때 ADHD 진단을 받고 그때부터 주의력 문제와 안절부절못하는 과잉 행동 때문에 리탈린Ritalin을 복용해왔다. 몇 년 후에는 다른 의사가 밥의 불면증에 초점을 맞춰 수면제를 처방했다. 밥이 몇 년 동안 고된 업무를 진행하며 심신 체계를 혹사한 후에는 세 번째 임상의가 밥의 만성 통증에 초점을 맞춰 진통제를 처방했다. 내가 밥을 만나기 직전에 한 정신 건강 전문가는 그에게 심각한 우울증을 진단하고 SSRI 항우울제를 처방한 상태였다. 밥은 고혈압 베타 차단제도 복용했다.

본질적으로 심신의 스트레스 스펙트럼 질환에는 공통적 기원이 있다(공통적 스트레스 관련 질환 및 장애 목록은 표 10.1 참조). 이 질환들이 자주 동시에 발병해 공병률이 높은 것은 각 질환이 조절 장애의 서로 다른 측면을 나타냄을 시사한다. 이것들을 인위적으로 구분해 별개의 진단을 내리는 것은 현대 서양 의학뿐이다.[3] 그렇다고 이 질환들이 항상 스트레스와 관련된다는 의미는 아니다. 다만 한 사람이

CHAPTER 10. 과잉 각성/과소 각성

동시에 여러 질환을 앓고 있다면 발병 원인의 기저는 스트레스일 가능성이 높다.

표 10.1: 공통적 스트레스 관련 질환과 장애

PTSD	불면증
급성 스트레스 장애	수면무호흡증후군
불안 장애	고혈압
주의력결핍 과잉 행동장애	심혈관 질환
우울증	대사증후군
약물 남용	당뇨병
알코올의존증	편두통
섭식장애	천식
만성 통증	알레르기
섬유근육통	건선
과민성대장증후군	습진
궤양	장미여드름

조절 장애는 대개 세 가지 패턴으로 나타난다. (1) 과잉 각성 또는 '높은 상태로 고정'된 상태 (2) 과소 각성 또는 '낮은 상태로 고정'된 상태 (3) 과잉 각성과 과소 각성 사이를 오가는 패턴이 그것이다.

나는 아직 이 세 가지 패턴의 상대적 유병률을 다룬 경험적 연구를 찾지 못했다. 트라우마 임상의들은 종종 조절 장애가 발생하면 인구의 약 3분의 2는 과잉 각성이 되고 3분의 1은 과소 각성이 되는 경향이 있다고 말한다. 이 주장을 뒷받침할 만한 경험적 근거는 찾지 못했지만[4] 내가 가르치면서 얻은 개인적 경험으로도 대다수의

PART 2. 인내의 창을 둘러싼 과학

사람들은 적어도 처음에는 과잉 각성 경향을 보였다.

과잉 각성 상태에서 심신 체계의 디폴트 반응은 교감신경계의 과한 각성이다. 이 패턴에서 생존 뇌는 지나치게 민감하고 반응적이라 과잉 경계 상태로 끊임없이 내부 및 외부 환경을 스캔한다. 신경지가 과민해지면 심신 체계는 스트레스 각성을 (과도하게) 동원한다. HPA 축은 부신에서 생성하는 아드레날린과 다른 스트레스 호르몬 수준을 높이는 경향이 있다. 그 결과 심신 체계는 일종의 변형된 투쟁-도피(교감신경계 방어 전략)를 사용해 과잉 활동으로 스트레스에 대처하려고 노력한다.[5]

과잉 각성과 관련된 증상으로는 과잉 경계, 과도한 놀람 반응, 빛이나 소리에 대한 과민성, 활동 항진, 안절부절못함(손 꼼지락거리기와 다리 떨기 등), 근육 긴장, 만성 통증, 불면증, 악몽, 플래시백, 공황 발작, 장기적 불안, 분노 공격, 격렬한 감정 폭발, 지속적인 짜증과 흥분, 감정적 반응성 등이 있다. 내부 단서로 인한 점화 역시 과잉 각성일 때 더 자주 나타난다.[6]

과잉 각성 상태와 관련된 행동으로는 익스트림 스포츠, 무리한 유산소운동, 불륜, 도박, 고속 오토바이 타기, 난폭 운전, 폭력적 비디오게임, 액션과 공포 영화에의 몰입 등 엔도르핀 폭발을 기대하며 아드레날린을 추구하는 행동이 포함된다. 또 니코틴, 카페인, 설탕, 다른 자극제에 크게 의존하는 경향도 있다.

짐작할 수 있듯이 과잉 각성은 스트레스가 심한 직업군에서 가장 일반적인 조절 장애 패턴이다. 적어도 처음에는 그런데 이 내용은 잠시 후 다시 설명하겠다. 스트레스가 심한 업무 환경은 아드레날린

중독자들을 끌어들이는 경향이 있을 뿐 아니라 과잉 각성과 관련된 일중독과 에너지 넘치고 수면 부족에 시달리는 행동을 선택하는 사람들에게 보상을 준다. 바꿔 말하자면 과소 각성 상태로는 이 같은 환경에서 효과적으로 기능하기가 어렵다.

과소 각성 상태에서 심신 체계의 디폴트 반응은 교감신경계의 불충분한 각성과 등 쪽 부교감신경계의 지나친 방어다. 따라서 행동 반응은 학습된 무기력, 극단적 미루기, 압도당함, 무관심, 해리 등 동결 스펙트럼을 따라 펼쳐진다. 해리는 우리가 주관적으로 신체, 감정, 괴로움에서 무감각해지고 분리되고 단절됐다고 느낄 때 나타난다.[7] 이 패턴에서 HPA 축은 코르티솔과 다른 글루코코르티코이드를 너무 많이 분비한다. 5장에서 설명했듯이 글루코코르티코이드의 높은 수치는 우울증, 기억력 문제, 실행 기능 손상, 신진대사 문제, 체중 증가와 관련이 있다.

그러므로 과잉 각성은 활동이 항진된 대처 방식과 관련된 반면 과소 각성은 활동이 부족한 대처 방식과 관련된다. 과소 각성 상태인 사람은 의욕이나 즐거움을 느끼지 못하고 무관심, 우울함을 느끼기 쉽다. 또 과소 각성 상태는 어떤 대처 반응도 전혀 시도하지 않으려는 것으로 나타나기도 한다.

과소 각성과 관련된 증상으로는 우울증, 건망증, 뇌 안개, 멍한 정신, 서투름, 만성 피로, 낮은 신체 에너지, 탈진, 과도한 수면과 그 후에도 풀리지 않는 피로감, 성욕 상실, 감정 마비, 압도감, 소외감 등이 있다. 과소 각성 상태에서는 또 신체적 무감각도 경험할 수 있는데 이는 몸의 해리되거나 마비된 부위의 만성 통증이나 염증으로 이

어질 수 있다.[8]

과소 각성과 관련된 행동으로는 앉아서 지내는 생활, 텔레비전 과다 시청, 과식, 술과 약물 남용, 고립, 성행위 감소, 미루기, 부정, 회피 등이 있다. 내 개인적 경험으로는 스트레스가 심한 환경에서 순수하게 과소 각성인 사람은 매우 드물다. 이런 환경에 있는 사람들은 세 번째 패턴을 따를 가능성이 더 높다.

세 번째 패턴은 과잉 각성과 과소 각성을 진자처럼 오가며 그에 따라 교감신경계와 등 쪽 부교감신경계의 생존 전략(및 관련된 증상)의 우위가 변하는 경우다. 이 패턴에서는 몇 주 동안 심한 활동 항진, 일중독, 불면증에 시달리다가 그 후에는 갑자기 탈진, 편두통, 감기 등 과소 각성 상태로 변해버린다. 그러면 과도하게 잠을 자고 며칠 동안 집에 틀어박혀 긴장증(온몸의 운동 기능이 극도로 억제돼 움직이지 않는 상태가 되는 증상-옮긴이), 우울, 무감각에 시달린다.

그렇지 않으면 자율 기능의 양극단에 해당하는 완전히 정반대의 증상을 계속 오갈 수도 있다. 예를 들어 과민성대장증후군인 사람은 과잉 각성 상태에서는 변비가 자주 발생하다가 과소 각성 상태에서는 설사가 자주 일어날 수 있다. 또 수면 장애가 있는 사람은 과잉 각성 상태에서는 불면증을 겪다가 과소 각성 상태에서는 만성 피로를 느끼고 잠을 장시간 몰아서 잔다. 세 번째 패턴이 극에 달하면 마치 양극성 장애의 고점과 저점처럼 광적이고 조증인 활동 항진과 우울하고 무심한 의기소침 상태를 번갈아 오가게 된다.[9]

트라우마 연구자 로버트 스캐어는 세 번째 패턴이 어린 시절 트라우마에서 살아남았거나 여러 쇼크 트라우마를 연달아 겪은 사람들 사이에서 시간이 지날수록 특히 많이 나타난다고 설명한다. 또 유년기 트라우마와 나중의 쇼크 트라우마를 둘 다 겪은 사람 사이에서도 흔한데 이를 복합 외상complex trauma이라고 부른다. 예를 들어 나는 수차례 전투를 경험한 참전 군인들, 특히 ACE 점수가 높은 군인들에게서 세 번째 패턴을 자주 봐왔다. 물론 나 자신도 종국에는 이 패턴에 시달렸다.

복합 외상의 이력이 있거나 여러 쇼크 트라우마를 연속으로 겪은 사람들의 경우 처음에는 주로 PTSD의 전형적인 과잉 각성 증상, 즉 과잉 경계, 높은 스트레스 반응성, 악몽, 플래시백, 불면증, 만성적 각성 과민 증상이 나타난다. 그러나 시간이 흐르면서 과잉 각성 증상은 과소 각성과 관련된 2차 증상이나 증후군으로 대체되는 경향이 있다. 여전히 과잉 각성 증상이 나타나긴 하지만 점점 간헐적이 되는 동시에 해리와 동결 증상이 점점 더 빈번해진다.[10]

다시 말해 적절한 회복이나 치료 없이 시간이 지나면 과잉 각성 증상은 점점 짧아지고 강해지는 반면, 과소 각성 증상은 점점 오래 지속된다. 이 궤도에 오른 사람은 중년에 다가갈수록 이전보다 동결을 경험할 가능성이 더 높아지고 특히 개인적·직업적 관계에서 피할 수 없거나 해결할 수 없는 갈등을 겪을 때 동결 반응을 보인다.

이 특수한 조절 장애 궤도를 보여주는 한 가지 전형적 지표는 지속적으로 낮은 수준의 코르티솔이다.[11] 7장에서 설명했듯이 코르티솔 분비가 부족할 때 생기는 질환은 PTSD, 섬유근육통, 만성피로 증후군, 갑상선기능저하증, 알레르기, 화학물질 과민증, 천식, 류머티즘성관절염, 기타 자가면역질환 등이 있다. 이 병들이 과소 각성과도 연관되는 질환인 것은 우연이 아니다.

어떤 패턴이든 조절 장애 증상은 보통 처음에는 무증상으로 나타난다. 즉, 아직 임상 치료가 필요하지 않다는 의미다. 가벼운 조절 장애는 심신 체계에서 보내는 경고 신호로 우리에게 회복이 필요하다는 단서가 된다. 가끔 한 가지 증상이 나타나도 문제가 되지는 않는다. 다만 한 가지 이상의 증상이 만성화되거나 장애가 될 때는 주의를 기울일 필요가 있다.

이때 유념해야 할 한 가지 유용한 기준이 있다. 스트레스 반응 주기 습관에 이끌리는 것은 경미하거나 중간 정도의 조절 장애가 거의 확실히 존재한다는 것이다. 이때 바로 진정한 회복을 지원하는 조치를 취하지 않고 이 같은 대처 습관이 주는 일시적 안도감에 굴복해 버린다면 결국 기저의 조절 장애를 감추거나 자가 처방하거나 억누르게 될 것이다. 그러면 조절 장애를 더욱 악화할 뿐이다.

적절한 회복 없이 시간이 흐르면 조절 장애 증상은 계속 악화될 것이다. 물론 그렇게 함으로써 심신 체계의 과도한 스트레스 각성을 일부나마 무의식적으로 관리할 수는 있다. 예를 들어 누군가가 다리를 떨거나 펜을 돌리는 등 초조해하고 안절부절못한다면 그의 심신 체계가 과도한 스트레스 각성과 불안한 에너지에 대처하려고 애쓰고 있는 것이다.

생체 적응 부하가 누적될수록 불균형과 역기능이 증폭되면서 증상은 심각해지고, 이를 다루려는 대처 행동도 더 극단적으로 변한다. 그렇기 때문에 극단적 행동은 극심한 조절 장애의 특징이다. 실제로 고의적 자해, 폭력적 행동, 약물 남용, 그 밖의 중독적 행동은 모두 조절 장애 증상을 자가 처방하려는 부적응적 시도들이지만 결과적으로 조절 장애를 더 악화한다.

조절 장애는 심신 체계의 모든 측면에 영향을 미칠 수 있기 때문에 나는 그 증상을 다섯 가지 범주로 분류했다. 표 10.2는 생리학적 증상, 표 10.3은 인지적 증상, 표 10.4는 정서적 증상, 표 10.5는 정신적 증상, 표 10.6은 행동적 증상을 정리해 보여준다. 이 증상들은 조절 장애가 '정신적 취약성'이 아니라 심신 체계가 더는 본래 배선된

표 10.2: 조절 장애의 생리학적 증상

과잉 경계	과도한 놀람 반응
근육 긴장/목과 허리 통증	현기증
쿵쾅대거나 두근거리는 심장	식욕 변화(너무 많거나 너무 적게)
만성 통증/섬유근육통	체중 감소 또는 증가/신진대사 문제
만성 염증 또는 염증성 질환(알레르기, 천식, 자가면역질환 등)	위장 증상(변비, 설사, 경성 결장, 속쓰림, 궤양)
수면 문제(잠들기 어려움/수면 상태를 유지 못함/수면무호흡증후군/늦잠)	안절부절못함/손 꼼지락거림/다리 떨기/가만히 있지 못함
악몽/야경증	소리나 빛에 대한 과민성
수면 중 몸 경련	생리 주기 불순
신체 마비/신체 부위 무감각/둔화된 느낌	심한 생리전증후군PMS 증상
두통/편두통	성욕 변화/성욕 상실
메스꺼움/배탈/구토	발기부전/조기 사정
활동 항진	배뇨 빈도 증가
몸에서 이탈한 느낌/몸과 단절된 느낌/몸을 느끼지 못함	체온 변화(한기, 전신 열감, 식은땀)
만성 피로/체력 저하/기면 상태	호르몬 불균형(갑상선 문제, 당뇨병 등)
몸이 허하고 쓰러질 것 같은 느낌	

표 10.3: 조절 장애의 인지적 증상

기억력 문제	의사 결정 장애
건망증/기억상실	약속하고 지키지 못함
약속 망각/물건 제자리에 두지 않음/물건 분실(열쇠, 안경 등)	파국화/최악의 시나리오 계획
집중이 어려움/주의력 문제	자기비판 또는 자기 비하적 사고
계획 수립 능력 저하	침습적이거나 강박적인 생각
집중력 감소/주의 산만	자살 생각
시간, 위치, 방향에 지남력 상실	반추
멍한 정신/뇌 안개/혼란	지나친 걱정

표 10.4: 조절 장애의 정서적 증상

갑작스럽거나 극단적인 기분 변화	우울증
감정 마비	쉽고 잦은 스트레스 누적
과장된 정서 반응/감정 홍수(감정 조절 불능)	분노 공격, 분노 발작, 분노
감정 반응성 고조/과민 반응	성마름
공황 발작, 불안, 공포증	슬픔/애도
회피(특정 감정을 유발하는 상황 회피)	파멸이 임박했다는 두려움/쫓긴다는 두려움/죽음에 대한 두려움/미쳐간다는 두려움
사회적 침잠, 고립, 소외감("아무도 이해하지 못해")	무관심/삶에 대한 흥미 상실
절망/압도된 느낌/잦은 울음	무력감/무능감
과도한 조심성	수치심, 부적합한 느낌
혼자 있는 데 대한 두려움	다른 사람과 함께 있거나 집을 떠나는 데 대한 두려움

표 10.5: 조절 장애의 정신적 증상

신념과 의미 상실	절망감
무의미감	지나친 의심
극단주의/근본주의	생존자 죄책감
독단적이거나 경직된 신념/흑백논리	소외감
실존적 위기	정체성 상실

표 10.6: 조절 장애의 행동적 증상

다른 사람, 특히 사랑하던 사람을 사랑하거나 지지하거나 양육하거나 유대를 맺지 못함	관계의 경계 부족/타인에게 지나치게 매달림 또는 지나치게 비위 맞춤
트라우마를 통한 타인과의 관계 형성	관계 두절
회피 행동(특정 사람, 장소, 사물)	많은 프로젝트를 시작해놓고 완수하지 못함, 프로젝트를 시작하기 어려움
고위험 또는 위기 상황에 끌림	극도의 미루기
익스트림 스포츠, 과도한 운동	분노 발작/성질 자제 불능
아드레날린 추구 행동	행동화(비명, 물건 던지기, 소리 지르기, 때리기, 발로 차기, 벽 때리기)
알코올 또는 약물 남용	가정 폭력 또는 기타 폭력행위
니코틴 또는 카페인 과다 복용	성적 흥미 부족
기타 중독(일, 쇼핑, 도박, 섹스, 포르노)	강박적 자위
불규칙한 식습관(거식증/소식증, 폭식, 하제 사용, 과식)	불륜/정사/성적 문란
사고를 잘 당하거나 사물과 잘 부딪힘	자기 파괴적 행동(극단적 단식, 절단)
기분 전환을 위해 스트레스 반응 주기 습관에 의존	고의적 자해/자살행위
관계에서 지나치게 경직된 경계 유지/사람 멀리하기	강박적 행동(강박적으로 뭔가를 반복해서 확인하거나 세는 행위 등)

방식으로 작동하지 않는다는 사실을 보여주는 지표다. 현재 더 많은 증상을 경험하고 있을수록 현재 조절 장애 수준은 더 안 좋은 것이다.[12]

물론 인간은 누구나 자극에 대한 생존 뇌의 자연스러운 반응으로 감정 변화를 경험한다. 조절 장애가 발생하는 것은 정서적 증상이 업무 능력이나 타인과의 효과적 상호작용 능력을 방해할 때처럼 만성화되거나 불능화되는 경우다. 또 특정 감정 상태가 몇 주 동안 기분을 지배하는 경우에도 정서적 조절 장애일 가능성이 높다.

정서적 조절 장애와 마찬가지로 어떤 사람은 조절 장애 외의 다른 이유로도 정신적 증상을 경험할 수 있다. 다른 형태의 조절 장애가 있다면 대개 정신적인 증상에도 영향을 미친다.

사람이 연어와 같을 때

──────────────────── 자연에서 가장 놀라운 생체 적응 부하의 예는 산란을 위해 강물을 거슬러 오르는 연어들에게서 찾아볼 수 있다.[13] 종에 따라 연어는 9개월 동안 무려 1,000마일(약 1,610km)이나 상류로 이동할 수 있다. 즉, 조류와 싸우고 암초를 피해 가며 번식지로 돌아가는 것이다. 이렇게 먼 거리를 이동하는 동안 어미 연어들은 심지어 먹는 것을 멈추기도 한다.

연어들이 알을 낳고 수정할 무렵에는 만성적으로 높은 스트레스 호르몬이 그들의 저장된 에너지를 고갈하고 면역계를 무너뜨린다. 그 결과 연어들은 산란 후에 죽는다. 다시 말해 연어들이 이동하는 동안에는 스트레스 호르몬을 통해 엄청난 양의 에너지를 동원할 수 있지만 극심한 스트레스 수준에 만성적으로 노출되면서 결국 죽게 되는 것이다.

앞서 여러 장에서 소개했듯이 인간도 연어와 같은 궤도에 오를 수 있는 숱한 경로가 있다. 우리가 자궁 안에서 겪은 최초의 경험과 초기 애착 관계부터 어린 시절 역경과 발달 트라우마, 여러 해에 걸친 사고, 질병, 부상, 상실, 기타 쇼크 트라우마, 많은 스트레스 반응 주기 대처 습관에 이르기까지 다양한 경로를 고려하면 우리가 여전히 기능하고 있는 것이 기적처럼 느껴질 정도다.

주변에서 연어처럼 사는 사람들을 많이 봤을 것이다. 그들은 오랜 역경과 스트레스 속에서 눈부신 활약을 펼치다 극적인 방식으로 인생이 '탈선하는' 결말을 맞이한다. 여기서 '탈선한다'는 말은 자살, 신경쇠약, 그 밖의 파괴적 심리 장애 등을 의미한다. 또는 심장마비, 암, 그 밖의 생명을 위협하는 질병의 진단이나 가정 폭력, 성 추문, 음주 운전, 기타 폭력, 범죄, 비윤리적 행동에 대한 혐의 등을 의미하기도 한다. 실제로 미투#MeToo가 하나의 운동이 되면서 마침내 자신의 탈선행위를 책임지도록 불려 나온 조절 장애자들의 사례가 꽤 흔해졌다.

여기서 그들을 손가락질할 생각은 없다. 2004년쯤 나 역시도 수십 년간 아무런 회복 없이 심신 체계의 속도를 한껏 끌어올린 끝에 면역계가 파괴되고 시력을 상실한, 연어 같은 존재였다.

그러나 연어와 달리 인간은 놀라운 업적을 이룬 후 장렬히 전사해야 하는 운명이 아니다. 우리는 스트레스 각성을 통해 믿기 힘든

PART 2. 인내의 창을 둘러싼 과학

위업을 달성하거나 끔찍한 사건에서 살아남기 위해 엄청난 에너지를 동원할 수 있지만 생체 적응이 반드시 생체 적응 부하로 이어지는 것은 아니다. 우리는 이 과정에서 막대한 주체성을 지니고 있다. 원가족을 선택할 수도 없고 스트레스나 트라우마 경험을 통제할 수도 없지만 주의를 돌려 심신 체계를 돌보고 관계와 공동체를 가꾸는 선택은 언제든 할 수 있다.

돌아온 스트레스 방정식:
사람이 연어처럼 살 필요는 없다

──────────────── 이번 장을 마치기 위해 당신의 인내의 창의 현재 상태를 더 깊이 성찰하라고 당부하고 싶다. 이제 일기장을 꺼내 오자. 앞 장에서 실습을 완료했다면 잠시 시간을 들여 당신이 그동안 쓴 모든 내용을 다시 읽어보기 바란다.

앞 장에서 성찰적 글쓰기 실습을 마치지 않았다면 공책을 구해 다시 앞으로 돌아가 당장 실습을 마무리할 것을 강력히 권한다! 3부에서 소개할 많은 도구는 성찰적 글쓰기와 병행될 때 가장 효과적이므로 이제는 어디에든 자료를 모으고 생각을 정리할 거점을 마련해야 할 때다.

최소한 당신의 어린 시절과 그 시절 애착 유형을 각각 결정하고 인내의 창이 좁아지는 세 가지 경로에 따라 인생 경험을 집대성할 필요가 있다. 이 과정의 목표는 심신 체계가 견뎌온 모든 일을 사고뇌가 제대로 평가하도록 도움으로써 스트레스와 조절 장애를 평가절하하는 것을 멈추게 하는 것이다.

시간을 들여 가급적 빠짐없이 목록을 작성하고 사고 뇌가 '그렇게 나쁘지는 않다'거나 '사소하다'고 평가절하한 사건들도 반드시 포함하도록 신경 쓰자. 기억하자. 그 사건들이 실제로 스트레스나 트라우마를 유발했는지 여부는 사고 뇌에 달려 있지 않다. 신경지는 생존 뇌 영역이기 때문이다. 전체 목록에 생존 뇌가 상당한 스트레스와 트라우마로 인식한 모든 일을 포함하기 바란다. 당신이 스트레스나 트라우마 사건을 접했을 당시 이용할 수 있었던 내부 및 외부 자원 수준을 고려해야 한다는 점도 유념하자. 예를 들면 우리가 어려서 스트레스를 조절하는 내적 능력이 부족했을 때는 부모가 서로 소리치는 모습을 보는 것이 극심한 스트레스였다. 하지만 어른이 되면 부모의 소리치는 행동에 위협을 느끼거나 그들의 주장을 감정적으로 받아들일 가능성이 훨씬 줄어든다.

4장부터 9장까지 실습한 답변을 검토했다면 두 번째 성찰 과제는 이번 장의 각종 조절 장애 증상에 관한 표 5개(표 10.2부터 표 10.6까지)를 훑어보고 당신이 현재 겪고 있는 증상의 목록을 작성하는 것이다. 이 과정에서 당신의 증상이 과잉 각성, 과소 각성 혹은 양극단을 오가는 세 가지 패턴 중 어디에 해당하는지 확인하자. 만약 이 세 가지 패턴 중 하나를 정할 수 없다면 또 다른 패턴이 있지 않은지 검토해볼 수 있다. 예를 들면 특정한 상황, 위치, 관계, 활동이 특정한 조절 장애 증상을 유발하는지 살펴보는 것이다. 이 과정의 목표는 당신의 심신 체계가 어떻게 스트레스를 경험하는지 그리고 당신이 보통 스트레스에 어떻게 대처하는지 파악하는 것이다.

물론 조절 장애의 많은 행동적 증상은 스트레스 반응 주기 대처 습관이므로 이 과정을 거치면 당신이 주로 사용하는 스트레스 대처 방법의 목록을 작성하는 데도 도움이 될 것이다. 5개의 표에 없는 다른 스트레스 대처 전략은 얼마든지 추가해도 무방하다.

다음으로 4장과 5장 실습 중에 적어둔 메모를 다시 읽어보자. 예를 들면 당신의 사고 뇌와 생존 뇌의 대립 관계가 보통 어떻게 표출되는지에 관한 통찰을 확인해볼 수 있다. 그 통찰과 현재 당신의 조절 장애 증상은 어떻게 맞아떨어지는가? 마찬가지로 4장 시각화 연습 때 활성화되는 증상과 현재 조절 장애 증상을 비교해볼 수도 있다.

세 번째 성찰 과제는 4장 도입부에서 당신이 쓴 스트레스 요인 목록을 검토하는 것이다. 이 목록을 처음 작성한 후 새롭게 식별된 스트레스 요인을 추가하는 작업부터 시작하자. 목록이 완성되면 목록의 각 스트레스 요인을 구분해 추가로 적어 넣자. 만성인가 급성인가? 내부적인가 외부적인가? 예상되는 스트레스 요인인가? 점화의 징후인가?

현재 스트레스 요인에 관한 추가 정보를 바탕으로 4장의 스트레스 방정식을 다시 한 번 설명하고자 한다(그림 10.3 참조).

이전 장들에서 설명했듯이 우리가 스트레스와 트라우마의 연속 선상의 어느 지점에서 자신을 발견하느냐는 생존 뇌가 위협이나 도전을 어떻게 인지하느냐에 달려 있다. 생존 뇌가 스트레스 요인을 생소하고 예측할 수 없고 통제할 수 없거나 생존(또는 자아)에 위협적이라고 인식하면 더 큰 위험을 감지함으로써 더 많은 스트레스 각성

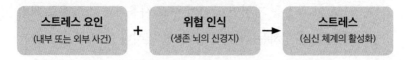

| 스트레스 요인
(내부 또는 외부 사건) | + | 위협 인식
(생존 뇌의 신경지) | → | 스트레스
(심신 체계의 활성화) |

스트레스 방정식은 심신 체계가 어떻게 스트레스 활성화/스트레스 각성 상태를 만드는지 설명한다. 우리가 (1) 스트레스 요인, 즉 내부 또는 외부 사건을 경험할 때마다 (2) 생존 뇌가 위협적이거나 도전적이라고 인식하면 우리 심신 체계가 가동돼 (3) 몸과 마음이 생리적으로 활성화되는 스트레스 각성이 시작된다.

이 촉발된다. 마찬가지로 생존 뇌가 스스로 스트레스 요인을 처리할 외부 및 내부 자원이 없다고 인식하면 역시 더 큰 위험을 감지함으로써 더 많은 스트레스 각성이 촉발된다. 그러므로 스트레스 요인을 접할 때 주체성에 접근 가능한지 여부는 우리가 (얼마나 많은) 스트레스나 트라우마를 경험하느냐에 실로 막대한 영향을 미친다.

이 점을 염두에 두고 당신의 현재 스트레스 요인 목록을 스트레스 방정식 관점에서 검토해보자. 이 과정의 목표는 당신이 어디에서, 어떻게 현재의 스트레스에 영향을 줄 수 있을지 파악하는 것이다.

첫째, 우리는 일반적으로 스트레스 요인에 거의 영향력을 미치지 못한다. 하지만 만약 우리의 목표나 가치를 해치지 않고 스트레스 요인을 제거하거나 바꾸거나 영향을 미칠 수 있다면 아마도 그렇게 해야 할 것이다. 이 점을 염두에 두고 당신의 스트레스 요인 목록을 검토해 조금이라도 당신이 변화시킬 여지가 있는지 확인해보자.

예를 들어 만약 당신의 스트레스 요인 중 하나가 수면 부족이라면 더 많은 수면을 취하기 위해 몇몇 다른 선택을 하는 것이 가능할까? 고약한 상사 밑에서 일하고 있다면 직장을 옮기는 것이 가능할까? 만약 교통 체증이 목록에 있다면 출퇴근 방법과 시간대를 바꿔보면 어떨까? 이제 무슨 말인지 알 것이다. 우리는 일반적으로 외부 및 내부 상황에 큰 통제력을 발휘하지 못하지만 스트레스 요인을 줄이거나 제거할 수 있는 지점을 발견한다면 무슨 수를 써서라도 그렇게 해볼 수 있다! 그러면 당신의 주체감이 높아질 뿐 아니라 당신이 변화시킬 수 없는 나머지 스트레스 요인도 창의적으로 다룰 수 있는 여유를 확보하게 될 것이다.

3부에서는 스트레스 방정식의 두 번째와 세 번째 구성 요소로 주체성을 찾는 방법을 살펴볼 것이다. 즉, 스트레스 각성이 촉발됐을 때 그것을 다루는 방법뿐 아니라 애초에 위협을 인식하는 방식도 바꾸는 것이다. 여기에서 나는 더 오랜 기간에 걸쳐 이 방정식의 두 번째 요소인 스트레스 요인을 평가하는 방식에 우리가 가장 큰 영향을 미칠 수 있다는 사실에 주목할 것이다. 오랜 시간을 두고 우리가 스트레스 요인과 관계 맺는 방식을 변화시키면 스트레스 요인에 대한 인식을 전환할 수 있다. 그러나 이 평가 과정은 생존 뇌에서 이뤄지므로 단지 '그것은 별일 아니야'라고 계속 혼자 되뇌는 걸로는 어림없다. 사고 뇌의 평가는 생존 뇌의 신경지 과정을 무시하거나 평가 절하하거나 비난할 수 있고 그 과정에서 스트레스 각성을 오히려 악화하게 된다.

시간이 걸리더라도 생존 뇌와 신체에 특정한 스트레스 요인의 관계를 바꾸는 방법을 가르쳐야 한다. 3부에서 이 방법을 더 자세히 설명하겠지만 지금 당장은 궁극적 변화를 촉진하기 위해 지혜와 용기 같은 전사의 자질에 의존할 수 있다. 예를 들면 지혜를 바탕으로 당신의 생존 뇌가 언제, 무엇을 위협적이거나 도전적이라고 인지하는지 파악할 수 있다. 또 용기를 바탕으로 심신 체계에서 스트레스 각성을 견디는 능력을 키울 수 있고 그럼으로써 스트레스, 부정적 감정, 괴로운 생각을 바꿀 필요 없이 있는 그대로 받아들일 수 있다.

세 번째 구성 요소의 관점에서는 일단 스트레스 각성이 일어나면 그것을 작업에 이용해야 단기적으로 가장 큰 영향력을 얻게 될 것이다. 스트레스 각성이 촉발될 때 가장 먼저 할 일은 스트레스를 개인적으로 받아들이지 않는 것이다. 스트레스를 개인적으로 받아들이면 위협이나 도전에 대응하기 위해 에너지를 동원하게 되고 일단 생존 뇌가 위험을 감지하면 무슨 수를 쓰든 스트레스 각성을 피할 길은 없다. 신경생물학적으로 불가능하다!

3부에서는 스트레스 각성을 조절하고 사고 뇌와 생존 뇌의 동맹 관계를 형성하기 위한 몇 가지 연습을 소개할 것이다. 우선은 스트레스 각성을 고조하는 모든 사고 뇌 습관에서 다른 곳으로 주의를 돌릴 수 있다. 이를 테면 고통을 합리화하거나 스트레스를 받는 자신을 비난하거나 스트레스 요인을 계속 반추하거나 최악의 경우를 상상하거나 자신의 경험을 남들의 경험과 비교하는 것 등이다. 이런 습관에서 벗어나려면 주변의 즐거운 소리나 매력적인 색깔에 주의를 돌릴 수도 있고 당신의 몸이 의자, 침대, 야외 잔디와 같은 주변 환경과 어떻게 접촉하거나 지지받고 있는지 확인할 수도 있다.

또 심신 체계에서 경험하는 불편한 스트레스 각성을 거부하거나 자가 처방하거나 감추거나 회피하거나 거기에서 주의를 돌리기 위해 선택한 모든 스트레스 반응 주기 습관도 성찰할 수 있다. 이 과정에도 역시 지혜와 용기가 필요하다. 지혜는 우리가 이 패턴을 분명하게 직시할 수 있도록 도와주고 용기는 우리가 악순환을 반복하게 하는 미숙한 선택에 대한 책임을 인정하고 받아들이도록 도와준다. 스스로 특정 스트레스 습관의 레퍼토리를 더 속속들이 파악할수록 습관을 중단하고 인내의 창을 넓히는 데 도움이 되는 다른 대처 전략을 의식적으로 선택할 수 있다. 즉, 수면, 운동, 건강한 음식, 사회적 지지, 그 밖의 자기 조절을 촉진하는 다른 습관들로 말이다. 이 내용은 3부에서 더 자세히 얘기하겠다.

더 적응적인 대처 전략을 개발하는 것은 우리 삶의 일상화된 부분인 만성 스트레스 요인을 다루는 데 특히 중요하다. 만약 우리가 만성 스트레스 요인에서 스트레스를 관리하는 방법을 더 잘 익히고 부주의하게 생체 적응 부하를 늘리지 않으며 주기적으로 리셋해 기준치로 되돌아갈 수 있다면 급성 스트레스 요인 속에서도 주체성에 접근하는 능력이 더 확대될 것이다.

PART 3

WIDENING THE WINDOW

인내의 창을
넓혀라

전사의 전통

2부에서 설명했듯이 스트레스와 트라우마의 연속선상의 어느 지점에서 자신을 발견하느냐는 심신 체계가 의식적으로든 무의식적으로든 현재 상황을 어떻게 인지하느냐와 관련이 있고 특히 스스로 주체성이 있다고 느끼는지 여부와 관련된다. 힘든 일을 겪는 동안에도 주체성을 찾는 능력은 스트레스나 트라우마를 경험하게 될지 여부에 결정적인 영향을 미친다. 자신의 주체성을 더 낮게 인식할수록 해당 경험은 심신 체계에 더 큰 충격을 줄 것이다.

MMFT의 목표는 아무리 도전적이거나 스트레스와 트라우마가 심한 상황에서도 주체성을 찾고 선택권에 접근하는 역량을 구축하는 것이다. 어떤 상황에서도 주체성을 찾을 수 있으면 사고 뇌와 생존 뇌의 동맹 관계에 힘입어 인내의 창 안에 머무를 가능성이 높아진다. 또 주체성이 있으면 스트레스 사건을 겪는 동안에도 잘 기능하고 사건 후에도 완전히 회복할 가능성이 높아지는데 이는 수행 능력을 향상하는 두 가지 요건이기도 하다. 이 점을 유념해 스트레스를 받는 동안에도 주체성을 유지하는 다양한 방법을 알아보는 것으로 3부를 시작해보자.

스트레스 면역 훈련

──────────────── 스트레스가 심한 조직들은 예상치 못하거나 원치 않는 사건에 대비해 직원들을 훈련하고 준비시키는 작업을 한다. 조직 행동 연구 문헌에서는 이들을 '고신뢰 조직High Reliability Organization, HRO'이라고 부른다. 매우 다양한 상황에서도 안정적이고 안전하며 효과적으로 기능할 수 있기 때문이다. 기업들은 고신뢰 조직에게서 불안정, 격변, 혼돈 속에서도 조직의 회복탄력성을 훈련하고 유지하는 법을 배우는 데 특히 혈안이 돼 있다. 비록 표현은 다르지만 기업이 원하는 바는 결국 직원이 스트레스를 받는 동안 주체성을 찾게 해줄 방법을 배우는 것이다.

1995년 말 내가 속한 육군 부대는 3년간의 내전을 끝낸 보스니아의 평화강제peace enforcement를 책임지는 나토 평화이행군NATO Implementation Force, IFOR의 일부로 보스니아에 파견될 준비를 했다. 파견에 앞서 우리는 개인이 스트레스를 느낄 때 주체성을 찾도록 고신뢰 조직의 가장 일반적인 접근법을 활용한 파병 전 훈련을 집중적으로 실시했는데 이를 스트레스 면역 훈련Stress Inoculation Training(이하 SIT)이라고 한다.

훈련의 일환으로 우리는 구겨지고 진흙투성이가 된 체크리스트를 강력 접착테이프로 각자의 몸에 붙이고 다녔다. 표는 우리가 파병될 준비가 됐음을 '인증하는' 이니셜로 뒤덮여 있었다. 각각의 인증은 1시간짜리 브리핑부터 수일간의 사건까지 약간의 간격을 둔 훈련과 준비를 이수했음을 의미했다. 그 외에도 백신 접종과 충치 치료 완료, 위임장, 임무 필수 과제 재인증, 할당된 모든 무기의 기술자격 점수 그리고 핵무기·생물학무기·화학무기 사용 절차와 보호 장비 보충 교육 이수 등이 망라됐다. 아마 무슨 말인지 알 것이다.

체크리스트는 우리가 보스니아에서 마주칠지 모를 어떤 원치 않는 사건에도 대응할 준비가 돼 있다는 물리적 '증거'였다. 대부분의 고신뢰 조직은 더는 출력된 체크리스트를 사용하지 않지만 디지털 체크리스트가 여전히 파견을 앞둔 미군, 외교관, 기타 응급 대원을 체계적으로 훈련하고 인증하는 미국 정부의 방법론으로 남아 있다. 1990년대 이후 어디든 파견된 적이 있는 사람이라면 누구나 유사한 훈련과 인증 과정을 이수했다.

일반적으로 SIT는 대부분의 조직에서 구성원들이 스트레스 속에서도 자기 임무를 다하도록 훈련하고 준비시키는 방법이다. 위기 시뮬레이션, 비상대비훈련, 야외기동훈련, 심지어 일반적인 소방 훈련도 모두 SIT의 일종이다.

SIT는 우리가 어떤 상황을 생소하고 예측할 수 없고 통제할 수 없거나 생존, 정체성, 자아에 위협적이라고 인지할 때 더 큰 스트레스 각성을 경험한다는 원리에 기초한다.[1] 아마 4장에서 설명한 스트레스 요인의 특성을 기억할 것이다. 이 원리에 입각해 SIT는 두 가지 목표를 갖는다.

SIT의 첫 번째 목표는 사람들을 현실 세계에서 마주칠 법한 특정 유형의 스트레스 요인에 노출해 그 요인을 좀 더 익숙하고 예측 가능하고 통제 가능한 것처럼 보이게 하는 것이다. 이론적으로는 그런 스트레스 요인을 나중에 다시 접하면 스트레스 각성이 줄어든다. 즉, SIT는 생존 뇌에서 특정 스트레스 요인을 인지하는 방식을 조절하려는 시도다.

SIT의 두 번째 목표는 시나리오 시뮬레이션 중 개별 과제와 집단 과제를 예행연습해 스트레스 아래서 수행 능력이 저하되는 일을 방지하는 것이다. 개인들은 스트레스를 받는 상황에서 기본 기술과 표준 운영 절차를 반복적으로 연습해 업무를 자동으로 수행할 수 있도록 스스로를 조건화한다. 즉, SIT는 사고 뇌가 스트레스 요인을 평가하는 방식을 조절해 스트레스 아래서 자기 효능감과 주체성을 높이고자 한다.

우리 부대가 보스니아 파병 전 마친 훈련에서도 두 가지 목표를 모두 확인할 수 있다. 예를 들어 우리는 보스니아에서 전쟁 중 광산이 심하게 채굴됐다는 것을 알았기 때문에 광산 위치를 파악해 피하고 해체하는 SIT 시나리오를 연습했다. 여기에는 우리가 보스니아에서 광산을 발견했을 때 무엇을 해야 할지 안다면 더 많은 통제력을 느낄 것이라는 전제가 깔려 있다.

SIT는 여전히 압박감 속에서 임무를 잘 수행하도록 사람들을 훈련하고 준비시키는 데 대단한 인기를 끌고 있다. 스트레스 요인의 생소함을 줄이고 스트레스 대처 반응을 습관화함으로써 도전적 환경에서 임무 수행 능력을 향상하리라고 여겨지기 때문이다.[2]

그러나 큰 인기에도 불구하고 SIT에는 몇 가지 단점이 있다. 첫째, SIT는 특정 시뮬레이션 시나리오에서 생소하고 예측할 수 없고 통제할 수 없다는 인식을 줄일 수는 있어도 이 장점은 주로 훈련된 각본과 맥락에 한정된다. 예를 들어 실제 화재 시 훈련한 민간 소방관 대상 연구에서는 소방관들이 훈련 시나리오를 더 많이 반복할수록 그 시나리오에서 겪는 불안과 인지적 어려움은 감소했다. 하지만 새로운 시나리오를 만나면 첫 번째 시나리오 이전에 경험했던 것과 동일하거나 오히려 더 높은 수준의 불안과 인지적 어려움을 경험했다. 새로운 시나리오의 각본이 크게 다르지 않은데도 첫 번째 시나리오를 반복하면서 훈련한 감정과 인지 능력을 다른 시나리오로 확대 적용하지 못했던 것이다.[3]

둘째, SIT의 반복적 시나리오를 통해 수행 능력이 향상된 경우에도 참가자들은 훈련받은 기술을 보유하고 나중에 접근해 사용하는 능력이 저하될 수 있다. SIT 시나리오는 참가자들이 스트레스 요인의 실제 '광경, 소리, 냄새'에 노출돼 최대한 현실감 있게 스트레스를 받도록 설계돼 있기 때문이다. 실제 SIT가 현실 세계의 전투나 다른 작전에 비해 (의도적으로 더 많은 스트레스를 주지는 않더라도) 비슷한 수준의 스트레스를 줘야 한다는 것이 일반적인 믿음이다.[4] 이론적으로는 모의 테스트가 더 도전적일수록 참가자들이 상황에 더 잘 대비하게 된다.

하지만 가급적 스트레스가 심한 훈련을 지향하다 보니 역설적이게도 참가자들이 종종 SIT 시나리오를 반복하는 동안 적정한 스트레스 각성 수준을 초과하게 되고, 실행 기능, 명시적 학습과 기억 등의 사고 뇌 기능이 저하된다. 5장에서 설명했듯이 사고 뇌의 명시적 학습과 기억 체계는 적당한 각성 수준에서 가장 잘 작동하기 때문이다.

분명 우리는 높은 스트레스 각성 수준에서 훈련을 받아도 뭔가를 얻을 수 있다. 스스로 높은 스트레스 수준에서도 기능할 수 있다는 자기 인식만 있다면 말이다. 그리고 당연히 생존 뇌의 암묵적 학습과 기억 체계는 모든 상황을 그대로 받아들인다. 그래서 SIT는 개인이 특정 업무를 반복 학습해 자동적으로 수행할 수 있도록 고안된 것이다.

그렇지만 사고 뇌 기능이 저하되면 SIT에서 학습한 내용을 의식적으로 보유했다가 다른 (유사하거나 차이 나는) 현실의 시나리오에 적용하고 일반화하는 능력이 손상될 가능성이 있다. 그래서 소방관들이 약간만 다른 새 시나리오를 만나도 인지적 어려움을 겪었던 것이다.

대부분의 고신뢰 조직이 이 같은 특수한 단점을 보완하는 방법은 대동소이한 여러 가지 시나리오를 만들어 훈련하는 것이다. 당연히 이 방법은 세 번째 단점을 만들어낸다. 조금씩 다른 수많은 시나리오를 훈련하고 준비시키려면 너무 많은 시간이 소요된다는 점이다. 예를 들어 데이턴 평화협정이 체결된 시점부터 보스니아에 파견될 때까지 우리 부대는 주어진 모든 SIT 시나리오를 연습하고 인증받기 위해 대부분 하루에 16시간씩 주 7일을 근무해야 했다.

　네 번째 단점은 바로 세 번째 단점에서 나온다. 이렇게 무리한 일정이 잡히자 부대원들은 시간에 쫓기는 SIT와 수면 부족으로 만성 스트레스를 받아 인내의 창이 엄청나게 좁아졌다. SIT로 인해 인내의 창이 좁아지자 모든 사람의 생체 적응 부하가 증가했고 대부분은 파병되기도 전부터 조절 장애 증상이 나타났다. 나는 이라크와 아프가니스탄 파병을 앞둔 수백 개의 부대를 훈련하면서 동일한 역학을 목격했다.

　회복탄력성은 스트레스 사건 이전과 도중에 잘 기능하고 사건이 끝나면 다시 기준치로 돌아가는 능력이다. 그래야만 인내의 창이 계속해서 넓게 유지된다. 그런데 대부분의 SIT는 회복이 아니라 스트레스를 받는 동안의 업무 수행에만 초점을 맞추므로 회복탄력성에 필요한 능력의 절반만 다루는 셈이 된다.

　그렇기 때문에 SIT는 단기적으로는 스트레스를 받을 때 잘 기능하도록 도울 수는 있어도 장기적으로는 인내의 창을 좁히는 해로운 결과를 초래할 수 있다. 이런 점에서 SIT는 그릿, 그냥 참고 견디며 계속 밀어붙이기, 이 악물고 버티기 등의 문화와 일맥상통한다. 일반적으로 회복은 우리 사회에서 낮게 평가된다. 고신뢰 조직의 훈련 요법에서 회복이 평가절하되고 무시되는 현실이 새삼 놀라울 것은 없다. 그럼에도 온전한 회복이 없으면 생체 적응이 제대로 작동하기를 멈추고 생체 적응 부하가 쌓인다.

　고신뢰 조직의 경험적 연구에 따르면 SIT가 인지적 저하, 불안, 기분 장애, 인식된 스트레스 수준 증가와 연관된다는 충분한 근거가 있다. 이는 모두 인내의 창이 좁아졌다는 신호다. 소방관 연구 외에 야외기동훈련, 생존 훈련, 파병 전 훈련 등 군 SIT 프로그램에 관한 연구도 SIT의 스트레스 노출이 해리 증상, 주의력 및 문제 해결력 저하, 패턴 인식의 부정확성, 작업 기억 용량 감소 등 사고 뇌 기능 저하와 어떻게 유의하게 연관되는지 보여준다. 더구나 작업 기억은 부정적 감정과 스트레스 하향식 조절에 필수적이므로 이 연구들이 불안, 다른 부정적 감정, 인지된 스트레스 수준의 증가를 보인다는 사실도 놀랍지 않다.[5]

분명히 말하지만 스트레스 각성이 높은 수준에서, 즉 인내의 창 밖에서 훈련하는 것이 문제는 아니다. 그런 훈련은 우리가 나중에 극도의 스트레스 상황에서 좀 더 통제력을 발휘하는 데 도움이 된다. 높은 각성 수준에서 잘 기능하도록 습관화되면 확실히 주체감을 얻을 수 있다.

문제는 높은 각성 수준에서 훈련하면서도 의식적으로 회복에 초점을 두지 않는 데서 발생한다. 그래서 SIT가 스트레스 아래서 주체성을 찾는 대단히 불균형하고 불완전한 접근법이란 것이다. SIT는 회복에 명시적인 초점을 두지 않음으로써 사람들에게 잠시도 쉬지 않고 스트레스를 계속 활성화하도록 부추긴다. 이 과정에서 생체 적응 부하가 쌓이고 인내의 창이 좁아져 조절 장애 증상으로 이어지는 것이다.

그 결과 참가자들은 SIT 이후 인내의 창이 더 좁아지는 경우가 많고 마침내 실제 세계를 접할 때는 더 좁은 인내의 창으로 대응하게 된다. 이럴 경우 그들은 훈련에서 배운 내용을 떠올리고 적용할 수 있는 역량이 더 줄어들어 스트레스 역치를 초과하고 결국 인내의 창 밖으로 벗어날 가능성이 더 높아진다.

아마도 더 중요한 점은 SIT에서 가급적 많은 시나리오 템플릿 연습에 주된 초점을 맞추다 보니 참가자들이 예행연습한 각본과 맞지 않는 냉엄한 현실에 즉흥적으로 대처하는 방법을 익히기에는 역부족이란 것이다. SIT는 지나치게 상황의 예측을 강조함으로써 적응 능력, 임기응변, 회복 등을 훈련하는 데는 종종 미흡함을 드러낸다.

영역일반 훈련: 더 높은 가성비

──────────── 스트레스를 받을 때 주체성에 접근하는 방법 중 다른 원리에 기반을 둔 것도 있다. 이를 '영역일반 훈련domain-general training'이라고 부른다. 이 훈련의 목표는 꾸준한 연습을 통해 일반화할 수 있는 자질과 기술을 익히는 것이다. 그러면 그 사람이 어떤 상황에 처하든 특정 상황에 맞게 자질과 기술을 적용할 수 있으리라 믿는 것이다.

SIT를 비롯한 대부분의 기술 훈련 패러다임은 학습이 새로운 과제나 맥락으로 이전되지 않는다는 영역특수 학습domain-specific learning 원리에 기반을 둔다. 실제로 우리는 특정 과제를 더 많이 연습할수록 더 효율적으로 수행할 수 있게 된다. 이는 사람들이 훈련받는 거의 모든 지각·인지·운동 과제에 해당되고 많은 연구를 통해 입증됐다. 그러나 소방관 연구가 시사하듯이 기술 훈련은 대체로 매우 특수하다. 사람들은 훈련받은 직무에서만 수행 능력이 향상될 뿐 그

능력을 다른 직무로 확대 적용하는 일은 거의 드물며 심지어 매우 유사한 직무라도 마찬가지다.[6]

이에 반해 소수의 훈련 패러다임은 영역일반 학습을 제공한다. 영역일반 학습은 개인이 훈련받은 직무에서 수행 능력이 향상될 뿐만 아니라 그 학습을 새로운 과제와 다른 영역으로 이전할 수 있을 때 이뤄진다. 따라서 영역일반 학습은 훈련받은 자극, 직무, 맥락에만 국한되지 않는다. 영역일반 학습의 바탕이 되는 진화적 목적은 인간이 되풀이되지 않는 새로운 환경 단서에 적응적으로 자신의 행동을 변화시킬 수 있는 능력을 갖추는 것이다.[7]

영역일반 학습 패러다임은 대체로 영역특수 학습 패러다임보다 더 복잡한데,[8] 현재까지의 연구에서는 네 가지의 영역일반 훈련 기법, 즉 액션 비디오게임, 음악 훈련, 운동 훈련, 특정 형태의 정신 훈련의 효과가 확인됐다.

예를 들어 액션 비디오 게이머들은 특정한 주의력, 눈과 손의 협응 기술 등에서 다양한 향상을 보이고 조종 절차나 복강경 검사 조작 같은 현실 세계 직무로의 기술 이전도 가능함을 보여준다. 반면 퍼즐, 판타지, 롤플레잉 게임 플레이어들은 이와 같은 효과가 나타나지 않는다. 아마도 액션 비디오게임이 다른 게임에 비해 실제 상황과 더 유사한 특징인 빠른 속도와 예측 불가능성이 있기 때문으로 분석된다.[9] 물론 액션 비디오게임에는 스트레스 각성을 증가시키는 다른 잠재적 단점이 있으므로 이를 완화하기 위한 주의가 필요하다.

또 다른 연구는 음악 훈련의 영역일반 학습 효과를 입증했는데, 악기를 연주하는 법을 배운 아이들은 시공간 추론 기술, IQ 점수, 수

학 능력, 언어 기억력 등이 향상됐다.[10]

운동 분야에서도 여러 스포츠 전문 선수들은 해당 스포츠에 중요하고 다른 영역으로도 이전 가능한 지각·인지·운동 기술, 즉 선택적 주의 기술, 눈과 손의 협응, 공간 지향 능력, 더 빠른 시각적 반응 등에서 향상을 보인다.[11]

좀 더 일반적으로 유산소운동은 어린이와 성인의 다양한 인지적 향상과 연관성을 보인다. 앉아서만 생활하는 성인에 비해 정기적으로 유산소 활동을 하는 노인들은 다양한 척도에서 인지 능력이 향상된다. 마찬가지로 어린이와 청소년의 규칙적인 신체 운동도 더 우수한 지각 능력, 기억력, IQ 점수, 언어 시험, 독해력, 수학 시험, 학업 준비도 및 성취도와 연관성이 있다.[12]

특정한 형태의 정신 훈련은 영역일반 훈련의 네 번째 패러다임에 해당한다. 하지만 분명히 밝히건대 다양한 '뇌 훈련' 프로그램으로 촉진되는 유익한 효과의 경험적 근거는 거의 없다. 뇌 훈련 프로그램은 대부분 훈련별로 인지 과정을 의도적으로 세분화해 이를테면 의미 기억을 향상하려고 목록을 암기하거나 시지각 능력을 향상하려고 패턴 식별 기술을 훈련하는 식이다. 그런데 누군가에게 목록을 암기하라고 시키면 억제 조절이나 주의력 기술 같은 실행 기능의 다른 측면은 훈련하지 않는다. 따라서 그 근거가 훈련받은 특정 과제의 향상은 이끌더라도, 영역일반 학습 효과는 보여주지 못하는 것도 놀랄 일이 아니다.[13]

뇌 훈련 요법에 관한 이 연구들은 우리의 학습 방식에 내재된 상충trade-off 효과를 부각한다. 많은 게임이 그렇듯이 큰 과제를 더 작은 인지적 구성 요소로 분해하면 기술을 획득하는 동안은 더 빠른 학습이 가능해진다. 그러나 이렇게 과제를 세분화하면 나중에 기술 보유와 사용에는 부정적 영향을 미칠 수 있다.[14] 음악과 운동에서도 처음에는 기술을 하위 구성 요소로 세분화하지만 점차 통합적이고 복잡하고 전체적인 훈련으로 바꾸어 기술 보유와 사용의 일반화를 보장한다.

영역일반 학습을 제공하는 첫 번째 형태의 정신 훈련은 신체 기술을 시각화하는 것으로 이를테면 자신이 경주에서 달리거나 수술을 집도하거나 피아노를 연주하는 모습을 상상하는 것이다. 정신적 연습은 신체적 연습처럼 근육 기억을 단련할 뿐 아니라 신체 기술을 더욱 일반적으로 이해하고 다른 맥락에 적용할 수 있도록 촉진한다. 놀랍게도 이 연구에서는 신체 기술을 연습할 때 정신적 연습만 하거나 정신적 연습과 신체적 연습을 병행하는 경우가 신체적 연습만 하는 경우보다 다른 맥락으로 기술을 이전하기가 더 수월한 것으로 나타났다.[15]

나아가 두 가지 형태의 마음챙김 명상, 즉 초점 주의focused attention 와 개방적 관찰open monitoring도 영역일반 학습이 가능한 것으로 나타났다. 중요한 점은 다른 형태의 명상이 아니라 이 두 가지 마음챙김 명상의 영역일반 학습 효과가 입증됐다는 것이다.[16]

초점 주의 기법은 몸과 주변 환경이 접촉하는 감각이나 특정 소리 등 목표 대상을 정하고 꾸준히 거기로 주의를 보내는 것이다. 정신이 산만해지면 명상가가 지금 일어나는 일을 눈치채고 다시 목표 대상으로 주의를 돌린다. 이 기법은 주의 통제력을 키워준다.

이와 대조적으로 개방적 관찰 기법은 특정 목표 대상에 초점을 두지 않고 매 순간 전체적인 자각 영역을 비판단적으로 관찰하는 것이다. 개방적 관찰 기법을 사용하는 사람은 그냥 시각, 소리, 맛, 냄새, 촉각, 기타 신체감각, 생각, 감정 같은 자극의 흐름을 관찰한다. 사실 초점 주의 기법으로 먼저 주의를 확고히 통제하기 전에는 개방적 관찰 기법을 성공적으로 사용하기가 거의 불가능하다. MMFT에는 초점 주의 기법과 개방적 관찰 기법이 둘 다 포함된다.

초점 주의와 개방적 관찰 기법을 얼마나 연습하는지에 따라 영역일반 학습 효과도 달라진다. 연구에 따르면 몇 주 정도의 짧은 연습으로도 유익한 효과가 나타날 수 있다. 하지만 주의력, 지각 식별, 감정 조절, 면역 기능, 텔로미어(세포 노화와 발암 위험에 영향을 미치는 효소) 수준 등 특정 측면에서의 확고한 변화는 수개월 또는 수년간 집중적인 훈련을 받은 후에야 입증됐다.[17]

모든 영역일반 훈련 요법은 세 가지 특징을 공유한다.

첫째, 영역일반 훈련 요법은 자극과 과제를 다양화해 우리가 좀 더 추상적 수준에서 학습하고 그 기술을 다른 환경에 적용하는 방법을 이해하게 해준다. 맥락의 다양화를 통해 우리는 단지 특정한 템플릿과 각본("이런 일이 생기면 나는 이렇게 한다" 등)을 암기하는 데서 그치지 않을 수 있다.

예를 들어 3장에서 얘기했던 런던 택시 기사들을 기억하는가? 런던에서 택시 운전을 오래 한 택시 기사일수록 뇌의 해마가 커졌다.[18] (해마는 명시적 기억을 통합하는 뇌 영역이다.) 여기에 영역일반 학습과 관련된 흥미로운 사실이 있다. 정해진 버스 노선에 따르는 런던

버스 기사들은 택시 기사와 같은 해마의 변화가 나타나지 않았다.[19] 다시 말해 택시 기사들은 승객의 요구에 따라 경로를 변경해야 하므로 끊임없이 변화를 경험하게 돼 영역일반 학습이 촉진된다. 반면 버스 기사들은 정해진 노선대로만 운행하므로 변화와 영역일반 학습 효과를 놓치게 되는 것이다.

둘째, 영역일반 훈련 요법에는 체화된 학습이 포함된다. 이 요법은 심신의 다양한 과정을 동시에 활용한다. 액션 비디오 게이머, 운동선수, 음악 연주자는 그들의 활동을 연습하는 동안 여러 가지 지각, 인지, 운동 기술을 동시에 사용하고 발전시킨다. 몇 가지만 예로 들자면 선택적 주의 기술, 눈과 손의 협응, 공간 지향 능력, 작업 기억력, 더 빠른 시각적 반응 등이 이에 해당한다. 심지어 마음챙김 수행자나 다가올 경기를 머릿속으로 리허설하는 운동선수도 다양한 인지 및 신체 체계를 동시에 활용한다. 우리가 주의를 어디에 두느냐가 생존 뇌, 신경계, 온몸에 깊은 파급 효과를 미치기 때문이다. 그러므로 우리가 가만히 앉아서 시각화를 하거나 주의를 기울일 때도 역시 신체적 과정이 활성화된다.

셋째, 영역일반 훈련 요법은 최적의 수행 영역인 적당한 스트레스 각성을 목표로 한다. 과제가 편안한 수준을 약간 넘어서 도전적이지만 해볼 만하다고 믿을 때 일반적으로 가장 높은 동기가 부여되고 가장 효율적인 학습이 이뤄진다. 따라서 이런 요법에는 보통 난도 수준이 점진적으로 높아지는 과제가 포함돼[20] 연습이 계속 흥미로우면서도 압도적이지는 않은 상태로 유지된다. 비디오 게이머가 게임의 다음 레벨로 올라가거나 음악가가 점점 더 도전적인 곡을 연주하는 법을 배울 때 이 원리를 발견할 수 있다.

이에 반해 영역일반 학습으로 이어지지 않는 기술 훈련은 보통 낮은 각성 수준에서 진행돼 낮은 수준의 기술 습득이 예상된다. 회사의 성희롱 정책이나 사이버 보안 절차를 가르쳐주는 온라인 교육 프로그램 등 직장에서 요구하는 연간 의무교육을 생각해보라. 솔직히 지난번 그 교육을 수료했을 때 얼마나 많은 지식을 습득했는가?

한편으로는 SIT처럼 높은 스트레스 각성 수준에서 진행되는 기술 훈련에서도 역시 낮은 수준의 기술 습득이 예상된다. 아무리 영역일반 학습을 촉진하려는 취지의 훈련이라도 인내의 창 밖에 있을 때 학습하는 기술은 잘 습득되지 않기 때문이다. 그래서 마인드 피트니스 훈련에는 추가 이점이 따른다. 스트레스 각성을 파악하고 조절하는 법을 배움으로써 적정한 각성 수준을 유지하기 위해 의도적으로 각성 수준의 높낮이를 조정하는 법을 터득할 수 있다는 것이다. 스스로 인내의 창 안에 머물도록 스트레스 수준을 조절한다면 영역일반 학습의 가능성이 가장 높은 환경을 조성할 수 있다.

앞서 나는 영역일반 학습에 진화적 근거가 있어 인간이 되풀이되지 않는 새로운 환경 단서에 적응적으로 행동을 변화시킬 수 있다고 말했다. 최초의 영역일반 훈련 요법은 수단적인 양육이다. 부모들은 수단을 제공하는 많은 과정을 통해 자녀에게 영역일반 기술을 가르친다. 예를 들어 특정 방법으로 자녀의 주의를 끌어("저 구름 좀 봐봐!") 자녀의 뇌에 주의 통제 과정을 가르친다. 또 아이가 괴로워할 때 달래줌으로써 아이의 생존 뇌와 신경계가 고통을 자기 조절의 가능성과 연관 짓게 만든다. 부모들은 아이가 아직 할 수 없는 운동 및 인

지 기능을 도와줌으로써 아이가 스스로 할 수 있을 때까지 대리 능력을 제공한다.[21]

수단적인 양육은 영역일반 훈련의 세 가지 특징을 전형적으로 보여준다. 부모들은 자극과 과제를 다양하게 제공해 아이가 많은 환경에 적용 가능한 추상적 기술을 개발하도록 유도한다. 이런 학습은 말 그대로 체화돼 많은 신체적·인지적 과정을 동시에 활용한다. 또 부모들은 시간이 지날수록 과제의 난도를 조금씩 높여 아이가 기술을 습득하는 데 최적 수준인 적당한 스트레스 각성에 머무를 수 있게 한다. 예를 들어 부모들은 아직 아이의 능력 밖인 활동을 일부 도와주면서 동시에 모방을 통해 배울 수 있는 기회를 아이에게 제공한다.

많은 사례에서 알 수 있듯이 영역일반 학습은 다양한 환경과 상황에 적용될 수 있어 대체 가능성이 높다.

예를 들어 외교관이나 군인이 언어와 문화가 낯선 다른 나라에 파견될 준비를 하고 있다고 하자. 분명 그들은 영역일반 교육이나 영역특수 교육을 받을 수 있다. 영역일반 훈련을 통해 자신과 타인의 감정을 읽는 방법, 부정적 감정을 조절하는 방법, 다른 사람의 관점에서 상황을 바라보는 방법 등 정서 지능 기술을 배울 수 있다.

아니면 영역특수 훈련을 통해 외국어 용어 목록을 제공받거나 '발로 다른 사람을 가리키지 말라', '여자는 머리를 가리고 남자들의 몇 걸음 뒤에서 걸어가야 한다' 같은 그 나라 특유의 관습과 규범을 배울 수도 있다. 보스니아 파병 전 우리 부대가 받았던 훈련의 유형이다.

두 가지 가상훈련 패러다임을 비교해보면 정서 지능 분야에서 영역일반 훈련을 받은 외교관과 군인은 직장 동료나 가족과 어울릴 때도 분명 이 기술을 사용할 수 있을 것이다. 반면 다른 문화의 특수한 규칙 목록은 다른 맥락에는 별로 도움이 안 될 것이다.

조직들이 특정 상황의 체크리스트, 규칙, 각본, 템플릿, 지침 등을 제시하는 영역특수 교육을 선호하는 데는 몇 가지 중요한 이유가 있다. 2장에서 살펴봤듯이 우리 문화에서는 효율성과 속도를 중시하는데 영역특수 훈련은 문화적 가치에 부합한다. 비교적 빠르게 시행되고 때로는 브리핑에 몇 시간, 온라인 훈련 모듈에 몇 분밖에 걸리지 않는다. 기술을 이용해 비교적 쉽게 전달할 수 있어 확장성도 높은 편이다.

또 영역특수 훈련은 평가가 용이하다. 실전 훈련에서도 대부분의 강사들은 단순히 각본을 암기해 '과제, 조건, 기준'을 가르친다. 참가자들은 교육을 받은 후 주어진 조건에서 기준에 맞춰 과제를 수행하거나 못하거나 둘 중 하나다. 그들이 과제를 완수하지 못해도 교정 훈련을 통해 기준까지 끌어올리기가 비교적 간단하다.

이런 훈련 요법은 나름대로 의미가 있지만 실제 영역일반 기술을 훈련하지는 못한다. 이 훈련으로는 핵심적 인지 과정을 향상하거나 정신적 민첩성을 강화하거나 스트레스와 부정적 감정을 조절하는 능력을 키워 인내의 창을 넓히지 못한다. 9.11 테러 이후 개인들의 회복탄력성, 적응력, 직관적 의사 결정 능력을 훈련하려는 끊임없는 요구가 있어왔다. 그런데도 고신뢰 조직과 다른 기관에서 영역일반 능력을 훈련할 목적으로 투자하고 광범위하게 시행한 대부분의 프로그램이 실은 영역특수 훈련 프로그램이었던 것이다!

사과나무를 심어서 오렌지를 얻으려는 것은 어리석은 짓이다.

전사의 전통

─────────────── 나는 특히 스트레스가 심한 환경에서 일하는 사람들이 영역일반 교육의 강력한 효과에 접근하도록 도우려고 MMFT를 설계했다. 그러기 위해 나는 스트레스가 심한 상황에서 이 목표를 성공적으로 달성하는 한 가지 훈련 계통에 MMFT의 근간을 뒀다.

대부분의 영역일반 훈련은 스트레스가 심한 상황에서 수행 능력을 향상하려는 취지가 아니지만 한 형태의 훈련만은 분명히 그렇다. 바로 전사의 전통이다. 전사의 전통에는 역사적으로 다른 사람을 대신해 영웅적 행동을 하도록 전사들을 준비시켜온 구조화된 가르침과 기술이 포함된다. 개인들이 그들의 공동체를 지키기 위해 잠재적인 폭력을 윤리적이고 효과적으로 행사하도록 하려는 것이다. 따라서 어떤 상황에나 적용되는 대체 가능한 기술을 가르치는 데 초점을 맞췄고 그러면 전사들이 특정한 상황에서 필요할 때마다 그 기술에 접근해 활용할 수 있으리라 믿었다. 그런 기술은 인내의 창을 넓게 유지하는 데 도움을 줘서 전사들은 어떤 상황에 처하든 자각, 자기 조절, 윤리적 행동에 접근할 수 있었다.

'전사' 또는 많은 사람이 '전사'라는 용어에 결부하는 본질적 특징은 인류의 의식에서 가장 오래 지속되고 영웅적인 원형 중 하나다.

긍정적 형태의 전사는 다른 사람을 지키기 위해 자신의 목숨까지 내거는 의지를 가지며 사리사욕이 아닌 봉사의 길을 체현한다.[22] 물론 모든 원형이 그렇듯이 전사에도 부정적 측면이 있다. 이타적 의도, 더 큰 사회적 대의, 고귀한 이상과는 무관하게 권력을 잡거나 남들을 통제하려는 목적에서 걷잡을 수 없는 싸움으로 치닫기도 하는 것이다. 전사의 전통은 명백히 이 원형의 긍정적 측면을 키우면서 부정적 측면을 막으려는 목표를 간직해왔다.

전사의 전통은 타고난 힘, 체력, 건강을 지닌 젊은이들을 훈련해 위협에서 공동체를 지키려는 목적으로 수립됐다. 젊은 남자들은 자기 단련과 정신적 민첩성 같은 심신의 특정 자질을 연마하도록 훈련받았다. 이 과정에서 그들은 또 급한 성질이나 마초적 행동 성향 등 남성의 사춘기적 측면을 길들이는 법도 배웠다. 이 같은 영역일반 훈련은 전사의 전통의 토대가 됐다.

지금 당장은 당신이 전사라거나 특별히 이 원형과 관련이 있다고 생각하지 않더라도 불의에 맞서 목소리를 높이거나 타인을 보호하거나 원칙을 지키기 위해 목숨이나 생업을 걸거나 정말 중요한 것을 지키려고 싸울 때 당신은 전사를 불러내는 셈이다. 예를 들어 소방관이 불타는 집에서 누군가를 구출할 때, 선생님이 놀이터에서 따돌림 행동을 멈추게 할 때, 지역 주민이 환경문제에 주의를 환기하려고 시위를 조직할 때, 내부 고발자가 나서서 직장 내 부정을 폭로할 때, 엄마가 아이를 보호할 때, 운전자가 길에서 타이어가 펑크난 사람을 돕기 위해 차를 멈출 때 전사는 바로 그곳에 존재한다.

동양의 티베트 전사와 일본 사무라이부터 서양의 스파르타인과 아메리카 원주민 부족에 이르기까지 여러 시대를 아우르는 전사의 전통은 넓은 인내의 창 안에서 지혜와 용기의 자질을 구현하기 위해 심신 체계를 훈련하는 다양한 실천 방법을 제시해왔다. 전통에 따라 다소 차이가 있지만 지혜와 용기는 가장 중요한 덕목으로 일관되게 손꼽힌다.

전사의 전통에서 규정하는 바에 따르면 지혜는 우리가 원하거나 기대하는 대로가 아니라 현재 있는 그대로를 직시하고 그 정보를 이용해 지금 순간에 가장 효과적인 선택을 할 수 있는 능력을 말한다. 또 용기는 아무리 힘든 일이 닥쳐도 이 상황이 달라지기를 바라지 않고 현재의 순간에 머물 수 있는 능력을 의미한다. 이 두 가지 능력이 합쳐지면 어떤 영역에서든 주체성과 효과적 행동을 향해 나아갈 수 있겠지만 특히 스트레스가 심한 환경에서 그럴 것이다.

전사의 전통은 전사들의 심신 체계를 강화하고 인내의 창을 넓힘으로써 전사 정신을 함양하는 것을 목표로 삼아왔다. 정전正戰의 전통이나 전쟁법보다도 더 오래된 전사 정신은 전쟁과 다른 곤란한 상황에서 '마지막까지 지켜야 할 윤리'로 여겨진다. 전사 정신은 애매한 혼돈, 폭력, 스트레스 상황에서 규칙, 법, 명령, 경제적 인센티브보다 훨씬 효과적으로 인간다운 행동을 형성하게 한다. 다시 말해 전사 정신의 의도는 전사들에게 내적 자제력을 부여해 그들의 무시무시한 폭력성을 효과적으로 사용하게 하려는 것이다.

아마도 무기를 사용하는 직종에 관한 서양의 가장 오래된 설명에서 플라톤은 수호자들이 지혜와 용기를 연마함으로써 신과 같은 행동의 길로 나아갈 수 있다고 단언했다. "가장 용감하고 가장 지혜로운 영혼은 외부의 영향에 결코 흔들리거나 방해받지 않을 것이기" 때문이었다.[23] 전사들은 진실성을 구현할 수 있어야 하고 절대적인 옳고 그름이 존재하지 않는, 도덕적으로 복잡한 오늘날의 세상에서도 그래야 한다. 지혜와 용기를 지닌 강력한 전사는 주변에 휘둘리지 않고 실제 벌어지는 상황을 직시하고 견디면서 가장 효과적인 행동 방향을 선택할 수 있다.

숙련에 이르는 꾸준한 연습

──────────────── 모든 전사의 전통은 세 가지 특성을 공유한다. 첫째, 신체나 정신에 더 주안점을 두는 다양한 기법을 가르치지만 꾸준한 연습을 통해 자기 단련과 숙련에 이르는 길을 따른다.

전사의 신체 훈련에서 가장 널리 알려진 것은 무술이다. 처음에 무술은 칼싸움, 활쏘기, 무기를 이용한 백병전에 초점을 맞췄다. 그러나 시간이 흐르면서 무기 없이 특정한 신체 동작을 취하는 것이 별도의 기술로 인정받게 됐고 이것이 오늘날까지 이어지는, 무기를 사용하지 않는 무술의 시작이었다.[24] 전사의 또 다른 신체 중심 훈련으로는 호흡 조절 기술, 신체 단련, 기마술, 요가 등이 있다. 전사들은 신체 중심 훈련으로 체력, 힘, 속도, 민첩성과 같은 신체적 자질을 기른다.

이에 반해 일부 전사의 훈련은 주로 정신을 단련하기 위해 존재한다. 예를 들어 라코타 수Lakota Sioux 부족의 비전 퀘스트Vision Quest

와 오스트레일리아 원주민의 전통 생활 체험walk-about에는 전사들이 '침묵에 들어가서' 위험에 용감히 대면하며 자신의 두려움과 맞서기 위해 장기간 자연 속으로 철수하는 과정이 포함됐다. 고대 그리스의 스파르타 전사들은 겨우 7세 때 아고게agoge 훈련을 시작해 가혹한 환경과 수면 부족, 고통을 침착하게 견뎌내는 법을 배웠다. 고대 그리스와 로마의 스토아 전사들은 매일매일 사색 훈련을 통해 그날의 행동을 돌아보고 자신의 실수에서 배우며 감정에서의 자유를 추구했다.[25] 중국 전사들은 태극권의 기를 모으는 동작을 연습하며 자각을 길렀고 일본 사무라이들은 일종의 마음챙김 수행인 참선과 선문답으로 훈련했다. 그들은 선문답 훈련을 통해 논리적 추론으로는 풀 수 없는 화두를 성찰함으로써 낡은 생각을 버리고 새로운 통찰을 직관하는 법을 배웠다.[26]

어떤 훈련 기법을 사용하든 모든 전사의 전통은 훈련 목표를 두고 같은 생각을 공유한다. 즉, 꾸준히 한길을 따름으로써 극기에 이르는 것이다. 전사는 어떤 훈련을 선택하든 단순히 기술을 배우거나 지적으로 이해하거나 책을 읽는 것만으로는 숙련에 이를 수 없다. 꾸준한 노력으로 그 기법을 온전히 체화하기 위해 힘써야 한다.

예컨대 16세기 검도의 대가 미야모토 무사시Miyamoto Musashi는 《오륜서》에서 "다른 사람을 이길 수 있는 방법을 숙달하려면… 천 리 길을 한 걸음씩 걸어가야 한다"라고 썼다. 1,000일을 연습하는 것은 '단련'이라고 하지만 1만 일을 연습하는 것은 '수양'이라고 한다.[27] 그의 견해는 기술 습득을 다룬 최신 실험 연구와도 맥을 같이하는데 이 실험은 오랜 기간에 걸친 의도적 연습을 통해서만 전문 기술의

습득이 가능함을 보여준다.[28]

　그렇지만 전사의 길은 '앞으로 나아가거나' 어디엔가 도달하는 데 목표를 두지 않는다. 그런 노력은 오히려 전사의 자질을 연마하는 데 역행한다. 실제로 전사가 무술 급수를 높이거나 특정한 정신 상태에 도달하는 등 특정 성취를 위해 강박적으로 노력할수록 그의 자아는 결과에 더 연연하게 돼 지혜와 용기를 얻을 가능성이 낮아진다. 그러면 숙련 자질을 연마하려는 더 근본적인 목적을 놓칠 수 있다. 아리스토텔레스가 지적했고 최근 신경과학 연구에서 입증하듯이 우리는 반복을 통해 인격적 특성을 발전시킨다. "이런 덕목은 사람의 행동을 통해서만 그의 내면에 형성된다."[29] 탁월함, 극기, 성품은 일회적 사건이 아니라 습관이다. 꾸준히 연습하는 행위 자체, 즉 비틀거리면서도 다시 시작하고 실수로부터 배우고 진심을 다해 그 길을 걸어가는 일 자체가 전사의 목표다.

대체 가능한 자질의 훈련

──────────── 전사의 전통이 지닌 또 다른 목표는 심신 체계의 기본 자질을 육성하는 것이다. 운동을 해본 사람이라면 이 말을 직관적으로 이해할 것이다. 예를 들어 웨이트트레이닝을 통해 체력을 단련하면 무거운 배낭을 메고 장거리를 이동하거나 진흙탕에 빠진 자동차를 도로로 밀어 올리는 능력이 증가한다. 다시 말해 웨이트트레이닝에서 얻은 체력은 대체 가능한 자질로 일상생활의 모든 측면에 활용할 수 있다.

일본 전사의 전통에서 이는 '검선일여劍禪一如(검술과 참선이 하나라는 의미로 저자는 '몸과 마음이 하나다'라고 부연 설명-옮긴이)'라고 알려져 있다. 이상적으로 우리는 무슨 일이 일어나든 상관없이 이런 자질을 매 순간 체화할 수 있다. 궁극적으로 전사들은 인내의 창을 넓히기 위해 꾸준히 연습함으로써 유연성, 존재감, 유머 감각을 지닌 채로 어떤 도전도 헤쳐나갈 수 있다. 사무라이 무사시의 표현대로 "진정한 길은… 언제나, 어떤 상황에나 적용되는 길이다."[30]

전사들은 어느 특정한 결과에 집착하지 않고 대체 가능한 자질을 기르는 데 목표를 둔다. 전사들이 특정한 결과를 선호할 수는 있어도 그것이 최대 관건은 아니다. 전사들은 결과에 상관없이 자신의 훈련을 체화하는 데 집중해야 한다. 로마의 스토아 철학자 키케로 Cicero의 말처럼 "한 사람의 궁극적 목표는 똑바로 쏘기 위해 자신의 전력을 다하는 것이다." 여기서 "실제로 과녁을 맞히는 것"이 "선택될 수는 있어도 추구되지는 않는다."[31]

하지만 역설적이게도 전사가 자신의 기술을 체화하는 데 집중하면 성공할 여건과 상황이 조성될 가능성이 높아진다. 손자는 약 2,300년 전에 저술한 중국 전사 계통의 집단적 지혜인 《손자병법》에서 다음과 같이 설명했다.

내가 정복당하지 않는 것은 나에게 달렸고
내가 정복하는 것은 적에게 달렸다.
전쟁을 잘하는 자는 스스로 천하무적이 될 수는 있어도
적이 쉽게 무너지게 만들 수는 없다.

따라서 승리는 알 수는 있어도 만들 수는 없는 것이다.[32]

전사는 적이나 주위 환경을 통제할 수 없다는 사실을 인식한다. 그는 승리를 얻게 "만들 수는" 없다. 그러나 스스로 천하무적이 될 때까지 훈련함으로써, 즉 인내의 창을 넓히고 자신에게 달린 자질을 연마함으로써 적을 이길 수 있는 순간을 포착하고 활용하는 데 능숙해진다. 이런 식으로 승리는 "알 수는 있어도" 만들어지지는 않는다.

지혜와 용기의 결합

──────────────── 모든 전사의 전통에서는 꾸준한 연습을 통해 가장 중요한 자질로 일관되게 손꼽히는 지혜와 용기를 기른다.

지혜는 우리가 원하거나 기대하는 대로가 아니라 현재 있는 그대로를 직시하고 그 정보를 이용해 지금 순간에 가장 효과적인 선택을 할 수 있는 능력을 말한다.

우리는 보통 지혜가 삶의 경험에서 얻어지는 고정된 자질이라고 믿는다. 그래서 많은 전사의 전통에서는 죽음과 덧없음에 대한 성찰적 훈련을 통해 이런 요소를 키운다. 하지만 지혜에는 현재 일어나고 있는 일에 대한 명확하고 객관적인 이해도 포함되는데, 이 두 번째 요소는 계획될 수 없다. 따라서 매 순간 주의를 기울여야만 지혜를 이용할 수 있다. 우리는 훈련을 통해 편견 없는 관찰과 비판단적 호기심으로 매 순간에 임하는 방법을 배울 수 있다. 지금 이 순간이 이전의 순간과 같으리라고 지레 판단하거나 평가하거나 비교하거나 기대하지 않는 것이다.

그러나 많은 전사의 전통에서 지적하듯이 사고 뇌가 기대, 비교, 의견, 판단을 제쳐놓도록 억지로 강요할 수는 없다. 주의를 돌리는 식으로 꾸준히 정신을 훈련해야만 생각을 자연스럽게 제쳐두는 능력이 길러진다.

만약 우리가 이 훈련을 회피하고 내면의 반응을 억지로 밀어낸다면 보통은 역효과가 일어난다. 엄격히 통제된 마음은 잘 통제된 마음과 겉으로는 비슷해 보일지 몰라도, 그것으로는 그와 동일한 명료성, 유연성, 자유를 얻을 수는 없다. 내면의 시끄러운 소리를 막느라 엄청난 에너지를 소모하기 때문이다. 그러면 실행 기능이 고갈될 뿐 아니라 현재 상황을 직시하고 유연하게 대응하는 데 필요한 주의가 거의 남지 않게 된다.

지혜에 기반을 둔 능숙한 행동은 오로지 이 순간에 현재 상황의 독특한 윤곽을 정확하고 있는 그대로 파악하는 데서 나온다. 손자가 말한 대로 "이것이 전사 혈통의 승리다. 전사의 승리는 사전에 알려질 수 없다."[33]

지혜를 얻는 데는 현재에 온전히 존재하여 명확히 바라볼 때 지금 이 순간에 대한 가장 완벽하고 적절한 반응이 나온다는 믿음이 필요하다. 이와 같이 매 순간을 살아가면 마치 아무것도 안 하는 듯한 느낌마저 들 수 있다.

이에 비해 용기는 아무리 힘든 경험에 처해서도 이 상황이 달라지기를 바라지 않고 현재의 순간에 머물 수 있는 능력을 말한다. 사실 용기는 전사들에게 매우 근본적인 자질이어서 티베트어에서 '전사'를 뜻하는 '파우pawo'는 말 그대로 '용감한 사람'을 의미한다.[34]

우리는 대개 용기가 현재 상황을 바꾸기 위해 장애물이나 도전을 무릅쓰고 물리적으로나 은유적으로 전진하는 능력이라고 생각한다. 우리 문화에서 용기의 전형적인 이미지는 주위에서 빗발치는 총알을 뚫고 굳세게 앞으로 나아가는, 지저분하고 배고프고 지치고 겁에 질린 군인이라는 사실은 놀랍지 않다.

분명히 말해 전사의 전통에서 용기의 정의는 이런 전형적인 정의와 양립할 여지가 있다. 전사의 용기는 우리가 현실을 바꾸기 이전에 먼저 현실을 명확히 바라보고 있는 그대로를 허용해야 한다는 사실을 인정하는 것이다. 그러지 않으면 우리는 실제로 우리의 통제권을 벗어난 현실의 측면을 바꾸려고 노력과 에너지를 허비할 수 있다. 그러므로 가장 능숙하게 주체성에 접근하려면 먼저 상황을 바로 보고 견딜 수 있어야 한다.

용기는 전투나 다른 역경에서의 용맹함 이상을 의미한다. 현재를 부정하거나 회피하거나 밀어내지 않고 온갖 불편함, 취약성, (신체적, 심리적, 정서적, 지적, 정신적) 고통을 참으면서 현재에 머무는 것이다. 현재 일어나는 일에 스스로에게 정직하며 자신의 취약점과 실수를 책임지고 다른 사람들과 진심을 다해 연결되는 것이다.

전사들은 인간 조건의 진실을 받아들이기 위해 용기를 기른다. 즉, 우리가 언젠가는 죽고 우리가 원하지 않는 일들을 필연적으로 경험하게 되며 삶이 우리의 통제 아래 있지 않다는 진실을 받아들이는 데 용기가 필요한 것이다. 용기는 우리가 인생의 진리를 직접 마주할 수 있게 도와준다.

예를 들어 스파르타의 왕 아게실라우스Agesilaus는 언젠가 모든 덕목을 아우르는 전사의 최고 덕목을 꼽아달라는 요청을 받고 '죽음에 대한 경멸'이라고 대답했다고 한다.[35] 그렇지만 용기는 단순히 죽음에 대한 경멸이 아니라 어떤 순간에든 죽음을 맞이할 수 있다는 사실을 받아들이고 그럼에도 계속 행동을 취해나가려는 의지다. 이런 의지를 길러야만 온전하고 진실하고 두려움 없이 현재의 순간에 살수 있다. 지금 이 순간이 우리가 가진 전부인 것이다.

이 모든 얘기가 이론적으로는 이치에 맞지만 실제로 실천하기는 어려울 수 있고 도전적인 상황에 처하면 특히 그렇다. 그럼에도 우리는 무슨 일이 일어나든 계속 현재에 존재하며 현재의 상황을 최대한 활용하는 쪽을 선택할 수 있다. 이런 선택을 반복하는 것이 스토아학파가 이해하는 용기의 핵심이다. 에픽테토스Epictetus의 설명처럼 전사의 일은 자신의 주체성을 찾는 것이고 주체성이 제약받고 스스로 취약하다고 느낄 때도 계속 반복해서 주체성을 찾는 것이다.[36] 스토아학파에서 이렇게 하는 방법은 '우리에게 달린' 요인들, 즉 심신 체계의 내적 자질과 외부 사건에 대한 우리의 내적 반응에 계속 집중하는 것이다.

아마도 모든 전사의 전통에서 지혜와 용기를 기르는 연습을 중시하는 것은 두 가지 자질이 서로를 지지하고 강화하기 때문일 것이다. 어느 한 자질이든 온전히 갖추려면 다른 자질이 필요하다. 지혜에는 진실을 바라보고 불쾌하거나 불편해도 외면하지 않는 태도가 필요한데 용기가 있으면 진실을 부정하거나 속이지 않고 바라볼 수 있게 된다.

우리의 약점, 한계, 취약성, 서투른 선택을 직시하고 책임을 지려면 용기가 필요하다. 이는 우리 사회에서 특히 어려운 일이다. 현대의 전사 문화는 우리가 무슨 일을 당해도 끄떡없는 불사신이라는 망상을 부추기는 경향이 있기 때문이다. 하지만 우리가 충분한 잠재력에 도달하려면 자신의 그림자를 명확하게 보고 배우고 성장하고 변화하는 방향을 선택할 필요가 있다. 우리가 미래에 어떤 사람이 될지는 언제나 현재 우리가 어떤 사람인지 완전히 인식하고 수용하는데서 시작된다. 그래야만 우리는 이미 존재하는 것을 부정하는 에너지 낭비를 멈추고 비로소 무슨 일이 일어나는지 명확하게 보고 효과적으로 대처할 수 있게 된다.

또 용기는 우리가 과거의 선택을 책임지고 자책하지 않도록 도와준다. 만약 과거에 지혜가 있었다면 용기는 과거의 선택이 나중에 어떤 결과를 초래했든 당시로서는 옳은 선택이었다고 믿도록 우리를 지지해준다. 만약 과거에 지혜가 없었다면 용기는 그 상황을 통해 배워 앞으로 더 현명하게 선택할 수 있도록 도와준다.

한편 현재 상황에서 최선의 길을 찾도록 도와주는 것은 지혜다. 어떤 상황에서는 빗발치는 총알을 뚫고 앞으로 돌진해야겠지만, 어떤 상황에서는 다음 날 싸울 수 있도록 물러설 필요도 있다. 이럴 때 지혜가 있어야만 분별을 할 수 있다. 어떤 특정한 상황에서도 최선의 선택은 오직 하나뿐이므로 공식이나 각본에 의존할 수 없는 것이다.

진정으로 용기 있는 사람들은 때때로 항복, 철수, 포기 등을 선택한다. 1부에서 살펴봤듯이 일반적인 미국 문화와 특히 현대의 전사 문화에서는 굳이 그럴 필요가 없을 때도 '상처받은 채로 싸우고', '이 악물고 버티도록' 강하게 조건화한다. 그러나 설령 계속 버티는 것이 전사의 행동처럼 보일지라도 지혜가 있으면 부상을 입거나 소진되는 것이 얼마나 장기적인 효과성을 떨어뜨리는지 이해하게 된다. 근성과 끈기가 항상 최선의 선택은 아니다. 때로는 잠시 멈춰 서서 재정비하고 내부와 외부 자원을 끌어모아야만 목표를 달성하고 계속 앞으로 나아갈 수 있다.

궁극적으로 지혜와 용기가 결합돼야 비로소 능숙한 행동을 할 가능성이 열린다. 상황을 명확하게 바라볼 수 있는 지혜와 자신과 환경에 대한 진실을 마주하는 용기를 겸비할 때 우리는 진정으로 이 세상에서 가치 있는 일을 할 수 있다.

전사 정신의 훈련

──────────────── 우리 사회에서는 보통 윤리적 행동이 도덕적 성격, 즉 우리에게 있거나 없는 특정한 기질에서 유래한다고 생각한다. 그 과정에서 전사의 전통에서 나온 진리와의 연결 고리가 끊어진다. 성격은 고정불변한 것이 아니다. 성격은 반복해 도덕적 자질을 육성하고 인내의 창을 넓히고 능숙한 선택을 거듭함으로써 형성된다. 훈련과 꾸준한 연습을 통해 성격을 바꿀 수 있다는 뜻이다.

오랜 세월 동안 전사의 전통은 지혜와 용기를 기르는 데 초점을 맞춰왔다. 어느 한 자질이든 온전히 얻으려면 두 가지 자질이 모두 필요하다는 점을 이해했기 때문이다. 이 두 가지 자질은 우리가 주체성에 접근하는 데 도움을 준다.

그런데 현대의 전사들은 두 가지 자질을 대등하게 키우지 않는다. 현대 고신뢰 조직의 훈련 요법은 대부분 지혜를 기르기 위해 체화된 연습을 무시한다. 이런 불균형은 지난 20년간 우리 사회에서 목격해온 충동적 의사 결정, 형편없는 판정, 비윤리적이고 폭력적인 행동, 도덕적 해이의 증가에 기여했을 가능성이 있다. 전사 정신은 아무리 열악한 환경에서도 '마지막까지 지켜야 할 윤리'지만 지혜와 용기가 고르게 발달했을 때만 그럴 수 있다.

MMFT는 이 같은 야심을 지닌 수천 년 전사의 전통에 근간을 두고 스트레스를 받는 동안 주체성을 찾고 적응적으로 기능하며 추후에 회복하는 데 필요한 두 가지 자질인 지혜와 용기를 기르고자 한다. 실제로 MMFT의 첫 번째 모듈은 명백히 전사의 전통에 초점을 맞춰 윤리적 틀 안에서 기술 훈련을 진행한다.

구체적으로 말하면 MMFT는 두 가지 대체 가능한 기술인 주의 통제력과 도전적 경험에 대한 내성을 길러준다. 이는 사실 매 순간 지혜와 용기가 조금씩 표출된 결과다. 나아가 MMFT는 의도적으로 마음챙김 기술과 신경계의 자기 조절 기술을 접목해 각 개인에게 인내의 창을 넓힘으로써 스트레스를 받는 동안에도 사고 뇌가 계속 윤리적이고 효과적으로 의사 결정을 할 수 있는 가능성을 높이라고 가르친다. 또 인내의 창이 넓어지면 개인은 충격적 사건을 겪는 동안에도 주체성에 접근할 가능성이 높아져 트라우마를 경험할 위험이 줄어든다.

우리는 미래를 예측할 수는 없지만 어떤 미래가 와도 적용할 수 있는 자질, 특히 지혜와 용기를 기를 수 있다. 어떤 순간에든 지혜를 발휘하려면 그저 이렇게 질문하면 된다. "지금 무슨 일이 벌어지고 있는가?" 또 어떤 순간에든 용기를 북돋우려면 그저 이렇게 질문하면 된다. "내가 이 경험을 바꾸려고 하지 않고 그냥 있는 그대로 이 경험에 머무를 수 있을까?"

우리 모두가 전투를 경험하지는 않겠지만 누구나 전사의 전통인 영역일반 훈련 방식을 이용해 내면의 전사를 키울 수 있다. 우리는 인내의 창을 넓혀 삶의 모든 면에서 지혜와 용기를 체화하고 주체성에 접근하는 법을 배울 수 있다. 지금 스트레스와 트라우마의 연속선상 중 어느 지점에 서 있든 유연성, 회복탄력성, 기지로 현재 순간에 임할 능력이 있다고 믿을 수 있다. 이런 능력은 사고 뇌와 생존 뇌에게 동맹을 맺고 협력하라고 가르치는 데서 출발하는데 이것이 바로 우리가 다음으로 나아가야 할 방향이다.

THE THINKING BRAIN AND SURVIVAL BRAIN AS ALLIES

사고 뇌와
생존 뇌의 동맹

사고 뇌와 생존 뇌 사이에 동맹 관계를 구축하려면 우리의 주의를 체계적인 방법으로 훈련할 필요가 있다. 우리가 어디에 주의를 두느냐가 생존 뇌, 신경계, 온몸에 깊은 파급 효과를 미치기 때문이다.

생존 뇌는 언어적이지 않아서 감정과 신체감각을 통해 우리와 소통하는데, 우리가 생존 뇌의 메시지를 올바르게 수신하는지 여부는 감정과 신체감각을 통해 전달되는 메시지를 알아차리고 용인하고 정확하게 해석하는 능력에 달려 있다. 이 능력을 '내수용 자각 interoceptive awareness'이라고 부른다. 내수용 자각은 내수용 감각의 일환으로 신체감각을 인식하고 감정 상태를 자각하고 생리적 과정을 조절해 심신 체계, 특히 생체 적응의 기능을 유지하는 능력이다.[1]

PART 3. 인내의 창을 넓혀라

이번 장에서는 당신에게 맞는 마인드 피트니스 연습을 시작하기 위한 지침을 소개한다. 방향성을 잡기 위해 이 장의 내용을 미리 훑어보자. 내수용 감각은 사고 뇌와 생존 뇌의 동맹 관계를 구축하는 데 중요하다. 마음챙김은 내수용 자각을 기르는 데 도움이 되지만 마음챙김만으로는 인내의 창이 좁은 사람들에게 역효과가 발생할 수 있다. MMFT는 명시적으로 이 문제를 해결하기 위해 설계됐다.

이 책은 MMFT 코스가 아니고 MMFT에서 직접 다루지 않는 정보도 포함하기 때문에 이 장에서는 (마침내) MMFT가 무엇인지 소개하고 이 책이 MMFT와 어떻게, 왜 다른지 설명할 것이다. 끝으로 마인드 피트니스 연습과 첫 번째 MMFT 훈련을 위한 몇 가지 실용적 지침을 결론으로 제시할 것이다.

내수용 자각 형성

──────────── 1장에서 설명했듯이 자각은 사고 뇌에 속하지도 않고 생존 뇌에 속하지도 않는다. 그래서 내수용 자각은 사고 뇌가 현재의 스트레스 수준을 진단하기 위해 생존 뇌와 신체에서 필요한 정보를 수집하게 해준다. 만약 현재 스트레스 수준에서 지금 상황이 요구되지 않거나 오히려 지장을 초래한다면 사고 뇌는 디폴트 프로그래밍을 중단하는 방향으로 주의를 돌려 생존 뇌가 하향 조절 및 회복 기능을 시작하도록 촉진한다.

사고 뇌의 두 영역인 섬피질과 전대상피질은 내수용 감각에 중요한 역할을 한다. 신경과학자들은 섬피질과 전대상피질이 함께 스트레스와 감정을 조절하는 생존 뇌 과정을 하향식으로 통제한다고 주장한다. 또 섬피질과 전대상피질은 사회참여와 애착 체계, 심혈관계의 미주신경 브레이크, 회복 기능 등을 포함하는 배 쪽 부교감신경계 회로에 접근하는 데도 관여한다.[2] 간단히 말해 이 두 영역이 효율적으로 작동할 때 사고 뇌와 생존 뇌 기능의 신속하고 효과적인 전환이 가능해진다.

섬피질은 생체 적응에 중요한 역할을 한다. 이는 뇌가 내부 시스템의 불균형이나 내부 시스템 사이의 충돌을 인식하도록 돕는다. 전대상피질은 감정을 조율하며 감정 조절과 충동 통제에 중요한 역할을 한다. 또 섬피질과 전대상피질의 특정 부위는 신체적 고통과 사회적·정서적 고통에 대한 뇌의 통증 신경망 역할을 한다.[3]

섬피질과 전대상피질은 함께 스트레스와 감정을 조절하는 생존 뇌 과정을 하향식으로 통제하므로 우리는 내수용 자각을 높임으로써 조절 루프의 기능을 향상할 수 있다. 내수용 자각을 높이는 방법은 시각, 소리, 냄새와 같은 신체감각과 감각 자극에 주의를 기울이는 능력을 기르는 것이다. 그러면 내수용 자각이 향상되고 특히 불쾌한 자극에 주의를 유지하는 능력이 늘어나서 스트레스 각성과 강렬한 감정을 느낄 때 생존 뇌의 기능을 증진할 수 있다.[4]

마음챙김 명상, 태극권, 일부 요가와 무술 등 여러 훈련이 내수용 자각을 향상하는 데 도움이 될 수 있다. 마음챙김mindfulness은 판단, 비교, 서술, 감정적 반응에 갇히지 않고 현재 어떤 일이 일어나고 있는지에 주의를 기울이고 알아차리는 능력이다. 주의 깊은 자각으로 자신의 경험을 관찰하는 것은 과학자가 어떤 대상을 현미경으로 관찰하는 방식과 유사하다. 있는 그대로 명확하고 정확하게, 어떤 선입견이나 가설이나 기대 없이 관찰하는 것이다. 신체감각과 감각 자극을 마음챙김으로 알아차릴 때 내수용 자각이 향상된다.

내수용 자각은 실행 기능과 상당히 다르게 작용한다는 점을 유의해야 한다. 이 말은 스트레스를 받아 사고 뇌 기능이 저하될 때도 내수용 자각을 사용할 수 있다는 뜻이다. 5장에서 설명했듯이 만성 스트레스와 트라우마를 겪는 동안은 실행 기능과 명시적 기억이 대체로 저하된다. 이렇게 고갈된 상태에서는 계획 수립, 문제 해결, 의사 결정, 의지력, 자기 조절 등의 실행 기능에 의존하는 사고 뇌 기능 역시 지장이 생길 수 있다.

그러나 효율적인 내수용 감각은 가교 역할을 하기 때문에 스트레스를 받을 때 오히려 사고 뇌 기능과 수행 능력을 향상하는 것으로 나타났다. 예를 들어 뇌 영상 연구에서는 특수작전부대, 네이비 실Navy SEALS, 엘리트 운동선수, 모험적인 레이서 등 군과 민간의 '엘리트 수행자'들이 스트레스를 받을 때 더 효율적인 내수용 기능에 해당하는 섬피질 및 전대상피질의 활성화 패턴을 보임을 확인했다.[5] 단 이 연구가 엘리트 수행자들과 건강한 비엘리트 수행자들을 정적인 스냅숏으로 비교했기 때문에 엘리트 수행자들의 내수용 기능이 더 효율적으로 나타난 이유가 선발 효과 때문인지 그들의 훈련 때문인지 불분명하다는 점은 감안해야 한다.

우리가 조절 장애 상태일 때는 내수용 기능이 손상됐을 수 있다. 예를 들어 배 쪽 부교감신경계 회로 발달에 어려움을 겪는 유아와 아동은 내수용 기능이 손상됐을 가능성이 있다.[6] 손상된 내수용 기능은 성인에게도 우울증, 불안 장애, PTSD, 건강염려증, 중독 등을 유발하는 데 중요한 역할을 한다.[7] 각 증상은 사고 뇌와 생존 뇌의 대립 관계를 시사한다.

그렇지만 효율적인 내수용 기능은 단순히 우리에게 있거나 없는 고정적 특성이 아니다. 신경가소성 원리와 마찬가지로 내수용 기능도 의도적 훈련을 통해 발전시킬 수 있다. 실제로 MMFT 연구는 단 두 달 만에 내수용 기능을 더 효율적으로 개발하는 것이 가능함을 입증했다.

예를 들어 MMFT 해병대는 통제 집단의 해병대에 비해 스트레스를 받는 두 가지 과제—감정적 표정의 목록을 만들고 숨 참기—를 하는 동안 뇌 스캐너에 찍힌 내수용 기능에서 상당한 변화를 보였다. 그리고 스트레스가 심한 10주간의 파병 전 훈련과 20시간의 MMFT 과정 후 그들의 섬피질과 전대상피질의 활성화 패턴은 이전 연구에서 '엘리트 수행자'에게 나타난 패턴과 일치하는 형태로 바뀌었다.[8]

마음챙김 이상이 필요하다

─────────────── 하지만 내수용 자각을 기르는 일은 도전적으로 느껴질 수 있다. 좁은 인내의 창이 종종 내수용 기능의 손상과 관련 있기 때문이다. 내수용 기능이 손상됐을 때 신체감각과 감정에 주의를 기울이면 생존 뇌에서 위험을 감지해 더 많은 스트레스를 활성화할 수 있다.

불행히도 마음챙김에 대한 대중적 관심이 폭발적으로 증가하면서 최고의 수행 능력과 행복을 얻는 빠르고 쉬운 길이 있다는 사회적 기대감이 고조됐다. 실제로 교육, 비즈니스, 리더십, 육아, 간호 및 돌봄, 정치 등 다양한 분야에서 마음챙김을 접목한 책, 잡지, 블로그, 앱, 팟캐스트 등이 쏟아져 나오고 있다. 이런 텍스트와 서비스는 시간이 지날수록 점점 더 적은 노력을 들여 점점 더 많은 혜택을 얻을 수 있다고 약속해왔다.《바보들을 위한 마음챙김Mindfulness for Dummies》,《10분의 알아차림Ten Mindful Minutes》,《1분 마음챙김One Minute Mindfulness》 등을 보라.

최근 〈뉴욕타임스New York Times〉에는 이런 기사도 실렸다. "명상은 누구나 이용할 수 있는 간단한 연습을 통해 스트레스를 줄이고 차분함과 명료성을 키우며 행복을 증진할 수 있게 해준다. 누구나 명상법을 간단하게 배워 바로 혜택을 얻을 수 있다. 여기서는 더 큰 평안과 수용, 기쁨을 향한 정진을 시작할 기본적인 팁을 얻을 수 있다. 그러니 심호흡을 하고 긴장을 풀 준비를 하라."9

확실히 미국인들은 특효약이라면 사족을 못 쓴다. 마음의 특효약도 예외는 아니다.

사실 우리가 현재 펼쳐지는 자신의 경험을 관찰하는 동안 마음챙김의 자각은 거의 찰나에 시시각각 일어난다. 그 결과 단 1분의 마음챙김도 실로 심오한 영향을 미칠 수 있다. 마음챙김을 통해 우리는 반응성 대신 평정심을, 자동조종 대신 의식적 의도를, 사회적 침잠 대신 연결을 선택할 수 있게 된다. 그럼에도 우리가 매일 딱 1분씩만 연습을 한다면, 특히 스트레스를 받을 때는 마음챙김의 자각에 도달할 수 없을 것이다.

마음의 특효약에 대한 그릇된 기대를 넘어 누군가 조절 장애 상태의 심신 체계를 '마음챙김 혁명'이 약속하는 과대광고에 끼워 맞추려고 애쓴다면 크나큰 고통을 야기할 수 있다. 어떤 사람이 이 모든 미디어의 약속을 믿고 그대로 실천하려고 노력했는데도 광고에서 약속하는 혜택을 얻지 못한다면 어떻게 될까? 아마도 그는 자신이 뭔가 잘못하고 있다고 생각할 것이다. 혹은 더 나쁘게도 자신이 어딘가 '잘못됐다'고 생각할 수도 있다.

불행히도 인내의 창이 좁은 사람들에게는 마음챙김 연습 자체가 조절 장애를 더 악화할 위험이 있다.

특히 마음챙김만으로 구성된 훈련 요법은 인내의 창이 좁은 사람들이 자신의 조절 장애를 더 분명히 자각하면서도 그에 효과적으로 대처할 방법은 이해하지 못할 위험을 증가시킨다. 나는 개인적 경험에서뿐 아니라 2008년 훈련한 첫 번째 해병대원들에게서 이 같은 추세를 관찰하면서 그런 사실을 알게 됐다.

이 경험을 통해 나는 인내의 창이 좁은 사람들에게 피해를 주지 않으려면 스트레스를 많이 받는 환경에서 마음챙김 연습을 도입할 때 신경계의 자기 조절 기술을 병행하는 것이 윤리적으로 중요하다는 점을 깨달았다.

일부 예외가 있긴 하지만 대부분의 마음챙김 기반 훈련은 고질적인 심신 조절 장애를 수용하고 재조절하도록 설계되지 않았다. 스트레스 활성화에 따른 질주하는 생각, 강렬한 감정, 빠른 심박 수, 얕은 호흡, 심장 두근거림 등을 자각하고 수용하는 도구를 제공할 뿐이다. 반면 MMFT는 스트레스 각성을 조절하고 완화하기 위해 특정한 방법으로 주의를 돌릴 수 있게 해준다. 즉, 스트레스와 함께 동원된 에너지와 호르몬의 방출까지 마침으로써 심신 체계의 균형을 되찾게 해주는 것이다.

신경계를 재조절하는 기술이 없는 상태에서 마음챙김만 한다면 스트레스 반응에 과도한 주의를 기울여 심신 체계가 압도될 수 있어 오히려 자기 조절 능력이 악화되고 증상도 악화되기 쉽다. 자신의 심신 체계를 극도로 자각해 스트레스를 느낀다면 그때 할 수 있는 일이라곤 스트레스에 초점을 맞추는 것뿐인데 그러면 오히려 스트레스 각성과 그로 인한 인지적·감정적·생리적 효과가 증폭될 것이다.

이 점을 고려하면 다양한 사회경제적 배경의 중·고등학생 300명 이상을 대상으로 마음챙김 훈련의 효용성을 평가한 최근의 한 연구 결과가 이해된다. 마음챙김 집단의 학생들은 학교 교육 과정에서 '닷비(.b)' 마음챙김 훈련을 8주간 이수했다. 성인 대상의 마음챙김 기반 스트레스 감소MBSR와 마음챙김 기반 인지치료MBCT 프로그램에 기초한 명상 교육이었다.

이 연구에서 마음챙김 집단은 훈련 직후나 3개월 후 검사 영역에서 아무런 개선점도 보이지 않았다. 오히려 3개월 후에는 마음챙김 집단의 10대 남학생들이 통제 집단의 남학생들에 비해 불안감이 더 높아졌다. 마찬가지로 연구를 시작할 때 상대적으로 우울 증상이 적고 체중과 섭식에 대한 고민이 적다고 보고한 남녀 학생들도 시간이 지날수록 불안감 수준이 올라갔다.[10]

다크나이트 프로젝트Dark Night Project를 이끄는 브라운대학교 임상의 겸 연구자 윌러비 브리튼Willoughby Britton 박사는 마음챙김에 관한 서양의 과학적 연구가 편향돼 있어 잠재적 해악이나 위험을 적절히 고려하지 않고 잠재적 혜택을 밝혀내는 데만 치중해왔다고 주장한다. 우리 문화에서는 마음챙김 훈련이 주로 스트레스 감소와 수행 능력 향상을 위해 존재한다고 가정하기 때문이다.

이런 편향성에 반박하기 위해 브리튼의 팀은 8주간 MBSR 또는 MBCT 과정을 수료한 초보자뿐만 아니라 수천 시간 동안 훈련한 숙련된 수행자·강사를 모두 면담했다. 이 경험적 연구는 숙련된 수행자 대부분과 초보자 40퍼센트에서 조절 장애와 손상의 증상을 발견했다. 또 트라우마 이력이 있는 사람들(양 집단의 44퍼센트)은 더 심각하거나 더 오래 지속되는 증상을 보고했는데, 최근 다른 연구에서도 유사한 연구 결과가 나왔다.[11]

실제로 일부 마음챙김 기반 개입들은 현재 PTSD나 트라우마를 심하게 겪고 있는 사람들에게는 수행을 금지한다. 예를 들어 존 카밧진이 MBSR을 만든 매사추세츠대학교 마음챙김 센터Center for Mindfulness에서는 PTSD나 다른 정신 질환 환자에게 MBSR을 권장하지 않는다고 명시한다. "중독에서 벗어난 지 1년 미만의 약물이나 알코올의존증, 자살 생각이나 시도, 미해결되거나 최근 트라우마 이력이 있거나" 또는 "중대한 삶의 변화를 겪고 있는" 사람이라면 다른 훈련이나 치료를 받도록 권한다는 것이다.[12]

중요한 것은 스트레스가 심한 환경에서는 만성 스트레스나 트라우마로 인한 조절 장애가 거의 확실히 존재하기 때문에 이 모든 기준이 꽤나 흔하게 나타난다는 사실이다. 마음챙김 훈련만으로는 이런 복잡하고 어려운 문제들을 해결하기에 충분하지 않다.

2008년 MMFT 예비 연구 당시 내가 훈련했던 파견대에서는 해병 대원 약 3분의 2가 이미 1~3회의 전투 배치 경험이 있었다. 한 대원은 민간 용병으로 여섯 차례나 배치된 전력이 있었다. 그곳은 예비군 부대였기 때문에 다양한 배경의 민간인 대원들이 많았지만 단연 최대 집단인 40퍼센트가 SWAT 대원, 마약 수사관, 소방관, 응급 구조대원처럼 스트레스가 심한 민간 직업군 출신이었다.

나는 개별 훈련 면담을 진행하면서 곧 해병대원 10명 중 6명꼴로 여러 가지 조절 장애 증상을 심하게 겪고 있음을 발견했다. 많은 대원이 전투 배치를 준비하는 동안 고통이 더 악화됐다. 그들의 증상은 10장에서 소개한 인지적·감정적·신체적·정신적·행동적 증상의 전 범위에 걸쳐 있었다.[13]

이전에 전투 배치 경험이 있는 대원 3분의 2와 전투 경험은 없지만 스트레스가 심한 민간 직업군 출신 대원의 절반이 조절 장애 증상을 보였다. 나는 그들을 알게 되면서 그들의 인내의 창이 어떻게 과거 스트레스와 트라우마 경험을 통해, 즉 과거 전투 경험, 스트레스가 심한 직업, 어린 시절 역경을 통해 좁아졌는지 알게 됐다.

그 후 수년에 걸쳐 다른 많은 개인과 단체를 훈련하면서 나는 공식 통계가 어떻든 이 정도의 증상이 나타나는 일은 스트레스가 심한 사람들에게 꽤나 흔하다는 사실을 알게 됐다. 당장 나는 조지타운 학생들에게서도 이 정도의 증상이 발현되는 것을 심심치 않게 본다.

나는 그 해병대원들을 가르칠 때 아직 MMFT의 점진적 마인드 피트니스 훈련 순서를 정하지 않은 상태였고 특히 조절 장애 상태인 사람을 조절 가능하게 만드는 프로그램은 만들지 않았었다. 그래서 마음챙김 기반 개입에서 공통적인 두 가지 훈련을 짧게 가르치는 것으로 시작했다. 자신의 각 신체 부위로 주의를 차례차례 옮겨가며 각 부위의 감각을 관찰하도록 하는 '바디 스캔body scan'과 마음챙김 명상의 전형적 방법인 '호흡 자각'이었다.

더없이 아이러니한 것은 이 두 가지 훈련을 하기로 선택한 시점에 내가 과거 PTSD를 앓을 때 마음챙김 훈련을 받았던 경험에서 얻은 중요한 교훈은 의식적으로 무시했다는 사실이다. 내 자신의 경험이 비정상적이라고 생각했기 때문이다. 내 마음챙김 강사 중 어느 누구도 조절 장애에 관해 가르치지 않았으므로 훈련에 대한 나의 초기 반응이 실제로 조절 장애가 있는 사람들 사이에서 꽤 흔하다는 생각은 전혀 하지 못했던 것이다!

나는 일찍이 마음챙김을 훈련할 때 바디 스캔은 배운 적이 없었지만 호흡 자각에 처음 노출됐던 경험은 썩 좋지 않았다. 솔직히 2002년 가을 이 기법을 처음 배웠을 때 매일 10분씩밖에 연습하지 못했다. 10분이 내가 참을 수 있는 한계였고 그것도 이를 악물고 연습해야 가능했다.

많은 초보자가 그렇듯이 그 10분은 영영 끝나지 않을 것 같았다. 처음에는 부끄러웠고 그다음에는 내 머릿속의 끊임없는 수다에 놀라고 말았다. 내 심신 체계 전체에서 일어나는 불안한 동요를 느끼면서 그냥 가만히 앉아 있기란 거의 불가능해 보였다.

때때로 나는 내 호흡을 관찰하면서 공황 상태에 빠졌다. 갑자기 숨을 쉴 수가 없어 공기를 들이마시기 위해 헐떡이는 나 자신을 발견했다. 내 몸은 세포 수준에서 내 인생의 몇 가지 충격적인 사건들을 다시 경험하고 있었다. 이런 일이 일어날 때마다 그 후 며칠 동안 플래시백, 밀실 공포증, 악몽, 불면증, 메스꺼움, 과잉 각성이 다시 엄습해오는 것을 느끼며 공황 상태에 빠졌다. 수년 후 나 자신의 임상 트라우마 훈련을 통해 왜 이런 일이 일어났는지 이해할 수 있었다. 내 호흡에 주의를 기울이는 행동이 점화를 통해 내 생존 뇌에 저장된 미해결된 기억 캡슐을 촉발했던 것이다. 이 과정에서 상향식 홍수가 내 심신 체계에 재트라우마로 작용했다.

그 당시 나는 내가 잘못된 방식으로 연습하고 있거나 불편함을 견디며 앉아 있을 만큼 충분한 자제력이 없다고 생각했다. 그래서 이를 악물고 더 열심히 연습했다. 무조건 참고 견디며 계속 밀어붙이는 오버라이드 조건화를 더 강화했던 것이다.

나는 훈련하는 대원들이 바디 스캔과 호흡 자각에 거의 모두 비슷하게 반응하는 것을 보고서야 마침내 흩어졌던 점들을 연결했다. 다른 마음챙김 기반 개입처럼 45분이 아니라 10~20분 정도의 짧은 훈련을 시켰는데도 여전히 너무 과했다. 두 가지 훈련이 그저 그들의 심신 체계가 감당할 수 있는 수준을 넘어섰던 것이다.

가장 성실하게 훈련받는 대원들도 훈련을 시작한 지 5~10분 만에 자신의 피부 밖으로 튀어 나가거나 가장 가까운 벽에 주먹을 날려야 할 것 같은 느낌이 든다고 보고했다. 그들은 심장의 두근거림, 얕은 호흡, 메스꺼움, 플래시백, 참기 힘든 불안과 짜증, 분노, 안절부절 못함을 느낀다고 보고했다. 심지어 몇몇은 어지럽거나 혼란스럽거나 넋이 나가거나 멍해지는 느낌이라고 보고했다. 그들의 보고는 나 자신의 초기 경험을 반영했다.

그렇다면 왜 우리는 모두 훈련에 이렇게 반응했을까?

우리가 적절한 회복 없이 장기간의 스트레스나 트라우마를 경험하면 사고 뇌와 생존 뇌의 정보 통합이 단절되거나 무질서해져서 조절 장애 증상이 야기될 수 있다. 그러므로 완전히 회복해 인내의 창을 넓히려면 인지적, 정서적, 신체적 세 가지 차원에서 모두 스트레스와 트라우마 경험을 처리하고 마무리해야 한다.[14] 이는 하향식 처리(사고 뇌)와 상향식 처리(생존 뇌)가 통합될 때만 가능하다.

13장에서 더 자세히 살펴보겠지만 생존 뇌가 안전을 인지할 때마다 효과적인 상향식 처리가 일어날 수 있고 심신 체계가 스트레스 활성화를 해소할 수 있게 된다. 상향식 처리가 일어나려면 당연히 효과적인 내수용 기능이 필요하다.

대부분의 마음챙김 기반 개입은 호흡 자각으로 시작하는데 호흡을 '비교적 중립적인 감각 자극'으로 여긴다.[15] 그러나 많은 사람에게는 호흡 감각이 거의 분명히 중립적이지 않고 스트레스를 받을 때는 특히 그렇다. 천식이 있거나 거의 익사할 뻔했거나 그 밖에 다른 스트레스 사건에서 공기 부족이나 산소 보존과 관련된 동결 반응을 일으켰던 사람들이 그 예다. 이 같은 이력이 있는 사람들이 호흡에 완전히 주의를 기울이면 호흡 감각이 극도로 활성화돼 더 많은 스트레스 각성과 극심한 공포가 촉발될 수 있다.

2008년 예비 연구에서 통찰을 얻은 결과, 나는 스트레스와 트라우마에 더 민감한 방식으로 MMFT를 재구성했다. 예를 들어 바디 스캔 훈련을 완전히 중단했고 훈련을 시작한 후 적어도 한 달을 기다렸다가 호흡 자각을 소개하기 시작했다.

그 결과 MMFT를 통해 주의를 내면으로 향해 스트레스 각성 수준을 평가하는 법을 배울 뿐만 아니라 생존 뇌와 몸이 안정감을 느끼게 도와주는 단서에 주의를 돌리는 법도 배울 수 있다. MMFT의 점진적인 신체 기반 훈련은 그라운딩grounding에 초점을 맞춰 생존 뇌가 안전을 인지하고 회복을 시작할 수 있게 한다. 그러면 시간이 지날수록 심신 체계가 홍수와 재트라우마 없이 회복하면서 인내의 창을 넓혀가는 한편 신체감각에 지속적 주의를 기울이는 역량이 늘어나게 된다.

실제로 MMFT에 참여하는 숙련된 마음챙김 수행자들은 수십 년 동안 집중적인 마음챙김 수행을 해왔는데도 그들의 심신 체계가 심한 조절 장애 상태임을 발견하고 놀라는 경우가 많다. 그들은 내게 "이런 강렬한 증상을 그저 관찰하고 받아들이는 것 외에 직접 다룰 수 있는 방법이 있다는 것을 전혀 몰랐어요! 내가 찾아 헤매던 퍼즐의 빠진 한 조각이에요"라고 말한다.

요컨대 조절 장애를 더 악화할 수 있는 심신 체계의 재트라우마와 생존 뇌를 무시하는 사고 뇌 습관의 강화를 막으려면 내수용 자각 능력을 점진적으로 키우는 것이 매우 중요하다. 그렇지 않으면 사고 뇌와 생존 뇌의 대립 관계와 관련된 악순환이 더욱 심화될 것이다. 특히 사고 뇌 오버라이드를 통해 스트레스에 대처하는 사람들은 오버라이드 조건화를 강화하기 쉽다. 그러므로 더 느린 것이 실은 더 빠른 것이다. 훈련에서 주의를 기울일 목표 대상을 도입하고 그 순서를 정하는 일은 정말로 중요하다.

마인드 피트니스 훈련이란?

──────────────────── 나는 대단히 중요한 두 가지 목표를 염두에 두고 MMFT를 설계했다. 하나는 사람들이 인내의 창을 넓힐 수 있도록 돕겠다는 것이고 또 하나는 스트레스와 트라우마에 민감한 방식으로 그렇게 하겠다는 것이다. 이런 맞춤형 목표를 달성하기 위해 MMFT는 두 계보, 마음챙김 훈련과 신체 기반 트라우마 치료에 바탕을 둔다. 신체 기반 트라우마 치료는 트라우마를 겪은 후 신경계와 생존 뇌를 재조절하기 위한 치료로 감각운동 심리치료, SE^{Somatic Experiencing}, 트라우마 회복탄력성 모델^{Trauma Resilience Model} 등이 포함된다.[16]

MMFT는 다음과 같은 세 가지 요소로 구성된다. (1) 마음챙김 기술 훈련 (2) 신경계를 조절하기 위한 신경생물학적 이해와 신체 기반 자기 조절 기술 훈련 (3) 두 가지 기술을 참가자의 개인적·직업적 생활에 구체적으로 적용하기 등이다. 이렇게 마음챙김 기술 훈련과 신체 기반 자기 조절 기술 훈련을 결합하는 것이 인내의 창을 넓히고 회복탄력성을 증가시키며 스트레스를 많이 받는 상황에서 성과를 높이는 데 필수적이다.

MMFT의 주된 초점은 거시적 수준과 미시적 수준에서 모두 자기 조절 능력을 향상하는 것이다. 조절이 가능하면 아무리 힘들거나 스트레스와 트라우마를 겪는 상황에서도 주체성을 찾고 선택권에 접근할 가능성이 더 높아진다.

MMFT를 8주 동안 가르칠 때는 처음 2주간 2시간씩 4회기에 걸쳐 이 훈련 과정에서 가르치는 기술의 신경생물학적 배경 지식을 사

368

전에 전달한다. 이 세션들은 스트레스와 회복탄력성에 관한 신경생물학의 과학적 기초에 초점을 맞춘다. 또 자기 조절을 위한 기초 훈련도 소개한다. 나머지 4회기의 2시간 강의는 4주, 5주, 7주, 8주 차에 진행된다. 이 세션들에서는 습관적 반응, 의사 결정, 감정, 대인 관계, 갈등에 관한 내용을 가르치는데, 이때 자기 조절을 위해 상호 간의 더 발전된 훈련을 도입한다. 3주 차에는 참가자들이 개별 훈련 면담을 하고 6주 차에는 마음가짐과 자기 조절 기술을 연마하기 위해 4시간짜리 실습 과목을 이수한다.

MMFT는 8주짜리 프로그램 외에도 1주일간의 집중 코스나 입문용 워크숍으로 진행된다. 이런 프로그램에서는 참가자들이 일부 지식적 맥락을 집중적으로 학습한 후 8주간의 과정을 훈련 순서에 따라 혼자서 완수한다.

MMFT 참가자들은 강의 세션 외에 매일 적어도 30분 동안 마음챙김과 자기 조절 기술을 연습해야 한다. 일간 연습은 그날 하루 동안 몇 번으로 나눠 할 수 있다. MMFT의 연습은 5~30분간 진행된다. 다른 많은 마음챙김 기반 개입의 45분 운동에 비해 의도적으로 더 짧다. 참가자들은 처음에는 오디오 트랙에 따라 연습하지만 시간이 지나면 오디오 지원 없이도 연습할 수 있다. 조용히 앉거나 누워서 하는 운동도 있고 스트레칭하는 운동도 있고 일상생활에 접목하는 운동도 있다.

이 같은 연습을 통해 주의 통제력과 도전적 경험에 대한 내성이라는 두 가지 핵심적 영역일반 기술을 획득할 수 있다. 이 기술은 효과적인 의사 결정과 대인 관계를 위해 필요한 다른 역량들—상황 인식, 감정 지능, 정신적 민첩성 등—을 뒷받침하기 때문에 이를 익히면 훈련의 투자 대비 효과가 높아진다. 주의 통제력은 주로 초점 주의 기법을 통해 길러지는 반면 도전적 경험에 대한 내성은 초점 주의와 개방적 관찰 기법을 통해 길러진다.

주의 통제력은 일정한 시간 동안 정해진 목표에 의도적으로 주의를 돌리고 유지할 수 있는 능력으로, 집중력 향상, 산만함 억제 능력 증가, 관련 정보의 기억 및 업데이트 능력 향상으로 이어진다.

도전적 경험에 대한 내성은 그런 경험을 바꾸려고 하지 않고 그대로 주의를 기울이고 따라가며 그 경험 속에 머무는 능력으로, 외부적 경험(예: 가혹한 환경조건이나 까다로운 사람들)일 수도 있고 내부적 경험(예: 신체적 고통, 스트레스 활성화, 강렬한 감정, 괴로운 생각, 악몽 또는 플래시백)일 수도 있다. 우리는 대부분 도전적 경험을 견디는 능력을 훈련하기보다는 자동으로 물러나거나 주의를 분산하거나 스트레스 반응 주기 습관이나 다른 충동적이고 반작용적인 행동으로 불편함을 '없애려고' 노력한다. 여기서 중요한 것은 도전적 경험에 대한 내성이 '그냥 참고 견디는 것'과는 다르다는 사실이다. 그냥 참고 견디는 것은 사고 뇌 오버라이드의 회피적 형태로 우리가 도전적 경험에서 활용 가능한 모든 정보에 충실히 임하지 못함을 의미하기 때문이다.

앞서 말했듯이 이 책은 MMFT 코스가 아니다. MMFT에서 직접 거론하지 않는 주제들을 추가로 다루고 있지만 편의상 MMFT의 모든 경험적 훈련을 담을 수도 없다.

당신이 안전하게 마인드 피트니스 훈련 요법을 시작할 수 있도록 이 책에서는 생존 뇌가 안전을 인지하고 스트레스 활성화에서 회복하도록 촉진하는 MMFT 연습 두 가지만 소개한다. 바로 이 장에서 소개하는 접촉 지점 연습Contact Points Exercise과 다음 장에서 소개하는 접지 및 해소 연습Ground and Release Exercise(이하 G&R 연습)이다. 이 두 가지 연습으로 지혜와 용기를 뒷받침하는 영역일반 기술인 주의 통제력과 도전적 경험에 대한 내성을 기를 수 있다. 이 책에서는 인내의 창이 좁은 참가자들에게 스트레스 활성화를 증가시킬 수 있는 MMFT 연습은 일체 소개하지 않기로 의도적으로 결정했다.

분명히 말해두지만 만약 당신이 심각한 조절 장애를 겪고 있다면 신체 기반 트라우마 기법(감각운동 심리치료나 SE 등)을 훈련받은 치료사의 도움이 필수적이라고 생각한다. 그들은 당신이 생존 뇌의 상향식 처리 속도를 조절해 점진적이고 안전하게 연습할 수 있도록 도와줄 것이다. 그러니 이 과정을 헤쳐나가는 데 도움을 줄 훈련받은 전문가를 찾아서 혹시라도 당신의 심신 체계를 압도하거나 생존 뇌에 재트라우마를 입혀 조절 장애를 악화할 위험을 줄이기를 강력히 권한다.[17]

이 책은 MMFT에서 가르치는 지식적 맥락을 더 넓고 깊은 관점에서 제시한다. 14~18장에서는 MMFT 강의실에서 일반적으로 가르치지 않는 추가 전략을 소개하는데 그중 일부는 앞서 말한 두 가지 MMFT 연습에 기반을 둔다. 일반적으로 MMFT 강사는 그룹의 질문에 대답하거나 개별 훈련 면담 중 필요한 경우에 한해 이 전략을 소개한다. 당신이 나중에 쉽게 찾아볼 수 있도록 '부록'에 인내의 창을 넓히는 권장 순서와 이 책의 연습 및 전략 요약을 수록했다.

MMFT 연구 결과

──────────── MMFT는 미국 국방부와 다른 재단의 후원을 받은 네 편의 연구 등 엄격한 신경과학 및 스트레스 생리학 연구를 통해 검증됐고 그 결과는 최고 수준의 동료 검토 과학 저널에 발표됐다.

앞서 스트레스를 받는 동안 더 효과적인 내수용 기능과 관련해 MMFT 해병대의 섬피질 및 전대상피질 활성화 패턴이 어떻게 변했는지 보여주는 뇌 영상 연구는 이미 공유했다.

다른 MMFT 연구는 더 넓은 인내의 창의 또 다른 측면을 제시한다. 예를 들어 이라크와 아프가니스탄 파병을 준비하는 미군 전투병들은 8주간 다양한 MMFT 과정을 이수한 후 인지적 수행 능력 향상, 부정적 감정 조절 개선, 생리학적 자기 조절 및 회복탄력성 향상 등 몇몇 결과 척도에서 상당한 개선을 보였다.[18] 이는 주목할 만한 결과다. 이전에는 파병 전 훈련의 결과가 인지적 수행 능력과 기분 저하, 인식된 스트레스 수준 및 불안 증가 등과 연관됐기 때문이다.

첫째, MMFT 참가자들은 스트레스를 받는 파병 전 훈련 동안 인지적 수행 능력이 향상돼 스트레스 아래서도 사고 뇌 기능을 유지하는 능력이 증가했다. MMFT로 훈련받은 부대는 지속적 주의와 작업 기억 용량이 상당히 향상됐고 작업 기억이 저하되지 않도록 보호됐는데 이는 모두 실행 기능을 보여주는 객관적 지표다. 작업 기억 용량이 향상된 대원들은 또 부정적 감정을 덜 경험했다고 보고했고 MMFT 부대는 인지된 스트레스 수준의 감소를 보고했다.[19]

둘째, 생리학적 자기 조절 측면에서 MMFT 참가자는 전투 훈련

전과 도중 훨씬 더 효율적인 스트레스 각성을 보였으며 전투 후에는 더 빨리 기준치로 완전히 회복됐다. 또 MMFT 해병대는 통제 집단 해병대에 비해 스트레스 각성이 높아지는 활성화 속도가 빨랐지만 더 높은 스트레스에서 훨씬 빠르고 완전하게 회복했다. 스트레스 각성과 회복은 두 가지 방법으로 측정됐다. 하나는 전투 훈련 전후와 도중 대원들이 착용한 바이오 기기 심박 수와 호흡수를 통해 측정됐고 또 하나는 연구 기간 동안 서로 다른 시점에 채혈한 혈액을 통해 측정됐다.[20]

이와 유사하게 MMFT 해병대는 통제 집단 해병대에 비해 전투 훈련 후 혈액 내 신경펩티드 Y(이하 NPY) 농도가 낮아져 스트레스 각성 후 더 빨리 기준치로 복귀하는 것으로 나타났다. NPY는 스트레스를 받는 상황에서 인지력을 향상한다. 아드레날린과 동시에 분비되지만 혈장 내 반감기가 길어 안정적인 측정과 분석에 더 유용하다는 평가를 받고 있다. 따라서 NPY의 혈중농도는 스트레스 사건 후에도 얼마나 많은 스트레스 각성이 여전히 존재하는지 보여주는 좋은 지표이다. NPY는 과학 문헌에서 회복탄력성의 핵심 생체 지표로도 사용된다.[21]

MMFT 해병대와 통제 집단 해병대는 사전 검사와 두 달 후 검사에서 NPY 수준의 지속적인 차이를 보이지 않았다. 하지만 심하게 스트레스를 받았던 전투 시나리오 후에는 집단 간 상당한 차이가 있었다. 훈련 직후 MMFT 해병대는 현저하게 낮은 NPY 수준을 보였으며 이는 더 빨리 기준치로 회복하고 있음을 시사했다. 물론 MMFT 해병대는 훈련 도중 심박 수와 호흡수의 최고점이 더 높아졌으므로 더 큰 스트레스 활성화를 경험했다. 그렇기 때문에 MMFT 해병대의 낮은 NPY 수준은 그들의 심신 체계가 얼마나 더 효율적이고 더 완전하게 회복했는지 보여준다. 더 높은 수준까지 더 빠르게 각성한 후 더 빠른 회복이 이어지는 패턴이 더 넓은 인내의 창의 특징이다.

당연히 심신 체계가 기준치로 회복하면 부교감신경계의 회복 기능에 더 잘 접근할 수 있고 수면, 소화, 배설, 치유, 성장, 조직 복구, 염증 감소처럼 스트레스 각성 동안 보류했던 '장기 프로젝트'를 더 잘 수행할 수 있다.

이런 점을 고려하면 MMFT 해병대가 수면의 질도 상당히 높아져 더 장시간 수면을 취하고 처방약이나 일반 수면제의 사용이 줄었다는 결과도 그리 놀랍지 않다. 파병 전 훈련 기간 동안 MMFT 해병대는 평균적으로 MMFT 이후 매일 밤 1시간씩 더 자고 수면 보조 기구를 덜 사용한다고 보고했다. 반면 통제 집단 해병대는 평균적으로 매일 밤 45분씩 잠을 적게 자고 수면 보조 기구에 더 많이 의존한다고 보고했다.

마지막으로 MMFT 해병대는 전투 훈련 후 인슐린유사성장인자(이하 IGF-1)의 혈중농도가 상당히 높았다. IGF-1은 우리가 편안한 잠을 잘 때 생성돼 조직 재생을 촉진한다. 따라서 해병대의 자기보고식 수면 결과와 함께 IGF-1은 그들의 수면의 질이 향상됐음을 보여주는 객관적 지표다. IGF-1은 면역 기능 향상 및 건강 상태의 호전과 연관되는데 둘 다 생체 적응 부하의 감소를 나타내는 지표다.[22]

종합하자면 이 연구는 MMFT가 인내의 창을 넓히는 데 필요한 더 많은 자원을 제공한다는 사실을 시사한다. MMFT처럼 내수용 기능을 향상하는 심신 기술 훈련은 스트레스와 감정에 더 바람직하게 대응하도록 촉진하고 심지어 실행 기능이 고갈되고 인내의 창이 좁아지는 스트레스 환경에서도 그럴 수 있다.

내수용 기능이 향상되면 스트레스에 더 적응적으로 반응하고 그후 더 효율적으로 회복할 수 있게 된다. 그러기 위해서는 스트레스와 부정적 감정을 조절하는 능력을 기르고 사고 뇌의 기능을 계속 유지하는 능력을 기르며 스트레스를 받는 상황에서도 충동적이고 반작용적인 행동을 자제하는 능력을 길러야 한다. 가장 중요한 것은 이 모든 능력이 훈련으로 길러질 수 있다는 사실이다. 우리가 내수용 자각 능력을 키우기만 한다면 말이다.

마인드 피트니스 훈련 준비하기

──────────── 마인드 피트니스 훈련을 처음 시작할 때 우리는 자동조종 상태와 딴생각을 알아차리게 된다. 또 판단, 비교, 서술, 계획, 걱정, 기억, 분석 등의 다른 사고 뇌 습관도 깨닫게 된다. 주의를 기울이는 것과 생각하는 것은 분명히 다른데도 우리는 종종 두 가지를 동일시한다. 자각은 사고 뇌에 속하지 않기 때문에 소리나 신체감각에 주의를 기울이듯이 사고 뇌 습관에도 주의를 기울이도록 스스로를 훈련할 수 있다. 그리고 소리나 신체감각처럼 생각도 끊임없는 변화를 관찰할 수 있는 사건이다.

자동조종, 딴생각, 계획 등의 디폴트 모드는 강력한 관성을 지닌

다. 우리가 이런 디폴트 모드에서 더 많은 시간을 보낼수록 조건화를 강화해 그 상태에서 벗어나 현재로 주의를 돌리는 데 더 많은 노력이 필요할 것이다. 의도적인 훈련 없이 마음챙김 디폴트 모드로 저절로 재배선될 수 있으리라는 기대는 터무니없다.

다행히도 훈련과 반복을 통해 현재의 자각을 새로운 디폴트 모드로 바꾸도록 뇌를 재배선하는 일은 가능하다. 우리는 백일몽, 걱정, 계획, 생각 등에서 '깨어날' 때마다 새로운 마음챙김 디폴트 모드를 강화한다. 계속 연습하다 보면 생각의 내용에 얽매이지 않고 마음이 습관적으로 하는 생각이라는 활동에 주의를 기울이는 일이 가능함을 깨닫게 될 것이다.

단 기존의 정신적 협곡들이 너무 깊기 때문에 방해받지 않고 마인드 피트니스 훈련을 연습할 시간을 따로 마련하는 것이 중요하다. 기존 디폴트 모드와 정신적 여과mental filter를 알아차리기 시작하면 가급적 방해 요인이 없는 훈련 환경을 조성해야 한다. 처음 시작할 때 공식적인 마인드 피트니스 훈련을 받으면 새로운 마음챙김 디폴트 모드가 가장 효율적으로 조성된다. 새로운 마음챙김 디폴트 모드를 재배선한 후에는 어떤 일상 활동 중에도 이 모드에 쉽게 접근할 수 있다.

마인드 피트니스 훈련을 시작할 때는 의식적 의도, 자기 규율, 꾸준한 연습이 필요하다. 우리가 어쩌다 지금 상태에 이르렀는지 이해하면 그랜드캐니언의 강력한 관성을 파악하게 되고 거기에 갇혀 있는 자신에게도 너그러워질 수 있다. 스트레스를 받고 조절 장애 상태일 때 이런 협곡에 빠지기가 더 쉽다는 사실을 떠올려보자.

몇 주간 꾸준히 연습하고 나면 새로운 마음챙김 디폴트 모드가 자체적으로 추진력을 발휘하기 시작한다. 실제로 훈련을 시작하고 몇 주가 지나면 내게 자기 마음이 아무 때나 마음챙김 디폴트 모드로 저절로 이동하는 것을 깨닫는다고 말하는 사람들이 많아진다. 심지어 그들이 적극적으로 주의를 기울이려고 하지 않을 때도 말이다.

반대로 꾸준히 마인드 피트니스 연습을 하지 않으면 인지적·정서적 능력과 자기 조절 능력이 저하된다. 연습을 오랫동안 쉬고 나면 사람들은 대개 더 산만하고 짜증나고 잡생각이 들고 기억력 문제가 생긴다고 호소한다. 또 심각한 신체 증상과 수면 문제에 시달리기도 한다. 그들은 자신이 사소한 일에도 '스트레스를 받고' 건강하지 못한 대처 습관에 이끌린다는 사실을 알아차린다. 이 같은 변화는 마인드 피트니스 연습이 효과가 있었다는 '반증'이 돼 다시 연습을 시작하게 하는 동기를 부여한다.

마인드 피트니스 연습은 복잡하지 않지만 놀라울 만큼 도전적일 수 있는데, 우리의 태도와 동기가 도전을 얼마나 잘 헤쳐나갈 수 있을지 결정한다. 신체 운동에 임하는 태도가 몸의 변화에 엄청난 차이를 만들듯이 마인드 피트니스 연습에 임하는 태도도 얼마나 효과적으로 인내의 창을 넓힐 수 있을지에 결정적이다.

우리가 지향하는 태도는 현재 순간 경험에 대한 비판단적 호기심이다. 비판단적 호기심은 현재 순간이 이전 순간과 같을 것이라는 기대나 비교, 비판, 범주화 없이 매 순간 흥미롭고 공정하게 관찰하는 자세를 의미한다. 기꺼이 현재 순간을 있는 그대로 경험하고자 할 때 우리는 지금 일어나고 있는 일과 충분히 연결될 수 있다.

회의주의는 어떤 훈련이 좋다는 주장에 대한 자연스럽고 건강한 대응이다. 그 답에 진정한 개방성을 유지하는 한 의문을 갖는 태도는 도움이 될 수 있다. 이미 어떤 훈련이 시간 낭비라고 결정했다면 당신은 거기에서 아무것도 얻을 수 없다.

반면, 어떤 훈련이 분명 당신의 모든 문제에 답을 줄 것이라고 믿는 태도 역시 도움이 되지 않는다. 일체의 판단을 보류하고 직접적 경험을 바탕으로 훈련 효과를 평가하는 것이 최선이다. 그냥 직접 확인해보라. 모든 훈련 과정을 당신의 몸과 마음의 개인 실험실에서 벌이는 실험처럼 다뤄라.[23]

무리한 체력 단련이 신체 부상과 피로로 이어질 수 있듯이[24] 마인드 피트니스 훈련 중의 과도한 노력 역시 해로울 수 있다. '이제 나는 긴장을 풀거나 고통을 조절하거나 마음을 읽는 고수가 되겠다'는 특정한 결과를 염두에 두고 마인드 피트니스 훈련에 임할 때 이런 일이 발생한다. 11장에서 말했듯이 목표를 갖고 연습하면 역효과가 날 수 있다. 연습하는 동안 힘쓰는 단련이 '어디로 가자'고 시도하는 목표 지향적 의제에 치여 주객이 전도되기 때문이다.

우리가 이런 종류의 에너지를 마인드 피트니스 훈련에 도입하면 그 방정식에 '분투'를 도입하게 된다. 안 그래도 우리는 생존 뇌에 지금 이대로의 상황은 좋지 않다고 말해왔다. 그러면 결국 우리는 있는 그대로의 현실과 분투하게 된다.

이에 대응해 우리는 보통 바짝 긴장하고 위축된다. 두통이나 근육 긴장도 경험할 수 있다. 사고 뇌와 생존 뇌의 대립 관계를 악화해 회복 능력을 손상하고 종종 조절 장애 증상을 강화한다. 또 과도한 노력은 지금 실제로 존재하는 상황을 명확히 보고 유연성과 균형감 있게 대응하는 능력도 저하시킨다.

여기에 역설이 있다. 규율에 따라 꾸준히 마인드 피트니스 연습을 하면 효과가 따르지만 효과를 얻는 가장 좋은 방법은 사실 효과를 얻으려는 노력을 멀리하는 것이다. 물론 '빠른 효과'를 기대하는 마음챙김 혁명의 문화적 맥락으로 볼 때 노력하지 않기가 어려울 수도 있다. 그렇더라도 어떤 것도 '달성하려고' 노력하지 않으면서 그저 연습에만 온전히 몰입하는 것이 가능한지 확인해보자. 지금 상황을 매 순간 비판단적으로 관찰하는 데만 집중하자. 그 과정에서 건강한 정신의 대체 가능한 자질이 길러진다고 믿자.

또 이 역설은 체력 단련과 마인드 피트니스 훈련의 주된 차이를 보여준다. 마인드 피트니스 훈련에서는 '진전'이 선형적이지 않다. 오히려 더 '좋아지기' 전까지는 더 '나빠지고' 있다고 인식하는 것이 일반적이다.

마인드 피트니스 훈련의 전형적 궤도는 처음 몇 주 동안 꾸준히 연습을 하면 '반짝 효과'가 나타나 상사나 배우자의 말에 주의를 더 집중하게 되고 더 차분해지며 밤에 깨지 않고 수면을 취하기가 더 쉬워지는 느낌이 든다는 것이다. 그러나 몇 주가 지나면 대부분의 참가자들이 더 많은 스트레스 활성화 증상에 시달린다고 보고한다. 특히 인내의 창이 좁은 사람들은 마인드 피트니스 연습으로 자각이 늘어남에 따라 더 많은 스트레스 활성화와 조절 장애 증상 이를테면, 악몽, 플래시백, 침습적 사고, 공황 발작, 과잉 각성, 만성 통증과 위장병 악화, 불안, 짜증, 초조함 증가 등을 경험할 가능성이 높다.

이 같은 증상의 증가는 대개 3~7주째 연습 기간에 발생해 참가자들을 의심, 낙담, 반성에 빠뜨린다.

대부분의 마음챙김 프로그램에서는 이 '후퇴 기간'을 이미 존재했지만 의식적 자각 범위 밖에 있던 증상, 감정, 자신의 다른 측면을 자각하는 시기라고 설명한다. 이 말은 사실이지만 충분한 설명은 아니다.

그보다 이 역학은 생존 뇌의 상향식 처리와 관련 있다. 특히 회복 없이 만성 스트레스나 트라우마를 겪은 경우에는 말이다. 13장에서 살펴보겠지만 인간의 타고난 구석기시대 배선은 우리가 습관적으로 이 배선을 무시하지 않는 한 스스로 조절력을 회복하는 방법을 알고 있다. 생존 뇌는 안전을 인지할 때마다 건강한 기준치를 회복하는 법을 심신 체계에 지시하고 그 과정에서 인내의 창이 넓어진다. 그러므로 몇 주 동안 마인드 피트니스 연습을 하고 나면 스스로 조절 장애 증상이 증가하거나 심해지고 있음을 알아차릴 것이다. 그렇다고 당신이 뭔가 '잘못하고' 있다는 의미는 아니다! 이렇게 스트레스 활성화가 증가하는 것은 완전히 정상이라고 믿자. 단지 당신의 심신 체계가 과거 조절 장애로 인한 활성화를 해소하기 위해 필요한 준비 단계를 밟는 것뿐이다. 그래서 결국 인내의 창이 넓어지는 것이다.

후퇴 기간은 재조절과 회복 과정에서 결정적인 부분이다. 이 기간 동안 많은 사람이 왜 스스로 점점 '나빠진다'고 느끼는지 이해하지 못해 훈련을 중단할 가능성이 높다. 사실 이 기간 동안 나와 해병대원들처럼 심한 조절 장애를 겪거나 수십 년간 오버라이드가 조건화된 사람들은 심신 체계가 불편하다고 느낄 수 있다. 가장 중요한 것은 꾸준히 연습하면서 조절 장애를 비판단적으로 다루는 것이다.

다음 장들에서는 이 같은 증상을 능숙하게 다뤄 생존 뇌를 압도하거나 재트라우마를 입히지 않고 회복 중인 심신 체계를 지원하는 방법을 구체적으로 제시할 것이다. 일단 지금은 이 회복 과정이 언제, 어떻게 전개되는지는 사고 뇌의 통제를 받지 않는다는 사실을 상기시키고 싶다. 전에도 말했듯이 신경지와 회복은 생존 뇌의 영역이기 때문이다.

당분간은 연습하다가 스트레스 각성이 증가하는 것을 알아차리면 접촉 지점으로 계속해서 주의를 돌리자. 신체 증상, 감정, 괴로운 생각에서 주의를 돌리는 것이 가장 중요하다. 여기에 주의를 기울이면 스트레스가 심해지고 증상이 더욱 악화될 수 있다.

지금 바로 마인드 피트니스 훈련을 시작하는 방법

——————————————— 앞서 얘기한 첫 번째 MMFT 연습은 우리 몸과 주변 환경 사이의 접촉에 대한 자각을 일깨우는 것이다.

앉기 편한 곳을 찾아보자. 등을 문, 창문, 열린 공간 쪽보다는 단단한 벽을 향하게 하고 의자에 앉는 것이 좋다. 발을 어깨 너비로 벌려 땅바닥에 납작하게 붙인다. 그 자세가 편하게 느껴지면 눈을 감고 편하지 않으면 눈앞의 땅을 응시하자. 척추가 꼿꼿하면서도 편안한 자세로 앉자. 보통 이런 자세를 취하는 가장 쉬운 방법은 엉덩이를 의자 뒤로 밀어 넣고 어깨를 잠시 귀까지 올렸다가 떨어뜨리고 무릎에 팔과 손을 올려놓는 것이다.

몸이 의자와 땅에 떠받쳐지는 느낌을 스스로 알아차리자. 이를 생각하거나 분석하기보다는 몸 안에서 지지감을 느끼는 데 목표를 둔다. 다리와 엉덩이 뒷부분이 의자와 접촉하는 것을 인식하고 발바닥이 땅바닥과 접촉하는 것을 인식하자. 발을 느끼기가 어려우면 발가락을 부드럽게 꼼지락거리거나 발을 지그시 눌러본다.

주변 환경에서 지지감을 인식하면 긴장하거나 뻐근한 부위가 없는지 잠시 온몸을 살피자. 특히 이마, 턱, 목, 어깨를 점검한다. 아무 일도 일어나지 않게 조심하면서 이런 부위에 주의를 기울여 긴장 상태가 변하는지 확인해보자. 그럴 수도 있고 아닐 수도 있지만 어느 쪽이든 아무 문제 없다.

이제 몸과 주변 환경 사이의 물리적 접촉 감각에 다시 주의를 돌려보자. 압력, 단단함, 부드러움, 열기, 시원함, 따끔따끔함, 저림, 땀, 축축함 등을 알아차릴 수 있을 것이다. 다음 세 부위에서 접촉 감각에 주의를 기울여 보자. (1) 다리, 엉덩이, 등 아래와 의자 사이 (2) 발과 땅바닥 사이 (3) 두 손이 다리에 닿거나 서로 닿는 접촉감 등이다.

각 부위에서 접촉 감각을 점검해본 후 가장 강하게 느껴지는 곳을 선택하자. 하나의 접촉 지점이 이제 당신이 주의를 기울일 목표 대상이 될 것이다. 만약 아무 감각도 느껴지지 않는다면 신발과 양말을 벗거나 딱딱한 표면에 앉거나 허벅지를 따라 천천히 손을 움직여보자. 이런 변화는 당신이 감각을 더 명확히 알아차리도록 도울

382

수 있다.

일단 하나의 접촉 지점을 선택했으면 그곳에 주의를 기울이고 유지하자. 이 접촉 지점의 감각을 매우 자세히 파악하자. 예를 들어 엉덩이와 의자 사이의 접촉에 초점을 맞추고 있다면 그 감각은 왼쪽과 오른쪽 엉덩이 아래가 서로 비슷한가, 다른가? 그 감각을 생각하지 말고 그냥 비판단적 호기심으로 신체감각을 점검하고 알아차리면 된다.

만약 당신의 주의가 방황하고 있음이 느껴지면 그냥 주의의 방황을 인식한 후 부드럽게 비판단적으로 다시 접촉 지점의 감각으로 주의를 되돌리자. 당신의 마음은 수없이 방황할 것이다. 전혀 문제되지 않는다. 그냥 다시 주의를 기울이면 된다. 당신의 주의를 다시 접촉 감각으로 되돌릴 때마다 오래된 정신적 협곡을 무너뜨리고 주의 통제력을 조절하는 것이다. 이를 신경가소적인 반복 동작이라고 생각하자.

처음에는 적어도 하루에 한 번씩 5분 이상 연습하는 것을 목표로 한다. 시간이 지나면서 주의 통제력이 발달하면 매일 10~20분씩 접촉 지점 연습을 할 수 있게 된다. 또 이 연습을 아침에 일어나자마자, 퇴근 후, 또는 잠들기 직전 등 하루 종일 여러 국면의 전환점으로 활용할 수 있다.

이 연습을 마무리하려면 의자에 앉아 있는 당신의 온몸을 돌아볼 수 있도록 주의를 넓혀본다. 연습을 하고 나서 당신의 심신 체계에 어떤 변화가 생겼는지 인식하자. 비판단적 호기심으로 다음 사항을 점검해보자. 몸이 더 이완됐는가 아니면 더 동요되는가? 근육의 긴장이 더 늘어났는가 아니면 더 줄어들었는가? 에너지 수준이 더 높아졌는가 아니면 더 낮아졌는가? 더 졸음이 오는가 아니면 정신이 들었는가? 정신이 더 집중되는가 아니면 더 산만해졌는가? 기분이 더 차분해지는가 아니면 더 불안하고 짜증나는가? 연습을 마친 후 심신 체계의 변화를 알아차릴 수도 있고 그렇지 않을 수도 있다. 어느 쪽이든 아무 문제 없다. 목표는 단지 지금 이 순간 심신 체계의 상태를 아는 것이다.

처음 몇 주간은 의자에 앉아서 이 훈련을 할 것을 추천한다. 하지만 서 있거나 누운 채로 할 수도 있다. 서 있는 동안은 발과 땅바닥 사이의 접촉 감각을 의식할 수 있다. 누운 상태에서는 몸 전체의 뒷면과 누워 있는 바닥 사이의 접촉 감각을 의식할 수 있다. 다리를 벽에 기댄 채로 바닥에 누워 이 연습을 할 수도 있다. 이 자세는 특히 신경계를 진정시키고 정맥과 림프 배출에 도움이 된다. 그러나 고혈압이 있다면 연습하기에 좋은 자세가 아니다.

접촉 지점 연습은 MMFT 프로그램의 첫 번째 연습으로 이렇게 하는 데는 세 가지 이유가 있다.

첫째, 현재 앉아 있는 의자나 발아래 바닥 등 주변 환경과 몸 사이의 신체적 접촉 감각에 주목하는 능력을 키움으로써 이동 가능한 주의의 목표 대상이 생겨 어떤 상황에서든 연습이 가능하다. 우리 몸은 항상 뭔가와 접촉하고 있다!

둘째, 주의가 방황할 때마다 의식하고 나서 비판단적으로 주의를 접촉 감각으로 되돌리기로 선택함으로써 주의 통제력이 강화된다.

마지막으로 접촉 감각에 주의를 돌림으로써 중립적인 접지 자극에 주의를 집중하면 생존 뇌와 신경계에 당신이 땅과 접촉하고 있고 안전하고 안정적이란 사실을 알려주게 된다. 그러면 생존 뇌가 안전을 인지하기에 가장 도움이 되는 상황이 조성돼 스트레스 각성이 감소한다. 만약 당신이 스트레스 역치를 초과한 상태라면 이 연습이 심신 체계가 다시 인내의 창 안으로 돌아오고 완전히 회복되는 데 도움이 될 것이다.

이 같은 이유로 접촉 지점의 감각을 꾸준히 자각하는 능력은 기본적인 마인드 피트니스 기술이며 다음 장들에서 소개할 여러 연습의 바탕이 된다.

심신 체계가 접촉 지점에 주의를 기울이도록 조건화될수록 당신은 접촉 지점을 기준점으로 삼을 수 있음을 깨닫게 될 것이다. 즉, 체화된 방법으로 현재 순간에 완전히 임할 수 있는 수단이 되는 것이다. 접촉 지점은 당신이 스트레스 활성화를 경험하고 있거나 반복적 생각에서 벗어나지 못하거나 대인 관계에서 갈등을 겪고 있을 때 특히 도움이 된다. 또 충동적이거나 반작용인 행동을 중단하는 데도 도움이 될 것이다.

가장 중요한 것은 몇 주 동안 꾸준히 연습하고 나면 접촉 지점이 생존 뇌를 위한 피난처가 될 수 있다는 사실이다. 13장에서 살펴볼 다음 마인드 피트니스 연습을 위해서도 이 피난처가 필요할 것이다.

회복을 통해 회복탄력성 기르기: 미시적 수준의 주체성 1

2013년 나는 트라우마를 입은 18개월짜리 시바견 클로이Chloe를 데려왔다. 클로이는 두 가정에서 학대를 당하고도 여전히 고집 세고 기세등등하고 충격적일 만큼 사냥을 잘했다. 처음 함께 지낸 3주 동안 클로이는 숨 한 번 헐떡이지 않고 우리 집 작은 뒷마당에서 다람쥐 17마리를 손쉽게 잡아 효율적으로 죽였다. 한 번 빠르게 털어 목을 비틀면 그만이었다.

클로이는 처음 왔을 때보다 트라우마와 공격성이 훨씬 줄었지만 내 친구들과 가족들 사이에서는 여전히 '치명적인 디바'로 알려져 있다. 사실 클로이는 다른 동물이 마당을 어슬렁거릴 때마다 계속 암살자의 본능을 드러내고 있고 나는 동물 시체를 처리하는 데 능숙해졌다.

2016년 8월 어느 날 밤 클로이는 내 침대 위로 뛰어 올라와 내 다리를 할퀴기 시작했다. 그날 밤 몸을 풀어야 한다는 클로이의 신호였다. 밤에 클로이를 혼자 밖으로 내보내면 꼭 동물을 죽여 가져오기 때문에 나는 보통 일어나서 목줄을 맨 채로 클로이를 산책시킨다. 그런데 그날 밤은 유독 피곤하게 느껴져서 그냥 문을 열어주고 클로이가 아래층으로 내려가 집 밖으로 나가는 소리를 들었다. 그 직후 클로이는 맹렬히 짖기 시작했다. 나는 이웃들을 깨우고 싶지 않아 벌떡 일어나서는 샌들을 신고 뒤뜰의 불을 켜고 밖으로 뛰쳐나갔다.

나는 클로이가 '죽은 척하는' 8인치(약 20센티미터)짜리 어린 주머니쥐를 보면서 짖고 냄새 맡고 건드리는 모습을 발견했다. 주머니쥐는 클로이의 빠른 습격에 무의식적으로 동결 상태가 된 것이 틀림없었다.

나는 이 아슬아슬한 광경을 보면서 복잡한 감정이 밀려들었다. 일단 매우 기뻤는데 10년간 주머니쥐를 예로 들며 동결을 가르친 끝에 마침내 실제 살아 있는 주머니쥐의 동결 상태를 가까이에서 관찰할 기회를 얻었기 때문이다. 그러나 한편으로는 이 불쌍한 주머니쥐가 일단 동결 상태에서 깨어나 도망치려고 하면 클로이의 살육 솜씨를 당해낼 수 없을 터라 나 역시도 바짝 긴장됐다.

나는 가장 위압적인 목소리로 클로이에게 "이리 와!"라고 명령했다. 당연히 사냥 중이던 고집불통 시바견 클로이는 내 말을 듣지 않고 근처 수국 밑으로 몸을 숨겼다. 나는 주머니쥐를 보호하는 자세로 막아섰고 내 방해에 좌절한 클로이는 미친 듯이 땅을 파헤치기 시작했다.

그 후 몇 분간 내가 주머니쥐를 보호하는 동안 우리는 이런 실랑이를 반복했다. 먼저 클로이가 앞으로 공격해온다. 이에 맞서 내가 주머니쥐 위로 팔을 벌리고 클로이에게 "안 돼!"라고 말한다. 그러면 클로이는 어쩔 수 없이 덤불 밑으로 물러나 복종하고 칭얼거리면서 정신없이 땅을 파헤치는 동작으로 좌절감을 표현한다. 그러다 갑자기 다시 앞으로 공격해왔다.

나는 보호 자세를 취하면서 발밑의 주머니쥐를 지켜봤다. 주머니쥐가 포식자들을 속이기 위해 죽은 동물의 냄새를 흉내 내며 내뿜는 사향 냄새를 어렴풋이 맡을 수 있었다. 몇 분 후 주머니쥐 귀가 경련하며 돌아가기 시작했다. 주머니쥐가 동결에서 깨어나고 있다는 첫 번째 신호였다. 몇 분 후 주머니쥐는 눈을 뜨고 깜박거리더니 나를 똑바로 쳐다봤다. 다음에는 뒷다리를 홱 하고 몇 번 구부리더니 호흡이 점점 깊어지는 모습을 보였다. 마침내 주머니쥐는 고개를 들고 주위를 둘러보려고 목을 돌리기 시작했다.

나는 이 역학이 일어나는 광경을 보며 넋을 잃었다. 특히 주머니쥐는 클로이가 2피트(약 60센티미터)도 안 떨어진 곳에서 짖고 있는데도 동결에서 회복되고 있었다. 주머니쥐가 꿈틀거릴수록 클로이는 더욱 미쳐 날뛰었고 나는 더욱 불안해졌다. 주머니쥐가 허겁지겁 도망치기 시작하자마자 클로이가 뒤따라가 손쉽게 해치울 것이고 나는 그 상황을 말릴 힘이 없으니 말이다.

이제 클로이는 나한테 완전히 화가 나서 입에 거품을 물고 주머니쥐를 향해 공격을 시도하고 있었다. 나는 클로이 머리에 수국 가지를 내려치며 명령을 외쳤다. 마침내 클로이는 이 고통스러운 실랑이에서 벗어나려고 갑자기 울타리를 따라 마당 반대편으로 달려갔고 억눌린 좌절감을 해소하려고 빠른 속도로 맹렬히 질주했다. 나는 마당 중간에서 방어적 블로킹 자세를 취하며 클로이의 필사적인 공격을 막을 수 있기를 바랐다.

클로이는 마구 짖으면서 울타리를 따라 질주하고 잠옷 바람의 나는 클로이를 막으려고 무력하게 상체를 이리저리 움직이는 한밤중의 우스꽝스러운 광경에 웃음이 터졌을 때, 클로이는 옹벽에서 뛰쳐나와 나를 지나 주머니쥐 쪽으로 몸을 날렸다. 나는 다가올 대학살에 소름이 끼쳐 몸을 휙 돌렸다.

그런데 주머니쥐는 사라지고 없었다.

마당 뒤편 우회로가 주머니쥐에게 안전하게 도망칠 수 있는 길을 제공한 것이다. 클로이가 주머니쥐의 흔적을 발톱으로 긁어대는 동안 나는 우리 둘 다 마침내 침대로 돌아갈 수 있다는 사실에 안도의 한숨을 내쉬었다.

몸을 사려서는 회복탄력성을 얻을 수 없다

──────────────── 이번 장 끝부분에서 우리는 스트레스 활성화에서 회복하는 MMFT의 주요 연습을 배울 것이다. 이 연습을 오랜 기간 꾸준히 하면 회복뿐만 아니라 인내의 창을 넓히는 데도 도움이 될 수 있다. 그러나 먼저 회복탄력성과 트라우마 소거의 기본적인 신경생물학적 원리를 설명하고 당신의 사고 뇌에서 이 연습이 어

떻게, 왜 효과가 있는지 이해해야 한다.

그날 밤 클로이가 밖으로 나갔을 때 주머니쥐의 생존 뇌는 분명 위험을 감지하고 그에 대응하기 위해 에너지를 동원하기 시작했다. 주머니쥐의 생존 뇌와 신경계는 두 가지 적극적인 교감신경계 방어, 즉 투쟁-도피가 성공하지 못할 것임을 인식했다. 그래서 무의식적으로 등 쪽 부교감신경계의 동결로 후퇴한 것이다.

하지만 내가 옆에 서서 주머니쥐를 지키고 난 후 주머니쥐의 생존 뇌는 충분한 안전을 감지해 배 쪽 부교감신경계를 활성화할 신호를 보내고 그 과정에서 등 쪽 부교감신경계를 방어 모드에서 벗어나게 했다. 그 결과 주머니쥐는 동결 상태에서 회복하기 시작했다. 4장에서 설명했듯이 사회참여와 회복 기능을 제어하는 배 쪽 부교감신경계는 방어 모드의 등 쪽 부교감신경계와 동시에 활성화될 수 없다.

주머니쥐의 배 쪽 부교감신경계가 활성화된 것은 두 가지 근거로 알 수 있다. 먼저 주머니쥐는 귀를 돌리고 눈을 뜬 다음 머리와 목을 움직여 주위를 둘러보는 정향 행동을 보이기 시작했다. 시각과 청각 등의 감각을 통해 외부 환경에 주의를 기울이고 관여하는 것은 배 쪽 부교감신경계의 기능이다.[1]

두 번째로 주머니쥐는 스트레스 활성화를 해소하는 신체적 증상을 보였다. 주머니쥐는 다리 근육을 씰룩거리고 뒷다리를 홱 돌렸고 호흡이 더 깊어졌다.[2] 이런 신체 동작은 주머니쥐가 스트레스 각성을 해소하는 데 도움을 줬고 그 과정에서 심신 체계가 동결과 관련된 극도로 높은 각성 수준에서 투쟁-도피와 관련된 상대적으로 덜 높은 각성 수준으로 바뀌었다.

주머니쥐는 다시 원기를 되찾자 적절한 순간에 도망칠 준비를 했다. 그래서 클로이가 마당 반대편에서 주의가 산만해진 틈을 타 안전한 곳으로 도망치는 데 성공했다.

만약 주머니쥐를 계속 추적했다면 이웃집 마당으로 뛰어들어 헛간 아래로 숨어드는 것을 볼 수 있었을지도 모른다. 보호받는 장소에서 주머니쥐의 생존 뇌는 훨씬 더 안전함을 감지하고 남아 있던 스트레스 각성을 배출함으로써 회복을 완료했을 것이다. 주머니쥐의 심박 수와 호흡수는 느려졌을 테고 더 많은 씰룩거림과 경련을 경험했을 수도 있다. 완전히 회복한 후 주머니쥐는 잠시 휴식을 취하고 나서 다시 먹이를 찾아 나섰을 것이다.

다시 말해 우리의 한밤중 만남은 틀림없이 주머니쥐를 놀라게 했겠지만 그 심신 체계에는 어떤 해로운 영향도 남기지 않았을 것이다. 생체 적응이 제대로 작동하고 있었으니 말이다. 주머니쥐는 위협에 대처하기 위해 에너지를 동원했고 이 특정한 상황에서 살아남기 위해 가장 적응적인 방어 전략을 선택했다. 투쟁도 도피도 불가능했기 때문에 처음에는 동결로 물러났고 그다음에 내가 경계를 서자 동결에서 벗어나 안전하게 도망칠 만큼 충분한 스트레스 각성을 배출했다. 그 후에는 신경생물학적 기준치로 완전히 회복했다. 이렇게 생체 적응이 제 기능을 하고 있으므로 이 주머니쥐는 PTSD나 다른 스트레스 관련 질환에 걸리지 않을 것임을 비교적 확신할 수 있다.

사실 우리의 만남은 주머니쥐에게 부정적인 영향을 끼치기보다 오히려 생존 가능성을 높였다.[3] 왜 그럴까? 주머니쥐는 위협에 맞서 성공적으로 자신을 방어하고 살아남는 연습을 해볼 기회를 얻었다. 이 경험으로 주머니쥐의 생존 뇌는 성공적인 방어 전략의 암묵적 학습을 축적했다. 이 같은 암묵적 학습은 미래의 위협적 경험에서 회복하는 회복탄력성을 증가시킨다.

실제로 야생동물들은 포식자에게 굴복하지 않는 한 늘 이런 과정을 자동으로 겪는다. 위협에 맞닥뜨리면 성공적으로 자신을 방어한 후 완전히 회복하는 것이다. 이런 주기를 반복할 때마다 생존 기술의 도구 상자가 추가되고 인내의 창이 넓어진다.

분명히 말하자면 포유류는 인내의 창을 넓히는 효과를 얻기 위해 꼭 동결 반응과 회복을 경험할 필요 없다. 필요한 모든 과정은 (1) 우리를 안전지대 밖으로 밀어내는 스트레스를 경험하는 것 (2) 스트레스 활성화를 극복하는 것 (3) 그 후 완전히 회복하는 것이다. 이 과정에서 심신 체계는 전보다 더 많은 스트레스 활성화 속에서 견디고 효과적으로 기능하는 법을 배운다.

3장에서 잠시 떨어져 있던 어미 쥐가 돌아와 자상하게 핥아주고 어루만져주자 스트레스에 강해진 새끼 쥐들을 기억할 것이다. 어미 쥐와 다시 만나 자상한 보살핌을 받은 새끼 쥐들은 스트레스 반응을 조절하는 유전자의 후생유전학적 변화가 평생 동안 지속됐다. 이 쥐들은 나중에 다 자라서도 스트레스 반응성과 두려움이 적었고 스트레스를 받는 동안 스트레스 호르몬 수치도 낮았다. 학습 능력도 더 좋았고 해마의 노화도 지연됐다.[4]

이 연구는 후생유전학의 예로 소개했는데, 이 장과도 관련이 있다. 새끼 쥐들은 어미 쥐와 분리될 때마다 안전지대를 벗어난 스트레스 각성을 경험했다. 그들은 재회하자마자 어미 쥐의 달램과 보살핌을 받았는데 이것이 완전한 회복을 촉진하는 데 도움이 됐다. 시간이 흐를수록 새끼 쥐들은 분리됐다가 회복하는 경험을 반복하면서 인내의 창이 넓어졌다.

마찬가지로 안정 애착의 안전 기지도 넓은 인내의 창을 배선하는 데 도움이 된다. 잘 조율하고 조절하는 부모들은 아기의 각성을 조절해준다. 즉, 아기의 각성이 너무 높으면 진정시켜주고 각성이 너무 낮으면 자극을 준다. 시간이 지날수록 아이의 생존 뇌와 신경계는 안전지대 밖의 고통과 이후 진정되는 회복 경험을 연결 지을 수 있게 조건화된다. 그러면 아이는 성장하면서 안전지대를 벗어나는

그림 13.1 완전한 회복을 통해 인내의 창 넓히기

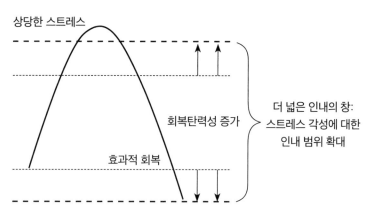

이 그림은 스트레스 활성화에 대해 신경생물학적 인내의 창을 넓힐 수 있는 방법을 설명한다. 안전지대를 벗어나는 스트레스나 트라우마를 경험한 후 완전한 회복을 거치면 인내의 창이 더 넓어진다.

새로운 일을 시도할 수 있고 그래도 그의 생존 뇌와 신경계는 진정과 지원을 얻기 위해 언제든지 부모에게 돌아갈 수 있다고 믿게 된다.[5] 안전지대를 벗어나는 경험을 한 후에 완전한 회복이 따를 때마다 안정 애착인 아이의 인내의 창은 넓어진다.(그림 13.1 참조)

이에 반해 완전한 회복 없이 안전지대 밖에서 상당한 스트레스를 경험하면 시간이 지날수록 회복탄력성이 떨어진다. 이런 일은 심신 체계를 단번에 압도하는 쇼크 트라우마를 통해 발생할 수 있다. 혹은 시간이 지남에 따라 서서히 우리의 자원을 고갈시키는 만성 스트레스나 관계 트라우마를 통해 일어날 수도 있다. 어떤 상황에서든 부교감신경계의 회복 기능이 작동하지 않으면 심신 체계는 스트레스를 멈추지 않고 계속 활성화하도록 조건화된다. 그 결과 생체 적응은 적절히 기능하기를 멈춘다.

그러면 인내의 창이 좁아져 스트레스 역치를 초과할 가능성이 높아지며 10장에서 설명했듯이 네 가지의 공통 결과가 나타난다. 이 결과는 우리에게 완전한 회복이 이뤄지지 않았음을 경고하는 '신호' 역할을 한다. 첫째, 우리는 미루거나 행동화하거나 비윤리적 행동을 하는 등 자신의 가치와 목표에 위배되는 방식으로 행동할 가능성이 더 높아진다. 만성적 스트레스 각성으로 좁아진 주의 초점에 따라 생활 방식을 선택하기 시작하고 진짜 중요한 일보다 눈앞의 일을 우선시하게 된다.

둘째, '경미한' 스트레스 요인만 생겨도 현재 상황에 가장 적합한 방어 전략을 선택하기보다 디폴트 프로그래밍에 의존하거나 자동으로 투쟁, 도피, 동결로 후퇴할 가능성이 더 높아진다. 이럴 경우

394

우리의 입장을 고수하거나 다른 사람의 도움을 받는 것이 더 적절한 대응인데도 자신이나 타인에게 해로운 상황을 무감각하게 묵인하게 된다.

셋째, 사고 뇌와 생존 뇌가 잘못된 신경지, 저하된 사고 뇌 기능, 손상된 사회참여 등으로 결국 대립 관계에 이르고 그러면 다른 사람들과 협력적으로 상호작용하는 능력이 감소한다. 사회참여가 손상되면 언쟁을 벌이거나 다른 사람들을 방해하거나 빈정거리거나 강압적이거나 대화를 중단하거나 사회적으로 물러날 가능성이 더 높아진다. 사고 뇌와 생존 뇌가 대립 관계일 때 우리는 감정과 스트레스 각성이 의사 결정과 행동을 주도하는 생존 뇌 하이재킹을 경험할 가능성이 더 높아진다. 반대로 억압, 부정, 구획화, 무조건 참고 버티기 등 다양한 형태로 사고 뇌 오버라이드를 경험할 가능성도 더 높아진다.

마지막으로 스트레스 반응 주기 습관에 빠지는 경향이 생긴다. 단기적으로는 기분을 좋게 해줘도 실제로는 생체 적응 부하를 가중하는 습관들로, 예를 들어 카페인, 설탕, 니코틴, 알코올, 불법 마약이나 일반 의약품, 처방약 등에 의존해 각성을 높이거나 낮추고 스트레스 증상을 감출 수 있다. 또 과식을 하거나 식사를 거르거나 건강에 안 좋은 음식이나 패스트푸드를 선택할 수도 있다. 텔레비전, 모바일 기기, 인터넷, 비디오게임을 이용해 정신을 마비시키거나 산만하게 만들 수도 있다. 절단, 익스트림 스포츠, 도박, 난폭 운전, 불륜 행위 등의 아드레날린을 추구하는 행동, 자해 행동, 고위험 행동에 강박적으로 빠져들 수도 있다. 만성적 걱정, 계획, 반추 같은 사고 뇌 습관에 의존할 수도 있다.

완전하고 효과적인 회복이 이뤄질 때까지 이 패턴은 인내의 창을 계속 좁아지게 할 것이다(그림 13.2 참조). 그 결과 시간이 지날수록 조

그림 13.2 불완전한 회복을 통해 인내의 창 좁히기

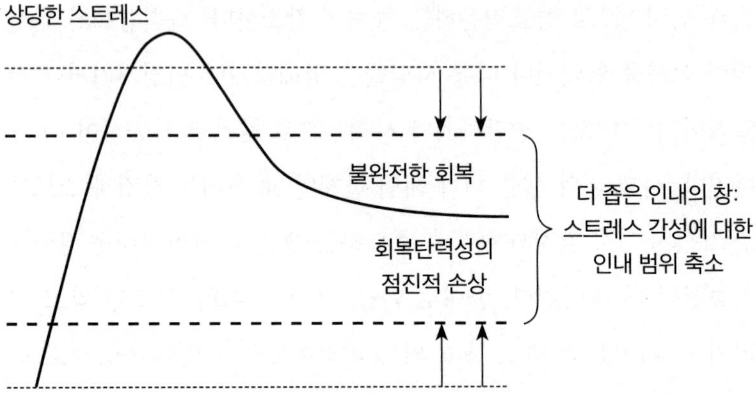

상당한 스트레스

불완전한 회복

더 좁은 인내의 창:
스트레스 각성에 대한
인내 범위 축소

회복탄력성의
점진적 손상

이 그림은 스트레스 활성화에 대해 신경생물학적 인내의 창을 좁힐 수 있는 방법을 설명한다. 안전지대를 벗어나는 스트레스나 트라우마를 겪은 후 종종 회복 과정을 무시해 완전한 회복을 거치지 못하면 시간이 지날수록 인내의 창이 좁아진다.

절 장애 증상이 심해지게 된다.

수십 년 전 병아리를 대상으로 끔찍한 실험이 실시된 적이 있다. 요즘 같으면 연구 윤리 심사를 통과하지 못할 실험이지만 그럼에도 이 같은 역학을 상당히 극적으로 설명하기 때문에 여기에서 소개하겠다.[6] 이 실험에서는 병아리를 세 집단으로 나눴다. A군 병아리들은 꼼짝 못하게 고정해 투쟁-도피가 불가능하게 만들고 동결 반응을 유도했다. 이 병아리들은 그 후 아무런 개입 없이 스트레스 활성

화를 해소해 동결 상태에서 회복할 수 있었다. B군 병아리들은 꼼짝 못하게 고정해 동결 반응을 유도했다가 완전한 회복 전에 연구자들이 가슴을 쿡쿡 찔러 다시 각성시켰다. 마지막으로 C군 병아리들은 통제 집단으로 동결도 회복도 경험하지 않았다.

그 후 세 집단을 모두 물탱크에 집어넣고 익사할 때까지 내버려 뒀다. (여기가 끔찍한 부분이다.) 어느 집단이 제일 먼저 익사했을까?

짐작한 대로 B군 병아리들, 즉 스트레스를 받았으나 회복할 수 없었던 병아리들이 인내의 창이 좁아져서 가장 먼저 익사했다. 그다음으로 동결을 경험하지 않았던 C군 병아리들이 익사했는데 인내의 창이 넓어지는 경험을 하지 못했기 때문이다. A군 병아리들이 가장 오래 헤엄쳤는데 스트레스가 심한 동결을 경험한 후 효과적인 회복을 거치며 인내의 창이 넓어졌기 때문이었다.

한마디로 도전을 경험하고 난 후에 완전히 회복하는 것은 생존에 이롭다. 회복탄력성을 얻으려면 고난과 도전, 때로는 실패까지 경험해야 한다. 몸을 사려서는 회복탄력성을 얻을 수 없다.[7]

트라우마 소거

————————————— 우리도 주머니쥐처럼 회복을 경험할 수 있다. 하지만 우리 사고 뇌와 생존 뇌 사이에는 회복 과정을 방해하는 몇 가지 독특한 역학이 있다.

우리는 생존 뇌가 회복하게 할 수는 없어도 회복에 나설 만큼 안전하게 느끼는 환경은 조성할 수 있다. 의식적으로 회복을 지원하는 방식으로 주의를 돌림으로써 트라우마 소거를 촉진할 수 있다. 5장에서 설명했듯이 트라우마 소거는 기존 기억을 지우는 것이 아니라 우리가 더는 무력하거나 통제력이 부족하지 않은 상황에 대한 새로운 암묵적 기억을 형성하는 식으로 이뤄진다.[8]

이런 '실천을 통한 학습', 즉 생리적·정서적 각성을 조절하는 식으로 주의를 돌리는 적극적인 실천은 생존 뇌에 우리가 더는 무력하거나 통제력이 부족하지 않다는 사실을 가르친다.[9] 생존 뇌는 미해결된 기억 캡슐에 연결된 무력감을 극복함으로써 트라우마 사건이 실은 과거에 존재한다는 점을 마침내 이해하게 된다. 이를 통해 생존 뇌의 손상된 암묵적 기억을 바로잡을 수 있다.

5장 홀리오 얘기에서 그의 생존 뇌는 달리는 트럭의 총격에서 그가 '꼼짝 못한다'고 느낄 때마다 자신을 성공적으로 방어할 수 없다는 믿음을 일반화했다. 그래서 홀리오는 MMFT 강의에서 포식자에게 붙잡혀 꼼짝 못하는 동물의 영상을 봤을 때 과거에 넘어지면서 사촌형의 손에 붙들려 '꼼짝 못했을' 때 경험한 감각이 몸에서 되살아났다. 표면상으로는 달리는 트럭의 총격과 동물 영상이 아무 관련이 없는데도 달리는 트럭의 총격에서 기인한 그의 미해결된 기억 캡슐을 촉발했고 강의실에서 그의 동결 반응을 유발했다.

홀리오는 강의가 끝나고 나와 재회했을 때 동물 영상을 보는 동안 벌어졌던 일을 한 번 더 얘기했고 이로써 다시 플래시백을 촉발했다. 하지만 나는 그의 얘기를 중단시키고 그의 심신 체계가 인내의 창 안에 머물도록 유도할 수 있었다. 그러기 위해 나는 일단 홀리오에게 지금 이 순간의 감각 정보에 주의를 기울이라고 지시했다.

398

구체적으로 그에게 머리와 목을 움직여 방 안을 둘러보고 무엇이 보이는지 얘기해보라고 시켰다.

우리 집 마당의 주머니쥐처럼 홀리오도 정향 행동을 하면서 심신 체계가 배 쪽 부교감신경계를 활성화하도록 도왔고 방어 모드의 등 쪽 부교감신경계에서 벗어나 또다시 동결이 일어날 가능성을 예방했다. 배 쪽 부교감신경계가 활성화되자 나는 홀리오의 심신 체계가 다시 인내의 창 안으로 들어왔음을 알게 됐다. 이제 홀리오의 심신 체계는 회복하기에 적절한 상태가 됐다.

다음으로 우리가 할 일은 홀리오의 생존 뇌가 스스로 회복에 나설 만큼 충분히 안전하다고 느끼게 돕는 것뿐이었다.

이 점을 고려해 나는 홀리오에게 접촉 지점의 감각에 주의를 기울이도록 지시했다. 12장에서 설명했듯이 이는 생존 뇌가 안정과 안전을 인지하도록 유도하는 훌륭한 방법이다. 그러자 홀리오는 곧 스트레스 활성화 해소에 따른 몇 가지 증상을 경험하기 시작했다. 예를 들어 그는 하품을 했고 팔에 경련이 일기 시작했다. 또 상체와 머리 전체에 열 기운이 느껴진다고 말했다. 그의 얼굴이 붉어지면서 호흡이 깊어졌다. 해소 감각이 느껴지는 동안 홀리오는 그 감각과 접촉 지점에 주의를 기울였다.

표 13.1은 해소에 따른 증상 전체를 정리한 목록이다.[10] 주머니쥐 얘기에서 이 증상의 일부를 확인했을 것이다.

한 차례 해소를 마친 후 홀리오는 접지된 느낌과 안정감을 느낀다고 말했다. 그는 곧바로 달리는 트럭의 총격 얘기로 되돌아갔다.

다시 한 번 나는 홀리오에게 천천히 하라고 부탁했다. 그에게 플

표 13.1 신경계의 해소 및 회복 신호

떨림/전율	울음
경련	웃음/킬킬댐
더 느리고 깊은 호흡	하품
심박 수 감소	한숨
가슴이나 배의 이완	배의 꾸르륵거림
따끔거림/이명	트림
온기/열기의 전파	방구
한기	기침(및 가래)
상기된 피부/발한	가려움

래시백의 작은 요소 하나만 공유하면서 그의 심신 체계 안에서 벌어지는 일에 주의를 기울이라고 했다. 예를 들어 그는 사촌형이 앞으로 쓰러지면서 여전히 자신의 팔을 잡고 있는 광경을 얘기할 때 심박 수와 호흡수가 올라가고 배 속이 울렁거림을 느꼈다고 말했다. 다시 말해 플래시백의 이 작은 요소 하나가 미해결된 기억 캡슐을 다시 자극해 또 한 번 그를 안전지대 밖으로 내몰기에 충분한 강도의 새로운 스트레스를 촉발한 것이다.

그의 스트레스 각성이 심해질 때 나는 다시 홀리오에게 주의를 접촉 지점으로 돌려 그의 생존 뇌가 다시 한 번 안전과 안정을 인지하게 도우라고 지시했다. 그런 직후 홀리오는 2차 스트레스 활성화 해소를 경험했다. 이번에는 하품, 울기 그리고 더 많은 열기의 흐름을 경험했다.

우리가 함께 훈련하는 동안 가장 중요했던 것은 홀리오의 심신 체계가 그의 안전지대를 약간 넘어선 스트레스 활성화를 경험하고 나서 그 활성화를 해소해 완전히 회복할 수 있도록 하는 것이었다. 한 번에 적은 양의 스트레스 활성화만을 처리하는 과정을 적정화 titration라고 부른다.

홀리오는 스트레스 활성화를 적정화함으로써 이중 자각을 유지할 수 있었다. 즉, 자신의 플래시백에 있는 이미지와 현재 심신 체계의 감각을 동시에 자각했던 것이다. 비유하자면 홀리오는 과거에 한 발, 현재에 다른 한 발을 딛고 있어 트라우마 소거가 가능한 상태였다.

분명히 말하지만 우리는 달리는 트럭의 총격에 관한 홀리오의 기억을 바꾸지 않았다. 대신 그의 생존 뇌가 기억에 반응하는 방식을 바꿨고 그 과정에서 새로운 암묵적 기억을 만들어냈다. 이것이 상향식 처리의 전부다.

결국 홀리오는 안전지대 밖에서 스트레스 활성화를 경험하고 이후 완전히 회복하는 주기를 반복함으로써 생존 뇌에 그가 더는 사촌형에게 '꼼짝 못하면서' 무력하지 않음을 보여줬다. 이로써 홀리오의 생존 뇌는 그가 기억을 능숙하게 다룰 수 있는 내부 자원—미시적 수준의 주체성—을 갖고 있음을 알게 됐다. 그러자 달리는 트럭의 총격 사건에 관한 홀리오의 기억 캡슐은 마침내 임무를 상실했는데 그의 생존 뇌가 마침내 이 사건이 과거에 존재했고 더는 그의 생존을 위협하지 않는다는 사실을 이해하게 됐기 때문이다.

그랜드캐니언과 회복

——————————— PTSD에 시달릴 때 내 가장 큰 오해 중 하나는 한 번의 엄청난 카타르시스를 경험하면 내 트라우마 이력에서 완전히 회복할 수 있다는 기대였다. 그러나 만성 스트레스와 트라우마에서 단번에 완전히 회복하는 일은 결코 일어나지 않는다. 만성 스트레스나 트라우마를 반복적으로 경험해야만 생체 적응 부하가 쌓이고 인내의 창이 좁아지듯이 인내의 창을 넓히려면 완전한 회복을 반복적으로 경험해야 한다.

이 말은 변화를 이루는 데 손쉬운 해결책은 없다는 뜻이다. 회복 없이 만성 스트레스와 트라우마를 겪는 동안 점진적으로 누적되는 생체 적응 부하의 특성상 어떤 빠른 해결책도 있을 수 없다.

홀리오의 얘기가 보여주듯이 신경생물학적 관점에서 단번에 완전한 것은 아무것도 없다. 우리가 가진 전부는 현재 경험하는 스트레스 활성화와 이 순간 스트레스를 다루기 위해 선택하는 방법들뿐이다. 그래서 인내의 창을 넓히기 위해 트라우마 사건을 다시 경험할 필요가 없는 것이다. 우리는 그저 심신 체계가 스트레스 활성화를 경험할 때마다 그것을 능숙하게 다뤄 완전하게 회복하는 경험만 하면 된다. 우리가 현재 경험하는 것이 플래시백인지, 교통 체증에 대한 짜증인지, 다가오는 시험에 대한 불안인지는 중요하지 않다. 어떤 이유로든 스트레스 활성화를 경험할 때마다 항상 능숙하게 처리해 완전히 회복할 수 있다. 그러면 시간이 지날수록 인내의 창이 넓어지는 것이다.

이 같은 회복 과정은 생존 뇌 영역이기 때문에 사고 뇌가 강요할 수 없다. 대신 사고 뇌가 회복을 촉진하는 가장 좋은 방법은 생존 뇌가 안전하다고 느낄 가능성이 높은 방법으로 주의를 유도하는 것이다. 생존 뇌에서 안전을 감지하는 순간 생존 뇌와 신경계는 자연히 스트레스 활성화를 해소하는 방향으로 움직일 것이다.

다시 말해 우리는 의도적으로 언제, 어디에, 어떻게 주의를 두는가를 통해 사고 뇌가 생존 뇌를 위해 안전하고 지지적인 환경을 조성하도록 훈련할 수 있다. 이것이 사고 뇌에게 생존 뇌의 동맹이 되도록 가르치는 방법이다.

홀리오의 얘기가 보여주듯이 우리는 인내의 창 안에 있고 내수용 자각이 활성화된 때에만 회복이 가능하다. 인내의 창 안에 있을 때 하향식 처리(사고 뇌)와 상향식 처리(생존 뇌)를 동시에 통합할 수 있다. 사고 뇌와 생존 뇌가 동맹으로 협력할 때 외부 및 내부 환경의 모든 정보에 주의를 기울이고 통합할 수 있다.[11] 내부 정보에는 신체감각, 감정, 몸의 자세, 운동 충동이 포함되고 외부 정보에는 주변 환경에서 얻은 감각 정보가 포함된다.

홀리오의 얘기는 또 적정화의 중요성을 보여준다. 적정화는 안전지대를 약간만 벗어나도록 스트레스 활성화를 자극한 후 완전한 회복을 위해 활성화를 해소하는 것이다. 그러나 조절 장애 상태에서는 사고 뇌와 생존 뇌의 대립 관계가 형성돼 종종 적정화 능력을 발휘하기가 힘들다.

이럴 경우 생존 뇌와 신체는 너무 많은 스트레스 활성화에 압도돼 인내의 창에서 너무 멀리 벗어남으로써 배 쪽 부교감신경계가 더는 활성화되지 않고 회복도 불가능해진다. 그러므로 감각운동 심리치료나 SE 같은 신체 기반 트라우마 기술 전문가인 임상의와 함께 회복 주기마다 얼마나 많은 스트레스 활성화를 해소할지 적정화하는 것이 좋다. 이 치료법은 명시적으로 내담자가 안전하고 효율적이며 효과적인 방법으로 상향식 처리를 할 수 있도록 돕기 위해 설계됐다. 특히 내담자가 조절 장애의 극단적 증상을 경험하고 있을 때 도움이 될 수 있다. 여기서 임상의는 내담자의 회복을 촉진하기 위해 대리로 내수용 자각을 제공한다.[12]

임상의와 함께 훈련하면 효율적으로 회복하는 데 도움이 되지만 우리에게는 사실 타고난 회복력이 있다는 점을 기억하는 것이 중요하다. 우리에게 필요한 모든 것은 주의 통제력, 내수용 자각, 스트레스 활성화 증상에 대한 비판단적 호기심 그리고 인내의 창 안에 머물기 위해 주의를 언제, 어디로, 어떻게 돌려야 할지 이해하는 것뿐이다.

그러나 스트레스를 유발하는 요인을 '파악'하거나 '분석'할 필요는 없다. 이런 사고 뇌 습관은 생존 뇌가 더 많은 스트레스 각성을 촉발하게 해 오히려 스트레스를 악화할 수 있다. 또 체내 신체감각과 감정이나 주변 환경에 대한 감각 정보를 알아차리는 데서 주의를 돌리게 만든다. 스트레스 유발 요인에 대한 어떤 생각이나 믿음도 스트레스 각성에 의해 편향될 가능성이 있다.

그러므로 사고 뇌가 스트레스를 반추하거나 걱정하는 것을 발견하면 이 습관에서 벗어날 수 있을지를 확인해보자. 스트레스를 받는 순간 어떤 요인이 현재의 스트레스 활성화를 유발하는지는 중요하지 않다. 오로지 중요한 것은 사고 뇌와 생존 뇌가 동맹으로 협력해 내수용 자각으로 현재의 스트레스 활성화를 조절한다는 것뿐이다.

나아가 미해결된 메모리 캡슐이 촉발되면 이 동맹은 생존 뇌가 '파일을 업데이트'해 스트레스 활성화 중에도 미시적 수준의 주체성을 경험하게 한다. 홀리오의 얘기가 보여주듯이 우리는 비유적으로 한 발은 과거 트라우마─생존 뇌와 신체가 트라우마 사건이 여전히 진행 중이라고 믿는 상태─에, 다른 한 발은 현재─내수용 자각이 스트레스 활성화가 증가하다가 해소되는 것을 인지하는 상태─에 두고 있다.[13]

우리가 어떤 이유로든 활성화되고 현재의 스트레스 활성화를 능숙하게 다루는 선택을 할 때마다 점차 다음의 두 가지 방법으로 인내의 창을 넓힐 수 있다.

첫째, 우리는 생존 뇌에서 안전을 감지하고 회복 기능을 시작하게 촉진하는 쪽으로 주의를 돌림으로써 그림 13.1과 같은 한 번의 주기를 완료할 수 있다. 동결 상태에 빠졌다가 스트레스 활성화의 해소를 경험한 A군 병아리들처럼 될 수 있는 것이다. 그림 13.1의 주기를 경험할 때마다 인내의 창은 점차 넓어진다.

충분한 회복 주기를 거치면 일상의 각성 수준을 낮출 수 있다. 즉, 만성적 스트레스를 받는 동안 역치 바로 아래를 습관적으로 맴돌던 수준에서 진정한 신경생물학적 기준치로 다시 내려가는 것이다.(그림 13.3 참조).

둘째, 스트레스 활성화를 알아차릴 때마다 능숙하게 대처함으로써 활성화된 내수용 자각을 견딜 수 있는 수준도 높아진다. 이렇게 되면 생존 뇌는 스트레스 활성화 증상이 과거처럼 무섭지 않음을 알

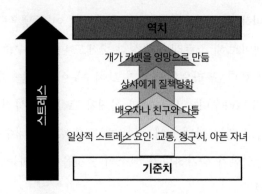

그림 13.3 스트레스 역치

역치

개가 카펫을 엉망으로 만듦

상사에게 질책당함

배우자나 친구와 다툼

일상적 스트레스 요인: 교통, 청구서, 아픈 자녀

기준치

스트레스 역치는 우리가 적절한 회복 없이 만성 스트레스와 트라우마를 겪을 때 어떻게 인내의 창 밖으로 벗어나는지 설명해준다. 인내의 창 넓이는 기준치와 역치 사이의 공간이다. 인내의 창이 넓은 사람은 스트레스 역치를 초과하기 전에 더 많은 스트레스를 견딜 수 있다. 만약 우리가 역치 바로 아래를 맴돌거나 역치를 초과해 좁은 인내의 창으로 살아왔다면 회복 주기를 반복함으로써 신경생물학적 기준치로 돌아갈 수 있다. 나아가 상당한 스트레스나 트라우마를 겪고 나서 완전히 회복하는 주기를 충분히 거듭하면 스트레스 역치도 올라갈 수 있다. 이 두 가지 역학 모두 인내의 창을 넓히는 데 도움이 된다.

게 되고 압도되거나 동결되지 않고 심신 체계에서 스트레스 활성화를 경험할 수 있다는 것도 알게 된다.

다시 말해 생존 뇌는 더는 무력하지 않다는 점을 배운다. 생존 뇌에 스트레스 활성화가 예전처럼 우리의 통제 밖으로 벗어나지 않으리라는 믿음이 생기기 시작한다.[14] 이제는 스트레스 활성화를 조절하는 주체성이 생겼기 때문이다.

이것이 바로 생존 뇌가 마침내 트라우마 사건이 과거 일임을 인식하게 되는 핵심 요인이다. 이로써 생존 뇌는 마침내 파일을 업데이트하고 미해결된 메모리 캡슐을 해체하고 디폴트 트라우마 프로그래밍을 재배선하고 점화 패턴을 해소하게 된다.

PART 3. 인내의 창을 넓혀라

그러므로 우리 심신 체계에서 점점 더 많은 스트레스 활성화에 주의를 기울이고 견디는 능력이 증가함에 따라 그림 13.3의 스트레스 역치도 높아진다. 스트레스 역치가 높아지면 심신 체계는 인내의 창 밖으로 벗어나 역치를 초과한 데 따른 온갖 결과를 경험하기 전에 더 많은 스트레스 활성화를 견딜 수 있게 된다. 다시 말해 우리는 앞으로 점점 더 큰 스트레스를 받을 때 훨씬 더 좋은 성과를 낼 수 있는 환경을 조성하게 된다.

10장에서 논의한 스트레스 방정식에 영향을 미치는 방법을 기억하는가? (그림 13.4 참조) 단기적으로는 일단 스트레스 활성화가 일어나면 그에 대처함으로써 방정식의 세 번째 요소에 가장 큰 영향력을 발휘할 수 있다. 즉, 무의식적으로 스트레스를 악화하는 모든 사고 뇌 습관에서 주의를 멀리하고 대신 생존 뇌가 안전을 감지하도록 촉진하는 방향으로 주의를 돌리는 것이다.

그러나 흥미롭게도 스트레스 활성화를 능숙하게 처리하다 보면 시간이 지날수록 방정식의 두 번째 요소인 스트레스 요인에 대한 우

그림 13.4 스트레스 방정식

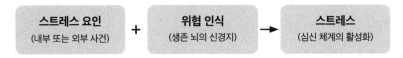

우리가 (1) 스트레스 요인, 즉 내부 또는 외부 사건을 경험할 때마다 (2) 생존 뇌가 위협적이거나 도전적이라고 인식하면 심신 체계가 가동돼 (3) 몸과 마음이 생리적으로 활성화되는 스트레스 각성이 시작된다. 단기적으로는 일단 스트레스 활성화가 생기면 그에 대처함으로써 방정식의 세 번째 요소에 가장 큰 영향력을 발휘할 수 있다. 그러나 스트레스를 받을 때마다 활성화를 능숙하게 처리함으로써 시간이 지날수록 두 번째 요소인 스트레스 요인에 대한 인식도 바뀌게 된다.

리 인식도 변화한다. 생존 뇌는 여전히 특정한 스트레스 요인과 그로 인한 스트레스 활성화를 경험할 수 있지만 그럼에도 그 상태를 헤쳐나가고 회복할 수 있는 자제력이 있음을 배우게 된다. 스트레스 요인을 접하고 스트레스 활성화를 경험한 후 완전히 회복하는 과정을 반복하다 보면 시간이 지날수록 생존 뇌는 더는 스트레스 요인을 아주 위험한 것으로 인식하지 않게 된다. 궁극적으로 우리는 생존 뇌에 특정한 스트레스 요인과의 관계를 바꾸도록 가르침으로써 스트레스 방정식에 가장 큰 영향력을 행사하게 된다.

회복을 위해 새로운 그랜드캐니언을 건설하려면 전사의 자질인 지혜와 용기에 의존해야 한다. 일단 극심한 스트레스 활성화에 직면하면 스트레스 반응 주기 대처 습관으로 스트레스 활성화를 무시하거나 부정하거나 자가 처방하거나 감추거나 회피하려는 낡은 패턴에 굴복하고 싶은 강력한 유혹이 들기 마련이다.

하지만 지혜와 용기를 통해 우리는 조절 장애를 악화하는 이러한 기본 습관에서 탈피하기 위한 동기를 찾을 수 있다. 우리는 심신 체계에서 스트레스 활성화를 인지하고 완전한 회복을 지원하려면 우리의 주의를 어디로, 어떻게 돌릴지 의도적으로 선택할 수 있다. 스트레스 활성화가 일어나는 시점은 통제할 수 없어도 거기에 대한 대처는 언제든 선택할 수 있는 것이다.

회복탄력성은 능동적 과정이다. 단순한 유행이나 특효약이 아니라 연습하면 배울 수 있는 영역일반 기술이다.[15]

스트레스 활성화 해소하기

──────────── 스트레스 활성화를 경험할 때마다
G&R 연습을 활용하면 회복에 도움이 되는 새로운 그랜드캐니언들
을 개발할 수 있다. 다음 단계들은 스트레스 활성화를 안전하게 해
소하는 방법을 설명한다. 홀리오가 플래시백을 겪는 동안 내가 어떻
게 안내했는지 보면 이 지침들을 이해하기 쉬울 것이다. 똑같은 과
정인데 단지 당신은 혼자서 연습하는 것뿐이다.

비록 처음에는 낯설거나 불편해 보일 수 있어도 스트레스를 받을
때 신경계를 재조정하고 자신을 진정시키는 데 필수적인 방법이다.
오랜 시간에 걸쳐 G&R 연습을 반복적으로, 의도적으로 사용하다
보면 심신 체계에서 생체 적응을 회복하기 시작하고, 일단 생체 적
응이 회복되면 주머니쥐가 그랬듯이 스트레스 활성화 해소와 완전
한 회복이 자연스럽게 뒤따른다.

보통 가볍거나 중간 수준의 스트레스를 받은 후 주기적으로 G&R
연습을 활용하면 두 가지 이유로 도움이 된다. 첫째, G&R 연습을 하
면 현재의 스트레스 활성화를 해소해 기준치로 완전히 회복될 수 있
다. 둘째, 가볍거나 중간 수준의 스트레스 요인을 겪은 후 G&R 연습
을 하다 보면 스트레스가 극심한 사건 후에도 의도적 회복 기술에
접근할 수 있도록 심신 체계가 단련된다. 이런 식으로 영역일반 기
술을 적극적으로 습득할 수 있다.

G&R 연습에서는 마인드 피트니스 훈련의 두 가지 핵심 기술인
주의 통제력과 도전적 경험에 대한 내성을 사용할 필요가 있다. 앞
서 설명했듯이 주의 통제력은 선택한 대상에 의도적으로 주의를 돌

CHAPTER 13. 회복을 통해 회복탄력성 기르기: 미시적 수준의 주체성 1

리고 유지할 수 있는 능력이다. 도전적 경험에 대한 내성은 내적이든 외적이든 그런 경험을 바꾸려고 하지 않고 그대로 주의를 기울이고 따라가며 경험 속에 머무는 능력이다. 접촉 지점 연습을 꾸준히 해왔다면 이 두 가지 핵심 기술을 개발해온 셈이다. 이제는 심신 체계에서 스트레스 활성화를 추적하고 해소하는 동안 두 기술을 사용하면 된다.

앞에서 설명했듯이 회복은 인내의 창 안에 머물 때만 가능하다. 연습하는 내내 두 가지 핵심 기술을 유지하고 사용할 수 있다면 당신이 인내의 창 안에 있음을 알게 될 것이다. 만약 그럴 수 없다면 인내의 창 안으로 다시 들어갈 수 있을 때까지 다른 목표 대상으로 주의를 돌려야 할 것이다. 달리 표현하면 당신은 도전적 내부 경험 —신체적 고통, 스트레스 활성화 증상, 강렬한 감정, 괴로운 생각, 플래시백 등—을 인식하고 따라가며 그 경험 속에 머물 수 없다는 것을 발견하자마자 인내의 창 밖으로 이동하게 된다. 이럴 때는 다른 곳으로 주의를 돌려야 하고 특히 접촉 지점의 감각이나 주변 환경의 중립적 광경, 소리, 냄새로 주의를 돌리는 것이 바람직하다. 당신이 의식하지 못하는 사이에 심신 체계가 압도되기를 원하지는 않을 테니 말이다.

사고 뇌는 회복 과정을 통제하지 않으며 생존 뇌는 안전하고 현실에 발 붙이고 있다고 느끼기 전에는 스트레스 활성화를 해소하지 않는다는 사실을 기억하자. 그러므로 생존 뇌가 안전하다고 느낄 가능성을 높이는 쪽으로 주의를 돌려야 한다. 이는 생존 뇌가 외부 환경에서 위협적이거나 도전적이라고 평가했던 일이 무엇이든 이미 끝났어야 함을 의미한다. 외부 환경이 안전해져야만 회복이 시작되는 것이다.

예를 들어 내 학생 한 명은 심한 난기류 속을 비행하는 동안 G&R 연습을 해보려고 시도했다. 나중에 그는 나에게 G&R 연습 중에 스트레스 활성화가 조금도 해소되지 않은 이유를 물었다. 나는 난기류를 통과하는 동안 그의 생존 뇌가 여전히 위험을 감지했기 때문이라고 대답했다!

외부 스트레스 요인이 여전히 존재하는 상황에서 사고 뇌가 할 수 있는 최선은 접촉 지점의 감각처럼 안전하고 안정적이거나 중립적인 목표를 대상으로 주의를 돌리는 것이다. 아니면 주변의 중립적이거나 즐거운 광경, 소리, 냄새 등 외부로 주의를 돌릴 수도 있다. 외부 스트레스 요인이 사라지기 전까지는 해소가 시작되지 않겠지만 적어도 이미 경험하는 수준 이상으로 스트레스 활성화가 심해지지는 않을 것이다. 다시 말해 심신 체계가 스트레스 역치에 더 가까이 접근하는 것은 멈출 수 있다.

G&R 연습

──────────────── G&R 연습을 위해 당신이 애인과 말다툼을 했거나 악몽에서 지금 막 깨어나 스트레스 활성화를 겪고 있다고 가정하자.

혼자 있을 수 있는 조용한 곳으로 이동한다. 생존 뇌가 안전을 감지하도록 촉진할 수 있는 외부 환경을 조성할 방법을 생각해보자.

411

예를 들면 앉기 편한 곳을 찾아본다. 등을 문, 창문, 열린 공간 쪽보다는 단단한 벽을 향하게 하고 의자에 앉는 것이 좋다. 물론 화장실이나 주차된 차 안에서나 큰 나무줄기에 기대앉아서도 할 수 있다. 의자에 앉아 있다면 발을 어깨너비로 벌리고 땅바닥에 댄다. 또는 벽에 등을 기대고 바닥에 다리를 쭉 뻗고 앉을 수도 있다. 어느 쪽이든 척추가 꼿꼿하면서도 편안하도록 앉아보자.

내수용 자각과 비판단적 호기심을 발동시켜 스트레스 활성화 증상에 주의를 기울여보자.(표 13.2 참조) 예를 들면 꽉 다문 턱, 심장 두근거림, 얕은 호흡, 메스꺼움, 현기증, 목과 어깨의 긴장 등을 알아차릴 수 있다. 당신의 몸자세가 구부정하고 늘어진 것을 발견할 수

표 13.2 스트레스 활성화 신호

더 가쁜 호흡	시야 감소/터널 시야
호흡 곤란	머리카락 곤두섬
가슴이나 배의 긴장	장/방광 통제력 상실
심박 수 증가/가슴 두근거림	질주하는 생각
메스꺼움	불안한 생각
가슴 벌렁거림	반추/맴도는 생각
입안 건조	불안 또는 공포
꽉 다문 턱	조바심/짜증/분노
창백하거나 차가운 피부	슬픔
축축한 손바닥	수치심
발한	압도당함
구부정하거나 늘어진 자세	안절부절못함/손 꼼지락거림
현기증	

PART 3. 인내의 창을 넓혀라

도 있다. 슬프거나 화가 나거나 짜증나거나 조바심 나거나 불안하거나 기진맥진하거나 압도되거나 부끄러운 상태임을 깨달을 수도 있다. 또 질주하는 생각을 인식할 수도 있다. 불안하거나 화가 나거나 우울한 생각을 인지하더라도 모든 스트레스 활성화에는 생리적 요소가 있음을 떠올리고 신체감각에 주의를 기울이자. 목표는 판단하지 않고 스트레스 활성화를 알아차리는 것으로 억압, 부인, 무시, 주의 분산, 리프레이밍, 구획화, 그 밖의 다른 방법으로 오버라이드하지 말아야 한다.

당신은 다리를 떨거나 손을 꼼지락거리거나 가만히 앉아 있지 못하는 등 심신 체계가 산만하다는 것을 알아차릴 수도 있다. 사실 안절부절못하고 꼼지락거리는 것은 스트레스 활성화에서 주의를 분산하는 효과적인 방법이고 그래서 우리 사회에서 너무도 흔하다. 하지만 초조한 에너지는 G&R 연습을 통해 배출될 수 없다. 그러므로 안절부절못하는 자신을 발견한다면 온전히 가만히 앉아 있을 수 있는지 확인해보자. 그럴 수 있다면 체내에서 안절부절못하는 에너지로 나타나던 스트레스 활성화가 거의 틀림없이 자율적인 각성으로 바뀐 것이다. 예를 들어 가만히 앉아 있으면 심박 수 증가, 얕은 호흡, 메스꺼움, 근육 긴장, 불안, 짜증, 심지어 공포감까지 알아차릴 수 있다. 이런 상태가 편안하지 않을 수도 있지만 실제로는 장족의 발전이라고 믿자. 스트레스 활성화가 해소되려면 먼저 자율적인 각성으로 표출돼야 하니 말이다.

일단 스트레스 활성화의 생리적 요소를 인지하면 의식적으로 자신이 활성화됐음을 인정하자. "아, 내가 지금 활성화됐구나"라는 식으로 스스로에게 말하는 것도 도움이 된다. 그렇다고 모든 활성화 증상을 빠짐없이 점검할 필요는 없다. 또 다른 마음챙김 훈련처럼 활성화 증상에 아주 세세하게 집중할 필요도 없다. 그러면 오히려 스트레스 활성화를 심화할 뿐이다. 그냥 지금 몸 안에서 무슨 일이 벌어지는지 전반적인 관점에서 알아차리면 된다.

자신이 활성화됐음을 의식적으로 인식하고 나면 주의를 다른 데로 돌릴 수 있다. 몸 안에서 가장 견고하고 안정적이며 현실에 근거하고 강하다고 느끼는 곳을 찾아라. 보통 접촉 지점에 해당한다. 엉덩이, 등 아래, 다리 뒷부분이 의자에 닿거나 발이 땅바닥에 닿거나 손이 서로 맞닿거나 다리와 닿는 부분들 말이다. 만약 의자나 땅바닥을 느낄 수 없다면 지지감을 느낄 때까지 의식적으로 엉덩이를 의자에 밀어 넣거나 발을 바닥에 딱 붙여보자.

의자와 바닥에서 지지를 받는 느낌을 의식하자. 접촉 지점 연습에서와 마찬가지로 목표는 몸 안에서 지지감을 느끼는 것이지 사고 뇌가 지지감에 관해 생각하거나 분석하는 것이 아니다. 예를 들어 접촉 지점에서 압박감, 단단함, 부드러움, 습기, 열, 따끔거림, 시원함을 인지할 수 있다. 가장 안정적이고 편안하고 안전하며 접지돼 있다고 느끼는 신체 접촉 지점이나 다른 부분에 자각을 유지하자.

물론 당신의 주의는 스트레스 활성화의 신체감각으로 되돌아갈 수도 있고 활성화되는 스토리 라인, 이미지, 플래시백, 감정, 생각으로 되돌아갈 수도 있다. 이럴 경우에는 계속 접촉 지점이나 몸 안의 다른 단단한 위치로 주의를 되돌리려고 해보자. 이때의 목표는 스트레스 활성화에서 주의를 멀리하고 생존 뇌가 안전을 감지하도록 촉진하는 자극으로 주의를 돌림으로써 사고 뇌가 생존 뇌의 동맹이 되도록 하는 것이다.

좀 더 이완되거나 안정감을 느끼거나 혹은 해소 증상(표 13.3 참조) 중 하나를 감지할 때까지 계속 이런 방식으로 주의를 돌리자. 해소 증상을 알아차리면 해소를 통제하거나 중지하려 할 필요가 없다. 그것이 연습 과정에 유익한 부분임을 인식하자.

해소 증상에 주의를 기울이면 그 증상이 심해지는 것을 인지할 수

표 13.3 신경계 해소 및 회복 신호

떨림/전율	울음
경련	웃음/킬킬댐
더 느리고 깊은 호흡	하품
심박 수 감소	한숨
가슴이나 배의 이완	배의 꾸르륵거림
따끔거림/이명	트림
온기/열기 전파	방구
한기	기침(및 가래)
상기된 피부/발한	가려움

있다. 당신이 그 증상을 견딜 수 있다면 아주 좋은 일이다. 몸에서 더 많은 스트레스 활성화를 해소하는 중이기 때문이다. 예를 들어 하품에 주의를 기울이면 빠르게 연달아 몇 번 더 하품을 하게 될 것이다. 손 떨림에 주의를 집중하면 손 떨림이 더 심해질 가능성이 있다.

일단 해소 감각을 알아차리면 그 감각과 당신이 선택한 접촉 지

점 사이에서 주의가 오갈 수 있다. 주의가 오가면 해소가 진행되는 동안 더 안정감을 느끼는 데 도움이 된다. 만약 해소의 증상이 상당히 강하거나 주의가 오가는 것이 불편하다고 느끼면 그냥 접촉 지점에 주의를 집중하자.

만약 접촉 지점의 감각에 주의를 기울였는데도 어떤 해소 감각도 느끼지 못한다면 눈을 떠보자. 머리와 목을 움직여 방 안을 둘러본다. 홀리오가 나한테 했듯이 주변을 관찰하고 당신이 보고 있는 것을 자신에게 하나씩 말해보라. 주변 환경의 어떤 냄새나 소리에 주의를 기울일 수도 있고 외부 자극 인지와 접촉 지점 감각 사이에 주의가 오갈 수도 있다. 이때의 목표는 외부 환경의 중립적 감각 자극으로 내수용 자각을 되돌리는 동시에 주머니쥐가 동결 상태에서 벗어나기 위해 그랬듯이 정향 행동을 사용하는 것이다. 이렇게 하면 배 쪽 부교감신경계 회로에 자극을 주고 생존 뇌가 안전을 인지하도록 유도할 수 있다.

배 쪽 부교감신경계 회로의 한 측면을 자극할 때마다 회로 전체를 자극하게 되고 그러면 생존 뇌가 회복을 시작하도록 촉진할 수 있다. 그러므로 스트레스 활성화의 어떤 감각에도 집중하지 말고 좀 더 편안함을 느끼거나 해소 증상 중 하나를 발견할 때까지 계속 이런 목표 대상에 주의를 집중해야 한다.

해소 증상이 낯설거나 어색하거나 심지어 두렵게 느껴질 수도 있다. 스트레스 활성화를 해소하는 것은 회복 과정의 자연스러운 일부라는 사실을 상기하자. 혹시 스트레스 활성화를 촉발하는 얘기, 이미지, 생각에 스스로 사로잡혔음을 발견한다면 접촉 지점의 신체감각으로 다시 주의를 돌리자.

해소 증상을 인지하는 한 해소 과정에 계속 머물 수 있다. 때로는 해소 과정이 1분 이내에 완료될 수 있지만 때로는 20분 이상 지속될 수 있다. 해소가 진행될 수 있는 시간, 공간, 혼자 있는 상태가 확보된다면 해소가 진행되도록 그냥 놔두자. 일단 해소 증상이 멈추면 그림 13.1의 주기를 한 번 완료한 것이다. G&R 연습은 한 번의 회복 주기에만 사용한다.

심신 체계가 스트레스 활성화에서 해소로 그리고 다시 활성화로 이동하는 것은 흔한 일이다. 신경계가 원래 배선된 대로 교감신경과 부교감신경 사이를 순환하고 있다는 신호다. 그러나 인내의 창이 좁을수록 활성화로 되돌아가는 주기의 속도가 더 빨라진다. 그러니 G&R 연습을 활용할 때는 한 회복 주기를 완료한 후에 연습을 멈추는 것이 중요하다.

따라서 심신 체계가 다시 활성화 주기로 돌아가는 것을 발견하거나 해소 증상을 전혀 경험하지 못했다면 다시 활성화에서 주의를 돌리자. 접촉 지점 감각에 주의를 집중하고 계속 유지해보자. 또 눈을 뜨고 머리와 목을 돌리고 주변 광경, 소리, 냄새를 인지하고 당신이 인지한 것을 스스로에게 말해볼 수도 있다. 이 감각 중 하나를 통해 주변으로 관심을 돌리면서 의자나 바닥에서 지지되고 접지되는 느낌을 발견해보자. 이렇게 생존 뇌가 더 심한 스트레스 활성화로 되돌아가지 않도록 지원하는 방식으로 계속 주의를 돌려보자.

만약 당신이 이 모든 단계를 시도했는데도 여전히 어떤 해소 증상도 경험하지 못했다면 인내의 창 밖에서 스트레스 각성을 경험하고 있을 가능성이 있다. 이 상황에서 과도한 스트레스 활성화의 일부를 해소하는 가장 좋은 방법은 달리기, 힘차게 걷기, 자전거 타기, 조정, 수영, 줄넘기, 고강도 인터벌트레이닝(속도와 강도가 다른 활동을 교차해 하는 훈련-옮긴이), 계단 오르기, 춤추기 등 유산소운동을 하는 것이다. 약간 숨이 차는 상태를 적어도 15~20분 동안 유지하는 것을 목표로 일부 스트레스 호르몬을 소모해 다시 인내의 창 안으로 들어가도록 하자. 사람마다 심혈관 용량이 다르니 이 상태에 도달하기 위해 어떤 종류의 운동을, 얼마나 많이 해야 하는지도 사람마다 다 다를 것이다. 그렇게 운동하고 나서 몸을 식히는 동안 다시 G&R 연습을 시도할 수 있다. 나를 비롯해 많은 사람이 운동 후 몸을 식히는 동안 가장 놀라운 방출 과정을 경험했다.

방출 과정은 심혈관 건강 수준, 현재 경험하는 스트레스 활성화 수준, 현재 처한 상황에 따라 사람마다 다 다르다. 당신은 자신의 심신 체계를 알 필요가 있다. 예를 들어 만약 당신이 극도로 활성화된 상태라면 다시 G&R 연습을 시도하기 전에 오랫동안 격렬한 운동이 필요할지 모른다. 혹은 직장에서 중요한 회의를 앞두고 불안감이 밀려온다면 때로는 G&R 연습을 다시 시도하기 전에 계단을 오르내리며 힘차게 걷는 것만으로도 충분할 것이다. 14장에서는 당신의 현재 상황에 맞게 G&R 연습을 적용하는 다른 방법들을 살펴볼 것이다.

끝으로 단 한 번의 G&R 연습으로 심신 체계를 재조절할 수는 없음을 기억하는 것이 중요하다. 신경생물학적 관점에서 단번의 완전한 해결책이란 없다! 처음에는 더 느린 길이 더 빠른 길이다. 한 번에 소량의 활성화만을 다뤄 생존 뇌가 성공적으로 활성화를 해소할 수 있게 하자. 그래야만 생존 뇌가 스트레스 활성화 앞에서 더는 무력하지 않다는 사실을 암묵적으로 배울 수 있다. 이럴 때 미시적 주체성이 작동하는 것이다. 시간이 지나면서 더 많은 회복 주기를 완료하고 인내의 창이 넓어지면 극심한 스트레스와 트라우마 사건 후에도 스스로 회복 과정을 진행할 수 있을 것이다.

CHAPTER 13. 회복을 통해 회복탄력성 기르기: 미시적 수준의 주체성 1

스트레스, 감정, 만성 통증에 따른 선택에 접근하기: 미시적 수준의 주체성 2

조지타운에서 MMFT가 포함된 한 학기 과정을 수강하는 마이클Michael은 기진맥진하고 엉망인 상태로 내 면담 시간에 도착했다. 마이클은 중학생 때부터 범불안 장애로 약을 복용해왔다. 그는 이제 20대가 됐고 유쾌한 유머 감각을 지닌 사려 깊은 사람이었다. 마이클은 자신을 매우 열심히 몰아붙였다. 대학원 공부 외에도 정규직으로 근무했고 두 가지 외국어를 능숙하게 구사했다.

마이클은 내 건너편 의자에 앉아 스타벅스 컵, 배낭, 자전거 헬멧을 이리저리 움직이다 무심코 내 책상에 커피를 쏟았다. 나는 그에게 괜찮다고 말했지만 그는 공포에 질려 울음을 터뜨렸다.

마이클은 학기 초부터 매일 30분 이상 MMFT 연습을 열정적으로 지속해왔다. 그는 운동 요법을 다시 시작했고 더 오래 잠을 자기 위해 우선순위를 조정했다. 또 G&R 연습을 이용해 많은 스트레스 활성화가 해소됨을 깨달았다. 그 결과 그는 생전 처음 불안에서 벗어나 안심을 경험하며 의사와 함께 조금씩 약을 줄였다. 이전 면담에서 그는 과거 어느 때보다 더 여유 있고 자율성이 생기고 조절되는 느낌이라고 말했었다.

학기가 두 달 지난 현재 마이클은 애인과의 이별, 중요한 업무 마감, 중간고사 기간이 겹쳐 정신을 못 차리던 최악의 시간을 막 보내고 난 참이었다. 그는 감기까지 걸렸다. 면담에서 그는 휴식과 치유를 위해 따로 시간을 내는 것이 새로운 선택임을 인정했다. 그렇지만 마이클은 또 분주한 시기로 빠르게 옮겨 가고 있었다. 그는 출장을 앞두고 있었고 학기말 과제 마감일이 다가오고 있었다. 이별이 최선의 선택이었다는 것을 알았지만 여전히 전 여자친구를 그리워했다. 더 최악은 그의 상사가 마이클의 최근 실적에 실망감을 표한 후 그의 업무를 일일이 챙기면서 감시한다는 것이었다. 최후의 결정타는 그의 룸메이트가 극도로 경솔한 짓을 해서 그 전날 벌어진 큰 싸움이었다.

"정말 머리끝까지 화가 났어요. 더는 그와 함께 살 수 있을지 확신이 안 서는데 혼자 살 집을 구할 여유는 없어요." 마이클은 이렇게 말했다. "최악은 내가 G&R 연습을 시도했는데 효과가 없었다는 거예요. 예전에는 G&R 연습이 항상 효과가 있었기 때문에 덜컥 겁이 났어요. 저녁을 먹다가 TV로 주의를 분산한 후에 다시 G&R 연습을 시도했어요. 그런데도 여전히 효과가 없더라고요. 마치 고등학교에서 공황 발작을 일으켰을 때처럼 무력해진 기분이었어요. 생각은 헤어짐, 직장 상사, 이번 학기에 벌여놓은 모든 일을 어떻게 마무리할지 등 온갖 것들로 질주하기 시작했어요. 멈출 수가 없었어요. 예전의 CBT 요법도 통하지 않았어요. 정말 이상했어요. 나는 스트레스 활성화가 어떻게 불안을 야기하고 불안이 어떻게 질주하는 생각을 부추기는지 알 수 있었으니까요. 이게 발전이라면 발전인 것 같아요. 그런데 그 후 나는 잠에 들지 못한다고 자책하기 시작했어요. 오늘 아침에 큰 회의가 있었는데 충분히 잠을 못 자면 뭔가 실수를 해서 상사한테 더 질책을 받게 될까 봐 정말로 걱정이 됐어요. 내가 자기비판적인 건 알지만 어쩔 수 없었어요. 자명종이 울리기 1시간쯤 전에야 마침내 잠이 들었어요. 예상했던 대로 중요한 자료를 회의에 가져가는 것을 깜빡했고 상사는 나를 호되게 야단쳤죠."

마이클의 경험은 인내의 창을 넓히는 과정에 있는 사람에게, 특히 만성 스트레스와 트라우마로 인한 조절 장애가 있는 사람에게 드문 일이 아니다. 두 달 동안 마이클은 마인드 피트니스 기술을 사용해 인내의 창을 넓히고 주의 통제력과 도전적 경험에 대한 내성을 길렀으며 스트레스 활성화를 해소했다. 게다가 복용하던 약을 점차 줄이면서 증상을 덜 감추게 돼 해소와 회복의 기회가 더 많아지고 있었다.

마이클은 해소와 치유를 위해 더 깊은 수준의 조절 장애에 기꺼이 직면하면서 역설적으로 그것을 억제하고 감출 때보다 더 많은 스트레스 활성화를 경험할 준비가 됐다.

마이클이 이 시기에, 즉 그가 의식적으로 잘 먹고 운동하고 충분한 수면을 취하기로 선택한 시기에 감기에 걸렸다는 사실은 그의 몸이 정화되는 주기에 들어가 그동안 쌓인 감정적·육체적 독소를 제거하고 더 조절이 잘되는 상태로 바뀌어가고 있음을 말했다. 적합한 파트너가 아님을 알고 있었던 오랜 여자친구와 헤어진 것도 마이클이 자신의 진실에 직면하고 행동에 옮기고 있다는 또 다른 신호였다. 내가 보기에는 이 하나하나가 치유와 성장의 중요한 신호였다. 오직 마이클에게만 이런 변화가 점점 나빠지고 있다는 신호로 보였다.

분명 이번 주에 그는 충분한 회복 없이 스트레스 부하를 계속 가중했다. 그래서 룸메이트와 싸운 시점에 이르자 그들의 언쟁은 그를 스트레스 역치 밖으로, 즉 인내의 창 밖으로 몰아냈다.

과잉 각성 상태에서 그가 G&R 연습을 시도했을 때 조금의 해소도 경험하지 못한 것은 놀라운 일이 아니다. 이 연습이 효과를 발휘하기에는 당시에 그의 스트레스 각성 수준이 인내의 창에서 너무 멀리 떨어져 있었던 것이다. TV를 보고 나서 다시 G&R 연습을 시도했다가 실패한 것도 그의 생존 뇌가 느끼는 무력감을 부채질해 과잉 각성된 발화 상태를 더욱 악화했을 뿐이다.

"그럼 내가 어떻게 했어야 했나요?" 마이클이 물었다.

연습이 효과적이려면 재조절 및 회복 활동이 현재 각성 수준에 부합해야 한다.

G&R 연습으로 도움을 받는 데 실패하자 마이클은 과도하게 각성됐고 그의 생존 뇌는 무력감을 감지했다. 그러므로 그에게 가장 필요했던 것은 과도한 스트레스 활성화를 소모하는 일이었다.

나는 그에게 운동을 고려해봤는지 물었다.

그는 "사실 그 생각도 들었지만 잠자기 3시간 전에는 격렬한 운동을 하면 안 된다는 선생님 말이 생각나서 운동을 안 했어요"라고 답했다.

나는 사과했다. 잠들기 3시간 전에 운동을 하면 스트레스 호르몬이 급증해 편안한 잠을 자는 데 역효과를 내는 것이 사실이다. 하지만 마이클의 경우에는 스트레스 호르몬이 이미 치솟고 있는 상태였다! 더구나 나는 마이클이 기저의 고갈을 감추기 위해 강박적으로 무리한 운동을 해서 스트레스를 잘못 관리하는 습관이 없다는 사실을 알고 있었다.

그러므로 마이클은 실제로 스트레스 호르몬을 방출할 필요가 있었다. 적어도 20분간 달리거나 계단을 오르거나 수영을 하거나 자전거를 탔다면 스트레스 호르몬이 소모되고 몸이 지쳐서 질주하는 생각이 가라앉았을 것이다. 그때 몸이 진정되는 동안 G&R 연습을 다시 시도했다면 운동을 통한 해소 과정이 계속 이어졌을 것이다.

그리고 샤워를 한 후 그는 스트레스를 유발하는 룸메이트와 상사가 아닌 다른 데로 주의를 돌리기 위해 요리를 하거나 욕조에 몸을 담그거나 편안한 음악을 듣는 등 현재 순간에 집중하는 다른 활동을 할 수 있었다. 이 활동은 그의 심신 체계에 새로운 스트레스 활성화가 추가되는 것을 막아주고 나아가 그가 긴장을 풀고 편안히 잠들도록 도왔을 것이다.

중요한 점은 그가 얼마나 과도한 각성 상태였는지 고려하면 그날 저녁 친구에게 분통을 터뜨리거나 일기를 쓰는 일은 그를 바로 지치게 해 무력감을 강화하고 불면증을 악화했으리란 것이다. 특히 다음 날 중요한 아침 회의를 앞둔 상태에서 그날 밤 급선무는 편안한 잠을 자는 것이지 장기적인 해결책을 찾는 것이 아니었다. 일기를 써야 할 시간은 다음 날 회의가 끝난 후여야 했다. 그때쯤 되면 그는 자연스럽게 상황을 다르게 보게 되었을 것이다. 다시 인내의 창 안으로 돌아가서 창의적인 문제 해결에 접근할 수 있고 상사와 룸메이트에 대처하기 위한 실행 가능한 계획을 세울 수 있었을 것이다.

능숙한 대응 대 복종

———————————————— 이 장은 강한 감정, 괴로운 생각, 만성 통증을 경험할 때처럼 스스로 무력하고 통제력이 부족하다고 느끼는 몇 가지 상황에서 주체성을 찾는 데 중점을 둔다. 또 다음 두 장에서는 한계와 경계, 저항, 불확실성, 변화를 능숙하게 다루는 데 초점을 맞춘다.

여기에서는 구체적 전략과 개념 체계, 그 전략을 사용하는 맥락 사이를 오가며 얘기할 것이다. 14~16장에서 제시하는 도구는 특정한 '문제'에 직면하게 될 때 유용하다. 물론 이 방법이 주의 통제력과 도전적 경험에 대한 내성을 활용해 인내의 창을 넓히는 MMFT의 핵심 기술을 대체하지는 않는다. 사실 대부분 접촉 지점 연습과 G&R 연습을 몇 주간 꾸준히 실시한 후에나 사용할 수 있는 도구들이다. 그러니 만약 당신이 이 책을 읽고 단 한 가지 변화를 선택한다면 두 가지 MMFT 기술을 매일 꾸준히 연습하는 쪽을 선택하라.

또 이 도구들로 '문제'를 '고칠' 수 있다고 생각하지 않기를 바란다. 예를 들어 나는 재조절 활동을 자신의 스트레스 각성 수준에 부합하게 조정하라는 아이디어를 공유했다고 해서 마이클이 그의 불안과 질주하는 생각을 통제할 수 있다거나 그의 불면증을 의지로 극복할 수 있다고 주장할 생각은 없다. 마이클은 그렇게 받아들이지 않았고 당신도 그런 인상을 받지 않기를 바란다.

우리는 자신의 스트레스 각성, 감정, 괴로운 생각, 신체적 고통을 통제할 수 없다. 그렇다고 해서 우리가 뭔가를 하거나 하지 않으려고 선택해도 아무 상관이 없다고 단정 짓지는 말기 바란다. 벌어지는 상황은 통제할 수 없어도 그 상황에 어떻게 대처할지는 언제든 선택할 수 있다.

현실에 맞서 싸울 때마다 언제나 현실이 승리한다. 언제나 우리가 원하는 상황을 만들 수 없다. 결국 우리는 있는 그대로의 상황을 받아들여야 한다.[1] 그럼에도 우리가 그러기로 선택했다고 느끼면 싸움을 그만두기가 훨씬 쉬워진다. 내가 마이클에게 제안했던 것과 같은 능숙한 대응을 통해 우리는 주체성에 접근할 수 있다. 결국 이렇게 자율성을 지닌 상태에서는 현재 순간의 경험에 복종하기도 더 쉬워진다.

건강, 직업, 관계, 사고 패턴, 만성 통증 등 무엇이든지 우리는 대개 깊숙한 마음속 어딘가에서 상황을 바꾸기 위해 달리 할 수 있는 일이 있는지 살핀다. 만약 당신이 할 수 있는 일이 있고 그것을 알고 있다면 아무리 무시하거나 부정하고 싶더라도 그것을 하는 것이 당신의 책임이다. 불편하더라도 상황에 직면하라. 몸에서 요구하는 운동을 하라. 당신의 고통을 유발하는 괴로운 사고 패턴을 점검하고 뿌리 뽑고 해결하는 데 노력을 기울여라. 당신 손에 달려 있는 일들을 처리하라.

그러나 일단 능숙한 대응을 당신 뜻대로 실행하다 보면 당신이 더는 할 수 있는 일이 없다는 사실을 솔직하고 진심으로 깨닫는 순간에 도달할 것이다. 그 순간에 이르면 당신의 심신 체계가 그 진실을 받아들여야 한다. 당신이 할 수 있는 다른 일은 없다. 그 일은 당신의 통제 아래 있지 않다. 다른 일을 시도해봤자 불가피한 결과를 지연할 뿐이다. 이때 당신은 복종할 때가 됐음을 알게 된다. 혹은 어떤 사람들의 말마따나 그냥 놓아버리고 신에게 맡겨야 할 때가 된 것이다. 예수회 신부 앤서니 드 멜로Anthony de Mello는 이렇게 말했다. "깨달음은 피할 수 없는 것과의 절대적인 협력이다."

우리가 경험을 통제한다거나 능숙한 대응과 노력으로 항상 우리의 선호에 맞게 경험을 바꿀 수 있다는 생각은 망상이다. 종종 우리는 조절 장애로 과잉 각성 상태가 돼갈 때 이런 길을 택한다. 어떻게 해서든 분투를 통해 정확히 자신이 원하는 상황을 만들 수 있으리라 기대하면서 너무 많은 에너지와 노력을 쏟아붓는다. 어느 순간에는 모든 기법에서 손을 놓아버리고 현실에 그저 복종해야 할 필요가 있다.

물론 우리가 실제로 통제하는 일들을 돌보지 않고 복종하는 것역시 역효과를 낳는다. 종종 우리는 조절 장애로 과소 각성 상태가 돼갈 때, 인생에서 처절한 실패를 경험하고 어떤 대응의 노력도 포기할 때, 책임을 회피하고 피해의식에 빠져 지낼 때 그 길을 택한다.

아니면 영적 통찰이나 신념을 핑계 삼아 정신적·감정적 패턴의 치유나 행동에 대한 책임을 회피하는 영적 우회로를 택하기도 한다. 어떤 길이든 우리에게 항상 선택권이 있다는 사실을 인정하기를 거부하는 것이다.

사실 우리는 능숙한 대응과 복종, 노력과 은총이 둘 다 필요하다. 우리는 자신의 선택을 책임질 필요가 있다. 그리고 우리가 원하거나 기대하는 대로가 아니라 있는 그대로의 현실에 복종할 필요가 있다. 이 균형이 전사의 전통에서 용기를 정의하는 핵심이다. 우리가 능숙한 대응과 복종을 둘 다 행할 때 자연의 섭리가 우리와 절충하기 위해 움직인다. 자연의 섭리는 우리가 원하는 결과로 우리에게 보상하지는 않아도 확실히 다른 방식으로 우리에게 선물을 줄 것이다. 이를테면 우리가 습득하는 기술과 힘, 깊어지는 관계, 깨닫게 되는 통찰을 통해서 말이다.

이 균형을 염두에 두고 이번 장과 다음 두 장을 읽어나가자.

스트레스 각성과 미숙한 대응 대 능숙한 대응

──────────────────── 생존 뇌는 언어적이지 않아서 몸속 신체감각과 감정, 머릿속의 질주하는 생각을 통해서만 메시지를 보낼 수 있다. 그 연장선상에서 우리는 거꾸로 의식적 자각과 언제, 어디로, 어떻게 주의를 돌리느냐를 통해서만 생존 뇌에 메시지를 보낼 수 있다.

우리에게 어떤 선택이 가능한지 그리고 어떤 도구가 최적의 수행 영역으로 돌아가는 데 가장 도움이 되는지는 현재 처한 상황에 따라 달라질 것이다. 마이클의 경우 실제로 격렬한 운동으로 과잉 각성을 진정한 후 G&R 연습을 통해 인내의 창 안으로 돌아가서 잠을 청할 시간적 여유가 있었다. 룸메이트 문제에 관한 장기적 해결책을 찾는 일은 다음으로 미뤄둘 필요가 있었다. 다른 날, 다른 조건이었다면 다른 선택도 가능했을 것이다. 예를 들어 다음 날 아침에 회의가 없었다면 그는 잠자리에 들기 전 일기 쓰기를 선택해 다양한 감정의 여파를 씻어낼 여유를 찾고 더 많은 회복 주기를 진행할 수도 있었다.

아니면 다음 날 아침 마이클이 출근하기 직전 친구와의 싸움이 벌어졌다고 해보자. 이런 경우라면 격렬한 운동을 한 후 G&R 연습을 하는 대안은 불가능하다. 대신 마이클은 공원을 따라 직장까지 걸어가면서 자연을 접하며 일부나마 감정을 조절할 수도 있었다. 혹은 회복 과정을 위한 작은 인내의 창을 마련하기 위해 상사에게 전화를 걸어 오전 회의를 연기할 수 있냐고 물어볼 수도 있었다. 그런 다음 정서적 지지를 받기 위해 친구에게 전화를 거는 방법도 있었다.

아니면 이어폰을 끼고 15분짜리 재생 목록에 맞춰 춤을 출 수도 있었다. 재생 목록은 각성을 소모해 신경계를 분노/불안의 과잉 각성 상태에서 벗어나게 한 다음 편안한 과잉 각성 상태를 거쳐 자율성이 생기는 적당한 각성 수준에 이르게 할 목적으로 만든 것일 수도 있다. 당신 스스로 실험해볼 수 있다. 노래를 들으면서 심신 체계 안에서 다양한 활성화 느낌과 에너지 수준을 인지하는 것이다. 또는 신경계를 반대 방향으로 이끄는 재생 목록을 개발해 무관심, 무감각, 우울 상태에서 자율성이 생기는 적당한 각성 수준까지 끌어올릴 수도 있다. 어떤 방향이든 현재의 각성 수준(화나고/불안한 과잉 각성 또는 우울하고/무감각한 과소 각성)에 해당하는 한두 곡을 듣고 나서 점차 자율성이 생기는 적당한 각성 수준으로 나아가는 데 도움이 되는 노래를 선곡하는 것이 중요하다. (예를 들면 과잉 각성 상태인 경우 먼저 린킨 파크Linkin Park의 〈바이 마이셀프By Myself〉나 에미넴Eminem의 〈래빗 런Rabbit Run〉을 듣고 헤비 디 앤드 더 보이즈Heavy D & The Boyz의 〈나우 댓 위 파운드 러브 Now that We Found Love〉나 리키 리Ricki-Lee의 〈캔트 터치 잇Can't Touch It〉을 들은 다음 부커 티Booker T의 〈사운드 더 알람Sound the Alarm〉이나 카로 에메랄드Caro Emerald의 〈백 잇 업Back It Up〉을 듣는 것이다. 이 여섯 곡을 들어보면 내가 무슨 말을 하는지 아마 이해할 것이다!)

혹 마이클이 그날 중요한 회의가 줄줄이 잡혀 있어 일정을 변경할 여지가 전혀 없었다고 쳐보자. 최악의 시나리오에서 그는 룸메이트와 싸운 후 자기 방으로 들어가 60초 동안 힘차게 펄쩍펄쩍 뛰어 심박 수를 높인 다음 G&R 연습으로 적어도 생리적 스트레스 활성화의 일부를 배출할 수도 있었다. 그랬다면 그의 사고 뇌는 생존 뇌와 의식적인 협약을 맺을 수 있었을 것이다. 그는 혼잣말로 이렇게 말할 수 있었다. "그래, 생존 뇌야, 네가 지금 괴로워하는 건 알아. 왜냐하면 내가… (불안한 생각, 두근거리는 심장, 뒤틀리는 위장 등)을 알아채고 있으니까. 지금 당장 상황이 달라지면 좋겠지만 내가 이 힘든 하루를 이겨낼 때까지는 고통을 구획화해야 해. 오늘 저녁에는 다시 조절하는 데 집중하겠다고 약속할게. 그동안에도 가급적 지금 수준보다 활성화를 더 높이지 않겠다고 약속할게."

이 협약으로 마이클은 사고 뇌와 생존 뇌의 동맹을 재확인했을 것이다. 그러면 그는 정말로 약속을 지키기 위해 시간에 민감하지 않은 업무나 회의를 연기해 숨 돌릴 여유를 찾을 수도 있었다. 그런 기회는 찾아보면 늘 있기 마련이니까. 또 하루 종일 접촉 지점 감각에 주의를 집중할 수도 있었다. 룸메이트 생각이 떠오르면 그 생각에서 물러나 당면한 업무로 다시 주의를 돌릴 수 있었을 것이다.

다시 말해 마이클의 의도는 가능한 한 현재 순간에 주의를 집중하는 것이어야 했다. 이 작은 선택으로 그는 스트레스 수준을 더 높이지 않고 비교적 안정되게 유지하면서 생존 뇌에 메시지가 전달됐고 상황이 통제되고 있다는 신호를 보내 일단 생존 뇌가 물러나게 도왔을 것이다. 그다음 퇴근해 운동도 하고 지지적인 친구와 저녁도 먹고 자연 속에 고요히 앉아 G&R 연습을 시도해볼 수도 있었다.

이 예들이 시사하듯이 우리가 인내의 창 안에 머무르려는 의도를 갖고 있는 한 자연의 섭리는 의도된 목표를 향해 실행 가능한 경로를 찾도록 사고 뇌를 인도할 것이다.

실행 가능한 경로를 찾으려면 지금 이 순간 생존 뇌와 신경계가 어디에 있는지 그 현실을 인정해야 한다. 우리는 선택지를 고민할 때 현재의 스트레스 각성과 감정을 고려해야 한다. 우리 몸은 거짓말을 하지 않는다. 우리 몸은 바로 지금 우리의 꾸밈없는 현실을 가리키고 있다.

만약 우리가 현재의 신체적·정서적 현실에서 너무 많이 벗어난 자기 조절 도구를 찾는다면 마이클이 경험했던 불일치 상태에 직면하게 될 것이다. 나아가 생존 뇌는 선택된 도구와 신경계 현실 사이의 심한 불일치를 위협으로 인식할 것이다. 생존 뇌는 메시지가 전달되지 않는다고 느끼고 각성 수준을 한층 더 높일 것이다! 우리가 선택하는 재조절 도구나 활동은 현재 순간의 생존 뇌나 신경계의 현실에 부합해야 한다. 그래야만 우리는 각성 수준을 인내의 창 안으로 되돌리기 위해 한 번에 한 걸음씩 상향 조절하거나 하향 조절할 수 있다.

심신 체계를 알게 되면 현재 당신이 얼마나 심한 각성을 경험하는지에 따라 어떤 자기 조절 도구가 효과적인지 배우기 시작할 것이다.

일반적으로 우리가 불안/공포 또는 짜증/분노로 과잉 각성일 때는 심박 수를 높이는 도구를 사용해 과도한 에너지와 스트레스 호르몬을 소모해야만 적당히 각성된 최적의 수행 영역으로 하향 조절할 수 있다. 또 달리거나 춤을 추거나 고강도 인터벌트레이닝을 한 후 G&R 연습을 활용할 수도 있다. 적당한 스트레스 요인이나 신체 운동 후 G&R 연습으로 더 자주 하향 조절될수록 더 높은 각성 수준도 G&R 연습으로 효과적으로 조절할 수 있다.

반대로 우리가 무관심, 수치심, 우울증 등으로 과소 각성일 때는 에너지를 모아 적당히 각성된 영역으로 상향 조절할 필요가 있다. 과소 각성 상태에서 시작해, 요가, 자연 속에서 걷기, 노래 부르기, 요리하기 등을 시도한 후 경쾌한 노래에 맞춰 춤을 추는 등 심박 수를 어느 정도 끌어올리기 위한 활동을 시도해볼 수 있다. 아마 무슨 말인지 이해할 것이다.

결국 우리는 괴로워하는 자신에게 안정 애착 상태인 친구가 된다. 안정 애착인 엄마가 아기의 욕구에 맞춰 일관되고 정확하게 조율하며 아기의 고통을 달래주려고 진정 기법을 사용하거나 아기의 호기심과 즐거움을 고조하려고 재미난 도구를 사용하듯이 우리도 자신의 생존 뇌와 스트레스 각성 수준에 따라 정확히 조율할 수 있도록 스스로를 훈련할 수 있다.

9장에서 설명했듯이 조절 장애가 심할수록 미숙한 습관을 선택하려는 유혹이 더 커진다. 미숙한 습관이란 각성을 감추거나 주의를 분산하거나 자가 처방해 일시적으로 위안을 얻으려는 것이다. 이런 습관은 나쁘거나 잘못된 것이 아니라 궁극적으로 생체 적응 부하를 가중하기 때문에 미숙한 것이다.

미숙한 습관을 선택하기 전 접촉 지점 감각에 주의를 기울이면서 30초 동안 현재의 불편함과 미숙한 습관에 대한 갈망을 참을 수 있는지 확인해보자. 30초 후에는 뭔가 바뀌었을 가능성이 높고 조금 더 능숙한 선택을 할 수 있을 것이다.

훨씬 더 능숙한 선택을 하는 것은 각성의 불일치 때문에 오히려 문제를 키우는 셈이 된다. 결과적으로 실패가 예정돼 또 한 차례 수치심과 자책에 시달리며 더 많은 스트레스를 받을 가능성이 높아진다.

능숙한 선택 체계Skillful Choices Hierarchy는 우리가 스트레스를 받을 때 흔히 의존하는 많은 대처 습관을 명칭으로 나타낸 것이다(그림 14.1 참조). 스펙트럼 하단에 있는 습관들은 스트레스 활성화를 억제하거나 감추는 경향이 있어 더 심한 조절 장애를 부추긴다. 스펙트럼 상단에 있는 습관들은 더 능숙한 것들로 인내의 창 안으로 되돌아가도록 도와준다. 스펙트럼 중간에 있는 습관들은 실제로 재조절에 도움이 되지는 않지만 너무 많은 활성화를 추가하지도 않는다.

자신의 심신 체계를 알면 능숙한 습관과 미숙한 습관으로 채워진 자신만의 체계를 만들 수 있다.

전자 기기와 상호작용하는 습관들이 스펙트럼상 하단에 위치한다는 점에 주목하자. 이는 우연이 아니다. 우리 신경계는 컴퓨터, 모바일 기기, 텔레비전, 영화관, 비디오게임 아케이드, 식당의 플라스마디스플레이와 요란한 음악 등의 소음, 빛, 트래픽, 전자파 스펙트럼과 접촉함으로써 활성화된다. 또 신경계는 폭력적 비디오게임, 공포나 액션 영화, 심지어 뉴스를 읽거나 보는 활동에 의해 특히 활성

그림 14.1 능숙한 선택 체계

자각 & 성찰 연습/마인드 피트니스 연습
수면, 신체 운동, 건강한 식사, 수분 공급
자연 속에서의 고요한 시간
친구/상담 상대에게 얘기하기
지압이나 마사지 받기
취미 즐기기/욕조 안에 몸 담그기
책이나 잡지 읽기
음악 듣기
쇼핑
습관적 군것질/정크 푸드 먹기
웹 서핑/소셜 미디어/뉴스 보기
과도한 TV 시청
공포/액션 영화 보기, 폭력적 비디오게임 하기
과도한 카페인, 설탕, 담배, 술, 기타 물질 남용
아드레날린을 추구하는 행동, 폭력적 행동, 자해 행동

(화살표 옆) 감소 / 스트레스 / 증가

능숙한 선택 체계는 우리가 스트레스에 대처하기 위해 의존하는 많은 일반적 습관을 보여준다. 스펙트럼 하단에 있는 습관은 스트레스 활성화를 억제하거나 감추기 쉬우며 생체 적응 부하를 가중해 조절 장애를 부추긴다. 스펙트럼 상단에 있는 습관은 진정한 회복을 제공하고 인내의 창 안으로 다시 들어가도록 돕는 경향이 있다. 스펙트럼 중간에 있는 습관들은 좀 더 중립적이어서 실제 재조절에 도움이 되지는 않지만 너무 많은 활성화를 추가하지도 않는다.

화된다. 이에 반해 자연 속에 머물거나 평화로운 음악을 듣거나 안정적인 사람들과 시간을 보낼 때는 신경계가 진정된다.

다시 말해 신경계는 끊임없이 사회적·환경적 자극과 공명하며 크고 작은 영향을 받고 있다. 그러므로 현재 스트레스 각성 수준을 진단하는 효과적인 접근법 한 가지는 지금 이 순간 어떤 강도의 습관에 이끌리는지 알아차리는 것이다. 이 방법은 생존 뇌와 신경계에 관한 믿을 만한 단서를 제공할 수 있다.

이런 식으로 의도적으로 각성을 높이거나 낮추기로 선택할 때마다 우리는 인내의 창을 넓히고 뇌와 신경계를 재배선하는 데 의식적이고 의도적인 참여자가 된다. 13장에서 분명히 밝혔듯이 상당한 스트레스를 겪은 후 완전하고 효과적인 회복이 뒤따르면 인내의 창이 더 넓어진다.

궁극적 목표는 다양한 도구를 사용해 가급적 적당한 각성 수준의 최적화된 수행 영역에 계속 머무르는 것이다. 이럴 때 우리는 가장 효과적인 결정을 내릴 뿐 아니라 명료성, 호기심, 창의성, 다른 사람과의 연결성, 선택에 가장 잘 접근할 수 있다.

감정과 괴로운 생각

—————————— 스트레스 각성과 마찬가지로 감정도 인간에게 필수적이고 가치 있는 부분이다. 감정은 지금 이 순간 우리의 진실을 가리키기 때문이다. 우리가 단순히 감정의 경험을 제한하기로 선택한다고 해서 인간의 이 같은 측면을 초월할 수는 없다.

그래봤자 사고 뇌와 생존 뇌의 대립 관계를 악화하기만 할 뿐이다. 우리는 자신의 감정을 무시할 때 종종 나중에 가서 후회하거나 같은 감정 패턴을 반복하는 선택을 한다. 이런 이유로 MMFT 모듈 중 하나는 감정을 능숙하게 다루는 데 주력하고 있다.

감정은 행동을 지향하는 경향성을 만든다. 감정의 진화적 목적은 구석기시대 인류 조상들을 위협/위험/고통에서 벗어나 기회/안전/쾌락의 방향으로 이끌기 위한 것이었다.

생존 뇌는 감정과 스트레스 각성을 함께 생성한다. 스트레스 각성은 접근 또는 회피/철수의 1차 감정을 가리킨다. 충동을 넘어서면 보통 행복, 슬픔, 분노, 타인에 대한 경멸/혐오, 자기혐오/수치감, 놀라움, 두려움 등 범주적 감정(2차 감정)을 경험하게 된다.[2] 사랑은 범주적 감정이 아니다. 자각과 마찬가지로 사랑은 어떤 순간에든 우리가 이용할 수 있기 때문이다. 이에 반해 기분mood은 일정한 시간에 걸친 감정의 전반적 톤이다. 예를 들어 우울한 기분일 때 우리는 불안, 짜증, 슬픔 등 다양한 부정적 감정들을 경험한다.

어떤 상황에서 어떤 범주적 감정이 촉발되는지는 각 개인의 어린 시절 경험에서 유래한 신경생물학적 조건화의 결과다. 그러므로 같은 자극을 받아도 사람마다 서로 다른 감정적 반응을 경험할 수 있다. 그렇지만 어떤 감정이 촉발되든 그 사람이 추구하는 전략에 영향을 미칠 것이다.[3]

감정은 사회적 소통의 한 형태로 우리가 내면 상태를 다른 사람에게 드러내고 또 다른 사람의 내면 상태를 인식하고 공감할 수 있게 해준다. 우리는 정동affect, 즉 비언어적 행동, 얼굴 표정, 목소리

톤 등을 통해 감정을 외부로 드러낸다. 또 거울 뉴런과 신경계 공명을 통해 정서적으로 소통하는데 둘 다 경험에 기반을 두며 성찰 이전의 자동 형태인 타인에 관한 이해다. 우리 뇌에는 거울 뉴런 체계가 있어 다른 사람들의 의도, 행동, 감정을 이해할 수 있다. 또 6장에서 설명했듯이 신경계 공명을 통해 스트레스 전염을 경험한다. 이같은 메커니즘은 우리가 어떻게 서로 연결되도록 배선돼 있는지를 뒷받침하는데 18장에서 더 자세히 살펴보도록 하자.

각 범주적 감정에는 나름의 '메시지'가 있다. 우리는 자신과 타인에게서 이 메시지를 식별하는 법을 배울 수 있다. 주의 깊게 살펴보면 각 감정은 세 가지 요소로 구성된다는 점을 알게 된다. (1) 특정한 신체감각, 신체 자세, 각성 패턴 (2) 마음속의 특정한 기미 (3) 보통 얘기와 줄거리, 사고 패턴으로 나타나는 특정한 '목소리'와 믿음 체계 등이다.

감정을 이런 구성 요소로 분해하면 감정의 존재를 인식할 수 있는 세 개의 다른 문을 얻게 된다. 예를 들어 분노할 때 우리는 목의 열기, 가슴의 긴장, 노려보는 눈 또는 몸이 주먹과 함께 앞으로 나가고 있다는 사실을 발견한다. 어떤 경우에는 불끈하는 느낌을 인지하기도 한다. 어떤 경우에는 자신을 정당화하는 생각, 남을 탓하는 생각, 우리가 어떻게 옳고 다른 사람이 어떻게 틀렸는지에 관한 열띤 얘기 등으로 질주하는 생각을 알아차리기도 한다. 내수용 자각과 비판단적 호기심으로 각 감정의 공통 메시지를 파악할 수 있다.

각각의 범주적 감정은 강도의 스펙트럼에 따라 존재한다. 우리는 스펙트럼의 약한 쪽에 있을 때 감정을 차단하거나 발산하거나 궤도

표 14.1 정서적 강도의 스펙트럼

범주적 감정	약한 감정부터 강한 감정까지의 범위
행복	흐뭇함 - 만족 - 기쁨 - 행복 - 감격 - 황홀감
슬픔	실망 - 낙담 - 슬픔 - 우울 - 망연자실
분노	조바심 - 짜증 - 성가심 - 화남 - 격노 - 격분
놀람	당황함 - 놀람 - 기겁함 - 충격 - 아연실색
두려움	불편함 - 불안 - 두려움 - 공황 상태 - 공포감
자신에 대한 수치심/혐오	자의식 - 당황 - 부끄러움 - 모멸감 - 치욕감
타인에 대한 경멸/혐오	못마땅함 - 경멸 - 혐오 - 반목 - 적의

를 변경하는 능력이 가장 커진다. 예를 들어 두려움을 느낄 때는 공포감을 느낄 때보다 불안을 능숙하게 다루기가 훨씬 쉬워진다.

감정은 스트레스 활성화와 마찬가지로 쌓일 수 있다. 아침 식사 때 조바심이 쌓여 점심 식사 때는 짜증이 나다가 저녁때는 분노 폭발에 이르는 것이다. 같은 맥락에서 우리가 어떤 감정을 억누르고 자각에서 벗어나면 그 감정은 종종 나중에 다시 나타나는데 그때는 보통 강도가 더 세져서 다루기가 더 어려워진다.

그러므로 아직 스펙트럼상 약한 쪽에 존재하는 감정을 더 빨리 알아차리고 해소하려 할수록 감정을 능숙하게 다루는 능력을 보호하고 가장 효과적인 반응을 선택할 가능성이 더 높아진다.

우리는 연습을 통해 감정의 파도를 타는 법을 배움으로써 감정을 억누르거나 거기에 빠지지 않고 감정이 심신 체계를 통과하게 만들 수 있다. 그 과정에서 생존 뇌가 전달하려는 정보에 접근하게 된다.

안토니오 다마지오Antonio Damasio는 신체 표지somatic marker—감정

438

의 구성 요소 중 신체감각 측면—연구에서 감각이 어떻게 의식적 고려에서 무의식적 특정 행동 경로 제거로 주의를 집중하는지 보여준다. 그 결과 사고 뇌는 의도적 추론 과정을 더 작은 선택 사항에 집중해 실행 기능 능력을 혹사할 위험을 줄인다. 부정적 신체 표지는 비상벨의 기능을 하는 반면 긍정적 신체 표지는 신호등과도 같다. 우리는 삶 전반에서 신체 표지를 조건화하고 축적하는데 실제 사건뿐만 아니라 사고 뇌가 상상만 하는 예상 스트레스 요인인 가상 사건에서도 신체 표지가 유발된다.[4]

인내의 창 안에 있을 때 사고 뇌는 생존 뇌의 정보와 생각을 통해 얻은 의식적 정보를 모두 활용해 상황을 이해하고 최선의 반응을 선택한다.

그러나 우리가 인내의 창 밖에 있을 때는 자동으로 감정을 억제하거나(사고 뇌 오버라이드) 감정에 빠지는(생존 뇌 하이재킹) 식으로 사고 뇌와 생존 뇌의 대립 관계로 치닫는 경향이 있다. 인내의 창 밖에 있을 때 감정은 인식을 여과하고 정보 검색을 편향시키며 위험 감수 경향과 행동에 영향을 미친다. 또 감정은 우리가 상황을 이해하는 방식, 즉 어떤 유사점, 비유, 과거 사건을 기억하고 적용하며 고려할지에도 영향을 미친다. 결국 감정적으로 편향된 이해에 따라 우리는 의도적으로 어떤 행동을 고려하고 어떤 행동을 고려 대상에서 제외할지 결정하게 된다.[5]

인내의 창 밖에 있을 때는 어떤 생각이나 의미 이해도 감정에 의해 편향된다. 사고 뇌 오버라이드 상태일 때는 특히 이 사실을 기억하기가 힘든데 그때 우리는 스스로 합리적이거나 이성적이라고 느끼기 때문이다. 하지만 그 순간에도 억압된 감정은 생각과 의미 이해를 편향시키고 있다. 그러므로 인내의 창을 벗어날 때마다 생각의 내용을 믿지 않도록 경계해야 한다. 단순히 사실이 아니기 때문이다.

우리가 감정을 구획화, 회피, 억제하는 사고 뇌 오버라이드는 특히 스트레스가 심한 환경에서 흔하게 나타난다. 그것이 우리로 하여금 전혀 다른 환경과 행동 코드 사이에서 빠르게 전환하도록 도와주기 때문이다. 사실 감정 억제는 우리가 극단적인 사건에서도 효과적으로 기능하고 생존할 수 있게 해주므로 단기적으로는 적응적일 수 있다.[6] 하지만 감정 억제는 직관을 비롯한 귀중한 정보에서 우리를 단절시킨다.

습관적 감정 억제는 신체화, 스트레스 호르몬 증가, 염증과 만성 통증 증가, 심혈관 질환의 위험성 증가 등 많은 생체 적응 부하의 누적 효과와 관련이 있다. 당연히 걱정, 우울증, 불안 장애, 자해 행동, 자살 시도 등에 대한 취약성을 증가시킨다.[7]

더욱이 우리는 종종 불편한 감정을 피하거나 감추거나 억제하기 위해 중독적 행동을 한다. 그렇기 때문에 습관적 감정 억제는 약물 남용, 폭식과 기타 섭식 장애, 아드레날린을 추구하는 행동과 모험적 행동, 부적절한 공격적 행동, 폭력적 감정 폭발, 타인에 대한 학대와 신체적·성적 괴롭힘과도 연관된다.[8]

반면 생존 뇌 하이재킹의 경우에는 감정이 우리 행동을 거의 전적으로 주도한다. 감정 상태에 따라 우리는 압도되거나 회피, 중독, 마비 증상 등이 더 심해질 수 있다. 또는 행동화하거나 폭력적으로 변할 수도 있다. 우리는 감정에 빠졌을 때 충동적이거나 반작용적인 결정을 내린다. 되돌릴 수 없는 해로운 트윗을 올리거나 무시하는 말로 동료들에게 상처를 주거나 주먹을 날려 감옥에 가는 경우가 이에 해당한다. 정서적 각성은 충동 조절과 실행 기능을 손상한다. 그래서 감정에 빠져 있고 격해지면 사고 뇌 기능이 완전히 억제될 수 있다.[9] 우리가 감정에 빠져 있다는 한 가지 단서는 질주하는 생각이나 괴로운 생각, 파국화, 반추에 시달리는 것이다.

실제로 사고 뇌 오버라이드는 순식간에 생존 뇌 하이재킹으로 전환될 수 있다. 예를 들어 많은 MMFT 참가자가 근무 중에 감정을 억제하다가 퇴근 후에는 감정을 격하게 폭발시키거나 밤새 반추와 걱정으로 잠을 못 이룬다고 보고한다. 결국 사고 뇌 오버라이드와 생존 뇌 하이재킹은 인내의 창을 벗어난 상태의 양면과도 같다.

우리는 인내의 창 밖에서 감정이 격해질 때마다, 즉 사고 뇌 오버라이드나 생존 뇌 하이재킹 상태가 될 때마다 언제나 감정을 세 구성 요소로 구분함으로써 주체성을 찾을 수 있다.

많은 사람이 내게 감정이 결코 멈추지 않을까 봐 걱정되거나 통제력을 잃을까 봐 두려워서 마음껏 자신의 감정을 느끼기가 겁난다고 말한다. 이런 두려움은 진짜지만 두려움으로 몰아가는 믿음은 거짓이다. 지혜가 있다면 아무리 강렬한 감정도 에너지 넘치는 파도일 뿐임을 기억할 수 있다. 감정은 생겨나서 절정에 달하고 나면 소멸되기 마련이다. 우리가 바라는 시간표에 따르지는 않더라도 결국은 그렇게 된다.

지혜는 또 우리가 무엇을 밀쳐내려고 노력하든지 오히려 거기에 에너지를 불어넣어 오히려 지속성을 보장하게 됨을 알려준다. 옛말에도 있듯이 우리가 저항하는 것은 지속된다.

마이클의 경우에도 불안한 생각에 말려들었을 때 이런 일이 벌어졌다. 그가 얼마나 과잉 각성 상태였는지 고려하면 CBT 기술도 성공적으로 사용할 수 없었다. 인지행동치료, 인지적 재해석Cognitive Reappraisal, 긍정심리학 기법은 우리가 인내의 창 밖에 있을 때 효과를 발휘하지 못한다. 하향식 기술에는 사고 뇌의 노력이 필요한데 인내의 창 밖에 있을 때는 실행 기능 능력이 너무 고갈되거나 저하돼 인지적 노력을 뒷받침하지 못하기 때문이다.

강렬한 감정 때문에 인내의 창 밖에 있을 때 우리는 세 가지 공통 패턴을 경험한다. 첫째, 사고 뇌는 감정을 이해하거나 해결하려고 시도하며 거기에 의미를 부여하거나 외부 사건에서 감정의 원인을 찾는다. 하지만 감정은 외부 사건에 의해 발생하는 것이 아니라 생존 뇌에서 인지하는 요인들이 복잡하게 융합돼 발생하는 것이다. 더욱이 각성 상태에서의 생각은 감정적으로 편향돼 있어 사고 뇌가 이렇게 작동하도록 놔두면 역효과가 발생한다.

둘째, 상황이 믿기 힘들 만큼 긴박하게 느껴져 마치 당장 그 상황을 파악하고 해결하지 않으면 안 될 것 같은 기분이 들 수 있다. 보통 이 같은 내적 긴박감은 당면한 상황의 진정한 긴박함 때문이 아니라 각성 때문에 부추겨진다. 만약 긴박감이 우리 외부에서 기인한다면 그것은 종종 다른 사람의 내적 긴박감 때문이다. 어느 쪽이든 내적 긴박감은 감정적으로 편향돼 있다. 우리는 먼저 정서적 각성을 발산해 인내의 창 안으로 돌아가야 한다. 그런 다음에야 사고 뇌가 효과적으로 초점을 맞추고 계획을 세울 수 있다.

셋째, 높은 각성 수준에서 우리는 심리적으로 중요하다고 인식한 정보에만 집중하고 나머지 맥락의 정보는 무시하는 경향이 있다. 이렇게 주의 초점이 좁아지면 불확실성과 모호성에 대한 감각이 악화될 수 있다. 또 정보 검색 범위를 좁히고 더 적은 정보와 고정관념에 더 많이 의존하게 된다. 적은 정보에서 중대하고 전면적인 결론을 도출하는 경향이 생기는 것이다.[10]

이 경우에는 부정적 정보가 관심을 사로잡을 가능성이 더 높다. 단일한 부정적 사건이 단일한 긍정적 사건보다 더 강하고 오래 지속되는 반응을 유발한다.[11] 실제로 다양한 범위의 현상을 다룬 경험적 연구는 "좋은 사건이 많이 일어나야만 한 가지 나쁜 사건의 심리적 영향을 극복할 수 있다"고 주장한다.[12] 부정적 편향은 우리가 감정적으로 흥분했을 때 특히 심해진다. 우리는 긍정적 사건보다 부정적 사건에서 더 빠르고 쉽게 학습하는 성향이 있기 때문이다. 그러나 위협적이거나 부정적인 정보에 초점을 맞출 때는 긍정적인 정보를 무시하거나 놓치거나 평가절하할 가능성이 높아진다. 또 중립적 자극을 위협적인 것으로 잘못 해석할 가능성도 있다. 그러므로 정서적 각성이 높을 때 우리가 내린 모든 결정은 지나치게 부정적으로 치우칠 가능성이 높다.

여기까지 살펴본 모든 이유로 인내의 창 밖에 있을 때는 생각을 멀리하려고 노력하고 다시 인내의 창 안으로 돌아올 때까지 일체의 의사 결정, 문제 해결, 계획을 미루도록 해야 한다.

대신 현재 순간에 근거를 둔 신체감각에 초점을 맞춰보자. 감정의 파도가 자각을 휩쓸고 지나가게 하면서 그동안 신체감각을 추적하자. 정서적 각성을 발산하고 해소하기 위해 G&R 연습을 활용할 수도 있다. 아니면 접촉 지점의 감각과 몸을 통과하는 감정과 관련된 감각 사이에서 양쪽으로 주의를 오가게 할 수도 있다. 가능한 한 감정이 자각 영역에서 완전히 꽃을 피운 후 씻겨나갈 수 있게 허용하자.

감정적으로 혼란스러울 때 가까운 친구와 말없이 앉아 있듯이 자신의 감정과도 진정한 친구가 될 수 있다. 자각 속에서 사랑과 연민을 유지하면서 감정을 변화시키거나 뭔가를 덧붙이려 시도하지 않고 그냥 경험하고 해소할 수 있다.

때로는 감정의 파도가 너무 격렬해서 견딜 수 없을 때도 있다. 그때는 당분간 능숙하게 회피하는 것이 올바른 선택일 수도 있다. 친구에게 도움을 청하거나 자연 속에서 걷거나 부드럽게 스트레칭을 하거나 욕조에 몸을 담그는 것이 도움이 될 수도 있다. 감정을 터뜨리거나 일기를 쓸 시점은 아니다. 이는 감정의 강렬함만 더할 뿐이다. 만약 참을 수 없이 강렬한 감정을 자주 경험한다면 치료사의 도움을 받는 편이 좋을 수 있다. 신체 기반 기법으로 훈련받은 치료사들은 오래된 감정 패턴을 발견하고 해소할 수 있도록 잘 도와준다.

우리가 느낄 수 있는 광범위한 감정을 경험하는 것은 삶의 일부분이다. 감정을 피하거나 부정하거나 변명할 필요가 없다. 그렇다고 감정으로 우리를 규정할 필요도 없다. 나는 자신을 '분노하는 사람'이나 '불안한 사람'이라고 말하는 많은 사람을 훈련해왔다. 그들은 하나의 감정 패턴으로 자기 정체성을 구성함으로써 실제의 자신을 고통스럽게 제한한다. 마찬가지로 많은 사람이 스스로 모든 상황에서 성숙하거나 낙관적인 감정 반응을 보여야 한다고 믿고 그 과정에서 유치하거나 비합리적이거나 부정적인 감정을 느끼는 것을 부정한다.

우리가 감정에 관해 이런 근본적인 믿음을 갖고 있으면 실제로 발생하는 감정들에서 자신을 보호하지 않게 된다. 그래도 그 감정은 계속 발생한다. 그저 그런 감정을 자각하기 더 어렵게 만들고 감정을 비판단적으로 관찰하고 해소할 기회를 놓치고 있을 뿐이다.

이렇게 감정을 부정하는 패턴은 사회적·문화적으로 조건화돼 있다. 스트레스가 심한 직업군의 사람들을 훈련할 때 어떤 범주적 감정이 규범적으로 적절해서 그들이 쉽게 경험할 수 있고 어떤 감정은 그렇지 않은지 확인하는 것은 흥미롭다. 놀랍지 않게도 대부분의 남성들은 분노 스펙트럼상의 감정(조바심부터 격분까지)에 쉽게 접근한다. 분노는 문화적으로 남성들에게 허용된 감정이기 때문이다.

그러나 내가 남성들에게 슬프거나 불안했던 때를 떠올려보라고 하면 대부분 처음에는 이 감정과 관련된 감각―근력 저하, 무너진 자세, 가슴 두근거림, 입안 건조 등―을 인지하다가 거의 동시에 분노와 관련된 감각과 생각으로 대체해버린다. "강하게 버티라"거나 "내색하지 말라"고 문화적으로 조건화된 그들에게 분노는 허용돼도 슬픔과 불안은 허용되지 않는 감정인 것이다.

반면 많은 여성에게서 정반대 패턴을 관찰해왔다. 그들은 불안이나 수치심의 요소는 쉽게 인식하지만 분노를 인식하고 접근하는 데는 어려움을 겪는다. 내가 여성들에게 화가 났을 때를 떠올려보라고 하면 대부분 처음에는 꽉 다문 턱, 근육 긴장, 목의 열기 등을 인식하지만 거의 동시에 불안, 슬픔, 수치심과 관련된 감각과 생각으로 대한다.

그러므로 우리가 실제로 경험하는 모든 감정의 파도를 알아차리고 식별하고 기꺼이 허용해 해소하기 위해서는 양파 껍질처럼 여러 층을 벗겨내야 할지도 모른다.

특히 당신이 감정을 식별하기가 어렵거나 괴로운 생각에 빠져드는 경향이 있거나 감정 억제에 의존하거나 특정한 감정 경험을 부정해야 한다는 믿음이 있다면 일기 쓰기가 도움이 될 수 있다. 이상적으로는 강렬한 감정이 가라앉은 후 인내의 창 안으로 다시 들어왔을 때 일기를 쓰는 게 좋다. 그러나 인내의 창 밖에 있을 때 일기를 쓰기로 선택한다면 반드시 혼자 감정의 파도를 충분히 경험할 시간과 공간을 확보해야 한다. 많은 경험적 연구에서 감정을 다루는 데 표현적 글쓰기의 장점이 입증됐다.[13]

예를 들어 스스로 불안하거나 화가 났음을 알아차렸을 때는 해결되지 않은 사건에 관해 일기를 쓸 수 있다. 그러다가 감정과 관련된 생각, 믿음, 신체감각을 인지하면 펜을 내려놓고 자연스럽게 G&R 연습 주기로 전환해 몸을 휩쓸고 지나가는 감정 파도의 움직임을 지원할 수 있다. 파도가 완전히 지나간 것 같은 느낌이 들 때까지 일기 쓰기와 G&R 연습을 번갈아 가며 계속하면, 마침내 감정을 일으키는 무의식적 믿음을 밝혀냄으로써 감정 패턴과 관련된 조건화를 소거할 수 있다.

현재 상황에 비해 지나치게 강렬한 감정을 느낄 때는 그 감정이 과거 경험한 감정 패턴과 연결되는 경우가 많다. 현재 상황에 있는 촉발 요인은 우리가 오래된 감정 패턴을 치유하고 소멸하는 데 도움이 될 수 있다. 오랫동안 쌓여 있던 감정적 잔해가 표면으로 드러나는 것은 꽤 고통스러운 일이지만 가능한 한 기꺼이 그 감정에 머물러 느껴보자. 분명히 말해둘 점은 그 감정이 조건화된 나이부터 해소돼야 할 것들이 올라온다는 것이다. 그래서 우리가 아주 어렸을 때 그리고 외부 및 내부 자원이 많지 않았을 때의 감정 패턴은 특히 압도적으로 느껴질 수 있다. 이것이 치료사와 함께 작업하면 도움이 되는 또 다른 이유다.

오래된 감정 패턴이 해소되기 위해 수면 위로 올라올 때 우리는 냄새, 소리, 이미지, 기억을 인지할 수 있다. 이들은 단지 해소되기 위해 자각 속에서 표현된 미해결된 기억 캡슐의 일부일 뿐이다. 사고 뇌는 여기에 의미를 부여하거나 이 패턴이 왜 지금 해소되려고 올라왔는지 알아내려 할지도 모른다. 가능한 한 그런 생각에서 주의를 딴 데로 돌리자. 기꺼이 감정의 파도가 자각을 통과해 씻겨 내려가게 놔두자.

과거는 현재 순간의 자각을 통해서만 해소되고 치유될 수 있다. 그럴수록 우리는 자연히 더 가벼워지고 여유로워진다. 인내의 창이 더 넓어질수록 우리는 감정적으로 더 개방되고 더 많은 일을 할 수 있게 된다. 또 극도로 격렬하고 고통스러운 감정까지도 충분히 경험해 해소할 수 있는 내면의 힘이 생겼다고 스스로 믿게 된다.

만성 통증

―――――――――――― 정서적 고통과 신체적 고통은 동일한 신경 회로를 사용한다.[14] 그러므로 감정 억제를 통해 신체적 고통을 악화할 수 있듯이 감정 처리를 통해 신체적 고통을 줄일 수도 있다. 고통이 머릿속에만 있는 것은 아니지만 미해결된 감정은 고통을 가중할 수 있다.

1억 명 이상의 미국인이 만성 통증에 시달리고 있다. 만성 통증을 겪게 되면 스트레스가 심해지고 쇠약해지고 고갈될 뿐 아니라 예상 스트레스도 심해진다. 이를테면 만성 통증이 결코 나아지지 않거나 그것 때문에 불구가 되거나 직장을 잃을 것이라고 걱정하며 스트레스를 받는 것이다.

많은 사람이 부상이나 사고로 만성 통증을 앓기 시작하지만 부상이 치유된 후에도 통증은 오랫동안 지속된다. 명확한 진단이 없다 보니 최악의 경우를 상상하기도 쉬워진다. 이로 인해 악순환이 발생한다. 경험적 연구에서 파국화가 통증 강도 증가, 통증에 대한 더 심한 피로, 통증이 만성화될 가능성 증가와 관련돼 있음이 입증됐다.[15] 파국화가 통증을 증가시킨다는 사실은 고통에 신체적·정서적 요소가 둘 다 존재한다는 것을 보여준다.

실제로 신체적·감정적·사회적 고통을 경험할 때마다 뇌에서 동일한 통증 신경망이 활성화된다. 이 신경망에는 섬피질과 전대상피질 일부가 포함되는데[16] 12장에서 설명했듯이 두 부위는 스트레스 각성과 감정을 조절하는 데 중요한 역할을 한다. MMFT는 이 두 부위를 변형시킨다고 밝혀졌다.

2장에서 설명했듯이 스트레스가 심한 환경에서 일하는 사람들은 심리적·정서적 문제보다 신체적 문제로 도움을 구하는 편이 낙인이 덜 찍히기 때문에 신체화를 통해 정서적 고통을 표현하는 경향이 있다.[17] 2003년 이라크 침공을 앞둔 미 육군 제82공수사단 연구를 기억하는가? 전투 경험이 없는 군인들에 비해 참전 용사들은 만성 통증을 비롯해 상대적으로 더 많은 신체적 증상을 보이는 동시에 정서적 고통을 부인하는 식으로 임박한 파병 스트레스에 대처하는 경향이 있었다.[18] 만성 통증은 내가 훈련하면서 가장 흔하게 발견하는 조절 장애 증상 중 하나다.

문화적으로 우리는 통증이 부상이나 신체적 손상으로 인해 발생한다고 생각하는 경향이 있지만 최근 연구는 더 복잡한 설명을 제시한다. 의사들은 오래전부터 신체적 문제가 없는데도 만성 통증이 존재할 수 있음을 인정해왔다. 예를 들어 하부 요통에 시달리는 환자 약 85퍼센트는 진단 결과 아무런 이상이 없었다. 반대로 추간판 탈출증(하부 요통에 대한 공통 설명)을 앓는 많은 사람이 아무런 통증도 겪지 않는다.[19]

정서적 고통과 신체적 고통은 공통된 통증 신경망을 공유하고 뇌에서 동일한 신경 회로를 사용하기 때문에 상호작용한다. 만성 통증 환자들의 경우 통증 전달로의 중추감작central sensitization 때문에 이 신경 회로가 과민 반응을 보인다. 최근 연구는 중추감작이 심신 체계의 전신적·만성 염증에서 기인함을 보여준다.

복잡한 상호 관계를 부각하듯이 주요 우울증을 앓는 사람의 대략 절반은 만성 통증에 시달리고 또 만성 통증 환자 65퍼센트는 주요 우울증을 겪는다.[20] 더 안 좋은 상황은 우울증과 만성 통증을 함께 겪으면 장애, 약물 남용, 자살 위험이 높아진다는 것이다. 예를 들어 9.11 테러 이후 미국 참전 용사 사이에서 만성 통증과 약물 오용은 자살 사고 및 폭력적 충동과 높은 상관성을 보였다.[21]

불행히도 대부분의 미국인은 만성 통증에 비효율적인 방법으로 대처하는 경우가 많아 개인적 무력감을 부추기고 생존 뇌를 외상적 스트레스로 몰아간다.

거대 제약 회사들이 이 문제를 '해결'하기 위해 많은 약품을 시판하지만 처방약은 만성 통증에 거의 효과가 없다. 게다가 거의 모든 진통제—아스피린과 이부프로펜 같은 비스테로이드 항염증제와 타이레놀을 포함—의 만성적 복용은 통증수용기의 과민성을 증가시킨다. 진통제의 만성적 복용은 장 투과성('새는 장')을 높여 마이크로바이옴의 건강을 해치고 염증을 증가시킨다.[22] 이 내용은 17장에서 더 다룰 것이다. 특히 오피오이드(바이코딘Vicodin, 퍼코셋Percocet, 모르핀 등)와 벤조디아제핀(발륨Valium, 아티반Ativan, 자낙스Xanax, 클로노핀Klonopin 등)은 중독성이 있어 미국의 약물 남용과 폭발적인 오피오이드 전염병을 부추기고 있다.

한편 많은 만성 통증 환자들이 비싸고 위험한 수술에 의존한다. 흔히 수술 후 통증이 일시적으로 가라앉는 경우가 많은데 이는 잘 알려진 위약 효과placebo effect다. 하지만 그 후에는 통증이 전보다 더 심해져 환자의 무력감을 증가시키는 경우가 많다. 예를 들어 허리 수술 환자의 약 20퍼센트는 값비싼 시술 후에도 여전히 만성 통증을 느낀다. 또 잘 통제된 여러 연구에서 골관절염과 관련된 무릎 통

450

증의 복강경 수술도 위약 효과보다 별반 효과가 크지 않으면서 종종 무릎 교체의 필요성을 앞당기는 것으로 나타났다.[23]

그렇다면 우리는 어떻게 만성 통증에 시달리면서도 주체성을 찾을 수 있을까? 17장에서 전신 염증을 줄이고 장내 세균총의 균형을 다시 맞추는 방법을 구체적으로 제시할 것이다. 여기에서는 격렬한 신체감각을 능숙하게 다루기 위한 몇 가지 제안을 하고 싶다.

첫째, 잠이 부족하거나 압도되거나 강렬한 감정을 경험할 때처럼 인내의 창 밖에 있을 때는 통증이 보통 더 심해진다는 점을 인식하자. 만성 통증은 조절 장애의 한 증상이다. 그러므로 스트레스 활성화를 해소하고 인내의 창 안에서 다시 회복하기 위한 도구—더 많이 자고 더 많이 운동하고 더 잘 먹고 G&R 연습을 활용하는 것 등—를 사용하면 더 신속히 통증을 줄일 수 있을 것이다.

둘째, 긴장과 통증이 느껴지는 부위를 다루기 위해 G&R 연습을 바꿔 적용할 수 있다. 가령 목에서 통증이 느껴진다고 해보자. 목을 아주 천천히 돌리는 연습을 하면서 어딘가 '걸림'이 느껴지는 부위를 찾아낼 수 있다. 무심코 이 부위를 지나치지 않도록 충분히 천천히 스트레칭하는 것이 중요하다. 아픈 부위 끝까지 스트레칭을 하면서 통증을 가만히 참으며 거기에 주의를 집중하라. 참는 동안 고통이 순간적으로 심해질 수도 있지만 그러고 나면 풀릴 것이다.

13장에서 소개한 해소 증상을 인지하면 해소가 진행되고 있음을 알게 된다. 특별히 아프거나 약한 부위에 테니스공이나 골프공을 대고 누르면서 같은 원리를 적용해볼 수도 있다. 90초 정도 불편함을 참을 수 있다면 보통 풀린다.

다양한 G&R 스트레칭을 이용해 감각운동 심리치료나 SE 등 신체 기반 기법을 보완할 수 있다. 또 몸을 생체 역학적으로 다시 정렬하고 더 근본적인 근막, 에너지, 정서적 해소를 목표로 삼는 바디워크에도 도움을 받을 수 있다.

셋째, 많은 사람이 통증을 차단하는 방법으로 만성 통증에 대처하지만 고통을 억제하고 싸우려면 엄청난 양의 에너지가 소모된다. 우리는 스스로 신체적 고통을 서서히 자각하도록 훈련함으로써 이전까지 통증을 차단하는 데 썼던 에너지를 자유롭게 만들 수 있다.

마음챙김으로 통증을 다루려면 먼저 접촉 지점 연습을 활용하는 식으로 주의 통제력을 발전시켜야 한다. 처음에는 주의 통제력을 기르면서 비교적 통증이 없는 자세로 연습하는 것이 중요하다. 예를 들어 많은 요통 환자는 누운 상태에서 무릎을 구부리고 모아서 접촉 지점 연습을 하면 통증이 최소화됨을 발견할 것이다. 반복해서 접촉 지점 감각에 주의를 돌리다 보면 생존 뇌가 당신이 안전하고 안정적이며 정착한 상태임을 감지하는 데 도움이 된다. 생존 뇌에서 안전을 감지하면 통증이 가라앉도록 도울 수 있다.

일단 주의 통제력을 길렀다면 통증을 직접 다루기 시작해 고통스러운 감각을 견디는 능력을 키울 수 있다. 당부해두지만 이 연습은 아침에 첫 번째 일과로 정해놓는 등 비교적 편안하고 조절되고 균형이 잡혀 있다고 느낄 때 하는 것이 가장 좋다.

먼저 접촉 지점의 소리나 감각 같은 중립적 목표 대상에 주의를 기울이는 것부터 시작하자. 그다음 통증을 느끼는 부위 가장자리로 주의를 돌려보자. 처음부터 곧바로 가장 고통스러운 부위 한가운데로 주의를 집중하는 것은 도움이 되지 않는다. 그러면 생존 뇌가 위험을 감지하게 돼 더 많은 스트레스와 고통이 유발될 뿐이다!

통증 가장자리 부위 감각에 주의를 기울이는 동안은 욱신거림, 화끈거림, 찌르는 느낌, 열기 등 실제 신체감각과 통증에 대한 사고 뇌의 이해를 구분하는 것이 중요하다. 가능한 한 통증에 관한 어떤 생각에서든 주의를 돌려 실제 신체감각에 주의를 집중하자.

통증 가장자리에 너무 많은 주의를 기울이게 된다면 다시 중립적 목표 대상으로 주의를 되돌리자. 연습하는 동안 중립적 목표 대상과 통증 가장자리 사이에서 주의가 수차례 오갈 수 있다.

또 통증 가장자리에 주의를 기울이는 동안 심박 수 증가, 얕은 호흡, 메스꺼움, 입안 건조, 축축한 손바닥, 가슴 짓눌림 등 스트레스 활성화 증상을 발견할 수도 있다. 이 경우에는 통증에서 주의를 멀리해 접촉 지점 감각에 다시 주의를 돌리면서 G&R 연습 한 주기를 실행하자.

실제로 만성 통증은 종종 우리가 아직 해소하지 못한 미해결된 기억 캡슐이나 불완전한 방어 전략과 관련이 있다. 가끔씩 통증 가장자리에 주의를 기울이다 보면 그중 하나를 건드리게 된다. 그래도 아무 문제 없다. 그냥 G&R 연습으로 그것을 해소하고 방출하자.

하지만 만약 이런 일이 자주 일어난다면 감각운동 심리치료나 SE 같은 신체 기반 기법을 훈련받은 치료사를 찾아가는 것이 좋다. 그들은 당신이 혼자 할 수 있는 것보다 더 안전하고 효과적으로 기억 캡슐을 통과하고 방출하도록 도와줄 것이다.

어쨌든 통증 가장자리에 주의를 기울이는 연습을 하다 보면 시간이 지날수록 불편함을 견디는 능력이 늘어날 것이다. 그러면 도전적 경험에 대한 내성이 증가해 당신이 통증에 대응하는 방식을 변화시킬 것이다. 당신은 통증을 둘러싼 괴로움과 두려움을 적게 경험할 것이다. 이것이 바로 마음챙김 기반의 개입들이 통증 강도를 낮추고 그와 관련된 고통을 줄여주는 한 가지 이유다. 우리가 신체감각을 두려움 없이 다룰 수 있을 때 통증은 자연스럽게 줄어든다.

정서적 고통과 신체적 고통은 동일한 신경 회로를 사용하므로 이 장의 감정 부분에서 나온 아이디어를 활용하면 기저 감정도 직접적으로 다룰 수 있다. 치료사와 함께 다룰 수도 있고 고통에 관해 일기를 쓰면서 고통과 그 메시지를 공유할 수도 있다. 질문을 적고 나서 '고통'에게 평소 덜 익숙한 손으로 그 답을 쓰게 하면 내면의 비판자를 잠재울 수 있다. 이 말이 이상하게 들리겠지만 나는 개인적 경험을 통해 이 방법이 정말로 효과가 있음을 확인했다.

마지막으로 당신이 통증에 대해 가진 자기 제한적 믿음, 즉 신체적으로 할 수 있는 일과 못하는 일에 대한 믿음 등을 일기에 적은 다음 작은 실험으로 이 믿음을 검증해볼 수도 있다. 이 믿음이 정말 사실일까? 그 과정에서 '할 수 없다' 항목이 '할 수 있다' 범주로 옮겨져 통증이 일상생활에 미치는 부정적 영향을 최소화할 수도 있다. 다음 장에서는 한계를 다루는 방법을 살펴볼 텐데 그 방법 역시 만성 통증에 적용해볼 수 있다.

한계와 저항을 능숙하게 다루기: 거시적 수준의 주체성 1

나는 낮잠을 잤다는 이유로 심하게 자책하는 군 지도자를 훈련한 적이 있다.

우리가 얘기를 나눌 때 톰^{Tom}은 감기를 앓고 있었다. 톰은 현장에서 몇 주 동안 강도 높은 훈련을 실시하고 매우 장시간 근무하다가 막 돌아왔다고 설명했다. 그는 복귀해 무기와 탄약을 잘 보관한 후 뜨거운 물에 샤워하고 제대로 된 식사를 하고 밀린 휴식을 취하라며 부대를 일찍 해산했다. 하지만 정작 자신은 사무실에 머물면서 서류 작업을 해치우고 잔뜩 밀린 이메일을 처리할 계획이었다.

그러나 막상 작업을 시작했을 때 아무런 동기가 없다는 사실을 알았다. 그는 자기 규율이 부족하다고 자책했다. "다른 지도자였으면 분명 어떻게든 책상에 앉아 있으려고 노력했겠죠. 하지만 나는 게으름에 굴복하고 말았어요"라고 그는 말했다. 톰은 사무실 소파로 자리를 옮겨 추리소설을 집어 들고 몇 페이지 읽다가 바로 잠들었다. 그날 저녁 그는 얼굴에 책을 덮은 채로 깨어나 집으로 돌아가서 밤중에 몇 시간을 더 곤하게 잤다. 톰은 나에게 이런 '게으른' 행동을 고백하면서 의자에서 몸을 수그렸다.

"어젯밤에 반드시 끝내야 할 정도로 시간에 쫓기는 일이 있었나요?" 나는 물었다.

그는 고개를 저었다. "아니요."

"오늘 아침에 일어났을 때 피로가 좀 풀린 느낌이 들었나요?" 나는 물었다.

"그럼요."

"오늘 감기 기운이 어제보다 나아졌나요?"

"그런 것 같아요."

"어제 당신이 생각하는 게으름에 굴복하고 나서 오늘 아침에 더 정신이 들던가요?"

"물론이죠."

"그럼 대체 뭐가 문제인지 모르겠군요." 나는 단언했다. 몸의 진정한 요구에 따라 잠을 자고 나서 그는 이제 더 기민하고 의욕적으로 변했다. 오늘 그는 주어진 임무를 더 빠르고 효과적으로 완수할 것이다. 이는 게으름이 아니라 지혜였다.

톰은 고개를 끄덕였다. 그래도 여전히 마음이 편치 않아 보였다.

왜 그럴까?

비록 톰은 그의 생존 뇌와 신체 정보에 주의를 기울이고 수면을 취해 그 요구를 들어줬지만 그의 사고 뇌는 여전히 '게으름'과 '좋은 지도자'에 대한 기존 생각과 믿음에 사로잡혀 있었다. 이 생각은 실제 상황과 상충됐고 그 불일치가 괴로움에 계속 기름을 붓고 있었다. 톰은 명백히 적응적 의사 결정에 엄청난 양의 자책감, 수치심, 스트레스를 더하면서 여전히 현실과 싸우고 있었다.

'해야 한다 should' 와의 투쟁

─────────────────── 사고 뇌의 생각, 의견, 신념, 가정, 기대, 선호가 현실 상황과 부합하지 않을 때마다 고통이 따른다. 나는 이 같은 사고 기반 현상을 한데 묶어 '사고 뇌 의제 thinking brain's agenda'라고 부를 것이다. 사실 사고 뇌는 훌륭한 도구여서 우리는 세상을 살아가면서 사고 뇌의 재능에 크게 의존하는데, 때로는 사고 뇌가 우리에게 최악의 적이 되기도 한다.

이번 장과 다음 장에서는 사고 뇌가 우리를 곤경에 빠뜨릴 수 있는 상황을 살펴본다. 그 과정에서 많은 사람이 무력감과 통제력 부족을 느낀다. 그러나 스트레스 각성, 감정, 만성 통증과 달리 15~16장의 주제는 우리 정신이 만든 스트레스 요인으로, 대부분은 사고 뇌에 의해 유발된다. 스트레스 요인을 경험할 때 느끼는 고통은 대체로 있는 그대로의 현실과 사고 뇌에서 기대하거나 믿거나 선호하는 현실 사이의 괴리에서 비롯된다.

이번 장은 한계, 경계, 저항 속에서 주체성을 찾는 데 초점을 맞춘다. MMFT에는 한계를 능숙하게 인식하고 다루는 경험적 실습이 일부 포함되지만 그 내용은 이 책에 포함되지 않았고 이 장의 논의는 대부분 공식적인 MMFT 과정의 범위를 넘어선다.

14장에서 설명했듯이 우리의 생각과 행동이 현재 순간의 현실과 너무 심하게 동떨어질 때 생존 뇌는 위협을 느껴 스트레스 각성을 증가시키고 그 메시지를 확실히 전달하는 식으로 반응한다. 그러므로 톰의 사고 뇌에서 그가 무조건 책상에 앉아 업무에 열중하리라고 기대했을 때 생존 뇌가 스트레스, 자기비판, 수치심을 증가시킨 것은 놀라운 일이 아니다.

사고 뇌가 현실과 싸우고 있다는 가장 좋은 단서 중 하나는 우리가 '나는…을 해야 한다'거나 '나는…을 하기로 돼 있다'고 생각할 때다. '해야 한다'는 생각이 마음속에 떠오른다면 그것은 사고 뇌가 현재 우리 경험의 일부 측면을 무시하거나 부정하고 있다는 단서다. '해야 한다'는 생각은 현재 순간의 현실과 사고 뇌 의제 사이의 괴리를 보여준다.

어쩌면 우리는 사고 뇌에서 '해야 한다'고 생각하는 일을 정말로 하고 싶은 것이 아니라 외부 기대를 충족하고 다른 사람을 기쁘게 하거나 다른 사람을 실망시키지 않으려는 욕구에서 동기를 부여받는 것일지도 모른다. 다른 사람을 기쁘게 하고 싶은 우리의 일부와 그렇게 하고 싶지 않은 일부 사이의 엇갈린 감정을 자각하지 못하면 내적 분열이 초래되고, 이는 결국 분노로 표출될 가능성이 높다. 더욱이 '강력한 지도자'(또는 '좋은 부모', '도움이 되는 동료')로서 그렇게 느끼면 안 된다고 생각해 그 분노를 계속 부정하고 억누른다면 점차 습관적 감정 억제로 이어지고, 이는 스트레스 각성, 염증, 만성 통증,

PART 3. 인내의 창을 넓혀라

스트레스 반응 주기 습관에 대한 의존 등을 증가시켜 생체 적응 부하를 가중하는 결과를 낳게 된다.

어쩌면 우리는 사고 뇌에서 '해야 한다'고 생각하는 일을 신체적·정신적·인지적으로 할 수 없을지도 모른다. 이런 경우는 우리가 심신 체계의 실질적 한계에 부딪힐 때 발생한다. 이를테면 동작 범위의 신체적 한계, 음식이나 물, 수면 없이 오래 버틸 수 있는 한계, 작업 기억에 동시에 담을 수 있는 정보 개수 등처럼 말이다.

이 '할 수 없다'는 범주는 사고 뇌의 자기 제한적 믿음이 아니라 자연법칙에서 기인하는 실질적 제약 조건을 말한다. 우리는 마술을 부려 일주일을 8일로 만들 수도 없고 심신 체계가 노화해 결국 사망하는 것도 막을 수 없다. 다시 말하지만 우리가 '해야 한다'는 생각으로 현실을 부정하는 사고 뇌의 경향과 현실의 제약을 인식하지 않는 한, 있는 그대로의 현실과 사고 뇌 의제 사이의 괴리는 점점 커질 수밖에 없다.

물론 '해야 한다'는 생각은 '해서는 안 된다'는 부정적 방식으로 표현될 수도 있다. 이런 생각은 정반대 관점에서 내적 분열을 야기한다. 예를 들어 사고 뇌가 '나는 분란을 일으키거나 목소리를 높여서는 안 된다'고 생각한다면 우리는 가끔 자신의 목소리를 내고 싶을 때도 그저 조용히 남들의 비위를 맞추며 지내게 될 것이다. 혹은 사고 뇌가 '나는 그 쿠키를 먹어서는 안 된다'고 생각한다면 우리는 생존 뇌에서 설탕으로 진정하려는 스트레스 각성과 감정을 무시하게 될 것이다. 어느 쪽이든 있는 그대로의 현실과 사고 뇌 의제 사이의 괴리는 여전히 존재한다.

분명히 말하지만 사고 뇌가 현재 순간의 현실과 일치하지 않는 의제를 갖고 있는 것은 문제가 아니다. 생존 뇌가 스트레스 각성과 감정을 유발할 때처럼 우리가 무의식적으로 사고 뇌 의제에 모든 결정과 선택을 내맡길 때만 문제가 된다. 그때 우리는 현실과 투쟁하기 시작한다.

이런 이유로 꼭 그렇게 행동해야 할 윤리적 의무가 없는 한 대부분의 '해야 한다'는 생각은 선택의 순간을 제시한다. '해야 한다'는 생각은 우리에게 지금 이 순간 무엇이 사고 뇌 의제와 전체 현실상 사이의 괴리를 초래하고 있는지 비판단적으로 검토할 기회를 제공한다. 만약 우리의 일부가 '해야 한다'는 지시를 따르기 원하지 않는다면 우리는 의식적으로 선택할 수 있다. 때로는 '해야 한다'는 생각에 따라 행동하기로 선택할 수도 있고 때로는 그렇지 않을 수도 있다. 어느 쪽이든 우리는 의식적인 선택을 하는 것이다. 마찬가지로 그 괴리가 '할 수 없다'는 엄격한 제약에서 비롯된다면 우리는 이 한계를 알아차리고 당장은 가능한 선에서 타협할 수 있다.

두 가지 괴리와 함께 전체 현실상을 고려한다면 우리는 자율성을 가진 주체성에 접근할 수 있다.

흥미롭게도 때때로 우리는 '해야 한다'는 생각을 외부 환경에 외현화한다. 예를 들어 당신이 장시간 업무 회의 중이라고 해보자. 근처에 앉은 동료가 탁자 아래로 폰 게임을 하고 있고 당신은 '저들은 빈둥거리지 말고 주의를 기울여야 한다'는 생각을 인지한다. 또 다른 동료가 계속 종알대자 당신은 '저들은 진작 본론으로 들어가서 얘기를 멈췄어야 한다!'고 생각한다. 이 '해야 한다'는 생각은 외부를 향하지만 실은 둘 다 당신의 사고 뇌 의제와 있는 그대로의 현실 사이의 괴리를 보여주는 단서들이다.

사실 이런 생각들은 심신 체계에 있는 무의식적 조급함과 짜증을 드러낸다. 당신의 사고 뇌는 현재 순간의 현실과 싸우고 있다. 사고 뇌는 장시간 회의에 앉아 있지 않고 벗어나고 싶은 것이다. 조바심 때문에 당신이 절대 통제할 수 없는 동료들의 행동을 못마땅하게 여기는 외현화된 '해야 한다'는 생각을 하는 동안 결국 심신 체계에 스트레스 활성화가 쌓이게 된다.

반면 외현화된 '해야 한다'는 생각을 단서로 삼아 자신을 관찰한다면 기저의 짜증에 주의를 기울일 수 있고 그럼으로써 현재 순간의 전체 현실상을 자각할 수 있다. 일단 당신의 짜증을 알아차리면 접촉 지점으로 주의를 돌리고 조바심의 파도가 지나가길 기다렸다가 다시 조절된 상태로 회복하기를 선택할 수 있다. 우리는 결코 주변 사람들을 통제할 수 없지만 자신의 심신 체계에서 일어나는 일은 능숙하게 선택할 수 있다.

당신이 '나는 …을 해야 한다'거나 '나는 …을 하기로 돼 있다'는 생각에 주의를 기울이기 시작하면 사고 뇌의 의견 때문에 우리가 희생자나 순교자 역할을 할 때가 얼마나 많은지 깨달을 것이다. 사고 뇌는 이런 식으로 매우 교활해질 수 있다! 현실은 결코 우리에게 희생자나 순교자가 되라고 요구하지 않는다. 우리 스스로가 그렇게 요구하는 것이다.

나는 교수들의 글쓰기 훈련 과정 코치를 맡고 있는데, 한때 자신의 직업을 싫어하는 교수를 코치한 적이 있다. 크리스Chris는 글쓰기,

강의, 동료들, 학계 규율을 모두 싫어했다. 그는 심지어 훈련 과정에 나오는 것도 싫어했지만 그의 학장이 그에게 참여를 "강력하게 권했다." 몇 주가 지나는 동안 매주 전화 회의를 할 때마다 크리스는 자신의 직업과 글쓰기 훈련 과제를 불평했고 그러면 나와 소그룹의 다른 교수들은 그에게 불행을 잘 살펴보고 학계를 아예 떠나는 방안도 고려해보라고 격려했다. 그의 대답은 늘 같았다. "나는 이 훈련을 받아야 해요. 학장이 보냈으니까요." 또는 "나는 가족을 먹여 살려야 해서 이 직장에 남아야 해요."

이런 식으로 몇 주가 지나자 나는 그의 끊임없는 부정성이 이 집단에 해로운 영향을 끼치고 있음을 깨달았다. 나는 진정한 호기심에서 마침내 크리스에게 그렇게 불행해하면 훈련 과정의 참가자로서나 인생 전체에 어떤 이득이 있느냐고 물었다. 이 질문에 그는 깜짝 놀라 입을 다물었다. 나는 그에게 내 질문을 고려해보라고 제안했고 나머지 사람들은 대화를 계속했다.

회의가 끝날 무렵 크리스는 불행해하면 자신이 '유력하다'는 느낌을 받을 수 있었다고 용기 있게 인정했다. "그의 인생에서 모든 사람이 그가 항상 희생하고 있음을 알 수 있었기 때문이다." 그 후에 나는 크리스에게 왜 그런 식으로 보이는 것을 좋아하느냐고 물었다. 크리스는 잠시 말을 멈췄다가 그렇게 하면 어떤 변화에 관한 고민도 피할 수 있다고 대답했다. 이런 통찰은 크리스의 삶에 엄청난 변화를 가져올 여지를 만들었다.

우리가 '해야 한다'는 생각에 사로잡혀 있을 때는 의식적으로든 무의식적으로든 현재 순간의 현실이 지닌 어떤 측면과 싸우고 있는 것이다. 그러므로 '해야 한다'는 생각에 근거해 결정을 내리면 종종 전체 현실상의 중요한 정보들을 무시하게 된다. 심지어 '해야 한다'는 생각에 사로잡힌 사람은 자신의 경험에 다른 사람이라면 현재 정보로 어떻게 선택할 것인지에 대한 사고 뇌의 의견을 덧씌우게 되는데, 이 의견은 그가 현재 상황을 명확히 보지 못하도록 차단할 뿐만 아니라 지금 당장 자신에게 최선의 선택을 할 수 있는 타고난 지혜도 단절시킨다.

자각과 지혜가 있다면 '해야 한다'는 생각이 우리의 선택을 이끌지는 않는다. 이럴 경우 우리는 내부와 외부 환경을 명확하게 파악하고 '해야 한다'가 아닌 모든 정보를 활용해 최선의 행동 방침을 선택할 수 있다.

특히 스트레스를 받을 때 사고 뇌 의제는 실제로 무슨 일이 벌어지는지 보지 못하게 방해할 수 있다. 그렇기 때문에 가장 중요한 정보 중 하나는 우리의 신체감각이다. 몸은 이 순간에 진실을 인식하는 가장 좋은 관문이기 때문이다. 내수용 자각을 이용해 신체 기반 지식에 주파수를 맞추면 우리는 사고 뇌 의제를 훨씬 뛰어넘는 심신 체계의 유기적 지능에 접근할 수 있다.

한계 및 경계

──────────────── 톰이 '해야 한다'는 생각에 사로잡힌 주된 이유는 무의식적으로 몇 가지 한계를 무시했기 때문이다. 톰의 사고 뇌 의제는 당시 그의 실제 능력에 현실적으로 부합하지 않

았다. 당시 톰의 사고 뇌는 그가 휴식을 취하고 긴장을 풀고 일을 즐기고 인내의 창 안에 있을 때처럼 최적의 조건하에서 최고의 수행을 할 수 있다고 가정했다. 이것을 '상황 A' 수행이라고 부르자. 그러나 현실에서 톰은 자신이 지치고 잠이 부족하고 짜증나고 감기로 고생하고 인내의 창을 벗어난 '상황 B'에 있다는 사실을 알게 됐다.

이 같은 한계와의 투쟁은 내가 스트레스가 심한 직업군의 전문가들이나 성취욕이 강한 조지타운 학생들을 가르칠 때 가장 흔하게 접하는 문제 중 하나다. 이는 '고통 없이는 성취도 없다'는 미국 문화의 고질적 병폐다. 이로 인해 우리는 '이 악물고 버티라'거나 '그냥 참고 견디며 계속 밀어붙이라'는 태도에 지나치게 의존한다.

이런 투쟁의 일부는 조절 장애 상태일 때 사고 뇌 의제에 사로잡히기 더 쉽다는 사실에서 기인한다. 그러나 혼란의 일부는 한계가 어떻게 작동하는지에 대한 불완전한 이해에서 기인한다.

계속 얘기하기 전에 몇 가지 용어를 정의해보자. '외적 한계external limit'에는 시공간의 연속성, 중력, 광속, 기타 자연법칙이 지배하는 다양한 환경적 현상이 포함된다. '내적 한계internal limit' 역시 자연법칙에 지배를 받는데 신체적·인지적·활동적·정서적·심리적 차원에서 뇌와 신체의 생물학적 제약과 관련된다. 내적 한계의 예를 몇 가지 들면 기절하기 전에 얼마나 많은 고통을 견딜 수 있을까, 심장은 얼마나 빨리 뛸 수 있을까, 얼마나 많은 무게를 짊어질 수 있을까, 얼마나 오랫동안 어떤 일에 주의를 기울일 수 있을까, 실행 기능은 얼마나 빨리 고갈될까, 압도당하거나 침잠하거나 행동화하기 전에 자신의 스트레스 각성과 타인의 반응성을 얼마나 견딜 수 있을까 등이다. 사실 현재 인내의 창 넓이는 가장 중요한 한계 중 하나다.

이에 반해 경계는 관계적이다. 경계는 우리가 다른 사람과 얼마나 물리적으로 가까워지기를 선호하는지, 다른 사람과 접촉을 주고받는 것을 얼마나 편하게 여기는지 등이 포함된다. 경계 역시 인지적·활동적·정서적·심리적으로 구분된다. 건강한 경계에 있다면 우리는 자신의 생각, 감정, 신경계 활성화를 타인의 것과 분리할 수 있다. 예를 들면 다른 사람의 내면 상태에 지나치게 휘둘리거나 책임지지 않고 타인의 생각, 감정, 스트레스 각성을 인식할 수 있다. 또 타인과의 차이를 허용하고 수용하면서도 여전히 연결을 유지할 수 있다. 남들의 관점이 우리의 결정을 좌우하게 내버려두지 않으며 우리의 관점을 남들에게 강요하려 애쓰지도 않는다.[1]

모든 조건화가 그렇듯이 우리는 본능적으로 어린 시절 사회 환경을 통해 한계와 경계에 관한 신념과 습관을 내재화했다. 만약 부모와 양육자들이 우리와 그들의 한계와 경계를 존중했다면 우리는 한계와 경계를 둘러싼 건강한 관계를 발전시킬 가능성이 높다. 반대로 주변 사람들이 습관적으로 자신의 한계를 무시하는 모습을 보고 자라거나 처벌을 피하거나 관심과 사랑을 받기 위해 자신의 한계를 무시하도록 강요받는 환경에서 자랐다면 한계에 대한 건강하지 못한 패턴을 형성했을 가능성이 높다. 마찬가지로 어렸을 때 관계 트라우마를 경험했거나 자신을 돌보기를 희생해가며 다른 사람들이 원하는 일을 하도록 요구받았다면 경계에 대한 건강하지 못한 패턴을 발전시켰을 가능성이 높다.

한계와 경계는 내게 특히 중요한 성장상의 취약점이었다. 나는 걸음마를 배울 때부터 반복적으로 외상적인 침범을 당했기 때문이다. 나보다 나이가 많고 강하고 힘 있는 사람들이 반복적으로 내 한계를 부정하고 경계를 넘나들면서 나는 무의식적으로 내 경계와 한계는 사실상 존재하지 않는다는 것을 학습했다.

이로부터 몇 가지 신경생물학적 적응이 초래됐다. 이 사건들을 통해 내 생존 뇌는 잘못된 신경지, 즉 안전과 위험을 정확하게 감지하지 못하는 무능력을 조건화했다. 게다가 내 고통을 부정하고 억압하고 구획화하고 내 자신의 한계를 무시하는 것이 그 나이에 내가 이용할 수 있는 유일한 방어 전략 겸 관계 전략이었다.

사고 뇌 역시 이 상황에서 나를 보호하는 데 중요한 역할을 했다. 사고 뇌는 몇 가지 무의식적 믿음을 만들어냈는데 대부분 나한테 분명 어딘가 문제가 있어 그 사건들이 발생했다는 믿음의 핵심과 관련이 있었다. 달리 표현하자면 내 사고 뇌는 실제로 안전하지 않은 환경에서 내가 안전하다고 스스로를 설득할 수 있는 믿음, 생각, 가정을 만들어냈다. 그 나이에는 외부 상황이 뭔가 잘못됐다고 믿기보다 내가 뭔가 잘못됐다고 믿는 편이 훨씬 더 쉬웠다. 이런 식으로 내 사고 뇌는 안전하지 못한 현실과 내가 거기에서 벗어나기에는 너무 어리고 힘없다는 사실 사이에서 불가능한 절충을 시도했다.

물론 이 모든 조건화의 패키지, 즉 내 생존 뇌의 잘못된 신경지, 고통을 부정하고 한계를 뛰어넘으려는 무의식적 전략, 내가 사고 뇌 의제에 부여한 믿음 등은 트라우마가 재연되는 조건을 형성했다. 결국 트라우마 재연이 수차례에 걸쳐 일어나면서 매번 내 인내의 창을 더 좁히고 불가능한 절충을 시도하려는 패턴을 더 강화했다.

이 모든 조건화가 동시에 작용한 덕분에 나는 살아남을 수 있었다. 그러나 이 뿌리 깊이 새겨진 무의식적 패턴, 즉 항상 있는 그대로의 현실과 사고 뇌 의제의 현실 사이에서 불가능한 절충을 시도하려는 노력은 엄청난 대가를 초래했다.

1장의 내 사례로 돌아가보면 불가능한 절충을 시도하는 패턴 때문에 나는 장도리의 뾰족한 끝으로 발뒤꿈치를 1인치쯤 찌르고도 그로부터 7일 후 내내 달려 마라톤을 완주할 수 있었다. 심지어 10마일이 지나면서부터는 상처에서 다시 출혈이 시작됐는데도 말이다. 또 그 패턴 때문에 나는 하버드대학교 박사 논문의 7개 챕터를 10주 만에 작성해 총 461쪽짜리 원고를 마감일에 전달할 수 있었다. 비록 논문을 쓰는 몇 달 동안 밤을 새우다시피 했고 그 과정에서 키보드에 구토까지 해가며 원고를 작성했지만 말이다.

톰과 마찬가지로 내 사고 뇌 의제와 현실 사이의 괴리도 실로 대단히 컸다.

내가 불가능한 절충을 시도하는 데 성공했을까? 당시 내 사고 뇌는 분명 그렇게 생각했다. 더구나 내 주변 세계는 내게 그런 선택에 보상을 제공했다.

하지만 이렇게 불가능한 절충을 시도하는 패턴 뒤에, 또 그에 따른 성취욕 뒤에는 항상 내가 뭔가 잘못된 것이 틀림없다는 어린 사고 뇌의 무의식적 믿음이 도사리고 있었다. 그리고 이렇게 불가능한 절충을 시도하는 패턴의 대가는? 내 몸, 내 관계, 내적 혼란 그리고 점점 심해지는 생체 적응 부하로 치러야 했다.

이런 식으로 그냥 참고 견디면서 계속 밀어붙여온 것이다.

CHAPTER 15. 한계와 저항을 능숙하게 다루기: 거시적 수준의 주체성 1

내 얘기에서 알 수 있듯이 현실과 현실에 대한 사고 뇌 의제 사이의 많은 조건화된 괴리는 어린 시절에서 유래한다. 그러나 시간이 지날수록 무의식적 패턴이 점점 의식적 자각 안으로 들어오면서 우리는 그를 비판단적으로 검토하고 치유해 마침내 다른 선택을 할 수 있게 된다. 참으로 다행스러운 일이다!

그 과정에서 우리가 할 일은 현재 상황을 명확하게 보고 지금 당장 우리 능력이 닿는 한 최선을 다해 상황에 대응하는 것뿐임을 인식하게 된다. 물론 '지금 당장 우리 능력이 닿는 한 최선을 다해'는 한계와 경계의 현재 상태를 포함한 여타 상황에 따라 순간순간 변화할 것이다. 여기서 우리가 목표로 추구하는 것은 완벽함이 아니라 온전함이다.

비판단적 호기심으로 한계와 경계를 살펴보기 시작하면 금방 세 가지를 깨닫게 된다. 첫째, 한계와 경계는 다양하다. 예를 들어 어떤 한계에서 우리는 엄청난 요구를 감당할 만한 놀라운 능력이 있는 반면 어떤 한계는 워낙 미미해 거의 즉시 고갈된다.

둘째, 톰의 얘기가 보여주듯이 한계와 경계는 맥락에 따라 달라진다. 인내의 창 안에 있을 때 한계는 일정한 크기다. 우리가 아프거나 지치거나 서두르거나 인내의 창 밖에서 스트레스를 받을 때는 한계가 훨씬 더 작아진다. 마찬가지로 직장 동료나 낯선 사람과 함께 있을 때보다 친구들과 있을 때 자연히 신체적으로 더 가까워지고 더 많은 것을 공유할 것이다.

마지막으로 한계와 경계는 역동적이다. 우리 몸과 마음은 흔히 예상하는 것보다 훨씬 더 유동적이다. 예를 들어 대규모 고객 프레젠테이션을 앞둔 바쁜 아침에는 경계가 극도로 제한될 수 있다. 불안감에 사로잡혀 남편과 의미 있는 관계를 맺을 여유가 거의 없는 것이다. 그러나 성공적인 프레젠테이션으로 큰 계약을 따내고 나면 경계가 극적으로 확장된다. 이제는 얼마든지 남편의 힘들었던 하루 얘기를 듣고 정서적 지지를 제공할 수 있게 된다.

이런 역동적 특징 때문에 마음챙김 기반의 연습이 큰 도움이 되기도 한다. 날마다 마음챙김 연습을 함으로써 내적 한계가 항상 얼마나 유동적인지 관찰할 수 있다. 어떤 날은 어려운 요가 자세도 취할 수 있지만 어떤 날은 도저히 할 수 없다. 어떤 날은 마음이 차분하고 집중되지만 어떤 날은 질주하는 생각과 산만함이 폭풍처럼 몰아친다.

이 같은 변화를 관찰하면 한계와 경계를 개인적인 것으로 받아들이지 않는 데 도움이 된다. 더 중요한 점은 변화를 관찰하면 상황 B의 현실 속에 있을 때 상황 A의 최고 성과를 이루려는 사고 뇌 의제를 완화하는 데 도움이 된다는 것이다.

우리는 한계와 경계를 현재 있는 그대로 받아들여야 하지만 시간이 지날수록 한계와 경계를 의도적으로 확대할 수도 있다. "고통이 없이는 성취도 없다"는 잠언에서 이 진실의 불완전한 메아리를 발견하게 된다.

"고통 없이는 성취도 없다"는 말은 왜 불완전한 진실일까? 전체 과정의 전반부에만 초점을 맞추기 때문이다. 즉, 자신을 안전지대 밖으로 끌어내고 의도적으로 현재의 한계를 무시하기로 선택하는 것이다. 반면 전체 과정의 후반부, 즉 의도적으로 한계를 무시한 후 완전한 회복이 뒤따라야 하는 과정을 놓치고 있다. 실제로 한계를 확장하는 것은 후반부 과정인데도 말이다. 아마 지금쯤이면 이해하겠지만 오랜 시간에 걸쳐 한계를 의도적으로 확장하는 것은 인내의 창을 넓히는 것과 같은 과정이다.

혹시 체력 트레이너나 코치의 지도를 받아본 적이 있다면 아마 1단계 및 2단계 근육 실패 지점에 관해 들어본 적이 있을 것이다. 1단계 근육 실패 지점에서 당신의 근육은 비명을 질러대고 사고 뇌는 당신에게 지금 당장 멈추라고 설득하기 위해 괴로운 생각을 만들어낸다. 당신은 몹시 통증을 느끼지만 코치가 계속하라고 하니 고통과 피로를 고의로 무시하게 된다.

계속 운동을 하다 보면 결국 2단계 근육 실패 지점에 이르게 된다. 이때는 단련하던 근육이 걷잡을 수 없이 떨리고 경련이 인다. 이 '떨림'이 바로 운동을 하는 이유인데 작은 근육섬유를 손상시키면 다음 며칠 동안 회복과 아픈 시기를 거쳐 근육이 저절로 재생되는 것이다. 안전지대를 벗어난 수준까지 근육을 단련하기로 선택하면 근육이 더 강한 기준치로 회복할 조건이 마련된다.

그러나 중요한 것은 근육을 만들고 신체적 한계를 확장하려면 반드시 회복 시간이 필요하다는 사실이다. 반대로 충분한 회복 없이 너무 열심히 훈련을 하면 반복적인 혹사와 부상을 당하게 된다.

경험적 연구는 인간이 어떻게 신체적 탈진을 넘어서 계속 나아갈 수 있는지 탐구해왔다. 이 연구는 1단계 근육 실패 지점에서 느끼는 피로와 불편함은 운동하는 근육이 아니라 뇌에서 오는 것이라고 주장한다. 실제로 뇌는 우리 노력의 '중앙 관리자' 역할을 해 심신 체계

가 손상되지 않도록 보호하고 어떤 내부 체계도 절대적인 최대 용량까지 사용하지 못하게 막는다.[2]

그래서 뇌는 우리가 에너지 저장량을 너무 빨리 소비하고 있음을 감지하면 괴로운 생각과 신체적 통증을 만들어내 우리에게 멈추라는 신호를 보낸다. 이 신호는 보수적이어서 뇌는 근육이 실제 한계에 도달하기 오래전부터 피로와 불편함을 일으킨다. 주유소까지 찾아갈 연료가 아직 남은 상태에서 자동차의 주유 경고등이 켜지듯이 사고 뇌에서 한계라고 생각하는 수준과 실제 한계는 일치하지 않는다.

사실 뇌는 우리가 노력한 시간에 대한 기대와 믿음을 바탕으로 수행 속도를 조절한다. 그렇기 때문에 체력이 바닥났다고 느끼다가도 경주 막바지에 이르면 전력 질주할 에너지를 낼 수 있다. 우리 뇌에서 경주가 거의 끝났다고 기대하는 것이다.

위약 효과에 관한 관련 연구가 있는데 이 연구는 사고 뇌의 기대가 어떻게 생리학적 결과—면역계 개선, 신체적 통증을 감소하는 엔도르핀 증가, 불안과 피로 수준 감소 등—로 이어질 수 있는지 보여준다. 이 연구에서 의사는 고의로 가짜 약이나 치료를 사용하지만 환자에게 치료가 성공할 것이라는 기대를 불러일으킨다. 환자는 그것이 가짜임을 알지 못하지만 의사의 열성적인 치료법 설명은 환자가 내적 자원을 동원해 신체적·심리적으로 회복하는 데 도움이 된다. 다시 말해 사고 뇌의 특정한 기대를 유지하면 그에 부합하는 물질적 결과를 얻을 수 있다는 것이다.[3]

종합하자면 이 연구는 한계에 대한 사고 뇌 의제와 실제 한계 사이에 존재하는 괴리를 밝혀낸다. 이 괴리는 두 가지 다른 방식으로 나타난다.

첫째, 이미 언급했듯이 사람들은 습관적으로, 종종 무의식적으로 실제 한계를 무시한다. "고통 없이는 성취도 없다"는 식으로 끝까지 밀어붙이는 접근법이다. 운동선수들이 다친 채로 경기를 계속 뛰면 심각한 부상을 입을 수 있듯이 적절한 회복 없이 습관적으로 실제 한계를 무시하면 생체 적응 부하가 누적되고 인내의 창이 좁아진다. 그러면 혹사와 탈진 사이를 고통스럽게 오가다가 결국 미루기, 저항, 자기 패배적 행동으로 이어질 가능성이 있다. 그러다가 '뒤처졌다'고 느끼면 따라잡으려고 다시 서두르게 된다. 이런 악순환이 계속 반복되는 것이다.

물론 위기 상황이나 비상시에 효과적으로 대응하거나 예기치 않게 변경된 마감 기한을 맞추거나 밤새워 아픈 가족을 돌보는 등 한계를 무시해야만 할 때가 분명히 있다. 누구나 살다 보면 이런 일들이 벌어지고 급박한 환경에서는 융통성이 요구된다. 이는 문제 될 것이 없다. 의식적으로 선택하는 한 우리는 이 같은 상황에서 한계를 무시하기로 얼마든지 선택할 수 있다.

우리는 한계를 무시했을 때 어떻게 인식이 편향되고 주의가 좁아지고 실행 능력이 고갈되는지 더 정확히 자각할 것이다. 또 어떻게 저항, 미루기, 불안, 짜증, 기타 감정적 영향을 부추기는지도 더 정확히 자각할 것이다. 이런 이해가 생기면 우리는 자책하지 않고 더 쉽게 자기 연민에 접근할 수 있다. 가장 중요한 것은 우리에게 곧 회복이 필요하다는 사실을 의식적으로 알아차린다는 점이다. 그러면 우리는 의도적으로 수면이나 다른 회복 활동을 위한 시간을 마련해 다시 인내의 창 안에서 조절되는 상태로 되돌아갈 수 있다.

실제 한계와 한계에 대한 사고 뇌 의제 사이에 괴리가 나타나는 두 번째 방식은 사람들이 습관적으로, 종종 무의식적으로 실제 한계에 미치지 못하고 멈추는 것이다. 이때 사고 뇌 의제에는 우리가 위험을 무릅쓰지 못하게 가로막는 자기 제한적 믿음이 포함된다. 내가 가르칠 때 흔히 접하는 자기 제한적 믿음은 다음과 같다.

- 나는 그냥 불안한(고집스러운, 분노하는, 조급한, 슬픈, 자립적인, 내성적인, 침착하지 못한, 과잉 행동인, 무질서한, 멍한, 완벽주의적인) 사람이다.
- 우리 집안은 우울증(불안, 당뇨병, 심장병, 중독)이 유전이라 나도 거기에서 벗어날 수 없다.
- 나는 충분한 시간(돈, 기술, 인맥, 경험, 친구, 자제력, 의지력, 지원)이 없다.
- 나는 적절한 자원이 없다.
- 제대로 할 수 없으면 애초에 시작할 가치도 없다.
- 나는 너무 바쁘다/상충되는 요구가 너무 많다/내 일정을 관리하지 못한다.
- 나는 한 번도 사람들과 잘 어울렸던 적이 없다.
- 나는 감정(아이들, 동물들, 새로운 상황, 공개 발표, 스포츠, 긴장 완화, 휴식)에 익숙하지 않다.
- 나는 충분히 강하지(날씬하지, 협조적이지, 부유하지, 똑똑하지, 카리스마적이지, 창의적이지, 탄력적이지, 정서 지능이 뛰어나지, 자제력이 있지, 가치 있지) 않다.

CHAPTER 15. 한계와 저항을 능숙하게 다루기: 거시적 수준의 주체성 1

자기 제한적 믿음은 우리가 하려는 일을 못하게 가로막는 사고 뇌 의제의 설득적 측면이다.[4] 그래서 어떤 자기 제한적 믿음을 인정하고 떨쳐버리기 시작하면 종종 더 깊고 더 강력한 자기 제한적 믿음을 발견하게 된다.

자기 제한적 믿음은 우리가 깨닫는 것보다 더 자주 걸림돌이 되고 위험을 감수하고 한계를 확장하는 데 방해가 된다. 그렇다면 우리는 어떻게 할 수 있을까? 우선 자기 제한적 믿음을 의식적으로 자각하고 비판단적으로 받아들여야 한다. 믿음의 내용이 당황스러울 수도 있지만 그 믿음이 과거 우리에게 어떤 도움을 줬는지 이해할 필요가 있다. 내 얘기에서 알 수 있듯이 많은 자기 제한적 믿음은 과거 고통스러운 상황에서 우리를 보호하는 데 도움이 됐고 적응적이었다.

다음으로 우리는 이 자기 제한적 믿음이 정말 사실인지 검토할 필요가 있다. 질문을 던지고 우리가 알게 되는 모든 것에 진정으로 열린 자세를 유지하다 보면 대개 그 믿음이 실질적인 경험적 증거로 뒷받침되지 않는다는 사실을 발견하게 된다. 아니면 한 가지 측면에서는 사실적 근거가 있더라도 일반화된 전체 진술은 그렇지 않은 경우가 많다. 우리가 자기 제한적 믿음을 깊이 검토하기로 선택하고 그 믿음을 오늘날의 실제 현실과 주의 깊게 비교하자마자 자기 제한적 믿음은 보통 담배 연기처럼 금방 사라져버린다.

바로 이 시점에 우리는 자기 제한적 믿음을 오늘날의 실제 사실로 대체할 수 있다. 예를 들어 '나는 결코 충분한 시간이 없어'라는 자기 제한적 믿음을 인식한다면 '내가 분명히 할 의도만 있다면 정말 중요한 일을 할 시간은 충분해'라는 사실로 대체할 수 있다. 우리가 실제 상황과 실제 한계를 더 명확히 알수록 자기 제한적 믿음에 사로잡힐 가능성은 줄어들 것이다. 그 과정에서 변화와 성장의 가능성이 생겨난다.

자기 제한적 믿음은 다양한 종류의 불충분하다는 느낌에서 기인한다. 본질적으로 사고 뇌 의제는 현실의 일부 측면에 만족하지 못해 완전하다고 느끼려면 뭔가를 추가하고 실행하고 소유해야 한다고 믿는다. 자기 제한적 믿음은 또 가면증후군, 수치심, 자기혐오를 부추긴다.

이런 점을 고려하면 자기 제한적 믿음을 근절하는 가장 효율적 방법은 불충분함, 부적합함, 무가치함 같은 기저의 감정을 직접 다루는 것이다. 검토를 시작하기 위해 자기 제한적 믿음과 그것이 삶에서 처음 나타났을 때의 기억을 일기에 적어볼 수 있다. 어쩌면 당신은 자기 제한적 믿음이 실은 다른 사람에게서 흡수한 것임을 발견하게 될 수도 있다. 그 믿음이 처음 등장한 얘기를 비판단적으로 써내려가다 보면 곧 그 믿음과 연관된 기저의 감정들을 발견할 것이다. 그러면 14장에서 소개한 도구를 이용해 그 감정을 직접 다룰 수 있다.

우리가 습관적으로 한계를 어떻게 대하는지에 대해 마지막으로 짚고 넘어가고 싶은 점이 있다. 우리는 종종 두 가지를 결합한다. (1) 일부 한계를 무시하는 동시에 (2) 다른 한계에 대한 자기 제한적 믿음을 수용함으로써 핵심 이슈를 피하는 것이다. 나 자신의 삶에서 그리고 타인의 경험을 관찰하면서 나는 상충되는 에너지가 얼마나 강하게 우리를 궁극적으로 인위적인 현재 상황에 가둬놓는지를 이해하게 됐다. 이런 인위적 상황은 실제로 무너져야 할 필요가 있지만 사고 뇌 의제에 따라 우리는 그렇게 내버려두지 않을 것이다. 예를 들어 우리는 종종 14장에 나왔던 감정의 자기 제한적 믿음을 그대로 받아들인다. 우리는 감정이 결코 멈추지 않거나 통제력을 잃을 것이 두려워서 고통을 그대로 느끼기를 두려워한다. 결국 자기 제한적 믿음을 받아들이기 때문에 감정, 심리적 패턴, 인간관계에서 위험을 감수하기를 거부하고 또 다른 한계와 경계를 무시함으로써 불가능한 절충을 시도한다.

이 같은 상황의 예로는 싫어하면서도 꾸역꾸역 버티는 직업, 학대나 중독 패턴에 기반을 둔 관계, 근본적으로 방향을 바꾸거나 실패를 인정해야 하는 결혼 또는 사업, 참여자들이 건강을 해치고 사생활을 포기하면서도 기꺼이 임무를 완수하기 위해 '필요한 일은 무엇이든지' 하려는 조직이나 창작 프로젝트 등이 포함된다.

우리는 종종 책임감, 봉사 정신, 임무에 대한 헌신, 타인에 대한 의무감 때문에 이런 상황을 지속하기로 선택한다. 하지만 그 일을 가능하게 만드는 우리의 인내와 헌신이 남들에게 이용당하거나 당연시되면 우리는 극도로 소진되고 분노를 쏟아내고 스트레스 반응 주기 대처 습관에 의존해 생체 적응 부하를 누적하기 시작한다. 우리는 또 점점 불안해지는 현 상황을 유지하기 위해 의식적이든 무의식적이든 모든 관계자가 결탁한 의존 관계를 형성한다. 가장 중요한 점은 현실이 끈질기게 우리에게 보여주려는 교훈을 자신과 관계자 모두가 외면하게 한다는 것이다.

우리가 사고 뇌 의제를 통해 이 같은 상황을 더 오랫동안 인위적

476

으로 지탱할수록 현실과 사고 뇌 의제 사이의 괴리가 점점 더 심해지면서 그로 인한 긴장이 더 고조되고 마침내 긴장을 해소하고 상황을 다시 현실과 일치시키는 데도 더 많은 경로 수정이 필요해진다.

내 말을 믿어보라. 나는 아주 어렵게 이 사실을 터득했다. 내 경우에는 시력을 잃고 결혼 생활을 포기하는 비싼 대가를 치러야 했다. 현실과 내 사고 뇌 의제 사이의 괴리는 실로 너무나 컸다.

우리가 사고 뇌 의제를 더 완강히 밀어붙이거나 의도적으로 노력한다고 해서 무너져야 마땅할 상황의 근본 문제들이 마법처럼 사라지지는 않을 것이다. 우리는 결코 그 상황에서 쉽게 벗어날 수 없다. 우리가 기저의 문제들을 표면화하고 그동안 회피해왔던 모든 고통을 기꺼이 느끼고 해소할 때까지 상황은 점점 더 악화 일로를 걸을 것이다. 우리가 현실과 더 오래 투쟁할수록 고통은 더 커지는 한편 마침내 우리가 현실을 직시할 준비가 될 때까지 긴장은 계속 누적될 것이다. 그러는 동안 누적된 긴장은 엉뚱한 곳에서, 즉 행동화, 교통사고, 건강 위기, 중대한 윤리적 실수 등으로 표출될 것이다.

우리가 현실과 투쟁을 벌이면 언제나 현실이 승리한다.

그렇다면 어떻게 이 상황들을 우아하게 무너뜨릴 수 있을까? 가능한 한 사려 깊고 연민을 담아서 말이다.

첫째, 우리는 자신을 포함해 모든 사람의 요구를 동등하게 고려하고 존중해야 한다. 우리는 기꺼이 우리 자신에게 진실해져야 한다. 그러기 전에는 다른 누구에게도 진실해질 수 없기 때문이다. 현실과 맞지 않는 결과에 집착했기 때문에 이 상황이 유지돼왔음을 인정해야 한다. 이 같은 이유로 허울을 유지하는 사고 뇌 의제는 지극히 감지하기 힘들다.

다음으로 우리는 사고 뇌 의제, 즉 이 모든 지속 불가능한 허울을 함께 지탱하는 모든 믿음, 가정, 기대를 밝혀내고 점검해야 한다. 믿음 하나하나를 체계적으로 자각하고 질문해야 한다. '이것이 정말 사실일까?' 우리가 어느 쪽이든 확실히 대답할 수 있기 전까지는 현실에 진정으로 복종할 수 없다.

무엇보다 우리는 어떤 답이든 기꺼이 허용해야 한다.

확실히 대답하기에 정보가 충분하지 않다면 자료를 수집해야 한다. 예를 들자면 나는 MMFT와의 오랜 여정 중 비영리기관인 마인드 피트니스 트레이닝 연구소를 설립했다. 우리는 이 연구소를 8년 동안 운영했고 대부분은 한계를 무시하며, 특히 내 한계를 무시하며 운영했다. 8년 동안 나는 한 곳에서 월급을 받으며 두 곳의 일을 도맡아했다. 나는 내 한계를 무시하고 있음을 의식적으로 알았지만 내 사명에 대한 깊은 헌신으로 계속 버티기를 선택했다. 여느 스타트업과 마찬가지로 우리는 연구소 직원들의 노력 지분을 통해 성장했다.

많은 부분에서 충분한 자원 없이 버티려는 우리의 선택은 한 가지 명시적인 집단적 가정에 기반을 뒀다. 엄격한 과학적 연구를 통해 스트레스가 심한 환경에서 MMFT의 효용성을 입증하는 근거를 마련하면 결국 그런 환경에 MMFT가 광범위하게 적용될 것이라는 가정이었다.

결국 MMFT는 미군을 대상으로 경험적으로 검증된 최고의 회복 탄력성 훈련 프로그램이 됐다. 하지만 우리가 통제할 수 없는 많은 이유로 MMFT를 광범위하게 적용하겠다는 계약은 계속 실행에 옮겨지지 않았다. 그러는 동안 축적된 긴장과 재정 안정성은 한계에 도달했다.

이에 대응해 이사회와 나는 2년 이상 지속된 의도적 실험 경로를 통해 우리의 모든 가정, 특히 반의식적 가정을 신중하게 찾아내 검토하는 데 시간을 보냈다. 이 과정에서 많은 실패와 혼란이 있었지만 우리는 명료한 답을 찾는 데 도움이 되는 귀중한 정보를 얻었다. 연구소를 문 닫은 것은 가슴 아픈 일이었지만 궁극적으로 옳은 선택이었다.

우리가 가정을 검토하면서 서투른 선택을 했을까? 물론 그랬을 것이다. 우리는 인간이니까. 하지만 그 선택을 통해 뭔가를 배웠을까? 물론이다.

상황을 무너뜨리는 것은 고통스러운 과정일 수 있고 꽤 오랫동안 현실을 기피해왔다면 특히 그렇다. 그럼에도 우리는 상황을 직면하고 극복하는 지혜와 용기가 자신에게 있다고 믿어야 한다. 우리가 진지하게 모두의 요구를 고려할 때 현실이 모든 관계자에게 최선의 행동 경로를 제시할 것이라고 믿어야 한다. 비록 사고 뇌가 지금 당장은 그 경로를 발견할 수 없더라도 말이다. 우리는 어떤 상실이든 새로운 가능성을 품고 있다는 것을 믿어야 한다.

현실은 신비로운 방식으로 작동해 좁은 사고 뇌 의제를 훌쩍 뛰어넘는다. 역설적으로 그 상황을 무너뜨리고 나면 우리에게 더 잘 맞는 새로운 구조로 성장해나갈 기회가 생긴다.

저항

──────────────── 저항은 우리가 치유, 성장, 발달 등의 목표와 의도를 드러내지 못하도록 방해하는 모든 것을 의미한다. 그러므로 저항은 우리가 신체적, 지적, 감정적, 정신적, 관계적으로 불편함을 느끼는 어떤 일을 할 때도 나타날 수 있다. 예를 들면 운동 요법을 시작하거나 식단을 바꾸거나 새로운 기술을 배우거나 미숙한 습관을 버리거나 직장에서 좀 더 성실하게 생활하거나 관계에서 더 깊은 친밀성을 추구하는 경우 저항이 나타날 수 있다. 저항은 또 집필이나 작곡과 같은 창작 작업에서도 흔히 나타난다. 장기적 목표에 도달하기 위해 단기적 쾌락이나 편안함을 포기하는 것처럼 기본적인 일도 저항을 일으킬 수 있다. 분명히 말하지만 여기서 얘기하는 저항은 압제에 반대하거나 비윤리적이고 해로운 행동을 막는 것과 같은 '좋은' 저항이 아니다.

저항은 다양한 양상으로 나타나지만 공통적으로 우리의 성장, 창의성, 가장 높은 목표를 가로막는다. 적어도 우리의 일부는 당면한 과제의 현실과 싸우고 있는데 이는 인내의 창이 좁아졌다는 신호일 때가 많다. 몇 가지 일반적 형태의 저항은 다음과 같다.

- 미루기, 압도됨, 회피 행동: 지나치게 바쁘고 우선순위가 낮은 활동에 신경 쓰느라 중요한 장기 목표를 위한 활동 미루기
- 불안, 짜증, 안절부절못함, 그 밖에 위안 중심의 해결책이나 오락, 쇼핑, 음식, 섹스, 술, 기타 물질을 통해 빠르고 쉬운 만족을 추구하게 만드는 다른 감정

- 자신을 망치고 문제를 키우는 행동: 중독, 불륜, 사고 치기 쉬운 행동, 직장이나 개인의 삶에서 우리가 초래하는 극적인 일들, 우리가 희생자 역할을 하게 만들거나 업무에서 주의를 분산시키는 일들
- 완벽주의, 자기비판, 자기 제한적 믿음, 부정적 태도, 합리화, 그 밖에 우리가 왜 우리 일을 해서는 안 되는지에 대한 사고 뇌의 서술
- 자기 회의, 실패에 대한 두려움 그리고 역설적으로 성공에 대한 두려움

스트레스가 심한 환경은 종종 개인 또는 집단의 목표를 달성하기 위해 단기적 편안함을 포기해야 하는 위험하고 까다로운 업무를 요구하기 때문에 특히 저항을 유발할 가능성이 높다. 이런 환경에는 수면 부족, 오랜 근무시간, 짜증나는 동료, 성급한 고객과 손님, 발 아픔, 무거운 장비, 궂은 날씨, 가혹하고 유해한 환경, 형편없는 음식, 심신 체계를 한계까지 밀어붙이는 고강도 훈련 요법 등이 넘쳐난다. 그리고 여기에 컴퓨터 고장, 항공편 취소, 타이어 펑크, 정전 등 머피의 법칙Murphy's Law까지 추가해야 한다. 이 일들은 언제든지 발생할 수 있기 때문이다.

스트레스가 심하고 요구가 많은 환경일수록 저항이 늘어난다. 이 같은 이유에서 전사의 전통은 독특하게도 저항보다 한 수 앞서나가는 방법을 가르쳤다. 전사의 환경은 저항을 유발하는 상황들로 점철되기 때문이다. 저항을 극복하는 데 중요한 자질들—의식적 의도, 꾸준한 연습, 자기 규율—이 전사의 길과 관련된 어떤 훈련 요법에서도 중요하게 다뤄지는 것은 우연이 아니다. 나아가 전사의 자질인 지혜와 용기는 우리가 저항을 무릅쓰고 목표를 향해 참고 나아가는

길을 선택하는 데 도움을 준다.

많은 관찰자가 저항은 종종 두려움에서 기인하고 실패, 사회적 배척, 보복, 달갑지 않은 관심에서 우리를 보호하려는 노력의 일환이라고 지적했다. 이때의 저항은 우리를 안전하게 유지하려는 노력이다.[5] 특히 어린 시절 남의 비위를 맞추거나 자신을 숨기거나 감추는 생존 전략을 개발한 사람들은 창조성과 진정성을 드러내지 않도록 조건화됐다. 흥미롭게도 두려움에 기반을 두고 저항하는 사고 뇌 의제—즉, 우리를 말 없고 존재감 없이 유지하기 위해 사고 뇌가 의존하는 교활한 기술—에는 대개 진실 요소가 포함돼 있는데, 이것이 사고 뇌 의제에 힘을 부여한다.

사실 새로운 아이디어와 혁신으로 풍파를 일으키는 일이 모든 사람에게 인정받기란 힘들다. 우리가 향후 변화가 요구되는 제안을 할 때 현상 유지를 원하는 사람들은 그 제안을 달가워하지 않는다. 설령 많은 사람이 우리의 창조적 노력을 높게 평가하더라도 일부 비평가와 악플러 들은 언제 어디에나 존재하기 마련이다. 언제나 모든 사람을 만족시킬 수 없는 것이다.

이런 사고 뇌 의제가 사실이라고 해도 그 때문에 우리가 궤도에서 벗어날 필요는 없다. 두려움에 기반을 둔 사고 뇌 의제의 내용에 관여하기보다는 14장에서 소개한 도구를 이용해 몸 안의 두려움을 다루는 것이 오히려 도움이 될 수 있다.

여기서도 역시 사고 뇌 의제와 현실의 괴리가 중요한 단서가 될 수 있다. 사실 우리 내면의 비판자가 나타날 때 우리는 스스로를 성장시키고 최고의 자아를 실현할 수 있는 도전적인 일을 하고 있다고 확신할 수 있다. 두려움과 자기 의심은 정확히 우리가 가장 창의적인 일을 하고 있을 때 생겨나는 경우가 많다. 그때 우리는 우리의 독특한 재능과 자질을 활용하고 마음속의 진정한 소명을 따르며 우리의 진정성을 드러낼 프로젝트에 참여하고 있는 것이다.

그러므로 역설적으로 두려움과 자기 의심은 종종 우리가 정확히 해야 할 일을 하고 있음을 시사한다. 작가 스티븐 프레스필드Steven Pressfield는 저항이 사랑에 비례한다고 주장한다. 어떤 프로젝트나 소명에 더 많은 열정을 느낄수록 그에 대한 두려움도 더 커진다는 것이다. 그런데 이런 프로젝트와 소명은 우리의 성장에 결정적인 경우가 많다.[6] 그렇기 때문에 전사의 전통에서 지혜, 용기, 자기 규율을 기르는 것이다. 이 자질을 갖출 때 우리는 무슨 일이 일어나는지 이해하고 여전히 앞으로 나아가기를 선택할 수 있다.

저항이 두려움에서 기인할 때는 저항이 왜 촉발됐는지 이해하고 두려움을 자기 연민으로 받아들이며 저항을 마주하기로 선택하는 것이 중요하다. 하루해가 갈수록 저항이 자연스럽게 쌓이므로 아침 일찍 두려움을 직면하고 작업을 시작하는 것이 도움이 된다. 반대로 회피 행위에 굴복하면 대개 에너지를 낭비하고 심신 체계에 긴장을 조성하며 수치심과 자기 판단이 심해지게 된다. 더욱이 모든 습관이 그렇듯이 오늘 회피 행위에 굴복하면 그것을 강화하는 셈이 돼 내일 저항에 직면해 작업을 하기는 훨씬 더 힘들어진다.

그러므로 저항이 있을 때는 저항을 식별해 이름을 붙이고 그 신체감각, 감정, 괴로운 생각, 행동적 충동을 비판단적 호기심으로 알아차린 후 바로 작업에 착수하자! 가급적 가장 쉽고 힘들지 않게 시작할 수 있으면서 가장 투쟁이 적은 방법을 찾자. 일례로 나는 글쓰기에 대한 두려움으로 저항을 경험할 때 편집을 신경 쓰지 않고 손으로 자유롭게 써 내려가도록 내버려두면 투쟁이 줄어들고 어느 순간 컴퓨터로 수월하게 옮겨갈 수 있다는 사실을 깨달았다.

또 곧바로 작업에 돌입하기 위해 15~30분 동안 타이머를 설정할 수도 있다. 조금씩 꾸준히 진도가 나가면 대단한 안도감을 느낄 수 있다. 더 좋은 점은 그러면 추진력과 자신감이 쌓이면서 두려움에도 불구하고 진전이 가능하다는 사실을 자신에게 보여주게 된다는 것이다. 그러면 다시 저항이 일어날 때 그로 인해 곤란해지지 않도록 자신을 더욱 깊이 신뢰하게 될 것이다.

시간이 지날수록 우리는 성과나 결과를 지나치게 신경 쓰지 않고 연습과 경로에 완전히 전념해 어떤 일이 있어도 매일매일 모습을 나타내도록 스스로를 훈련할 수 있다. 이것은 능숙한 대응과 복종의 균형을 맞춰야 하는 또 다른 영역이다. 앉아서 작업을 하기로 선택함으로써 자연스럽게 영감, 통찰, 지도력, 창의성, 열정, 추진력이 생기는 공간이 마련된다. 나는 종종 글을 쓰려고 앉을 때 촛불을 켜놓는데 그러면 내가 할 유일한 일은 깨어 있는 상태로 앉아서 뮤즈를 초대하는 것뿐임이 살짝 일깨워진다.

그러나 중요한 것은 모든 저항이 두려움이나 자기 의심에서 기인하지는 않는다는 사실이다.

저항은 당신의 한계를 무시하는 데서 기인할 수도 있다. 당신은 아마 잠이 부족하거나 스트레스를 받거나 탈진하거나 아프거나 만성 통증에 시달리거나 조절 장애 상태일 때 할 일을 더 미루고 태만해지며 회피 행동을 할 가능성이 높다는 사실을 알았을 것이다. 2장에서 살펴봤듯이 우리는 집단적으로 스트레스 받는 상태를 바쁘고 성공하고 중요해지는 것과 동일시해 스트레스를 궁극적 결과에서 분리하는 경향이 있다. 또 많은 한계를 무시하는 경향이 있어 이런 종류의 저항이 일어날 완벽한 여건을 조성한다.

저항이 한계의 무시와 관련이 있다는 주된 단서는 우리가 시간을 낭비하고 헛수고를 하며 에너지를 너무 많은 방향으로 분산할 때는 도저히 주의를 집중하거나 에너지를 효과적으로 이용할 수 없다는 사실이다. 나 자신과 다른 많은 사람에게서 이 같은 역학을 발견한 나는 한계의 무시에서 기인한 저항이 심신 체계가 균형감을 회복하려고 시도하는 기발한 방법이라고 믿게 됐다. 너무 강하게, 너무 멀리 밀어붙인 결과 이제는 그 보상으로 꼼짝 못하게 된 것이다. 심지어 감기에 걸려서 억지로 휴식을 취해야 할 수도 있다.

예를 들어 나는 마감일까지 무리해서 박사 학위 논문을 마친 후 몇 년간 펠로우십을 하면서 종종 스웨터를 뜨거나 동거인과 드라마 〈로 앤 오더Law and Order〉 재방송을 끝없이 돌려보며 시간을 낭비하는 나 자신을 발견했다. 이제 나는 그때 내 심신 체계가 수개월간의 일중독과 밤샘 작업에 시달린 후 오랫동안 미뤄온 회복 기간을 창조적으로 강행했음을 이해한다. 하지만 그 당시 나는 톰과 마찬가지로 나의 '게으른' 행동을 심하게 자책했다.

이런 종류의 저항은 미루기와 시간 낭비 후 '뒤처졌다'는 느낌이 들어 밤샘 근무나 주말 근무를 일삼는 끔찍한 패턴을 부추기는 경향이 있다. 이렇게 양극단을 오가는 패턴은 거의 항상 한계를 무시했다는 신호다!

그러므로 저항을 알아차렸다면 그것이 오로지 두려움에서 기인한다고 가정하지 말자. 당신이 무의식적으로 한계를 무시했는지부터 점검하자. 당신은 심신 체계에서 정말로 거절하기 원했던 일을 승낙했을지도 모른다. 아니면 수면 부족이 서서히 누적돼왔을지도 모른다. 아니면 의식적으로 한계를 무시하고도 필수적인 회복으로 균형을 되찾을 시간을 미처 내지 못했을지도 모른다.

만약 당신이 한계를 무시했다는 사실을 발견한다면 지금이 바로 그런 종류의 저항에 직면해야 할 시점이다. 당장 회복과 휴식에 바칠 시간이 없다면 적어도 14장의 능숙한 선택 체계를 이용해 단기적으로 약간 더 조절적인 활동을 선택하자. 동시에 일정을 조정해 더 깊은 회복, 수면, 휴식 시간을 최대한 빨리 마련하기 바란다.

당신은 스스로에게 필요한 보충, 휴식, 회복, 원기회복을 위해 쉼을 선택함으로써 새로운 활력과 변화된 관점, 집중된 에너지를 얻을 수 있다.

불확실성과 변화 속에서 번영하기: 거시적 수준의 주체성 2

내가 MMFT에서 훈련한 여성 제나 Jenna는 국가안보위원회에서 근무했는데 늘 걱정이 많았다. 그의 사고 뇌는 항상 계획에 사로잡혀 있었다. 대개는 잘못될 수 있는 다양한 범위의 일을 예상하고 그에 대응할 방법을 찾고 있었다.

제나는 질문에 대답하려고 손을 들고서도 내가 그를 지목할 때쯤에는 본래 하려던 대답을 잊어버렸다. 개인 면담에서 내가 그에게 삶의 다른 영역에서도 기억력 감퇴를 겪고 있는지 묻자 그는 고개를 끄덕였다.

제나는 가끔 기억하기가 힘들다고 말했다. 그의 정신이 계속 끝도 없는 우발적 상황의 계획으로 되돌아왔기 때문이다. 제나는 자신의 계획 때문에 불안해지고 밤에 잠도 잘 못 잔다는 사실을 인정했다. 제나는 거의 매일 밤 서너 시간밖에 자지 못했고 최근에는 스트레스로 거의 20파운드(약 9킬로그램)나 체중이 늘었다.

제나는 내게 불안, 불면증, 기억력 감퇴, 체중 증가가 멈추기를 원한다고 말했다. 그러면서도 일어날 것 같지 않았던 가상의 시나리오가 결국 실제로 일어났던 많은 사례를 늘어놓았다. 제나는 이 예들이 자신의 걱정이 자신과 가족을 안전하게 지켜주는 증거라고 굳게 믿었다.

"사고 뇌의 계획이 걱정스럽게 자기 충족적 예언을 만들어내고 있다는 생각을 혹시 해본 적 있어요?" 나는 물었다.

"절대 그렇지 않아요." 제나는 세차게 고개를 저었다. "나는 이런 시나리오가 현실이 되기 전에 미리 상상함으로써 가족을 안전하게 지키고 있어요."

"좋아요. 하지만 당신의 전략은 너무 큰 비용이 드는 것 같지 않아요?" 나는 물었다. "사고 뇌의 계획을 세우는 습관과 그 계획 때문에 발생하는 예상 스트레스 각성 사이의 연관성을 알고 있잖아요. 당신이 지금 아는 모든 정보를 고려해보면 좀 더 쉬운 방법이 있으리라는 생각 안 드세요? 당신의 계획으로 생긴 예상 스트레스가 기억력 감퇴와 불안, 불면증을 키우는 것일 수도 있어요. 그런데도 당신은 그저 그런 증상이 달라졌으면 좋겠다고만 말하고 있네요."

"그렇다면 그 증상은 그냥 살아가는 데 드는 비용인가 보네요." 그가 대답했다.

"그렇지만 내가 이 끊임없는 계획을 그만두고도 잘 살 수 있다고 말한다면요? 당신이 지닌 놀라운 재능들로 매 순간 효과적으로 대응할 수 있다고 스스로를 믿기만 하면 돼요."

내 말에 제나는 얼굴을 찡그리며 다시 고개를 저었다. "아니요, 내가 상황에 대처할 수 있는 유일한 방법은 미리 온갖 다양한 선택을 계획해두는 것뿐이에요."

"하지만 만약 미리 계획해둔 어떤 방법과도 일치하지 않는 일이 벌어지면 어떻게 하죠? 대놓고 말해서 만약 테러리스트들이 비행기 조종법을 배워 비행기로 건물 측면을 공격할 수 있다면요."

"그럼, 그냥 망할 것 같네요." 그는 어깨를 으쓱하고 의자 뒤로 편안하게 몸을 기댔다. 그 말에 둘 다 웃음이 터지면서 그 순간 긴장이 풀렸다.

이윽고 제나의 웃음이 눈물로 바뀌었다. 나는 그에게 휴지를 건네줬고 그가 울면서 자연스럽게 스트레스 활성을 배출하는 동안 우리는 조용히 함께 앉아 있었다.

잠시 후 제나는 눈물을 닦았다. "하지만 미국은 9.11 테러 이후에도 여전히 무사했죠?"라고 그는 조용히 물었다. "우리가 원했던 일은 아니었지만 우리는 괜찮았어요."

"그럼요, 그랬죠." 나는 고개를 끄덕였다. "실제 일어난 일이 어떤 비상 계획과도 일치하지 않았지만 그래도 집단적 힘을 이용할 수 있었죠. 나는 당시의 고통과 죽음을 가볍게 여기고 싶지는 않아요. 그래도 그 후 몇 가지 믿기 힘든 용기 있는 행동과 공동체의 대응이 자발적으로 나타났죠. 우리는 스스로 의지할 수 있는 적응 능력을 갖고 있는 거예요."

불확실성

──────────────── 이번 장은 불확실성, 시간에 쫓기는 느낌, 변화 속에서 주체성을 찾는 데 초점을 맞춘다. 15장과 마찬가지로 이 장의 주제도 정신이 만든 스트레스 요인이고 대부분은 사고 뇌에 의해 유발된다. 이 장의 논의는 상당 부분이 MMFT 과정을 넘어서지만 그 주제와 전략은 조지타운에서 내가 가르치는 한 학기 MMFT 과정에 포함돼 있다. 특히 이 책의 두 번째 목표인 개인적·집단적으로 스트레스와 트라우마에 접근하는 방식에 대한 좀 더 광범위한 고찰을 위해 중요하다.

제나의 얘기가 시사하듯이 특히 불확실성과 변화의 시기에 우리 인간은 예상에 의존해 미래에 일어날지도 모르는 사건을 생각하고 예행 연습을 하거나 계획을 세우는 경향이 있다.

예상은 미래 지향적 불안 관리 체계다. 우리는 보통 불쾌하리라고 짐작되는 미래 사건들을 예상하고 파국화, 최악의 시나리오 계획, 불편함과 고통을 피하기 위해 경험을 전략화하고 조작하려고 한다. 또 다가올 휴가를 상상하는 것처럼 즐거우리라고 기대하는 미래 사건들을 예상할 수도 있다. 어느 쪽이든 나는 이를 '계획 1.0^{Planning} $^{1.0}$'이라고 부른다. 계획 1.0은 사고 뇌가 미래의 우발적 상황을 상상하고 대비하는 습관이다.

기술 중심 문화에서는 원치 않는 사건의 발생을 예측하고 방지하려 노력하면서 극단적으로 예상 중심의 접근법을 취해왔다. 우리는 과학과 기술을 통해 불확실성과 예측 불가능성을 설명하고 그것을 통제할 도구를 손에 넣기를 원한다.[1]

490

사실 2장에서 설명했듯이 현대의 과학 연구에는 자연의 무작위성이나 현상의 고유한 불가지성 때문이 아니라 인간의 불완전한 지식 때문에 불확실성이 지속된다는 문화적 믿음이 바탕에 깔려 있다. 우리는 충분한 측정, 데이터, 계산과 분석만 있으면 현상을 이해할 수 있어 확실성을 얻을 수 있다고 가정한다.[2]

예를 들어 오늘날 '빅 데이터big data'와 '데이터 마이닝data-mining' 방법론의 대대적인 인기를 생각해보라. 이 도구들은 정보를 색인화와 검색이 가능하고 알고리즘화된 자동 분석에 적합한 데이터로 변환하는 방법에 의존한다.[3] 빅 데이터의 매력 중 하나는 우리가 기대하는 예측 능력이다. 상관관계로는 어떤 일이 왜 일어나는지 정확히 알 수 없지만 미래의 원치 않는 사건을 예측하고 예방하는 데 도움이 될 만한 패턴을 식별할 수 있다.

본질적으로 우리가 기술에 과도하게 의존하는 것은 불확실성을 견디지 못하는 특성 때문이다. 우리의 집단적 생각은 제나의 생각과 일치한다. 우리는 기술의 도움을 받아 확실성으로 향하는 길을 예측하고 계획할 수 있다고 믿는다.

개인 면담에서 제나가 그랬듯이 앞으로 무슨 일이 일어날지 알 수 있다고 생각하고 어떻게 대처해야 할지 계획을 세워놓으면 사고 뇌에 안전감이 부여된다. 그리고 많은 사람이 사고 뇌의 세상에 대한 이해에 공감하기 때문에 스스로에게도 안전감이 부여된다.

계획 1.0은 부적 강화를 통해 지속되는 습관이다. 우리는 삶이 불확실하고 시간이 부족하다는 생각에 스트레스를 받는다. 그러면 사고 뇌는 해야 할 일 목록과 비상 계획으로 주의를 돌리고, 그 결과 우리는 스스로 통제 가능하다고 인식해 불안을 진정하는 보상을 얻게 된다.

그렇지만 중요한 것은 이 보상이 환상에 불과하다는 사실이다. 다음번에 당신의 사고 뇌가 계획 1.0에 관여하는 것을 인지하면 비판단적 호기심으로 관찰해보라. 당신은 아마 계획 1.0이 대체로 산만하고 혼란스러우며 내적인 긴박감에 부추겨지고 장기적 우선순위보다는 즉각적 발화를 다루는 데 초점을 맞춘다는 사실을 발견하게 될 것이다. 사고 뇌는 같은 일을 끝없이 되풀이하는 경향이 있다. 더구나 사고 뇌는 현재 우리의 각성 수준에 따라 편향되기 때문에 이용 가능한 모든 정보를 고려하면서 전체를 보는 일이 드물다. 제가 경험했던 대로 사고 뇌가 계획 1.0에 관여하면 생존 뇌를 지나치게 활성화해 스트레스가 증가하고 불안이 심해진다.

이런 이유에서 많은 사람이 적극적으로 계획 1.0을 짜는 습관을 갖고 있어도 실제로 수립된 계획은 비효과적일 때가 많다.

그렇다면 우리는 왜 계획을 세우는 것일까? 대부분의 사람들은 스스로 상황을 통제할 수 없다는 진실과 마주하기를 싫어한다. 예를 들어 우리는 테러 공격이나 학교 총기 난사 사건 등은 물론, 다른 사람이 우리를 어떻게 생각하는지를 통제할 수 없다. 내부적으로는 심신 체계에서 어떤 생각이나 감정이 일어나는지, 또 우리가 언제 병에 걸리거나 죽을지도 통제할 수 없다.

불가피하게도 현실이 인정사정없이 우리 사고 뇌의 기대에 부응하기를 거부하는 때가 올 것이다. 예상은 불확실성을 부정하거나 무시하거나 감출 수는 있어도 줄이지는 못한다. 오히려 사건이 우리의 기대와 일치하지 않을 때도 우리가 방심할 가능성을 증가시킨다. 그 결과 예상치 못하거나 원치 않는 사건이 불가피하게 일어나면 세계가 전보다 훨씬 더 불확실하고 적대적이며 위협적으로 보일 수 있다.

우리는 인내의 창이 좁아질수록 불확실성을 더 못 견디게 된다. 그리고 확고하고 논리 정연하고 잘 다듬어지고 다소 융통성 없는 계획, 대응 순서, 템플릿, 전략에 더 많이 의존하게 된다. 게다가 계획에 차질이 생기면 더 심한 생리적·정서적 각성을 경험한다.[4]

다시 말해 예상에는 개인적·집단적으로 상당한 경직성이 수반된다. 어떤 일이 일어날지에 관한 사고 뇌 의제에 더 많이 의지할수록 선호하는 행동 경로가 좌절될 때 방향을 선회하기가 더 어려워진다. 사고 뇌 의제와 현실 사이의 괴리는 다른 잠재적 행동 경로를 인식하고 유연하게 적응하는 능력을 저해한다.

반대로 우리는 인내의 창이 넓을수록 계획과 기대가 어긋났을 때 더 많은 적응성을 발휘할 수 있다. 이런 경우에는 행동 경로의 대안을 찾아 즉흥적으로 대처하고 유연하게 조정하기가 훨씬 더 쉬워진다. 그 결과 생존 뇌는 계획상 차질을 위협적으로 인식하지 않게 되고 우리도 심한 스트레스나 감정적 각성 상태를 경험하지 않는다. 더 빨리 있는 그대로의 현실에 적응해 앞으로 나아갈 수 있게 된다.

미래는 알 수 없다. 여기에 바로 문제가 있다. 사고 뇌는 미래 개념과 미래 계획, 기대, 시나리오, 전략, 의제를 통해 오로지 '알고 있다'는 감각만 만들어낸다. 하지만 우리가 실제로 확신할 수 있는 유일한 상황은 지금 이 순간뿐이다.

그렇기 때문에 우리는 예상에 대한 지나친 의존과 회복탄력성 사이의 균형을 맞출 필요가 있다. 원치 않는 사건이 일어나기 전과 도중에는 효과적으로 기능하고 사건 후에는 완전히 회복하고 학습하고 적응하는 것이다.

예상과 대조적으로 회복탄력성은 현재 지향적 불안 관리 체계다. 계획이 궤도에서 벗어나더라도 우리는 여전히 적응 능력에 의존할 수 있다. 즉, 우리가 가꿔온 관계, 우리가 익혀온 기술 그리고 인식, 지혜, 용기, 창조성, 자신감을 상황에 부여하는 넓은 인내의 창에 의존하는 것이다. 이 같은 적응 능력을 통해 우리는 있는 그대로의 삶, 즉 통제할 수 없고 모호하고 불확실하고 예측할 수 없고 변덕스럽고 놀랍고 엉망진창인 삶과 마주해도 유연하게 대응할 수 있다고 믿게 된다. 제나가 말했듯이 우리가 원하는 대로 되지 않을 수도 있지만 우리는 여전히 괜찮을 것이다. 분명히 말하지만 예상을 버리라는 말이 아니다. 예상과 회복탄력성 사이의 균형을 찾으라는 것이다. 그러기 위해서는 몇 가지가 필요하다.

첫째, 과잉 활동 상태의 무의식적 계획 습관인 계획 1.0을 자제하고 내가 '계획 2.0Planning 2.0'이라고 부르는 주의 깊고 회복탄력성 있는 계획으로 대체할 필요가 있다.

둘째, 적응 능력을 길러 탄력적으로 인생을 마주할 수 있어야 한다. 계획을 수립하고 시나리오를 예행 연습하는 과정을 통해 적응 능력을 키울 수 있다. 실제로 영역일반 학습을 촉진하기 위한 스트레스 면역 훈련SIT을 구성해 스트레스가 심한 훈련 시나리오와 인내의 창을 넓히는 회복을 병행할 수 있다. 우리가 의도적으로 회복탄력성을 강화할 목적으로 SIT를 고안하면 미래에 위기가 닥쳤을 때 의지할 수 있는 기술과 자신감을 연습하고 관계를 심화할 수 있다. 계획이나 시나리오 자체가 아니라 기술과 자신감이야말로 미래 어떤 상황에든 적용할 수 있는 적응 능력이다.

셋째, 이 책의 3부 전체에서 능숙한 대응을 통해 인내의 창을 넓히는 방법을 소개하지만 특히 17장의 인내의 창을 넓히는 습관을 활용할 수 있다. 또 집단적 인내의 창을 넓히기 위해 협력할 수 있는데 이 내용은 18장에서 살펴볼 것이다.

계획 2.0

──────────────── 과잉 활동 상태로 계획 1.0에 지나치게 의존하는 습관을 자제하려면 사고 뇌가 언제 이 습관에 관여하는지 파악한 후 거기에서 벗어나는 쪽을 선택해야 한다. 계획 1.0이 시작되는 시점을 알아차리고 접촉 지점 등 다른 목표 대상으로 반복해서 주의를 돌리다 보면 이 습관은 줄어들 것이다. 만약 사고 뇌가 당신에게 싸움을 걸면 긴장을 풀라고 말하자. 계획 2.0이 모든 계획 충동에 새롭게 구조화된 배출구를 제공해줄 것이다.[5]

계획 2.0은 여섯 가지 원칙에 기반을 둔다. 첫 번째 원칙은 우리가 인내의 창 안에 있을 때 선택을 해야만 자연히 장기적인 성공과 행복에 이르는 더 나은 선택을 할 수 있다는 것이다. 내일 먹을 점심 도시락을 오늘 밤에 미리 만들어두면 내일 아침에 여유 있게 출근길에 나설 수 있듯이, 우리가 푹 쉬고 잘 조절되는 상태에서 서두르지 않고 다음 주를 계획할 시간을 따로 마련해두면 조금 더 평화롭고 생산적인 한 주를 보낼 수 있다.

이렇게 계획성 있게 준비하면 우리가 중요한 의도를 실행에 옮길 가능성을 높이는 동시에 즉석에서 대처하느라 곁길로 샐 가능성을 줄일 수 있다. 그러므로 서두르지 않고 푹 쉬면서 다가올 한 주의 계획을 적어보는 시간을 갖는 것이 도움이 된다. 어떤 사람은 주말을 앞둔 금요일 오후나 토요일 아침을 선호하고 어떤 사람은 주말의 휴식을 즐기고 난 후 일요일 오후를 선호한다.

반면 우리가 계획 2.0 없이 한 주를 보낸다면 서두르거나 지치거나 흥분하거나 짜증나는 상태에서 선택할 가능성이 더 높아진다. 이런 상태에서 우리는 정말 중요한 일은 뒤로 미룬 채 손쉽게 달성할 수 있지만 중요성은 떨어지는 작고 하찮은 일을 선택할 가능성이 더 높아진다. 또 계속 미루고 저항에 굴복하고 문제를 키우는 행동을 해 수치심과 자기 비하에 빠질 가능성도 더 높아진다. 그러고 나서 '뒤처졌다'는 느낌에 따라잡으려고 서두르느라 이동하면서 허겁지겁 먹고 운동을 건너뛰고 친구들과의 약속을 취소하고 잠을 줄일 가능성이 더 높아진다. 한마디로 다람쥐 쳇바퀴에 다시 올라타는 것이다.

두 번째 원칙은 의도성이다. 이는 우리가 원하는 바를 분명히 추구하는 것이다. 의도성이 있으면 갈 길이 분명해지며 에너지가 집중되고 효과적으로 사용된다. 계획 2.0은 현재 우리가 가장 깊은 의도 및 목표에 맞게 시간을 사용하고 있는지 비판단적으로 관찰하는 데 도움이 된다.

계획 2.0의 목표는 단지 일에서 성공하는 것만이 아니라 건강하고 행복하고 균형 잡힌 삶을 만드는 것이다. 그래서 나는 의도를 네 가지 범주로 구분하기를 좋아한다. 신체적 의도는 몸, 건강 습관, 재정, 주변 환경과 관련된다. 정서적 의도는 개인적·직업적 관계와 취미, 휴가, 여가 활동 그리고 일주일 내내 우리가 느끼고 싶어 하는 방식과 관련된다. 정신적 의도는 영적인 삶, 실천과 관련된다. 지적 의도는 교육적·직업적 목표와 관련된다.

이상적으로는 의도를 느슨하게 유지하는 것이 좋다. 즉, 특정한 목표나 열망을 향해 진심으로 몰입하면서도 그 목표에 도달하는 데는 여러 가지 다른 경로가 있을 수 있고 그중 일부는 사고 뇌가 상상할 수 있는 수준을 완전히 벗어날 수도 있다는 가능성을 열어두는 것이다. 다시 말해 우리는 특정한 한 가지 방법으로 의도를 추구하는 데 너무 집착하지 않고도 그 의도에 계속 전념할 수 있다.

우리는 다양한 시간별 계획을 이용할 수 있다. 계획 2.0을 세우는 동안 나는 당신에게 주간 계획뿐 아니라 월간 계획부터 연간 계획에 이르는 여러 형태의 전략적 계획을 세워볼 것을 권한다. 예를 들어 만약 당신 직장이 회계 분기별로 운영된다면 해당 분기에 직장에서 당신에게 기대하는 업무와 당신의 개인적·직업적 의도에 따른 분기별 계획을 세울 수 있다. 개인적으로 나는 기간이 다른 세 가지 계획을 세우고 이 세 가지 계획이 서로 맞물리고 일치하도록 신경 쓴다. 예를 들어 매년 내 생일에 다가올 한 해의 연간 계획을 세운다. 이것은 매우 간단하다. 네 가지 범주에 각각 두세 가지 주요 의도만 적으면 된다. 1년 내내 쉽게 참고할 수 있도록 이 내용을 색인 카드에 기록한다. 두 번째 계획은 음력 주기에 따라 매월 초승달이 뜰 때 새롭게 작성하는 것으로 다가올 한 달의 기본 구조를 정한다. 마지막으로 주간 계획을 세운다.

결정적으로 주간 계획은 다양한 의도와 목표를 현실의 연속적인 시공간에 접목해야 한다. 따라서 주간 계획의 가장 중요한 측면은 의도에 부합하도록 달력을 채워 넣는 것이다. 내가 아는 많은 사람이 기나긴 할 일 목록을 작성하고 늘 새로운 항목을 추가하는데 이 목록을 실제로 다 수행하려면 몇 년은 걸릴 것이다. 따라서 이를 주간 계획으로 사용한다면 늘 낙담하고 고갈되고 끊임없이 뒤처져 있다는 느낌으로 매주를 끝맺게 될 것이다. 한편 의도와 목표를 실제 연속적 시공간에 채워 넣다 보면 완벽주의나 사실상 통제할 수 없는 결과를 통제하려는 습관처럼 사고 뇌 의제와 현실 사이의 괴리를 드러내는 데도 도움이 될 수 있다.

계획 2.0의 세 번째 원칙은 모든 일을 일정에 끼워 넣을 수는 없으니 선택을 해야 한다는 것이다. 인내의 창 안에 있을 때 계획을 세우면 의도에 부합하는 선택을 할 가능성이 높아진다. 꼭 필요한 절충과 타협은 당신이 안정적이거나 급하지 않을 때 하는 것이 좋다. 나는 장기적인 개인적·직업적 목표를 달성하기 위한 활동을 가장 먼저 일정에 넣으라고 권한다. 여기에는 휴식 시간을 따로 내는 것을 비롯해 넓은 인내의 창을 유지하기 위한 활동도 포함된다.

매주 적어도 하루는 오로지 회복, 여가 활동, 관계, 영적인 삶에 초점을 두는 것을 목표로 삼자. 꾸준히 계획 2.0을 사용하다 보면 자연스럽게 한 주 내내 에너지와 노력을 더 효과적으로 활용하게 되고, 미루기, 저항, 그 밖의 자기 패배적 행동이 줄어든다는 사실을 깨닫게 될 것이다. 시간이 지날수록 이 변화는 회복, 휴식, 긴장 완화, 에너지 보충을 위한 시간을 우선적으로 배정할 여유를 늘려줄 것이다.

이상적으로는 인내의 창을 넓히는 활동과 장기적 목표에 매일 별도의 시간을 낼 수 있다. 단기간만이라도 좋다. 또 중요한 목표에서 진척을 이루는 데 하루 중 가장 에너지 넘치고 집중이 잘되고 창조적이고 즐겁다고 느끼는 시간을 할애할 수도 있다. 나는 아침형 인간이기 때문에 아침 시간에 항상 적어도 한 가지의 글쓰기를 일정에 넣는다.

미루기나 저항을 촉발하는 목표가 있다면 그 일들을 아침 첫 일정으로 잡아보자! 시간이 지날수록 외부의 산만함이나 저항은 으레 증가하기 때문이다. 의도적이고 끈기 있게 매일매일 작은 일들을 꾸준히 실행하다 보면 몇 주만 지나도 장기적 목표에서 얼마나 많은 진전을 이룰 수 있는지 깨닫고 놀랄 것이다. 매일 장기적 목표에—단 15분이라도— 투자함으로써 일단 스스로 보람을 느끼면 당신이 일정을 잘 통제하지 못한다고 느끼는 다른 시간대에 대한 원망도 줄어들 것이다.

운동, 마인드 피트니스 훈련, 관계, 영양가 있는 음식, 수면, 휴식 시간 등 인내의 창을 넓히는 활동을 포함해 의도를 실현하는 활동들로 먼저 달력을 채우고 나면 다음 주에 반드시 해야만 하는 타협 불가능한 항목을 추가할 수 있다.

여기까지 했다면 이제는 달력에 적지 않은 모든 활동에 관해 힘든 선택을 해야 할 시점이다. 그 일들은 다음 주로 미루거나 누군가에게 위임하거나 도와달라고 요청하거나 대신할 사람을 고용하거나 마감일을 조정하거나 아예 거절할 수 있다. 실제로 연속적 시공간의 현실을 명확히 관찰하는 것은 "아니요"라고 거절하는 기술을 강화하는 훌륭한 방법이다.

우리가 매일 24시간, 매주 7일로 구성된 지구라는 행성에 살고 있음을 기억하자. 우리는 어떻게 해도 이 시공간을 바꿀 수 없으니 여기에 맞춰야 한다. 당신이 기나긴 할 일 목록의 모든 일을 해내면서 수면, 건강, 행복을 위한 시간까지 낼 수 있다는 마법 같은 생각은 버려라. 주간 계획 외에 '예비 목록'도 만들 수 있는데 이것은 당신이 이번 주에는 분명히 일어나지 않을 것이라고 의식적으로 인정한 향후 몇 주 동안의 할 일 목록이다. 예비 목록을 만들면 사고 뇌가 낡은 계획 1.0 습관에서 완전히 벗어나는 데 도움이 된다.

계획 2.0의 네 번째 원칙은 의도적으로 일정에 충분한 여백을 두는 것이다. 그러면 예상치 못한 기회, 불가피한 방해, 펑크 난 타이어, 그 밖에 머피의 법칙 현상들을 처리할 충분한 시간을 갖게 된다. 사용 가능한 여유 시간을 미리 잡아두면 예상치 못한 일이 발생할 경우 부담감을 덜 느낄 수 있으며 그러면 인내의 창 안에 머물 가능성이 더 높아져 예상치 못한 일에 회복탄력성, 유연성, 균형감 있게 접근할 가능성도 더 높아진다. 또 여유 시간이 있으면 동시에 발생하는 여러 가지 일들, 예상치 못한 기쁨과 경이로움의 순간들 그리고 동료, 친구, 심지어 낯선 이들과의 진정 어린 관계를 만끽할 수 있는 시간도 더 늘어난다.

의도적으로 여유 시간을 일정에 포함하고 지킨다면 어떤 상황이 펼쳐지든 더 쉽게 흘러갈 준비가 된다. 또 날마다 할 일 목록의 압박과 그로 인해 시간에 쫓기는 느낌에서 완전히 해방된 순간을 잠깐씩이라도 맛볼 수 있다.

더 좋은 점은 예상치 못한 멋진 기회를 만났을 때 필요한 시간을 내도록 손쉽게 일정을 조정할 수 있다는 사실이다. 왜 그럴까? 계획 2.0을 사용함으로써 다른 요일이나 다음 주로 가장 쉽게 미룰 수 있는 우선순위가 가장 낮은 일정을 이미 파악했기 때문이다.

계획 2.0의 다섯 번째 원칙은 물리적 환경에서 삐걱거리는 바퀴를 손보는 데 매주 몇 시간씩을 들이는 것이다. 뜯지 않은 우편물로 뒤덮인 어수선한 책상, 터질 것 같은 옷장, 지저분한 자동차, 잔뜩 쌓인 세탁물, 읽지 않은 신문과 잡지 더미들, 이것들을 보면 우리는 불안하고 통제가 되지 않는다는 느낌을 받는다. 또 그때그때 필요한 물건을 바로 찾을 수 없는 정돈되지 않은 환경에서 지내다 보면 지치고 짜증이 날 수도 있다. 재무 기록, 중요한 가계 서류, 부동산 문서가 어지럽게 뒤섞여 있는 상황도 근원적 불안감을 부추길 수 있다. 또 물이 새는 수도꼭지, 망가진 난로, 고장 난 차창, 전지를 갈아야 하는 시계 등 수리가 필요한 물건들에 둘러싸여 있을 때도 우리는 무력감을 느낀다.

이 과제들을 외면하지 않고 하나씩 척척 처리해나가면 에너지와 동기가 부쩍 상승해 생산성과 자기효능감을 향상할 수 있다. 질서 정연한 주변 환경은 내면의 차분함과 집중력을 촉진한다. 외부 세계에는 우리가 통제하지 못하는 많은 측면이 있지만 이 일들은 명백히 우리가 통제할 수 있는 측면이다.

그러므로 더 많은 통제감을 느낄 수 있는 아주 간단한 방법 하나는 주간 계획에 몇 시간씩 일정을 잡아서 더는 사용하지 않는 물건들을 버리거나 기부하고 고장 난 물건들을 수리하거나 맡기고 나머지 모든 물건은 제자리에 돌려놓는 것이다. 당신이 그동안 어떤 일들을 미뤄왔든 이제는 예비 목록을 만든 다음 매주 몇 시간씩 체계적으로 이 일들을 처리해나갈 시점이다.

대부분의 사람들은 이렇게 고장 난 물건을 정돈하고 수리하는 과정에서 에너지가 샘솟아 그 에너지를 또 다른 활동에 사용할 수 있다는 사실을 발견한다. 무엇보다 이 과제들은 계획 1.0을 부추기는 경향이 있으므로 이런 일들을 직접 해치우면 자연히 계획 1.0의 습관이 줄어든다. 주변 환경을 정리하는 일이 너무 힘들게 느껴진다면 도와줄 사람을 고용할 수도 있다. 이렇게 하는 편이 스스로 처리할 시간을 짜내려고 애쓰는 것보다 정신 건강 측면에서 비용이 적게 들 수도 있다.

계획 2.0의 마지막 원칙은 주의 분산을 최소화하고 하루 종일 인내의 창을 넓게 유지하기 위해 유사한 에너지 수준의 작업을 한데 묶어서 처리하는 것이다. 또 당신이 보통 하루의 다른 시간대에 지닌 에너지와 비슷한 수준의 에너지를 요하는 작업을 일치시켜 처리하는 것도 도움이 된다. 앞에서 제안했듯이 하루 중 가장 에너지 넘치고 집중이 잘되고 창조적인 시간은 주의 초점을 요하는 장기적 목표나 프로젝트 작업에 할애하는 것이 좋다. 같은 맥락에서 점심 식사 직후처럼 자연스럽게 에너지 수준이 낮아지는 시간에는 다른 사람들과의 회의 일정을 잡을 수도 있다. 말을 하면 자연히 에너지가 증가하기 때문이다.

또 실행 기능 능력이 더 고갈되는 경향이 있는 퇴근 직전에는 더 적은 정신적 노력을 요하는 행정 업무를 묶어서 하는 방법도 유용하다.

끝으로 이메일과 전화 메시지에 응답하는 시간대는 하루에 두 번으로 정해놓을 것을 추천한다. 아마 점심 식사 직전과 업무가 끝나갈 무렵이 좋을 것이다. 일단 에너지 수준을 자각하게 되면 이메일 처리 업무로 하루를 시작하는 것이 얼마나 지치는 일인지 깨달을 것이다. 출근하자마자 이메일 처리부터 시작하면 당장 급한 불을 끄고 손쉬운 일부터 처리하고 자신이 아닌 타인의 우선순위에 따라 일하게 돼 어쩔 수 없이 하루를 반작용적 모드로 시작하기 때문이다. 이는 분노를 자아내는 지름길이다.

출근하자마자 이메일부터 확인해야 한다면 타이머를 이용해 30분 이내로 끝마치고 메일의 우선순위를 구분하자. 정말 긴급하고 즉각적인 주의가 필요한 일에만 대응하자. 며칠 지나면 긴급함의 기준을 충족하는 일은 거의 없다는 사실을 깨달을 것이고, 자연스레 우선순위에 먼저 집중할 시간을 확보하게 될 것이다.

계획 2.0은 의도성이 빛을 발하게 해주고 한 주 내내 회복탄력적이고 생산적이며 평화롭게 흘러갈 수 있도록 해준다. 이것은 능숙한 대응과 복종을 혼합한 방법이다. 우리는 앞으로 무슨 일이 일어날지 결코 알 수 없지만 의도적으로 가장 중요한 일에 우선순위를 매기고 충분한 여유 시간을 잡아두면 현실에 복종하기가 훨씬 더 쉬워진

CHAPTER 16. 불확실성과 변화 속에서 번영하기: 거시적 수준의 주체성 2

다. 실제로 한 주가 시작되기 전에 안정적이고 편안한 상태에서 우리가 만들고 싶은 한 주에 대해 어려운 선택을 함으로써 의도를 우선적으로 돌보고 기대를 실현 가능한 일정과 일치시킬 수 있다. 이 원칙은 학교와 직장에서 개인적·집단적으로 모두 적용된다.

이렇게 일정을 정리하면 바쁜 일이 줄어들기 때문에 다른 사람들과 연결되고 고요함에 이르고 넓은 인내의 창을 유지하고 기쁨을 안겨주는 의미 있는 일을 하는 데 더 많은 시간을 보낼 수 있다. 우리는 더 적게 일하면서 정말 중요한 일에 집중하기로 선택한 것이다. 분투하거나 이리저리 뛰어다니거나 따라잡으려고 허둥대는 일이 줄어들면서 불안, 산만함, 자기 패배적 행동이 한결 줄어든 삶을 살게 된다.

이것이 주체성을 얻는 비결이다.

선택의 기로와 변화

——————————————— 주의 깊고 회복탄력적인 계획을 통해 불확실성이나 시간에 쫓기는 느낌에 다르게 대응하듯, 변화에도 더 능숙하게 접근하도록 스스로를 훈련할 수 있다.

사고 뇌는 자기 주도적 변화를 이해하지만 생존 뇌는 변화를 그리 편하게 여기지 않는다. 생존 뇌는 모든 변화를, 심지어 승진하거나 집을 사거나 새로운 관계를 시작하거나 아기를 갖는 것과 같은 긍정적 변화조차 도전적이거나 위협적으로 인지해 스트레스 각성을 촉발한다. 이렇게 사고 뇌와 생존 뇌가 자기 주도적 변화에 다른 반응을 보인다는 사실을 알지 못하면 본의 아니게 양 뇌의 대립 관계를 악화할 수 있다.

그러므로 중대한 변화를 계획할 때마다 생존 뇌의 반응을 판단, 평가 절하, 무시하지 않고 그대로 경험할 수 있는 여유를 가져야 한다. 스트레스 활성화와 감정이 반드시 우리에게 변화의 결정을 재고하라는 의미를 지니는 것은 아니다. 단지 그것이 생존 뇌가 변화를 처리하는 방법임을 이해하면 된다.

변화하는 동안 우리는 일기 쓰기, 자연 속에서 걷기, 명상 또는 G&R 연습 같은 스트레스 활성화를 방출하기 위한 자각과 성찰 연습에 시간과 공간을 추가해 도움을 받을 수 있다. 나는 새로운 직업이나 아기를 갖는 일 같은 자기 주도적 변화들이 연습에 사용할 수 있는 시간을 얼마나 많이 빼앗는지 잘 안다. 그럼에도 우리는 스스로에게 생존 뇌 반응을 알아차리고 해소할 수 있는 시간과 공간을 부여함으로써 계획된 변화가 쉽게 일어나도록 준비할 수 있다.

우리가 주도하지 않은 변화, 특히 예상치 못한 변화가 일어날 때 생존 뇌의 반응은 더욱 격렬해질 것이다. 예를 들어 해고를 당하거나 홍수로 집이 파손되거나 파트너의 외도를 발견하거나 불치병을 진단받을 수 있다. 이렇게 크고 예상치 못한 충격을 받을 때 우리는 당연히 현실적 기반을 되찾는 데 더 많은 시간이 걸린다.

이럴 때는 특별히 자신에게 너그럽게 대하고 지지적 관계에 도움을 청해야 한다. 사고 뇌는 지금 당장 상황을 바꾸고 해결할 방법을 찾아내기 바라겠지만 내적 긴박감으로 반응하기보다는 우선 인내의 창 안으로 돌아가는 데 집중하는 편이 더 도움이 된다. 효과적으로 계획을 세우고 행동하려면 먼저 인내의 창 안에 있어야 한다. 더구나 우리가 기꺼이 스트레스 각성과 감정을 허용하고 해소하기 전까지는 사고 뇌의 모든 계획과 의사 결정이 어떻게든 각성에 의해 편향될 것이다.

사고 뇌는 마치 당신이 무엇을 해야 할지 정확히 알기라도 하듯이 모든 계획을 세부적으로 짜야 한다고 격하게 요구할 것이다. 이는 사실이 아니다. 엄청난 충격이 당신의 세계를 뒤흔들어버린 판국에 당신은 무엇을 해야 할지 알 수 없다.

그러니 가능한 한 사고 뇌 의제에서 완전히 벗어나 그냥 가만히 있어보자. 그래야 내면의 지혜와 조언을 들을 수 있을 것이다. 다음에 취해야 할 조치와 그 적절한 시점을 정확히 알게 될 것이라고 믿자. 그 후에는 다음 조치, 또 다음 조치가 계속 나타날 것이다. 능숙한 대응을 통해 역효과를 낳는 사고 뇌 전략에서 벗어나면 어느 순간 자연의 섭리로 어려운 시기를 헤쳐나가게 될 것이다.

많은 사람이 지금껏 계속 분투하고 외부 기대를 충족하거나 남들을 기쁘게 하기 위해 자신의 본능을 무시함으로써 양육 과정에서 살아남고 학교에서 두각을 나타내며 직장에서 성공했을 것이다. 그 결과 우리는 내면의 지혜를 무시하는 것이 습관화됐을 뿐 아니라 외부에서 답을 찾도록 조건화돼 늘 다른 사람의 조언과 의견을 구하고 의지하게 됐다.

결정을 내려야 할 때 외부 조언을 참고할 수는 있겠지만 오로지 자신만이 스스로를 위한 최선의 선택을 알고 있다. 타고난 지성은 사고 뇌 수준을 넘어서고 언제든지 이용 가능하다. 타고난 지성에 접근하려면 그저 사고 뇌 의제에서 벗어나 현재 순간 우리 몸 안에 온전히 머물기만 하면 된다.

예를 들어 당신이 두 가지 다른 행동 경로 사이에서 고민 중이라고 해보자. 새로운 일자리 제안을 받아들일까, 아니면 현재 직장에 그냥 머무를까? 이 집을 사야 할까, 저 집을 사야 할까? 지금의 관계를 끝낼까 말까? 나는 이런 선택의 기로에 도달할 때마다 내 조언을 구하는 수많은 학생을 만나왔다.

그럴 때마다 나는 항상 그들 자신만이 본인에게 올바른 선택이 뭔지 알 수 있다고 말해주지만 그들이 내면의 지혜에 접근해 그것을 발견하도록 도와주고 싶다. 그래서 다음과 같은 연습을 안내하는데 당신도 선택의 기로에 서게 될 때마다 한번 시도해보길 바란다.

먼저 접촉 지점에서 안정감과 지지감의 신체감각을 알아차리자. 그러는 동안 만약 당신이 스트레스를 받거나 고갈됐다고 느낀다면 자연히 G&R 연습 주기로 넘어갈 수 있다. 스트레스 활성화 해소를 완료한 후 몇 분 동안 다시 접촉 지점의 감각으로 주의를 돌리자.

그런 다음 침착해진 상태에서 당신이 고민하고 있는 첫 번째 행동 경로를 시각화하자. 이전 단락의 예를 들면 새로운 일자리 제안을 받아들여 새로운 일을 시작하는 자신을 상상해보자. 사고 뇌가 한껏 시각화하게 하고 실제로 그 상황에 자신을 대입해보자. 마음의 눈으로 시각화를 유지하는 동안 비판단적 호기심으로 몸 전체를 스캔하자. 자세, 신체감각, 현재 머무는 감정을 인지하자. 또 체온과 에너지 수준도 인지하자(이를 테면 에너지가 넘치는가, 고갈되는가?). 비판단적 호기심으로 당신이 몸 안에서 알아차린 모든 것을 목록으로 정리해보자.

첫 번째 행동 경로에 대한 몸의 반응을 살펴본 후 다시 접촉 지점의 감각으로 주의를 돌리자. 그 행동 경로와 관련된 감각이 가라앉을 때까지 주의를 그곳에 유지하자. 그런 다음 두 번째 행동 경로나 당신이 고려하는 다른 대안에 대해 이 과정을 반복하자.

연습을 끝마칠 때쯤에는 내면의 지침이 생길 것이다. 당신이 원했거나 알기를 기대했던 것은 아닐 수 있어도 내면의 진실을 알게 될 것이다. 일반적으로 내면의 지혜가 당신에게 가라고 이르는 행동 경로는 몸에서 편안하고 안심되고 차분하고 여유 있고 활력 있고 동기가 부여되며 즐겁거나 쉽다고 느끼는 방향이다.

반대로 내면의 지혜가 멀리하라고 경고하는 행동 경로는 몸에서 맥 빠지고 지치고 망설여지고 스트레스를 받고 활성화되고 불안하고 고갈되고 무너지고 짜증나고 우울하고 체념하게 되고 무력하고 긴장하고 답답하고 혼란스럽다고 느끼는 방향이다.

나는 이 연습에서 알게 된 내면 지침에 따랐던 것을 후회하는 학생은 본 적이 없다. 그러나 몇몇 학생이 내면 지침을 다시 생각해 다른 행동 경로를 따르는 것을 본 적이 있다. 그들은 가족들이 지지하는 쪽이나 장단점을 저울질하는 대차대조표를 작성해 논리적으로 더 이득인 쪽을 선택했다. 놀랍지 않게도 두 번째 그룹의 모든 학생은 결국 그들이 '실수'를 저질렀고 결정을 후회한다고 말했다.

사실 그들은 실수를 저지르지 않았다. 그 상황에서 내면 지침을 무시하기로 선택했고 그 결과를 몸소 경험함으로써 이후로는 내면의 지혜를 신뢰하는 법을 터득하게 된 것이다.

사고 뇌는 단순하고 원칙 기반의 결정을 내리는 데 매우 능숙하다. 하지만 우리 삶의 갈림길들은 대부분 그렇게 단순하지 않고 원칙을 기반으로 결정할 수도 없다. 오히려 그것들은 꽤 복잡해 우리가 여러 가지 요인을 고려해 상대적 중요성을 따져봐야 한다.

복잡한 결정은 항상 무의식적 처리에서 도움을 얻는다. 물론 복잡한 결정을 내릴 때도 우리는 사고 뇌를 훌륭한 도구로 활용할 수 있다. 사고 뇌에 상황을 조사하고 필요한 정보를 수집해 사실에 입각한 모든 질문에 대답하라고 시키는 것이다. 이런 필수 정보를 수집할 때까지는 어떤 결정도 내리려 하지 말자. 그다음 사고 뇌에 열심히 일해준 데 진심으로 감사를 표하고 이제는 물러나라고 말하자. 능숙한 대응을 통해 관련 정보를 수집했으면 이제는 유기적 지능인 '직관'이 모든 정보를 처리해 답을 제시할 때까지 기다려야 할 때다.

실제로 경험적 연구에서 복잡한 결정을 앞둔 사람들이 보통 의식적 사고 뇌의 의사 결정 과정에서 도출된 답보다 무의식적 처리에서 비롯된 직관적 답을 선택할 때 일반적으로 더 행복하다는 사실이 입증됐다.[6] 직관에 의존하는 전문가들도 이 같은 원리를 사용한다. 다만 그들의 무의식은 더 방대하고 더 오랫동안 축적된 전문가적 지식과 경험을 근거로 작동할 뿐이다.

요약하자면 우리는 특히 중요한 삶의 결정을 내릴 때 머리만으로는 성공적인 선택을 할 수 없다. 반드시 심신 체계 전체와 특히 마음의 소리에 귀를 기울여야 한다.

인내의 창을 넓히는 습관 선택하기: 주체성을 기르는 구조적 조건

생체 적응 부하를 단번에 줄일 수 있는 특효약은 없어도 이번 장에서 소개하는 습관들은 시간이 지날수록 생체 적응 부하를 줄이는 데 도움이 될 것이다. 또 이 습관으로 적응 능력이 늘어나 스트레스를 받는 동안 이용할 수 있는 내부 및 외부 자원이 더 많아질 것이다. 설령 우리가 불확실하고 예측 불가능하며 통제 불가능한 스트레스 요인에 직면했을 때도 말이다.

우리가 새로운 행동이나 일과를 처음 익힐 때는 사고 뇌가 행동을 지도하는 데 많이 관여한다. 하지만 시간이 흐르면서 우리는 그 행동을 의식적으로 생각하지 않고 자동적으로 행동에 옮긴다. 정확히 말하면 일부 습관은 애초부터 의식적 자각 밖에 있는 생존 뇌에서 신경지와 암묵적 학습 체계를 통해 형성된다. 어느 쪽이든 상관없이 반복되는 습관은 기저핵—패턴 회상과 실행을 책임지는 생존 뇌 영역—에 저장돼 '촉발 요인, 행동, 보상'의 습관 루프로 새겨진다.[1]

우리는 습관을 진화적으로 더 오래된 뇌 구조에 몰아넣어 사고 뇌는 그저 새로운 정보와 과제를 처리할 수 있도록 한다. 그래서 사고 뇌는 습관적 의사 결정에 관여하기를 멈추고 그렇기 때문에 습관적 행동은 의도적이지 않고 자동적이며 충동적이다. 이것이 자동조종 모드로 살아가는 삶의 특징이다.

습관 루프는 정적 강화나 부적 강화에 기반을 둔다. 매주 3회 이상 운동하는 사람을 대상으로 한 연구에서 응답자 92퍼센트가 '기분이 좋아지기' 때문에 운동을 자주 한다고 대답했고 3분의 2는 운동을 하면 '성취감'을 느낀다고 대답했다. 다시 말해 그들은 보상—엔도르핀 급증과 긍정적 자기개념화— 때문에 운동하는 습관을 갈망하게 된 것이다.[2] 반면 부적 강화 습관 루프가 형성되면 위험/고통/불편함(촉발 요인), 회피(행동), 더 나은 기분(보상)을 경험하게 된다. 10장에서 얘기한 스트레스 반응 주기 습관은 대부분 이 궤도에 따른다.

예를 들어 내가 훈련한 소방관 팀^{Tim}은 퇴근 후 긴장을 풀기 위해 친구들과 술을 마시는 습관이 있었다. 팀의 경우 촉발 요인은 지나치게 깐깐한 상사 밑에서 일하는 불편함과 매일 오후만 되면 엄습하는 가슴 통증과 지끈거리는 두통 등 스트레스 활성화의 불쾌한 신체 감각이었다. 술을 마시고 친구들에게 분통을 터뜨리는 것이 팀이 울분을 발산하는 방법이었다. 이 방법은 당연히 그의 스트레스 활성화를 억제하고 감췄다. 그는 술을 마시면 일시적으로 기분이 나아졌지만 실제로는 생체 적응 부하를 증가시키고 있었다.

CHAPTER 17. 인내의 창을 넓히는 습관 선택하기: 주체성을 기르는 구조적 조건

두 가지 예가 시사하듯이 촉발 요인은 무엇이든 될 수 있다. 광경, 소리, 맛, 촉각, 냄새, 신체감각, 감정, 기억, 플래시백, 꼬리를 무는 생각, 특정인과의 만남, 특정 장소, 심지어 특정 시간대 등 다양하다. 보상은 보통 기분을 좋게 만드는 신경전달물질인 옥시토신, 도파민, 엔도르핀의 분출로 이것이 갈망을 부추겨 습관에 중독되는 것이다.

습관은 어디에나 만연해 있다. 참가자들이 행동 일기를 작성한 몇몇 연구는 그들의 모든 행동 중 47퍼센트를 습관적 행동으로 분류했다.[3] 다른 메타 분석에서는 의도적 행동은 30퍼센트에 불과하다고 주장했다.[4]

이렇게 습관을 피할 방법이 없다면 인내의 창을 넓히는 습관을 택하는 것이 어떨까?

습관 바꾸기

──────────────── 일단 뇌와 신경계의 신경생물학적 구조가 20대까지 정착되고 나면 외부 환경의 영향을 덜 받게 된다. 대신 성인이 되면 내부 구조를 보존하는 방향으로 행동하게 돼 기존에 우리가 믿는 바를 재확인하는 정보와 경험을 추구하고 그렇지 않은 정보와 경험은 회피하게 된다. 또 자신의 내부 구조와 일치하지 않는 정보는 무시하거나 망각하거나 재해석하거나 신뢰를 떨어뜨리려고 하는 경향이 있다. 그래서 마음이 맞는 사람들을 골라 함께 어울리고 구미에 맞는 정보를 골라서 읽고 쓰고 듣는다. 내부 구조와

일치하지 않는 경험을 대개 무의식적으로 회피하는 것이 내부 배선과 외부 현실의 불일치에 대한 1차 방어선이다.[5] 이런 이유로 우리는 익숙한 것을 유쾌하게 여기고 반대로 낯선 존재나 익숙한 것의 상실을 불쾌하게 여기는 경향이 있다.

성인의 비교 문화 연구에 따르면 가장 스트레스가 심한 인생 사건 세 가지는 배우자의 사망, 이혼, 결혼이다. 이 세 가지 상황은 성인의 외부 현실이 너무 크게 변해 내부 구조와 더는 일치할 수 없는 경우다. 대부분의 성인들이 자의로 선택하는 결혼도 이혼 바로 아래 스트레스 수준에 해당한다는 사실은 성인에게 내부 구조와 외부 현실의 부조화가 얼마나 큰 스트레스를 주는지 잘 보여준다.[6] 우리는 변화된 외부 세계에 맞게 내부 세계를 재구성해야 하므로 새로운 현실에 익숙해지고 즐거워지려면 많은 시간이 걸린다.[7]

이 역학은 대부분의 성인들이 외부의 구조적 변화가 고통스럽고 힘들다고 생각하는 이유를 설명해준다. 그리고 당연히 일상생활에서 가장 널리 퍼져 있는 외부 구조는 행동 습관과 반복적 일과다! 신경가소성 원리는 새로운 습관을 기르기가 왜 어려운지 설명해줄 뿐 아니라 우리가 벗어나고 싶어 하는 습관을 버리기가 왜 그렇게 어려운지도 설명해준다.

그럼에도 새로운 습관을 실험해보면 엄청난 보상을 얻을 수 있다. 실험 자체가 인내의 창을 넓히는 데 중요한 자질을 강화하기 때문이다. 실험을 해봐야 우리는 안전지대를 벗어나고 회복하는 경험을 통해 회복탄력성을 기를 수 있다.

당신 자신에게 너그러워지자. 변화하기 어렵다는 사실을 인정하

자. 당신의 의도대로 변할 수 없는 날이 올지도 모른다. 아무 문제 없다. 자기 연민을 지닌 사람들이 다시 일어나고 다시 시작하기도 더 잘한다.

반면 자신에게 가혹하게 대하는 것은 결국 포기하고 이전의 나쁜 습관으로 되돌아가는 지름길이다. 투지와 의지력만으로 자신을 몰아붙이는 데는 단점이 있다. 의지력을 너무 많이 강조하다 보면 실행 기능 능력이 떨어지고 특히 바쁘거나 피곤하거나 스트레스를 받을 때는 유혹에 굴복하기가 더 쉬워진다. 이렇게 고갈된 상태에서는 한번 건강하지 못한 습관에 굴복하거나 건강한 습관을 하루만 건너뛰어도 내부 비판자들이 기다렸다는 듯 나타나 수치심, 저항, 자기 태만, 미루기를 부채질한다.

우리는 이미 이런 악순환을 잘 알고 있다. 새해 첫날 기나긴 다짐 목록을 작성하며 한 해를 시작하지만 1월 8일만 돼도 목록의 4분의 1에 대해서는 이미 패배를 인정하고 마는 것이다.[8]

악순환에서 벗어나는 최선의 방법은 애초에 악순환에 빠지지 않을 몇 가지 구조적 조건을 마련하는 것이다. 첫째, 당신이 무엇을, 왜 하고 싶은지 명확히 이해하는 데 충분한 시간을 보내자. 당신의 의도를 글로 적어볼 수도 있다. 당신이 선택한 변화에 진심 어린 결심으로 접근하자. 엇갈린 감정은 대개 엇갈린 결과를 초래해 성공의 기반을 약화하고 저항을 유발하며 장애물을 만든다. 어떤 변화든 시도하기 전에 양가감정을 해소하는 데 시간을 들여 행동에 옮기려는 명확한 의도를 확인하는 것이 좋다.

둘째, 어떤 습관이든 처음에 시작하는 시점이 아주 강력한 순간임을 잊지 말자. 어떤 일이든 처음에 몇 번 하면 기준치가 형성돼 점점 익숙해지고 즐거워진다. 이후에는 그 상태에서 벗어나는 데 상당한 노력이 든다. 우리는 이 기제를 유리하게 이용해 의도적으로 새롭게 시작하기에 좀 더 쉬운 환경을 조성할 수 있다. 예를 들어 새로운 다이어트를 시작하려면 앞으로 먹지 않을 음식은 집에서 몽땅 치워버리고 시작하자. 또 공부나 업무 습관을 바꾸고 싶다면 새로운 학년이나 직장에서의 첫 주에 새로운 일과를 정하자.

셋째, 의무감과 지지 체계를 형성하자. 운동 파트너를 찾거나 운동 클래스에 등록하거나 개인 트레이너나 인생 코치를 고용하거나 일일 목표를 달성한 후 친구에게 문자메시지를 보내는 방법을 사용할 수 있다. 많은 사람이 돈을 투자하면 변화 의지가 강해진다는 사실을 발견하지만 의무감과 지지 체계를 형성하는 데 꼭 돈을 들일 필요는 없다. 오히려 다른 사람에게 큰 소리로 설명해야 할 때 "내일부터 시작하면 된다"거나 "그건 중요하지 않다"는 식의 마법적 사고를 정당화하기가 훨씬 어려워진다!

반대로 우리가 스스로 정한 기준을 지키지 못할 때 외부의 지지 체계는 우리가 수치심과 자기 판단에 빠지지 않고 자기 연민을 갖도록 도움을 준다. 익명의 알코올의존자 모임Alcoholics Anonymous이나 다른 중독 자조모임이 그토록 강력한 것은 의무감과 지지 체계를 둘 다 제공하기 때문이다. 외부적 의무감은 특히 자신의 욕구를 실행에 옮기고 스스로 동기를 부여하며 장기적 목표를 향해 끈기 있게 노력하기 어려워하는 사람들에게 중요하다.

넷째, 당신은 계획한 변화를 보호할 수 있다. 편안하고 집중이 잘

CHAPTER 17. 인내의 창을 넓히는 습관 선택하기: 주체성을 기르는 구조적 조건

되는 상태일 때 나중을 대비해 저항을 다루는 전략을 브레인스토밍할 수 있다. 그러면 나중에 상황이 어려워져도 이미 다양한 선택 방안을 개발해놓은 상태가 된다. 피곤하거나 기진맥진한 상태에서는 그 순간에 해결책을 찾는 것보다 미리 계획해둔 해결책을 실행에 옮기는 편이 훨씬 쉽다. 예를 들어 집안에 단 음식이나 탄산음료를 놔두지 않으면 설탕에 대한 갈망을 무사히 이겨내기가 더 쉬울 것이다.

14장의 능숙한 선택 체계는 또 다른 안전장치다. 만약 당신만의 능숙한 선택 체계를 개발했다면 당신이 고갈돼 스트레스 반응 주기 습관에 이끌릴 때 약간 더 능숙한 활동을 쉽게 선택할 수 있다.

이 같은 구조적 조건을 다 갖추고도 여전히 목표를 '배신하는' 선택을 할 때가 있을 것이다. 의식적으로 그런 선택을 하는 한 아무 문제 없다. 우리는 갈망, 중독, 스트레스받는 환경, 탈진의 희생자가 아니다. 우리에게는 항상 선택에 대한 책임이 있다. 이 사실을 받아들이자.

그러니 다음번에 당신이 스스로 금지한 초콜릿 바를 먹기로 선택한다면 그 선택을 온전히 받아들이자. 그것을 배신이라고 부르거나 자신을 나쁘게 생각하지 말라. 그래봤자 수치심만 부추길 뿐이다. 당신의 선택을 자각하면서 기쁜 마음으로 초콜릿 바를 먹어라. 그렇게 마지막 한 조각까지 음미하고 나면 본래 의도로 돌아가 다시 시작하기가 더 쉬워질 것이다.

이 장에서 인내의 창을 넓히는 습관을 읽은 후 스스로 점검해보자. 당신이 실행에 옮긴 변화와 그 후 알아차린 효과를 다음과 같이 기록해보는 것도 좋다.

- 신체적으로 어떻게 느끼는가? 증상이 호전되고 있는가? 하루 종일 에너지 수준이 변하는 것을 조금이라도 인지하는가? 전보다 ('몸 안에서') 안정감을 느끼는가? 이전 장들의 도구를 사용해 스트레스를 상향/하향 조절해 인내의 창으로 다시 돌아가기가 더 쉬운가?
- 정서적으로 어떻게 느끼는가? 기분 변화를 조금이라도 인지하는가? 주변 사람들과 더 연결돼 있다고 느끼는가? 감정을 좀 더 쉽게 조절할 수 있는가? 하루 종일 방해 요인, 반응적 사람, 예상치 못한 일에 유연하게 대응할 수 있다고 느끼는가?
- 인지적으로 어떻게 느끼는가? 집중이 더 잘되는가? 기억력과 뇌 안개가 점점 나아지는가? 반추, 걱정, 계획, 그 밖의 순환 패턴이 줄어드는 것을 인지하는가? 계획을 수립, 실행, 유지하는 능력이 나아졌다고 느끼는가?
- 영적으로 어떻게 느끼는가? 가장 고결한 자아의 목소리와 삶의 목적에 더 잘 접촉하는가? 일상생활에서 더 많은 고요함, 만족, 평정심, 명확함, 연민, 창조성, 사랑, 기쁨, 감사를 깨닫는가? 주변 세상에 더 많은 연결성과 관대함을 느끼는가?

당신이 어떤 변화를 보이든 적어도 2~3주 동안은 꾸준히 실천하고 모니터링하자. 대부분의 사람들이 어떤 효과를 알아차리는 데 그 정도 시간이 걸린다. 과학자들이 실험 결과를 확신할 수 있는 유일한 방법은 '올인'하는 것이다. 그러므로 어떤 변화를 꾀하든 거기에 당신의 모든 것을 바치자. 몇 주 동안 데이터를 수집해 분석한 후 필요하면 일부 방법을 수정하자. 결과에 만족할 때까지 진척도를 평가하고 조정하는 과정을 계속 반복하자.

특히 신체적으로나 정서적으로 불편한 변화가 나타난다면 그 습관을 버리기 전에 본연의 잠재적 효과가 드러날 때까지 기다려보자. 예를 들어 더 건강한 식이요법으로 바꾸거나 중독을 치유하고 있다면 당신의 몸은 자연스럽게 해독 기간을 거칠 것이다. 수년 동안 축적돼 있던 독소가 신체 조직에서 배출되는 것이다. 이는 꽤나 불편하고 지치는 과정이다! 또 당신이 새로운 운동요법을 시작한다면 처음에는 몸에서 아프다고 느끼기 쉽다. 가장 중요한 점은 만약 회복 과정 없이 만성 스트레스와 트라우마를 겪으면서 인내의 창이 좁아졌다면 마인드 피트니스 훈련을 시작한 순간부터 스트레스 활성화를 표면으로 끌어올려 배출할 것이다.

이와 같은 경우 한동안은 심신 상태가 더 나빠진다고 느낄지 몰라도 실제로는 14장에서 마이클이 경험했듯이 점점 나아지는 것이다. 인내심을 갖고 당신 자신에게 너그러워지자. 이런 종류의 심신 변화는 적어도 한 달의 기간을 두고 지켜보자. 심한 저항을 인식한다면 15장에서 소개한 저항을 능숙하게 다루는 도구를 사용해보자. 아니면 습관을 진단해볼 수도 있다.

습관 진단

──────────── 스트레스 반응 주기 습관은 가짜 조절자여서 일시적으로는 스트레스를 진정해도 실제로는 스트레스 부하를 가중한다. 우리는 보통 많이 지치거나 조절 장애 상태일 때 진짜 조절 활동보다는 가짜 조절 습관에 더 끌린다. 14장에서는 당신

이 가짜 조절 습관에 끌릴 때 능숙한 선택 체계를 사용해 약간 더 조절적인 활동이나 물질을 선택하는 방법을 살펴봤다. 여기서는 당신이 주로 의존하는 가짜 조절 습관을 넓은 인내의 창을 유지하는 데 도움이 되는 더 건강한 선택으로 대체하기 위해 더 근본적이고 구조적인 변화를 이끄는 방법을 알아볼 것이다.

당신이 편안하고 조절이 잘되는 상태일 때 잠깐 시간을 내서 당신이 바꾸고 싶은 주된 습관을 비판단적 호기심으로 돌아보자. 성찰적 글쓰기를 통해 되짚어보는 것도 도움이 될 수 있다.

첫째, 그 습관을 설명해보자. 그 습관을 유지하는 데 얼마나 많은 시간을 쓰는가? 만약 이 질문에 정확하게 대답할 수 없다면 다음 한 주 동안 그 습관에 보내는 시간을 알아보고 기록해두자. 무엇이 당신에게 그 습관을 촉발하는가? 습관을 촉발하는 특정한 사람들, 장소, 시간대, 활동, 환경적 상황, 감정, 사고 패턴, 신념, 신체감각이 있는가? 그 습관을 실행하기 전과 후 당신은 심신 체계에서 무엇을 인지하는가? 또 앞에서 소개한 네 범주의 질문으로 습관을 파악할 수도 있다.

둘째, 더 깊은 수준의 질문으로 그 습관은 당신에게 어떤 이득과 기능을 제공하는가? 대체로 가짜 조절 습관은 인정하지 않는 진실과 충족되지 않는 수요에서 비롯되는 증상이다. 예를 들면 가짜 조절 습관은 외로움, 지루함, 고갈 상태, 실패에 대한 두려움, 분노를 감출 수 있다. 따로 시간을 들여 그 습관이 어떤 기능을 하는지 파악하고 나면 근본 문제를 직접 해결하기로 선택할 수 있다. 그러면 당신은 상황을 통제하고 주체성을 얻게 된다.

진단 정보로 무장했다면 이제는 내면의 지혜와 브레인스토밍에 초점을 맞출 수 있다. 가짜 조절 습관의 기능을 수행하고 욕구를 충족하면서 인내의 창에 미치는 해로운 영향은 줄일 수 있는 대안적 방법이 무엇일까? 기존 습관을 대체할 새로운 선택안의 목록을 작성하자. 당신이 고갈되고 압도되고 조절 장애 상태일 때는 새로운 대안을 떠올리기가 거의 불가능하지만 미리 만들어놓은 목록 중 하나를 실행하기는 비교적 쉽다. 그러면 다음번에 가짜 조절 습관의 유혹을 느낄 때 대안을 실험해보고 결과를 확인할 수 있다. 더는 당신에게 활력을 주지 않는 습관을 기꺼이 버리고 당신에게 더 도움이 되는 습관으로 대체하자.

예를 들어 나는 머리를 박는 습관을 버리려고 노력했을 때 처음에는 텔레비전 몰아보기로 그 습관을 대체했다. 당시 내 인내의 창 관점에서는 그것이 개선된 대안이었다. 하지만 그로부터 1년쯤 지나자 나는 또 다른 변화가 필요함을 알았다.

어느 날 나는 지난달에 드라마를 몇 편이나 봤는지 세어보고 이 습관에 얼마나 많은 시간을 보냈는지 계산해보기로 했다. 나는 아연실색했다. 너무나 큰 수치였던 것이다. 내 내면의 비판자들이 또 떠들어대기 시작했지만 재빨리 조용히 하라고 요청해 진정한 호기심을 유지할 수 있었다. 대체 TV 시청으로 내가 무엇을 얻을 수 있다고 인생의 그 많은 에너지를 거기에 바치기로 선택했을까? 나는 일기장을 꺼내 써 내려가기 시작했다.

긴 시간 동안 성찰적 글쓰기를 한 끝에 나는 TV 시청이 네 가지 범주의 수요를 충족하고 있음을 깨달았다. 첫째, TV 시청은 하루 종일 글쓰기나 줄줄이 이어진 회의를 마쳤을 때처럼 내가 고갈됐을 때 물러날 수 있는 방법이었다.

둘째, TV 시청은 내가 고갈된 상태에서 상황을 그냥 참고 견디며 계속 밀어붙이는 데 도움이 됐다. 그것은 일종의 협상 도구였다. 하고 싶지 않은 과제에 직면했을 때 나는 그 많은 일을 끝내도록 스스로 몰아붙인 후 TV 시청으로 보상을 주는 패턴을 반복했던 것이다.

셋째, 때때로 내가 압도당하고 불안할 때 TV 시청은 회피 기제였다. 마지막으로 나는 가끔 아프거나 외로울 때처럼 다정한 보살핌이 그리울 때 TV를 시청했다.

TV 시청의 촉발 요인과 동기를 이렇게 네 범주로 분류하자마자 텔레비전이 어떻게 그 다양한 시점에 많은 욕구를 채워줬는지 쉽게 이해할 수 있었다. 내가 왜 그 습관에 그렇게 많은 시간과 에너지를 쏟았는지도 이해가 됐다.

그다음 각각의 욕구를 충족하기 위해 새로운 대안을 브레인스토밍하는 것은 간단했다. 우선 고갈된 상태에서 물러나기 위해서 TV 시청 대신 소설을 읽거나 자연 속에서 걷거나 요가를 하는 습관으로 대체할 수 있었다. 계속 밀어붙이려는 나 자신과 협상하기 위해서는 마감일을 재조정하거나 덜 중요한 일에 대한 기준을 낮추거나 몇 가지 일정을 뺄 수 있었다. 회피 기제로서의 TV 대신 격렬한 운동을 하고 나서 G&R 연습으로 불안감을 해소한 후 30분 동안 타이머를 설정해놓고 무엇이든 내가 피하고 있는 것을 직접 공격할 수 있었다. 무슨 말인지 이해할 것이다.

습관 진단을 해보면 우리는 가짜 조절 습관에 빠진 특정한 이유가 자신에게 있음을 금방 알게 된다. 따라서 비판단적 호기심으로 습관을 검토하고 자기 내면의 지혜에 마음을 열어야만 자신에게 최선의 대안을 발견할 수 있다.

예를 들어 내가 함께 훈련해온 많은 사람은 스스로 술을 너무 많이 마신다고 믿지만 어떻게 변해야 할지 난감해했다. 그들은 자신의 음주를 부추기는 요인이 무엇인지 검토하기 전까지는 습관을 어떻게 바꿔야 할지 정확히 이해하지 못했다.

퇴근 후 친구들과 술을 마시며 상사에 대해 울분을 토했던 소방관 팀을 기억하는가? 팀은 나와 대화를 나누면서 습관 진단을 통해 두 가지를 깨달았다. 첫째, 친구들과 술을 마시는 일은 그에게 정서적 연결을 확인하는 주된 통로였다. 그는 종종 집에 가지 않기 위해 모든 손님에게 술을 한 잔씩 돌리라고 주문했다. 이런 통찰을 얻자 그는 체육관에서 친구를 만나 함께 역기를 들면서 얘기를 나누는 방법도 있음을 깨달았다. 둘째, 그는 술 때문에 그의 직장이 진짜로 얼마나 안 좋은지 인정하기를 회피하고 있음을 깨달았다. 그는 적극적으로 어떤 조치를 취하는 대신 이 진실을 회피함으로써 점점 지쳐가고 있었다. 대화를 마쳤을 때 그는 그렇게 끊임없이 에너지를 고갈하지 않는 다른 일자리를 찾아야 할 필요성을 받아들이게 됐다.

이사벨Isabel은 매일 저녁 식사를 준비하면서 지나치게 많은 와인을 마시는 습관에 관해 나와 얘기를 나눴다. 그는 매주 와인 두 병씩, 자신이 원하는 양보다 훨씬 많이 마신다는 사실을 인정했다. 이사벨은 일이 많은 정규직 직장에 다녔고 손이 많이 가는 10대 자녀가 둘 있었다. 그의 남편은 새로운 사업을 시작하느라 거의 일에 열중해 있었다. 그래서 이사벨은 보통 혼자 저녁 식사를 준비했고 다른 가족들은 나중에 잠깐 앉아서 먹고 가는 식이었다.

문제는 요리가 아니었다. 사실 이사벨은 요리를 좋아했다. 대신 그는 혼자 요리하는 것이 얼마나 화나는지 인정했다. 처음에 그는 이런 감정을 대수롭지 않게 여기고 다른 가족들이 왜 그렇게 바쁜지 설명하며 그들이 설거지는 해준다고 말했다. 하지만 우리가 그의 원망과 외로움을 다루자 이사벨은 와인이 그런 감정을 감추는 데 얼마나 도움이 됐는지 깨닫기 시작했다.

이사벨은 가족들에게 자신이 얼마나 가족을 그리워하는지 말하고 교대로 식사 준비를 돕거나 그냥 부엌에 앉아 함께 얘기를 나누자고 부탁할 수 있음을 깨달았다. 가족들은 또 매주 적어도 한 끼는 다 같이 모여 느긋하게 식사를 하도록 일정을 잡을 수 있었다. 이사벨은 이렇게 가족들과 연결된 모습을 상상하면 매주 며칠 밤은 와인을 한 잔으로 제한할 수 있다고 생각했다.

우리는 습관 진단을 이용해 새로운 습관을 실행하는 데 저항과 장애물이 무엇인지 파악할 수 있다. 이때 필요한 질문은 "무엇이 내 앞을 가로막고 있는가?"다. 내면의 비판자가 근처에 잠복해 있을지도 모르니 평소에 익숙하지 않은 손으로 글을 써볼 수도 있다. 그러면 내면의 비판자를 잠재우는 데 도움이 된다.

예를 들어 나는 막사에 살았던 젊은 해병 매트^{Matt}를 훈련한 적이 있다. 매트는 잠을 더 자고 싶었지만 종종 밤늦도록 비디오게임을 하는 자신을 발견했다. 다음 날 그는 제시간에 맞춰 부대에 합류하기 위해 적어도 세 개의 에너지 음료를 연거푸 들이켜야 했다. 그는

CHAPTER 17. 인내의 창을 넓히는 습관 선택하기: 주체성을 기르는 구조적 조건

수면제 처방도 받았지만 별로 도움이 되지 않았다. 가장 큰 이유는 매트가 잠에 들지 못한다는 사실에 극도로 불안해하고 그래서 아예 침대에 눕기를 피하는 것이었다. 어느 날 접촉 지점 연습을 하는 동안 매트는 자신이 몇 년 동안 막사에 살면서도 그곳을 정말로 '집'이라고 생각한 적이 없다는 사실을 깨달았다. 그는 만약 막사를 자기 식대로 꾸미고 특히 침대를 더 안락하게 만들 수 있다면 침대에 눕는 것을 굳이 미루지 않으리라는 통찰에 이르렀다. 그 주말에 매트는 새 베개, 이불, 극세사 시트를 구입했다. 그날 밤 매트는 아기처럼 잠을 잤다. 그가 나와 이 얘기를 나눌 때쯤에는 매일 밤 적어도 2시간씩은 더 자고 있었다.

매트의 예가 보여주듯이 오직 그의 내면의 지혜만이 그를 이런 방향으로 이끌 수 있었다. 나라면 불면증을 고치기 위해 새 침구를 사라는 제안은 결코 떠올리지 못했을 것이다!

습관을 바꾸는 데 만병통치약은 없다. 지금부터 내가 제안하는 인내의 창을 넓히는 다섯 가지 습관을 읽으면서 당신의 직관에 귀를 기울여라. 당신은 필요한 통찰과 조언을 이미 당신 내면에 지니고 있다. 변화는 언제나 진정한 자아를 발견하고 더욱 온전히 자기 자신이 될 수 있는 기회다.

자각 및 성찰 연습

──────────────── 인내의 창을 넓히는 첫 번째 습관은 매일 자각과 성찰 연습을 진행하는 것이다. 빠른 속도로 흘러가는

524

삶 속에서 주기적으로 휴식을 취하려는 의식적 의도를 갖고 주의를 늘 배경에 머물러 있는 고요함으로 되돌리자.

속도를 늦추면 삶을 좀 더 선명하게 볼 수 있다. 또 산만한 에너지를 줄이기 위해 우리의 의도에 다시 집중하고 일상생활의 체계를 만들 수 있다. 이로써 우리는 당면한 일보다 중요한 일에 초점을 맞출 수 있다.

우리는 자각과 성찰 연습을 통해 우리 자신, 관계, 일에 관한 중요한 진실을 부정하거나 숨길 가능성이 줄어든다. 진실이 떠오를 공간을 마련함으로써 더 나은 선택을 할 수 있다.

나는 이미 접촉 지점, G&R 연습, 자각 영역 안에서 감정의 세 가지 요소에 주의 기울이기 등 몇 가지 자각 연습을 소개했다. 다른 자각 연습으로는 호흡 자각과 다양한 형태의 명상이 있다. 자각은 또 태극권, 걷기 명상, 요가, 무술과 같은 동작을 통해서도 길러질 수 있다. 순간순간의 경험에 의도적으로 주의를 기울임으로써 우리는 창조성, 기쁨, 동정심, 감사, 평정심, 침착성, 통찰이 자연스럽게 떠오를 수 있는 공간을 마련한다.

성찰 연습이란 일기를 쓰거나 성서의 문장이나 시를 읽고 그 메시지를 되새기거나 인생의 축복에 감사하는 목록을 작성하거나 잠자리에 들기 전 하루의 교훈을 되돌아보는 것이다. 내가 가장 좋아하는 성찰 연습은 의식의 흐름 기법으로 일기를 써보는 것이다. 나는 이 방법이 현재 삶에서 처한 상황의 다양한 측면을 더 충분히 이해하는 데 도움이 된다고 믿는다.

일기 쓰기는 반복되는 패턴과 회피 기제의 이면에 숨은 이유를 자각하고 살펴보는 데도 도움이 된다. 14장에서 말했듯이 일기 쓰기는 우리가 특정 상황에서 원하고 필요로 하는 바를 명확히 이해할 뿐 아니라 감정과 접촉하는 데도 도움이 된다. 결국 우리의 의도와 반응을 가다듬는 데 도움이 된다. 더욱이 습관이 변화되는 과정을 모니터링할 수 있다. 한 달(또는 1년) 후 일기를 다시 읽어보면 대단히 유익할 수 있다. 과거 일기를 읽을 때 떠오르는 통찰이나 패턴에 놀라게 될지도 모른다. 이렇듯 일기 쓰기는 발전과 성장을 추적할 수 있는 훌륭한 방법이다.

적어도 한 가지 자각 연습과 한 가지 성찰 연습은 꾸준히 하는 습관을 들이기를 추천한다. 아침에 자각 연습을 하고 저녁에 성찰 연습을 하거나 그 반대로 할 수도 있다. 또는 퇴근하고 집에 도착했을 때나 잠들기 직전과 같이 하루의 여러 전환 시점에 할 수도 있다.

특히 아침에 일어나자마자 15~30분 동안 한 주기 연습을 하는 습관을 권한다. 밤새 휴식을 취하고 바쁜 하루가 시작되기 전 우리 정신은 마인드 피트니스 훈련, 명상, 태극권, 일기, 성서 문장 되새기기 또는 뒷마당에서 조용히 차 한 잔을 즐기는 일에 가장 수용적인 경향이 있다. 아침에 한 연습이 온종일 긍정적 영향을 미친다는 사실을 발견하게 된다. 우리가 더 명확하고 의도적으로 활동에 집중해 하루 내내 평화와 차분함을 유지하도록 도와주는 것이다. 그러면 외부 상황과 산만함 때문에 본래 목표에서 벗어나 의도에 반하거나 상황을 악화하는 행동으로 잘못 빠질 가능성이 줄어든다.

식단 조절

──────────────── 우리 면역 체계의 70퍼센트는 소화계 안과 주변, 이른바 마이크로바이옴에 위치한다. 마이크로바이옴이란 소화관에 서식하는 수조 개의 미세한 세균총이다. 이 세균들은 감염과 식중독을 예방하고 비타민을 생성하며 영양분 흡수를 개선하고 유해균에 대한 항생물질을 만든다.[9]

마이크로바이옴은 유익균이 부족하거나 유해균, 곰팡이(칸디다균 등), 기생충이 과잉해 불균형 상태가 될 수 있다. 마이크로바이옴의 불균형은 관절염, 골다공증, 과민성대장증후군, 식품 민감성 및 알레르기, 만성피로 증후군, 만성 통증, 자가면역질환, 두통과 편두통, 알츠하이머병, 대장암, 유방암 등 광범위한 질병과 연관이 있다.

어째서 이렇게 많은 질병이 마이크로바이옴의 건강과 연관이 있을까? 마이크로바이옴에 있는 미생물들에 후생유전학적 힘이 있기 때문이다! 그 미생물들은 유전자 발현 여부를 결정할 수 있다.[10] 이런 이유로 소화계 건강은 유전적 소인이 있는 질병의 실제 발병 여부를 결정하는 주요인이다. 바꿔 말하면 가족에 유전되는 질병에 걸리지 않도록 자신을 보호하는 가장 좋은 방법 중 하나는 건강한 식단을 선택하는 것이다.

장내에는 척수보다 훨씬 많은 1억 개의 신경이 지난다. 그래서 일부 연구자들은 장을 제2의 뇌라고 부른다. 소화기관은 세로토닌의 95퍼센트를 포함해 뇌 못지않게 많은 신경전달물질을 생성한다. 세로토닌의 불균형은 우울증, 불안, 불면증, 과민성대장증후군, 편두통에 큰 역할을 하는 것으로 밝혀졌다.[11]

이 모든 내용은 결국 소화기관의 건강을 증진하는 것, 즉 마이크로바이옴의 균형을 유지하고 장 투과성('새는 장')을 치유하는 것이 많은 신체적·인지적·정서적 증상을 해결하는 효과적 방법임을 의미한다. 식단을 개선하면 살을 빼고 뇌 안개를 줄이고 에너지를 증가시키고 면역 체계를 회복하는 데 도움이 된다. 이 같은 이유로 식단을 개선하고 소화기관을 치유하는 것이 인내의 창을 넓히는 두 번째 습관이다.

나는 이 방법의 효과를 몸소 경험해 알게 됐다. 내 식품 민감성을 파악해 해당 식품을 포기하고 새는 장을 치료하고 몸에서 칸디다균을 제거하고 프로바이오틱스(우리 몸에 필요한 유익균)를 추가하고 식단을 개선한 것이 내가 신체적·심리적 회복을 향해 걸어온 길에서 가장 중요한 변화 중 하나였다. 새로운 식단을 도입하자 많은 증상이 사라졌고 군대에서 일할 때 처음 처방받은 약들을 끊을 수 있었다. 복용하는 약이 감소하자 간의 과부하가 줄어들어 자연 해독 체계가 다시 작동하게 됐고 에너지 수준과 기분이 몰라보게 좋아졌다. 또 살도 빠졌는데 그동안 내가 알레르기성 식품을 먹어서 조직이 부어 있었기 때문이었다.

마이크로바이옴의 불균형을 유발하는 요인을 피하거나 섭취를 제한하는 것도 도움이 된다. 그 요인으로는 당분, 스트레스, 독성 화학물질, 농약, 가공식품, 트랜스 지방, 영양가가 낮거나 알레르기 반응을 유발하는 음식, 경구피임약, 스테로이드, 진통제, 항생제 등이 있다.[12]

또 마이크로바이옴에 영양가 있는 음식과 살아 있는 프로바이오틱스를 보충하는 것도 중요하다. 프로바이오틱스 보충제를 먹거나 신선 식품과 발효 식품 등 프로바이오틱스 식품과 음료를 섭취할 수도 있다. 이 같은 식품과 음료로는 한국의 김치, 저온 살균 처리가 되지 않은 사우어크라우트sauerkraut, 발효된 채소, 코코넛 또는 우유 케피르kefir, 무가당 생요구르트, 생사과식초, 콤부차(설탕을 넣은 녹차나 홍차에 유익균을 넣어 발효한 음료-옮긴이) 등이 있다. 현재 대부분의 의사들은 프로바이오틱스 식품이나 보충제를 매일 섭취하라고 권고하고 있다. 적어도 항생제 복용을 마친 후에는 몇 주 동안 프로바이오틱스를 섭취하자.

혹시 염증과 관련된 증상이 있다면 항염증 식단을 시도해볼 수도 있다. 전형적으로 시작하는 방법은 보통 가장 많이 알레르기가 있거나 민감한 식품을 6주 동안 식단에서 제거하는 것이다. 밀, 글루텐, 콩, 견과류, 특정 곡물(밀, 옥수수), 유제품, 가짓과 채소(토마토, 가지, 고추, 감자), 효모 제품(생사과식초 제외) 등이 있다. 그 후 이 식품을 다시 식단에 도입할 때는 며칠에 한 개씩만 추가하면서 자신의 식품 민감성을 점검해보자.

식품 민감성 증상으로는 뇌 안개, 집중력 저하, 늘어짐, 우울, 피로, 가스 차고 더부룩한 배, 설사, 재채기, 가려움증, 코 막힘, 두통과 편두통, 피부 발진, 코골이 등이 있다. 어떤 음식을 먹고 나타나는 모든 증상을 반드시 기록해두자. 증상은 다음 날이 돼서야 나타날 수도 있다.

만약 더부룩함, 경련, 가스, 소화불량, 속 쓰림을 자주 느끼거나 설사나 변비 문제가 있다면 함께 먹는 음식들의 궁합을 신경 쓸 수도 있다. 일반적으로 잎이 많은 채소와 비전분성 채소를 (1) 동물성 단백질, 달걀, 유제품, 견과류 또는 (2) 곡물, 파스타, 빵, 콩, 콩류, 전분성 채소(감자, 옥수수, 호박)와 함께 먹으면 몸에서 음식을 소화하기가 더 쉬워진다. 프로바이오틱스 식품 역시 소화에 도움이 된다.

미국인들은 대부분 동물성 단백질과 곡물, 빵, 감자를 섞어 식사하기 때문에 식단 구성 원칙에 따르지 않는다. 많은 사람이 고대인들처럼 저탄수화물 식단에 따를 때 몸 상태가 좋아진다고 느끼는 이유도 이 식단이 주로 소화를 촉진하는 음식 결합 방식에 따르기 때문이다.

아울러 음식의 질도 정말 중요하다. 우리가 먹는 식품에 든 독소는 체내에 축적된다. 이제초제, 살충제 그리고 육류, 달걀, 유제품을 제공하는 가축에게 먹이는 성장호르몬/항생제 등이다. 이 독소들은 염증, 비만, 세포 손상, 면역 기능장애, 호르몬 불균형의 원인이 된다. 그러므로 가능한 한 유기농 식품을 먹으려고 노력하자. 단기적으로는 식비가 많이 들더라도 장기적으로는 분명 효과가 있을 것이다. 적어도 유기농으로 방목하고 목초로 사육한 고기, 가금류, 유제품, 방목란을 우선적으로 선택하자. 과일과 채소에도 농약 잔류량이 많은 이른바 '더티 더즌Dirty Dozen'이 있으니 항상 유기농 식품을 섭취하는 것을 목표로 삼아야 한다.[13]

물을 더 많이 마시는 것도 모든 사람에게 도움이 된다. 우리가 배고프다고 느낄 때 실은 탈수 상태인 경우가 많다고 한다. 맹물을 마시는 데 싫증이 나면 레몬즙이나 생사과식초를 조금 타서 마셔도 좋다. 둘 다 설탕에 대한 갈망을 억제하고 해독을 돕고 소화를 촉진한다. 카페인이 없는 허브차를 마시는 것도 좋다. 매일 32~64온스(약 900~1,800ml)의 (무탄산) 수분을 섭취하는 것을 목표로 삼자.

마지막으로 카페인 섭취량을 줄이는 것도 도움이 된다. 카페인은 기억력을 향상하고 치매, 당뇨병, 뇌졸중 위험을 감소한다고 알려졌지만 스트레스 호르몬의 분비를 촉진한다. 더 중요한 점은 카페인이 마이크로바이옴을 교란하고 세로토닌 수치를 감소하는 효과가 있다(세로토닌의 95퍼센트는 장에서 생성된다)는 것이다. 그래서 카페인은 항우울제, ADHD 치료제, 항불안제 등과 성분이 잘 혼합되지 않는다. 카페인을 이 약물과 함께 섭취하면 약물 효능이 저하되고 불면증, 공황 발작, 불안감, 과민성을 악화할 수 있다.[14] 그러니 커피, 카페인성 탄산음료, 레드불Red Bull, 에너지 음료 대신 녹차, 홍차, 카페인이 적은 커피를 마시자. 카페인 섭취량을 줄일 때는 금단성 두통을 막기 위해 며칠에 걸쳐 조금씩 줄여나가는 것이 좋다.

어떤 식단이든 바꾸려고 할 때는 의사와 상의하는 것이 중요하다. 나는 '기능 의학' 또는 '통합 의학' 분야 치료자들을 찾아보라고 권한다. 이들은 보통 장 투과성과 독소 문제를 진단하고 치료하는 데 가장 익숙할 뿐 아니라 약물 처방 대신 자연적 치료법으로 증상을 관리하도록 안내해 간을 비롯한 체내 해독 체계의 부하를 줄여줄 수 있다.

더 많은 지식을 얻을 수 있는 책들도 있다. 내가 추천하는 책은 엘리자베스 립스키Elizabeth Lipski 박사의 《소화기 건강Digestive Wellness》, 게리 캐플런 박사의 《왜 이유 없이 계속 아플까》, 아비바 롬Aviva Romm 박사의 《부신 갑상선 혁명The Adrenal Thyroid Revolution》, 앤마리

CHAPTER 17. 인내의 창을 넓히는 습관 선택하기: 주체성을 기르는 구조적 조건

콜빈Annemarie Colbin의 《음식과 치유Food and Healing》, 도나 게이츠Donna Gates의 《몸 생태 다이어트The Body Ecology Diet》, 리치 쇼메이커Ritchie Showmaker 박사의 《생존하는 곰팡이Surviving Mold》, 닐 네이슨Neil Nathan 박사의 《곰팡이와 곰팡이 독Mold and Mycotoxins》, 데일 브레드슨Dale Bredesen 박사의 《알츠하이머의 종말》 등이다. 브레드슨 박사가 추천하는 검사, 식단 변화, 보충제 등은 인지력 저하뿐 아니라 다양한 염증, 호르몬, 독소 불균형을 해결하는 데도 유익할 것이다.

수면

──────────── 인내의 창을 넓히는 세 번째 습관은 매일 밤 8시간 수면을 목표로 충분한 수면을 취하는 것이다. 9장에서 설명했듯이 주말에 늦잠을 잔다고 해서 평일의 부족한 수면을 만회할 수는 없다.

한밤중의 편안한 수면은 정신을 더 맑게 해주고 회복과 치유를 지원한다. 질 좋은 수면을 충분히 취하면 부교감신경계가 소화, 조직 재생, 독소 제거, 치유, 성장과 같은 모든 장기 프로젝트를 처리할 수 있게 된다. 그러면 축적된 독소를 제거하고 염증을 줄이는 데 집중할 수 있어 만성 통증과 염증성 질환 위험이 감소한다. 복원과 회복 과정의 일부는 뇌에서도 일어난다. 즉, 시냅스를 정리하고 기억을 통합하며 치매와 연관된 아밀로이드 반점을 제거하는 것이다.

지금부터 제시하는 방법대로 해도 매일 8시간씩 규칙적으로 잠을 잘 수 없다면 기저의 의학적 문제를 검진받는 것이 좋다. 편안하게 잠을 푹 자고 깨어났을 때 신체적, 정서적, 정신적으로 얼마나 기분이 좋아지는지 경험하면 놀랄 것이다.

이상적인 경우 수면제에 의존하지 않고 하룻밤에 8시간 동안 깨지 않고 잘 수 있다. 많은 수면제가 오히려 역효과를 내 수면을 방해한다. 또 인지 기능을 손상하고 암과 조기 사망 위험을 증가시킬 수도 있다.[15] 수면제는 단순히 기저의 조절 장애를 감출 뿐인 경우가 많다. 이 과정에서 수면 중에 진행돼야 하는 중요한 회복과 치유를 가로막는 것이다.

그러므로 의사의 도움을 받아 수면제를 끊는 편이 훨씬 나을 수 있다. 또 의사는 멜라토닌 보충 여부를 결정하는 데도 도움을 준다. 멜라토닌은 일주기 리듬을 조절하고 해독 체계에서 중요한 역할을 한다. 많은 사람이 멜라토닌을 보충하면 잠을 더 잘 자고 더 충전된 상태로 깨어난다는 사실을 발견한다. 멜라토닌은 중독성은 없지만 몸에서 계속 자체 생성되기 때문에 며칠에 한 번씩 멜라토닌을 보충하면 도움이 된다.

이 밖에도 특히 반추나 질주하는 생각 때문에 밤중에 잠을 못 이룬다면 의사가 아마 트립토판이나 5-하이드록시트립토판(5-HTP)을 추천할 것이다. 하지만 항우울제를 복용 중이라면 이런 약은 무조건 피해야 한다. 멜라토닌, 트립토판, 5-HTP를 보충하는 것이 수면제나 벤조디아제핀을 사용하는 것보다 일반적으로 더 안전하다. 그렇더라도 의사에게 확인해 적절한 복용량을 정하고 해로운 약물의 길항작용은 피해야 한다.

인구의 약 5퍼센트가 수면무호흡증후군을 앓지만 많은 사람이

CHAPTER 17. 인내의 창을 넓히는 습관 선택하기: 주체성을 기르는 구조적 조건

이 사실을 모른다. 만약 당신이 자는 동안 코를 골고 자고 일어나도 푹 쉰 느낌이 없다면 수면무호흡증후군이 문제일 수도 있다. 수면무 호흡증후군은 흡연과 과체중이 가장 큰 위험 요인이며 여성보다 남 성에게 조금 더 흔하다. 수면무호흡증후군이 있는 사람들은 밤 동안 주기적으로 호흡이 멈춰 몸이 산소 부족 상태가 된다. 산소가 생명 유지에 꽤 중요하니 이럴 때마다 생존 뇌는 당연히 위협을 느끼고 밤새도록 스트레스 활성화 상태를 유지하게 된다! 그러므로 수면무 호흡증후군이 PTSD, 불안 장애, 우울증, 고혈압, 만성 통증, 제2형 당뇨병, 기타 염증성 질환과 관련된 것은 놀라운 일이 아니다.[16]

수면 위생을 개선하기 위한 몇 가지 제안이 있다. 첫째, 매일 같은 시간에 잠자리에 들고 일어나도록 노력하자. 이상적으로는 밤 11시 이전에 잠들고 늦어도 오전 7시까지는 일어나야 한다. 매일 햇빛이 비출 때 야외에서 시간을 보내고 가급적 낮잠을 자지 말자. 불면증 이 있다면 아침에 일어나자마자 라이트박스 등으로 밝은 빛에 접근 해 아침 코르티솔 반응을 재설정하는 것도 도움이 된다.

직업상 교대 근무나 시차 피로를 겪을 일이 많다면 자연히 일주 기 리듬에 더 많은 문제가 생기기 쉽다. 쉬는 날 잠을 좀 더 많이 자 둘 수는 있겠지만 이것만으로는 충분하지 않을 것이다. 반드시 앞에 서 제시한 방법들에 따르되 본인 일정에 맞게 시간대를 조정하자. 또 야간에는 보통 단 음식과 정크 푸드의 유혹이 강해진다. 하지만 늦은 밤 이런 음식을 먹으면 일주기 리듬과 코르티솔 주기를 정말로 망칠 수 있다.[17] 대신 몸에 좋은 지방, 단백질, 저항성 전분이 풍부한 영양가 높은 음식을 선택하면 야식 먹는 느낌을 충족할 수 있다. 아몬드나 호두, 유기농 소고기 또는 칠면조 육포, 훈제 연어나 아보카도를 곁들인 호밀 흑빵 토스트, 후무스(병아리콩 으깬 것과 오일, 마늘을 섞은 중동 지방 음식-옮긴이)에 찍은 당근 등을 먹어보자.

둘째, 경험적으로 수면의 질을 높인다고 알려진 규칙적인 운동을 하도록 노력하자.[18] 그러나 운동은 스트레스 호르몬을 급증시켜 잠드는 것을 방해하므로 취침 3시간 전에 운동을 끝내는 것이 중요하다. 물론 조용한 스트레칭, 태극권, 진정되는 종류의 요가 등은 예외다.

셋째, 몸이 서서히 긴장을 풀다가 잠에 들도록 지원하는 식단으로 바꿔보자. 불면증이 있거나 카페인에 민감하다면 오후 2시 이후 또는 정오 이후에는 카페인 섭취를 피하자. 초콜릿, 달콤한 차, 커피, 녹차와 홍차, 몬스터 음료, 레드불, 대부분의 청량음료도 이에 포함된다. 이상적으로 든든한 식사는 가급적 이른 시간에 마치는 것이 좋지만 어떤 경우라도 늦은 저녁에 인슐린의 급증을 막으려면 취침 3시간 전에는 식사와 음주를 피해야 한다. 많은 사람이 잠들려고 술을 마시지만 그러면 자다가 중간에 자꾸 깨서 수면의 질이 떨어질 수 있다. 또 자기 전 2시간 동안은 음료를 마시지 않아야 한밤중에 깨서 화장실에 가는 일을 줄일 수 있다.

넷째, 일이나 뉴스 시청, 자극적 대화나 말다툼은 취침 몇 시간 전까지 끝내는 것을 목표로 하자. 휴식과 회복 과정으로 전환하려면 G&R 연습, 부드러운 요가, 스트레칭 등을 하는 것이 좋다. 잠자리에 들기 전 일기를 쓰는 것도 하루를 마무리하는 데 도움이 된다. 당신을 잠들지 못하게 하거나 반추와 불안감을 부추기거나 당신을 짓누

CHAPTER 17. 인내의 창을 넓히는 습관 선택하기: 주체성을 기르는 구조적 조건

르는 어떤 일이든 적어보자.

다섯 번째, 적어도 취침 1시간 전에는 전화, 컴퓨터, 텔레비전, 기타 장치를 포함한 모든 전자 기기를 꺼두자. 멜라토닌은 빛에, 특히 대부분의 전자 제품에서 발산하는 블루라이트에 억제된다.[19] 그렇기 때문에 우리가 흥분 상태라고 느낄 때 긴장을 풀려고 비디오게임을 하거나 텔레비전을 보거나 웹 서핑을 하거나 휴대전화를 확인하거나 아이패드로 글을 읽으면 잠들기가 더욱 어려워진다. 블루라이트가 우리를 더욱 흥분시킬 것이다. 대신 종이 책을 읽거나 스트레칭을 하거나 원기를 되찾는 요가를 하거나 명상을 하거나 안내에 따라 긴장을 푸는 연습이나 진정되는 음악을 듣거나 욕조에 몸을 담그는 편이 좋다. 잠자리에 들기 전, 특히 겨울철에 내가 가장 좋아하는 일과는 엡솜Epsom 소금 두 컵과 라벤더 에센셜 오일 12방울을 넣은 따뜻한 물에 몸을 담그는 것이다.

만약 잠들기 힘들다고 자각했다면 누워서 뒤척이지 말자. 그러면 상황이 더 악화될 뿐이다! 대신 일어나서 다시 졸음이 올 때까지 무엇이든 긴장을 푸는 일을 하자.

마지막으로 한밤중에 악몽이나 반추, 불안, 괴로운 생각 등으로 잠에서 깼다면 침대에서 일어나 의자에 앉아서 G&R 연습을 하는 것이 도움이 된다. 특히 악몽을 꾸고 나면 심신 체계가 활성화된다. 그러니 이 기회를 이용해 스트레스 활성화를 해소하고 회복을 지원하자. G&R 연습을 한 주기 하고 나면 이어서 스트레칭, 요가, 접촉 지점, 심호흡, 명상, 일기 쓰기 등을 해볼 수 있다.

다만 한밤중에 잠에서 깨는 일을 자주 경험한다면 주치의에게도 확인해볼 필요가 있다. 이런 증상에는 호르몬 불균형, 갱년기, 우울증, 불안 장애, 위·식도 역류 등 많은 잠재적 원인이 있을 수 있다. 기저의 원인이 무엇이든 직접 해결하는 것이 중요하다.

운동

—————————————— 인내의 창을 넓히는 네 번째 습관은 운동이다. 우리 몸은 움직이도록 만들어졌다! 운동을 해서 좋은 점은 다른 부분에서 충분히 다뤘으니 여기서는 운동이 인내의 창을 넓히는 데 도움이 되는 몇 가지 이유만 얘기한다.

첫째, 운동을 하면 스트레스 활성화를 해소해 시간이 지날수록 생체 적응 부하를 감소할 수 있다. 특히 우리가 G&R 연습으로 운동을 끝마칠 때 그렇다. 둘째, 운동은 우리 수면의 질을 향상한다. 셋째, 운동은 신진대사를 조절해 인슐린 저항성, 대사증후군, 제2형 당뇨병에 걸릴 위험을 감소한다. 넷째, 운동은 면역 체계를 강화해 감염을 퇴치하는 데 도움을 준다. 마지막으로 운동은 염증을 줄이기 위해 미세아교세포를 하향 조절해 만성 통증, 우울증, 과민성대장증후군, 자가면역질환, 관절염, 알츠하이머병 등 염증성 질환의 위험을 감소한다.[20]

신체적·인지적 건강을 위한 최적의 운동 프로그램은 다음의 세 가지 요소의 결합이다.

첫째, 심혈관계를 단련하고 체력을 키우려면 유산소운동이 필요하다. 조깅, 힘차게 걷기, 하이킹, 스피닝, 춤, 조정, 수영, 줄넘기,

계단 오르기, 그 밖의 스포츠를 시도해볼 수 있다. 유산소운동 중 하나로 매회 30분 이상, 매주 3회 이상 심박 수를 높이는 것을 목표로 하자.

아니면 세션당 10~15분이 소요되는 고강도 인터벌트레이닝에도 도전해볼 수 있다. 고강도 인터벌트레이닝은 심박 수를 높이는 데 매우 효율적일 뿐 아니라 운동할 시간이 부족하다는 낡은 변명도 더는 통하지 않는다.

둘째, 신진대사를 향상하고 힘을 키우며 골밀도를 증가시켜 골다 공증과 골절의 위험을 줄이려면 웨이트트레이닝이 필요하다. 헬스장에서 바벨을 들거나 개인 트레이너를 고용하거나 근육에 체중 부하를 싣는 장비를 이용하는 운동 클래스에 참여할 수 있다.

만약 체육관에서 리프팅하기가 부담스럽다면 꽤 저렴하게 집에 웨이트트레이닝 환경을 만들 수도 있다. 커다란 운동용 볼, 다양한 바벨, 스티븐 스티펠Steven Stiefel의 《웨이츠 온 더 볼 워크북Weights on the Ball Workbook》 같은 책만 있으면 충분하다.

매주 2회 이상 각 근육 그룹을 웨이트트레이닝하는 것을 목표로 하자. 물론 코어 근육은 매일 단련할 수도 있다. 또 근육이 지방보다 무게가 더 나간다는 사실을 기억하자. 그래서 체중이 늘어날 수도 있지만 사이즈는 분명 줄어들 것이다.

셋째, 유연성을 높이고 몸의 긴장을 해소하려면 스트레칭, 요가, 태극권이 필요하다. 요가 수업에 참여하기가 불편하다면 앱이나 웹 사이트에서 스트리밍 서비스를 찾아보자. 턱, 목, 어깨, 등, 골반 등 습관적으로 긴장하는 부위를 부드럽게 스트레칭함으로써 우리 몸을 더 생체역학적으로 정렬하고 만성 통증을 줄일 수 있다. 스트레칭은 또 유산소운동과 웨이트트레이닝 후 몸을 풀고 열을 식히는 중요한 방법이다.

이 세 가지 범주를 통틀어 1회 45~60분씩 일주일에 4회 이상 운동하는 것을 목표로 삼자. 주간 계획에 운동 시간을 정해놓고 자연스럽게 즐기는 운동을 찾자. 운동을 하는 데 방해물이 있는지 습관진단을 통해 알아보자.

식이요법과 마찬가지로 새로운 운동요법을 시작하기 전에도 의사에게 확인받는 것이 중요하다. 예를 들어 베타 차단제를 복용하면 심박 수를 올리기 힘들므로 의사가 가장 좋은 운동을 선택하는 데도움을 줄 수 있다.

관계

———————————— 미국인은 타인과 연결되는 활동에 보내는 시간이 점점 더 줄어들고 있고 이 현상은 건강과 복지에 지대한 영향을 미친다. 연구에 따르면 사회적 연결 부족은 비만보다 2배 정도 건강에 더 위험하다. 그로 인한 조기 사망 위험은 거의 흡연에 따른 위험과 맞먹는 수준이다. 사회적 관계가 거의 없거나 관계의 질이 낮은 것은 심혈관 질환, 고혈압, 반복적 심장마비, 자가면역질환, 암, 상처의 느린 치유 속도 등과 관련이 있다.[21]

반대로 많은 경험적 연구에서 행복의 가장 일관된 예측 변수는 강한 개인적 관계와 사회적 지지가 있는지 여부였다. 이 같은 발견은 나이, 성별, 인종, 사회경제적 지위를 초월한다. 예를 들어 거의 매일 만나는 친구가 한 명만 있어도 우리가 행복해지는 데 매년 10만 달러를 추가로 버는 것과 같은 영향을 미친다는 사실이 밝혀졌다.[22]

지난 50년에 걸쳐 미국인의 사회적 연결은 현저하게 감소했다. 오늘날 우리는 결혼할 가능성도 낮아졌고 더 적은 사회집단에 참여하며 자원봉사도 감소했고 집에서 손님을 초대해 접대하는 횟수도 줄어들었다. 관계를 가꾸는 활동은 텔레비전, 인터넷, 소셜 미디어로 대체됐다. 오늘날 텔레비전은 미국 최고의 여가 활동이다. 하지만 연구 결과 텔레비전을 더 많이 볼수록 자원봉사를 하거나 사회적 관계망에서 사람들과 시간을 보낼 가능성이 더 낮은 것으로 나타났다. 마찬가지로 인터넷을 오래 사용하는 사람들은 가족과의 의사소통이 줄어들고 오프라인 사회적 관계망과의 상호작용이 감소하며 우울증과 외로움이 증가한다고 보고했다.[23]

이 같은 추세는 특히 젊은이들에게 큰 영향을 미친다. 많은 미국인, 특히 밀레니얼 세대와 청소년들은 현실 세계의 상호작용을 스마트폰으로 대체하고 있다. 10대 청소년들의 경우 스크린을 보는 시간이 길어질수록 우울 증상을 보고하는 사례도 늘어난다. 또 친구들과 정기적으로 어울려 노는 청소년 수는 2000~2015년까지 40퍼센트 이상 감소했다.[24]

미국에서 친구나 사회적 상호작용이 거의 없는 사회적 고립 상태인 사람들은 지난 20년간 극적으로 증가했다. 보건의료업체 시그나Cigna의 최근 대규모 조사에 따르면 미국인 절반 가까이가 가끔 또는 항상 혼자이고 외톨이라고 느낀다. 미국인 7명 중 약 1명꼴로 자기를 잘 아는 주변 사람이 없다고 보고한다.[25] 미국인은 모든 식사 중 거의 절반을 혼자 먹는다. 평균적인 미국인은 매일 40분의 대인 관계(외부 활동)를 유지하는데 이는 연간 243시간으로 연간 TV 시청 시간 1,095시간과 비교된다.[26]

사회적 고립과 대조적으로 외로움은 우리가 주관적으로 느끼는 고립감을 말한다. 이를테면 우리가 원하는 대인 관계가 양적·질적으로 실제 대인 관계와 차이가 나는 경우다.

사회적 고립과 외로움이 반드시 상관관계가 있는 것은 아니다. 어떤 사람들은 진정으로 혼자 있는 것을 즐기고 은둔 생활을 선호한다. 그들은 사회적으로 고립돼 있어도 외롭지 않을 수 있다. 반대로 우리는 많은 사람에 둘러싸여 있어도 외로움을 느낄 수 있고 특히 현재의 상호작용이 피상적이거나 단절되거나 진실하지 못하거나 정서적 보상이 없다고 느낄 때 그렇다. 실제로 최근 한 연구에서는 외로움을 호소하는 사람들이 대부분 결혼을 했고 다른 사람과 함께 살고 임상적으로 우울하지 않다는 사실을 밝혀냈다. 외로움은 또 10대 청소년과 젊은이들에게도 흔하게 나타난다. 시그나의 조사는 미국인의 외로움이 아랫세대로 내려올수록 더 심해져 Z세대가 가장 심한 외로움을 보고한다고 밝혔다.[27]

외로움은 스트레스 호르몬을 늘리고 인지 기능을 저하하며 염증을 증가시켜 만성 통증, 우울증, 심장병, 관절염, 제2형 당뇨병, 치매 등 염증성 질환에 걸릴 위험을 높인다는 연구 결과가 나왔다.[28]

이런 맥락에서 당신의 사회적 연결망을 되돌아보는 시간을 가져보자. 비밀을 털어놓거나 도움을 요청할 수 있는 사람이 적어도 몇

명이라도 있는지 생각해보자. 그렇지 않다면 사회적 지지망을 키워야 할 때다.

첫째, 당신의 사회적이고 관계적인 욕구를 파악하자. 당신은 어떤 일이 의미 있고 지지적이며 자양분이 된다고 생각하는가? 서로 다른 관계는 서로 다른 욕구를 채워줄 수 있음을 인식하는 것이 중요하다. 배우자나 어느 한 사람이 당신의 모든 욕구를 채워주기를 기대하면 그 관계에 너무 큰 부담을 준다.

다른 사람에게 도움을 청하고 지지를 구하는 일은 어려울 수 있고 스스로 자립적이라고 여기는 사람이라면 특히 그럴 것이다. 하지만 고통과 취약성을 주변에 감춘다면 주변 사람들은 우리가 도움이 필요하지 않다고 생각할지도 모른다. 그러면 우리가 정말 도움이 필요할 때도 손을 내밀어 도움을 요청하기가 힘들어질 것이다.

만약 이 역학에 공감한다면 남에게 지원을 받기보다는 제공하는 식으로 관계를 형성하기 시작할 수 있다. 예를 들면 이웃 노인들을 돕기 위해 그 집의 잔디를 깎거나 그들을 약속 장소로 데려다줄 수 있다. 우리가 의미 있다고 느끼는 명분을 지지하기 위해 자원봉사 활동을 할 수도 있다. 또 독서 모임을 시작할 수도 있다. 다른 사람들을 도우면 지원을 받을 때만큼이나 회복탄력성을 높일 수 있다. 그 경험은 삶에 의미와 목적을 부여한다.

만약 당신의 사회적 연결망을 강화할 필요가 있다고 느낀다면 삶에서 이 부분을 보완하려는 구체적 의도를 정하고 회복탄력적 계획으로 연결하자. 시작하는 데 도움이 될 만한 몇 가지 제안은 다음과 같다.

PART 3. 인내의 창을 넓혀라

- 매일 적어도 한 번은 진정으로 연결되는 상호작용을 목표로 삼자. 대면 접촉, 전화, 스카이프를 이용하고 문자, 이메일, 소셜 미디어는 포함하지 않는다.
- 기존 지인 무리를 검토해 관계를 심화하고 싶은 사람을 고르자. 다음 달 동안 이 사람과 적어도 두 번 만날 약속을 잡는다.
- 최근 새로운 지역으로 이사했거나 주변에 지인이 거의 없는 경우 강좌를 듣거나 자원봉사를 하거나 좋아하는 취미 모임에 참여하거나 교회나 영적 집단에 나가볼 수 있다.
- 일주일에 한 번 이상 직장 동료와 만나서 점심을 먹거나 커피를 마시거나 산책을 하자. 평소에 함께 시간을 보내지 않는 동료와 만나면 더 좋다. 이들과 함께 있을 때 당신의 진심을 공유하고 업무 정체성과 무관한 측면을 보여주자. 심각할 만큼 깊거나 취약한 면을 드러낼 필요는 없다.
- 친한 친구, 가족, 애인 등 마음을 터놓을 수 있는 사람과 매주 한 번 이상 깊은 마음을 나누는 전화 통화나 만남을 계획하자. 자녀가 있다면 아이를 침대에 재운 후 일정을 잡거나 베이비시터를 고용할 수 있다.
- 매주 한 번씩 여유로운 식사, 자연에서의 하이킹, 다른 재밌는 활동처럼 온 가족이 함께 즐거운 시간을 보낼 수 있는 이벤트를 계획하자.
- 마지막으로 털이 수북하거나 날개나 비늘이 달린 친구들도 있다. 반려동물과 살고 있다면 매일 그들과 놀면서 시간을 보내자.

우리는 사회적 지지망을 구축하려는 구체적 의도를 정함으로써 스트레스를 받거나 도움이 필요할 때 의지할 수 있는 자원의 연결망을 형성해나간다. 매일 자신의 관계를 돌보고 가꾸다 보면 자연히 주변 세계와 더 많이 연결되고 그로부터 자양분을 얻는다고 느낄 것이다.

회복탄력적 생활

──────────── 인내의 창을 넓히는 다섯 가지 습관, 즉 성찰과 자각 연습, 건강한 식습관, 편안한 수면, 적절한 운동, 지지적 관계에서 생활 방식을 선택하면 생체 적응 부하를 줄이는 데 도움이 된다. 더욱 중요한 것은 인내의 창을 넓히는 이 다섯 가지 습관은 후생유전학적 영향력이 있어 질병에 대한 유전적 취약성에서 우리를 보호해준다는 점이다. 3장에서 설명했듯이 우리의 DNA는 무엇이든 자주 경험하는 일에 의해 바뀌고 확실히 자주 경험하는 일은 습관이 된다. 후생유전학적 변화는 심지어 여러 세대에 걸쳐 후손에게까지 전수될 수 있다.

인내의 창을 넓히는 습관은 능동적으로 체력, 힘, 정신적 유연성, 건강, 지지 관계와 같은 적응 능력을 키워줌으로써 우리가 스트레스를 받는 동안 유연하게 대처하고 그 후 회복할 수 있는 더 큰 내적·외적 자원을 제공한다.

하루하루를 어떻게 구조화해 살아갈 것인지의 선택이 곧 우리 삶이다. 어떤 일이 벌어지든 우리는 인내의 창을 넓히는 습관으로 '우리 손에 달린' 일들을 돌봄으로써 회복탄력성, 건강, 창의성, 기쁨, 웰빙에 필요한 구성 요소들을 확보해간다. 그럼으로써 우리는 주체성을 삶의 본질적인 구조로 확립하게 된다.

집단적 인내의 창 넓히기

2017년 오랫동안 미뤄오던 잇몸 이식 수술을 받았다. 나는 평생 살면서 치과에 얽힌 트라우마를 많이 겪었는데 전에 받았던 잇몸 이식수술도 그중 하나였다. 수술을 받을 때 치주과 전문의는 이식 조직을 채취하려고 내 입천장 껍질을 벗겨냈다. 그런데 그가 미처 입천장을 봉합하기도 전에 내가 강한 약물 부작용으로 구토를 일으켜 그 부위가 몇 주 동안 심하게 감염됐다.

당연히 나는 잇몸 이식수술을 다시 받으려고 서두르지 않았다.

이번에는 다른 치주과 전문의를 찾아갔다.[1] 내가 기증 조직 이식 후보라는 사실을 알게 돼 기뻤다.

수술일에 나는 편안하고 조절이 잘되는 상태로 병원에 도착했다. 수술하는 동안 내 생존 뇌가 안정하고 안전하다고 느끼도록 접촉 지점에 주의를 기울이면서 나머지 감각은 자각을 통과해 흘러가게 했다. 조금도 힘들이지 않고 현실과 일치된 상태를 유지하던 중 갑자기 한 가지 생각이 떠올랐다. 의사가 내 왼쪽 잇몸과 볼의 절반 이상을 잘라내고 이제는 껍질을 벗겨내 쫙 늘여서 기증자 조직 위로 담요처럼 덮고 있다는 생각이었다. 머릿속에서 그가 실제로 하고 있는 행위의 이미지가 떠오르자 나는 기겁했다.

그 생각과 동시에 내 생존 뇌는 위험을 인지하고 스트레스 각성을 일으켰다. 나는 즉시 메스꺼움이 밀려오고 심박 수가 치솟는 것을 관찰했고 바로 뒤이어 보통 의식을 잃기 전에 나타나는 종결 closing-in 감각을 느꼈다.

바로 그 순간 내가 뭐라고 말하기도 전에 의사가 수술 도구를 내려놓고 거즈를 뺨 안에 밀어 넣더니 "이제 좀 쉬었다가 할 때가 된 것 같군요"라고 말했다. 그는 조심스럽게 내 어깨를 잡고 의자를 뒤로 밀었다.

나는 접촉 지점에 집중하며 G&R 연습을 했다. 스트레스 활성화가 풀리고 안정감을 느끼기 시작하자 그에게 물었다. "아까 바로 그 시점에 내게 휴식이 필요하다는 것을 어떻게 알았나요?"

"음, 내가 하는 일은 지극히 섬세하죠. 1밀리미터의 오차도 문제라서 내가 계속 집중력을 유지하고 가끔 휴식을 취하는 것이 중요해요." 그가 말했다. "그런데 아까 그 순간 내가 약간 메스꺼움과 어지러움을 느끼기 시작했기 때문에 당신에게 휴식이 필요하다는 것을 알았죠."

어떻게 그럴 수 있었을까?

의사는 수술을 하는 동안 주의를 기울임으로써 바로 공명resonance 을 일으켰던 것이다. 공명이란 모든 포유동물 사이에 일어나는 언어 이전의 자동적이고 경험적인 연결이다. 공명이 있어 우리는 공감할 수 있다. 공감이란 별다른 노력 없이도 다른 사람이 느끼는 감정을 우리 내면에 반영할 수 있는 능력이다. 우리가 다른 사람과의 공명 을 자각한다면 그것은 마치 상대방의 피부 아래 머물면서 동시에 우리 안에 머무는 것과도 같다.

우리 심신 체계는 환경의 자극과 끊임없이 공명하며 그 영향을 받는다. 그래서 자연 속에서 시간을 보낼 때는 땅에 발 디딘 느낌이 들지만 공포 영화를 볼 때는 바짝 긴장하게 되는 것이다.

인간은 사회적 동물이기 때문에 우리가 접하는 가장 영향력 있 는 환경 자극은 다른 사람들이다. 심신 체계와 신경생물학적 배선, 심지어 인내의 창 넓이조차 어떻게 주변 사람들에게서 영향을 받는 지는 앞에서 설명한 바 있다. 대인 관계에서 겪는 외로움, 괴롭힘, 긴장이 어떻게 스트레스를 증가시키고 남들과 연결되고 지지받는 느낌이 어떻게 스트레스를 감소하는지 말이다.

이 책을 끝맺기에 앞서 나는 상호 의존성을 반대 방향에서 바라 보고 싶다. 즉, 개개인의 인내의 창 넓이가 주변 세상에 어떤 영향을 미치는지 살펴보고 싶은 것이다. 2장에서 지적했듯이 미국 문화는 개인의 자율성을 강조하고 성공과 실패를 전적으로 개인이 노력한 결과로 치부하는 경향이 있다. 하지만 우리는 상호작용 방식을 통해 서로의 회복탄력성과 조절 수준에 영향을 줄 수 있다.

연결되도록 배선되다

─────────────── 우리는 스트레스 활성화와 조절 장애 또는 조절된 상태를 다른 사람들에게 전달하고 그들도 우리에게 본인의 상태를 전달하는데 여기에는 몇 가지 신경생물학적 측면이 있다. 그중 하나는 스트레스 전염으로 앞서 6장과 9장에서 살펴본 바있다. 생존 뇌가 우리 몸속에서 스트레스의 신체감각을 알아차리면 그것을 위험으로 감지해 스트레스 각성을 증가시킨다는 사실을 떠올려보자. 마찬가지로 생존 뇌는 다른 사람에게서도 스트레스 활성화의 신체감각을 알아차리는데 특히 애착 관계나 상사와 부하 직원, 교사와 학생 같은 권력 관계에서 그렇다. 스트레스 전염은 서로 다른 사람들의 신경계와 스트레스 호르몬 수치의 공명을 통해 이뤄진다.

이와 비슷한 역학이 감정 전염에도 존재한다. 슬픈 영화를 보면서 눈물을 흘려본 사람이라면 알 것이다. 특히 의식적으로 감정 전염에 주의를 기울이지 않을 때 우리 기분은 다른 사람의 감정에 심하게 좌우될 수 있다. 감정 전염에 관한 연구를 통해 사람들이 주변 사람들과 얼굴 표정, 목소리, 자세, 움직임, 정서적 행동을 일치시키는 경향이 있다는 사실을 발견했다. 순간순간 자동적으로 일어나는 모방 행위는 정서 상태에 영향을 미칠 뿐 아니라 사회적 상호작용에도 큰 영향을 미친다. 스트레스 전염과 마찬가지로 우리는 애착 관계나 권력 관계를 맺고 있는 사람들의 감정을 '포착할' 가능성이 매우 높다.[2]

지난 15년 동안 신경과학자들은 스트레스 전염과 감정 전염의 작동 기제를 설명하는 데 유용한 몇 가지 신경생물학적 구조를 발견했다. 이 연구는 우리가 얼마나 서로 깊이 연결되도록 생물학적으로 배선돼 있는지 보여준다. 연구의 하이라이트는 우리 뇌의 얼마나 많은 부위가 사회적으로 더 많이 연결되려는 노력에 헌신하는지 보여주는 부분들이다.

첫째, 사회적 배척이나 사랑하는 사람과의 이별 같은 사회적 고통으로 괴로울 때 우리 뇌는 신체적 고통을 경험할 때와 동일한 통증 신경망을 활성화한다. 이 신경망에는 전섬엽과 등 쪽 전대상피질이 포함되는데[3] 12장에서 얘기했듯이 두 영역은 스트레스 각성과 정서를 조절하는 역할을 하며 MMFT를 통해 변화시킬 수 있는 것으로 나타났다.

그렇다면 왜 우리 뇌는 신체적 고통과 사회적/정서적 고통에 동일하게 반응할까? 신체적 고통을 느끼면 우리 몸을 안전하게 지키는 조치를 취하듯이 선천적으로 다른 사람들과 계속 연결되도록 동기를 부여하는 신경생물학적 메커니즘을 갖고 있기 때문이다. 이 구조들은 사회적 연결에 대한 위협을 지독히 고통스럽게 해 우리가 사회적 지지를 구하고 제공하도록 촉구한다. 이는 진화적으로도 이치에 맞는데 유아와 아동은 양육자의 지속적인 지원 없이는 생존할 수 없다.

또 기분이 좋아지는 신경전달물질인 엔도르핀과 옥시토신을 통해서도 다른 사람들과 계속 연결되려는 동기를 부여받는다. 7장에서 설명했듯이 싸우고 나서 화해할 때처럼 우리가 다른 사람에게 보살핌을 받을 때 엔도르핀이 분비된다. 반면 옥시토신은 우리가 다른 사람을 돌보려는 의지를 증가시킨다. 4장에서 설명했듯이 옥시토신은 신경계를 안정적으로 유지하고 방어 모드에서 벗어나게 해 사회 참여와 애착 체계를 지원한다. 옥시토신은 출산과 모유 수유 중에도 다량 분비돼 산모들이 자녀에게 유대감을 느끼고 잘 보살필 수 있도록 돕는다. 또 고통에 빠진 사람을 만났을 때 느끼는 공감적 고통을 약화한다. 이 효과는 우리가 그들에게 다가가고 그들을 지지하는 데 도움이 된다. 실제로 우리가 힘든 사람에게 더 많이 다가가고 지지할수록 더 많은 옥시토신이 분비된다.[4]

둘째로 우리 뇌에는 거울 뉴런 체계가 있어 다른 사람의 의도, 행동, 감정을 이해하는 데 도움이 된다. 거울 뉴런 체계는 사고 뇌 활동이 아니라 성찰 이전의 자동적 모방 방식이다. 예를 들어 우리가 직접 컵을 드는 것과 다른 사람이 컵을 드는 모습을 보는 것은 거울 뉴런 체계에 동일한 영향을 미친다. 두 상황에서 뇌는 동일한 방식으로 발화한다. 단지 우리가 직접 컵을 들 때 조금 더 강하게 발화할 뿐이다. 이런 내부 시뮬레이션을 통해 우리는 이른바 운동 공명motor resonance을 경험하는데 이는 우리가 타인의 감정과 의도에 대한 체화된 감각을 얻는 데 도움이 된다.[5]

거울 뉴런 체계는 우리가 다른 사람들을 흉내 내고 학습하도록 자극해 언어 습득에도 중요한 역할을 한다. 거울 체계는 우리가 무의식적으로 몸동작, 얼굴 표정, 시선 맞춤을 조율하도록 도움으로써 사회참여 기능에도 중요한 역할을 한다. 거울 체계는 우리가 대화 중, 심지어 불완전한 문장이 띄엄띄엄 이어질 때도 공유된 의미를 이해할 수 있도록 도와준다. 당연히 거울 체계는 감정 전염과 공감에도 중요한 역할을 한다.

거울 체계는 모방 폭력과도 관련이 있다. 예를 들어 아이들이 폭력적인 텔레비전이나 영화에 노출되면 곧바로 공격 가능성이 높아진다. 뉴욕주 아이들 1,000명을 대상으로 한 종단 연구는 어린 시절 미디어 폭력에 심하게 노출된 경험이 10년 후 공격적이고 반사회적 행동과 어떻게 연관되는지 보여줬다. 다른 국가 간 비교 연구에서는 미디어 폭력을 시청함으로써 유발되는 모방 폭력을 조사했는데, 나라마다 약간의 문화적 차이는 있었지만 모든 나라에서 미디어 폭력 시청이 추후 모방 폭력과 상당히 연관성 있다는 사실을 공통적으로 발견했다. 이 연구들은 개인의 자율성에 대한 종래의 통념과 맞지 않게 사회적 영향에 따르는 일종의 신경생물학적 자동성을 입증한다.[6]

스트레스 전염과 감정 전염, 뇌의 통증 신경망, 사회적 유대를 촉진하는 신경전달물질, 거울 뉴런은 다른 포유류에서도 발견된다. 그러나 우리는 사회집단에서 조화롭게 살아가는 능력을 더욱 보장하기 위해 인간만의 고유한 구조를 추가적으로 진화시켜왔다.

예를 들어 인간의 사고 뇌에는 다른 사람의 고차원적 의도와 정신 상태, 행동을 인식하고 이해하는 데 도움을 주는 정신화 체계 mentalizing system가 있어 좀 더 행동 지향적인 거울 뉴런 체계를 보완한다. 또 사고 뇌에는 스트레스, 감정, 충동, 갈망을 하향식으로 조절하는 등 자기 조절에 기여하는 복측부 전전두엽 피질도 있다. 이 부위는 사회집단의 규범과 가치관을 준수하는 행동을 형성하도록 도와준다.[7]

이와 유사한 역학이 사고 뇌에서 개념적 자아의식을 통제하는 내측 전전두엽 피질에도 존재한다. 이 부위는 우리가 '나는 누구인가'를 생각할 때 발화한다. 흥미롭게도 우리가 다른 사람에게 설득력 있는 메시지를 들을 때 발화하기도 한다. 예를 들어 학생들에게 자외선 차단제를 사용하도록 설득하는 실험에서 설득 메시지에 내측 전전두엽 피질이 더 많이 발화한 학생일수록 나중에 자외선 차단제 사용량도 더 크게 증가했다. 그들이 의식적으로 연구진에게 실제로 사용할 계획이라고 밝힌 사용량과는 무관하게 말이다.[8]

이 모든 점을 고려하면 2장에서 살펴본 미국 문화의 개인주의 신화가 얼마나 우리의 실질적 신경생물학적 구조와 상충되는지 알 수 있다. 결국 신경생물학적 구조들은 우리가 얼마나 주변의 사회적 환경과 상호 연결되고 큰 영향을 받도록 배선됐는지 보여준다. 우리에게 영향을 미치는 사회적 환경에는 친구, 가족, 교사, 코치, 상사, 지도자, 연예인, 미디어, 광고, 소셜 미디어, 심지어 영화와 비디오게임까지 포함된다.

이 같은 이유로 우리가 인내의 창을 넓히고 내면을 변화시킬수록 주변 사람들을 위한 사회적 환경을 개선하는 데도 기여하게 된다. 그러므로 우리가 세상에 안겨주는 가장 큰 선물 중 하나는 우리 자신의 존재감과 자기 조절일 수 있다.

함께 공명하는 심신 체계

———————————— 상호 연결성의 과학은 우리가 안정되고 조절되는 상태를 유지하려고 힘쓰지 않는 한 불안하거나 짜증 내

거나 활성화된 다른 사람들과 접촉할 때 우리의 스트레스 각성까지 같이 높아지는 이유를 설명해준다. 반면 우리가 잘 조절되는 사람들과 어울리면 안정감을 되찾고 자신을 조절하는 데 어떻게 도움이 되는지도 이해할 수 있다. 또 특정한 사회적 환경─교통 체증, 불안정한 동료들이 모든 사람에게 감명을 주려고 떠들어대는 칵테일파티, 조절 장애 상태인 친구나 가족과의 점심 식사 등─에 처하면 왜 큰 타격을 입는지도 이해할 수 있다. 심지어 뉴스를 읽거나 시청하는 것, 특히 우리 정체성 집단의 일원이 위협받고 괴롭힘당하고 학대나 혹사당한다는 뉴스를 접하는 것이 어째서 우리에게도 스트레스나 트라우마 반응을 촉발하는지도 알 수 있다.

6장에서 설명했듯이 안정 애착형인 사람들도 때로는 불안정한 방어 및 관계 전략을 보일 가능성이 있고 특히 스트레스를 받거나 조절 장애 상태거나 인내의 창 밖에 있거나 다른 사람에게 촉발될 때 그렇다. 만약 우리가 이런 신호를 자각할 수 있다면 대화나 논쟁을 멈추고 휴식을 취할 시점을 선택해 배 쪽 부교감신경계를 완전히 가동 상태로 되돌리고 회복을 촉진할 수 있다.

우리가 활성화된 상태에서는 주변 다른 사람들의 긍정적인 사회적 신호를 감지하는 능력이 손상된다. 우리는 중립적 자극을 위협으로 오인하고 안전한 상황에서도 우리가 안전하지 않다는 본능적 신호를 감지해 스트레스 각성을 증폭할 가능성이 더 높아진다. 그 결과 사회참여 중심의 건설적이고 협력적인 전략에서 후퇴해 투쟁, 도피, 동결 반응을 보이기 쉽다.

당연히 사회적 소통에는 적어도 두 사람이 참여한다. 우리나 소

553

CHAPTER 18. 집단적 인내의 창 넓히기

통 상대방이 양쪽 다 사회참여 체계를 충분히 가동하면 서로 연결되고 건설적이며 협력적인 사회적 소통이 가능해진다.

그러나 소통 상대방이 조절 장애 상태라면 그들과 함께 어울리려는 우리의 노력은 비판, 빈정거림, 비난, 무관심, 침잠, 공격성 등의 불안정한 관계 및 방어 전략에 부딪칠 가능성이 높다.[9] 이 같은 반응은 상대방이 활성화된 상태이고 아마도 인내의 창 밖에 있을 것임을 시사한다.

이 경우 상대방의 사고 뇌 기능이 퇴행된 방식으로 작동하므로 그들과 함께 이치를 따지려 해서는 우리가 추구하는 결과를 얻기 힘들다. 그들은 긍정적인 사회적 단서를 감지하는 능력이 손상됐기 때문에 우리 말을 오해하고 방어적으로 대응할 가능성이 높다. 그들이 다시 배 쪽 부교감신경계를 가동하지 않는 한 건설적 대화를 나누기는 어려울 것이다. 이때 우리에게 가장 중요한 것은 그들의 반응을 개인적으로 받아들이지 않는 태도다. 그들의 반응은 단지 신경생물학적 구조 안에서 지금 일어나고 있는 일을 드러내는 것일 뿐이다.

자기 조절을 유지하려는 의식적 의도와 노력이 없으면 스트레스 전염과 감정 전염 때문에 상대방의 불안정한 반응에 생존 뇌가 촉발해 스트레스 각성이 높아질 수 있다. 우리가 상대의 불안정한 방어 및 관계 전략 앞에서 자기 조절을 유지하는 한 가지 방법은 접촉 지점에 주의를 집중하는 것이다. 그러면 우리가 아직 안정되고 안전하다는 신호를 생존 뇌에 전달해 생존 뇌가 상대방의 스트레스 활성화나 강렬한 감정의 전염에 항복할 가능성이 줄어든다.

우리가 상대방의 조절 장애에 직면해 조절된 상태를 유지할 수 있다면 상대에게 반향을 일으켜 상대 역시 생존 뇌와 신경계를 진정하고 사회참여 체계에 접근할 수 있을 것이다. 반면 우리가 상대의 조절 장애에 직면해 스스로 조절된 상태를 유지하지 못한다면 이는 우리가 나중에 후회할 말이나 행동을 하기 전에 휴식을 취해야 할 시점이란 얘기다.

심하게 활성화된 사람과 상호작용할 때 우리는 단순히 그들의 스트레스 각성과 강렬한 감정에 자각과 비판단적 호기심으로 대응함으로써 그들이 진정하도록 도울 수 있다. 우리는 그들에게 현재 어떤 느낌이고 왜 그렇게 느끼는지 물어볼 수도 있다. 이 전략은 오로지 우리가 인내의 창 안에 머물러 사고 뇌와 생존 뇌가 모두 상대방의 답을 듣고 수용하는 데 진심으로 관심이 있을 때만 효과가 있다. 그렇지 않다면 상대방의 반응이 우리 안에서 사고 뇌 오버라이드나 생존 뇌 하이재킹을 촉발할 가능성이 있어 그들의 생존 뇌가 더욱 불안하다고 느끼고 각성 수준을 더 높이게 할 수 있다.

그러나 우리가 인내의 창 안에 있고 상호작용에 대한 자각과 비판단적 호기심을 유지할 수 있다면 상황을 변화시키는 환경을 조성할 수 있다. 생존 뇌는 자신의 메시지가 전달되지 않는다고 믿을 때마다 항상 스트레스 각성과 감정의 강도를 높인다는 사실을 기억하자. 우리는 판단이나 수치심, 비난 없이 상대방의 감정을 질문함으로써 대화 당사자들의 사고 뇌가 현재 돌아가는 상황을 이해하도록 도울 수 있다. 대화에 당사자들의 진정성을 투영하는 것이 종종 서로 연결되고 건설적인 상호작용을 만드는 첫 번째 단계가 될 수 있다.

우리는 모두 인간인지라 누구든 자신의 스트레스 역치를 벗어나 상대방에게 겁을 주거나 무례한 방식으로 행동하는 경우가 있다. 그러나 이런 상황에서도 우리는 상호작용적 회복을 선택할 수 있다. 지혜와 용기가 있다면 우리가 사랑하는 사람이나 동료에게 상처를 입혔을 때 책임을 지고 우리가 끼친 피해를 사과한 후에 관계를 회복하기 위해 적극적으로 노력할 수 있다. 비록 쉽지는 않더라도 이 간단한 기술은 연습으로 강화될 수 있다. 매번 상호작용적 회복 주기를 거칠 때마다 우리는 사회참여 및 회복 능력을 향상하는 배 쪽 부교감신경계 회로를 강화한다. 상호작용적 회복은 인내의 창을 넓히는 데 도움이 된다.

스트레스 전염과 감정 전염은 의사 결정에도 영향을 미친다. 14장에서 지금 당장 말하거나 행동해야 한다는 부담감을 느낄 때의 내적 긴박감을 얘기했다. 혹시 당신이 즉각 결정을 내려야 한다는 압박감을 느낀다면 먼저 그 긴박감이 다른 사람의 활성화에서 비롯되진 않았는지 지각하자. 오래된 경구처럼 "당신의 사전 계획이 부족하다고 그것이 내 비상사태가 되지는 않는다." 우리는 상대방의 활성화를 흡수해 스스로의 불안을 높이지 않고 경계를 지키며 안정된 상태를 유지하기로 선택할 수 있다. 오히려 우리가 현재에 머물며 조절할 수 있어야 다른 사람들이 진정하도록 도울 수 있다.

상황이 정말로 긴박하더라도—이 말은 긴박함이 당면한 상황에 따라 좌우된다는 의미다— 어떤 결정을 내리기 전에는 몇 분 동안 가능한 한 조절이 잘되고 현재에 머물며 안정적인 상태에 도달하는 것이 좋다. 30초만 접촉 지점에 집중해도 다른 세상을 만들 수 있다.

아직 완전히 조절되는 상태는 아니라도 그 시간을 보내지 않았을 때보다는 분명히 더 나은 선택을 할 수 있을 것이다. 문자 그대로 생사가 걸린 긴급한 상황이 아닌 한 언제라도 몇 분 정도를 할애해 어느 정도 스스로를 진정할 수 있다. 잠깐 화장실에 다녀오는 것도 좋다!

인간은 30대 초반까지도 사고 뇌의 많은 기능과 사회참여 및 자기 조절 능력의 배선이 완성되지 않아 어릴 때는 특히 다른 사람의 조절 장애로 인해 활성화되기 쉽다. 6장과 7장에서 살펴봤듯이 부모들은 자녀의 신경생물학적 발달을 형성하는 사회적 환경을 조성해 자녀들의 초기 인내의 창 넓이에 깊은 영향을 미치고 자녀의 심신체계에 평생의 궤도를 설정한다. 그러므로 부모들은 자신이 경험했던 만성 스트레스와 트라우마에서 완전히 회복해야 할 특별한 책임이 있다. 그래야만 자녀들을 양육하고 10대들과 관계를 맺는 데 최대한 넓은 인내의 창으로 임할 수 있다.

더 나아가 특정 직업에 종사하는 사람들은 자신의 조절 및 조절 장애 수준을 타인에게 전달하는 데 특출한 영향력을 지닌다. 교사, 치료사, 의사, 성직자, 코치, 멘토 모두 그들의 학생, 고객, 환자, 신도의 생존 뇌에 무의식적 애착 인물 역할을 할 수 있다. 이 관계에서 전문가의 인내의 창 넓이는 그들이 도와주고 이끄는 사람들에게 막대한 영향을 미칠 가능성이 높다. 많은 사람이 특히 고통을 받거나 조절 장애 상태에서 이런 서비스 전문가들을 찾으므로 이들은 다른 사람을 도울 수 있는 가장 넓은 인내의 창을 유지하는 것이 필수적이다. 이 책에서 소개한 도구들을 이용해 가급적 안정적이고 현재에 기반을 두며 조절된 상태를 유지해야 할 남다른 책임이 있다.

스트레스, 트라우마, 불확실성, 변화 속 리더십

―――――――――――― 리더들은 사회적 환경에 특히 강력한 파급 효과를 미친다. 이들은 사회집단의 지배적 구성원으로서 집단 전체의 사회적·정서적 분위기를 좌우한다. 그래서 리더들은 다른 구성원의 조절이나 조절 장애 수준에 대단히 막강한 영향을 미칠 수 있고 거의 틀림없이 집단적 인내의 창 넓이에 가장 큰 영향을 미친다.

나는 개인적으로 인내의 창이 넓은 리더들이 이끄는 포용적이고 협력적이며 다양한 환경에서 일하는 혜택도 맛봤고 또 차별, 괴롭힘, 마이크로어그레션이 횡행하는 고달픈 환경에서 일하는 대가도 치러봤다. 사실 사람들이 스트레스를 더 잘 조절하도록 도우려는 내 열정은 개인적으로 유해하고 배타적인 조직에서 겪었던 폭력과 트라우마에서 기인하는 측면이 있다. 스트레스가 심하거나 조절 장애 상태인 리더들이 이끄는 조직에서 갈등 회피, 사기 저하, 충동적이고 반작용적 의사 결정, 비윤리적이거나 범법적 행동이 판치는 것은 우연이 아니다.

리더들은 조직 구성원들이 스트레스, 불확실성, 변화에 반응하는 방식에 적어도 두 가지 측면에서 강력한 영향을 미친다. 사고 뇌 측면에서 보면 리더들은 조직 구성원들이 스트레스 및 트라우마 경험을 어떻게 해석하고 이해하는지에 영향을 미칠 수 있다.[10]

그러나 생존 뇌 관점에서 보면 리더들은 무의식적 애착 대상이다. 아무리 엄격한 리더라도 조직 구성원들이 그를 보호적이고 공정한 인물로 인지한다면 사랑받을 수 있다. 리더가 유능하고 정직하며 믿음직하다는 인식을 주고 조직 구성원들의 신체적·지적·정신적·사회적·정서적 욕구에 맞게 조율한다면 그들의 신뢰를 얻고 나아가 회복탄력성도 높일 수 있다.

이렇게 조율할 줄 아는 리더는 조직 구성원들에게 안정 애착의 특징인 안전 기지를 제공받는 느낌을 준다. 그러면 구성원들은 조직 내에서 탐색, 학습, 혁신, 실수, 성장을 편안하게 느낀다. 안전 기지가 생기면 조직 구성원들은 위험을 감수하고 자신의 생각을 말하고 집단 결정에 적극적으로 참여하고 어려움에 직면할 수 있음을 깨닫는다. 유년기 애착 대상처럼 인내의 창이 넓은 리더도 우리 개인의 인내의 창을 넓히는 자질과 조직의 집단적 인내의 창을 넓히는 자질을 함양하는 데 도움을 준다. 잘 조절되고 안정적이고 인내의 창 안에 머무는 리더는 집단 전체가 호기심, 상황 인식, 창의적 문제 해결, 즉흥적 대응, 다른 사람과의 연결 등에 접근할 수 있도록 돕는 차분하고 창조적인 영향력을 전파한다.

대조적으로 조절 장애 상태의 리더는 그의 스트레스 각성을 집단 전체에 전파한다. 그는 분노와 공포 같은 과잉 각성 상태나 무관심, 절망, 피해의식, 무력함 같은 과소 각성 상태를 전염시킨다. 이는 모든 조직 구성원이 폭력, 갈등 회피, 험담, 방어, 무례함, 편협성, 거짓말, 무관심, 침잠, 우유부단 등 불안정한 방어 및 관계 전략에 의존할 가능성을 높인다. 비윤리적이고 일탈적으로 행동할 가능성도 더 높아진다. 리더의 조절 장애 상태는 집단 전체의 협력, 적응, 학습 능력을 잠식할 수 있다.

특히 불확실성과 변화의 시기에 조직 구성원들은 리더가 더 나은 상황을 만들기를 바란다. 그들은 리더가 방향을 제시하고 그들이 혼란과 고통을 직시하도록 돕고 앞으로 나아갈 길을 찾기를 기대한다. 또 혼란과 어려움에도 불구하고 여전히 올바른 방향으로 가고 있다는 확신을 원한다.

그런데 스트레스가 심하고 불확실한 환경의 특징들은 리더들이 효과적인 '구원자'가 되기에 불리한 상황을 조성한다. 스트레스는 모든 사람의 부정적 편견을 증가시키고 인식을 좁히는 경향이 있다. 또 리더들의 의사 결정도 협소하게 해 그들이 더 적은 정보에 의존하고 더 적은 측면을 고려하게 만든다. 그러면 리더들은 선입견에 더 민감해지고 특히 그들의 관점을 뒷받침하는 정보를 선호하게 된다. 또 사회적으로 침잠해 정보 흐름을 제한하며 의사 결정에 더 적은 사람만 참여시킬 가능성이 높다. 그들은 자신의 불안감 때문에 사소한 일까지 지나치게 간섭하고 그 밖의 경직된 통제 구조를 채택할 가능성이 더 높아진다. 리더의 이런 행동은 보통 조직 구성원들의 무관심과 무력감, 원망을 키운다.

내가 가르친 많은 고위급 리더들은 시간 압박이 심해 그들의 생존 뇌에서 보내는 신호를 알아차리고 내면의 지혜를 귀 기울여 듣고 심신 체계를 인내의 창 안으로 유지하는 데 필요한 여유를 찾기가 불가능하다고 불평한다. 에너지 넘치고 성취욕이 강한 많은 리더들은 자신과 부하들을 열심히 밀어붙여 성과를 내고 그에 따른 보상을 받아왔다. 그들은 조직 구성원들에게 본보기를 보이기 위해 잠을 줄이고 스트레스 반응 주기 습관을 통해 인위적으로 에너지를 동원함으로써 자신의 한계를 습관적으로 무시해왔다. 이 같은 선택은 그들의 인내의 창을 점점 더 좁힐 뿐이다.

그 결과 그들은 의사 결정에 어려움을 겪는다. 지나치게 눈앞의 불을 끄는 데만 초점을 맞추고 장기적 계획은 무시한다. 리더의 단기적 주의 초점은 조직 전반에서 아래로 전달돼 모든 구성원이 리더의 지휘에 따라 중요한 일보다 당면한 일을 우선시하게 된다. 아니면 리더들은 조직의 요구를 충족하느라 고갈되고 소진된 상태라고 푸념한다. 그들은 일정에 여백을 두어야 할 필요성을 무시한 채 자기 돌보는 일에 소홀했다는 사실을 인정한다.

그러나 일단 리더들이 인내의 창을 이해하고 특히 조직 구성원들에게 안전 기지를 제공하는 데 리더의 인내의 창이 미치는 결정적인 역할을 이해하면 그들은 자기 돌봄이 조직의 번영을 돕는 필수 불가결한 요소임을 깨닫게 된다.

한마디로 말해서 자기 조절을 유지하기 위해 자기 돌봄을 우선시하는 리더가 더 훌륭한 리더다. 이들은 적절한 수면을 취하고 꾸준히 신체 및 마인드 피트니스 훈련에 참여하며 친밀한 관계를 가꾸고 자신의 지적, 정서적, 신체적, 영적 욕구를 충족함으로써 자신이나 조직이 직면하는 도전을 능숙하게 헤쳐나갈 수 있는 더 넓은 인내의 창을 형성하게 된다.

이들은 의도를 정하고 개인적·직업적 비전을 표현하는 데 더 효과적이고 계획적이다. 그들은 자신이 이끄는 조직이 큰 그림을 보고 공동의 목표를 세울 수 있도록 더 능숙하게 지원할 것이다. 그들은 또 조직이 새로운 사업 방식에 도전하고 그 결과를 비판단적으로 평가하며 함께 배우고 적응할 수 있도록 더 많은 권한을 부여할 것이다. 부적절한 비상 계획이나 각본에 얽매이기보다 사건의 전개에 따라 매 순간 효과적으로 대처할 가능성도 더 높다.

이런 리더들은 불쾌한 측면을 포함해 전체 현실을 바로 보고 인정하며 진실을 말할 가능성이 더 높다. 힘들거나 인기가 없는 일이라도 옳은 일을 할 가능성이 더 높다. 자신과 부하 직원의 장점, 약점, 한계를 명확히 파악할 가능성이 더 높아 상호보완적 능력을 갖춘 팀을 구성하는 데 도움이 된다. 덜 방어적이고 피드백에 더 개방적이다. 그들은 존중, 유머 감각, 연결성, 창의성이 넘치는 수용적이고 번영하며 다양성이 있는 일터를 가꿀 가능성이 더 높다. 그들은 조직 구성원들에게 도전과 변화에 대한 사고 뇌와 생존 뇌의 반응을 모두 효과적으로 처리할 만한 여유를 제공할 가능성이 더 높다.

아마도 가장 중요한 점은 리더들이 자기 조절 상태를 유지하기 위해 자기 돌봄을 우선시하면 조직 구성원들에게도 자기 조절이 결정적이고 반드시 필요한 사명의 일환이라는 메시지를 보낸다는 사실이다. 만약 전체 조직에서 오직 한 사람만 지속적으로 인내의 창을 넓히는 습관을 유지할 수 있다면 이상적인 경우 그 사람이 리더가 될 것이다. 회복탄력성에 대해 자신이 말한 바를 실천하는 리더들은 사회의 모순된 메시지와 해로운 결과를 척결하는 데 도움이 된다. 그들은 새로운 사회적 가치를 정립하는 데 기여한다. 그 결과 조직 전체가 자기 돌봄 행동을 우선시하고 집단적 인내의 창을 넓히게 된다.

집단적 인내의 창 넓히기

──────────── 군대에는 이런 격언이 있다. '적을 알 수 없을 때는 더 많은 예비군이 필요하다.' 예비군이 많으면 필요한 병력을 총동원해 반격하거나 예상치 못한 기회를 노릴 수 있다.

이 격언은 오늘날 우리에게 더 일반적으로 적용된다. 특히 불확실성, 혼란, 변화의 시대에는 개인적이고 집단적인 적응 능력의 형태로 더 큰 예비군이 필요하다. 우리는 결코 원하지 않는 모든 사건을 예측해 막을 수 없으므로 최선의 대응책은 무슨 일이 벌어지든 회복탄력성과 기지로 대처하는 능력을 개발하는 것이다.

이 책에서 분명히 전달됐기를 바라지만 인내의 창이 넓어질수록 역경과 예기치 못한 사건들에 유연하게 대처하기가 더 쉬워진다. 사회참여 체계를 계속 가동하기가 더 쉬워질수록 서로 연결되고 지원할 수 있다. 사고 뇌 기능을 가동 상태로 유지하기가 더 쉬워질수록 상황을 명료하게 평가하고 문제를 창의적으로 해결하며 윤리적이고 효과적인 결정을 내릴 수 있다. 그러면 주체성에 접근하기가 더 쉬워지고 스트레스가 극심한 상황에서도 그럴 수 있다. 그리고 당연히 힘든 사건을 겪는 동안에도 트라우마 대신 스트레스를 경험할 가능성이 더 높아진다.

어떤 일이 일어나든 개인의 인내의 창을 넓혀 회복탄력적으로 대응할 수 있듯이 집단적 인내의 창을 넓히는 적응 능력도 기를 수 있다.

인간 종의 지배력은 사회적으로 생각하고 행동하는 능력, 즉 겉보기에 극복할 수 없는 도전에 대한 창의적 해결책을 상상하고 협력적으로 힘을 합쳐 실현해내는 능력에서 기인한다. 그러므로 집단적 적응 능력의 한 가지 중요한 측면은 가족, 직장, 학교, 지역사회, 나아가 국가들 간에 형성되는 관계의 힘이다. 우리는 상대적으로 안정적인 시기에 관계를 다짐으로써 도전과 위기의 시기에 관계에 의지할 수 있다.

창의성, 즉흥성, 적응성, 타인과의 연결성 등 많은 적응 능력의 특징은 일관되고 꾸준한 연습을 통해 의도적으로 개발할 수 있다는 것이다. 예를 들어 음악 분야의 적응 능력을 잘 보여주는 재즈 음악가들은 코드 전개와 기본 멜로디에 관한 공통 지식 기반을 쌓은 후 연습을 통해 서로의 연주를 읽는 능력을 연마한다. 그러면 실제로 공연할 때 이 기반과 서로의 연결성을 바탕으로 즉흥연주가 가능해진다.[11]

신기술이나 신제품을 개발하는 혁신적 조직에는 보통 새로운 지식의 생성, 복제, 체계화를 지원하는 잘 정립된 연습 절차가 있다. 마찬가지로 신뢰성이 높은 조직은 특정한 시나리오를 꾸준히 연습하는데 단순히 기술에 익숙해지기 위해서가 아니라 스트레스를 받는 동안에도 빠르게 생각하고 적응하고 협력하는 집단적 능력을 개발하기 위해서다.

실제로 이 책에서 소개한 개념과 도구도 당신이 활성화되지 않을 때 꾸준히 연습해두지 않으면 정작 매우 활성화될 때는 사용하기 힘들 것이다. 인내의 창을 넓히는 지름길이란 없다. 주말에 휴양지에서 알약을 먹거나 벼락치기 공부를 한다고 얻어지는 게 아니다.

그렇기 때문에 애당초 전사의 전통이 존재하는 것이다. 전사의 전통에서는 위기가 닥쳤을 때 필요한 적응 능력을 기르기 위해 지속적으로 훈련할 수 있는 연습을 제시한다. 어떤 연습이든 한꺼번에 몰아서 하기보다는 단 10분이라도 매일 연습하는 편이 훨씬 더 낫다. 꾸준히 연습하면 넓은 인내의 창으로 삶을 마주하게 자신을 단련할 수 있어 어떤 일이 벌어지든 지혜와 용기로 대처할 수 있다는 믿음이 생긴다.

연습에는 결과와는 무관한 가치가 있다. 연습은 삶의 한 방식이지 명확한 보상을 바라는 과제가 아니다. 개인이나 집단이 무엇을 연습하느냐가 그들이 무엇을 중요하게 여기고 가치가 있다고 믿는지를 드러낸다.

우리는 충분히 많은 사람이 하나의 명분이나 습관을 실천에 옮기기 시작할 때 어떤 일이 벌어지는지 안다. 바로 문화적 기준이 바뀌는 것이다. 20세기 우리는 신체 건강의 제도화, 흡연 급감, 민권 운동, 동성 결혼 합법화 등을 통해 변화를 확인했다. 사회집단은 의도성과 일관된 실천을 통해 더 포용적이고 용감하고 현명하게 더 나은 상태를 향해 나아갈 수 있다.

이 점을 염두에 두고 우리는 집단의 의도성과 일관된 실천을 통해 현재의 분열을 극복하고 집단적 적응 능력을 키워 집단적 인내의 창을 넓힐 수 있다.

우리는 사회적·문화적·정치적·경제적·전 지구적 불안과 변화가 심각해지는 시대에 살고 있다. 국내 경제적 불평등 심화와 시장의 세계화에 따른 경제적 혼란, 심각한 가뭄과 늘어나는 기상 이변 등 기후변화로 인한 극심한 환경 변화, 일부 미국인은 더 안전하다고 느끼지만 일부 미국인은 더 위협적이라고 느끼는 배타적 이민 정책, '흑인의 목숨도 소중하다'와 미투#MeToo 같은 사회운동이 뿌리 깊은 인종 불평등·성차별·성희롱에 대한 대중의 자각을 높이고 그에 반발하며 시작된 대항 운동으로 인한 문화적·사회적 양극화의 심화 등이 그 예다.

당연히 우리의 집단적 생존 뇌는 위협을 느끼기 쉽다. 생존 뇌는 언제나 변화를 위협적으로 인식하고 집단적으로 '긍정적'이라고 여기는 변화도 그렇게 인식한다. 더구나 개인적·집단적 인내의 창이 더 좁아질수록 시대의 불확실성을 견디기가 더 힘들어질 것이다. 이미 변해버린 현실 속에서 기존의 해결책, 프레임워크, 권력 구조, 세상을 이해하는 방식 등에 계속 매달리고 의존하면서 집단적으로 변화에 요지부동으로 버틸 가능성이 더 높아질 것이다. 가장 중요한 점은 인내의 창이 더 좁아질수록 과거의 해결책, 구조, 계획이 완전히 달라진 현실 앞에 가로막혀 좌절하면서 더 많은 생리적·정서적 각성을 경험하게 된다는 것이다.

15장에서는 변해야 하고 무너져야 마땅한 상황을 살펴봤다. 이 상황이 계속 유지되는 것은 일부 한계를 무시하는 에너지와 자기 제한적 믿음 탓에 다른 한계에는 못 미치는 에너지가 동시에 대립하기 때문이다. 오늘날 미국에서는 이 같은 역학이 다양하게 변주되는 광경이 목격되는데 점점 불안정해지는 현상 유지 지지자들이 기존 구조를 완강히 고수하는 한편 변화 주창자들은 집단적이고 새로운 방식으로 목소리를 내고 있다.

양쪽 집단이 실제로 직면한 위협은 같지 않더라도 그들의 생존 뇌는 모두 위협적이라고 느낀다.

2장에서 살펴봤듯이 우리는 고통과 트라우마를 부정하는 강력한 문화적 패턴을 집단적으로 조건화했다. 그중 가장 공통적인 문화 패턴은 남성들이 그들의 인정받지 못하는 고통을 외현화해 남들에게 전가하고 지나치게 아드레날린을 추구하는 행동에 탐닉하며 여성, 어린이, 소외된 집단 그리고 서로에게 우리 사회의 폭력을 자행하는 것이다. 반대로 여성들은 자신의 고통을 내재화하도록 문화적으로 조건화돼 어떤 대가를 치르더라도 평화를 위해 고통을 무시하면서 가면증후군, 우울증, 불안감, 섭식 장애, 자가면역질환 등 내재화 장애를 표출한다.

오늘날 우리를 집단적으로 스트레스 및 트라우마로 몰아가는 뿌리 깊은 문화 패턴과 유해한 영향은 다시 고찰하고 조건화해 변화시켜야 할 집단적 자각의 대상이 되고 있다. 이 패턴은 과거 성차별주의, 이성애주의, 인종차별주의, 편협성과 미국의 뿌리 깊은 경제적 불평등을 지속하는 데 일조했다. 이제 우리는 한 개인이자 한 사회로서 선택의 기로에 서게 됐다. 우리는 이때를 기회로 삼아 지금까지 사회에서 부정해온 스트레스, 트라우마, 고통을 인정하고 치유할 수 있다. 그러지 않으면 우리는 계속해서 더 많은 개인이 (재)트라우마에 시달리는 여건을 조성하고 미국인에게 자신과 타인을 위해 만들어낸 문제를 계속 부정하라는 문화적 압력을 강화할 것이다.

오늘날 미국의 집단적 인내의 창이 좁아졌다는 사실은 의심할 여지가 없다. 이런 현상은 미국 시민 담론의 무례함, 심화되는 불신, 양극화 속에서 확인할 수 있다. 리더와 조직 구성원들 모두 협력적이고 건설적인 사회참여로부터 불안정한 방어 및 관계 전략(투쟁-도피, 동결)으로 후퇴하기 때문이다. 많은 집단이 공격받고 있다고 느끼고 최근 퓨Pew 여론조사에서는 미국인 64퍼센트가 그들 집단이 대부분의 시간에 지고 있다고 믿는다고 대답했다.[12] 어느 집단이 위협을 느끼면 비인간화돼 다른 집단에 대한 공감이 줄어들고 폭력적 성향의 심리 상태가 조성되기 쉽다.[13] 일부 리더들은 당파적인 개 호루라기dog whistle(직접적이진 않지만 특정 집단이나 사람을 노린 정치적 메시지. 사람에게는 들리지 않지만 개에게는 들리는 주파수의 호루라기에 비유-옮긴이) 전략과 대안적 사실alternative fact을 이용해 의도적으로 지지자들을 조절 장애 상태의 광기 속으로 채찍질함으로써 피포위 심리(항상 적들에게 둘러싸여 있다고 믿는 강박관념-옮긴이)를 자극한다. 예를 들어 브렛 캐버노Brett Kavanaugh의 대법관 임명 청문회에서 도널드 트럼프Donald Trump는 크리스틴 블레이시 포드Christine Blasey Ford(당시 대법관 후보자 캐버노에게 고등학교 때 성폭행을 당했다고 주장하며 임명을 반대한 심리학 교수-옮긴이)를 조롱하고 거짓 정보로 인신공격함으로써 자신의 지지 기반을 충격적으로 도발했고 가짜 정보는 감정 전염을 통해 그에게 환호하는 군중 전체로 퍼져나갔다. 이는 명백히 조절 장애 상태의 투쟁 반응이다.

앞에서 설명했듯이 차별, 편견, 괴롭힘은 우리가 직접 경험하지 않더라도 심신 체계에 해로운 영향을 미칠 수 있다. 특별히 유의하지 않는 한 생존 뇌는 정체성 집단의 다른 구성원이 소외당하는 사건에 관한 뉴스를 읽거나 시청할 때도 스트레스 각성이 치솟는 경험을 하게 될 것이다. 또 우리 자신이 소외됐던 사건을 떠올리거나 예

568

상하면서 위험을 감지하고 스트레스 각성을 촉발할 수도 있다. 그래서 현재 미국의 분열된 문화 속에서 대부분 사람들의 생존 뇌는 일상적 관계 트라우마로 인해 쉽게 촉발돼 각성 상태를 잠시도 멈추지 않고 심신 체계를 계속 가동하며 집단적 인내의 창을 좁히고 있다.

오늘날 얼마나 많은 미국인이 그들이 이미 믿는 바를 확인해주는 정보와 경험을 찾아 헤매고 그렇지 않은 정보를 회피하는지 보면 집단적 인내의 창이 좁아졌음을 확인할 수 있다. 17장에서 살펴봤듯이 우리는 성인이 되면 자신의 내적 구조와 일치하지 않는 정보를 무시하거나 망각하거나 재해석하거나 믿지 않으려는 경향이 있다. 그래서 자꾸 비슷한 생각을 가진 사람들과 정보원을 찾게 된다. 그런데 디지털 시대의 불행 중 하나는 우리가 저마다 별개의 사일로에서 살아가기가 극도로 쉬운 세상이 됐다는 것이다. 이 같은 상황은 미국의 신속성을 중시하는 문화로 한층 악화된다. 대부분의 미국인은 끝도 없이 밀려드는 데이터 속에서 정보를 신중하게 소화하는 능력이 떨어지고 허위 정보와 음모론에 빠져 허우적댄다. 더욱이 수십 년간의 정치적 게리맨더링 끝에 미국은 사일로처럼 격리된 정치 지형을 만들었다. 그 결과 미국인들은 비판단적으로 경청하고 다른 의견을 존중하며 소통할 수 있는 집단적 회복탄력성이 저하됐다. 놀랍지 않게도 2018년 8월 퓨 여론조사에 따르면 미국인 78퍼센트가 민주당과 공화당은 '계획과 정책'뿐 아니라 '기본 사실'에서도 일치하지 않는다고 대답했다.[14]

우리는 또 타인의 행동에 대한 왜곡된 인식과 스스로 스트레스와 감정을 조절하지 못하는 무능력 등 사고 뇌의 저하된 기능에서도 집단적 인내의 창이 좁아졌음을 확인한다. 우리는 스트레스를 받을 때 부정적 요인에 주의가 쏠리고 중립적 신호를 위협적이거나 부정적이라고 오해하기 쉽다. 그러면 더욱 방어적으로 변하고 투쟁, 도피, 동결로 반응할 가능성이 높아진다. 일례로 경찰의 만행에 항의하며 미국 국가 연주 도중 '무릎 꿇기' 시위를 벌인 미국 축구 스타 콜린 캐퍼닉Colin Kaepernick에 대한 반응에서도 이 역학을 확인할 수 있다. 사실 무릎을 꿇는 것은 인정받지 못하는 트라우마 측면에 관심을 끌기 위한 중립적이고 비폭력적인 행위인데도 집단적으로 활성화된 우리 사회에서는 많은 생존 뇌가 이를 무례하거나 위협적인 행위로 해석해왔다.

우리 자신뿐 아니라 다른 나라들과 지구의 한계와 경계조차 집단적으로 부인하고 무시하는 행위에서도 집단적 인내의 창이 좁아졌음을 확인할 수 있다. 미국은 최대의 잠재적 위협 요인들을 초국가적 협력을 통해 가장 효과적으로 해결될 수 있는데도 계속해서 미국 예외주의의 신화를 퍼뜨리고 미국 우선주의 정책을 시행하고 있다. 미국은 지구 자원의 대부분을 소비하는데 이는 다른 나라들과 지구의 안녕에 위배된다. 2018년 갤럽Gallup 여론조사는 다수의 미국인이 기후변화로 인해 개인적 영향을 받지 않을 것으로 믿고 있음을 보여준다. 미국인 45퍼센트만이 지구온난화가 그들의 생전에 심각한 위협이 될 것이라고 생각한다는 것이다. 최근 유엔 보고서에서는 2040년부터 기후변화 여파가 최악으로 치달을 것이라 경고했는데도 말이다. 기후변화로 예상되는 피해를 막으려면 역사적으로 유례없는 규모와 속도로 세계경제를 변화시키기 위해 다른 나라들과 협력할 필요가 있다.[15] 그런데도 오늘날 미국은 다른 에너지 자원보다 더 많은 온실가스를 배출하는 석탄을 홍보하고 1970년대 이래 가장 많은 석유를 생산하며 여전히 비교적 연비가 낮은 트럭과 SUV를 유례없이 많이 구매하고 있다. 2017년에는 미국 신차 판매량의 65퍼센트가 트럭과 SUV였다.[16] 우리는 집단적으로 스트레스를 받는 상태에서 당면한 일에 집중하느라 가장 중요한 일, 즉 우리와 후세대가 안전하게 살 수 있는 지구를 지키는 일을 부정하고 무시하고 있다.

마찬가지로 우리는 미국의 최장 전쟁 기간을 연장하기 위해 주로 복음주의, 시골, 소수 민족, 낮은 사회경제적 집단이 큰 비중을 차지하는 모병제에 의존해왔다. 7장에서 살펴봤듯이 모병제로 입대하는 미국인들은 민간인에 비해 어린 시절 역경을 경험했을 가능성이 훨씬 높다. 미국 군인 80퍼센트가 다른 군인과 연고가 있으므로 결국 우리는 미국의 도 넘은 대외 정책의 대가를 과도하게 짊어진 별도의 전사 카스트를 형성해 군인 가정에서 전쟁 트라우마가 세대 간 대물림될 여건을 마련한 셈이다.[17]

2011년 미국 민간인의 약 3분의 2가 9.11 테러 이후 미군이 과도하게 짊어진 부담은 '군 복무의 일환일 뿐'이라고 대답해 민과 군 사이의 괴리감과 미국인의 실질적 한계에 관한 집단적 몰이해를 드러냈다. 반면 9.11 테러 이후 퇴역한 군인 84퍼센트는 민간인들이 자신과 가족이 겪는 문제를 이해하지 못한다는 느낌이라고 보고했다. 이라크와 아프가니스탄 전쟁 참전 용사 중 민간인의 삶에 재적응하기 어렵다고 응답한 사람이 다른 전쟁의 참전 용사들보다 거의 2배나 많았다.[18] 미국 사회는 군인들의 한계를 무시하고 '영원한 전쟁 Forever War'이라는 불가능한 일을 시도해 그들의 신체적·정신적 건강에 장기적 손상을 입혔고 그 결과가 이제 막 현실로 나타나기 시작했다. 동시에 이런 전쟁은 국가 재정에 2조 달러가 넘는 비용을 떠안겼고 이는 고스란히 국가 부채가 됐다.[19] 징집제나 전쟁세도 없이 우리는 미국 대중과 미국 외교 정책 사이의 결정적 책임과 의무 관계를 끊어버렸다. 또 시민의 권리와 책임이 점점 단절되는 민주주의 사회를 지속했고 그 결과 집단적 인내의 창은 훼손됐다.

또 군대 밖의 많은 미국인이 보이는 심각한 생체 적응 부하에서도 집단적 인내의 창이 좁아졌음을 확인한다. 2010년 당시 미국인 70퍼센트가 과체중 또는 비만이었다. 또 4,000만 명의 미국인이 만성적 수면 장애를 겪고 있다. 집단적으로 미국인은 만성 염증, 내분비계와 면역계 조절 장애, 미주신경 브레이크의 기능장애와 관련된 많은 질환을 앓고 있는데 여기에는 고혈압(1억 300만 명), 만성 통증(1억 명), 심혈관 질환(6,000만 명), 알레르기(5,000만 명), 류머티즘성 관절염(5,000만 명), 자가면역질환(2,400만 명), 우울증(2,100만 명), 당뇨병(1,400만 명) 등이 포함된다. 1장에서 설명했듯이 정신 건강 문제도 급격히 증가했고 특히 불안(4,000만 명), 우울증(2,100만 명), 약물 남용, 자살률 등이 크게 늘어났다. 미국은 이제 1인당 총기 난사 사망률이 내전으로 국경선이 붕괴된 예멘에 이어 세계 2위고 마약 사망률은 세계 최고 순위를 기록했는데 마약 사망자 3분의 2는 급속히 확산된 오피오이드로 사망했다.[20]

마지막으로 우리는 많은 미국인이 의존하는 스트레스 반응 주기 습관에서도 집단적 인내의 창이 좁아졌음을 확인한다. 외현화된 폭력과 중독 외에도 많은 사람이 충분한 수면과 운동 없이 형편없는 음식을 먹고 스트레스를 조절하기 위해 다양한 물질에 의존하며 자해 행위나 아드레날린을 추구하는 행동에 강박적으로 매달리면서 스트레스를 잘못 관리하고 있다. 우리는 점점 텔레비전, 영화, 비디오게임, 인터넷, 소셜 미디어로 주의를 분산해 무감각해지는 식으로 스트레스에 대처함으로써 17장에서 설명했듯이 사회적 상호작용에 해로운 영향을 미치고 있다.

그중에서도 전자 기기 중독이 가장 우려스럽게 보이는데 이 중독은 집단적 인내의 창을 넓히기 위해 필요한 관계를 가꾸는 능력에 역행하기 때문이다. 실제로 최근 한 연구에서는 비폭력적 몰입형 게임을 하는 비디오 게이머들을 실험한 결과 그들은 자신이나 타인과의 공명 차원에서 고통 민감성이 현저하게 감소된 상태임이 드러났다. 몰입형 비디오 게이머들은 퍼즐을 완성한 통제 집단에 비해 얼음물에서 훨씬 더 많은 종이 집게를 건져 올릴 수 있었다. 또 고통스럽거나 즐거워하는 다른 사람들의 사진을 보면서 타인의 고통을 더 무심하게(즉, 더 낮게) 평가했다. 이 연구는 우리의 사회적 배선이 현대 기술에 의해 얼마나 무뎌질 수 있는지 시사한다.[21]

이 같은 큰 그림은 압도적이어서 무력감만 안겨주기 쉽다. 문제들은 너무 다루기 힘들어 보이는데 개개인은 너무 보잘것없고 무력해 보이는 것이다.

그렇다면 사회 전체가 적응 능력을 키우고 집단적 인내의 창을 넓히도록 돕기 위해 우리가 할 수 있는 일은 무엇일까?

첫째, 불편하거나 고통스럽거나 외상적인 현실 일부를 계속 집단적으로 부정하고 기피하고 억압하고 구획화하고 평가절하하는 한 전체 상황을 이해할 길이 없다. 우리가 전체 그림을 가장 불쾌한 부분까지도 집단적으로 더 많이 용인할수록 실제 상황을 더 명확히 이해하고 다 함께 힘을 합쳐 앞으로 나아갈 실현 가능한 길을 찾을 수 있다.

진실을 받아들이는 일은 고통스럽지만 장기적으로 보면 진실을 부정하고 살면서 안락한 수준에 맞춰 가상 세상을 그리거나 사실이 우리 입맛에 맞지 않는다고 '가짜 뉴스'를 외치는 것이 훨씬 더 고통스럽다.

15장에서 살펴봤듯이 집단적 현실 부정이 더 심해질수록 그리고 변화해야 마땅한 점점 불안해지는 현재 상태를 더 오래 인위적으로 끌고 갈수록 집단적 사고 뇌 의제와 현실 사이의 괴리가 점점 커지면서 긴장은 점점 고조된다. 더욱 중요한 점은 상황을 다시 현실과 일치시키기 위해 궁극적으로 긴장을 해소하는 데 필요한 경로 수정 범위도 더 커진다는 사실이다. 우리는 동유럽 국가들이 수십 년간 현실을 부정한 끝에 냉전 말기 바르샤바조약기구가 해체된 데서 이같은 역학을 목격한 바 있다.

둘째, 군사적 격언을 염두에 두고 더 많은 예비군, 즉 개인 및 집단의 적응 능력을 기르는 데 초점을 맞출 수 있다. 우리는 결코 원하지 않는 모든 사건을 예상하거나 예측하거나 막을 수 없다. 우리가 할 수 있는 최선은 미래에 무슨 일이 일어나든 회복탄력적으로 대응할 수 있는 국가 능력을 키우는 것이다.

국가의 집단적 적응 능력을 향상하기 위해 시민으로서 무엇을 할 수 있을까? 또 유권자로서 국가의 리더를 선출하고 책임감을 요구하기 위해 무엇을 주창할 수 있을까?

우리는 위기가 발생했을 때 필요한 관계를 가꾸고 공동체에서 신뢰, 정직성, 존중하는 소통 문화를 다시 정립해나갈 수 있다. 모든 미국인을 위한 합리적 비용의 의료보험에 투자해 모든 사람이 생체 적응 부하를 낮추고 회복탄력적 심신 체계를 구축하도록 도울 수 있다. 소득 불평등을 해소해 더 많은 미국인이 병에 걸리거나 다른 예상치 못한 비상사태에 대처하고 응급 구조대원과 공무원이 그들이 근무하는 지역에서 거주할 여유가 생기게 할 수 있다. 고통 관리 기술을 가르치고 약물 중독 및 회복 프로그램을 통해 치료비를 지원하며 지역사회와 기업에서 오피오이드 전염병의 폐해를 끝내도록 지원할 수 있다.[22]

미래의 재앙적 기후나 잠재적 사이버 공격의 영향을 약화하기 위해 국가 기반 시설의 안전성과 회복탄력성에 투자할 수도 있다. 충격적 수준의 국가 부채를 줄임으로써 향후 세계경제 불안에 대처하는 데 필요한 재원을 확보할 수도 있다. 현재 미국 국채는 사상 최초로 21조 달러를 넘어섰고 현재 13조 5,000억 달러에 달하는 미국 가계 부채는 2012년 이후 꾸준히 증가하고 있다.[23]

우리는 동맹국, 무역 관계, 국제 파트너 그리고 초국가적 과제를 효과적으로 해결하는 데 필요한 국제기구를 존중할 수 있다. 화석연료 중독을 해결하고 적극적으로 환경을 보호하며 기후변화의 영향을 최소화하고 지구의 제한된 자원을 책임 있게 관리할 수도 있다.

아마도 가장 중요한 과제는 앞으로 다가올 많은 도전에 대비하기 위해 넓은 인내의 창을 개발하도록 돕는 방법으로 아이들을 교육하고 훈련하는 일일 것이다.

우리는 항상 선택권을 가진다

──────────────── 우리는 자신과 주변 환경에서 알아차리기로 선택한 바를 통해 개인적·집단적으로 스스로를 창조한다. 조건화된 필터에서 벗어나려면 맨 먼저 사고 뇌의 잘못된 확신감에서 기꺼이 탈피해야 한다. 자각과 비판단적 호기심을 통해 과거의 조건화에서 벗어난 새로운 방식으로 세상을 바라볼 수 있다. 자각하지 않고는 배우거나 변할 수 없다.

자각과 비판단적 호기심은 조건화 너머로 확장되기 때문에 치유와 변혁의 연금술적 촉매제 역할을 할 수 있다. 우리는 언제든지 자각과 비판단적 호기심을 이용할 수 있다. 자각과 비판단적 호기심은 사고 뇌와 생존 뇌 어느 쪽에도 속하지 않으므로 양 뇌의 동맹 관계를 형성하도록 도울 수 있다. 우리 몸이 극심한 고통, 감정, 스트레스를 경험하고 있을 때도 이 자질을 유지하며 몸 안에 머무를 수 있다면 우리는 근본 변화를 일으켜 심신 체계를 회복, 치유, 변화 쪽으로 인도할 수 있다.

더욱 중요한 점은 현재 어떤 상태로 조건화됐든 잘못을 깨닫고 다시 조건화하면 소거할 수 있다는 사실이다. 물론 조건화된 구조와 프로그래밍에는 강력한 관성이 있지만 우리는 언제라도 선택권을

576

갖고 있다. 그 선택권을 행사하려면 먼저 습관, 감정, 고통, 중독, 취약점 등을 부정하지 말고 기꺼이 바라봐야 한다.

우리가 통제할 수 있는 것은 지금 이 순간의 선택뿐이다. 우리가 의식적으로 주의를 돌릴지 아니면 습관, 충동, 감정, 스트레스에 무의식적으로 주의를 빼앗길지, 또 사고 뇌와 생존 뇌의 동맹이 가장 적절한 행동 경로를 선택하는 데 도움을 줄지 아니면 사고 뇌 오버라이드나 생존 뇌 하이재킹이 행동을 결정하게 할지, 사회참여나 조율 그리고 상호작용적 회복 등을 통해 관계를 육성할지 아니면 디폴트로 불안정한 관계 전략에 이끌릴지, 선택을 통해 최상의 잠재력을 실현하고 최고의 선을 도모할지 아니면 단기적 만족이나 편협한 사리사욕을 추구할지는 모두 스스로 선택해야 하는 것이다.

오랜 시간에 걸쳐 우리가 주의를 기울이기로 선택하고 존재감에 접근하고 자율적으로 조절하며 최대한의 잠재력을 발휘해 능숙한 선택을 하면서 충분한 시간이 흘러가면 신경생물학적 구조를 재조건화할 수 있다. 그리고 삶, 관계, 공동체의 전체 풍경을 바꿀 수 있다. 이 같은 변화가 선형적으로 진행되지는 않아도 시간이 지날수록 뚜렷해진다.

최근의 신경과학 연구가 보여주듯이 개개인은 집단적 인내의 창에 기여한다. 우리는 집단적 인내의 창을 넓히도록 돕고 있는가 아니면 좁히도록 돕고 있는가? 조절, 존재감, 창의성, 지혜, 용기, 다른 사람들과의 연결을 더하고 있는가 아니면 조절 장애, 두려움, 분노, 혼란, 폭력, 부정, 불화를 더하고 있는가?

우리는 과거로 돌아가 지금까지 우리 심신 체계가 경험했던 많은 폭력을 되돌릴 수는 없다. 우리가 할 수 있는 일은 지금 서 있는 자리에서 시작하는 것뿐이다.

우리는 중독과 내면의 분열을 치유하고 불안정한 방어 및 관계 전략을 재배선하며 인내의 창을 점점 더 넓혀감으로써 세대 간 전수되는 트라우마를 끝내기로 선택할 수 있다. 인내의 창을 넓히는 새로운 습관을 통해 해로운 후생유전학적 변화를 비활성화해 그것이 다음 세대에 전해지지 않도록 막을 수 있다. 자녀들이 가능한 한 넓은 인내의 창을 형성해 회복탄력성을 추구하는 평생의 궤도 위에 올라서도록 도울 수 있다.

충분한 수면과 운동을 실천하고 건강한 식단으로 마이크로바이옴의 균형을 유지함으로써 많은 질병에 대한 민감성을 낮춰 생체 적응 부하를 줄이기로 선택할 수 있다. 회복탄력적 계획을 수립해 진짜 중요한 일에 우선순위를 둘 수 있다. 통찰력, 영감, 창조성, 사랑, 동정심, 기쁨이 빛을 발할 수 있는 여유를 만들면서 매일 능동적으로 고요함을 기를 수 있다.

자신의 미숙한 습관, 자기 비하적 행동, 외현화된 폭력, 중독을 비판단적 호기심으로 검토하고 그를 유지하는 동기를 이해해 좀 더 능숙한 선택으로 대체하기로 선택할 수 있다.

가족, 직장, 지역사회에서 관계를 가꾸기로 선택해 혼란과 위기가 닥쳤을 때 의지할 만한 관계망을 강화할 수 있다. 상호작용적 회복도 연습할 수 있다. 동의하기 힘든 사람들을 찾아내 그들의 말을 비판단적으로 듣고 그들의 관점을 이해하려는 진지한 노력을 기울일 수 있다. 다른 사람을 자기 조절, 존재감, 존중, 친절함으로 대할 수 있다.

인간다움의 가장 좋은 면들을 체화하기로 선택해 우리가 만나는 사람들에게 의미 있는 변화가 가능할 뿐만 아니라 온전함이 인간의 타고난 권리라는 영감을 불어넣을 수 있다.

이 일들은 모두 우리 손에 달려 있다.

이 책은 MMFT에서 가르치는 개념과 기술을 소개하고 추천하지만 본격적인 MMFT 과정은 아니다. 더구나 공식 의료나 정신 치료를 대체하려는 목적도 아니다. 의학 문제나 조절 장애 증상이 심각한 사람은 이 책의 권고 사항을 따르는 것이 적절한지 의사와 상의해야 한다. 또 각자의 특수한 상황을 고려한 적절한 조정 방안도 논의해야 한다.

만약 당신이 심각한 조절 장애를 겪고 있다면 마인드 피트니스 연습을 시작할 때 신체 기반 트라우마 기법을 훈련받은 치료사의 도움이 필수적이라고 생각한다. 그들은 당신이 생존 뇌의 상향식 처리 속도를 조절해 점진적이고 안전하게 연습할 수 있도록 도와줄 것이다. 당신이 이 과정을 헤쳐나가는 데 도움을 줄 훈련받은 전문가를 찾아 혹시라도 당신의 심신 체계를 압도하거나 생존 뇌에 재트라우마를 입혀 조절 장애를 악화할 위험을 줄이기를 강력히 권한다. 신체경험훈련연구소Somatic Experiencing Training Institute 웹사이트(https://traumahealing.org/)에 방문해 'find a practitioner' 메뉴를 클릭하면 당신과 가까운 지역의 치료자를 찾을 수 있다.

나는 스트레스 활성화와 조절 장애 증상을 능숙하게 처리하는 몇 가지 기본 연습과 기법을 공유하기 위해 이 책을 썼다. 그러나 MMFT 기술을 다른 사람들에게 가르치는 데 필요한 훈련이나 어떤 역량을 제공할 의도로 이 책을 쓰지는 않았다. 이런 연습과 기법은 생리적·심리적 과정에 깊은 영향을 미칠 수 있으므로 MMFT나 다른 마음챙김 기반 훈련 프로그램을 다른 사람에게 가르치려면 먼저 추가 훈련(및 인증)을 받는 것이 중요하다. 무심결에 해를 입히지 않기 위해서 만약 스트레스가 심한 환경에 있거나 만성 스트레스나 트라우마 이력이 있는 사람을 가르치거나 치료하려고 한다면 특히 이 경고가 중요할 것이다.

사실 다른 사람을 가장 효과적으로 가르치거나 치료하려면, 특히 심각한 조절 장애를 겪고 있는 사람을 가르치거나 치료하려면 우리 자신이 먼저 이 과정에 깊이 관여해 심신 체계에서 나타날 수 있는 다양한 경험을 처리하는 집중적 연습 과정을 거쳐야 한다. 그러려면 자신의 마인드 피트니스 연습을 심화하고 인내의 창을 넓히는 것 외에는 대안이 없다.

마인드 피트니스 연습의 기본 지침

──────────── 가능하면 많은 활동이나 소음에 방해 받거나 주의가 흐트러지지 않을 조용한 장소를 찾아보자. 특히 당신이 심한 스트레스 활성화를 겪고 있다면 등을 문, 창문, 열린 공간 쪽보다는 단단한 벽을 향하게 두고 안정적인 의자에 앉는 것이 좋다. 그러면 생존 뇌가 더 안정적이고 안전하다고 느낄 것이다.

매일 같은 장소에서 연습하면 꾸준히 연습하는 습관을 기르는 데 도움이 된다. 특정한 공간을 이 연습과 연관 짓기 시작하면 연습 시간에 그 공간으로 돌아가는 일이 정신 건강의 자질들, 특히 자각과 비판단적 호기심을 상기하는 데 도움이 된다는 사실을 알게 될 것이다.

매일 같은 시간에 연습하는 것도 꾸준히 연습하는 습관을 기르는 데 도움이 된다. 많은 사람이 아침 시간이 특히 연습하기에 효과적이라고 한다. 밤새 휴식을 취하고 바쁜 하루가 시작되기 전 우리 정신이 마인드 피트니스 연습에 더 수용적인 경향이 있기 때문이다. 어떤 사람들은 신체 운동 직후 연습하는 것이 효과적이라고 생각한다. 연구 결과에 따르면 신체 운동이 뇌의 신경가소적 변화를 촉진하므로 유산소운동 직후에 마인드 피트니스 연습을 하는 것이 특히 효과적일 수 있다. 또 어떤 사람들은 아침에 일어나자마자, 점심 식사 후에, 운동이 끝나고, 퇴근 직후에, 취침 전에 등 하루 종일 국면이 전환되는 시점에 연습을 하면 다음 활동으로 넘어가기 전에 리셋과 회복을 제공해 도움이 된다고 한다.

연습할 때 타이머를 사용하면 가장 좋은데 흘러가는 시간을 생각하지 않을 수 있고 연습 도중에 시계를 확인하거나 연습 시간을 일찍 끝내려는 유혹에 빠지지 않을 수 있어 도움이 된다. 타이머는 사고 뇌와 생존 뇌가 긴장을 풀고 연습할 수 있게 도와준다. 더 좋은 점은 타이머가 있으면 당신이 의도한 연습 시간에 완전히 전념할 수 있고 당신이 경험하는 어떤 저항도 능숙하게 헤쳐나갈 수 있도록 지지받는다는 사실이다.

건강한 정신의 자질을 개발하기 위한 가장 큰 지원은 규칙적인 연습이다. 이 추진력은 당신이 연습하고 싶지 않은 날에도 연습해야 할 동기를 찾는 데 도움이 될 것이다. 한꺼번에 몰아서 오랜 시간 연습하는 것보다 단 5분이라도 매일 한 번씩 접촉 지점 연습을 하는 편이 훨씬 더 좋다.

특정한 운동이 당신에게 효과가 없다고 생각하더라도 그 운동을 계속하면 얻는 게 있을 것이다. 불쾌한 운동이라도 계속하다 보면 우리가 좋아하지 않는 경험을 밀어내는 습관적 패턴을 타파하는 데 도움이 된다. 그러나 만약 접촉 지점 연습조차 상당히 고통스럽다고 느낀다면 연습을 그만두고 치료사에게 도움을 구하는 것이 가장 좋다. 특히 신체 기반 트라우마 기법(감각운동 심리치료나 SE 등)을 훈련받은 치료사를 추천한다.

마인드 피트니스 연습으로 지혜와 용기 기르기

—————————— 11장에서 설명했듯이 지혜는 전체적인 상을 하나도 빠짐없이 있는 그대로 바라보고 이 정보에 비춰 가

장 적절한 반응을 선택할 수 있는 능력이다. 마인드 피트니스 연습을 하는 동안 지혜를 일깨우려면 그저 이렇게 질문하면 된다. "지금 무슨 일이 벌어지고 있는가?"

용기는 경험이 달라지기를 바라지 않고 그대로 견뎌내는 능력이다. 우리가 현실을 정확히 있는 그대로 허용할 수 있다면 현실의 여러 측면을 바꾸기 위해 능숙하게 행동할 가능성이 더 높아진다. 마인드 피트니스 연습을 하는 동안 용기를 북돋우려면 그저 이렇게 질문하면 된다. "내가 이 경험을 바꾸려고 하지 않고 그냥 있는 그대로 이 경험에 머무를 수 있을까?"

예를 들어 연습에 저항을 느끼는 날에는 실제로 그 저항이 연습 세션의 일부가 되게 해보자. 그 과정에서 지혜와 용기를 기를 수 있다.

이렇게 하기 위해 당신이 경험하고 있는 저항에 자각과 비판단적 호기심을 불러올 수 있다. 살펴볼 점을 예로 들자면 다음과 같다. 저항이 몸 안에서 스트레스 활성화나 신체감각으로 어떻게 나타나는가? 현재 에너지 수준은 어떠한가? 몸에서 긴장감이나 뻐근함이 느껴지는 부위가 있는가? 저항이 사고 뇌에서 지금 연습할 수 없는 이유에 대한 변명, 생각, 얘기 등으로 어떻게 나타나는가? 저항과 함께 나타나는 어떤 감정이나 충동이 느껴지는가? 예를 들어 불안, 시간 압박, 해야 할 다른 일에 관한 계획 등을 인지할 수 있다. 아니면 지루함이나 텔레비전을 보고 싶은 욕구를 깨달을 수도 있다. 비판단적 호기심으로 저항이 바로 지금 어떻게 나타나고 있는지, 몇 분 동안 인지할 수 있는지 확인해보자. 그 과정이 지혜를 불러일으킬 것이다.

그다음 한 단계 더 나아가 저항이 달라지기를 바라지 않고 있는 그대로의 저항에 머물 수 있는지 확인해보자. 저항의 생각과 감각이 단순히 심신 체계 전체를 이동하게 놔두면서 동시에 당신 아래의 의자와 바닥에서 제공되는 지지감과 안정감도 인지할 수 있다. 저항에 따른 스트레스 활성화가 심한 경우 G&R 연습 한 주기로 자연스럽게 전환할 수도 있다. 그렇지 않다면 몇 분 더 걸리는 접촉 지점 연습으로 원활하게 전환할 수도 있다. 이런 발전된 움직임을 따라가다 보면 용기가 북돋워질 것이다.

또 저항을 완전히 우회해 매일의 마인드 피트니스 연습을 마칠 수도 있다!

제안하는 마인드 피트니스 연습 순서

- 1주: 한 세션당 5분씩, 가급적 하루 2~3회씩 접촉 지점 연습
- 2주: 한 세션당 8~10분씩, 가급적 하루 2회씩 접촉 지점 연습
- 3주: 한 세션당 10~15분씩, 가급적 하루 2회씩 접촉 지점 연습
  이 주에는 당신이 이 책을 읽기 전에 이미 해오던 마음챙김 연습이 있다면 유산소운동, 불안에 따른 일련의 계획, 악몽, 사랑하는 사람과의 말다툼 등 가볍거나 중간 정도의 스트레스 활성화 이후 G&R 연습을 활용하기 시작할 수 있다.
- 4주: 한 세션당 15분씩, 가급적 하루 2회씩 접촉 지점 연습
  이 주에는 누구나 유산소운동, 불안에 따른 일련의 계획, 악몽,

사랑하는 사람과의 말다툼 등 가볍거나 중간 정도의 스트레스 활성화 이후 G&R 연습을 활용하기 시작할 수 있다.

- 한 달간 꾸준히 연습을 한 후: 연습 시간을 20~30분으로 늘릴 수 있다. 또 만성 통증과 강렬한 감정(아래 요약) 등이 있을 때 이 책에서 소개한 G&R 연습에 기반을 둔 다른 기법들을 통합하기 시작할 수 있다.

또 호흡 자각이나 걷기 명상 등 다른 형태의 마음챙김 연습과 통합하기를 원할 수 있다. 연습하는 도중 스스로 공황이나 분노 같은 스트레스 활성화를 경험하고 있다는 것을 알아차린다면 언제든지 G&R 연습 주기로 전환해 활성화를 방출할 수 있다. 그러면 쉽게 다른 형태의 마음챙김 연습으로 돌아갈 수 있다.

매일의 연습에는 당신이 관찰하는 유익한 결과와는 무관한 가치가 있다는 사실을 기억하자. 이것이 애당초 전사의 전통이 진화한 이유기도 하다. 전사의 전통에서는 위기와 도전이 닥쳤을 때 필요한 적응 능력을 기르기 위해 지속적으로 훈련할 수 있는 연습을 제시한다. 이 책에서 소개한 어떤 개념과 도구도 당신이 활성화되지 않을 때 꾸준히 연습해두지 않으면 정작 매우 활성화될 때는 사용하기 힘들 것이다. 인내의 창을 넓히는 지름길이란 없다.

접촉 지점 연습 요약(완전한 지침은 12장 참조)

———————————— 앉기 편한 곳을 찾아보자. 등을 문, 창문, 열린 공간 쪽보다는 단단한 벽을 향하게 하고 의자에 앉는 것이

최악을 극복하는 힘

좋다. 발을 어깨 너비로 벌려 땅바닥에 납작하게 붙인다. 그 자세가 편하게 느껴지면 눈을 감고 편하지 않으면 눈앞의 땅을 응시하자. 척추가 꼿꼿하면서도 편안한 자세로 앉자.

몸이 의자와 땅에 떠받쳐지는 느낌을 스스로 알아차리자. 이 지지를 생각하거나 분석하기보다는 몸 안에서 지지감을 느끼는 데 목표를 둔다. 다리와 엉덩이 뒷부분이 의자와 접촉하는 것을 알아차리고 발바닥이 땅바닥과 접촉하는 것을 인지하자. 발을 느끼기 어렵다면 발가락을 부드럽게 꼼지락거리거나 땅에 발을 지그시 눌러본다.

주변 환경에서 지지감을 알아차리면 긴장하거나 뻐근한 부위가 없는지 잠시 온몸을 스캔하자. 특히 이마, 턱, 목, 어깨를 점검한다. 아무 일도 일어나지 않게 조심하면서 이 부위에 주의를 기울여 긴장 상태가 변하는지 확인해보자. 그럴 수도 있고 아닐 수도 있지만 어느 쪽이든 아무 문제 없다.

이제 몸과 주변 환경 사이의 물리적 접촉 감각에 다시 주의를 돌려보자. 압력, 단단함, 부드러움, 열기, 시원함, 따끔따끔함, 저림, 땀, 축축함 등을 알아차릴 수 있을 것이다. 다음 세 부위에 대해 이런 접촉 감각에 주의를 기울여보자. (1) 다리, 엉덩이, 등 아래와 의자 사이 (2) 발과 땅바닥 사이 (3) 두 손이 다리에 닿거나 서로 닿는 접촉감 등이다.

각 부위에서 접촉 감각을 점검해본 후 가장 강하게 느껴지는 곳을 선택하자. 이 하나의 접촉 지점이 이제 당신이 주의를 기울일 목표 대상이 될 것이다. 만약 아무 감각도 느껴지지 않는다면 신발과 양말을 벗거나 딱딱한 표면에 앉거나 허벅지를 따라 천천히 손을 움직여보자.

일단 하나의 접촉 지점을 선택했으면 그곳에 주의를 기울이고 유지하자. 접촉 지점의 감각을 매우 자세히 알아차리자. 그 감각을 생각하지 말고 그냥 비판단적 호기심으로 신체감각을 점검하고 알아차리면 된다.

만약 당신의 주의가 방황하고 있음을 알아차리면 그냥 주의의 방황을 인식한 후 부드럽고 비판단적으로 접촉 지점의 감각으로 주의를 다시 되돌리자. 주의를 다시 접촉 감각으로 되돌릴 때마다 오래된 정신적 협곡을 무너뜨리고 주의 통제력을 조절하는 것이다. 이를 신경가소적 반복 동작이라고 생각하자.

처음에는 적어도 하루 한 번씩 5분 이상 연습하는 것을 목표로 한다. 시간이 지나면서 주의 통제력이 발달하면 매일 10~20분씩 접촉 지점 연습을 할 수 있게 된다. 또 이 연습을 아침에 일어나자마자, 퇴근 후 또는 잠들기 직전 등 하루 여러 국면의 전환점으로 사용할 수 있다.

이 연습을 마무리하려면 의자에 앉아 있는 당신의 온몸을 돌아볼 수 있도록 주의를 넓혀보자. 연습을 하고 나서 심신 체계에 어떤 변화가 생겼는지 인식하자. 비판단적 호기심으로 다음 사항을 점검해보자. 몸이 더 이완됐는가 아니면 더 동요하는가? 근육의 긴장이 더 늘어났는가 아니면 더 줄어들었는가? 에너지 수준이 더 높아졌는가 아니면 더 낮아졌는가? 더 졸음이 오는가 아니면 정신이 들었는가? 정신이 더 집중되는가 아니면 더 산만해졌는가? 기분이 더 차분해지는가 아니면 더 불안하고 짜증나는가? 연습을 마친 후 심신 체계의 변화를 알아차릴 수도 있고 그렇지 않을 수도 있다. 어느 쪽이든 아무 문제 없다. 목표는 단지 지금 이 순간 심신 체계 상태를 알아차리는 것이다.

접지 및 해소 연습 요약(완전한 지침은 13장 참조)

──────── G&R 연습을 하기 위해 당신이 애인과 말다툼을 했거나 악몽에서 지금 막 깨어나 스트레스 활성화를 겪고 있다고 가정하자.

스트레스 활성화의 공통 증상

더 가쁜 호흡	시야 감소/터널 시야
호흡곤란	머리카락 곤두섬
가슴이나 배의 긴장	장/방광 통제력 상실
심박 수 증가/가슴 두근거림	질주하는 생각
메스꺼움	불안한 생각
가슴 벌렁거림	반추/맴도는 생각
입안 건조	불안 또는 공포
꽉 다문 턱	조바심/짜증/분노
창백하거나 차가운 피부	슬픔
축축한 손바닥	수치심
발한	압도당함
구부정하거나 늘어진 자세	안절부절못함/손 꼼지락거림
현기증	

혼자 있을 수 있는 조용한 곳으로 이동하자. 생존 뇌가 안전을 감지하게끔 촉진할 수 있는 외부 환경을 조성할 방법을 생각해보자. 예를 들면 앉기 편안하고 안전한 곳을 찾아볼 수 있다. 등을 문, 창문, 열린 공간 쪽보다는 단단한 벽을 향하게 하고 앉는 편이 좋다.

내수용 자각과 비판단적 호기심을 발동해 스트레스 활성화 증상에 주의를 기울여보자. 일단 스트레스 활성화의 생리적 요소를 인지하면 의식적으로 자신이 활성화됐음을 인정하자. "아, 내가 지금 활성화됐구나"라는 식으로 스스로에게 말하는 것도 도움이 된다. 그렇다고 모든 활성화 증상을 빠짐없이 점검할 필요는 없다. 또 다른 마음챙김 훈련처럼 활성화 증상에 아주 세세하게 집중할 필요도 없다. 그러면 오히려 스트레스 활성화를 심화할 뿐이다. 그냥 지금 몸 안에서 무슨 일이 벌어지는지 전반적인 관점에서 인식하면 된다.

만약 당신이 다리를 떨고 있거나 금방이라도 펄쩍 뛰어오를 준비가 된 것처럼 안절부절못하는 자신을 발견한다면 완전히 가만히 앉아 있을 수 있는지 확인해보자. 그럴 수 있다면 체내에서 안절부절못하는 에너지로 나타나던 스트레스 활성화가 거의 틀림없이 자율적인 각성으로 바뀐 것이다. 스트레스 활성화가 해소되려면 먼저 자율적인 각성으로 표출돼야 하기 때문이다.

자신이 활성화됐음을 의식적으로 인식하고 나면 몸 안에서 가장 견고하고 안정적이며 현실에 근거하고 강하다고 느끼는 부위로 주의를 다시 돌려보자. 이는 보통 접촉 지점에 해당한다. 엉덩이, 등 아래, 다리 뒷부분이 의자에 닿거나 발이 땅바닥에 닿거나 손이 서

최악을 극복하는 힘

로 맞닿거나 다리와 닿는 부분들 말이다. 만약 의자나 땅바닥과 접촉을 느낄 수 없다면 지지감을 느낄 때까지 의식적으로 엉덩이를 의자에 밀어 넣거나 발을 바닥에 딱 붙여보자.

의자와 바닥에서 지지를 받고 접촉하는 느낌을 인지하자. 접촉지점 연습에서와 마찬가지로 목표는 몸 안에서 지지감을 느끼는 것이지 사고 뇌가 지지감을 생각하거나 분석하는 것이 아니다. 예를들어런 접촉 지점에서 압박감, 단단함, 부드러움, 습기, 열, 따끔거림, 시원함을 알아차릴 수 있다. 가장 안정적이고 편안하고 안전하며 접지돼 있다고 느끼는 신체 접촉 지점이나 다른 부분에 대해 자각을 유지하자.

물론 당신의 주의는 스트레스 활성화의 신체감각으로 되돌아갈 수도 있고 활성화되는 스토리 라인, 이미지, 플래시백, 감정, 생각으로 되돌아갈 수도 있다. 이럴 경우 계속 접촉 지점이나 몸 안의 다른 단단한 위치로 주의를 다시 돌리자. 당신이 좀 더 이완되거나 안정감을 느끼거나 혹은 해소 증상 중 하나를 인식할 때까지 계속 주의를 돌리자.

해소 증상을 인지하면 해소를 통제하거나 중지하려 할 필요가 없다. 해소 증상에 주의를 기울이면 그 증상이 심해짐을 알아차릴 수 있다. 당신이 그 증상을 견딜 수 있다면 아주 좋은 일이다. 예를 들어 하품에 주의를 기울이면 빠르게 연달아 몇 번 더 하품을 하게 될 것이다. 또는 손 떨림에 주의를 집중하면 손 떨림이 더 심해질 가능성이 있다.

일단 해소 감각을 알아차리면 그 감각과 당신이 선택한 접촉 지점 사이에서 주의가 오갈 수 있다. 그러면 해소가 진행되는 동안 더 안정감을 느끼는 데 도움이 된다. 만약 해소 증상이 상당히 강하거나 주의가 오가는 것이 불편하다고 느끼면 그냥 접촉 지점에 주의를 집중하자. 해소 과정이 낯설거나 어색하거나 심지어 두렵게 느껴질 수도 있다. 스트레스 활성화를 해소하는 것은 회복 과정의 자연스러운 일부라는 사실을 상기하자. 혹시 스트레스 활성화를 촉발하는 얘기, 이미지, 생각에 스스로 사로잡힌 것을 발견하면 접촉 지점의 신체감각으로 다시 주의를 돌리자.

신경계 해소 및 회복 신호

떨림/전율	울음
경련	웃음/킬킬댐
더 느리고 깊은 호흡	하품
심박 수 감소	한숨
가슴이나 배 이완	배의 꾸르륵거림
따끔거림/이명	트림
온기/열기 전파	방구
한기	기침(및 가래)
상기된 피부/발한	가려움

해소 증상을 알아차리는 한 해소 과정에 계속 머물 수 있다. 일단 해소 증상이 멈추면, 한 번의 회복 주기를 완료한 것이다. G&R 연습을 이용할 때는 한 회복 주기를 완료한 후 연습을 멈추는 것이 중요하다.

만약 심신 체계가 다시 활성화 주기로 돌아가는 것을 발견하거나 해소 증상을 전혀 경험하지 못했다면 다시 활성화에서 주의를 돌리자. 대신 접촉 지점 감각에 다시 주의를 집중하자. 거기에 계속 주의를 유지해보자. 또 눈을 뜨고 머리와 목을 돌리고 주변 광경, 소리, 냄새를 알아차리고 당신이 알아차린 것을 스스로에게 말해볼 수도 있다. 이 감각 중 하나를 통해 주변으로 관심을 돌리면서, 또 의자나 바닥에서 지지되고 접지되는 느낌을 인식해보자. 당신이 더 이완된다고 느낄 때까지 이렇게 생존 뇌가 더 심한 스트레스 활성화로 되돌아가지 않도록 지원하는 방식으로 계속 주의를 돌려보자.

만약 당신이 이 모든 단계를 시도했는데도 여전히 어떤 해소 증상도 경험하지 못했다면 인내의 창 밖에서 스트레스 각성을 경험하고 있을 가능성이 있다. 이런 상황에서 과도한 스트레스 활성화의 일부를 해소하는 가장 좋은 방법은 달리기, 힘차게 걷기, 자전거 타기, 조정, 수영, 줄넘기, 고강도 인터벌트레이닝, 계단 오르기, 춤추기 등의 유산소운동을 하는 것이다. 약간 숨이 차는 상태를 적어도 15~20분 동안 유지하는 것을 목표로 삼아 일부 스트레스 호르몬을 소모해 다시 인내의 창 안으로 들어가도록 하자. 사람마다 심혈관 용량이 다르기 때문에 이 상태에 도달하기 위해 어떤 종류의 운동을, 얼마나 많이 해야 하는지도 사람마다 다 다를 것이다. 그렇게 운동하고 나서 몸을 식히는 동안 다시 G&R 연습을 시도할 수 있다.

생각을 능숙하게 다루기

──────────── 처음 마인드 피트니스 연습을 시작할 때 우리가 자주 생각에 빠져 길을 잃는다는 것을 금방 관찰하게 된다. 완전히 정상적인 일이다. 사고 뇌가 본래 하는 일이 생각이기 때문이다. 마인드 피트니스 연습의 목표는 생각을 멈추려고 노력하는 것이 아니다. 그 생각을 알아차리는 것이다.

당신의 생각을 적으로 만들지 않도록 노력하자. 생각을 억누르려고 하면 금세 지치고 낙담하게 된다. 사실 생각을 억누르려고 하면 오히려 생각이 더 늘어난다는 것을 깨달을지도 모른다!

생각에 빠져 있다는 것을 알아차리면 단순히 마음이 방황했다는 사실을 비판단적으로 인정하자. 방금 전에는 생각에 빠졌었지만 지금은 다시 주의를 기울이고 있음을 알아차리자. 단순히 생각을 자각 영역을 통과하는 관찰 가능한 사건으로 인지하자.

당신이 알아차린 생각의 종류를 표시하기 위해 생각에 계획, 걱정, 공상, 기억, 비교, 서술, 예상 등의 라벨을 붙이는 방법이 도움이 될 수도 있다. 라벨을 이용해 사고 뇌의 기본 습관을 관찰할 수 있다. 그러면 당신이 생각으로부터 에너지와 관심을 분리할 수 있는지 확인해보자. 정신이 방황하는 것을 알아차리고 다시 연습의 목표 대상으로 주의를 돌리기로 선택할 때마다 주의 통제력을 강화하게 된다. 마인드 피트니스 연습은 정신이 방황하는 것을 알아차리고 부드럽게 인도해 다시 시작하는 과정을 계속 되풀이하는 것이 전부다.

감정을 능숙하게 다루기

———————————— 강렬한 감정이 일어날 때는 간단한 라벨로 감정의 존재를 인정할 수 있는지 확인해보자. 감정은 지혜와 용기를 키울 수 있는 좋은 기회를 제공한다. 역시 두 가지 질문을 하는 것으로 시작할 수 있다. "지금 무슨 일이 벌어지고 있는가?", "내가 이 경험을 바꾸려고 하지 않고 그냥 있는 그대로 이 경험에 머무를 수 있을까?"

각각의 감정에는 나름의 메시지가 있고 우리는 그것을 식별하는 방법을 배울 수 있다. 자각과 비판단적 호기심으로 우리는 각 감정의 세 가지 요소를 살펴볼 수 있다. (1) 특정 신체감각, 신체 자세, 각성 패턴 (2) 마음속의 특정 기미 (3) 보통 얘기와 줄거리, 사고 패턴으로 나타나는 특정 목소리와 믿음 체계 등이다. 감정을 이런 구성 요소로 분해하면 감정의 존재를 인식할 수 있는 세 개의 다른 문을 얻게 된다.

정서적 강도의 스펙트럼상 약한 쪽에 존재하는 감정을 더 빨리 알아차리고 해소할수록 우리는 감정을 능숙하게 다루는 능력을 보호하고 가장 효과적인 반응을 선택할 가능성이 높아진다. 인내의 창 밖에서 격해지는 감정을 경험할 때마다, 즉 사고 뇌 오버라이드나 생존 뇌 하이재킹 상태가 될 때마다 언제나 감정을 세 구성 요소로 구분함으로써 주체성을 찾을 수 있다.

가능한 한 감정에 관련된 생각이나 얘기 내용에서 벗어나 단순히 그 생각을 관찰할 수 있는 사건으로 인식하자. 특히 우리가 스트레스를 받거나 피곤하거나 인내의 창 밖에 있을 때는 인지적 재해석,

긍정적 사고, 감사하는 태도 등의 사고 뇌 지배적 기법은 효과를 발휘하지 못하는 경향이 있다. 실행 기능 능력이 너무 고갈되거나 저하돼 인지적 노력을 뒷받침하지 못하기 때문이다.

그러니 인내의 창 밖에 있을 때는 가급적 생각의 내용을 멀리하려고 노력하고 다시 인내의 창 안으로 돌아올 때까지 일체의 의사결정, 문제 해결, 계획을 미루도록 노력하자.

대신 현재 순간에 근거를 둔 신체감각에 초점을 맞춰보자. 감정의 파도가 자각을 휩쓸고 지나가게 하면서 그동안 신체감각을 추적하자. 정서적 각성을 발산하고 해소하기 위해 G&R 연습을 이용할 수도 있다. 아니면 접촉 지점 감각과 몸을 통과하는 감정과 관련된 감각 사이에서 양쪽으로 주의를 오갈 수도 있다. 가능한 한 감정이 자각 영역에서 완전히 꽃피운 후 씻겨나갈 수 있게 허용하자. 우리는 연습을 통해 감정의 파도를 타는 법을 배움으로써 감정을 억누르거나 거기에 빠지지 않고 감정이 심신 체계를 통과하게 할 수 있다. 그 과정에서 우리는 생존 뇌가 전달하려는 정보에 접근하게 된다.

때로는 감정의 파도가 너무 격렬해 견딜 수 없을 때도 있다. 이런 경우 당분간 능숙한 회피가 올바른 선택일 수도 있다. 친구에게 도움을 청하거나 자연 속에서 걷거나 부드럽게 스트레칭을 하거나 욕조에 몸을 담그는 것이 도움이 될 수도 있다. 이때는 감정을 터뜨리거나 일기를 쓸 시점이 아니다. 그런 행동은 감정의 강렬함만 더할 뿐이다. 현재 상황에 비해 지나치게 강렬한 감정을 느낄 때는 그 감정이 과거에 경험한 감정 패턴과 연결되는 경우가 많다. 만약 참을 수 없이 강렬한 감정을 자주 경험한다면 치료사의 도움을 받는 편이

최악을 극복하는 힘

좋을 수 있다.

특히 당신이 감정을 식별하기가 어렵거나 괴로운 생각에 빠져드는 경향이 있거나 감정 억제에 의존하거나 특정 감정 경험을 부정해야 한다는 믿음이 있다면 일기 쓰기가 도움이 될 수 있다. 이상적으로는 강렬한 감정이 가라앉은 후 인내의 창 안으로 다시 들어왔을 때 일기를 쓰는 게 좋다. 예를 들어 스스로 불안하거나 화가 났음을 알아차렸을 때는 해결되지 않은 사건에 관해 일기를 쓸 수 있다. 그러다 감정과 관련된 생각, 믿음, 신체감각을 인지하면 펜을 내려놓고 자연스럽게 G&R 연습 주기로 전환해 몸을 휩쓸고 지나가는 감정 파도의 움직임을 지원할 수 있다. 파도가 완전히 지나간 것 같은 느낌이 들 때까지 일기 쓰기와 G&R 연습을 번갈아가며 계속하자.

격렬한 신체감각과
만성 통증을 능숙하게 다루기

——————————— 마인드 피트니스 연습 중에는 경각심과 편안함이 균형을 이루는 자세를 찾는 것이 도움이 된다. 또 몸을 가만히 유지하며 움직이고 싶은 충동에 저항하는 것도 마음을 안정시키는 데 도움이 될 수 있다.

그러나 움직이지 않고 앉아 있다 보면 거의 틀림없이 때때로 불편한 신체감각을 경험하게 될 것이다. 그 감각이 충분히 강해지면 연습 목표 대상에 주의를 기울이기가 어려워질 수 있다.

연습의 처음 몇 주 동안은 불편한 감각이 생기면 의도적으로 그 감각에서 주의를 분리해 접촉 지점의 감각으로 주의를 다시 돌리는 방법을 추천한다.

그러나 주의 통제력의 기준치를 향상한 후에는 신체적 불편함이 지혜와 용기를 함양하는 또 다른 기회가 될 수 있다. 먼저 불편한 감각 때문에 주의의 목표 대상에 집중을 유지하기가 어렵다는 사실을 인정하자. 그다음 주의가 감각을 따라가게 놔두자. 이때 "지금 무슨 일이 벌어지고 있는가?"를 질문하자. 자각과 비판단적 호기심으로 감각을 살피면서 생각, 감각에 대한 느낌, 감각 자체의 경험을 구분할 수 있는지 확인하자.

예를 들어 당신은 '아, 가려워서 미치겠네, 긁어야겠어'라고 생각할 수 있다. 이를 하나의 생각으로 인정하자. 그다음 비판단적 호기심으로 가려운 감각을 직접적으로 살펴보자. 이 감각이 일정한가 아니면 변화하는가? 한 가지 순수한 감각인가 아니면 다양한 감각의 조합인가? 가려운 감각을 추적해 시간이 지날수록 감각이 어떻게 변하다가 사라지는지를 관찰할 수 있는지 확인해보자. 그 감각이 사라지거나 약해지면 다시 연습의 본래 목표 대상으로 주의를 돌릴 수 있다.

또 몸 안에서 불편한 감각을 관찰하고 추적하는 동안 "내가 이 경험을 바꾸려고 하지 않고 그냥 있는 그대로 이 경험에 머무를 수 있을까?"를 질문할 수 있다. 많은 경우 이 질문의 대답은 '그렇다'이고 우리는 용기를 키울 기회를 얻게 된다. 그러나 다른 경우 이 질문의 대답이 '아니오'가 될 때가 있다. 불편한 감각이 너무 강렬해 단순히 감각을 관찰만 할 수가 없는 것이다.

이 경우 감각의 심한 불쾌함과 움직이고 싶은 욕구를 인정하게 될 것이다. 그러면 매우 천천히 그리고 신중하게 움직여 불편함을 해소해보자. 움직이고 난 후 느끼는 안도감을 알아차리자. 그 후 연습 목표 대상으로 다시 주의를 돌리면 된다. 연습을 계속하는 동안 움직임에 따른 안도감이 실제로 얼마나 오래 지속되는지도 알아차릴 수 있다.

움직이지 않고 가만히 앉아 있을 때 생기는 강렬한 감각을 넘어 만성 통증에 시달리는 사람들도 많다. 14장에서 살펴봤듯이 만성 통증과 근육 긴장을 겪고 있을 때 사용할 수 있는 추가 도구들이 있다.

첫째, 만성 통증을 겪고 있는 경우 마음챙김으로 통증을 다루려면 먼저 접촉 지점 연습을 활용하는 식으로 주의 통제력을 발전시켜야 한다. 처음에는 주의 통제력을 기르면서 비교적 통증이 없는 자세로 연습하는 것이 중요하다. 예를 들어 요통 환자들이 누운 상태에서 무릎을 구부리고 모아 접촉 지점 연습을 하면 통증이 최소화된다고 한다. 반복해서 접촉 지점 감각에 주의를 돌리다 보면 생존 뇌가 안전하고 안정적이며 정착한 상태임을 감지하는 데 도움이 된다. 생존 뇌가 안전을 감지하면 통증이 가라앉도록 도울 수 있다.

잠이 부족하거나 압도되거나 강렬한 감정을 경험할 때처럼 인내의 창 밖에 있을 때는 통증이 보통 더 심해진다는 것을 인식하자. 만성 통증은 조절 장애의 한 증상이다. 그러므로 스트레스 활성화를 해소하고 인내의 창 안에서 다시 회복하기 위한 도구—더 많이 자고 더 많이 운동하고 더 잘 먹고 G&R 연습을 활용하는 것 등—를 사용하면 더 신속히 통증을 줄일 수 있을 것이다.

둘째, 긴장과 통증이 느껴지는 부위를 다루기 위해 G&R 연습을 변경해 사용할 수 있다. 가령 목에서 통증이 느껴진다고 해보자. 목을 아주 천천히 돌리는 연습을 하면서 어딘가 '걸림'이 느껴지는 부위를 찾아낼 수 있다. 무심코 이 부위를 지나치지 않도록 충분히 천천히 스트레칭하는 것이 중요하다. 아픈 부위의 끝까지 스트레칭을 하면서 통증을 가만히 참으며 거기에 주의를 집중하라. 참는 동안 고통이 순간적으로 심해질 수도 있지만 그러고 나면 풀릴 것이다. 또 특별히 아프거나 약한 부위에 테니스공이나 골프공을 대고 누르면서 이 원리를 적용해볼 수도 있다. 90초 정도 불편함을 참을 수 있다면 보통 풀린다. 다양한 G&R 스트레칭을 이용해 감각운동 심리치료나 SE 등 신체 기반 기법과 바디워크를 보완할 수 있다.

셋째, 일단 주의 통제력을 길렀다면 통증을 직접 다루기 시작해 고통스러운 감각을 견디는 능력을 키울 수 있다. 당부해두지만 이 연습은 아침에 첫 번째 일과 등으로 비교적 편안하고 조절되고 균형이 잡혀 있다고 느낄 때 하는 것이 가장 좋다.

먼저 접촉 지점의 소리나 감각 같은 중립적 목표 대상에 주의를 기울이는 것부터 시작하자. 그다음 통증을 느끼는 부위의 가장자리로 주의를 돌려보자. 처음부터 곧바로 가장 고통스러운 부위 한가운데로 주의를 집중하는 것은 도움이 되지 않는다. 그러면 생존 뇌가 위험을 감지하게 돼 더 많은 스트레스와 고통이 유발될 뿐이다.

통증 가장자리 부위 감각에 주의를 기울이는 동안은 욱신거림, 화끈거림, 찌르는 느낌, 열기 등 실제 신체감각과 통증에 대한 사고 뇌의 이해를 구분하는 것이 중요하다. 가능한 한 통증에 대한 어떤

최악을 극복하는 힘

생각에서나 주의를 돌려 실제 신체감각에 주의를 집중하자.

통증 가장자리에 너무 많은 주의를 기울이게 되면 다시 중립적 목표 대상으로 주의를 되돌리자. 연습하는 동안 중립적 목표 대상과 통증 가장자리 사이에서 주의가 수차례 오갈 수 있다.

또 통증 가장자리에 주의를 기울이는 동안 심박 수 증가, 얕은 호흡, 메스꺼움, 입안 건조, 축축한 손바닥, 가슴 짓눌림 등 스트레스 활성화 증상을 발견할 수도 있다. 실제로 만성 통증은 종종 우리가 아직 해소하지 못한 미해결된 기억 캡슐과 불완전한 방어 전략과 관련이 있다. 가끔씩 통증 가장자리에 주의를 기울이다 보면 그중 하나를 건드리게 된다. 그래도 아무 문제 없다. 이 경우 통증에서 주의를 멀리해 접촉 지점 감각에 다시 주의를 돌리면서 G&R 연습한 주기를 실행하자.

하지만 만약 이 일이 자주 일어난다면 감각운동 심리치료나 SE 같은 신체 기반 기법을 훈련받은 치료사를 찾아가는 것이 좋다. 그들은 당신이 혼자 할 수 있는 것보다 더 안전하고 효과적으로 기억 캡슐을 통과하고 방출하도록 도와줄 것이다.

정서적 고통과 신체적 고통은 동일한 신경 회로를 사용하므로 앞서 감정 부분에서 나온 도구들을 이용하면 기저 감정도 직접적으로 다룰 수 있다. 또 고통에 관해 일기를 쓰면서 고통과 메시지를 공유할 수도 있다. 질문을 적고 나서 '고통'에게 평소 덜 익숙한 손을 이용해 답을 쓰게 하면 내면의 비판자를 잠재울 수 있다. 이렇게 하는 동안 감정이 올라오면 G&R 연습 한 주기로 자연스럽게 전환할 수도 있다.

마지막으로 당신이 통증에 가진 자기 제한적 믿음, 즉 신체적으로 할 수 있는 일과 못하는 일에 관한 믿음 등을 일기에 적은 다음 작은 실험으로 믿음을 검증해볼 수도 있다. 믿음이 정말 사실일까? 그 과정에서 '할 수 없다' 항목이 '할 수 있다' 범주로 옮겨져 통증이 일상생활에 미치는 부정적 영향을 최소화할 수도 있다.

인내의 창을 넓히는 습관 요약

(1) 회복탄력적 계획의 원칙: 계획 2.0 (16장 참조)

1. 한 주가 시작되기 전에 잘 조절되고 편안하고 서두르지 않는 상태에서 다음 주를 계획할 시간을 따로 마련해두자.
2. 신체적·감정적·정신적·지적 영역에서 의도를 명확히 하자.
3. 주간 계획에서 한 주의 의도와 목표를 현실의 연속적 시공간에 접목하자.
4. 장기적인 개인적·직업적 목표를 달성하기 위한 활동을 가장 먼저 일정에 채워 넣자. 여기에는 인내의 창을 넓히는 습관과 회복을 위한 휴식 시간도 포함된다. 매주 적어도 하루는 아무 일, 심부름, 집안일도 없이 보내는 것을 목표로 삼자.
5. 이상적으로 인내의 창을 넓히는 활동과 장기적 목표를 위한 시간을 매일 별도로 정해두자.
6. 예상치 못한 도전과 기회를 위해 일정에 충분한 여유 시간을 확보하자.

7. 환경을 손보는 데 매주 몇 시간씩 투자하자.

8. 유사한 에너지 수준의 작업을 한데 묶어서 처리하고 가능한 한 하루의 다른 시간대에 지닌 에너지와 비슷한 수준의 에너지를 요하는 작업을 일치시켜 처리하자.

(2) 자각 및 성찰 연습(17장 참조)

1. 가급적 아침에 일어나자마자 15~30분 동안 연습하는 것을 목표로 삼자.

2. 적어도 한 가지 자각 연습과 한 가지 성찰 연습은 꾸준히 하는 습관을 들이자. 아침에 자각 연습을 하고 저녁에 성찰 연습을 하거나 그 반대로 할 수도 있다.

(3) 건강한 식단(17장 참조)

1. 마이크로바이옴의 불균형을 유발하는 식품과 물질의 소비를 피하거나 섭취를 제한하자.

2. 마이크로바이옴에 영양가 있는 음식과 살아 있는 프로바이오틱스를 보충하자. 매일 프로바이오틱스 보충제를 먹거나 프로바이오틱스 식품과 음료를 섭취하는 것이 이상적이다.

3. 만성 통증과 같이 염증과 관련된 증상이 있다면 항염증 식단을 시도해 알레르기가 있거나 민감한 식품을 6주 동안 식단에서 제거해보자. 이 식품을 다시 식단에 포함할 때는 반드시 증상 일지를 작성하자.

4. 더부룩함, 경련, 가스, 소화불량, 속 쓰림을 자주 느끼거나 설

사 또는 변비 문제가 있다면 식품 결합 원리에 신경을 쓰자. 일반적으로 잎이 많은 채소와 비전분성 채소를 (1) 동물성 단백질, 달걀, 유제품, 견과류 또는 (2) 곡물, 파스타, 빵, 콩, 콩류, 전분성 채소(감자, 옥수수, 호박)와 함께 먹으면 몸에서 음식을 소화하기가 더 쉽다.

5. 가능한 한 유기농 식품을 섭취하자. 특히 고기, 가금류, 유제품, 방목란과 더티 더즌Dirty Dozen 목록에 있는 과일과 채소류는 유기농을 섭취하자.

6. 매일 32~64온스(약 900~1,800ml)의 카페인 없는 허브차나 무탄산수를 마치는 것을 목표로 삼자. 레몬즙이나 생사과식초를 조금 물에 타서 마셔도 좋다.

7. 카페인 섭취량을 검토해보자. 특히 수면 장애가 있거나 현재 항우울제, ADHD 치료제, 항불안제 등을 복용하고 있다면 카페인 섭취를 줄이거나 중단하는 방향을 고려해야 한다.

(4) 수면(17장 참조)

1. 매일 같은 시간에 잠자리에 들고 일어나는 것을 목표로 삼자. 가급적 밤 11시 이전에 잠들고 오전 7시 전에 일어나는 것이 좋다.

2. 늦은 야식을 제한하자. 만약 야간 교대 근무를 한다면 정크 푸드를 피하려고 노력하자. 대신 건강에 좋은 지방, 단백질, 저항성 전분이 풍부한 영양가 높은 음식을 선택하자.

3. 규칙적인 운동을 하고 과잉 각성 상태가 아니라면 취침 3시간

전에는 유산소운동을 끝내도록 하자. 이미 과잉 각성 상태라면 20분 동안 심장 강화 운동을 한 뒤 G&R 연습을 하면 잠드는 데 도움이 된다.

4. 오후 2시 이후에는 카페인 섭취를 피하고 취침 3시간 전에는 식사와 음주를 피하자.

5. 하던 일이나 뉴스 시청, 자극적 대화나 말다툼은 취침 몇 시간 전에 끝내는 것을 목표로 삼자. 취침 1시간 전에는 모든 전자 장치를 끄는 것을 목표로 삼자.

6. 밤중에 악몽이나 불안한 반추 때문에 잠에서 깬다면 침대에서 일어나 G&R 연습을 한 주기 하자.

(5) 운동(17장 참조)

1. 유산소운동으로 매회 30분 이상씩 매주 3회 이상 심박 수를 높이는 것을 목표로 삼자.

2. 매주 2회 이상 각 근육 그룹을 웨이트트레이닝하는 것을 목표로 삼자. 물론 코어 근육은 매일 단련할 수도 있다.

3. 스트레칭, 요가, 태극권 등의 정기적 연습을 추가해 몸의 유연성을 높이고 긴장을 해소하자.

4. 세 범주를 합쳐 매회 45~60분씩 일주일 4회 이상 운동을 목표로 삼자.

(6) 사회적 연결(17장 참조)

1. 비밀을 털어놓거나 도움을 요청할 수 있는 사람을 적어도 몇

명은 만드는 것을 목표로 삼자.

2. 이런 사람이 거의 없다면 17장의 구체적 팁을 활용해 사회적 지지망을 키워야 할 때다. 주간 계획에 이 일정을 채워 넣자.

3. 스스로 자립적이라고 믿거나 다른 사람에게 도움을 청하고 지지를 구하는 일이 어렵게 느껴진다면 지원을 받기보다는 제공하는 식으로 관계를 형성하기 시작할 수 있다. 다른 사람들을 도우면 지원을 받을 때만큼이나 회복탄력성을 높일 수 있다.

감사의 말

내가 이 책을 탄생시키는 데 도움을 준 상호 연결망을 돌아보니 감사한 마음으로 가슴이 벅차오른다. 그들에게 감사하는 마음에서 계급과 직함은 포함하지 않기로 선택했다. 부분적으로 이 프로젝트는 온전함을 추구하는 나 자신의 여정에서 무르익었기 때문에 이 책이 나오는 데 직간접적으로 기여한 사람은 말 그대로 수천 명에 이른다. 그들은 스트레스와 트라우마에 시달린 내 삶의 경험 또는 치유, 성장, 연결로 점철된 내 삶의 경험에서 다양한 역할로 이 책에 기여했다. 그 모든 사람의 이름을 거론하며 감사하기에는 지면이 턱없이 부족할 것이다. 한 사람 한 사람이 내게는 스승이었고 나는 그 만남에서 지울 수 없는 영향을 받았다. 그 모든 경험이 없었다면 이 책은 나올 수 없었을 것이다. 이 책이 결국 세상에 나오도록 그들이 기여한 역할에 감사한다.

이 책은 조지타운 의사결정 강좌와 다른 MMFT 교육장에서 만난 학생들에게 강한 영향을 받았다. 내게 가르치는 일은 진정으로 가장 즐거운 배움의 방식이다. 사생활 보호를 위해 학생들의 이름을 여기에 밝힐 수는 없지만 그들의 인내의 창이 넓어지는 여정을 목격하고 도울 수 있어 영광이었다. 그들의 용기와 호기심, 정직함, 성장에 대한 열의에 감사하며 내게 그토록 자유롭게 들려준 얘기들을 정제해 공유하고픈 영감을 얻었다. 무수한 질문을 던져 종종 특정 개념이나 기술을 설명하는 새로운 방법을 찾아내게 해준 학생들에게도 감사한다. 그리고 이 책에서 소재로 쓰인 일화들을 비롯해 자신들의 얘기를 너그럽게 공유해준 학생들에게도 감사한다. 또 수년간 이 책의 일부를 발표했던 각종 세미나, 워크숍, 컨퍼런스, 언론 인터뷰에 참석했던 많은 참가자에게도 감사한다. 이 책은 발표 때 받은 논평과 질문에서 많은 혜택을 얻었다.

MMFT에 대단히 중요한 기여를 한 존 샬다흐John Schaldach에게도 깊이 감사한다. 그는 모든 기술적 요소를 숙지하고 연습에 전념했고 내가 MMFT 예비 연구에서 얻은 통찰을 소화하도록 기꺼이 도와줬으며 나와 함께 개선되고 매뉴얼한 커리큘럼을 완성해 MMFT를 만드는 데 결정적인 역할을 했다.

MMFT 트레이너가 되기 위해 상당한 시간과 자원을 바친 MMFT 훈련 동료들에게도 감사한다. 자신의 인내의 창을 넓히면서 다른 사람들도 그렇게 하도록 도우려는 그들의 열정은 내게 영감을 준다. 루안 반트Luann Barndt, 메그 캠벨다울링Meg Campbell-Dowling, 진 커밍스Jeanne Cummings, 캐슬린 커트샬Kathleen Cutshall, 마크 데이비스Mark Davies, 재닛 더피Janet Durfee, 크리스틴 프래지타Christine Frazita, 제인 그래프턴Jane Grafton, 바즈라 그리넬리Vajra Grinelli, 마이클 해이덕Michael Hayduk, 니네트 헙Ninette Hupp, 솔와지 존슨Solwazi Johnson, 윈 킨더Wynne Kinder, 샘 레비Sam Levy, 라즈 메이슨Raz Mason, 콜린 미즈키Colleen Mizuki, 엘리자베스 멈포드Elizabeth Mumford, 팻 로치Pat Roach, 투레 살라Tuere Sala, 짐 세이브랜드Jim Saveland, 존 샬다흐, 재러드 스마이저Jared Smyser, 에린 트리트Erin Treat, 주디스 밴더린Judith Vanderryn에게 감사한다. 특히 다른 트레이너들을 훈련하느라 애쓴 콜린과 에린에게 그리고 MMFT 연구들에서 트레이너 역할을 맡은 존, 콜린, 솔와지에게 감사한다.

비영리기관인 마인드 피트니스 트레이닝 연구소에서 함께 일했던 관대한 친구들과 동료들에게도 깊은 감사를 표한다. 이미 언급한 트레이너들 외에도 조 버튼Joe Burton, 미라바이 부시Mirabai Bush, 랜디 코헨Randi Cohen, 밀리카 코식Milica Cosic, 캐리 게팅어Carrie Getsinger, 댄 에델만Dan Edelman, 밥 갈루치Bob Gallucci, 에즈라 허드슨Esra Hudson, 마르시아 존스턴Marcia Johnston, 브라이언 켈리Brian Kelly, 섀넌 킹Shannon King, 프레드 크로츠크Fred Krawchuk, 트레버 메서스미스Trevor Messersmith, 휘트니 폴린Whitney Poulin, 앤디 파월Andy Powell, 팀 로젠버그Tim Rosenberg, 홀리 로스Holly Roth, 크리스틴 시베나처Kristin Siebenacher, 제니퍼 심스Jennifer Sims, 로버트 스키드모어Robert Skidmore, 마크 윌리엄스Mark Williams, 크리스틴 자이저Cristin Zeiser에게 감사한다. 특히 제임스 기미안James Gimian, 로버트 모저Robert Moser, 태미 슐

츠Tammy Schultz, 앨런 슈워츠Alan Schwartz를 포함한 최장기 자원봉사 이사회와 프로 보노 변호사 롭 베글랜드Rob Begland에게 큰 신세를 졌다. 그들의 특별한 공헌은 정말 말로 표현할 길이 없다.

또 리처드 데이비슨Richard Davidson, 척 헤이글Chuck Hagel, 리처드 허니Richard Hearney, 주디스 리처드 호프Judith Richards Hope, 잭 콘필드Jack Kornfield, 피터 레빈Peter Levine, 리처드 스트로치헤클러Richard Strozzi-Heckler, 팀 라이언Tim Ryan, 로리 서튼Loree Sutton, 베셀 반 데어 콜크 등 MFTI 자문 위원회로 활동하며 지혜와 인맥, 평판, 지지를 아낌없이 나눠준 관대한 분들에게도 깊은 감사를 드린다. 이렇게 현명하고 용기 있는 친구들 또는 멘토들과 함께하다니 정말 운이 좋다. MFTI는 수년에 걸쳐 우리 일을 지원해준 1440재단1440 Foundation과 수많은 기부자들의 관대함으로 축복받았다.

몇몇 개인과 조직들이 MMFT 효용성 연구를 추진하는 데 결정적인 역할을 했다. 2008년 예비 연구가 없었다면 그 후로 아무 일도 일어나지 않았을 것이다. 예비 연구는 아미시 자Amishi Jha와의 연구 협력, 제4항공함포연락중대ANGLICO 미 해병대의 용감한 참여, 존과 투시 클루지John and Tussi Kluge의 재정적 지원 덕분에 무사히 진행될 수 있었다. 존과 투시는 초기 자금이 떨어졌을 때 예비 연구에 자금을 대줬을 뿐 아니라 친절하게도 내가 일부 연구를 진행하는 동안과 해병대원들이 묵언 연습을 하는 날에 머물 수 있도록 팜비치 자택을 제공해줬다.

그 후로도 수많은 사람이 다양한 방법으로 MMFT 연구를 지원해줬다. 그중에서도 연구에 참가해준 예비 연구의 제4항공함포연

락중대ANGLICO 해병대원들, 2010년 연구의 미국 육군 제25보병사단 대원들, 2011년 연구의 제1해병원정군 해병들, 2013~2014년 연구에서 미국 해병대 서방보병학교 과정에 참가했던 해병대원들에게 특별한 감사를 드린다. 그 밖에도 에이미 애들러Amy Adler, 마크 베이츠Mark Bates, 켈리 비켈Kelly Bickel, 제프 베어러Jeff Bearor, 마이크 브루마지Mike Brumage, 마리온 케인Marion Cain, 칼 카스트로Carl Castro, 케이 코커Kaye Coker, 제프 데이비스Jeff Davis, 크리스 드머로Chris Demuro, 프랭크 디지오반니Frank DiGiovanni, 재닛 호킨스Janet Hawkins, 밀렌 휴언Mylene Huyhn, 톰 존스Tom Jones, 라이언 키팅Ryan Keating, 더그 킹Doug King, 켄 크나르Kenn Knarr, 폴 레스터Paul Lester, 클라크 레딘Clarke Lethin, 팻 마틴Pat Martin, 빌 맥널티Bill McNulty, 니사 머니Nisha Money, 스콧 나우먼Scott Naumann, 샘 뉴랜드Sam Newland, 에릭 슈메이커Eric Schoomaker, 제이슨 스피탈레타Jason Spitaletta, 피터 스콰이어Peter Squire, 더그 토드Doug Todd, 짐 토스Jim Toth, 알 비질란테Al Vigilante, 스티븐 제나키스Stephen Xenakis에게 감사한다. 특히 조셉 던포드Joseph Dunford, 리치 허니Rich Hearney, 데이브 호드네Dave Hodne, 월트 피아트Walt Piatt, 팀 라이언Tim Ryan, 멜 스파이스Mel Spiese, 로리 서튼의 중추적 지원과 지도에 감사한다.

　나는 이 연구들에서 신경과학자, 임상 의사, 스트레스 연구자와의 연구 협업을 통해 많은 것을 배웠다. 새러 알고Sara Algoe, 토비 엘리만Toby Elliman, 로리 하세Lori Haase, 아미시 자, 크리스 존슨Chris Johnson, 아나스타샤 키요나가Anastasia Kiyonaga, 브라이언 레이키Brian Lakey, 톰 마이너Tom Minor, 알렉산드라 모리슨Alexandra Morrison, 수잰 파커Suzanne Parker, 마틴 파울루스Martin Paulus, 트래시 플럼Traci Plumb, 니나 로스트럽Nina Rostrup, 세라 스틸레이스Sarah Stearlace, 네이트 톰Nate Thom, 토니 자네스코Tony Zanesco에게 감사한다.

MMFT 관련 연구의 재정적 지원은 미국 국방부 산하 정신 건강 및 외상성 뇌손상 개선센터Centers of Excellence for Psychological Health and Traumatic Brain Injury, 미국 육군 의학연구 및 군수사령부Medical Research and Materiel Command, 미국 해군 연구실Office of Naval Research, 미국 해군 건강 연구센터Naval Health Research Center, 미국 해군성 의무외과부 Department of the Navy Bureau of Medicine and Surgery 그리고 존 클루지 재단 John Kluge Foundation에서 제공했다. 또 강사직을 쉬면서 MMFT 연구 및 이 책에 관한 연구를 수행하는 동안에도 조지타운대학교, 스미스 리처드슨 재단Smith Richardson Foundation, 우드로 윌슨 국제 학술센터Woodrow Wilson International Center for Scholars에서 재정 지원을 받는 축복을 누렸다. 우드로 윌슨 국제 학술센터의 펠로우십을 하면서 친구들 사이에서 깊고 풍요로운 한 해를 보냈다. 조지타운의 안보 연구 프로그램도 게팅어, 하오톈 치Haotian Qi, 마트 스튜어트스미스Mart Stewart-Smith, 린지 윈저Lindsay Windsor의 연구 보조에 재정적 지원을 제공했다.

MMFT 기반인 두 가지 계보에서 다양한 방법으로 훈련을 지원하거나 인내의 창을 넓히는 데 도움을 줬던 길 위에서 만난 놀라운 선생님들, 치료사들, 임상 의사들 그리고 동료 여행자들에 대한 고마움은 이루 말로 다 표현할 수가 없다. 나는 이 집단에서 나눈 숱한 우정에 정말 축복받은 기분이었다. 이미 앞에서 언급한 사람들 외에도—본인들은 누군지 알 것이다— 아디야샨티Adyashanti, 아리야 하니Ariyañani, 가이 암스트롱Guy Armstrong, 파스칼 올레이어Pascal Auliair, 루이스 베이스Lois Bass, 린 버보Lynn Bourbeau, 세라 보웬Sarah Bowen, 배리 보이스Barry Boyce, 타라 브라흐Tara Brach, 린다 브래들리Lynda Bradley, 제시카 브리스코콜먼Jessica Briscoe-Coleman, 윌러비 브리튼, 저드 브루어Jud Brewer, 바브 카길Barb Cargill, 번스 갤러웨이Berns Galloway, 조셉 골드스타인Joseph Goldstein, 브리 그린버그벤자민Bree Greenberg-Benjamin, 앨리센 할퀴스트Alicen Halquist, 댄 해리스Dan Harris, 스티브 호스킨슨Steve Hoskinson, 제러미 헌터Jeremy Hunter, 필리스 제이콥슨크람Phyllis Jacobson-Kram, 게리 캐플런, 사라 라자르Sara Lazar, 에리카 르바론Erika LeBaron, 로리 리치Laurie Leitch, 수잔 르막Susan Lemak, 브라이언 르세이지Brian LeSage, 나라얀 리벤슨Narayan Liebenson, 일레인 밀러카라스Elaine Miller-Karas, 낸시 네이피어Nancy Napier, 마리엘렌 오하라Mariellen O'Hara, 게리 피아제Gerry Piaget, 크리스틴 퀴글리Kristin Quigley, 에반 라비노위츠Evan Rabinowitz, 레지널드 레이Reginald Ray, 샤론 살츠버그Sharon Salzberg, 사키 산토리렐리Saki Santorelli, 클리프 사론Cliff Saron, 나오미 슈비소Naomi Schwiesow, 마틴 스코프Martin Skopp, 로드니 스미스Rodney Smith, 사야도우 우인다카Sayadaw U Indaka, 비라자니Virañani, 조 웨스턴Joe Weston, 캐롤 윌슨Carol Wilson 등에게 감사한다.

특히 내 친구이자 멘토인 카밧진과 콜크에게 감사한다. 카밧진은 일찍부터 나에게 MMFT의 기반이 되는 윤리적 프레임워크를 명확히 하라고 강조했고 우리가 함께 가르칠 때 그의 천재적 가르침을 듣고 배울 기회를 내게 줬으며 그 과정에서 현명한 조언자 역할을 해줬다. 베셀은 MFTI 자문 위원회에 참여해준 것 외에도 내가 트라우마 소거 과정에서 마음챙김 역할에 관한 이해를 높이는 데 도움이 되는 임상적 통찰력을 아낌없이 나눠줬으며 이 책의 서문을 써주겠다고 제안했다.

내가 죽기 살기로 글을 몰아 쓰는 습관을 극복하게(그래서 키보드 구토에서 영원히 벗어나게) 도와준 국립 교원 경력개발 및 다양성 센터National Center for Faculty Development and Diversity와의 만남에도 감사한다. 나는 이 센터의 모든 직원과 특히 내게 매일매일 글쓰기를 유지하도록 격려해준 소집단 참가자들과 동료 코치들에게 감사한다. 특히 이 책이 우여곡절을 겪는 동안 내 손을 붙잡아주고 훌륭한 조언을 해준 이 책의 글쓰기 코치 그룹 타마라 보보우프Tamara Beauboeuf, 마르타 로버트슨Marta Robertson, 일로나 임Ilona Yim에게 감사드린다.

또 이전 초고나 관련 원고에 대해 상세한 피드백을 해준 관대한 친구들과 동료들인 밀리카 코식, 타이 플린튼Ty Flinton, 짐 기미안, 브리 그린버그벤자민, 레나야 헤이즐LeNaya Hazel, 브루스 호프만Bruce Hoffman, 찰스 킹Charles King, 로리 리치, 로즈 맥더모트Rose McDermott, 콜린 미즈키, 엘리자베스 멈포드, 마트 스튜어트 스미스, 로리 서튼, 아리안 타바타바이Ariane Tabatabai, 켄턴 티보Kenton Thibaut, 케이트 헨드릭스 토머스Kate Hendricks Thomas, 클레어 윙스Claire Wings, 제니퍼 울라드Jennifer Woolard, 일로나 임 등에게 감사한다. 스테파니 테이드Stephanie Tade의 친절함과 이 책 초기 구상 단계에서 그가 맡았던 특별한 역할에 깊은 감사를 표한다. 또 켈시 라르센Kelsey Larsen과 몇 가지 관련 프로젝트에 관한 즐거운 연구와 집필 협업을 통해 이 책의 주

최악을 극복하는 힘

장을 대부분 발전시켜왔다.

이 프로젝트에 보내준 열렬한 지지에 대해 에이버리Avery의 내 편집자 캐롤라인 서튼Caroline Sutton과 에이버리 팀원 모두에게 특별한 감사를 전한다. 캐롤라인의 통찰력 있는 지도와 솔직함, 인내심이 이 책을 현재와 같이 완성하는 데 중추 역할을 했다. 게다가 이 우주는 내게 로런 샤프Lauren Sharp라는 놀라운 에이전트와 더 놀라운 친구를 선물해줬다. 나는 로런과 애비타스Aevitas 팀 전체가 이 책을 믿고 분명한 목소리를 찾도록 도와주며 수많은 시행착오를 겪는 동안 나를 지지해준 데 깊이 감사한다. 마지막으로 내가 이 책을 사랑하도록 솜씨 좋게 도와주며 현재와 같은 책 분량을 뽑아낸 사랑하는 친구 베스 블라우퍼스Beth Blaufuss의 탁월한 편집과 유머 감각에 내가 느끼는 감정은 말로 표현할 길이 없다.

이 책이 탄생하는 동안 나와 클로이를 돌봐주고 내 마음을 지지해준 수많은 친구, 이웃, 특별한 존재, 특별한 장소들의 축복을 받았다. 앨런, 아리, 오드리, 베스, 밥, 브리, 브루스, 클레어, 데니스, 엘리스, 제니퍼, 제시카, 조, 주디, 켈시, 켄턴, 크리스틴, 리즈 로리, 마티, 마이라, 메러디스, 밀리카, 나오미, 필리스, 론다, 롭, 로즈, 타미에게 감사한다. 또 이 책을 집필하는 동안 가장 글쓰기가 즐거웠던 블루리지 팜Blue Ridge Farm과의 만남에 깊이 감사하고 그곳에 사는 식물, 동물, 사람과 특히 레슬리와 마이클의 깊은 지원에 감사한다. 내 충직한 친구 클로이에게도 특별한 감사를 보낸다. 클로이는 이 책에서 내가 가장 좋아하는 일화 중 하나를 만들어줬고 동물과 나아가 인간의 트라우마 소거에 관해 정말 많은 것을 가르쳐 줬다.

마지막으로 나는 헌사에서 이 책을 바친 우리 가족들, 즉 부모님인 시시Cissie와 데인Deane 그리고 여동생 앨리슨Alison과 카랄린Karalyn에게 사랑을 표현하고 싶다. 어머니가 알츠하이머병 때문에 이 책이 마침내 완성됐다는 것을 이해하지 못해 안타깝지만 나는 우리가 한 가족으로서 함께 나눴던 여정에 진심으로 감사한다. 깊은 존경과 감사를 표하며 우리 가족의 두 가지 계보—전사와 세대 간 트라우마—에 인사를 하고 이제 그만 그들을 바람결에 놓아준다.

최악을 극복하는 힘

CHAPTER 1. 디지털 세계의 석기시대 생리학

1   Pat Ogden, Kekuni Minton, and Clare Pain, Trauma and the Body: A Sensorimotor Approach to Psychotherapy(New York: Norton, 2006), chap. 1.

2   Stephen W. Porges, The Polyvagal Theory: Neurophysiological Foundations of Emotions, Attachment, Communication, and Self-Regulation(New York: Norton, 2011), chap. 1.

3   Robert C. Scaer, The Trauma Spectrum: Hidden Wounds and Human Resiliency New York: Norton, 2005), 205; Bruce S. McEwen and Elizabeth Norton Lasley, The End of Stress as We Know It(Washington, D.C.: Joseph Henry, 2002), chap. 1.

4   American Psychological Association, "Stress in America: State of Our Nation"(2017), 1.

5   G. Ceballos, P. R. Ehrlich, and R. Dirzo, "Biological Annihilation via the Ongoing Sixth Mass Extinction Signaled by Vertebrate Population Losses and Declines," Proceedings of the National Academy of Sciences 114, no. 30(2017): E6089–

E6096.

6   German Lopez, "America's Unique Gun Violence Problem, Explained in
     17 Maps and Charts," Vox(November 5, 2017), www.vox.com/policy-and-
     politics/2017/10/2/16399418/us-gun-violence-statistics-maps-charts; Nurith
     Aizenman, "Gun Violence: Comparing the U.S. to Other Countries," NPR,
     Morning Edition(November 6, 2017), www.npr.org/sections/ goatsandso
     da/2017/11/06/562323131/gun-violence-in-US.

7   Max Fisher and Josh Keller, "Only One Thing Explains Mass Shootings in the
     United States," New York Times, November 8, 2017, A15.

8   Rachel E. Morgan and Grace Kena, "Criminal Victimization, 2016," Bureau of
     Justice Statistics(Department of Justice, 2017).

9   Peter Wagner and Bernadette Rabuy, "Mass Incarceration: The Whole Pie 2017"
     (Prison Policy Initiative, 2017), www.prisonpolicy.org/reports/pie2017.html;
     "World Prison Populations," news.bbc.co.uk/2/shared/spl/hi/uk/06/prisons/
     html/nn2page1.stm.

10   D. G. Kilpatrick et al., "National Estimates of Exposure to Traumatic Events and
     PTSD Prevalence Using DSM-IV and DSM-5 Criteria," Journal of Traumatic Stress
     26, no. 5(2013): 537–547; J. J. Fulton et al., "The Prevalence of Posttraumatic
     Stress Disorder in Operation Enduring Freedom/ Operation Iraqi Freedom (OEF/
     OIF) Veterans: A Meta- Analysis," Journal of Anxiety Disorders 31 (2015): 98–107;
     B. P. Dohrenwend et al., "The Psychological Risks of Vietnam for U.S. Veterans:
     A Revisit with New Data and Methods," Science 313, no.5789(2006): 979–982;
     H. S. Resnick et al., "Prevalence of Civilian Trauma and Posttraumatic Stress
     Disorder in a Representative National Sample of Women," Journal of Consulting
     and Clinical Psychology 61, no. 6(1993): 984–991; Sandra L. Bloom and Michael
     Reichert, Bearing Witness: Violence and Collective Responsibility(Binghamton,
     NY: Haworth, 1998), chap. 1

11   J. R. Cougle, H. Resnick, and D. G. Kilpatrick, "PTSD, Depression, and Their
     Comorbidity in Relation to Suicidality: Cross-Sectional and Prospective Analyses
     of a National Probability Sample of Women," Depression and Anxiety 26,

no.12(2009): 1151–1157; I. R. Galatzer-Levy et al., "Patterns of Lifetime PTSD Comorbidity: A Latent Class Analysis," Depression and Anxiety 30, no. 5(2013): 489–496.

12   R. C. Kessler et al., "Lifetime Prevalence and Age-of-Onset Distributions of Mental Disorders in the World Health Organization's World Mental Health Survey Initiative," World Psychiatry 6, no. 3(2007): 168–176; W. C. Reeves et al., "Mental Illness Surveillance among Adults in the United States," Morbidity and Mortality Weekly Report 60, no. 3(2001): 1–32; M. K. Nock et al., " Cross-National Analysis of the Associations among Mental Disorders and Suicidal Behavior: Findings from the WHO World Mental Health Surveys," PLOS Medicine 6, no. 8(2009), e1000123.

13   Kessler et al., "Lifetime Prevalence and Age-of-Onset Distributions"; R. C. Kessler et al., "Anxious and Non- Anxious Major Depressive Disorder in the World Health Organization World Mental Health Surveys," Epidemiology and Psychiatric Sciences 24, no. 3(2015): 210–226; L. J. Andrade et al., "The Epidemiology of Major Depressive Episodes: Results from the International Consortium of Psychiatric Epidemiology(ICPE) Surveys," International Journal of Methods in Psychiatric Research 12(2003): 3–21; J. M. Twenge et al., "Birth Cohort Increases in Psychopathology among Young Americans, 1938–2007: A Cross-Temporal Meta-Analysis of the MMPI," Clinical Psychology Review 30(2010): 145–154; Nock et al., " Cross-National Analysis"; Scott Stossel, My Age of Anxiety: Fear, Hope, Dread, and the Search for Peace of Mind(New York: Vintage, 2014), 213; S. Lee et al., "Lifetime Prevalence and Inter-Cohort Variation in DSM-IV Disorders in Metropolitan China," Psychological Medicine 37(2007): 61–71; B. H. Hidaka, "Depression as a Disease of Modernity: Explanations for Increasing Prevalence," Journal of Affective Disorders 140, no. 3(2012): 205–214.

14   P. S. Wang et al., "Twelve Month Use of Mental Health Services in the United States," Archives of General Psychiatry 62, no. 6(2005): 629–640; Jean M. Twenge, Generation Me: Why Today's Young Americans Are More Confident,

Assertive, Entitled—and More Miserable Than Ever Before, Revised and Updated (New York: Atria, 2014), 140–143; Stossel, My Age of Anxiety, 300–301; R. C. Kessler et al., "Prevalence, Severity, and Comorbidity of Twelve-Month DSM-IV Disorders in the National Comorbidity Survey Replication(NCS-R)," Archives of General Psychiatry 62, no. 6(2005): 617–627; Kessler et al., "Anxious and Non- Anxious Major Depressive Disorder"; R. C. Kessler et al., "Lifetime Prevalence and Age-of-Onset Distributions of DSM-IV Disorders in the National Comorbidity Survey Replication(NCS-R)," Archives of General Psychiatry 62, no.6(2005): 593–602; Benoit Denizet-Lewis, "The Kids Who Can't," New York Times Magazine, October 15, 2017.

15 Steven M. Southwick and Dennis S. Charney, Resilience: The Science of Mastering Life's Greatest Challenges(Cambridge, UK: Cambridge University Press, 2012), 14; L. Saad, "Few Americans Meet Exercise Targets: Self-Reported Rates of Physical Exercise Show Little Change since 2001," January 1, 2008, www.gallup.com/poll/103492/few-americans-meet-exercise-targets.aspx; D. S. Hasin, F. S. Stinson, E. Ogburn, and B. F. Grant, "Prevalence, Correlates, Disability, and Comorbidity of DSM- IV Alcohol Abuse and Dependence in the United States: Results from the National Epidemiologic Survey on Alcohol and Related Conditions," Archives of General Psychiatry 64, no.7(2007): 830–842.

16 Gabrielle Glaser, "America, It's Time to Talk about Your Drinking," New York Times, December 31, 2017.

17 Stossel, My Age of Anxiety, 176, 97; Benedict Carey and Robert Gebeloff, "The Murky Perils of Quitting Antidepressants after Years of Use," New York Times, April 8, 2018; National Institute on Drug Abuse, "Popping Pills: Prescription Drug Abuse in America," www.drugabuse.gov/related-topics/trends-statistics/infographics/popping-pills-prescription-drug-abuse-in-america; U.S. Substance Abuse and Mental Health Services Administration, "Results from the 2011 National Survey on Drug Use and Health: Summary of National Findings," NSDUH Series H-44(Rockville, MD: Substance Abuse and Mental Health Services Administration, 2012); National Center for Health Statistics, "Health,

최악을 극복하는 힘

United States, 2013: With Special Feature on Prescription Drugs"(Hyattsville, MD: U.S. Government Printing Office, 2014); United Nations Office on Drugs and Crime, "World Drug Report"(New York: United Nations, 2011).

18 Amanda Erickson, "Opioid Abuse in the U.S. Is So Bad It's Lowering Life Expectancy. Why Hasn't the Epidemic Hit Other Countries?," Washington Post, December 28, 2017; Lenny Bernstein, "U.S. Life Expectancy Declines Again, a Dismal Trend Not Seen since World War I," Washington Post, November 29, 2018; Josh Katz, "Just How Bad Is the Drug Overdose Epidemic?" New York Times, October 26, 2017, www.nytimes.com/interactive/2017/04/14/upshot/drug-overdose-epidemic-you-draw-it.html.

19 Dan Keating and Lenny Bernstein, "U.S. Suicide Rate Has Risen Sharply in the 21st Century," Washington Post, April 22, 2016; Adeel Hassan, "Deaths from Drugs and Suicide Reach a Record in U.S.," New York Times, March 7, 2019; Bernstein, "U.S. Life Expectancy Declines Again"; Anne Case and Angus Deaton, "Mortality and Morbidity in the 21st Century," Brookings Papers on Economic Activity(Spring 2017): 397–476.

20 Denizet-Lewis, "The Kids Who Can't"; Jamie Ducharme, "More Than 90% of Generation Z Is Stressed Out. And Gun Violence Is Partly to Blame," Time, October 30, 2018.

21 American Psychological Association, "Stress in America"(2010), 5–12; Stossel, My Age of Anxiety, 300; Seth Stephens-Davidowitz, "Fifty States of Anxiety," New York Times, August 7, 2016.

22 American Psychological Association, "Stress in America;" American Psychological Association, "Stress in America: State of Our Nation"; Southwick and Charney, Resilience, 14; National Sleep Foundation, "Sleep in America Poll: Summary of Findings"(2009); Hidaka, "Depression as a Disease of Modernity."

23 Hidaka, "Depression as a Disease of Modernity"; Sebastian Junger, Tribe: On Homecoming and Belonging(New York: Twelve Books, 2016), 18–23; Lee et al., "Lifetime Prevalence and Inter-Cohort Variation in DSM-IV Disorders in Metropolitan China"; W. A. Vega et al., "12-Month Prevalence of DSM-III-R

참고문헌

Psychiatric Disorders among Mexican Americans: Nativity, Social Assimilation, and Age Determinants," Journal of Nervous and Mental Disease 192(2004): 532–541; J. Colla et al., "Depression and Modernization," Social Psychiatry and Psychiatric Epidemiology 41, no. 4(2006): 271–279; J. Peen et al., "The Current Status of Urban-Rural Differences in Psychiatric Disorders," Acta Psychiatrica Scandinavica 121(2010): 84–93.

24   Ogden et al., Trauma and the Body, chap. 2.

CHAPTER 2. 우리는 어떻게 스트레스와 트라우마의 연속성을 무시하는가

1   A. Duckworth et al., "Grit: The Perseverance and Passion for Long- Term Goals," Journal of Personality and Social Psychology 92, no. 6(2007): 1087– 1101; L. Eskreis-Winkler et al., "The Grit Effect: Predicting Retention in the Military, the Workplace, School and Marriage," Frontiers in Personality Science and Individual Differences 5, no. 36(2014): 1–12; Angela L. Duckworth, Grit: The Power of Passion and Perseverance(New York: Scribner, 2016).

2   Claire Cain Miller, "Stress, Exhaustion and Guilt: Modern Parenting," New York Times, December 25, 2018.

3   Terrence Real, I Don't Want to Talk about It: Overcoming the Secret Legacy of Male Depression(New York: Simon and Schuster, 1998), 104–107.

4   Steven H. Woolf et al., How Are Income and Wealth Linked to Health and Longevity?(Urban Institute, 2015), www.urban.org/sites/default/files/ publication/49116/2000178-How-are-Income-and-Wealth-Linked-to-Health-and-Longevity.pdf; J. S. Schiller, J. W. Lucas, and J. A. Peregoy, "Summary Health Statistics for U.S. Adults: National Health Interview Survey, 2011," Vital Health and Statistics 10(2012): 256; A. Case and A. Deaton, "Mortality and Morbidity in the 21st Century," Brookings Papers on Economic Activity(Spring 2017): 397–476.

5   R. J. Hurst and D. Beesley, "Perceived Sexism, Self- Silencing, and Psychological Distress in College Women," Sex Roles 68, no. 5(2013): 311–320; A. N. Zucker and L. J. Landry, "Embodied Discrimination: The Relation of Sexism and Distress

to Women's Drinking and Smoking Behaviors," Sex Roles 56, no. 3–4(2007): 193–203; J. K. Swim et al., "Everyday Sexism: Evidence for Its Incidence, Nature, and Psychological Impact from Three Daily Diary Studies," Journal of Social Issues 57(2001): 31–53; E. A. Klonoff, H. Landrine, and R. Campbell, "Sexist Discrimination May Account for Well- Known Gender Differences in Psychiatric Symptoms," Psychology of Women Quarterly 24(2000): 93–99

6   S. S. M. Townsend et al., "From 'In the Air' to 'Under the Skin': Cortisol Responses to Social Identity Threat," Personality and Social Psychology Bulletin 37, no. 2(2011): 151–164.

7   S. E. Bonds, "Shame Due to Heterosexism, Self- Esteem and Perceived Stress: Correlates of Psychological Quality of Life in a Lesbian, Gay and Bisexual Sample," master's thesis(University of North Texas, 2015); A. L. Roberts et al., "Pervasive Trauma Exposure among U.S. Sexual Orientation Minority Adults and Risk of Posttraumatic Stress Disorder," American Journal of Public Health 100(2010): 2433–2441; M. R. Woodford et al., "Contemporary Heterosexism on Campus and Psychological Distress among LGBQ Students: The Mediating Role of Self-Acceptance," American Journal of Orthopsychiatry 84, no. 5(2014): 519–529; K. T. Straub, A. A. McConnell, and T. L. Messman-Moore, "Internalized Heterosexism and Posttraumatic Stress Disorder Symptoms: The Mediating Role of Shame Proneness among Trauma- Exposed Sexual Minority Women," Psychology of Sexual Orientation and Gender Diversity 5, no. 1(2018): 99–108.

8   C. R. Waldo, "Working in a Majority Context: A Structural Model of Heterosexism as Minority Stress in the Workplace," Journal of Counseling Psychology 46, no. 2(1999): 218–232.

9   Y. Paradies et al., "Racism as a Determinant of Health: A Systematic Review and Meta-Analysis," PLOS One 10, no. 9(2015): e0138511; Paul F. Campos, "White Economic Privilege Is Alive and Well," New York Times, July 30, 2017.

10   P. J. Sawyer et al., "Discrimination and the Stress Response: Psychological and Physiological Consequences of Anticipating Prejudice in Interethnic Interactions," American Journal of Public Health 102, no. 5(2012): 1020–1026.

11   Rodney Smith, Awakening: A Paradigm Shift of the Heart(Boston: Shambala, 2014), 66–67.

12   Leslie Jamison, "I Used to Insist I Didn't Get Angry. Not Anymore," New York Times Magazine, January 17, 2018.

13   Real, I Don't Want to Talk about It; Jackson Katz, Macho Paradox: Why Some Men Hurt Women and How All Men Can Help(Naperville, IL: Sourcebooks, 2006); Sandra L. Bloom and Michael Reichert, Bearing Witness: Violence and Collective Responsibility (Binghamton, NY: Haworth, 1998), 34–37; H. Braswell and H. I. Kushner, "Suicide, Social Integration, and Masculinity in the U.S. Military," Social Science and Medicine 74, no. 4(2012): 530–536; G. Green et al., "Exploring the Ambiguities of Masculinity in Accounts of Emotional Distress in the Military among Young Ex-Servicemen," Social Science and Medicine 71, no. 8(2010): 1480–1488; R. P. Auerbach, J. R. Z. Abela, and M. R. Ho, "Responding to Symptoms of Depression and Anxiety: Emotion Regulation, Neuroticism, and Engagement in Risky Behaviors," Behaviour Research and Therapy 45, no. 9(2007): 2182–2191; A. L. Teten et al., "Intimate Partner Aggression Perpetrated and Sustained by Male Afghanistan, Iraq, and Vietnam Veterans with and without Posttraumatic Stress Disorder," Journal of Interpersonal Violence 25, no. 9(2010): 1612–1630; E. B. Elbogen et al., "Violent Behavior and Post-Traumatic Stress Disorder in U.S. Iraq and Afghanistan Veterans," British Journal of Psychiatry 204, no. 5(2014): 368–375; American Psychological Association, "APA Guidelines for Psychological Practice with Boys and Men"(August 2018), www.apa.org/about/policy/psychological-practice-boys-men-guidelines.pdf.

14   Terrence Real, "The Long Shadow of Patriarchy: Couples Therapy in the Age of Trump," Psychotherapy Networker(September/October 2017), www.psychotherapynetworker.org/magazine/article/1112/the-long-shadow-of-patriarchy.

15   B. A. van der Kolk et al., "Dissociation, Somatization, and Affect Dysregulation: The Complexity of Adaptation to Trauma," American Journal of Psychiatry 153, no. 7(1996): 83–93; C. W. Hoge et al., "Association of Posttraumatic Stress

최악을 극복하는 힘

Disorder with Somatic Symptoms, Health Care Visits, and Absenteeism among Iraq War Veterans," American Journal of Psychiatry 164, no. 1(2007): 150–153; M. M. Lilly et al., "Gender and PTSD: What Can We Learn from Female Police Officers?," Journal of Anxiety Disorders 23, no. 6(2009): 767–774; M. A. Hom et al., "The Association between Sleep Disturbances and Depression among Firefighters: Emotion Dysregulation as an Explanatory Factor," Journal of Clinical Sleep Medicine 12, no. 2(2016): 235–245; W. D. S. Killgore et al., "The Effects of Prior Combat Experience on the Expression of Somatic and Affective Symptoms in Deploying Soldiers," Journal of Psychosomatic Research 60, no. 4(2006): 379–385; K. B. Koh et al., "The Relation between Anger Expression, Depression, and Somatic Symptoms in Depressive Disorders and Somatoform Disorders," Journal of Clinical Psychiatry 66, no. 4(2005): 485–491; Y. I. Nillni et al., "Deployment Stressors and Physical Health among OEF/OIF Veterans: The Role of PTSD," Health Psychology 33, no. 11(2014): 1281–1287; J. C. Shipherd et al., "Sexual Harassment in the Marines, Posttraumatic Stress Symptoms, and Perceived Health: Evidence for Sex Differences," Journal of Traumatic Stress 22, no. 1(2009): 3–10; G. J. G. Asmundson, K. D. Wright, and M. B. Stein, "Pain and PTSD Symptoms in Female Veterans," European Journal of Pain 8, no. 4(2004): 345–350.

16 R. A. Bernert et al., "Sleep Disturbances as an Evidence- Based Suicide Risk Factor," Current Psychiatry Reports 17, no. 3(2015): 1–9; E. B. Elbogen et al., "Risk Factors for Concurrent Suicidal Ideation and Violent Impulses in Military Veterans," Psychological Assessment 30, no. 4(2017): 425–435; V. Vargas de Barros et al., "Mental Health Conditions, Individual and Job Characteristics and Sleep Disturbances among Firefighters," Journal of Health Psychology 18, no. 3(2012): 350–358; J. D. Ribeiro et al., "Sleep Problems Outperform Depression and Hopelessness as Cross-Sectional and Longitudinal Predictors of Suicidal Ideation and Behavior in Young Adults in the Military," Journal of Affective Disorders 136, no. 3(2012): 743–750; J. D. Ribeiro et al., "An Investigation of the Interactive Effects of the Capability for Suicide and Acute Agitation on

Suicidality in a Military Sample," Depression and Anxiety 32, no. 1(2015): 25–31; D. D. Luxton et al., "Prevalence and Impact of Short Sleep Duration in Redeployed OIF Soldiers," Sleep 34, no. 9(2011): 1189–1195.

17   Killgore et al., "The Effects of Prior Combat Experience"; Hoge et al., "Association of Posttraumatic Stress Disorder"; T. M. Greene-Shortridge, T. W. Britt, and C. A. Castro, "The Stigma of Mental Health Problems in the Military," Military Medicine 172, no. 2(2007): 157–161; A. M. Berg et al., "An Exploration of Job Stress and Health in the Norwegian Police Service: A Cross Sectional Study," Journal of Occupational Medicine and Toxicology 1, no. 26(2006): 115–160; I. H. Stanley, M. A. Hom, and T. E. Joiner, "A Systematic Review of Suicidal Thoughts and Behaviors among Police Officers, Firefighters, EMTs, and Paramedics," Clinical Psychology Review 44(2016): 25–44; C. J. Bryan et al., "Understanding and Preventing Military Suicide," Archives of Suicide Research 16, no. 2(2012): 95–110.

18   Killgore et al., "The Effects of Prior Combat Experience.

19   Michael Housman and Dylan Minor, "Toxic Workers: Working Paper 16-057," Harvard Business School Working Papers(Cambridge, 2015); L. Pierce and J. A. Snyder, "Unethical Demand and Employee Turnover," Journal of Business Ethics 131, no. 4(2015): 853–869.

20   Scott Stossel, My Age of Anxiety: Fear, Hope, Dread, and the Search for Peace of Mind(New York: Vintage, 2014), 28.

21   Ian Watt, Myths of Modern Individualism: Faust, Don Quixote, Don Juan, Robinson Crusoe(Cambridge, UK: Cambridge University Press, 1996); Peter L. Callero, The Myth of Individualism: How Social Forces Shape Our Lives, Third Edition(Lanham, MD: Rowman and Littlefield, 2018), 22–23.

22   Edward Stewart and Milton Bennett, American Cultural Patterns: A Cross-Cultural Perspective(Yarmouth, ME: Intercultural, 1991), 41–42; Thomas S. Kuhn, The Structure of Scientific Revolutions, 3rd ed.(Chicago: University of Chicago Press, 1996); Quentin J. Schultze, Habits of the High-Tech Heart: Living Virtuously in the Information Age(Grand Rapids, MI: Baker Academic, 2002),

최악을 극복하는 힘

31–37; Antonio Damasio, Descartes' Error: Emotion, Reason, and the Human Brain(New York: Penguin, 1994); Morris Berman, The Reenchantment of the World (Ithaca, NY: Cornell University Press, 1981), 28.

23 Stewart and Bennett, American Cultural Patterns, 32–37; Theodore M. Porter, Trust in Numbers: The Pursuit of Objectivity in Science and Public Life(Princeton, NJ: Princeton University Press, 1995).

24 Laura Aiuppa Denning, Marc Meisnere, and Kenneth E. Warner, Preventing Psychological Disorders in Service Members and Their Families: An Assessment of Programs(Washington, D.C.: National Academies Press, 2014); S. L. Smith, "Could Comprehensive Soldier Fitness Have Iatrogenic Consequences? A Commentary," Journal of Behavioral Health Services and Research 40, no. 2(2013): 242–246; M. M. Steenkamp, W. P. Nash, and B. T. Litz, "Post-Traumatic Stress Disorder: Review of the Comprehensive Soldier Fitness Program," American Journal of Preventive Medicine 44, no. 5(2013): 507–512; Institute of Medicine, Preventing Psychological Disorders in Service Members and Their Families: An Assessment of Programs (Washington, D.C.: National Academies Press, 2014); Roy Eidelson and Stephen Soldz, "Does Comprehensive Soldier Fitness Work: CSF Research Fails the Test," working paper no. 1(Bala Cynwyd, PA: Coalition for an Ethical Psychology, 2012); C. A. Vaughan et al., Evaluation of the Operational Stress Control and Readiness(OSCAR) Program (Santa Monica, CA: RAND, 2015).

25 Braswell and Kushner, "Suicide, Social Integration, and Masculinity in the US Military"; K. L. Larsen and E. A. Stanley, "Conclusion: The Way Forward," in Bulletproofing the Psyche: Preventing Mental Health Problems in Our Military and Veterans, edited by Kate Hendricks Thomas and David Albright(Santa Barbara, CA: Praeger, 2018), 233–253; Smith, "Could Comprehensive Soldier Fitness Have Iatrogenic Consequences?"

1 Andrew J. Thompson, "Physical Fitness in the United States Marine Corps: History, Current Practices, and Implications for Mission Accomplishment and Human Performance," master's thesis (Naval Postgraduate School, 2005), 8–9; Michael D. Krause, "History of U.S. Army Soldier Physical Fitness"(paper presented at the National Conference on Military Physical Fitness—Proceedings Report, Washington, D.C., 1990); Whitfield B. East, A Historical Review and Analysis of Army Physical Readiness Training and Assessment(Fort Leavenworth, KS: Combat Studies Institute Press, 2013), 25–39.

2 Krause, "History of U.S. Army Soldier Physical Fitness"; East, A Historical Review, 38–44.

3 Krause, "History of U.S. Army Soldier Physical Fitness"; Thompson, "Physical Fitness in the United States Marine Corps," 9–10; East, A Historical Review, 42–44.

4 East, A Historical Review, 49–72, 79–93; Krause, "History of U.S. Army Soldier Physical Fitness"; Thompson, "Physical Fitness in the United States Marine Corps," 13–17; L. C. Dalleck and L. Kravitz, "The History of Fitness," Idea, Health, and Fitness Source (January 2002): 26–30.

5 Dalleck and Kravitz, "The History of Fitness"; H. M. Barrow, and J. P. Brown, Man and Movement: Principles of Physical Education, 4th ed.(Philadelphia: Lea and Febiger, 1988).

6 Jeffrey M. Schwartz and Sharon Begley, The Mind and the Brain: Neuroplasticity and the Power of Mental Force(New York: HarperPerennial, 2003).

7 Norman Doidge, The Brain That Changes Itself(New York: Penguin, 2007).

8 E. A. Maguire et al., "Navigation-Related Structural Change in the Hippocampi of Taxi Drivers," Proceedings of the National Academy of Sciences 97(2000): 4398–4403; E. A. Maguire et al., "Navigation Expertise and the Human Hippocampus: A Structural Brain Imaging Analysis," Hippocampus 13, no. 2(2003): 250–259.

9 Schwartz and Begley, The Mind and the Brain.

10 Sharon Begley, Train Your Mind, Change Your Brain: How a New Science Reveals Our Extraordinary Potential to Transform Ourselves (New York: Ballantine, 2007), 8–9.

11 B. K. Hölzel et al., "Stress Reduction Correlates with Structural Changes in the Amygdala," Social Cognitive and Affective Neuroscience 5, no. 1(2010): 11–17.

12 B. P. Marx, S. Doron- Lamarca, S. P. Proctor, and J. J. Vasterling, "The Influence of Pre-Deployment Neurocognitive Functioning on Post-Deployment PTSD Symptom Outcomes among Iraq- Deployed Army Soldiers," Journal of the International Neuropsychological Society 15, no. 6(2009): 840–852; S. Kuhlman, M. Piel, and O. T. Wolf, "Impaired Memory Retrieval after Psychological Stress in Healthy Young Men," Journal of Neuroscience 25, no. 11(2005): 2977–2982; J. Douglas Bremner, Does Stress Damage the Brain? Understanding Trauma-Related Disorders from a Mind-Body Perspective(New York: Norton, 2005).

13 J. D. Bremner et al., "MRI-Based Measurement of Hippocampal Volume in Patients with Combat-Related Bremner et al., "Magnetic Resonance Imaging–Based Measurement of Hippocampal Volume in Posttraumatic Stress Disorder Related to Childhood Physical and Sexual Abuse—A Preliminary Report," Biological Psychiatry 41(1997): 23–32; R. K. Pitman, "Hippocampal Diminution in PTSD: More(or Less?) Than Meets the Eye," Hippocampus 11, no. 73–74(2001): 82–174; R. J. Lindauer et al., "Smaller Hippocampal Volume in Dutch Police Officers with Posttraumatic Stress Disorder," Biological Psychiatry 56(2004): 356–363; M. Vythilingam et al., "Smaller Head of the Hippocampus in Gulf War–Related Posttraumatic Stress Disorder," Psychiatry Research: Neuroimaging 139(2005): 89–99.

14 J. J. Vasterling et al., "Neuropsychological Outcomes of Army Personnel Following Deployment to the Iraq War," Journal of the American Medical Association 296, no. 5(2006): 519–529.

15 A. P. Jha et al., "Examining the Protective Effects of Mindfulness Training on Working Memory Capacity and Affective Experience," Emotion 10, no. 1(2010): 54–64; A. P. Jha et al., "Minds 'at Attention': Mindfulness Training Curbs

Attentional Lapses in Military Cohorts," PLOS One 10, no. 2(2015): e0116889; A. P. Jha, A. B. Morrison, S. C. Parker, and E. A. Stanley, "Practice Is Protective: Mindfulness Training Promotes Cognitive Resilience in High-Stress Cohorts," Mindfulness 8, no. 1(2017): 46–58; A. P. Jha et al., "Short-Form Mindfulness Training Protects against Working-Memory Degradation over High-Demand Intervals," Journal of Cognitive Enhancement 1, no. 2(2017): 154–171; L. Haase et al., "Mindfulness- Based Training Attenuates Insula Response to an Aversive Interoceptive Challenge," Social Cognitive and Affective Neuroscience 11, no. 1(2016): 182–190; D. C. Johnson et al., "Modifying Resilience Mechanisms in at-Risk Individuals: A Controlled Study of Mindfulness Training in Marines Preparing for Deployment," American Journal of Psychiatry 171, no. 8(2014): 844–853.

16　Jon Kabat-Zinn, Full Catastrophe Living(Revised Edition): Using the Wisdom of Your Body and Mind to Face Stress, Pain, and Illness(New York: Bantam, 2013); Begley, Train Your Mind, Change Your Brain.

17　Begley, Train Your Mind, Change Your Brain, 67–68; Gretchen Reynolds, "Jogging Your Brain," New York Times Magazine, April 22, 2012; M. S. Nokia et al., "Physical Exercise Increases Adult Hippocampal Neurogenesis in Male Rats Provided It Is Aerobic and Sustained," Journal of Physiology 594, no. 7(2016): 1855–1873.

18　C. H. Hillman, K. I. Erickson, and A. F. Kramer, "Be Smart, Exercise Your Heart: Exercise Effects on Brain and Cognition," National Review of Neuroscience 9(2008): 58–65; H. A. Slagter, R. J. Davidson, and A. Lutz, "Mental Training as a Tool in the Neuroscientific Study of Brain and Cognitive Plasticity," Frontiers in Human Neuroscience 5, no. 1(2011): 1–12; A. F. Kramer and K. I. Erickson, "Capitalizing on Cortical Plasticity: Influence of Physical Activity on Cognition and Brain Function," Trends in Cognitive Sciences 11, no. 8(2007): 342–348; Reynolds, "Jogging Your Brain"; Gretchen Reynolds, "A for Effort," New York Times Magazine, June 18, 2017; A. Z. Burzynska et al., "Physical Activity Is Linked to Greater Moment- to- Moment Variability in Spontaneous Brain

630

최악을 극복하는 힘

Activity in Older Adults," PLOS One 10, no. 8(2015): e0134819; K. I. Erickson, R. L. Leckie, and A. M. Weinstein, "Physical Activity, Fitness, and Gray Matter Volume," Neurobiology of Aging 35, Suppl. 2(2014): S20–S28.

19 D. Stawarczyk et al., " Mind- Wandering: Phenomenology and Function as Assessed with a Novel Experience Sampling Method," Acta Psychologica 136, no. 3(2011): 370–381; J. Smallwood et al., "Subjective Experience and the Attentional Lapse: Task Engagement and Disengagement during Sustained Attention," Consciousness and Cognition 13, no. 4(2004): 657–690; J. Smallwood et al., "Going AWOL in the Brain: Mind Wandering Reduces Cortical Analysis of External Events," Journal of Cognitive Neuroscience 20, no. 3(2008): 458–469; J. C. McVay and M. J. Kane, "Conducting the Train of Thought: Working Memory Capacity, Goal Neglect, and Mind Wandering in an Executive-Control Task," Journal of Experimental Psychology: Learning, Memory, and Cognition 35, no. 1(2009): 196–204; J. W. Kam et al., "Mind Wandering and the Adaptive Control of Attentional Resources," Journal of Cognitive Neuroscience 25, no. 6(2013): 952–960; M. J. Kane et al., "For Whom the Mind Wanders, and When: An Experience-Sampling Study of Working Memory and Executive Control in Daily Life," Psychological Science 18, no. 7(2007): 614–621; B. Baird et al., "Unnoticed Intrusions: Dissociations of Meta-Consciousness in Thought Suppression," Consciousness and Cognition 22, no. 3(2013): 1003–1012; M. K. T. Takarangi, D. Strange, and D. S. Lindsay, " Self-Report May Underestimate Trauma Intrusions," Consciousness and Cognition 27(2014): 297–305; M. Bastian and J. Sackur, "Mind Wandering at the Fingertips: Automatic Parsing of Subjective States Based on Response Time Variability," Frontiers in Psychology 4(2013): 10.3389; J. Smallwood and J. W. Schooler, "The Restless Mind," Psychological Bulletin 132, no. 6(2006): 946–958; J. W. Kam and T. C. Handy, "The Neurocognitive Consequences of the Wandering Mind: A Mechanistic Account of Sensory-Motor Decoupling," Frontiers in Psychology 4(2013): 10.3389.

20 M. A. Killingsworth and D. T. Gilbert, "A Wandering Mind Is an Unhappy Mind," Science 330, no. 6006(2010): 932.

참고문헌

21 J. Smallwood et al., "Shifting Moods, Wandering Minds: Negative Moods Lead the Mind to Wander," Emotion 9, no. 2(2009): 271–276.

22 L. L. Bowman et al., "Can Students Really Multitask? An Experimental Study of Instant Messaging While Reading," Computers and Education 54, no. 4(2010): 927–931.

23 S. T. Iqbal and E. Horvitz, "Disruption and Recovery of Computing Tasks: Field Study, Analysis, and Directions"(paper presented at the Conference on Human Factors in Computing Systems, 2007).

24 Gloria Mark, Daniela Gudith, and Ulrich Klocke, "The Cost of Interrupted Work: More Speed and Stress"(unpublished paper, 2008).

25 D. L. Strayer and J. M. Watson, "Supertaskers and the Multitasking Brain," Scientific American Mind 23, no. 1(2012): 22–29.

26 Jane E. Brody, "Hooked on Our Smartphones: Curbing Our Digital Dependence," New York Times, January 10, 2017.

27 Strayer and Watson, "Supertaskers and the Multitasking Brain"; D. M. Sanbonmatsu et al., "Who Multi-Tasks and Why? Multi-Tasking Ability, Perceived Multi-Tasking Ability, Impulsivity, and Sensation Seeking," PLOS One 8, no. 1(2013): e54402; Matt Richtel, "Hooked on Gadgets, and Paying a Mental Price," New York Times, June 7, 2010; Dario D. Salvucci and Niels A. Taatgen, The Multitasking Mind(Oxford, UK: Oxford University Press, 2011).

28 E. Ophir, C. Nass, and A. D. Wagner, "Cognitive Control in Media Multitaskers," Proceedings of the National Academy of Sciences 106, no. 37(2009): 15583–15587.

29 Sanbonmatsu et al., "Who Multi-Tasks and Why?"

30 K. K. Loh and R. Kanai, "Higher Media Multi-Tasking Activity Is Associated with Smaller Gray-Matter Density in the Anterior Cingulate Cortex," PLOS One 9, no. 9(2014): e106698.

31 유전자 발현에 관한 과학은 복잡하지만 후생유전학 입문을 위한 참조는 Robert M. Sapolsky, Behave: The Biology of Humans at Our Best and Worst(New York: Penguin, 2017), chaps. 7–8; Bruce E. Wexler, Brain and Culture: Neurobiology,

최악을 극복하는 힘

Ideology, and Social Change(Cambridge, MA: MIT Press, 2006), chap. 3; Bessel A. van der Kolk, The Body Keeps the Score: Brain, Mind, and Body in the Healing of Trauma(New York: Penguin, 2015), chap. 10; Richard J. Davidson and Sharon Begley, The Emotional Life of Your Brain: How Its Unique Patterns Affect the Way You Think, Feel, and Live—and How You Can Change Them(New York: Plume, 2012), chap. 5.

32　S. M. James et al., "Shift Work: Disrupted Circadian Rhythms and Sleep— Implications for Health and Well-Being," Current Sleep Medicine Reports 3, no. 2(2017): 104–112.

33　P. O. McGowan et al., "Epigenetic Regulation of the Glucocorticoid Receptor in Human Brain Associates with Childhood Abuse," Nature Neuroscience 12, no. 3(2009): 342–348.

34　이 연구에는 아동 학대 외에 최소 두 가지 유형의 외상 이력이 있는 169명이 참여했으며 현재 PTSD(외상 노출 통제)가 없는 108명, 현재 PTSD와 아동 학대 이력이 있는 32명, 현재 PTSD가 있지만 아동 학대 이력은 없는 29명 등 3개 집단으로 나뉘었다. D. Mehta et al., "Childhood Maltreatment Is Associated with Distinct Genomic and Epigenetic Profiles in Posttraumatic Stress Disorder," Proceedings of the National Academy of Sciences 110, no. 20(2013): 8302–8307.

35　M. Szyf, P. O. McGowan, and M. J. Meaney, "The Social Environment and the Epigenome," Environmental and Molecular Mutagenesis 49, no. 1(2008): 46–60; M. Gunnar and K. Quevedo, "The Neurobiology of Stress and Development," Annual Review of Psychology 58(2007): 145–173; B. Labonté et al., "Genome-Wide Epigenetic Regulation by Early-Life Trauma," Archives of General Psychiatry 69, no. 7(2012): 722–731; S. Galea, M. Uddin, and K. Koenen, "The Urban Environment and Mental Disorders: Epigenetic Links," Epigenetics 6, no. 4(2011): 400–404; M. Uddin et al., "Epigenetic and Immune Function Profiles Associated with Posttraumatic Stress Disorder," Proceedings of the National Academy of Sciences 107, no. 20(2010): 9470–9475; M. Uddin et al., "Epigenetic and Inflammatory Marker Profiles Associated with Depression in a Community-Based Epidemiologic Sample," Psychological Medicine 41, no. 5(2011): 997–

1007.

36 G. E. Miller, E. Chen, and K. J. Parker, "Psychological Stress in Childhood
    and Susceptibility to the Chronic Diseases of Aging: Moving toward a Model
    of Behavioral and Biological Mechanisms," Psychological Bulletin 137, no.
    6(2011): 959–997; G. E. Miller and E. Chen, "Harsh Family Climate in Early Life
    Presages the Emergence of a Proinflammatory Phenotype in Adolescence,"
    Psychological Science 21, no. 6 (2010): 848–856; N. Slopen et al., "Early Origins
    of Inflammation: An Examination of Prenatal and Childhood Social Adversity in
    a Prospective Cohort Study," Psychoneuroendocrinology 51(2015): 403–413; C.
    P. Fagundes, R. Glaser, and J. K. Kiecolt- Glaser, "Stressful Early Life Experiences
    and Immune Dysregulation across the Lifespan," Brain, Behavior, and Immunity
    27, no. 1(2013): 8–12; R. Nusslock and G. E. Miller, " Early- Life Adversity and
    Physical and Emotional Health across the Lifespan: A Neuroimmune Network
    Hypothesis," Biological Psychiatry 80, no. 1 (2016): 23–32; Gary Kaplan and
    Donna Beech, Total Recovery: Solving the Mystery of Chronic Pain and
    Depression(New York: Rodale, 2014), chaps. 4, 7.

37 G. Arango Duque and A. Descoteaux, "Macrophage Cytokines: Involvement in
    Immunity and Infectious Diseases," Frontiers in Immunology 5, no. 491(2014):
    1–12.

38 Kaplan and Beech, Total Recovery, 170.

39 V. H. Perry and C. Holmes, "Microglial Priming in Neurodegenerative Disease,"
    Nature Reviews Neurology 10, no. 4(2014): 217–224; V. H. Perry and J.
    Teeling, "Microglia and Macrophages of the Central Nervous System: The
    Contribution of Microglia Priming and Systemic Inflammation to Chronic
    Neurodegeneration," Seminars in Immunopathology 35, no. 5(2013): 601–612;
    Kaplan and Beech, Total Recovery, chap. 4; C. M. Eklund, "Proinflammatory
    Cytokines in CRP Baseline Regulation," Advances in Clinical Chemistry
    48(2009): 111–136; A. A. Appleton et al., "Divergent Associations of Adaptive
    and Maladaptive Emotion Regulation Strategies with Inflammation," Health
    Psychology 32, no. 7(2013): 748–756; Bruce S. McEwen and Elizabeth Norton

최악을 극복하는 힘

Lasley, The End of Stress as We Know It(Washington, D.C.: Joseph Henry, 2002), chap. 6.

40 A. Gonzalez et al., "Intergenerational Effects of Complete Maternal Deprivation and Replacement Stimulation on Maternal Behavior and Emotionality in Female Rats," Developmental Psychobiology 38, no. 1(2001): 11–32; R. M. Sapolsky, "Mothering Style and Methylation," Nature Neuroscience 7, no. 8(2004): 791–792; I. C. G. Weaver et al., "Epigenetic Programming by Maternal Behavior," Nature Neuroscience 7, no. 8(2004): 847–854; D. Francis et al., "Nongenomic Transmission across Generations of Maternal Behavior and Stress Responses in the Rat," Science 286, no. 5442(1999): 1155–1158; A. S. Fleming et al., "Mothering Begets Mothering," Pharmacology Biochemistry and Behavior 73, no. 1(2002): 61–75. For reviews of related research, see Wexler, Brain and Culture, chap. 3; Sapolsky, Behave, 219–221; G. N. Neigh, C. F. Gillespie, and C. B. Nemeroff, "The Neurobiological Toll of Child Abuse and Neglect," Trauma, Violence and Abuse 10, no. 4(2009): 389–410; Gunnar and Quevedo, "The Neurobiology of Stress and Development."

41 K. Gapp et al., "Implication of Sperm RNAs in Transgenerational Inheritance of the Effects of Early Trauma in Mice," Nature Neuroscience 17, no. 5(2014): 667–669.

42 T. J. Schoenfeld et al., "Physical Exercise Prevents Stress-Induced Activation of Granule Neurons and Enhances Local Inhibitory Mechanisms in the Dentate Gyrus," Journal of Neuroscience 33, no. 18(2013): 7770–7777.

43 E. S. Epel et al., "Wandering Minds and Aging Cells," Clinical Psychological Science 1, no. 1(2013): 75–83.

44 M. A. Rosenkranz et al., "A Comparison of Mindfulness-Based Stress Reduction and an Active Control in Modulation of Neurogenic Inflammation," Brain, Behavior, and Immunity 27(2013): 174–184; J. D. Creswell et al., " Mindfulness-Based Stress Reduction Training Reduces Loneliness and Pro-Inflammatory Gene Expression in Older Adults: A Small Randomized Controlled Trial," Brain, Behavior, and Immunity 26(2012): 1095–1101. See also J. Kabat-Zinn et al.,

"Influence of a Mindfulness- Based Stress Reduction Intervention on Rates of Skin Clearing in Patients with Moderate to Severe Psoriasis Undergoing Phototherapy(UVB) and Photochemotherapy(PUVA)," Psychosomatic Medicine 60(1998): 625–632; R. J. Davidson et al., "Alterations in Brain and Immune Function Produced by Mindfulness Meditation," Psychosomatic Medicine 65, no. 4(2003): 564–570.

CHAPTER 4. 스트레스와 트라우마를 겪는 동안의 신체

1   Kelly McGonigal, The Upside of Stress: Why Stress Is Good for You, and How to Get Good at It(New York: Avery, 2015), xi.

2   Robert M. Sapolsky, Why Zebras Don't Get Ulcers, 3rd ed.(New York: Holt, 2004), chaps. 1, 13; Jon Kabat-Zinn, Full Catastrophe Living(Revised Edition): Using the Wisdom of Your Body and Mind to Face Stress, Pain, and Illness(New York: Bantam, 2013), chap. 19.

3   Sapolsky, Why Zebras Don't Get Ulcers, 10; Jennifer Kavanagh, Stress and Performance: A Review of the Literature and Its Applicability to the Military (Arlington, VA: RAND, 2005), 31.

4   Kavanagh, Stress and Performance, 30.

5   S. J. Lupien, "Brains under Stress," Canadian Journal of Psychiatry 54, no. 1(2009): 4–5; Kavanagh, Stress and Performance, 32–34; Bruce S. McEwen and Elizabeth Norton Lasley, The End of Stress as We Know It(Washington, D.C.: Joseph Henry, 2002), 32; Sapolsky, Why Zebras Don't Get Ulcers, chap. 13.

6   Robert C. Scaer, The Trauma Spectrum: Hidden Wounds and Human Resiliency(New York: Norton, 2005), 62–64; Pat Ogden and Janina Fisher, Sensorimotor Psychotherapy: Interventions for Trauma and Attachment(New York: Norton, 2015), 181.

7   Sapolsky, Why Zebras Don't Get Ulcers, 260; Kavanagh, Stress and Performance, 32–37.

8   J. Haidt and J. Rodin, "Control and Efficacy as Interdisciplinary Bridges," Review

of General Psychology 3(2000): 317–337; Kavanagh, Stress and Performance, 30–33; Sapolsky, Why Zebras Don't Get Ulcers, chap. 13; McEwen and Lasley, The End of Stress as We Know It, 149–152.

9   McEwen and Lasley, The End of Stress as We Know It, 6.

10   스트레스 각성과 다양한 호르몬 변화에 관한 신경생물학적 개관을 위한 참조는 McEwen and Lasley, The End of Stress as We Know It, chaps. 2, 5, 6; Sapolsky, Why Zebras Don't Get Ulcers, chaps. 1, 2.

11   McEwen and Lasley, The End of Stress as We Know It, chap. 2.

12   시상하부는 부신피질자극호르몬(ACTH)을 방출하는 호르몬을 분비해 뇌하수체를 자극함으로써 부신피질자극호르몬을 생성한다. 그러면 ACTH가 아드레날린을 자극해 코르티솔과 다른 글루코코르티코이드를 생성한다.

13   McEwen and Lasley, The End of Stress as We Know It, chap. 6; Sapolsky, Why Zebras Don't Get Ulcers, chap. 8, esp. 154–155.

14   Stephen W. Porges, The Polyvagal Theory: Neurophysiological Foundations of Emotions, Attachment, Communication, and Self-Regulation(New York: Norton, 2011), 174–179, 290–293; Sapolsky, Why Zebras Don't Get Ulcers, 30–32.

15   Sapolsky, Why Zebras Don't Get Ulcers, chap. 2; McEwen and Lasley, The End of Stress as We Know It, chap. 5; Bessel A. van der Kolk, The Body Keeps the Score: Brain, Mind, and Body in the Healing of Trauma(New York: Penguin, 2015), chap. 5; Porges, The Polyvagal Theory, chap. 3.

16   McEwen and Lasley, The End of Stress as We Know It, chap. 5; van der Kolk, The Body Keeps the Score, chap. 5.

17   McEwen and Lasley, The End of Stress as We Know It, 72; Scaer, The Trauma Spectrum, 22–25.

18   Porges, The Polyvagal Theory.

19   Porges, The Polyvagal Theory, chap. 2.

20   Porges, The Polyvagal Theory, chap. 1.

21   섹스는 특히 복잡하다. 섹스는 유혹과 전희를 위해 배 쪽 부교감신경계와 교감신경계의 미묘한 균형에서 출발하고 난 후 발기와 본능적 흥분을 위해 등 쪽 부교감신경계와 교감신경계가 균형을 이루다가 사정 시점에 부교감신경계가 완전히 차단된

다. 이런 섬세한 균형 때문에 조루와 발기부전은 남성의 신경계 조절 장애와 생체 적응 부하에 따른 흔한 증상이다. Porges, The Polyvagal Theory, 172–179, 81 83, 275–277, 91–93; Sapolsky, Why Zebras Don't Get Ulcers, 120–126.

22 미주신경의 배 쪽 갈래는 수초화돼 즉, 신경섬유 주위를 지방 피복이 둘러싸고 있어 더 빨리 전기를 전도하고 다른 뉴런들과 신속히 의사소통을 할 수 있다. 모든 포유류에는 수초화된 미주신경과 배 쪽 부교감신경계가 있다. 이에 반해 배 쪽 갈래는 수초화되지 않는다. 대부분의 척추동물이 수초화되지 않은 미주신경을 갖고 있어 포유류, 어류, 파충류, 양서류는 등 쪽 부교감신경계를 공유하고 있다.

23 Porges, The Polyvagal Theory, 92–93; McEwen and Lasley, The End of Stress as We Know It, 78–81.

24 McEwen and Lasley, The End of Stress as We Know It, chap. 5; Porges, The Polyvagal Theory, chap. 4.

25 McEwen and Lasley, The End of Stress as We Know It, 44–45, 76.

26 van der Kolk, The Body Keeps the Score, 80–82; Porges, The Polyvagal Theory, 55, 92–93; Pat Ogden, Kekuni Minton, and Clare Pain, Trauma and the Body: A Sensorimotor Approach to Psychotherapy(New York: Norton, 2006), 32.

27 McEwen and Lasley, The End of Stress as We Know It, chap. 5; van der Kolk, The Body Keeps the Score, chap. 5; Porges, The Polyvagal Theory, 269–271.

28 Scaer, The Trauma Spectrum, 43–44; McEwen and Lasley, The End of Stress as We Know It, chap. 2.

29 Porges, The Polyvagal Theory, 55, 92–93; McEwen and Lasley, The End of Stress as We Know It, 78–79; Ogden et al., Trauma and the Body, 94–96; Ogden and Fisher, Sensorimotor Psychotherapy, 520–521.

30 Ogden and Fisher, Sensorimotor Psychotherapy, 520–521; Scaer, The Trauma Spectrum, 44–45; Porges, The Polyvagal Theory, 177–183; Ogden et al., Trauma and the Body, 94–96; van der Kolk, The Body Keeps the Score, 82.

31 혹시 동결에 관한 훌륭한 가상 묘사를 보고 싶다면 내가 동결을 가르칠 때 사용하는 방법인데 〈라이언 일병 구하기(Saving Private Ryan)〉라는 영화에서 톰 행크스 캐릭터가 디데이에 노르망디 해변에 처음 도착하는 장면을 보기를 강력히 추천한다. 그 장면은 그의 자율신경계가 동결 상태에 들어갔다가 빠져나오는 과정을 아주 잘 묘

최악을 극복하는 힘

사하고 있다.

32 Scaer, The Trauma Spectrum, 45.

33 Porges, The Polyvagal Theory, chap. 4.

34 Porges, The Polyvagal Theory, 58, 69; Ogden and Fisher, Sensorimotor Psychotherapy, 519–522.

35 Ogden and Fisher, Sensorimotor Psychotherapy, chap. 25; McEwen and Lasley, The End of Stress as We Know It, 82–83; van der Kolk, The Body Keeps the Score, 79–80.

36 Ogden and Fisher, Sensorimotor Psychotherapy, 519, 21.

CHAPTER 5. 스트레스와 트라우마를 겪는 동안의 뇌

1 시스템 1 사고의 특징 목록을 참조하려면 Daniel Kahneman, Thinking, Fast and Slow (New York: Macmillan, 2011), 105.

2 Pat Ogden, Kekuni Minton, and Clare Pain, Trauma and the Body: A Sensorimotor Approach to Psychotherapy(New York: Norton, 2006), chap. 1; Robert C. Scaer, The Trauma Spectrum: Hidden Wounds and Human Resiliency(New York: Norton, 2005), chap. 2; Stephen W. Porges, The Polyvagal Theory: Neurophysiological Foundations of Emotions, Attachment, Communication, and Self- Regulation(New York: Norton, 2011), chaps. 1, 3.

3 Scaer, The Trauma Spectrum, 40–42.

4 Scaer, The Trauma Spectrum, 40–42; Robert M. Sapolsky, Why Zebras Don't Get Ulcers, 3rd ed.(New York: Holt, 2004), chap. 15; J. Douglas Bremner, Does Stress Damage the Brain? Understanding Trauma-Related Disorders from a Mind- Body Perspective(New York: Norton, 2005), chap. 4; Bruce S. McEwen and Elizabeth Norton Lasley, The End of Stress as We Know It(Washington, D.C.: Joseph Henry, 2002), 108–110.

5 Sapolsky, Why Zebras Don't Get Ulcers, 320–322; Scaer, The Trauma Spectrum, 40–42; J. LeDoux, "The Emotional Brain, Fear, and the Amygdala," Cellular and Molecular Neurobiology 23, no. 4–5(2003): 727–738; McEwen and Lasley, The

End of Stress as We Know It, chap. 7; Bremner, Does Stress Damage the Brain?, chap. 4.

6   Paul D. MacLean, The Triune Brain in Evolution: Role in Paleocerebral Functions(New York: Plenum, 1990); Ogden et al., Trauma and the Body, chap. 1.

7   Kahneman, Thinking, Fast and Slow, 21; J. Evans, "In Two Minds: Dual-Process Accounts of Reasoning," Trends in Cognitive Sciences 7, no. 10(2003): 454–459.

8   K. N. Ochsner and J. J. Gross, "The Cognitive Control of Emotion," Trends in Cognitive Sciences 9, no. 5 (2005): 242–249; J. M. Hinson, T. L. Jameson, and P. Whitney, "Impulsive Decision Making and Working Memory," Journal of Experimental Psychology: Learning, Memory, and Cognition 29, no. 2(2003): 298–306; W. Hofmann, B. J. Schmeichel, and A. D. Baddeley, "Executive Functions and Self- Regulation," Trends in Cognitive Sciences 16, no. 3(2012): 174–180; W. Hofmann et al., "Working Memory Capacity and Self-Regulatory Behavior: Toward an Individual Differences Perspective on Behavior Determination by Automatic versus Controlled Processes," Journal of Personality and Social Psychology 95, no. 4(2008): 962–977; M. L. Pe, F. Raes, and P. Kuppens, "The Cognitive Building Blocks of Emotion Regulation: Ability to Update Working Memory Moderates the Efficacy of Rumination and Reappraisal on Emotion," PLOS One 8, no. 7(2013): e69071; T. F. Heatherton and D. D. Wagner, "Cognitive Neuroscience of Self-Regulation Failure," Trends in Cognitive Sciences 15, no. 3 (2011): 132–139.

9   자세한 내용은 Hofmann et al., "Executive Functions and Self-Regulation." 참조. 수면 부족이 실행 기능에 미치는 효과 참조는 L. K. Barger et al., "Neurobehavioral, Health, and Safety Consequences Associated with Shift Work in Safety-Sensitive Professions," Current Neurology and Neuroscience Reports 9, no. 2(2009): 155–164.

10   Heatherton and Wagner, "Cognitive Neuroscience of Self-Regulation Failure"; Hofmann et al., "Executive Functions and Self-Regulation."

11   Scaer, The Trauma Spectrum, 38–39; Bremner, Does Stress Damage the Brain?,

최악을 극복하는 힘

45–47.

12   Scaer, The Trauma Spectrum, 38; Peet al., "The Cognitive Building Blocks of Emotion Regulation"; Hofmann et al., "Working Memory Capacity and Self-Regulatory Behavior."

13   Sapolsky, Why Zebras Don't Get Ulcers, chap. 10.

14   McEwen and Lasley, The End of Stress as We Know It, 130; E. R. De Kloet et al., "Brain Corticosteroid Receptor Balance in Health and Disease," Endocrine Review 19, no. 3(1998): 269–301.

15   S. Danziger, J. Levav, and L. Avnaim-Pesso, "Extraneous Factors in Judicial Decisions," Proceedings of the National Academy of Sciences 108, no. 17(2011): 6889–6892. See also M. T. Gailliot and R. F. Baumeister, "The Physiology of Willpower: Linking Blood Glucose to Self-Control," Personality and Social Psychology Review 11(2007): 303–327; J. M. Tyler and K. C. Burns, "After Depletion: The Replenishment of the Self's Regulatory Resources," Self and Identity 7(2008): 305–321.

16   이 역학에 관한 훌륭한 설명을 참조하려면 For an excellent review of these dynamics, see McEwen and Lasley, The End of Stress as We Know It, chap. 7; Bremner, Does Stress Damage the Brain?, chap. 4; Sapolsky, Why Zebras Don't Get Ulcers, chap. 10.

17   J. J. Vasterling et al., "Neuropsychological Outcomes of Army Personnel Following Deployment to the Iraq War," Journal of the American Medical Association 296, no. 5(2006): 519–529.

18   B. Vila, G. B. Morrison, and D. J. Kenney, "Improving Shift Schedule and Work-Hour Policies and Practices to Increase Police Officer Performance, Health, and Safety," Police Quarterly 5, no. 1(2002): 4–24; A. Gohar et al., "Working Memory Capacity Is Decreased in Sleep-Deprived Internal Medicine Residents," Journal of Clinical Sleep Medicine 5, no. 3(2009): 191–197; Barger et al., "Neurobehavioral, Health, and Safety Consequences"; M. R. Baumann, C. L. Gohm, and B. L. Bonner, "Phased Training for High-Reliability Occupations: Live-Fire Exercises for Civilian Firefighters," Human Factors 53, no. 5 (2011):

548–557; H. R. Lieberman et al., "Severe Decrements in Cognition Function and Mood Induced by Sleep Loss, Heat, Dehydration, and Undernutrition during Simulated Combat," Biological Psychiatry 57, no. 4(2005): 422–429; H. R. Lieberman et al., "Effects of Caffeine, Sleep Loss, and Stress on Cognitive Performance and Mood during U.S. Navy Seal Training," Psychopharmacology 164, no. 3(2002): 250–261; Jennifer Kavanagh, Stress and Performance: A Review of the Literature and Its Applicability to the Military(Arlington, VA: RAND, 2005); C. A. Morgan et al., "Stress-Induced Deficits in Working Memory and Visuo-Constructive Abilities in Special Operations Soldiers," Biological Psychiatry 60, no. 7(2006): 722–729; C. A. Morgan et al., "Accuracy of Eyewitness Memory for Persons Encountered during Exposure to Highly Intense Stress," International Journal of Law and Psychiatry 27, no. 3(2004): 265–279; C. A. Morgan et al., "Symptoms of Dissociation in Humans Experiencing Acute, Uncontrollable Stress: A Prospective Investigation," American Journal of Psychiatry 158, no. 8(2001): 1239–1247; C. A. Morgan et al., "Neuropeptide-Y, Cortisol, and Subjective Distress in Humans Exposed to Acute Stress: Replication and Extension of Previous Report," Biological Psychiatry 52, no. 2(2002): 136–142; C. A. Morgan et al., "Relationships among Plasma Dehydroepiandrosterone Sulfate and Cortisol Levels, Symptoms of Dissociation, and Objective Performance in Humans Exposed to Acute Stress," Archives of General Psychiatry 61, no. 8 (2004): 819– 825; C. A. Morgan et al., "Relationship among Plasma Cortisol, Catecholamines, Neuropeptide Y, and Human Performance during Exposure to Uncontrollable Stress," Psychosomatic Medicine 63, no. 3(2001): 412–422; B. P. Marx, S. Doron-Lamarca, S. P. Proctor, and J. J. Vasterling, "The Influence of Pre-Deployment Neurocognitive Functioning on Post-Deployment PTSD Symptom Outcomes among Iraq-Deployed Army Soldiers," Journal of the International Neuropsychological Society 15, no. 6(2009): 840–852; Vasterling et al., "Neuropsychological Outcomes"; S. Maguen et al., "Description of Risk and Resilience Factors among Military Medical Personnel before Deployment to Iraq," Military Medicine 173,

최악을 극복하는 힘

no. 1 (2008): 1–9; E. A. Stanley et al., "Mindfulness-Based Mind Fitness Training: A Case Study of a High-Stress Predeployment Military Cohort," Cognitive and Behavioral Practice 18, no. 4(2011): 566–576; A. P. Jha et al., "Examining the Protective Effects of Mindfulness Training on Working Memory Capacity and Affective Experience," Emotion 10, no. 1(2010): 54-64; A. P. Jha et al., "Minds 'at Attention': Mindfulness Training Curbs Attentional Lapses in Military Cohorts," PLOS One 10, no. 2(2015): e0116889; A. P. Jha, A. B. Morrison, S. C. Parker, and E. A. Stanley, "Practice Is Protective: Mindfulness Training Promotes Cognitive Resilience in High-Stress Cohorts," Mindfulness 8, no. 1(2017): 46–58.

19 Scaer, The Trauma Spectrum, 62–64; Sapolsky, Why Zebras Don't Get Ulcers, chap. 1; Kavanagh, Stress and Performance, 31.

20 S. J. Lupien et al., "Cortisol Levels during Human Aging Predict Hippocampal Atrophy and Memory Deficits," Nature Neuroscience 1 (1998): 69–73; Sapolsky, Why Zebras Don't Get Ulcers, chap. 10. 다행히도 동물과 인간을 함께 다룬 다른 연구는 코르티솔의 상승효과가 영구적인 손상을 일으키지 않을 것임을 보여준다. 코르티솔 수치가 조정되면 해마는 다시 정상적인 크기를 유지하기 시작한다. McEwen and Lasley, The End of Stress as We Know It, chap. 7. 참조. 코르티솔 수치 상승과 PTSD의 관계는 덜 결정적이다. PTSD를 겪는 많은 사람이 HPA 축이 여전히 활성화에 과민한 상태인 경우에도 때때로 코르티솔 수치가 낮아진다. 그래서 연구자들은 PTSD로 인한 해마 크기 손실은 되돌릴 수 없다고 믿었었다. 그렇지만 일부 연구는 PTSD로 인한 해마 크기 손실도 역전될 수 있음을 보여준다. 예시 참조는 E. Vermetten et al., "Long-Term Treatment with Paroxetine Increases Verbal Declarative Memory and Hippocampal Volume in Posttraumatic Stress Disorder," Biological Psychiatry 54(2003): 693–702; Bremner, Does Stress Damage the Brain?, 60–62, 115–119. 다른 연구는 인과 관계가 반대 방향으로 성립하는 것으로 추정한다. 즉, 스트레스를 경험하기 전에 작은 해마와 기억력 문제가 있는 상태에서 트라우마에 노출되면 PTSD 발병 위험이 증가한다는 것이다. 이런 일은 예컨대 아동기 역경 이후 일어날 수 있다. Marx et al., "The Influence of Pre-Deployment Neurocognitive Functioning"; R. A. Parslow and A. F. Jorm, "Pretrauma and Posttrauma Neurocognitive Functioning and PTSD Symptoms

in a Community Sample of Young Adults," American Journal of Psychiatry 164, no. 3(2007): 509–515; Sapolsky, Why Zebras Don't Get Ulcers, chap. 10, esp. 222.

21   K. Cho, "Chronic 'Jet Lag' Produces Temporal Lobe Atrophy and Spatial Cognitive Deficits," Nature Neuroscience 4(2001): 567–568.

22   E. S. Brown and P. A. Chandler, "Mood and Cognitive Changes during Systemic Corticosteroid Therapy," Primary Care Companion for Journal of Clinical Psychiatry 3, no. 1(2001): 17–21; S. J. Lupien and B. S. McEwen, "The Acute Effects of Corticosteroids on Cognition: Integration of Animal and Human Model Studies," Brain Research Reviews 24, no. 1(1997): 1–27.

23   Sapolsky, Why Zebras Don't Get Ulcers, 221.

24   Bremner, Does Stress Damage the Brain?, 60–62, 115–119.

25   Bremner, Does Stress Damage the Brain?, chap. 4; Kavanagh, Stress and Performance, 16–19; McEwen and Lasley, The End of Stress as We Know It, chap. 7.

26   Daniel J. Siegel, The Developing Mind: How Relationships and the Brain Interact to Shape Who We Are (New York: Guilford, 1999), 253; Ogden et al., Trauma and the Body, chap. 2.

27   Porges, The Polyvagal Theory, chap. 1; Ogden et al., Trauma and the Body, chap. 2; Bremner, Does Stress Damage the Brain?, chap. 4; McEwen and Lasley, The End of Stress as We Know It, chap. 7; Sapolsky, Why Zebras Don't Get Ulcers, chaps. 10, 15.

28   Kavanagh, Stress and Performance, 16–17.

29   Porges, The Polyvagal Theory, chap. 1; E. A. Stanley, "War Duration and the Micro- Dynamics of Decision- Making under Stress," Polity 50, no. 2(2018): 178–200; J. Renshon, J. J. Lee, and D. Tingley, "Emotions and the Micro-Foundations of Commitment Problems," International Organization 71, no. S1(2017): S189–S218.

30   Kavanagh, Stress and Performance, 17–18; Karl E. Weick, Sensemaking in Organizations(New York: Sage, 1995), 129.

최악을 극복하는 힘

31 Kahneman, Thinking, Fast and Slow; Elizabeth A. Stanley, Paths to Peace: Domestic Coalition Shifts, War Termination and the Korean War(Stanford, CA: Stanford University Press, 2009), chap. 2; Kavanagh, Stress and Performance, 17–19; Scott Sigmund Gartner, Strategic Assessment in War(New Haven, CT: Yale University Press, 1999).

32 R. F. Baumeister et al., "Bad Is Stronger Than Good," Review of General Psychology 5, no. 4(2001): 323–370; P. Rozin and E. B. Royzman, "Negativity Bias, Negativity Dominance, and Contagion," Personality and Social Psychology Review 5, no. 4(2001): 296–320.

33 Stanley, "War Duration"; Kavanagh, Stress and Performance, 17–20; Kahneman, Thinking, Fast and Slow.

34 Scaer, The Trauma Spectrum, 58–59, 132–133.

35 Scaer, The Trauma Spectrum, chap. 3; Ogdenet al., Trauma and the Body, 20–22, 86–87.

36 Scaer, The Trauma Spectrum, 42, 95, chap. 3; Ogden et al., Trauma and the Body, 34–36, 86–87.

37 Scaer, The Trauma Spectrum, chap. 3, 42; Ogden et al., Trauma and the Body, 18–23, 86–87, 104–105; B. A. van der Kolk, "Clinical Implications of Neuroscience Research in PTSD," Annals of the New York Academy of Sciences 1071, no. 1(2006): 277–293.

38 Scaer, The Trauma Spectrum, 59–64; Robert C. Scaer, The Body Bears the Burden: Trauma, Dissociation, and Disease, 3rd ed.(New York: Routledge, 2014), 91–95.

39 Bessel A. van der Kolk, The Body Keeps the Score: Brain, Mind, and Body in the Healing of Trauma(New York: Penguin, 2015), chap. 11; Sapolsky, Why Zebras Don't Get Ulcers, 320–323; Scaer, The Body Bears the Burden, 91–95.

40 Scaer, The Trauma Spectrum, 62–67.

41 Scaer, The Trauma Spectrum, 62–64.

42 Ogden et al., Trauma and the Body, 18–23.

43 Scaer, The Trauma Spectrum, 62–64; Pat Ogden and Janina Fisher, Sensorimotor

Psychotherapy: Interventions for Trauma and Attachment(New York: Norton, 2015), 181.

44   Ogden et al., Trauma and the Body, 7.

45   McEwen and Lasley, The End of Stress as We Know It, 37–38; Joseph LeDoux, The Emotional Brain: The Mysterious Underpinnings of Emotional Life(New York: Touchstone, 1998); M. R. Delgado, A. Olsson, and E. A. Phelps, "Extending Animal Models of Fear Conditioning to Humans," Biological Psychiatry 73(2006): 39–48; A. Feder, E. J. Nestler, and D. S. Charney, "Psychobiology and Molecular Genetics of Resilience," Nature Reviews Neuroscience 10(2009): 446–457; M. R. Delgado et al., "Neural Circuitry Underlying the Regulation of Conditioned Fear and Its Relation to Extinction," Neuron 59(2008): 829–838; M. R. Milad et al., "Thickness of Ventromedial Prefrontal Cortex in Humans Is Correlated with Extinction Memory," Proceedings of the National Academy of Sciences 102, no. 30(2005): 10706–10711; D. Schiller et al., "From Fear to Safety and Back: Reversal of Fear in the Human Brain," Journal of Neuroscience 28(2008): 11517–11525.

46   Ogden et al., Trauma and the Body, 10–11.

47   van der Kolk, The Body Keeps the Score, 182; van der Kolk, "Clinical Implications of Neuroscience Research in PTSD," 281–282; Ogden et al., Trauma and the Body, 23-24, 37.

48   Ogden et al., Trauma and the Body, 24. Italics in original.

CHAPTER 6. 부모와 애착 유형

1   Bruce E. Wexler, Brain and Culture: Neurobiology, Ideology, and Social Change(Cambridge, MA: MIT Press, 2006), 36.

2   Stephen W. Porges, The Polyvagal Theory: Neurophysiological Foundations of Emotions, Attachment, Communication, and Self-Regulation(New York: Norton, 2011), 122.

3   Porges, The Polyvagal Theory, 77.

4   Porges, The Polyvagal Theory, chap. 8.

5   Porges, The Polyvagal Theory, 122.

6   S. W. Porges et al., "Infant Regulation of the Vagal 'Brake' Predicts Child Behavior Problems: A Psychobiological Model of Social Behavior," Developmental Psychobiology 29, no. 8(1996): 697–712; Porges, The Polyvagal Theory, chaps. 7, 8.

7   J. Bowlby, "Attachment and Loss: Retrospect and Prospect," American Journal of Orthopsychiatry 52, no. 4(1982): 664–678.

8   Bessel A. van der Kolk, The Body Keeps the Score: Brain, Mind, and Body in the Healing of Trauma(New York: Penguin, 2015), 122.

9   두 커뮤니티에서 애착 유형을 개념화하고 분류한 방식의 차이에 관한 더 자세한 내용의 참조는 K. Bartholomew and P. R. Shaver, "Methods of Assessing Adult Attachment: Do They Converge?," in Attachment Theory and Close Relationships, edited by J. A. Simpson and W. S. Rholes(New York: Guilford, 1998), 25–45.

10   van der Kolk, The Body Keeps the Score, chap. 7; Pat Ogden, Kekuni Minton, and Clare Pain, Trauma and the Body: A Sensorimotor Approach to Psychotherapy(New York: Norton, 2006), chap. 3; Daniel J. Siegel, The Developing Mind: How Relationships and the Brain Interact to Shape Who We Are(New York: Guilford, 1999), chap. 8.

11   Ogden et al., Trauma and the Body, 46–47.

12   Amir Levine and Rachel S. F. Heller, Attached: The New Science of Adult Attachment and How It Can Help You Find and Keep Love(New York: Tarcher/ Penguin, 2010), 140. 그러나 몇몇 과학적 연구는 어린 시절과 성인기 애착 유형에 기껏해야 약한 상관관계가 있다는 근거를 제시한다. 자세한 내용 참조는 Meta-Analysis and Dynamic Modeling of Developmental Mechanisms," Personality and Social Psychology Review 6, no. 2(2002): 123–151; E. Scharfe and K. I. M. Bartholomew, "Reliability and Stability of Adult Attachment Patterns," Personal Relationships 1, no. 1(1994): 23–43.

13   Ogden et al., Trauma and the Body, chap. 3; Siegel, The Developing Mind,

276–278.

14 Ogden et al., Trauma and the Body, 41–43; Siegel, The Developing Mind, 278–283; van der Kolk, The Body Keeps the Score, 110–114.

15 van der Kolk, The Body Keeps the Score, 110–114; Ogden et al., Trauma and the Body, 41–48; Siegel, The Developing Mind, 278–283.

16 E. Z. Tronick, "Emotions and Emotional Communication in Infants," American Psychologist 44, no. 2(1989): 112–119; Ogden et al., Trauma and the Body, 46; Siegel, The Developing Mind, 291.

17 도널드 위니콧(Donald Winnicott)은 대부분의 엄마들이 아기들을 잘 조율해준다고 주장했다. 그는 "충분히 좋은" 엄마/양육자라는 용어를 제시했다. Donald W. Winnicott, Primary Maternal Preoccupation(London: Tavistock, 1956).

18 Wexler, Brain and Culture, 92–121; van der Kolk, The Body Keeps the Score, 113–114; Ogden et al., Trauma and the Body, 43–48; Siegel, The Developing Mind, 282-283

19 Ogden et al., Trauma and the Body, 47–48; Siegel, The Developing Mind, 282–283; Levine and Heller, Attached, chap. 7.

20 T. Ein-Dor et al., "The Attachment Paradox: How Can So Many of Us (the Insecure Ones) Have No Adaptive Advantages?," Perspectives on Psychological Science 5, no. 2(2010): 123–141. 예를 들어 한 연구에서는 59퍼센트는 안정 애착, 25퍼센트는 불안정 회피 애착, 11퍼센트는 불안정 불안 애착임을 발견했다: K. D. Mickelson, R. C. Kessler, and P. R. Shaver, "Adult Attachment in a Nationally Representative Sample," Journal of Personality and Social Psychology 73, no. 5(1997): 1092–1106. 또 다른 연구에서는 63.5퍼센트가 안정 애착, 22퍼센트가 불안정 회피 애착, 6퍼센트가 불안정 불안 애착이고 9퍼센트는 분류되지 않는 것으로 나타났다. X. Meng, C. D'Arcy, and G. C. Adams, "Associations between Adult Attachment Style and Mental Health Care Utilization: Findings from a Large-Scale National Survey," Psychiatry Research 229, no. 1(2015): 454–461. 레빈(Levine)과 헬러(Heller)는 여러 연구를 검토하고 50퍼센트는 안정 애착, 25퍼센트는 불안정 회피 애착, 22퍼센트는 불안정 불안 애착, 3퍼센트는 혼란 애착이라고 주장한다; Levine and Heller, Attached, 8. M. Mikulincer and P. R. Shaver,

최악을 극복하는 힘

Attachment in Adulthood: Structure, Dynamics, and Change(New York: Guilford, 2007), 안정 애착 비율이 상대적으로 혜택을 받지 못하는 계층(예: 빈곤층, 사회적으로 불안정한 계층)에서 더 낮아진다는 사실을 발견한 연구들을 검토해 보자.

21 이 같은 연구의 자세한 내용 참조는 C. Magai et al., "Attachment Styles in Older European American and African American Adults," Journal of Gerontology B: Psychological and Social Sciences 56, no. 1(2001): S28–S35.

22 van der Kolk, The Body Keeps the Score, 115.

23 자세한 내용 참조는 G. N. Neigh, C. F. Gillespie, and C. B. Nemeroff, "The Neurobiological Toll of Child Abuse and Neglect," Trauma, Violence and Abuse 10, no. 4(2009): 389–410; Robert M. Sapolsky, Behave: The Biology of Humans at Our Best and Worst(New York: Penguin, 2017), chap. 7.

24 M. H. van Ijzendoorn, C. Schuengel, and M. J. Bakermans- Kranenburg, "Disorganized Attachment in Early Childhood: Meta-Analysis of Precursors, Concomitants, and Sequelae," Development and Psychopathology 11, no. 2(1999): 225–250.

25 M. Kennedy, L. R. Betts, and J. D. M. Underwood, "Moving beyond the Mother-Child Dyad: Exploring the Link between Maternal Sensitivity and Siblings' Attachment Styles," Journal of Genetic Psychology 175, no. 3–4(2014): 287–300; E. M. Leerkes, "Maternal Sensitivity during Distressing Tasks: A Unique Predictor of Attachment Security," Infant Behavior and Development 34(2011): 443–446. 최근 연구에서는 불안정 애착 유형이 적어도 부분적으로는 특정 도파민과 세로토닌 수용기 유전자의 변형과 관련이 있다는 사실을 발견했다. R. C. Fraley et al., "Interpersonal and Genetic Origins of Adult Attachment Styles: A Longitudinal Study from Infancy to Early Adulthood," Journal of Personality and Social Psychology 104, no. 5(2013): 817–838; O. Gillath et al., "Genetic Correlates of Adult Attachment Style," Personality and Social Psychology Bulletin 34, no. 10(2008): 1396–1405.

26 L. C. Hibel et al., "Intimate Partner Violence Moderates the Association between Mother–Infant Adrenocortical Activity across an Emotional Challenge," Journal

of Family Psychology 23(2009): 615–625; L. M. Papp, P. Pendry, and E. K. Adam, "Mother-Adolescent Physiological Synchrony in Naturalistic Settings: Within- Family Cortisol Associations and Moderators," Journal of Family Psychology 23(2009): 882–894; S. R. Williams et al., "Exploring Patterns in Cortisol Synchrony among Anxious and Nonanxious Mother and Child Dyads: A Preliminary Study," Biological Psychology 93(2013): 287–295.

27 S. F. Waters, T. V. West, and W. B. Mendes, "Stress Contagion: Physiological Covariation between Mothers and Infants," Psychological Science 25, no. 4(2014): 934–942.

28 Waters et al., "Stress Contagion," 939.

29 Ogden et al., Trauma and the Body, 48–50; van der Kolk, The Body Keeps the Score, 116; Siegel, The Developing Mind, 283. 메리 에인스워스(Mary Ainsworth)는 유아나 어린아이의 애착 유형을 결정하는 경험적 방법론을 제공하기 위해 낯선 상황(Strange Situation) 실험을 개발했다. 이 실험은 8개의 에피소드로 진행되는데 각 에피소드는 엄마와 아이, 낯선 사람의 다른 조합을 제시한다. 다른 방에서는 관찰자들이 15초마다 아이의 행동을 코드화해 이를 바탕으로 애착 유형을 측정한다. 에인스워스는 이 연구 결과를 토대로 안정 애착, 불안정 회피 애착, 불안정 불안 애착 등 세 가지 애착 유형을 개발했다. M. D. S. Ainsworth and S. M. Bell, "Attachment, Exploration, and Separation: Illustrated by the Behavior of One-Year-Olds in a Strange Situation," Child Development 41, no. 1(1970): 49–67. A fourth attachment style, insecure-disorganized, was observed by Mary Main and her colleagues.

30 van der Kolk, The Body Keeps the Score, 116; Siegel, The Developing Mind, 287–290; Ogden et al., Trauma and the Body, 48–50.

31 Ogden et al., Trauma and the Body, 48– 50; Siegel, The Developing Mind, 287–290; van der Kolk, The Body Keeps the Score, 116; Levine and Heller, Attached, chap. 6.

32 Levine and Heller, Attached, chap. 6; J. N. Fish et al., "Characteristics of Those Who Participate in Infidelity: The Role of Adult Attachment and Differentiation in Extradyadic Experiences," American Journal of Family Therapy 40, no.

최악을 극복하는 힘

3(2012): 214–229; E. S. Allen and D. H. Baucom, "Adult Attachment and Patterns of Extradyadic Involvement," Family Process 43, no. 4(2004): 467–488; E. Selcuk, V. Zayas, and C. Hazan, "Beyond Satisfaction: The Role of Attachment in Marital Functioning," Journal of Family Theory and Review 2, no. 4(2010): 258–279.

33 Levine and Heller, Attached, 8; Meng et al., "Associations between Adult Attachment Style and Mental Health Care Utilization"; Mickelson et al., "Adult Attachment in a Nationally Representative Sample."

34 자세한 내용 참조는 Magai et al., "Attachment Styles."

35 Siegel, The Developing Mind, 283–284; Ogden et al., Trauma and the Body, 50–51.

36 Ogden et al., Trauma and the Body, 50–51; Siegel, The Developing Mind, 283–284; van der Kolk, The Body Keeps the Score, 116.

37 Siegel, The Developing Mind, 290–292; Ogden et al., Trauma and the Body, 50–51; Levine and Heller, Attached, chap. 5; S. Reynolds, H. R. Searight, and S. Ratwik, "Adult Attachment Styles and Rumination in the Context of Intimate Relationships," North American Journal of Psychology 16, no. 3(2014): 495–506; O. Gillath et al., "Attachment-Style Differences in the Ability to Suppress Negative Thoughts: Exploring the Neural Correlates," NeuroImage 28(2005): 835–847; S. K. K. Nielsen et al., "Adult Attachment Style and Anxiety— The Mediating Role of Emotion Regulation," Journal of Affective Disorders 218(2017): 253–259.

38 R. C. Fraley et al., "Adult Attachment and the Perception of Emotional Expressions: Probing the Hyperactivating Strategies Underlying Anxious Attachment," Journal of Personality 74, no. 4(2006): 1163–1190; P. Vrtička, D. Sander, and P. Vuilleumier, "Influence of Adult Attachment Style on the Perception of Social and Non-Social Emotional Scenes," Journal of Social and Personal Relationships 29, no. 4(2012): 530–544; Selcuk et al., "Beyond Satisfaction"; Levine and Heller, Attached, chap. 5.

39 Siegel, The Developing Mind, 290–292; Selcuk et al., "Beyond Satisfaction";

Gillath et al., "Attachment-Style Differences"; Levine and Heller, Attached, Chapter 5.

40   Allen and Baucom, "Adult Attachment"; Fish et al., "Characteristics of Those Who Participate in Infidelity"; J. Davila and T. N. Bradbury, "Attachment Insecurity and the Distinction between Unhappy Spouses Who Do and Do Not Divorce," Journal of Family Psychology 15, no. 3(2001): 371–393; Selcuk et al., "Beyond Satisfaction."

41   Levine and Heller, Attached, 8; Meng et al., "Associations between Adult Attachment Style and Mental Health Care Utilization"; Mickelson et al., "Adult Attachment in a Nationally Representative Sample."

42   측정하는 경우 '불안 회피' 애착 또는 '공포 회피(fearful-avoidant)' 애착 유형으로 부른다. Bartholomew and Shaver, "Methods of Assessing Adult Attachment."

43   van Ijzendoorn et al., "Disorganized Attachment in Early Childhood."

44   van Ijzendoorn et al., "Disorganized Attachment in Early Childhood"; Siegel, The Developing Mind, 284; Ogden et al., Trauma and the Body, 51–54; E. Hesse and M. Main, "Frightened, Threatening, and Dissociative Parental Behavior in Low- Risk Samples: Description, Discussion, and Interpretations," Development and Psychopathology 18, no. 2(2006): 309–343; van der Kolk, The Body Keeps the Score, 117–120.

45   Hesse and Main, "Frightened, Threatening, and Dissociative Parental Behavior," 310.

46   Hesse and Main, "Frightened, Threatening, and Dissociative Parental Behavior," 310; Ogden et al., Trauma and the Body, 51–54; Siegel, The Developing Mind, 284; van der Kolk, The Body Keeps the Score, 117–120; van Ijzendoorn et al., "Disorganized Attachment in Early Childhood."

47   van Ijzendoorn et al., "Disorganized Attachment in Early Childhood," 226.

48   van der Kolk, The Body Keeps the Score, 117–120; J. L. Borelli et al., "Links between Disorganized Attachment Classification and Clinical Symptoms in School-Aged Children," Journal of Child and Family Studies 19, no. 3(2010): 243–256.

49 Porges, The Polyvagal Theory, 17–19; Ogden et al., Trauma and the Body, 51–54; van der Kolk, The Body Keeps the Score, 121–122.

50 van der Kolk, The Body Keeps the Score, 116; Levine and Heller, Attached, 9.

51 Gillath et al., "Attachment-Style Differences"; Allen and Baucom, "Adult Attachment"; Davila and Bradbury, "Attachment Insecurity"; Selcuk et al., "Beyond Satisfaction"; Fish et al., "Characteristics of Those Who Participate in Infidelity."

52 L. A. McWilliams and S. J. Bailey, "Associations between Adult Attachment Ratings and Health Conditions: Evidence from the National Comorbidity Survey Replication," Health Psychology 29, no. 4(2010): 446–453; G. C. Adams and L. A. McWilliams, "Relationships between Adult Attachment Style Ratings and Sleep Disturbances in a Nationally Representative Sample," Journal of Psychosomatic Research 79, no. 1(2015): 37–42; L. A. McWilliams, "Adult Attachment Insecurity Is Positively Associated with Medically Unexplained Chronic Pain," European Journal of Pain 21, no. 8(2017): 1378–1383; L. A. McWilliams, B. J. Cox, and M. W. Enns, "Impact of Adult Attachment Styles on Pain and Disability Associated with Arthritis in a Nationally Representative Sample," Clinical Journal of Pain 16, no. 4(2000): 360–364.

53 K. N. Levy, "The Implications of Attachment Theory and Research for Understanding Borderline Personality Disorder," Development and Psychopathology 17, no. 4(2005): 959–986; S. Woodhouse, S. Ayers, and A. P. Field, "The Relationship between Adult Attachment Style and Post-Traumatic Stress Symptoms: A Meta-Analysis," Journal of Anxiety Disorders 35(2015): 103–117; J. Feeney et al., "Attachment Insecurity, Depression, and the Transition to Parenthood," Personal Relationships 10, no. 4(2003): 475–493; M. J. Bakermans-Kranenburg and M. H. van Ijzendoorn, "The First 10,000 Adult Attachment Interviews: Distributions of Adult Attachment Representations in Clinical and Non-Clinical Groups," Attachment and Human Development 11, no. 3(2009): 223–263; A. Schindler et al., "Heroin as an Attachment Substitute? Differences in Attachment Representations between Opioid, Ecstasy and Cannabis Abusers,"

Attachment and Human Development 11, no. 3(2009): 307–330; A. Schindler and S. Broning, "A Review on Attachment and Adolescent Substance Abuse: Empirical Evidence and Implications for Prevention and Treatment," Substance Abuse 36, no. 3(2015): 304–313; A. Bifulco et al., "Adult Attachment Style. I: Its Relationship to Clinical Depression," Social Psychiatry and Psychiatric Epidemiology 37, no. 2(2002): 50–59; A. Buchheim, B. Strauss, and H. Kachele, "The Differential Relevance of Attachment Classification for Psychological Disorders," Psychotherapy and Psychosomatic Medical Psychology 52, no. 3–4(2002): 128–133; F. Declercq and J. Willemsen, "Distress and Post-Traumatic Stress Disorders in High Risk Professionals: Adult Attachment Style and the Dimensions of Anxiety and Avoidance," Clinical Psychology and Psychotherapy 13, no. 4(2006): 256–263; Nielsen et al., "Adult Attachment Style and Anxiety"; A. Marganska, M. Gallagher, and R. Miranda, "Adult Attachment, Emotion Dysregulation, and Symptoms of Depression and Generalized Anxiety Disorder," American Journal of Orthopsychiatry 83, no. 1(2013): 131–141; H. Unterrainer et al., "Addiction as an Attachment Disorder: White Matter Impairment Is Linked to Increased Negative Affective States in Poly- Drug Use," Frontiers in Human Neuroscience 11(2017): 208; A. M. Ponizovsky et al., "Attachment Insecurity and Psychological Resources Associated with Adjustment Disorders," American Journal of Orthopsychiatry 81, no. 2(2011): 265–276; A. Bifulco et al., "Adult Attachment Style. II: Its Relationship to Psychosocial Depressive-Vulnerability," Social Psychiatry and Psychiatric Epidemiology 37, no. 2(2002): 60–67.

CHAPTER 7. 아동기 역경

1   Bruce E. Wexler, Brain and Culture: Neurobiology, Ideology, and Social Change(Cambridge, MA: MIT Press, 2006), 100; Pat Ogden, Kekuni Minton, and Clare Pain, Trauma and the Body: A Sensorimotor Approach to Psychotherapy(New York: Norton, 2006), chap. 6; Daniel J. Siegel, The

Developing Mind: How Relationships and the Brain Interact to Shape Who We Are(New York: Guilford, 1999), chap. 8; Robert M. Sapolsky, Behave: The Biology of Humans at Our Best and Worst(New York: Penguin, 2017), chap. 7, esp.221–222.

2   Siegel, The Developing Mind, chap. 8; Wexler, Brain and Culture, chap. 3; K. Chase Stovall-McClough and M, Cloitre, "Unresolved Attachment, PTSD, and Dissociation in Women with Childhood Abuse Histories," Journal of Consulting and Clinical Psychology 74, no. 2(2006): 219–228; Ogden et al., Trauma and the Body, chap. 3; M. S. Scheeringa and C. H. Zeanah, "A Relational Perspective on PTSD in Early Childhood," Journal of Traumatic Stress 14, no. 4(2001): 799–815; G. N. Neigh, C. F. Gillespie, and C. B. Nemeroff, "The Neurobiological Toll of Child Abuse and Neglect," Trauma, Violence and Abuse 10, no. 4(2009): 389–410.

3   P. A. Brennan et al., "Maternal Depression and Infant Cortisol: Influences of Timing, Comorbidity and Treatment," Journal of Child Psychology and Psychiatry 49, no. 10(2008): 1099–1107; R. Yehuda et al., "Transgenerational Effects of Posttraumatic Stress Disorder in Babies of Mothers Exposed to the World Trade Center Attacks during Pregnancy," Journal of Clinical Endocrinology and Metabolism 90(2005): 4115–4118; Robert C. Scaer, The Trauma Spectrum: Hidden Wounds and Human Resiliency(New York: Norton, 2005), 106–07; I. S. Yim et al., "Biological and Psychosocial Predictors of Postpartum Depression: Systematic Review and Call for Integration," Annual Review of Clinical Psychology 11(2015): 99–137. 다른 포유류에 관한 신중히 통제된 연구에서도 임신한 어미가 스트레스가 심하거나 학대받는 환경에 노출되면 새끼가 직접 그 환경에 노출되는 것과 유사한 영향을 받는 것으로 나타났다. 자세한 내용 참조는 Neigh et al., "The Neurobiological Toll of Child Abuse and Neglect."

4   J. Snyder et al., " Parent–Child Relationship Quality and Family Transmission of Parent Posttraumatic Stress Disorder Symptoms and Child Externalizing and Internalizing Symptoms Following Fathers' Exposure to Combat Trauma," Development and Psychopathology 28, no. 4, pt. 1(2016): 947–969.

5   자세한 내용 참조는 Neigh et al., "The Neurobiological Toll of Child Abuse and Neglect."

6   A. Chandra et al., "Children on the Homefront: The Experience of Children from Military Families," Pediatrics 125(2010): 16–25; J. Douglas Bremner, Does Stress Damage the Brain? Understanding Trauma- Related Disorders from a Mind-Body Perspective(New York: Norton, 2005), 152; A. C. Davidson and D. J. Mellor, "The Adjustment of Children of Australian Vietnam Veterans: Is There Evidence for the Transgenerational Transmission of the Effects of War- Related Trauma?" Australian and New Zealand Journal of Psychiatry 35, no. 3(2001): 345–351; F. A. Al-Turkait and J. U. Ohaeri, "Psychopathological Status, Behavior Problems, and Family Adjustment of Kuwaiti Children Whose Fathers Were Involved in the First Gulf War," Child and Adolescent Psychiatry and Mental Health 2, no. 1(2008): 1–12; P. Lester et al., "The Long War and Parental Combat Deployment: Effects on Military Children and at-Home Spouses," Journal of the American Academy of Child and Adolescent Psychiatry 49(2010): 310–320.

7   K. J. Kim et al., "Reciprocal Influences between Stressful Life Events and Adolescent Internalizing and Externalizing Problems," Child Development 74, no. 1(2003): 127–143; R. D. Conger et al., "A Family Process Model of Economic Hardship and Adjustment of Early Adolescent Boys," Child Development 63, no. 3(1992): 526–541; M. Cui and R. D. Conger, "Parenting Behavior as Mediator and Moderator of the Association between Marital Problems and Adolescent Maladjustment," Journal of Research on Adolescence 18, no. 2(2008): 261–284; M. Cui et al., "Intergenerational Transmission of Relationship Aggression: A Prospective Longitudinal Study," Journal of Family Psychology 24, no. 6(2010): 688–697; T. J. Schofield et al., "Harsh Parenting, Physical Health, and the Protective Role of Positive Parent-Adolescent Relationships," Social Science and Medicine 157(2016): 18–26; R. D. Conger and K. J. Conger, "Understanding the Processes through Which Economic Hardship Influences Families and Children," Handbook of Families and Poverty 5(2008): 64–78; K. A. S. Wickrama et al., "Family Antecedents and Consequences of Trajectories of

최악을 극복하는 힘

Depressive Symptoms from Adolescence to Young Adulthood: A Life Course Investigation," Journal of Health and Social Behavior 49, no. 4(2008): 468–483.

8   Jane Ellen Stevens, "The Adverse Childhood Experiences Study—The Largest, Most Important Public Health Study You Never Heard of—Began in an Obesity Clinic," acestoohigh.com/2012/10/03/the-adverse-childhood-experiences-study-the-largest-most-important-public-health-study-you-never-heard-of-began-in-an-obesity-clinic/.

9   V. J. Felitti et al., "Relationship of Childhood Abuse and Household Dysfunction to Many of the Leading Causes of Death in Adults: The Adverse Childhood Experiences (ACE) Study," American Journal of Preventive Medicine 14, no. 4(1998): 245–258.

10   나는 여기서 3점 이상이라고 말하는데 시카고 연구는 4점 이상을 명시하지 않았기 때문이다. J. P. Mersky, J. Topitzes, and A. J. Reynolds, "Impacts of Adverse Childhood Experiences on Health, Mental Health, and Substance Use in Early Adulthood: A Cohort Study of an Urban, Minority Sample in the U.S.," Child Abuse and Neglect 37, no. 11(2013): 917–925. See also N. J. Burke et al., "The Impact of Adverse Childhood Experiences on an Urban Pediatric Population," Child Abuse and Neglect 35, no. 6(2011): 408–413; M. E. Jimenez et al., "Adverse Childhood Experiences and ADHD Diagnosis at Age 9 Years in a National Urban Sample," Academic Pediatrics 17, no. 4(2017): 356–361.

11   J. R. Blosnich et al., "Disparities in Adverse Childhood Experiences among Individuals with a History of Military Service," JAMA Psychiatry 71, no. 9(2014): 1041–1048.

12   본 연구에서 측정한 11가지 범주는 가정 정신 질환, 부모의 별거 또는 이혼, 가정 약물 사용, 가정 알코올 남용, 가정 신체 학대, 감금된 가족 구성원, 가정 폭력에의 노출, 정서적 학대, 성적 접촉, 다른 성적 접촉, 강요된 성관계 등이다.

13   A. C. Iverson et al., "Influence of Childhood Adversity on Health among Male UK Military Personnel," British Journal of Psychiatry 191(2007): 506–511; U. A. Kelly et al., "More Than Military Sexual Trauma: Interpersonal Violence, PTSD, and Mental Health in Women Veterans," Research in Nursing and Health 34, no.

6(2011): 457–467; T. Woodruff, R. Kelty, and D. R. Segal, "Propensity to Serve and Motivation to Enlist among American Combat Soldiers," Armed Forces and Society 32, no. 3 (2006): 353–366; J. R. Schultz et al., "Child Sexual Abuse and Adulthood Sexual Assault among Military Veteran and Civilian Women," Military Medicine 171, no. 8(2006): 723–728; L. Trent et al., "Alcohol Abuse among U.S. Navy Recruits Who Were Maltreated in Childhood," Alcohol and Alcoholism 42, no. 4(2007): 370–375; Kathy Roth-Douquet and Frank Schaffer, AWOL: The Unexcused Absence of America's Upper Classes from Military Service—And How It Hurts Our Country(New York: HarperCollins, 2006).

14 예를 들면 I. H. Stanley et al., "Career Prevalence and Correlates of Suicidal Thoughts and Behaviors among Firefighters," Journal of Affective Disorders 187(2015): 163–171.

15 J. Hardt and M. Rutter, "Validity of Adult Retrospective Reports of Adverse Childhood Experiences: Review of the Evidence," Journal of Child Psychology and Psychiatry 45, no. 2(2004): 260–273.

16 R. J. Davidson, D. C. Jackson, and N. H. Kalin, "Emotion, Plasticity, Context, and Regulation: Perspectives from Affective Neuroscience," Psychological Bulletin 126, no. 6(2000): 890–909; J. L. Hanson et al., "Structural Variations in Prefrontal Cortex Mediate the Relationship between Early Childhood Stress and Spatial Working Memory," Journal of Neuroscience 32, no. 23(2012): 7917–7925; R. J. Davidson and B. S. McEwen, "Social Influences on Neuroplasticity: Stress and Interventions to Promote Well-Being," Nature Neuroscience 15, no. 5(2012): 689–695; Sapolsky, Behave, 194–201; S. J. Lupien et al., "Effects of Stress throughout the Lifespan on the Brain, Behaviour and Cognition," Nature Reviews Neuroscience 10, no. 6(2009): 434–445; V. G. Carrion, C. F. Weems, and A. L. Reiss, "Stress Predicts Brain Changes in Children: A Pilot Longitudinal Study on Youth Stress, Posttraumatic Stress Disorder, and the Hippocampus," Pediatrics 119, no. 3(2007): 509–516; F. L. Woon and D. W. Hedges, "Hippocampal and Amygdala Volumes in Children and Adults with Childhood Maltreatment-Related Posttraumatic Stress Disorder: A Meta-

최악을 극복하는 힘

Analysis," Hippocampus 18, no. 8(2008): 729–736.

17 Sapolsky, Behave, 194–201.

18 M. M. Weissman et al., "Depressed Adolescents Grown Up," Journal of the American Medical Association 281, no. 18(1999): 1707–1713; M. M. Weissman et al., "Children with Prepubertal-Onset Major Depressive Disorder and Anxiety Grown Up," Archives of General Psychiatry 56, no. 9(1999): 794–801.

19 A. C. Schermerhorn, "Associations of Child Emotion Recognition with Interparental Conflict and Shy Child Temperament Traits," Journal of Social and Personal Relationships(2018): doi: 10.1177/0265407518762606.

20 Scaer, The Trauma Spectrum, 62–64; Pat Ogden and Janina Fisher, Sensorimotor Psychotherapy: Interventions for Trauma and Attachment(New York: Norton, 2015), 181.

21 Stephen W. Porges, The Polyvagal Theory: Neurophysiological Foundations of Emotions, Attachment, Communication, and Self-Regulation(New York: Norton, 2011), chap. 16.

22 Neigh et al., "The Neurobiological Toll of Child Abuse and Neglect."; J. J. Mann and D. M. Currier, "Stress, Genetics and Epigenetic Effects on the Neurobiology of Suicidal Behavior and Depression," European Psychiatry 25, no. 5(2010): 268–271.

23 G. E. Miller, E. Chen, and K. J. Parker, "Psychological Stress in Childhood and Susceptibility to the Chronic Diseases of Aging: Moving toward a Model of Behavioral and Biological Mechanisms," Psychological Bulletin 137, no. 6(2011): 959–97; G. E. Miller and E. Chen, "Harsh Family Climate in Early Life Presages the Emergence of a Proinflammatory Phenotype in Adolescence," Psychological Science 21, no. 6(2010): 848–856; G. Arango Duque and A. Descoteaux, "Macrophage Cytokines: Involvement in Immunity and Infectious Diseases," Frontiers in Immunology 5, no. 491(2014): 1–12; N. Slopen et al., "Early Origins of Inflammation: An Examination of Prenatal and Childhood Social Adversity in a Prospective Cohort Study," Psychoneuroendocrinology 51(2015): 403–413; C. P. Fagundes, R. Glaser, and J. K. Kiecolt- Glaser, "Stressful

Early Life Experiences and Immune Dysregulation across the Lifespan," Brain, Behavior, and Immunity 27, no. 1(2013): 8–12; R. Nusslock and G. E. Miller, " Early-Life Adversity and Physical and Emotional Health across the Lifespan: A Neuroimmune Network Hypothesis," Biological Psychiatry 80, no. 1(2016): 23–32; Gary Kaplan and Donna Beech, Total Recovery: Solving the Mystery of Chronic Pain and Depression(New York: Rodale, 2014), chaps. 4, 7.

24 V. H. Perry and C. Holmes, "Microglial Priming in Neurodegenerative Disease," Nature Reviews Neurology 10, no. 4(2014): 217–224; V. H. Perry and J. Teeling, "Microglia and Macrophages of the Central Nervous System: The Contribution of Microglia Priming and Systemic Inflammation to Chronic Neurodegeneration," Seminars in Immunopathology 35, no. 5(2013): 601–612; Kaplan and Beech, Total Recovery, chap. 4; C. M. Eklund, "Proinflammatory Cytokines in CRP Baseline Regulation," Advances in Clinical Chemistry 48(2009): 111–136; A. A. Appleton et al., "Divergent Associations of Adaptive and Maladaptive Emotion Regulation Strategies with Inflammation," Health Psychology 32, no. 7(2013): 748–756; Bruce S. McEwen and Elizabeth Norton Lasley, The End of Stress as We Know It(Washington, D.C.: Joseph Henry, 2002), chap. 6.

25 McEwen and Lasley, The End of Stress as We Know It, 64, chap. 6.

26 Sapolsky, Behave, 196–197; J. T. Yorgason et al., "Social Isolation Rearing Increases Dopamine Uptake and Psychostimulant Potency in the Striatum," Neuropharmacology 101(2016): 471–479; L. M. Oswald et al., "History of Childhood Adversity Is Positively Associated with Ventral Striatal Dopamine Responses to Amphetamine," Psychopharmacology 231, no. 12(2014): 2417–2433; A. N. Karkhanis et al., "Social Isolation Rearing Increases Nucleus Accumbens Dopamine and Norepinephrine Responses to Acute Ethanol in Adulthood," Alcoholism: Clinical and Experimental Research 38, no. 11(2014): 2770–2779; T. R. Butler et al., "Adolescent Social Isolation as a Model of Heightened Vulnerability to Comorbid Alcoholism and Anxiety Disorders," Alcoholism: Clinical and Experimental Research 40, no. 6(2016): 1202–1214;

최악을 극복하는 힘

A. N. Karkhanis et al., " Early-Life Social Isolation Stress Increases Kappa Opioid Receptor Responsiveness and Downregulates the Dopamine System," Neuropsychopharmacology 41, no. 9(2016): 2263–2274.

27 Gabor Maté, In the Realm of Hungry Ghosts: Close Encounters with Addiction(Berkeley, CA: North Atlantic, 2010), 171, chaps. 13, 15.

28 Maté, In the Realm of Hungry Ghosts, 42.

29 Sapolsky, Behave, 197.

30 Scaer, The Trauma Spectrum, 56; Bessel A. van der Kolk, The Body Keeps the Score: Brain, Mind, and Body in the Healing of Trauma(New York: Penguin, 2015), 29–31; Christopher Peterson, Steven F. Maier, and Martin E. P. Seligman, Learned Helplessness: A Theory for the Age of Personal Control(New York: Oxford University Press, 1993); B. A. van der Kolk et al., "Inescapable Shock, Neurotransmitters, and Addiction to Trauma: Toward a Psychobiology of Post Traumatic Stress," Biological Psychiatry 20, no. 3(1985): 314-325

31 Scaer, The Trauma Spectrum, 56–57; Sapolsky, Behave, 197; C. Anacker, K. J. O'Donnell, and M. J. Meaney, "Early Life Adversity and the Epigenetic Programming of Hypothalamic-Pituitary-Adrenal Function," Dialogues in Clinical Neuroscience 16, no. 3(2014): 321–333; Peterson et al., Learned Helplessness.

32 Scaer, The Trauma Spectrum, 56–57; B. A. van der Kolk, "Clinical Implications of Neuroscience Research in PTSD," Annals of the New York Academy of Sciences 1071, no. 1(2006): 277–293.

33 Scaer, The Trauma Spectrum, 88; B. A. van der Kolk, "The Compulsion to Repeat the Trauma," Psychiatric Clinics of North America 12, no. 2(1989): 389–411; Peter A. Levine, Waking the Tiger: Healing Trauma(Berkeley, CA: North Atlantic, 1997), 173.

34 Scaer, The Trauma Spectrum, 88–95; van der Kolk, The Body Keeps the Score, 31–33; Ogden and Fisher, Sensorimotor Psychotherapy, chap. 21; Levine, Waking the Tiger, chap. 13; P. Payne and M. A. Crane-Godreau, "The Preparatory Set: A Novel Approach to Understanding Stress, Trauma, and the

Bodymind Therapies," Frontiers in Human Neuroscience 9, no. 178(2015): doi:10.3389/fnhum.2015.00178; P. Payne, P. A. Levine, and M. A. Crane-Godreau, "Somatic Experiencing: Using Interoception and Proprioception as Core Elements of Trauma Therapy," Frontiers in Psychology 6, no. 93(2015): doi:10.3389/fpsyg.2015.00093.

35 van der Kolk, The Body Keeps the Score, 31; van der Kolk, "The Compulsion to Repeat the Trauma."

36 van der Kolk, "The Compulsion to Repeat the Trauma"; Scaer, The Trauma Spectrum, 89–92; T. Woodman, N. Cazenave, and C. Le Scanff, "Skydiving as Emotion Regulation: The Rise and Fall of Anxiety Is Moderated by Alexithymia," Journal of Sport and Exercise Psychology 30, no. 3(2008): 424–433.

37 van der Kolk, "The Compulsion to Repeat the Trauma," 400. See also D. G. Dutton and S. L. Painter, "Traumatic Bonding: The Development of Emotional Attachments in Battered Women and Other Relationships of Intermittent Abuse," Victimology: An International Journal 6, no. 1–4(1981): 139–155; Lenore E. A. Walker, The Battered Woman Syndrome, 4th ed.(New York: Springer, 2017).

38 Jimenez et al., "Adverse Childhood Experiences"; J. C. Spilsbury et al., "Profiles of Behavioral Problems in Children Who Witness Domestic Violence," Violence and Victims 23, no. 1(2008): 3–17; Burke et al., "The Impact of Adverse Childhood Experiences"; van der Kolk, The Body Keeps the Score, chap. 9.

39 Mersky et al., "Impacts of Adverse Childhood Experiences"; E. A. Greenfield, "Child Abuse as a Life-Course Social Determinant of Adult Health," Maturitas 66, no. 1(2010): 51–55; K. W. Springer et al., "Long-Term Physical and Mental Health Consequences of Childhood Physical Abuse: Results from a Large Population-Based Sample of Men and Women," Child Abuse and Neglect 31, no. 5(2007): 517–530; K. W. Springer, "Childhood Physical Abuse and Midlife Physical Health: Testing a Multi-Pathway Life Course Model," Social Science and Medicine 69, no. 1(2009): 138–146; D. P. Chapman et al., "Adverse Childhood Experiences and the Risk of Depressive Disorders in Adulthood," Journal

최악을 극복하는 힘

of Affective Disorders 82, no. 2(2004): 217–225; Felitti et al., "Relationship of Childhood Abuse and Household Dysfunction"; V. J. Felitti, "Adverse Childhood Experiences and Adult Health," Academic Pediatrics 9, no. 3(2009): 131–132; D. W. Brown et al., "Adverse Childhood Experiences and the Risk of Premature Mortality," American Journal of Preventive Medicine 37, no. 5(2009): 389–396; R. Bruffaerts et al., "Childhood Adversities as Risk Factors for Onset and Persistence of Suicidal Behaviour," British Journal of Psychiatry 197, no. 1(2010): 20–27; R. C. Kessler et al., "Childhood Adversities and Adult Psychopathology in the WHO World Mental Health Surveys," British Journal of Psychiatry 197, no. 5(2010): 378–385; S. R. Dube et al., "Childhood Abuse, Household Dysfunction, and the Risk of Attempted Suicide throughout the Life Span: Findings from the Adverse Childhood Experiences Study," Journal of the American Medical Association 286, no. 24(2001): 3089–3096; S. R. Dube et al., "Exposure to Abuse, Neglect, and Household Dysfunction among Adults Who Witnessed Intimate Partner Violence as Children: Implications for Health and Social Services," Violence and Victims 17, no. 1(2002): 3–17; S. R. Dube et al., " Long- Term Consequences of Childhood Sexual Abuse by Gender of Victim," American Journal of Preventive Medicine 28, no. 5(2005): 430–438; S. R. Dube et al., "Childhood Abuse, Neglect, and Household Dysfunction and the Risk of Illicit Drug Use: The Adverse Childhood Experiences Study," Pediatrics 111, no. 3(2003): 564–572; B. S. Brodsky and B. Stanley, "Adverse Childhood Experiences and Suicidal Behavior," Psychiatric Clinics of North America 31, no. 2(2008): 223–235; R. F. Anda et al., "Adverse Childhood Experiences and Smoking during Adolescence and Adulthood," Journal of the American Medical Association 282, no. 17(1999): 1652–1658; R. F. Anda et al., "The Enduring Effects of Abuse and Related Adverse Experiences in Childhood," European Archives of Psychiatry and Clinical Neuroscience 256, no. 3(2006): 174–186; van der Kolk, The Body Keeps the Score, chap. 9; Sapolsky, Behave, 194–197; Mann and Currier, "Stress, Genetics and Epigenetic Effects"; Neigh et al., "The Neurobiological Toll of Child Abuse and Neglect."

40   Van der Kolk, The Body Keeps the Score, 146–147, 68; L. M. Renner and K. S. Slack, "Intimate Partner Violence and Child Maltreatment: Understanding Intra- and Intergenerational Connections," Child Abuse and Neglect 30, no. 6(2006): 599–617; S. Desai et al., "Childhood Victimization and Subsequent Adult Revictimization Assessed in a Nationally Representative Sample of Women and Men," Violence and Victims 17, no. 6(2002): 639–653; C. S. Widom, S. J. Czaja, and M. A. Dutton, "Childhood Victimization and Lifetime Revictimization," Child Abuse and Neglect 32, no. 8(2008): 785–796; Sapolsky, Behave, 194–201; A. B. Amstadter et al., "Predictors of Physical Assault Victimization: Findings from the National Survey of Adolescents," Addictive Behaviors 36, no. 8(2011): 814–820; A. M. Begle et al., "Longitudinal Pathways of Victimization, Substance Use, and Delinquency: Findings from the National Survey of Adolescents," Addictive Behaviors 36, no. 7(2011): 682–689; R. Acierno et al., "Risk Factors for Rape, Physical Assault, and Posttraumatic Stress Disorder in Women," Journal of Anxiety Disorders 13, no. 6(1999): 541–563; J. R. Cougle, H. Resnick, and D. G. Kilpatrick, "Does Prior Exposure to Interpersonal Violence Increase Risk of PTSD Following Subsequent Exposure?," Behaviour Research and Therapy 47, no. 12(2009): 1012–1017; S. L. Buka et al., "Youth Exposure to Violence: Prevalence, Risks and Consequences," American Journal of Orthopsychiatry 71, no. 3(2001): 298–310; J. B. Bingenheimer, R. T. Brennan, and F. J. Earls, "Firearm Violence Exposure and Serious Violent Behavior," Science 308, no. 5726(2005): 1323–1326; R. T. Leeb, L. E. Barker, and T. W. Strine, "The Effect of Childhood Physical and Sexual Abuse on Adolescent Weapon Carrying," Journal of Adolescent Health 40, no. 6(2007): 551–558; R. Spano, C. Rivera, and J. M. Bolland, "Are Chronic Exposure to Violence and Chronic Violent Behavior Closely Related Developmental Processes during Adolescence?," Criminal Justice and Behavior 37, no. 10(2010): 1160–1179; Cui et al., "Intergenerational Transmission of Relationship Aggression"; Audra Burch, "Linking Childhood Trauma to Prison's Revolving Door," New York Times, October 16, 2017.

41   ACE 설문 조사는 acestudy.org/the-ace-score.html에서 참여할 수 있다.

최악을 극복하는 힘

CHAPTER 8. 쇼크 트라우마

1   M. Laurie Leitch and Elaine Miller-Karas, Veterans' Resiliency Model, Level 1 Training Manual(Claremont, CA: Trauma Resource Institute, 2009), 25.

2   Bruce S. McEwen and Elizabeth Norton Lasley, The End of Stress as We Know It(Washington, D.C.: Joseph Henry, 2002), 6–10, 29–33, 55–66; Robert M. Sapolsky, Why Zebras Don't Get Ulcers, 3rd ed.(New York: Holt, 2004), 9–16; Pat Ogden, Kekuni Minton, and Clare Pain, Trauma and the Body: A Sensorimotor Approach to Psychotherapy(New York: Norton, 2006), 33–40.

3   Charles Duhigg, Smarter Faster Better: The Transformative Power of Real Productivity (New York: Random House, 2016), 103–106, 109-115

4   U. Bar-Joseph and R. McDermott, "Personal Functioning under Stress: Accountability and Social Support of Israeli Leaders in the Yom Kippur War," Journal of Conflict Resolution 52, no. 1(2008): 144–170.

5   Bar-Joseph and McDermott, "Personal Functioning under Stress," 156.

6   Bar-Joseph and McDermott, "Personal Functioning under Stress," 159.

7   Bar-Joseph and McDermott, "Personal Functioning under Stress," 164–65.

8   Bar-Joseph and McDermott, "Personal Functioning under Stress," 165.

9   R. C. Kessler et al., "Thirty-Day Prevalence of DSM-IV Mental Disorders among Nondeployed Soldiers in the U.S. Army: Results from the Army Study to Assess Risk and Resilience in Servicemembers(Army Starrs)," JAMA Psychiatry 71, no. 5(2014): 504–513.

10 Bessel A. van der Kolk, The Body Keeps the Score: Brain, Mind, and Body in the Healing of Trauma(New York: Penguin, 2015), 146– 47; S. Desai et al., "Childhood Victimization and Subsequent Adult Revictimization Assessed in a Nationally Representative Sample of Women and Men," Violence and Victims 17, no. 6(2002): 639–653; R. Spano, C. Rivera, and J. M. Bolland, "Are Chronic Exposure to Violence and Chronic Violent Behavior Closely Related Developmental Processes during Adolescence?," Criminal Justice and Behavior 37, no. 10(2010): 1160–1179; R. T. Leeb, L. E. Barker, and T. W. Strine, "The Effect of Childhood Physical and Sexual Abuse on Adolescent Weapon

Carrying," Journal of Adolescent Health 40, no. 6(2007): 551–558; R. Acierno et al., "Risk Factors for Rape, Physical Assault, and Posttraumatic Stress Disorder in Women," Journal of Anxiety Disorders 13, no. 6(1999): 541–563.

11 E. Ozer et al., "Predictors of Posttraumatic Stress Disorder and Symptoms in Adults: A Meta-Analysis," Psychological Bulletin 129, no. 1(2003): 52–73. See also C. W. Hoge et al., "Association of Posttraumatic Stress Disorder with Somatic Symptoms, Health Care Visits, and Absenteeism among Iraq War Veterans," American Journal of Psychiatry 164, no. 1(2007): 150–153; J. Douglas Bremner, Does Stress Damage the Brain? Understanding Trauma-Related Disorders from a Mind-Body Perspective(New York: Norton, 2005), chap. 1; Robert C. Scaer, The Trauma Spectrum: Hidden Wounds and Human Resiliency(New York: Norton, 2005), chap. 9.

12 Scaer, The Trauma Spectrum, 228– 229.

13 Scaer, The Trauma Spectrum, 228.

14 G. J. G. Asmundson, K. D. Wright, and M. B. Stein, "Pain and PTSD Symptoms in Female Veterans," European Journal of Pain 8, no. 4(2004): 345–350; C. R. Brewin, B. Andrews, and J. D. Valentine, "Meta-Analysis of Risk Factors for Posttraumatic Stress Disorder in Trauma-Exposed Adults," Journal of Consulting and Clinical Psychology 68, no. 5(2000): 345–350; J. D. Bremner et al., "Childhood Physical Abuse and Combat-Related Posttraumatic Stress Disorder in Vietnam Veterans," American Journal of Psychiatry 150, no. 2(1993): 235–239; K. G. Lapp et al., "Lifetime Sexual and Physical Victimization among Male Veterans with Combat-Related Post-Traumatic Stress Disorder," Military Medicine 170, no. 9(2005): 787–790; A. C. Iverson et al., "Influence of Childhood Adversity on Health among Male UK Military Personnel," British Journal of Psychiatry 191(2007): 506–511; C. A. LeardMann, B. Smith, and M. A. Ryan, "Do Adverse Childhood Experiences Increase the Risk of Postdeployment Posttraumatic Stress Disorder in U.S. Marines?," BMC Public Health 10, no. 437(2010): 1–8; O. A. Cabrera et al., "Childhood Adversity and Combat as Predictors of Depression and Post-Traumatic Stress in Deployed Troops," American Journal of Preventive

최악을 극복하는 힘

Medicine 33, no. 2(2007): 77–82; A. M. Fritch et al., "The Impact of Childhood Abuse and Combat-Related Trauma on Postdeployment Adjustment," Journal of Traumatic Stress 23, no. 2(2010): 248–254; E. A. Dedert et al., "Association of Trauma Exposure with Psychiatric Morbidity in Military Veterans Who Have Served since September 11, 2001," Journal of Psychiatric Research 43, no. 9(2009): 830–836; G. A. Gahm et al., "Relative Impact of Adverse Events and Screened Symptoms of Posttraumatic Stress Disorder and Depression among Active Duty Soldiers Seeking Mental Health Care," Journal of Clinical Psychology 63, no. 3(2007): 199–211; L. Trent et al., "Alcohol Abuse among U.S. Navy Recruits Who Were Maltreated in Childhood," Alcohol and Alcoholism 42, no. 4(2007): 370–375; T. C. Smith et al., "Prior Assault and Posttraumatic Stress Disorder after Combat Deployment," Epidemiology 19, no. 3(2008): 505–512; C. P. Clancy et al., "Lifetime Trauma Exposure in Veterans with Military-Related Posttraumatic Stress Disorder: Association with Current Symptomatology," Journal of Clinical Psychiatry 67, no. 9(2006): 1346–1353; J. Sareen et al., "Adverse Childhood Experiences in Relation to Mood and Anxiety Disorders in a Population- Based Sample of Active Military Personnel," Psychological Medicine 43, no. 01(2013): 73–84.

15 N. Pole et al., "Associations between Childhood Trauma and Emotion-Modulated Psychophysiological Responses to Startling Sounds: A Study of Police Cadets," Journal of Abnormal Psychology 116, no. 2(2007): 352–361; R. G. Maunder et al., "Symptoms and Responses to Critical Incidents in Paramedics Who Have Experienced Childhood Abuse and Neglect," Emergency Medicine Journal 29, no. 3(2012): 222–227; V. M. Follette, M. M. Polusny, and K. Milbeck, "Mental Health and Law Enforcement Professionals: Trauma History, Psychological Symptoms, and Impact of Providing Services to Child Sexual Abuse Survivors," Professional Psychology: Research and Practice 25, no. 3(1994): 275–282; C. Otte et al., "Association between Childhood Trauma and Catecholamine Response to Psychological Stress in Police Academy Recruits," Biological Psychiatry 57, no. 1(2005): 27–32; L. M. Rouse et al., "Law

Enforcement Suicide Discerning Etiology through Psychological Autopsy,"
Police Quarterly 18, no. 1(2015): 79–108.

16 Manny Fernandez, "1 Year Later, Relief Stalls for Poorest in Houston," New York
Times, September 3, 2018.

CHAPTER 9. 일상생활

1 National Sleep Foundation, "Sleep Health Index 2014—Highlights,"
sleepfoundation.org/sleep-health-index-2014-highlights; P. M. Krueger and E. M.
Friedman, "Sleep Duration in the United States: A Cross-Sectional Population-
Based Study," American Journal of Epidemiology 169, no. 9(2009): 1052–1063.

2 L. Hale, "Who Has Time to Sleep?," Journal of Public Health 27, no. 2(2005):
205–211; M. Basner et al., "American Time Use Survey: Sleep Time and Its
Relationship to Waking Activities," Sleep 30, no. 9(2007): 1085–1095; Maggie
Jones, "How Little Sleep Can You Get Away With," New York Times Magazine,
April 11, 2011.

3 S. M. W. Rajaratnam et al., "Sleep Disorders, Health, and Safety in Police
Officers," Journal of the American Medical Association 306, no. 23(2011): 2567–
2578; S. M. James et al., "Shift Work: Disrupted Circadian Rhythms and Sleep—
Implications for Health and Well-Being," Current Sleep Medicine Reports 3, no.
2(2017): 104–112; M. Price, "The Risks of Night Work," Monitor on Psychology
42, no. 1(2011): 38; B. Vila, G. B. Morrison, and D. J. Kenney, "Improving Shift
Schedule and Work-Hour Policies and Practices to Increase Police Officer
Performance, Health, and Safety," Police Quarterly 5, no. 1(2002): 4–24; T. C.
Neylan et al., "Critical Incident Exposure and Sleep Quality in Police Officers,"
Psychosomatic Medicine 64, no. 2(2002): 345–352; S. Garbarino et al., "Sleep
Disorders and Daytime Sleepiness in State Police Shiftworkers," Archives of
Environmental Health 57, no. 2(2002): 167–173; D. X. Swenson, D. Waseleski,
and R. Hartl, "Shift Work and Correctional Officers: Effects and Strategies for
Adjustment," Journal of Correctional Health Care 14, no. 4(2008): 299–310; L. K.

Barger et al., "Neurobehavioral, Health, and Safety Consequences Associated with Shift Work in Safety-Sensitive Professions," Current Neurology and Neuroscience Reports 9, no. 2(2009): 155–164; L. K. Barger et al., "Impact of Extended-Duration Shifts on Medical Errors, Adverse Events, and Attentional Failures," PLOS Medicine 3, no. 12(2006): e487.

4   Office of the Surgeon Multi-National Force–Iraq, Office of the Command Surgeon, and Office of the Surgeon General United States Army Medical Command, Mental Health Advisory Team (MHAT)-V Report—Operation Iraqi Freedom 06-08: Iraq, and Operation Enduring Freedom 8: Afghanistan(Washington, D.C.: U.S. Army Medical Command, 2008); A. L. Peterson et al., "Sleep Disturbance during Military Deployment," Military Medicine 173, no. 3(2008): 230–235; A. D. Seelig et al., "Sleep Patterns before, during, and after Deployment to Iraq and Afghanistan," Sleep 33, no. 12(2010): 1615–1622.

5   D. D. Luxton et al., "Prevalence and Impact of Short Sleep Duration in Redeployed OIFSoldiers," Sleep 34, no. 9(2011): 1189–1195. See also V. Mysliwiec et al., "Sleep Disorders and Associated Medical Comorbidities in Active Duty Military Personnel," Sleep 36, no. 2(2013): 167–174.

6   H. P. A. van Dongen and G. Belenky, "Individual Differences in Vulnerability to Sleep Loss in the Work Environment," Industrial Health 47, no. 5(2009): 518–526.

7   G. Belenky et al., "Patterns of Performance Degradation and Restoration during Sleep Restriction and Subsequent Recovery: A Sleep Dose-Response Study," Journal of Sleep Research 12, no. 1(2003): 1–12; H. P. A. Van Dongen et al., "The Cumulative Cost of Additional Wakefulness: Dose-Response Effects on Neurobehavioral Functions and Sleep Physiology from Chronic Sleep Restriction and Total Sleep Deprivation," Sleep 26, no. 2(2003): 117–126.

8   National Sleep Foundation, "Drowsy Driving Prevention Week: Facts and Stats," drowsydriving.org/about/facts-and-stats/.

9   van Dongen and Belenky, "Individual Differences in Vulnerability to Sleep

Loss"; R. Leproult et al., "Individual Differences in Subjective and Objective Alertness during Sleep Deprivation Are Stable and Unrelated," American Journal of Physiology—Regulatory, Integrative and Comparative Physiology 284, no. 2(2003): R280–R290; H. P. A. Van Dongen et al., "Systematic Interindividual Differences in Neurobehavioral Impairment from Sleep Loss: Evidence of Trait-Like Differential Vulnerability," Sleep 27, no. 3(2004): 423–433; Q. Mu et al., "Decreased Brain Activation during a Working Memory Task at Rested Baseline Is Associated with Vulnerability to Sleep Deprivation," Sleep 28, no. 4(2005): 433–448.

10   A. Gohar et al., "Working Memory Capacity Is Decreased in Sleep-Deprived Internal Medicine Residents," Journal of Clinical Sleep Medicine 5, no. 3(2009): 191–197; J. Lim and D. F. Dinges, "A Meta-Analysis of the Impact of Short-Term Sleep Deprivation on Cognitive Variables," Psychological Bulletin 136(2010): 375–389; J. C. Lo et al., "Effects of Partial and Acute Total Sleep Deprivation on Performance across Cognitive Domains, Individuals and Circadian Phase," PLOS One 7, no. 9(2012): e45987; Q. Mu et al., "Decreased Cortical Response to Verbal Working Memory Following Sleep Deprivation," Sleep 28, no. 1(2005): 55–67; M. E. Smith, L. K. McEvoy, and A. Gevins, "The Impact of Moderate Sleep Loss on Neurophysiologic Signals during Working-Memory Task Performance," Sleep 25, no. 7(2002): 784–794; Barger et al., "Neurobehavioral, Health, and Safety Consequences"; H. Lee, L. Kim, and K. Suh, "Cognitive Deterioration and Changes of P300 during Total Sleep Deprivation," Psychiatry and Clinical Neurosciences 57, no. 5(2003): 490–496.

11   National Sleep Foundation, "Drowsy Driving Prevention Week: Facts and Stats," drowsydriving.org/ about/facts-and-stats/.

12   Brian C. Tefft, Prevalence of Motor Vehicle Crashes Involving Drowsy Drivers, United States, 2009–2013(Washington, D.C.: AAA Foundation for Traffic Safety, 2014); Centers for DiseaseControl and Prevention, "Drowsy Driving: Asleep at the Wheel," www.cdc.gov/features/dsdrowsydriving/index.html.

13   Dave Phillips and Eric Schmitt, "Strains on Crews and Vessels Set the Stage

최악을 극복하는 힘

for Navy Crashes," New York Times, August 28, 2017; Helene Cooper, "Navy Leaders Admit Fleet Is Pulled Thin," New York Times, September 20, 2017.

14 Bill Chappell, "Regulators Pull Plan to Test Truckers, Train Operators for Sleep Apnea," NPR, August 8, 2017.

15 Rubin Naiman, "Seven Ways Inadequate Sleep Negatively Impacts Health," interview, National Institute for the Clinical Application of Behavioral Medicine(July 25, 2011), www.pacificariptide.com/files/interview-from-the-national-institute-for-the-clinical-application-of-behavioral-medicine.pdf; A. Williamson et al., "The Link between Fatigue and Safety," Accident Analysis and Prevention 43, no. 2(2011): 498–515.

16 A. I. Luik et al., "Associations of the 24-Hour Activity Rhythm and Sleep with Cognition: A Population-Based Study of Middle-Aged and Elderly Persons," Sleep Medicine 16, no. 7(2015): 850–855; A. I. Luik et al., "24-Hour Activity Rhythm and Sleep Disturbances in Depression and Anxiety: A Population-Based Study of Middle-Aged and Older Persons," Depression and Anxiety 32, no. 9(2015): 684–692; A. I. Luik et al., "Stability and Fragmentation of the Activity Rhythm across the Sleep-Wake Cycle: The Importance of Age, Lifestyle, and Mental Health," Chronobiology International 30, no. 10(2013): 1223–1230.

17 S. Yoo et al., "The Human Emotional Brain without Sleep—a Prefrontal Amygdala Disconnect," Current Biology 17, no. 20(2007): R877–R878; W. D. S. Killgore et al., "Sleep Deprivation Impairs Recognition of Specific Emotions," Neurobiology of Sleep and Circadian Rhythms 3, Suppl. C(2017): 10–16; B. L. Reidy et al., "Decreased Sleep Duration Is Associated with Increased fMRI Responses to Emotional Faces in Children," Neuropsychologia 84, Suppl. C(2016): 54–62; L. Beattie et al., "Social Interactions, Emotion and Sleep: A Systematic Review and Research Agenda," Sleep Medicine Reviews 24, Suppl. C(2015): 83–100; C. M. Barnes et al., "Lack of Sleep and Unethical Conduct," Organizational Behavior and Human Decision Processes 115, no. 2(2011): 169–180; C. M. Barnes, B. C. Gunia, and D. T. Wagner, "Sleep and Moral Awareness," Journal of Sleep Research 24, no. 2(2015): 181–188; W. D. S. Killgore et al.,

"The Effects of 53 Hours of Sleep Deprivation on Moral Judgment," Sleep 30, no. 3(2007): 345–352; O. K. Olsen, S. Pallesen, and E. Jarle, "The Impact of Partial Sleep Deprivation on Moral Reasoning in Military Officers," Sleep 33, no. 8(2010): 1086-1090.

18 Yoo et al., "The Human Emotional Brain without Sleep"; E. J. van Someren et al., "Disrupted Sleep: From Molecules to Cognition," Journal of Neuroscience 35, no. 41(2015): 13889–13895; Reidy et al., "Decreased Sleep Duration." Other recent experimental research measuring the electrical activity in the cortex (the thinking brain) shows that the longer we stay awake, the jumpier, more excitable, and hypersensitive the sleep-deprived brain gets— responding to external stimuli with progressively stronger spikes of activity. This progressive buildup of excitability only gets rebalanced when we sleep. This finding helps to explain why our risk for hallucinations and seizures increases the longer we stay awake, and why depressive symptoms dissipate during sleep deprivation. R. Huber et al., "Human Cortical Excitability Increases with Time Awake," Cerebral Cortex 23, no. 2(2012): 1–7.

19 Rajaratnam et al., "Sleep Disorders, Health, and Safety in Police Officers."

20 M. A. Hom et al., "The Association between Sleep Disturbances and Depression among Firefighters: Emotion Dysregulation as an Explanatory Factor," Journal of Clinical Sleep Medicine 12, no. 2(2016): 235–245.

21 Naiman, "Seven Ways Inadequate Sleep Negatively Impacts Health."

22 van Someren et al., "Disrupted Sleep"; James et al., "Shift Work"; K. Ackermann et al., "Effect of Sleep Deprivation on Rhythms of Clock Gene Expression and Melatonin in Humans," Chronobiology International 30, no. 7(2013): 901–909.

23 James et al., "Shift Work"; M. Glos et al., "Cardiac Autonomic Modulation and Sleepiness: Physiological Consequences of Sleep Deprivation Due to 40h of Prolonged Wakefulness," Physiology and Behavior 125, Suppl. C(2014): 45–53; D. Grimaldi et al., "Adverse Impact of Sleep Restriction and Circadian Misalignment on Autonomic Function in Healthy Young Adults," Hypertension 68, no. 1(2016): 243–250.

24 James et al., "Shift Work."

25 Price, "The Risks of Night Work"; van Dongen and Belenky, "Individual Differences in Vulnerability to Sleep Loss"; James et al., "Shift Work"; Barger et al., "Neurobehavioral, Health, and Safety Consequences"; D. Dawson and K. Reid, "Fatigue, Alcohol and Performance Impairment," Nature 388, no. 6639(1997): 235.

26 van Someren et al., "Disrupted Sleep"; A. V. Nedeltcheva and F. Scheer, "Metabolic Effects of Sleep Disruption, Links to Obesity and Diabetes," Current Opinion in Endocrinology, Diabetes, and Obesity 21, no. 4(2014): 293–298; James et al., "Shift Work."

27 Centers for Disease Control and Prevention, "Obesity and Overweight," www.cdc.gov/faststats.overwt.htm.

28 S. Cohen et al., "Sleep Habits and Susceptibility to the Common Cold," Archives of Internal Medicine 169, no. 1(2009): 62–67.

29 P. A. Bryant, J. Trinder, and N. Curtis, "Sick and Tired: Does Sleep Have a Vital Role in the Immune System?," Nature Reviews Immunology 4, no. 6(2004): 457–467; K. Spiegel, J. F. Sheridan, and E. van Cauter, "Effect of Sleep Deprivation on Response to Immunizaton," Journal of the American Medical Association 288, no. 12(2002): 1471–1472.

30 J. M. Mullington et al., "Sleep Loss and Inflammation," Best Practice and Research: Clinical Endocrinology and Metabolism 24, no. 5(2010): 775–784; H. K. Meier- Ewert et al., "Effect of Sleep Loss on C-Reactive Protein, an Inflammatory Marker of Cardiovascular Risk," Journal of the American College of Cardiology 43, no. 4(2004): 678–683; R. Leproult, U. Holmback, and E. van Canter, "Circadian Misalignment Augments Markers of Insulin Resistance and Inflammation, Independently of Sleep Loss," Diabetes 63, no. 6(2014): 1860–1869; S. Floam et al., "Sleep Characteristics as Predictor Variables of Stress Systems Markers in Insomnia Disorder," Journal of Sleep Research 24, no. 3(2015): 296–304.

31 James et al., "Shift Work."

32 Gallup, "In U.S., 55% of Workers Get Sense of Identity from Their Job," news. gallup.com/poll/175400/workers-sense-identity-job.aspx.

33 Juliet Schore, The Overworked American: The Unexpected Decline of Leisure(New York: Basic, 1993); Rebecca Ray, Milla Sanes, and John Schmitt, No-Vacation Nation Revisited(Washington, D.C.: Center for Economic and Policy Research, 2013); G. Richards, "Vacations and the Quality of Life: Patterns and Structures," Journal of Business Research 44(1999): 189–198.

34 Ray et al., No-Vacation Nation Revisited.

35 Richards, "Vacations and the Quality of Life."

36 Project Time Off, "The State of the American Vacation" (2017), www. projecttimeoff.com/state-american-vacation-2017; Harvard Chan School of Public Health, "The Workplace and Health"(2016), www.npr.org/ documents/2016/jul/HarvardWorkplaceandHealthPollReport.pdf.

37 Project Time Off, "The State of the American Vacation," 7–9; Harvard Chan School of Public Health, "The Workplace and Health," 5.

38 Richards, "Vacations and the Quality of Life."

39 Harvard Chan School of Public Health, "The Workplace and Health."

40 Daniel Victor, "If You're Sick, Stay Away from Work. If You Can't, Here Is What Doctors Advise," New York Times, November 13, 2017.

41 Alissa Quart, Squeezed: Why Our Families Can't Afford America(New York: HarperCollins, 2018); David Love, "The Real National Emergency is Not at the Border," CNN(March 11, 2019), www.cnn.com/2019/03/11/opinions/national-emergency-is-economic-inequality-and-greed-love/index.html.

42 M. T. Gailliot, B. J. Schmeichel, and R. F. Baumeister, "Self-Regulatory Processes Defend against the Threat of Death: Effects of Self-Control Depletion and Trait Self-Control on Thoughts of Fear and Dying," Journal of Personality and Social Psychology 91, no. 4(2006): 49–62.

43 Robert C. Scaer, The Trauma Spectrum: Hidden Wounds and Human Resiliency(New York: Norton, 2005), 132–133.

44 M. G. Marmot et al., "Health Inequalities among British Civil Servants: The

최악을 극복하는 힘

Whitehall II Study," Lancet 337, no. 8754(1991): 1387–1393.

P. K. Smith et al., "Lacking Power Impairs Executive Functions," Psychological Science 19, no. 5(2008): 441-447.

Jon Kabat-Zinn, Full Catastrophe Living(Revised Edition): Using the Wisdom of Your Body and Mind to Face Stress, Pain, and Illness(New York: Bantam, 2013), chap. 30.

Geoffrey James, "9 Reasons That Open-Space Offices Are Insanely Stupid," Inc., February 25, 2016; J. Kim and R. de Dear, "Workspace Satisfaction: The Privacy-Communication Trade-Off in Open-Plan Offices," Journal of Environmental Psychology 36(2013): 18–26; E. S. Bernstein and S. Turban, "The Impact of the 'Open' Workspace on Human Collaboration," Philosophical Transactions of the Royal Society of London. Series B, Biological Sciences 373(2018): doi:10.1098/rstb.2017.0239.

Arlie Russell Hochschild, The Managed Heart: Commercialization of Human Feeling(Berkeley: University of California Press, 2012).

Kristin Wong, "This Gender Gap Can't Be Stressed Enough," New York Times, November 26, 2018.

U. R. Hülsheger and A. F. Schewe, "On the Costs and Benefits of Emotional Labor: A Meta-Analysis of Three Decades of Research," Journal of Occupational Health Psychology 16, no. 3(2011): 361–389; M. J. Zyphur et al., " Self-Regulation and Performance in High-Fidelity Simulations: An Extension of Ego-Depletion Research," Human Performance 20, no. 2(2007): 103–118; L. S. Goldberg and A. A. Grandey, "Display Rules versus Display Autonomy: Emotion Regulation, Emotional Exhaustion, and Task Performance in a Call Center Simulation," Journal of Occupational Health Psychology 12(2007): 301–318; M. Muraven, D. M. Tice, and R. F. Baumeister, "Self-Control as a Limited Resource: Regulatory Depletion Patterns," Journal of Personality and Social Psychology 74, no. 3(1998): 774–789; D. Holman, D. Martinez-Iñigo, and P. Totterdell, "Emotional Labour, Well-Being and Performance," in The Oxford Handbook of Organizational Well- Being, edited by C. L. Cooper and S.

675

참고문헌

Cartwright(Oxford, UK: Oxford University Press, 2008), 331–355; D. Martínez-Iñigo et al., "Emotional Labour and Emotional Exhaustion: Interpersonal and Intrapersonal Mechanisms," Work and Stress 21(2007): 30–47.

51　Wong, "This Gender Gap Can't Be Stressed Enough."

52　B. J. Baker et al., "Marital Support, Spousal Contact, and the Course of Mild Hypertension," Journal of Psychosomatic Research 55, no. 3(2003): 229–233; J. A. Coan, H. S. Schaefer, and R. J. Davidson, "Lending a Hand: Social Regulation of the Neural Response to Threat," Psychological Science 17, no. 12(2006): 1032–1039; Amir Levine and Rachel S. F. Heller, Attached: The New Science of Adult Attachment and How It Can Help You Find and Keep Love(New York: Tarcher/Penguin, 2010), chap. 2.

53　W. M. Troxel et al., "Marital Quality and Occurrence of the Metabolic Syndrome in Women," Archives of Internal Medicine 165, no. 9(2005): 1022–1027.

54　Arthur C. Brooks, "How Loneliness Is Tearing America Apart," New York Times, November 24, 2018.

55　D. Umberson and J. Karas Montez, "Social Relationships and Health: A Flashpoint for Health Policy," Journal of Health and Social Behavior 51, no. 1 Suppl.(2010): S54–S66; Jane E. Brody, "Social Interaction Is Critical for Mental and Physical Health," New York Times, June 13, 2017.

56　Kabat-Zinn, Full Catastrophe Living, chap. 19.

57　Gretchen Rubin, Better Than Before(New York: Crown, 2015), 52.

58　Piers Steel, The Procrastination Equation: How to Stop Putting Things Off and Start Getting Stuff Done(New York: Harper, 2010), 147.

CHAPTER 10. 과잉 각성/과소 각성

1　Bruce S. McEwen and Elizabeth Norton Lasley, The End of Stress as We Know It(Washington, D.C.: Joseph Henry, 2002), 73.

2　Gary Kaplan and Donna Beech, Total Recovery: Solving the Mystery of Chronic Pain and Depression(New York: Rodale, 2014), 180; Brian Resnick, "100 Million

Americans Have Chronic Pain. Very Few Use One of the Best Tools to Treat It," Vox, August 16, 2018, www.vox.com/science-and-health/2018/5/17/17276452/chronic-pain-treatment-psychology-cbt-mindfulness-evidence.

3   J. Douglas Bremner, Does Stress Damage the Brain? Understanding Trauma- Related Disorders from a Mind- Body Perspective(New York: Norton, 2005), 34–37; B. A. van der Kolk et al., "Disorders of Extreme Stress: The Empirical Foundation of a Complex Adaptation to Trauma," Journal of Traumatic Stress 18, no. 5(2005): 389–399; Robert C. Scaer, The Trauma Spectrum: Hidden Wounds and Human Resiliency(New York: Norton, 2005), chap. 9.

4   근거를 물어보면 몇몇 임상의들은 성적·신체적 학대를 당한 후 PTSD 진단을 받은 여성 7명의 뇌 영상 연구를 인용한다. R. A. Lanius et al., "Brain Activation during Script- Driven Imagery Induced Dissociative Responses in PTSD: A Functional Magnetic Resonance Imaging Investigation," Biological Psychiatry 52, no. 4(2002): 305–311. 연구자들은 외상성 스트레스 활성화를 유도하기 위해 각 여성에게 각본에 기반을 둔 트라우마 사건의 형상화 기법을 썼는데 여성 70퍼센트가 과잉 각성 반응을 보인 반면 30퍼센트는 과소 각성 반응을 보였다. 그러나 PTSD로 진단받은 여성에 국한된 좁은 범위를 고려할 때 이 연구는 명백히 모든 성별이나 생체 적응 부하를 축적하는 세 가지 경로의 후속 효과로 일반화할 수 없다.

5   Robert M. Sapolsky, Why Zebras Don't Get Ulcers, 3rd ed.(New York: Holt, 2004), 319–320.

6   Pat Ogden, Kekuni Minton, and Clare Pain, Trauma and the Body: A Sensorimotor Approach to Psychotherapy(New York: Norton, 2006), 33–34; Peter A. Levine, Waking the Tiger: Healing Trauma (Berkeley, CA: North Atlantic, 1997), chap. 11; Scaer, The Trauma Spectrum, chap. 9

7   Levine, Waking the Tiger, 136–137.

8   Sapolsky, Why Zebras Don't Get Ulcers, 318–319; Ogden et al., Trauma and the Body, 34–35; Scaer, The Trauma Spectrum, chap. 9.

9   Scaer, The Trauma Spectrum, 212–216; Ogden et al., Trauma and the Body, 34.

10 Scaer, The Trauma Spectrum, 215.

11 Scaer, The Trauma Spectrum, 215.

12   이 표들의 증상을 인용한 출처는 Elizabeth A. Stanley and John M. Schaldach, Mindfulness-Based Mind Fitness Training (MMFT) Course Manual, 2nd ed.(Alexandria, VA: Mind Fitness Training Institute, 2011), 84–88; Levine, Waking the Tiger, chap. 11; McEwen and Lasley, The End of Stress as We Know It, 64; Diane Poole Heller and Laurence S. Heller, Crash Course: A Self-Healing Guide to Auto Accident Trauma and Recovery(Berkeley, CA: North Atlantic, 2001), 47–54.

13   McEwen and Lasley, The End of Stress as We Know It, 10, 31.

CHAPTER 11. 전사의 전통

1   S. J. Lupien, "Brains under Stress," Canadian Journal of Psychiatry 54, no. 1(2009): 4–5; Bruce S. McEwen and Elizabeth Norton Lasley, The End of Stress as We Know It(Washington, D.C.: Joseph Henry, 2002), 32.

2   Jennifer Kavanagh, Stress and Performance: A Review of the Literature and Its Applicability to the Military(Arlington, VA: RAND, 2005); Kelsey L. Larsen and Elizabeth A. Stanley, "Conclusion: The Way Forward," in Bulletproofing the Psyche: Preventing Mental Health Problems in Our Military and Veterans, edited by Kate Hendricks Thomas and David Albright(Santa Barbara, CA: Praeger, 2018), 233–253; J. E. Driskell and J. H. Johnston, "Stress Exposure Training," in Making Decisions under Stress: Implications for Individual and Team Training, edited by J. A. Cannon-Bowers and E. Salas(Chicago: American Psychological Association, 1998), 191–217; T. Saunders et al., "The Effect of Stress Inoculation Training on Anxiety and Performance," Journal of Occupational Health Psychology 1, no. 2(1996): 170–186; R. A. Dienstbier, "Arousal and Physiological Toughness: Implications for Mental and Physical Health," Psychological Review 96, no. 1(1989): 84–100; E. A. Stanley, "Neuroplasticity, Mind Fitness, and Military Effectiveness," in Bio-Inspired Innovation and National Security, edited by R. E. Armstrong et al.(Washington, D.C.: National Defense University Press, 2010), 257–279.

최악을 극복하는 힘

3   M. R. Baumann, C. L. Gohm, and B. L. Bonner, "Phased Training for High-Reliability Occupations: Live-Fire Exercises for Civilian Firefighters," Human Factors 53, no. 5(2011): 548–557.

4   R. W. Cone, "The Changing National Training Center," Military Review 86, no. 3(2006): 70.

5   Kavanagh, Stress and Performance; H. R. Lieberman et al., "Severe Decrements in Cognition Function and Mood Induced by Sleep Loss, Heat, Dehydration, and Undernutrition during Simulated Combat," Biological Psychiatry 57, no. 4(2005): 422–429; H. R. Lieberman et al., "Effects of Caffeine, Sleep Loss, and Stress on Cognitive Performance and Mood during U.S. Navy Seal Training," Psychopharmacology 164, no. 3(2002): 250–261; C. A. Morgan et al., " Stress-Induced Deficits in Working Memory and Visuo-Constructive Abilities in Special Operations Soldiers," Biological Psychiatry 60, no. 7(2006): 722–729; C. A. Morgan et al., "Relationships among Plasma Dehydroepiandrosterone Sulfate and Cortisol Levels, Symptoms of Dissociation, and Objective Performance in Humans Exposed to Acute Stress," Archives of General Psychiatry 61, no. 8(2004): 819–825; C. A. Morgan et al., "Neuropeptide-Y, Cortisol, and Subjective Distress in Humans Exposed to Acute Stress: Replication and Extension of Previous Report," Biological Psychiatry 52, no. 2(2002): 136–142; C. A. Morgan et al., "Relationship among Plasma Cortisol, Catecholamines, Neuropeptide Y, and Human Performance during Exposure to Uncontrollable Stress," Psychosomatic Medicine 63, no. 3(2001): 412–422; A. P. Jha et al., "Minds 'at Attention': Mindfulness Training Curbs Attentional Lapses in Military Cohorts," PLOS One 10, no. 2(2015): e0116889; A. P. Jha, A. B. Morrison, S. C. Parker, and E. A. Stanley, "Practice Is Protective: Mindfulness Training Promotes Cognitive Resilience in High-Stress Cohorts," Mindfulness 8, no. 1(2017): 46–58; A. P. Jha et al., "Examining the Protective Effects of Mindfulness Training on Working Memory Capacity and Affective Experience," Emotion 10, no. 1(2010): 54–64; A. P. Jha et al., "Short-Form Mindfulness Training Protects against Working-Memory Degradation over High-Demand Intervals," Journal of Cognitive

Enhancement 1, no. 2(2017): 154–171; E. A. Stanley et al., " Mindfulness-Based Mind Fitness Training: A Case Study of a High-Stress Predeployment Military Cohort," Cognitive and Behavioral Practice 18, no. 4(2011): 566–576.

6   C. S. Green and D. Bavelier, "Exercising Your Brain: A Review of Human Brain Plasticity and Training- Induced Learning," Psychology and Aging 23, no. 4(2008): 692–701; H. A. Slagter, R. J. Davidson, and A. Lutz, "Mental Training as a Tool in the Neuroscientific Study of Brain and Cognitive Plasticity," Frontiers in Human Neuroscience 5, no. 1(2011): 1–12; P. R. Roelfsema, A. van Ooyen, and T. Watanabe, "Perceptual Learning Rules Based on Reinforcers and Attention," Trends in Cognitive Sciences 14, no. 2(2010): 64–71; C. Basak et al., "Can Training in a Real-Time Strategy Video Game Attenuate Cognitive Decline in Older Adults?," Psychology and Aging 23, no. 4(2008): 765–777; K. Ball et al., "Effects of Cognitive Training Interventions with Older Adults: A Randomized Controlled Trial," Journal of the American Medical Association 288, no. 18(2002): 2271–2281; J. C. Allaire and M. Marsiske, "Intraindividual Variability May Not Always Indicate Vulnerability in Elders' Cogni Performance," Psychology and Aging 20, no. 3(2005): 390–401; A. F. Kramer and S. L. Willis, "Cognitive Plasticity and Aging," Psychology of Learning and Motivation 43(2003): 267–302.

7   K. MacDonald, "Domain-General Mechanisms: What They Are, How They Evolved, and How They Interact with Modular, Domain-Specific Mechanisms to Enable Cohesive Human Groups," Behavioral and Brain Sciences 37, no. 4(2014): 430–431.

8   Green and Bavelier, "Exercising Your Brain," 693; J. M. Chien and W. Schneider, "Neuroimaging Studies of Practice-Related Change: fMRI and Meta- Analytic Evidence of a Domain-General Control Network for Learning," Cognitive Brain Research 25(2005): 607–623.

9   자세한 내용 참조는 Green and Bavelier, "Exercising Your Brain."

10   A. B. Graziano, M. Peterson, and G. L. Shaw, "Enhanced Learning of Proportional Math through Music Training and Spatial-Temporal Training,"

최악을 극복하는 힘

Neurological Research 21, no. 2(1999): 139–152; Y. C. Ho, M. C. Cheung, and A. S. Chan, "Music Training Improves Verbal but Not Visual Memory: Cross-Sectional and Longitudinal Explorations in Children," Neuropsychology 17, no. 3(2003): 439–450; F. H. Rauscher et al., "Music Training Causes Long-Term Enhancement of Preschool Children's Spatial-Temporal Reasoning," Neurological Research 19, no. 1(1997): 2–8; E. G. Schellenberg, "Music Lessons Enhance IQ," Psychological Science 15, no. 8(2004): 511–514.

11 E. Kioumourtzoglou et al., "Differences in Several Perceptual Abilities between Experts and Novices in Basketball, Volleyball and Water-Polo," Perceptual and Motor Skills 86, no. 3, pt. 1(1998): 899–912; Green and Bavelier, "Exercising Your Brain."

12 자세한 내용 참조는 C. H. Hillman, K. I. Erickson, and A. F. Kramer, "Be Smart, Exercise Your Heart: Exercise Effects on Brain and Cognition," National Review of Neuroscience 9(2008): 58–65; A. F. Kramer and K. I. Erickson, "Capitalizing on Cortical Plasticity: Influence of Physical Activity on Cognition and Brain Function," Trends in Cognitive Sciences 11, no. 8(2007): 342–348; K. F. Hsiao, "Can We Combine Learning with Augmented Reality Physical Activity?," Journal of Cybertherapy and Rehabilitation 3, no. 1(2010): 51–62.

13 Green and Bavelier, "Exercising Your Brain"; Slagter et al., "Mental Training as a Tool."

14 M. Ahissar and S. Hochstein, "The Reverse Hierarchy Theory of Visual Perceptual Learning," Trends in Cognitive Sciences 8, no. 10(2004): 457–464.

15 Slagter et al., "Mental Training as a Tool."

16 Slagter et al., "Mental Training as a Tool."

17 Slagter et al., "Mental Training as a Tool."

18 E. A. Maguire et al., "Navigation-Related Structural Change in the Hippocampi of Taxi Drivers," Proceedings of the National Academy of Sciences 97(2000): 4398–4403; E. A. Maguire et al., "Navigation Expertise and the Human Hippocampus: A Structural Brain Imaging Analysis," Hippocampus 13, no. 2(2003): 250–259.

19 E. A. Maguire, K. Woollet, and H. J. Spiers, "London Taxi Drivers and Bus Drivers: A Structural MRI and Neuropsychological Analysis," Hippocampus 16(2006): 1091–1101.

20 Green and Bavelier, "Exercising Your Brain."

21 Bruce E. Wexler, Brain and Culture: Neurobiology, Ideology, and Social Change(Cambridge, MA: MIT Press, 2006), chap. 3.

22 Carol S. Pearson, Awakening the Heroes Within(San Francisco: HarperSanFrancisco, 1991), chap. 8.

23 E. Hamilton, and H. Cairns, The Collected Dialogues of Plato(Princeton, NJ: Princeton University Press, 1987), 627.

24 Winston L. King, Zen and the Way of the Sword: Arming the Samurai Psyche(Oxford, UK: Oxford University Press, 1993), 65.

25 Nancy Sherman, Stoic Warriors: The Ancient Philosophy Behind the Military Mind(New York: Oxford University Press, 2005), 67, 117.

26 King, Zen and the Way of the Sword, 160–161, 67; Jeffrey K. Mann, When Buddhists Attack: The Curious Relationship between Zen and the Martial Arts(Rutland, VT: Tuttle, 2012), 78–79.

27 Miyamoto Musashi, The Book of Five Rings, translated by B. J. Brown, Y. Kashiwagi, and W. H. Barrett(New York: Bantam, 1982), 57–58.

28 A. K. Ericsson, "Deliberate Practice and Acquisition of Expert Performance: A General Overview," Academic Emergency Medicine 15, no. 11(2008): 988–994; K. Yarrow, P. Brown, and J. W. Krakauer, "Inside the Brain of an Elite Athlete: The Neural Processes That Support High Achievement in Sports," Nature Reviews Neuroscience 10, no. 8(2009): 585–596; U. Debarnot et al., "Experts Bodies, Experts Minds: How Physical and Mental Training Shape the Brain," Frontiers in Human Neuroscience 8(2014): doi:10.3389/fnhum.2014.00280.

29 Aristotle, Nicomachean Ethics, ii, 4.

30 Musashi, The Book of Five Rings, 12. See also Richard Strozzi-Heckler, In Search of the Warrior Spirit: Teaching Awareness Disciplines to the Green Berets, Third Edition(Berkeley, CA: North Atlantic Books, 2003), 33–34.

31 인용 출처는 Stoic Warriors, 33.

32 Sun Tzu, The Art of War: Denma Translation(Boston: Shambala, 2002), 16.

33 Sun Tzu, The Art of War, 5.

34 Chogyam Trungpa, Shambala: The Sacred Path of the Warrior(Boston: Shambala, 2007), 9.

35 Steven Pressfield, The Warrior Ethos(Los Angeles: Black Irish Entertainment, 2011), 13.

36 Sherman, Stoic Warriors, 10.

CHAPTER 12. 사고 뇌와 생존 뇌의 동맹

1 D. C. Johnson et al., "Modifying Resilience Mechanisms in At-Risk Individuals: A Controlled Study of Mindfulness Training in Marines Preparing for Deployment," American Journal of Psychiatry 171, no. 8(2014): 844–853.

2 H. D. Critchley et al., "Human Cingulate Cortex and Autonomic Control: Converging Neuroimaging and Clinical Evidence," Brain: A Journal of Neurology 126, no. 10(2003): 2139–2152; Stephen W. Porges, The Polyvagal Theory: Neurophysiological Foundations of Emotions, Attachment, Communication, and Self-Regulation(New York: Norton, 2011), 76–79; S. N. Garfinkel and H. D. Critchley, "Interoception, Emotion and Brain: New Insights Link Internal Physiology to Social Behaviour," Social Cognitive and Affective Neuroscience 8, no. 3(2013): 231–234; H. D. Critchley et al., "Neural Systems Supporting Interoceptive Awareness," Nature Neuroscience 7, no. 2(2004): 189–195; B. A. van der Kolk, "Clinical Implications of Neuroscience Research in PTSD," Annals of the New York Academy of Sciences 1071, no. 1(2006): 277–293; Richard J. Davidson and Sharon Begley, The Emotional Life of Your Brain: How Its Unique Patterns Affect the Way You Think, Feel, and Live—And How You Can Change Them(New York: Plume, 2012), 78–81.

3 특히 전섬엽과 등 쪽 전대상피질. Matthew D. Lieberman, Social: Why Our Brains Are Wired to Connect(New York: Crown, 2013), chap. 3.

4   P. Payne, P. A. Levine, and M. A. Crane- Godreau, "Somatic Experiencing: Using Interoception and Proprioception as Core Elements of Trauma Therapy," Frontiers in Psychology 6, no. 93(2015): doi:10.3389/fpsyg.2015.00093; van der Kolk, "Clinical Implications of Neuroscience Research in PTSD"; A. Feder, E. J. Nestler, and D. S. Charney, "Psychobiology and Molecular Genetics of Resilience," Nature Reviews Neuroscience 10(2009): 446–457; Porges, The Polyvagal Theory.

5   M. P. Paulus et al., "Differential Brain Activation to Angry Faces by Elite Warfighters: Neural Processing Evidence for Enhanced Threat Detection," PLOS One 5, no. 4(2010): e10096; M. P. Paulus et al., "Subjecting Elite Athletes to Inspiratory Breathing Load Reveals Behavioral and Neural Signatures of Optimal Performers in Extreme Environments," PLOS One 7, no. 2(2012): e29394; A. N. Simmons et al., "Altered Insula Activation in Anticipation of Changing Emotional States: Neural Mechanisms Underlying Cognitive Flexibility in Special Operations Forces Personnel," Neuroreport 23, no. 4(2012): 234–239; N. J. Thom et al., "Detecting Emotion in Others: Increased Insula and Decreased Medial Prefrontal Cortex Activation during Emotion Processing in Elite Adventure Racers," Social Cognitive and Affective Neuroscience 9, no. 2(2014): 225–231.

6   Porges, The Polyvagal Theory, chap. 5.

7   M. B. Stein et al., "Increased Amygdala and Insula Activation during Emotion Processing in Anxiety-Prone Subjects," American Journal of Psychiatry 164, no. 2(2007): 318–327; M. P. Paulus and J. L. Stewart, "Interoception and Drug Addiction," Neuropharmacology 76(2014): 342–350; K. Domschke et al., "Interoceptive Sensitivity in Anxiety and Anxiety Disorders: An Overview and Integration of Neurobiological Findings," Clinical Psychology Review 30, no. 1(2010): 1–11; J. A. Avery et al., "Major Depressive Disorder Is Associated with Abnormal Interoceptive Activity and Functional Connectivity in the Insula," Biological Psychiatry 76, no. 3(2014): 258–266; M. P. Paulus and M. B. Stein, "An Insular View of Anxiety," Biological Psychiatry 60, no. 4(2006): 383–387;

최악을 극복하는 힘

M. P. Paulus and M. B. Stein, "Interoception in Anxiety and Depression," Brain Structure and Function 214, no. 5–6(2010): 451–463; Davidson and Begley, The Emotional Life of Your Brain, 81; van der Kolk, "Clinical Implications of Neuroscience Research in PTSD"; Pat Ogden, Kekuni Minton, and Clare Pain, Trauma and the Body: A Sensorimotor Approach to Psychotherapy(New York: Norton, 2006), 7; Robert C. Scaer, The Trauma Spectrum: Hidden Wounds and Human Resiliency(New York: Norton, 2005), 62–64.

8   Johnson et al., "Modifying Resilience Mechanisms in At-Risk Individuals"; L. Haase et al., "Mindfulness- Based Training Attenuates Insula Response to an Aversive Interoceptive Challenge," Social Cognitive and Affective Neuroscience 11, no. 1(2016): 182–190.

9   David Gelles, "How to Meditate," New York Times, December 25, 2016.

10   C. Johnson et al., "Effectiveness of a School-Based Mindfulness Program for Transdiagnostic Prevention in Young Adolescents," Behaviour Research and Therapy 81(2016): 1–11.

11   J. R. Lindahl et al., "The Varieties of Contemplative Experience: A Mixed- Methods Study of Meditation-Related Challenges in Western Buddhists," PLOS One 12, no. 5(2017): e0176239. See also W. B. Britton, "Can Mindfulness Be Too Much of a Good Thing? The Value of a Middle Way," Current Opinion in Psychology 28(2019): 159–165; P. L. Dobkin, J. A. Irving, and S. Amar, "For Whom May Participation in a Mindfulness-Based Stress Reduction Program Be Contraindicated?," Mindfulness 3, no. 1(2011): 44–50; V. Follette, K. Palm, and A. Pearson, "Mindfulness and Trauma: Implications for Treatment," Journal of Rational-Emotive and Cognitive-Behavior Therapy 24(2006): 45–61; C. Strauss et al., "Mindfulness-Based Interventions for People Diagnosed with a Current Episode of an Anxiety or Depressive Disorder: A Meta- Analysis of Randomised Controlled Trials," PLOS One 9, no. 4(2014): e96110; L. C. Waelde, "Dissociation and Meditation," Journal of Trauma and Dissociation 5, no. 2(2004): 147–162; E. Shonin, W. van Gordon, and M. D. Griffiths, "Are There Risks Associated with Using Mindfulness in the Treatment of Psychopathology?," Clinical

Practice 11, no. 4(2014): 398–392; A. W. Hanley et al., "Mind the Gaps: Are Conclusions about Mindfulness Entirely Conclusive?," Journal of Counseling and Development 94, no. 1(2016): 103–113; S. F. Santorelli, " Mindfulness-Based Stress Reduction(MBSR): Standards of Practice"(Worcester, MA: UMass Medical School Center for Mindfulness in Medicine, Health Care, and Society, 2014).

12 UMass Medical School Center for Mindfulness in Medicine, Health Care, and Society, " FAQ—Stress Reduction," www.umassmed.edu/cfm/stress-reduction/faqs; Santorelli, "Mindfulness-Based Stress Reduction(MBSR)."

13 E. A. Stanley et al., " Mindfulness- Based Mind Fitness Training: A Case Study of a High-Stress Predeployment Military Cohort," Cognitive and Behavioral Practice 18, no. 4(2011): 566–576.

14 Bessel A. van der Kolk, The Body Keeps the Score: Brain, Mind and Body in the Healing of Trauma(New York: Viking, 2014); Pat Ogden and Janina Fisher, Sensorimotor Psychotherapy: Interventions for Trauma and Attachment(New York: Norton, 2015); Payne et al., "Somatic Experiencing"; Ogden et al., Trauma and the Body.

15 J. D. Teasdale and M. Chaskalson (Kulananda), "How Does Mindfulness Transform Suffering? II: The Transformation of Dukkha," Contemporary Buddhism 12, no. 1(2011): 103–112.

16 Ogden and Fisher, Sensorimotor Psychotherapy; Peter A. Levine, Waking the Tiger: Healing Trauma(Berkeley, CA: North Atlantic, 1997); M. L. Leitch, "Somatic Experiencing Treatment with Tsunami Survivors in Thailand: Broadening the Scope of Early Intervention," Traumatology 13, no. 3(2007): 11–20; Ogden et al., Trauma and the Body; M. L. Leitch, J. Vanslyke, and M. Allen, "Somatic Experiencing Treatment with Social Service Workers Following Hurricanes Katrina and Rita," Social Work 54, no. 1(2009): 9–18; Payne et al., "Somatic Experiencing."

17 공인된 SE 치료사는 sepractitioner.membergrove.com에서 찾아볼 수 있고 공인된 감각운동 심리치료사는 www.sensorimotorpsychotherapy.org/referral.html에서 찾아볼 수 있다.

최악을 극복하는 힘

18 우리는 파병을 앞둔 부대 연구에서 8주 과정을 다섯 가지로 다양하게 변주해 실험했다. 24시간 버전, 20시간 버전, 16시간 버전 그리고 두 가지의 8시간 버전을 시험했는데 이 중 하나는 수업 중의 연습과 토론에 초점을 뒀고 다른 하나는 스트레스와 회복탄력성의 신경생물학과 관련된 지식 전달에 초점을 뒀다. 경험적으로 발견한 바로는 20시간 버전이 가장 효과가 좋았다.

19 A. P. Jha et al., "Examining the Protective Effects of Mindfulness Training on Working Memory Capacity and Affective Experience," Emotion 10, no. 1(2010): 54-64; Stanley et al., "Mindfulness-Based Mind Fitness Training"; A. P. Jha et al., "Minds 'at Attention': Mindfulness Training Curbs Attentional Lapses in Military Cohorts," PLOS One 10, no. 2(2015): e0116889; A. P. Jha, A. B. Morrison, S. C. Parker, and E. A. Stanley, "Practice Is Protective: Mindfulness Training Promotes Cognitive Resilience in High-Stress Cohorts," Mindfulness 8, no. 1(2017): 46–58; A. P. Jha et al., "Short-Form Mindfulness Training Protects against Working-Memory Degradation over High-Demand Intervals," Journal of Cognitive Enhancement 1, no. 2(2017): 154–171.

20 Johnson et al., "Modifying Resilience Mechanisms in At-Risk Individuals." Indeed, the MMFT Marines' stress arousal pattern was similar to those found in other empirical studies with humans and mammals, where resilience has been linked with rapid activation of the stress response and its efficient termination. Feder et al., "Psychobiology and Molecular Genetics of Resilience"; E. R. De Kloet, M. Joels, and F. Holsboer, "Stress and the Brain: From Adaptation to Disease," Nature Reviews Neuroscience 6(2005): 463–475.

21 Johnson et al., "Modifying Resilience Mechanisms in At- Risk Individuals." NPY levels are used as resilience indicators in two ways. First, resilience is associated with higher NPY concentrations in the blood during a resting state. In addition, the ability to secrete additional NPY during stress arousal and then discharge it quickly afterward, as the MMFT Marines did, is a sign of an adaptive stress response and efficient recovery, another facet of resilience. For more about NPY as a resilience indicator, see J. Pernow et al., "Plasma Neuropeptide Y– Like Immunoreactivity and Catecholamines during Various Degrees of

Sympathetic Activation in Man," Clinical Psychology 6(1986): 561–578; R. Yehuda, S. Brand, and R. Yang, "Plasma Neuropeptide-Y Concentrations in Combat Exposed Veterans; Relationship to Trauma Exposure, Recovery from PTSD, and Coping," Biological Psychiatry 59(2006): 660–663; C. A. Morgan et al., "Plasma Neuropeptide-Y Concentrations in Humans Exposed to Military Survival Training," Biological Psychiatry 47(2000): 902–909; C. A. Morgan et al., "Relationship among Plasma Cortisol, Catecholamines, Neuropeptide-Y, and Human Performance during Exposure to Uncontrollable Stress," Psychosomatic Medicine 63, no. 3(2001): 412–422; C. A. Morgan et al., "Neuropeptide-Y, Cortisol, and Subjective Distress in Humans Exposed to Acute Stress: Replication and Extension of Previous Report," Biological Psychiatry 52, no. 2(2002): 136–142; Feder et al., "Psychobiology and Molecular Genetics of Resilience"; Z. Zhou et al., "Genetic Variation in Human NPY Expression Affects Stress Response and Emotion," Nature 452, no. 7190(2008): 997–1001; T. J. Sajdyk, A. Shekhar, and D. R. Gehlert, "Interactions between NPY and CRF in the Amygdala to Regulate Emotionality," Neuropeptides 38(2004): 225–234.

22   S. R. Sterlace et al., "Hormone Regulation under Stress: Recent Evidence from Warfighters on the Effectiveness of Mindfulness-Based Mind Fitness Training in Building Stress Resilience," poster presentation at the Society for Neuroscience Annual Meeting, New Orleans, LA(October 2012).

23   Elizabeth A. Stanley and John M. Schaldach, Mindfulness- Based Mind Fitness Training(MMFT) Course Manual, 2nd ed.(Alexandria, VA: Mind Fitness Training Institute, 2011), 199–209.

24   R. Meeusen et al., "Prevention, Diagnosis and Treatment of the Overtraining Syndrome," European Journal of Sports Science 6(2006): 1–14.

CHAPTER 13. 회복을 통해 회복탄력성 기르기: 미시적 수준의 주체성 1

1   B. A. van der Kolk, "Clinical Implications of Neuroscience Research in PTSD," Annals of the New York Academy of Sciences 1071, no. 1(2006): 277–293;

최악을 극복하는 힘

Robert C. Scaer, The Trauma Spectrum: Hidden Wounds and Human Resiliency (New York: Norton, 2005), 49–50; Pat Ogden, Kekuni Minton, and Clare Pain, Trauma and the Body: A Sensorimotor Approach to Psychotherapy(New York: Norton, 2006), 17; Stephen W. Porges, The Polyvagal Theory: Neurophysiological Foundations of Emotions, Attachment, Communication, and Self-Regulation(New York: Norton, 2011), 76–79.

2   Peter A. Levine, Waking the Tiger: Healing Trauma(Berkeley, CA: North Atlantic, 1997); Scaer, The Trauma Spectrum, 44–45, 48–49.

3   Scaer, The Trauma Spectrum, 54– 55.

4   Bruce E. Wexler, Brain and Culture: Neurobiology, Ideology, and Social Change(Cambridge, MA: MIT Press, 2006), 91; A. Feder, E. J. Nestler, and D. S. Charney, "Psychobiology and Molecular Genetics of Resilience," Nature Reviews Neuroscience 10(2009): 446–457; A. S. Fleming et al., "Mothering Begets Mothering," Pharmacology Biochemistry and Behavior 73, no. 1(2002): 61–75; D. Francis et al., "Nongenomic Transmission across Generations of Maternal Behavior and Stress Responses in the Rat," Science 286, no. 5442(1999): 1155–1158; A. Gonzalez et al., "Intergenerational Effects of Complete Maternal Deprivation and Replacement Stimulation on Maternal Behavior and Emotionality in Female Rats," Developmental Psychobiology 38, no. 1(2001): 11–32; I. C. G. Weaver et al., "Epigenetic Programming by Maternal Behavior," Nature Neuroscience 7, no. 8(2004): 847–854; R. M. Sapolsky, "Mothering Style and Methylation," Nature Neuroscience 7, no. 8(2004): 791–792.

5   Daniel J. Siegel, The Developing Mind: How Relationships and the Brain Interact to Shape Who We Are(New York: Guilford, 1999), 278–283; Bessel A. van der Kolk, The Body Keeps the Score: Brain, Mind, and Body in the Healing of Trauma(New York: Penguin, 2015), 110–114; Ogden et al., Trauma and the Body, 41–48.

6   이 연구의 인용 출처는 Studies cited in Scaer, The Trauma Spectrum, 54–55.

7   Feder et al., "Psychobiology and Molecular Genetics of Resilience"; D. S. Charney, "Psychobiological Mechanisms of Resilience and Vulnerability: Implications

for Successful Adaptation to Extreme Stress," American Journal of Psychiatry 161(2004): 95–216; E. R. De Kloet, M. Joels, and F. Holsboer, "Stress and the Brain: From Adaptation to Disease," Nature Reviews Neuroscience 6(2005): 463–475.

8   Bruce S. McEwen and Elizabeth Norton Lasley, The End of Stress as We Know It(Washington, D.C.: Joseph Henry, 2002), 37–38; Joseph LeDoux, The Emotional Brain: The Mysterious Underpinnings of Emotional Life(New York: Touchstone, 1998); M. R. Delgado, A. Olsson, and E. A. Phelps, "Extending Animal Models of Fear Conditioning to Humans," Biological Psychiatry 73(2006): 39–48; Feder et al., "Psychobiology and Molecular Genetics of Resilience"; M. R. Delgado et al., "Neural Circuitry Underlying the Regulation of Conditioned Fear and Its Relation to Extinction," Neuron 59, no. 5(2008): 829–838; M. R. Milad et al., "Thickness of Ventromedial Prefrontal Cortex in Humans Is Correlated with Extinction Memory," Proceedings of the National Academy of Sciences 102, no. 30(2005): 10706–10711; D. Schiller et al., "From Fear to Safety and Back: Reversal of Fear in the Human Brain," Journal of Neuroscience 28(2008): 11517–11525.

9   van der Kolk, "Clinical Implications of Neuroscience Research in PTSD"; J. LeDoux and J. M. Gorman, "A Call to Action: Overcoming Anxiety through Active Coping," American Journal of Psychiatry 12(2001): 1953–1955; Ogden et al., Trauma and the Body, 40.

10   Levine, Waking the Tiger; Scaer, The Trauma Spectrum, 44–45; Elizabeth A. Stanley and John M. Schaldach, Mindfulness-Based Mind Fitness Training(MMFT) Course Manual, 2nd ed.(Alexandria, VA, Mind Fitness Training Institute, 2011), 96–97.

11   Pat Ogden and Janina Fisher, Sensorimotor Psychotherapy: Interventions for Trauma and Attachment(New York: Norton, 2015), 182–83; Ogden et al., Trauma and the Body, 27–29, 40; P. Payne, P. A. Levine, and M. A. Crane-Godreau, "Somatic Experiencing: Using Interoception and Proprioception as Core Elements of Trauma Therapy," Frontiers in Psychology 6, no. 93(2015): doi.org/0.3389/fpsyg.2015.00093; Siegel, The Developing Mind, 253; van der

최악을 극복하는 힘

Kolk, "Clinical Implications of Neuroscience Research in PTSD."

12 Ogden and Fisher, Sensorimotor Psychotherapy, chap. 26, esp. 544.

13 Ogden et al., Trauma and the Body, 40; Ogden and Fisher, Sensorimotor Psychotherapy, chap. 26; van der Kolk, "Clinical Implications of Neuroscience Research in PTSD."

14 Ogden and Fisher, Sensorimotor Psychotherapy, 545–546; van der Kolk, "Clinical Implications of Neuroscience Research in PTSD."

15 Feder et al., "Psychobiology and Molecular Genetics of Resilience."

CHAPTER 14. 스트레스, 감정, 만성 통증에 따른 선택에 접근하기: 미시적 수준의 주체성 2

1 이 섹션의 아이디어들은 내가 몇몇 훌륭한 선생님들, 특히 아디야샨티와 로드니 스미스에게 배운 내용에 영향을 받았다. 그들의 가르침에 깊이 감사한다.

2 Daniel J. Siegel, The Developing Mind: How Relationships and the Brain Interact to Shape Who We Are(New York: Guilford, 1999), chap. 4; Bruce S. McEwen and Elizabeth Norton Lasley, The End of Stress as We Know It(Washington, D.C.: Joseph Henry, 2002), 36–37; R. J. Davidson, D. C. Jackson, and N. H. Kalin, "Emotion, Plasticity, Context, and Regulation: Perspectives from Affective Neuroscience," Psychological Bulletin 126, no. 6(2000): 890–909.

3 Pat Ogden, Kekuni Minton, and Clare Pain, Trauma and the Body: A Sensorimotor Approach to Psychotherapy(New York: Norton, 2006), 11–14; Siegel, The Developing Mind, chap. 4; E. Halperin and R. Pliskin, "Emotions and Emotion Regulation in Intractable Conflict: Studying Emotional Processes within a Unique Context," Political Psychology 36, no. S1(2015): 119–150.

4 Antonio Damasio, Descartes' Error: Emotion, Reason, and the Human Brain(New York: Penguin, 1994), chaps. 8, 9.

5 J. N. Druckman and R. McDermott, "Emotion and the Framing of Risky Choice," Political Behavior 30, no. 3(2008): 297–321; T. Brader and G. E. Marcus, "Emotion and Political Psychology," in The Oxford Handbook of Political Psychology,

2nd ed., edited by L. Huddy, D. O. Sears, and J. S. Levy(Oxford, UK: Oxford University Press,2013), 165–204; Halperin and Pliskin, "Emotions and Emotion Regulation in Intractable Conflict"; J. Renshon, J. J. Lee, and D. Tingley, "Emotions and the Micro-Foundations of Commitment Problems," International Organization 71, no. S1(2017): S189–S218; E. A. Stanley, "War Duration and the Micro- Dynamics of Decision-Making under Stress," Polity 50, no. 2(2018): 178–200; Karl E. Weick, Sensemaking in Organizations(New York: Sage, 1995), 91–105.

6 G. A. Bonanno, "Loss, Trauma, and Human Resilience: Have We Underestimated the Human Capacity to Thrive after Extremely Aversive Events?," American Psychologist 59, no. 1(2004): 20–28.

7 E. A. Stanley and K. L. Larsen, "Emotion Dysregulation and Military Suicidality since 2001: A Review of the Literature," Political Psychology 40, no. 1(2019): 147–163; S. Lam et al., "Emotion Regulation and Cortisol Reactivity to a Social-Evaluative Speech Task," Psychoneuroendocrinology 34, no. 9(2009): 1355–1362; J. J. Gross and R. W. Levenson, "Emotional Suppression: Physiology, Self-Report, and Expressive Behavior," Journal of Personality and Social Psychology 64, no. 6(1993): 970–986; J. J. Gross and R. W. Levenson, "Hiding Feelings: The Acute Effects of Inhibiting Negative and Positive Emotion," Journal of Abnormal Psychology 106, no. 1(1997): 95–103; A. A. Appleton et al., "Divergent Associations of Adaptive and Maladaptive Emotion Regulation Strategies with Inflammation," Health Psychology 32, no. 7(2013): 748–756; I. B. Mauss and J. J. Gross, "Emotion Suppression and Cardiovascular Disease: Is Hiding Feelings Bad for Your Heart?," in Emotional Expression and Health: Advances in Theory, Assessment and Clinical Applications, edited by I. Nyklicek, L. Temoshok, and A. Vingerhoets(New York: Routledge, 2004), 60–80; D. DeSteno, J. J. Gross, and L. Kubzansky, "Affective Science and Health: The Importance of Emotion and Emotion Regulation," Health Psychology 32, no. 5(2013): 474–486; K. B. Koh et al., "The Relation between Anger Expression, Depression, and Somatic Symptoms in Depressive Disorders and Somatoform Disorders,"

최악을 극복하는 힘

Journal of Clinical Psychiatry 66, no. 4(2005): 485–491; W. D. S. Killgore et al., "The Effects of Prior Combat Experience on the Expression of Somatic and Affective Symptoms in Deploying Soldiers," Journal of Psychosomatic Research 60, no. 4(2006): 379–385; C. G. Beevers et al., "Depression and the Ironic Effects of Thought Suppression: Therapeutic Strategies for Improving Mental Control," Clinical Psychology: Science and Practice 6, no. 2(1999): 133–148; J. G. Beck et al., "Rebound Effects Following Deliberate Thought Suppression: Does PTSD Make a Difference?," Behavior Therapy 37, no. 2(2006): 170–180; M. T. Feldner et al., "Anxiety Sensitivity–Physical Concerns as a Moderator of the Emotional Consequences of Emotion Suppression during Biological Challenge: An Experimental Test Using Individual Growth Curve Analysis," Behaviour Research and Therapy 44, no. 2(2006):249– 272; M. A. Hom et al., "The Association between Sleep Disturbances and Depression among Firefighters: Emotion Dysregulation as an Explanatory Factor," Journal of Clinical Sleep Medicine 12, no. 2(2016): 235–245; H. Braswell and H. I. Kushner, "Suicide, Social Integration, and Masculinity in the U.S. Military," Social Science and Medicine 74, no. 4(2012): 530–536; L. Campbell-Sills et al., "Effects of Suppression and Acceptance on Emotional Responses of Individuals with Anxiety and Mood Disorders," Behaviour Research and Therapy 44, no. 9(2006): 1251–1263; E. B. Elbogen et al., "Risk Factors for Concurrent Suicidal Ideation and Violent Impulses in Military Veterans," Psychological Assessment 30, no. 4(2017): 425–435; N. K. Y. Tang and C. Crane, "Suicidality in Chronic Pain: A Review of the Prevalence, Risk Factors and Psychological Links," Psychological Medicine 36, no. 5(2006): 575–586.

8   Braswell and Kushner, "Suicide, Social Integration, and Masculinity in the U.S. Military"; Stanley and Larsen, "Emotion Dysregulation and Military Suicidality since 2001"; E. B. Elbogen et al., "Violent Behaviour and Post-Traumatic Stress Disorder in U.S. Iraq and Afghanistan Veterans," British Journal of Psychiatry 204, no. 5(2014): 368–375; Elbogen et al., "Risk Factors for Concurrent Suicidal Ideation"; G. Green et al., "Exploring the Ambiguities of Masculinity in Accounts

of Emotional Distress in the Military among Young Ex-Servicemen," Social
Science and Medicine 71, no. 8(2010): 1480– 488; Y. I. Nillni et al., "Deployment
Stressors and Physical Health among OEF/OIF Veterans: The Role of PTSD,"
Health Psychology 33, no. 11(2014): 1281–1287; R. P. Auerbach, J. R. Z. Abela,
and M. R. Ho, "Responding to Symptoms of Depression and Anxiety: Emotion
Regulation, Neuroticism, and Engagement in Risky Behaviors," Behaviour
Research and Therapy 45, no. 9(2007): 2182–2191; S. Fischer, K. G. Anderson,
and G. T. Smith, "Coping with Distress by Eating or Drinking: Role of Trait
Urgency and Expectancies," Psychology of Addictive Behaviors 18, no. 3(2004):
269–274; A. L. Teten et al., "Intimate Partner Aggression Perpetrated and
Sustained by Male Afghanistan, Iraq, and Vietnam Veterans with and without
Posttraumatic Stress Disorder," Journal of Interpersonal Violence 25, no.
9(2010): 1612–1630; J. E. McCarroll et al., "Deployment and the Probability of
Spousal Aggression by U.S. Army Soldiers," Military Medicine 175, no. 5(2010):
352–356; Q. M. Biggs et al., "Acute Stress Disorder, Depression, and Tobacco
Use in Disaster Workers Following 9/11," American Journal of Orthopsychiatry
80, no. 4(2010): 586–592; R. M. Bray and L. L. Hourani, "Substance Use
Trends among Active Duty Military Personnel: Findings from the United
States Department of Defense Health Related Behavior Surveys, 1980–2005,"
Addiction 102, no. 7(2007): 1092–1101; I. G. Jacobson et al., "Alcohol Use and
Alcohol-Related Problems before and after Military Combat Deployment,"
Journal of the American Medical Association 300, no. 6(2008): 663–675.

9   5장 참조. 또 Stanley, "War Duration"; Renshon et al., "Emotions and the Micro-
     Foundations of Commitment Problems"; G. Lowenstein and J. S. Lerner, "The
     Role of Affect in Decision Making," in Handbook of Affective Science, edited by R.
     J. Davidson, K. R. Scherer, and H. H. Goldsmith(Oxford, UK: Oxford University
     Press, 2003), 619–642.

10   Weick, Sensemaking in Organizations, 91–105; Jennifer Kavanagh, Stress
     and Performance: A Review of the Literature and Its Applicability to the
     Military(Arlington, VA: RAND, 2005), 17–19, 32–33; Stanley, "War Duration";

최악을 극복하는 힘

Elizabeth A. Stanley, Paths to Peace: Domestic Coalition Shifts, War Termination and the Korean War(Stanford, CA: Stanford University Press, 2009), chap. 2; Daniel Kahneman, Thinking, Fast and Slow(New York: Macmillan, 2011), chaps. 3, 4; M. J. Dugas, P. Gosselin, and R. Ladouceur, "Intolerance of Uncertainty and Information Processing: Evidence of Biased Recall and Interpretations," Cognitive Therapy and Research 29, no. 1(2005): 57–70; M. J. Dugas, P. Gosselin, and R. Ladouceur, "Intolerance of Uncertainty and Worry: Investigating Specificity in a Non-Clinical Sample," Cognitive Therapy and Research 25, no. 5(2001): 551–558.

11   R. F. Baumeister et al., "Bad Is Stronger Than Good," Review of General Psychology 5, no. 4(2001): 323–370; P. Rozin and E. B. Royzman, "Negativity Bias, Negativity Dominance, and Contagion," Personality and Social Psychology Review 5, no. 4(2001): 296–320.

12   Baumeister et al., "Bad Is Stronger Than Good," 323. As the authors note, "Given the large number of patterns in which bad outweighs good… the lack of exception suggests how basic and powerful is the greater power of bad"(362).

13   자세한 내용 참조는 J. W. Pennebaker and C. K. Chung, "Expressive Writing: Connections to Physical and Mental Health," in The Oxford Handbook of Health Psychology, edited by H. S. Friedman(Oxford, UK: Oxford University Press, 2011), 417–437; J. Frattaroli, "Experimental Disclosure and Its Moderators: A Meta-Analysis," Psychological Bulletin 132, no. 6(2006): 823–865.

14   Matthew D. Lieberman, Social: Why Our Brains Are Wired to Connect(New York: Crown, 2013), chap. 3.

15   Gary Kaplan and Donna Beech, Total Recovery: Solving the Mystery of Chronic Pain and Depression(New York: Rodale, 2014), 180; Brian Resnick, "100 Million Americans Have Chronic Pain. Very Few Use One of the Best Tools to Treat It," Vox, August 16, 2018, www.vox.com/science-and-health/2018/5/17/17276452/ chronic-pain-treatment-psychology-cbt-mindfulness-evidence.

16   Lieberman, Social, chap. 3.

17   Killgore et al., "The Effects of Prior Combat Experience"; C. W. Hoge et al.,

"Combat Duty in Iraq and Afghanistan, Mental Health Problems, and Barriers to Care," New England Journal of Medicine 351, no. 1(2004): 13–22; C. W. Hoge et al., "Mental Health Problems, Use of Mental Health Services, and Attrition from Military Service After Returning from Deployment to Iraq or Afghanistan," Journal of the American Medical Association 295, no. 9(2006): 1023–1032; C. W. Hoge et al., "Association of Posttraumatic Stress Disorder with Somatic Symptoms, Health Care Visits, and Absenteeism among Iraq War Veterans," American Journal of Psychiatry 164(2007): 150–153; T. M. Greene- Shortridge, T. W. Britt, and C. A. Castro, "The Stigma of Mental Health Problems in the Military," Military Medicine 172, no. 2(2007): 157–161; I. H. Stanley, M. A. Hom, and T. E. Joiner, "A Systematic Review of Suicidal Thoughts and Behaviors among Police Officers, Firefighters, EMTs, and Paramedics," Clinical Psychology Review 44(2016): 25–44; Stanley and Larsen, "Emotion Dysregulation and Military Suicidality since 2001"; C. J. Bryan et al., "Understanding and Preventing Military Suicide," Archives of Suicide Research 16, no. 2(2012): 95–110; Green et al., "Exploring the Ambiguities of Masculinity."

18 Killgore et al., "The Efects of Prior Combat Experience"

19 Resnick, "100 Million Americans Have Chronic Pain."

20 B. A. Arnow et al., "Comorbid Depression, Chronic Pain, and Disability in Primary Care," Psychosomatic Medicine 68, no. 2(2006): 262–268; W. M. Compton et al., "Changes in the Prevalence of Major Depression and Comorbid Substance Use Disorders in the United States between 1991–1992 and 2001– 2002," American Journal of Psychiatry 163, no. 12(2006): 2141–2147; Kaplan and Beech, Total Recovery, 72–76, 92–97

21 Tang and Crane, "Suicidality in Chronic Pain"; Elbogen et al., "Risk Factors for Concurrent Suicidal Ideation."

22 Kaplan and Beech, Total Recovery, 78–79, 144–145.

23 Resnick, "100 Million Americans Have Chronic Pain"; Kaplan and Beech, Total Recovery, 78–79, 56, 144–145, 89.

최악을 극복하는 힘

CHAPTER 15. 한계와 저항을 능숙하게 다루기: 거시적 수준의 주체성 1

1   Pat Ogden and Janina Fisher, Sensorimotor Psychotherapy: Interventions for Trauma and Attachment(New York: Norton, 2015), chap. 19.

2   T. D. Noakes, A. St. Clair Gibson, and E. V. Lambert, "From Catastrophe to Complexity: A Novel Model of Integrative Central Neural Regulation of Efort and Fatigue during Exercise in Humans: Summary and Conclusions," British Journal of Sports Medicine 39, no. 2(2005): 120–124.

3   O. Atasoy, "Your Thoughts Can Release Abilities beyond Normal Limits," Scientific American, November 26, 2013, www.scientificamerican.com/article/your-thoughts-can-release-abilities-beyond-normal-limits/#; U. W. Weger and S. Loughnan, "Mobilizing Unused Resources: Using the Placebo Concept to Enhance Cognitive Performance," Quarterly Journal of Experimental Psychology 66, no. 1(2013): 23–28.

4   Marc Lesser, Less: Accomplishing More by Doing Less(Novato, CA: New World Library, 2009), chap. 7

5   Tara Mohr, Playing Big: Find Your Voice, Your Mission, Your Message(New York: Gotham, 2014); Eric Maisel, Fearless Creating: A Step-by-Step Guide to Starting and Completing Your Work of Art(New York: Tarcher/Putnam, 1995); Steven Pressfield, The War of Art: Break through the Blocks and Win Your Inner Creative Battles(New York: Black Irish Entertainment, 2002).

6   Pressfield, The War of Art, 37–38.

CHAPTER 16. 불확실성과 변화 속에서 번영하기: 거시적 수준의 주체성 2

1   Elizabeth A. Stanley, Techno-Blinders: How the U.S. Techno-Centric Security System Is Endangering National Security(unpublished manuscript, 2018).

2   Jakob Arnoldi, Risk(Cambridge, UK: Polity, 2009), chap. 5; Joost Van Loon, Risk and Technological Culture: Towards a Sociology of Virulence(London: Routledge, 2002), 186–187, 94; Ulrich Beck, Risk Society—Towards a New Modernity(London: Sage, 1992).

3   Viktor Mayer-Schoenberger and Kenneth Cukier, Big Data: A Revolution That Will Transform How We Live, Work, and Think(New York: Houghton Mifin Harcourt, 2013), chap. 5.

4   Karl E. Weick, Sensemaking in Organizations(New York: Sage, 1995), 47; M. J. Dugas et al., "Intolerance of Uncertainty and Worry: Investigating Specificity in a Non-Clinical Sample," Cognitive Therapy and Research 25, no. 5(2001): 551–558.

5   나는 국립 교원 경력개발 및 다양성 센터의 코칭 전에도 계획 2.0을 활용했는데, 내가 맡은 교수 글쓰기 훈련 과정도 유사한 기술을 가르친다. 내 조지타운 학생들과 내가 코치한 교수들이 계획 기법을 사용할 때 얼마나 자신감이 생기는지 말해줬다.

6   A. Dijksterhuis and L. F. Nordgren, "A Theory of Unconscious Thought," Perspectives on Psychological Science 1, no. 2(2006): 95–109.

CHAPTER 17. 인내의 창을 넓히는 습관 선택하기: 주체성을 기르는 구조적 조건

1   Judson Brewer, The Craving Mind: From Cigarettes to Smartphones to Love— Why We Get Hooked and How We Can Break Bad Habits(New Haven, CT: Yale University Press, 2017), 1–7; Charles Duhigg, The Power of Habit: Why We Do What We Do in Life and Business(New York: Random House, 2012), 13–21.

2   K. A. Finlay, D. Trafimow, and A. Villarreal, "Predicting Exercise and Health Behavioral Intentions: Attitudes, Subjective Norms, and Other Behavioral Determinants," Journal of Applied Social Psychology 32, no. 2(2002): 342–356.

3   W. Wood, J. M. Quinn, and D. A. Kashy, "Habits in Everyday Life: Thought, Emotion, and Action," Journal of Personality and Social Psychology 83(2002): 1281–1297; J. M. Quinn and W. Wood, "Habits across the Lifespan," unpublished paper(2006).

4   M. S. Hagger, N. L. D. Chatzisarantis, and S. Biddle, "A Meta-Analytic Review of the Theories of Reasoned Action and Planned Behavior: Predictive Validity and the Contribution of Additional Variables," Journal of Sport and Exercise Psychology 24(2002): 3–32; N. L. D. Chatzisarantis and M. S. Hagger,

최악을 극복하는 힘

"Mindfulness and the Intention-Behavior Relationship within the Theory of Planned Behavior," Personality and Social Psychology Bulletin 33, no. 5(2007): 663–676.

5   Bruce E. Wexler, Brain and Culture: Neurobiology, Ideology, and Social Change(Cambridge, MA: MIT Press, 2006), chap. 4.

6   D. K. Harmon, M. Masuda, and T. H. Holmes, "The Social Readjustment Rating Scale: A Cross-Cultural Study of Western Europeans and Americans," Journal of Psychosomatic Research 14(1970): 391–400.

7   Wexler, Brain and Culture, 173.

8   David DeSteno, "How to Keep Your Resolutions," New York Times, December 31, 2017.

9   H. J. Wu and E. Wu, "The Role of Gut Microbiota in Immune Homeostasis and Autoimmunity," Gut Microbes 3, no. 1(2012): 4–14; Elizabeth Lipski, Digestive Wellness: Strengthen the Immune System and Prevent Disease through Healthy Digestion, 4th ed.(New York: McGraw-Hill, 2012); Gary Kaplan and Donna Beech, Total Recovery: Solving the Mystery of Chronic Pain and Depression(New York: Rodale, 2014), 120–121.

10   Kaplan and Beech, Total Recovery, 117–123; Wu and Wu, "The Role of Gut Microbiota"; Dale E. Bredesen, The End of Alzheimer's: The First Program to Prevent and Reverse Cognitive Decline(New York: Avery, 2017).

11   Lipski, Digestive Wellness; Kaplan and Beech, Total Recovery, 117.

12   Lipski, Digestive Wellness; Kaplan and Beech, Total Recovery, chap. 5; Moises Valasquez-Manof, "The Germs That Love Diet Soda," New York Times, April 8, 2018.

13   2018년 더티 더즌(Dirty Dozen)은 딸기, 시금치, 천도복숭아, 사과, 포도, 복숭아, 체리, 배, 토마토, 셀러리, 감자, 단 고추 또는 청양고추 등이다. 이와 대조적으로 농약 잔류량이 가장 적기 때문에 비유기농 농산물이라도 더 안전한 2018 클린 15(Clean Fifteen)은 아보카도, 사탕옥수수, 파인애플, 양배추, 양파, 달콤한 냉동 콩, 파파야, 아스파라거스, 망고, 가지, 감로 멜론, 키위, 칸탈루프(메론), 콜리플라워, 브로콜리 등이다. Environmental Working Group's "2018 Shopper's Guide to Pesticides in

Produce," April 10, 2018, www.ewg.org/release/out-now-ewg- s-2018-shopper-s-guide-pesticides-produce#.

14 J. D. Lane et al., "Cafeine Afects Cardiovascular and Neuroendocrine Activation at Work and Home," Psychosomatic Medicine 64, no. 4(2002): 595–603; D. Borota et al., "Post-Study Cafeine Administration Enhances Memory Consolidation in Humans," Nature Neuroscience 17(2014): 201–203; S. E. Meredith et al., "Cafeine Use Disorder: A Comprehensive Review and Research Agenda," Journal of Cafeine Research 3, no. 3(2013): 114–130; Deane Alban, "All about Cafeine Addiction and Withdrawal and How·to Quit," Be Brain Fit blog, June 2, 2018, bebrainfit.com/cafeine-addiction-withdrawal.

15 Bredesen, The End of Alzheimer's, 192–193.

16 Kaplan and Beech, Total Recovery, 182–183.

17 Anahad O'Conner, "The Pitfalls of Late-Night Snacking," New York Times, July 24, 2018.

18 National Sleep Foundation, 2013 Sleep in America Poll: Exercise and Sleep(Arlington, VA: National Sleep Foundation, 2013).

19 B. Wood et al., "Light Level and Duration of Exposure Determine the Impact of Self-Luminous Tablets on Melatonin Suppression," Applied Ergonomics 44, no. 2(2013): 237–240.

20 H. Eyre, E. Papps, and B. Baune, "Treating Depression and Depression-Like Behavior with Physical Activity: An Immune Perspective," Frontiers in Psychiatry 4, no. 3(2013): 1–27; National Sleep Foundation, 2013 Sleep in America Poll; R. A. Kohman et al., "Exercise Reduces Activation of Microglia Isolated from Hippocampus and Brain of Aged Mice," Journal of Neuroinflammation 10, no. 1(2013): 885; Gretchen Reynolds, "Exercise May Starve a Cold," New York Times, December 22, 2015; Gretchen Reynolds, "When Exercise Takes a Vacation," New York Times, August 7, 2018.

21 D. Umberson and J. Karas Montez, "Social Relationships and Health: A Flashpoint for Health Policy," Journal of Health and Social Behavior 51, no. 1 Suppl.(2010): S54–S66; Ruth Whippman, "Happiness Is Other People," New

York Times, October 29, 2017; Jane E. Brody, "Social Interaction Is Critical for Mental and Physical Health," New York Times, June 13, 2017.

22　Matthew D. Lieberman, Social: Why Our Brains Are Wired to Connect(New York: Crown, 2013), 247; Whippman, "Happiness Is Other People."

23　L. Bruni and L. Stanca, "Watching Alone: Relational Goods, Television and Happiness," Journal of Economic Behavior and Organization 65, no. 3(2008): 506–528; Lieberman, Social, 246–256.

24　Jeanne M. Twenge, "Have Smartphones Destroyed a Generation?" Atlantic, September 2017.

25　Arthur C. Brooks, "How Loneliness Is Tearing America Apart," New York Times, November 24, 2018; Susan Scutti, "Loneliness Peaks at Three Key Ages, Study Finds—But Wisdom May Help," CNN, December 20, 2018; M. McPherson, L. Smith-Lovin, and M. E. Brashears, "Social Isolation in America: Changes in Core Discussion Networks over Two Decades," American Sociological Review 71, no. 3(2006): 353–375.

26　Whippman, "Happiness Is Other People."

27　C. M. Perissinotto and K. E. Covinsky, "Living Alone, Socially Isolated or Lonely—What Are We Measuring?," Journal of General Internal Medicine 29, no. 11(2014): 1429–1431; Brooks, "How Loneliness Is Tearing America Apart."

28　Perissinotto and Covinsky, "Living Alone, Socially Isolated or Lonely"; Umberson and Karas Montez, "Social Relationships and Health"; Jane E. Brody, "How Loneliness Takes a Toll on Our Health," New York Times, December 12, 2017; Brody, "Social Interaction Is Critical for Mental and Physical Health."

CHAPTER 18. 집단적 인내의 창 넓히기

1　피터 파르진(Peter Farzin) 박사에게 크게 감사한다!

2　Elaine Hatfield, John T. Cacioppo, and Richard L. Rapson, Emotional Contagion(Cambridge, UK: Cambridge University Press, 1993); Daniel Goleman, Emotional Intelligence(New York: Bantam, 1995), chap. 7; Bruce E. Wexler,

Brain and Culture: Neurobiology, Ideology, and Social Change(Cambridge, MA: MIT Press, 2006), chap. 3; Daniel J. Siegel, The Developing Mind: How Relationships and the Brain Interact to Shape Who We Are(New York: Guilford 1999), chaps. 4, 8.

3   Matthew D. Lieberman, Social: Why Our Brains Are Wired to Connect(New York: Crown, 2013), chap. 3.

4   Lieberman, Social, 92–95.

5   Marco Iacoboni, Mirroring People: The Science of Empathy and How We Connect with Others(New York: Picador, 2009), chaps. 3, 4.

6   자세한 내용 참조는 L. R. Huesmann and L. D. Taylor, "The Role of Media Violence in Violent Behavior," Annual Review of Public Health 27(2006): 393–415; Iacoboni, Mirroring People, 204–210; Robert M. Sapolsky, Behave: The Biology of Humans at Our Best and Worst(New York: Penguin, 2017), 197–198.

7   Lieberman, Social, chaps. 5, 6, 9

8   E. B. Falk et al., "Predicting Persuasion-Induced Behavior Change from the Brain," Journal of Neuroscience 30, no. (2010): 8421–8424; Lieberman, Social, chap. 8.

9   Stephen W. Porges, The Polyvagal Theory: Neurophysiological Foundations of Emotions, Attachment, Communication, and Self-Regulation(New York: Norton, 2011), 58–59.

10   P. Bartone, "Resilience under Military Operational Stress: Can Leaders Influence Hardiness?," Military Psychology 18, Suppl.(2006): 131–148; T. W. Britt et al., "How Leaders Can Influence the Impact That Stressors Have on Soldiers," Military Medicine 169, no. 7(2004): 541–545.

11   F. J. Barrett, "Creativity and Improvisation in Jazz and Organizations: Implications for Organizational Learning," Organization Science 9, no. 5(1998): 605–622.

12   David Brooks, "The Siege Mentality Problem," New York Times, November 13, 2017.

13   David Brooks, "The Siege Mentality Problem," New York Times, November 13,

최악을 극복하는 힘

2017.

14   Michael Scherer and Robert Costa, "'Rock Bottom': Supreme Court Fight Reveals a Country on the Brink," Washington Post, October 6, 2018.

15   Coral Davenport, "Major Climate Report Describes a Strong Risk of Crisis as Early as 2040," New York Times, October 7, 2018; Megan Brenan and Lydia Saad, "Global Warming Concern Steady Despite Some Partisan Shifts," Gallup, March 28, 2018.

16   Robert Ferris, "The Steadily Disappearing American Car," CNBC, April 6, 2018.

17   Mark Thompson, "Here's Why the U.S. Military Is a Family Business," Time, March 10, 2016; Kathy Roth-Douquet and Frank Schafer, AWOL: The Unexcused Absence of America's Upper Classes from Military Service—And How It Hurts Our Country(New York: HarperCollins, 2006); Sarah Hautzinger and Jean Scandlyn, Beyond Post-Traumatic Stress: Homefront Struggles with the Wars on Terror(Walnut Creek, CA: Left Coast, 2014).

18   Pew Research Center, "War and Sacrifice in the Post-9/11 Era"(2011); Chris Marvin, "Americans Are Viewing Veterans All Wrong," U.S. Department of Veterans Afairs blog, November 17, 2014, www.blogs.va.gov/VAntage/16011/americans-are-viewing-veterans-all-wrong; Benedict Carey, "After Thriving in Combat Tours, Veterans Are Struggling at Home," New York Times, May 30, 2016.

19   Sarah Kreps, Taxing Wars: The American Way of War Finance and the Decline of Democracy(Oxford, UK: Oxford University Press, 2018).

20   Centers for Disease Control and Prevention, "Obesity and Overweight," http://www.cdc.gov/faststats.overwt.htm; Gary Kaplan and Donna Beech, Total Recovery: Solving the Mystery of Chronic Pain and Depression(New York: Rodale, 2014), 180–182; Dan Keating and Lenny Bernstein, "U.S. Suicide Rate Has Risen Sharply in the 21st Century," Washington Post, April 22, 2016; Gina Kolata, "New High Blood Pressure Norm to Afect Millions," New York Times, November 14, 2017; R. C. Kessler, K. R. Merikangas, and P. S. Wang, "Prevalence, Comorbidity, and Service Utilization for Mood Disorders in the United States at the Beginning of the Twenty-First Century," Annual Review of Clinical

Psychology 3 (2007): 137–158; Jen Doll, "How to Combat Your Anxiety, One Step at a Time," New York Times, December 21, 2017; Adeel Hassan, "Deaths from Drugs and Suicide Reach a Record in U.S.," New York Times, March 7, 2019; Amanda Erickson, "Opioid Abuse in the U.S. Is So Bad It's Lowering Life Expectancy. Why Hasn't the Epidemic Hit Other Countries?," Washington Post, December 28, 2017; Max Fisher and Josh Keller, "Only One Thing Explains Mass Shootings in the United States," New York Times, November 8, 2017.

21 U. W. Weger and S. Loughnan, "Virtually Numbed: Immersive Video Gaming Alters Real-Life Experience," Psychonomic Bulletin and Review 21, no. 2(2014): 562–565.

22 Alissa Quart, Squeezed: Why Our Families Can't Aford America(New York: HarperCollins, 2018); Nelson D. Schwartz, "Workers Needed, but Drug Testing Thins Pool," New York Times, July 25, 2017.

23 Harriet Torry, "U.S. Household Debt Continues to Climb in 3rd Quarter," Wall Street Journal, November 16, 2018; Kathryn Watson, "Under Trump's Watch, National Debt Tops $21 Trillion for First Time Ever," CBS News, March 17, 2018.

최악을 극복하는 힘